日本語 JLPT JPT

외무영사직
중등교사 임용시험

상

최철규

박영사

추천의 말

　　일본어 학습의 중요성은 아무리 강조하여도 지나침이 없다. 이 사실은 어느 시대나 어떤 계층의 사람에게도 타당한 말이다. 특히 모든 영역에 걸쳐 국제화·세계화의 물결이 더욱 거세질 21세기를 대비하여야 하는 현 시점에서는 더욱 그러하다. 정치·경제·문화 등의 모든 생활 영역에서 일본과의 관계처럼 우리에겐 밀접한 교류와 접촉이 빈번한 곳은 없다.

　　일본은 역사적으로 우리와의 암울했던 악연 때문에 흔히들 가장 가까운 곳이지만 가장 먼 나라라고들 한다. 문화·역사 국민 의식 간에 공통성을 지니고 경제·학문·인적인 교류면에서 불가결한 관계를 가지면서도 드러내어 놓고 접촉하기엔 서먹서먹했고 응어리진 생각을 풀 수 없었던 때도 있었다.

　　어떻든 이제는 내일을 위한 우호적인 동반자 관계로서이건 적대적 경쟁 관계로서이건 상대방의 언어와 문화, 의식구조와 가치관을 철저히 터득해 두는 것은 우리 국민의 필수적 과제이다. 국경 없는 무한 경쟁 시대에 이 지구촌에 살아남을 수 있는 경쟁력을 기르는 방법은 접촉이 빈번한 국가의 언어와 문화 등을 통달하는 길이다.

　　이러한 시점에서 일찍이 일본에 건너가서 다년간 정열적으로 학문 연수를 하고 일본어와 일본 것들의 연구에 전념해 온 최철규 군이 그동안 많은 일본어 학습 서적을 낸 끝에 "日本語 JLPT·JPT·외무영사직·중등교사 임용시험 문제집"을 펴낸 데 대하여 진심으로 경하하면서 다음 몇 가지 이유에서 각종의 국가시험에 대비하는 일본어 수험생을 비롯한 각 계층의 일본어 학습자 및 일본어 교수에 대해서까지 배우고 가르치는 모범 교재로 추천하는 바이다.

　　첫째, 저자는 다년간 일본에서 공부하면서 일본어뿐만 아니라 일본의 문화·역사·사회에 대한 이해를 깊이 했다는 점에서 살아 있는 일본어 교재를 펴낼 능력 있는 자라는 점이다. 어떤 나라의 언어의 터득은 그 나라의 문화·역사, 그리고 사회에 대한 깊은 이해 없이는 완전할 수 없다. 언어는 문화적·역사적·사회적 산물이기 때문이다.

　　둘째, 저자는 귀국 후에도 다년간 사법시험을 비롯한 각종 국가시험 자들을 가르친 경험을 토대로 만들어 낸 교재이므로 각종 시험 준비에 필수적인 부분을 강조했다는 사실이다.

　　셋째, 저자는 평소에 어떤 일에 착수하면 온 정열을 바치는 열정가이고 또한 항상 장래를 대비하는 창조적 역량을 발휘하는 자이므로 본 교재 내용도 독창성을 지니고 있다는 점이다.

　　넷째, 모든 싸움이 그렇듯이 각종 시험에도 신예의 무기가 필수적이다. 저자 최철규 군은 귀국 후에도 자주 일본을 드나들면서, 그리고 일본에 관한 최신 독서물을 통하여 새로운 문물에 접하고 있으므로 격조 있는 최신 교재를 꾸몄다는 점이다.

다섯째. 흔히들 저작물은 저자의 인격의 표현이라고 함에 비춰 볼 때 본 저자는 근면하고 소박하며 솔직한 인품으로 인정되고 있다는 점에서 본 저서도 근면의 산물이라고 평가된다는 사실이다.

이상의 몇 가지 특정한 이유로 저자 최철규 군의 본 저서를 추천하면서 판을 거듭할수록 더욱 알차고 격조 높은 내용으로 발전되길 빌면서…….

전 한양대학교 법과대학 교수
전 한양대학교 행정 대학원장
법학박사 차용석 (車鏞碩)

머리말

일본어를 보통 "쉽다"고들 말합니다. 그러나 대입 수능을 제외한 다른 일본어 시험을 공부하는 수험생에게 같은 질문을 하면 과연 보통 사람들처럼 "쉽다"고 대답할 수 있을지는 의문입니다. 모든 언어가 그렇듯이 깊이 들어가면 일본어 역시 어렵습니다. 특히 일반적으로 쉽다고 생각하고 있기 때문인지 우리나라에서 출제되는 시험은 오히려 어휘 범위도 넓고 수준도 높습니다.

시험을 대비한 문제집은 많지만, 힘들게 공부하고도 방법을 찾지 못해 좋은 성과를 얻지 못하는 수험생이 많은 것 같아, 일본어 공부와 강의를 해 오면서 여러 가지 경험을 함께 공유하고자 이 문제집을 펴내게 되었습니다.

최근의 출제 경향을 완벽 분석하여 꼭 필요한 핵심 문법만을 정리하고, 다년간의 기출문제 유형이 반영된 영역별 학습 교재로 단 한 권으로 기초부터 실전까지 대비할 수 있습니다. 최우선순위 문법부터 고득점/만점을 위한 문법까지 꼼꼼하게 정리하였습니다.

문제는 20회 각 110문제씩 총 2200제이며, 1번부터 40번까지는 종합 문제를 수록하였고, 41번부터 80번까지는 각 단원의 집중연습문제를 수록하였습니다. 81번부터 90번까지는 독해문제와 서수사, 또 몇 개의 한자읽기 문제를 수록하였고 마지막 91번부터 110번까지는 외무영사직 독해 기출문제 일부를 수록하였습니다. 어느 문제집보다도 충실한 내용을 다루었고 수험생의 입장에서 쓰여졌음을 자신합니다.

어느 시험이나 마찬가지로 일본어 역시 일본어를 접하는 시간에 따라 성적은 좌우됩니다. 단순한 시험과목이라는 안이한 생각에서 벗어나 하나의 외국어를, 완전히 정복한다는 마음가짐으로 즐겁게 공부하면 좋은 결과가 나오리라 믿습니다. 또, 거기에 이 책이 일조를 한다면 지은이로서는 더할 나위 없는 기쁨이겠지요. 좋은 결실을 맺으시길 기대합니다.

끝으로 이 책이 나오기까지 많은 도움을 주신 이삼 전 차장검사님 · 조한욱 전 지검장님 · 김태업 수석부장판사님 · 법무법인(유한) 법조 하영주 대표 변호사님 · 김승태 전 검사님, 김병숙 선생님, 홍만식 회장님 · 김세만 선배님 · 이은우 선배님, 류방현 선배님, 탁진술 교감선생님, 늘 신경써주는 최춘교 누님, 소중한 벗 박영훈 대표님 · 송호영님 · 우해운 대표님 · 정재만 박사님 · 김호경 부장님, 항상 보고 싶은 동생 김동민 교수님 · 김종명 사장님, 부천시청 지유나 주무관님, 안선준 후배님, 언제나 곁에서 저를 지켜준 세상에서 가장 소중한 아내 윤수진님 · 사랑하는 아들 종현 · 종인, 그리고 박영사 조성호 출판기획이사님 · 편집을 맡아주신 박송이 과장님 및 관계자분께 진심으로 감사드립니다.

최철규

1. 독학용 일본어시험 영역별 대비서

- JLPT, JPT, 외무영사직, 중등교사 임용시험 등 일본어 시험 영역별 대비서
- 한 권으로 기초부터 실전까지 완벽한 대비
- 부족한 부분만 집중적으로 학습할 수 있어 효율적인 점수 관리 가능
- 2021년까지 철저한 기출문제 반영
- 최신 기출 경향 100% 분석 유형별 핵심 문제 반영

2. 오직 일본어 시험만을 위해 정리한 기초 문법의 완벽한 정리

- 출제 경향을 완벽 분석하여 꼭 필요한 문법포인트만 꼼꼼하게 정리
- 영역별로 부족한 파트만 집중적으로 학습할 수 있어 효율적인 대비 가능
- 일본어 문법 중 어렵게 느껴지는 부분을 예문과 함께 쉽게 설명
- 문법이 약한 수험생도 쉽게 이해할 수 있도록 쉽고 일목요연한 정리
- 단원별 문법 학습을 마친 후 최신 출제 경향을 그대로 반영한 문제풀이로 자신감 업!

3. 최다 문제풀이를 통한 완벽한 시험 대비

- 모든 출제 유형 마스터를 위한 유형별 실전문제 총 2200제 수록
- 최고의 적중률과 난이도 연구를 통해 제작한 수준 높은 문제로 구성
- 매단원 문제풀이로 철저한 확인 학습
- 혼자서도 공부할 수 있게 꼼꼼한 해설
- 오로지 학습자 입장에서 쓴 이해하기 쉬운 명쾌한 설명
- 오답까지 완벽하게 이해할 수 있도록 정답과 오답을 모두 설명해주는 문제별 상세하고 친절한 풀이

4. 사전을 찾을 필요 없는 꼼꼼한 어휘 정리

■ 시험 대비 필수 관용구, 속담, 숙어, 어휘만 모아 한 번에 정리

■ 출제 빈도 높은 필수 어휘만으로 구성

■ 철저한 출제 포인트 분석에 따른 필수 어휘 빠짐없이 정리

5. 최신 유형과 경향을 분석한 문제로 합격률 업!

■ 출제 빈도 높은 어휘 및 문제만으로 구성되어 적중률 상승

■ 일본어 전문가에 의해 철저히 분석된 핵심 문제풀이로 완벽한 대비

ぶんぽう へん
文法編　　문법편 I

き そ ぶんぽう
基礎文法 I　기초 문법 I

▶ い형용사(い形容詞)・な형용사(な形容詞)・동사(動詞)의 여러 가지 사용법.

• **い형용사가 동사를 수식하면 기본형의 끝 글자인 い가 く로 바뀐다.**

速<u>い</u>です (い형용사) ············· 速く (부사)

빠릅니다.   빨리.

速いです	→	速く歩きます。	빨리 걷습니다.
遅いです	→	遅く帰ります。	늦게 돌아갑(옵니다).
いいです	→	よく分かります。	잘 압니다. 잘 이해하고 있습니다.
忙しいです	→	忙しく働きます。	바쁘게 일합니다.

• **な형용사가 동사를 수식하면 단어+に로 바뀐다.**

静かです (な형용사) ············· 静かに (부사)

조용합니다.   조용히.

静かです	→	静かに話します。	조용히 이야기합니다.
きれいです	→	きれいに掃除します。	깨끗이 청소합니다.
親切です	→	親切に教えます。	친절하게 가르칩니다.
元気です	→	元気に遊びます。	건강하게(힘차게) 놉니다.

• **모든 동사는 ます형에서 ます만 빼면 명사형이 된다.**

休みます (동사) ················· 休み (명사)

쉽니다.   쉼.

休みます。	→	今日は休みです。
쉽니다.		오늘은 휴일입니다.
行きます。	→	あの電車は東京行きです。
갑니다.		저 전차는 도쿄행입니다.

話します。　→　先生の話を聞きました。

이야기합니다.　　　선생님의 말씀을 들었습니다.

始めます。　→　始めから読んでください。

시작합니다.　　　처음부터 읽어 주세요.

終わります。　→　今月の終わりに帰ります。

끝납니다.　　　이달 말에 돌아갑니다.

- 重いです (い형용사) ………… 重さ (명사)

　무겁습니다.　　　　　　　무게·체중.

重いです。　→　このかばんの重さは 5 キログラムです。

무겁습니다.　　　이 가방의 무게는 5Kg(kilogram)입니다.

高いです。　→　東京タワーの高さは 333 メートルです。

높습니다.　　　도꾜 타워의 높이는 333m(maître)입니다.

長いです。　→　鉛筆の長さはどの位ですか。

깁니다.　　　연필의 길이는 어느 정도입니까.

速いです。　→　新幹線の速さは 1 時間に443キロメートルです。

빠릅니다.　　　신깐센의 속도는 1시간에 443km(kilomètre)입니다.

- 동사(ます형)+方。~하는 법.

　読みます (동사) ………… 読み方 (명사)

　읽습니다.　　　　　　　읽는 방법.

読みます。　→　漢字の読み方が分かりません。

읽습니다.　　　한자의 읽는 법을 모릅니다.

作ります。　→　インド料理の作り方を知っていますか。

만듭니다.　　　인도요리 만드는 법을 알고 있습니까.

書きます。　　→　　手紙の書き方を教えてください。
쓰니다.　　　　편지 쓰는 법을 가르쳐 주세요.
使います。　　→　　タイプの使い方が分かりますか。
사용합니다.　　　타이프 사용법을 아십니까.

- **い형용사 · な형용사 · 명사가 동사를 수식했을 때.**
  용법 : い형용사는 기본형에서 い를 빼고＋くなる。
  　　　　な형용사 · 명사는 단어　　　　　　＋になる。
  　　　　자연적으로 발생되었다면 : 暗くなる → 어두워지다.

- **なる。～해지다.～가 되다.**
  なる는 앞에 오는 말에 따라 사물이 변화하기도 하고, 자연 외의 성질, 상태로 변하는 것을
  의미한다. する와 마찬가지로 이용범위가 넓다. する는 주어의 의지로 동작을 하기도 하고,
  그러한 상태로 하는 것에 비해, なる는 자연적인 것 같은 결과가 되는 것을 나타낸다.

- **자신의 의지와는 상관없이 자연의 큰 힘에 의해 서서히 변화하는 것.**

  い형용사 : 暖かくなる。　　　　　　　따뜻해지다.

  な형용사 : きれいになる。　　　　　　예뻐지다.

  명　사 : 雨になる。　　　　　　　　비가 오다.

- **시간의 경과와 함께 변화하는 것.**

  명　사 : 五年になる。　　　　　　　5년이 되다.

  い형용사 : 景気がよくなった。　　　　경기가 좋아졌다.

  な형용사 : 田中さんは親切になりました。　다나까씨는 친절해졌습니다.

子供はだんだん大きくなりました。　　　아이가 점점 자랐습니다.

パーティーが終わったら静かになりました。　파티가 끝나자 조용해졌습니다.

私は先月二十歳になりました。　　　　　나는 지난달에 20세가 되었습니다.

• い형용사 · な형용사 · 명사가 동사를 수식했을 때.

　용법 : い형용사는 기본형에서 い를 빼고 ＋くする。

　　　　な형용사 · 명사는 단어　　　　 ＋にする。

• する。~로 하다.

　물리적인 힘이나 인위적인 힘을 가했을 때.

　자기의 의지가 포함되며 규칙적인 상황이나 습관적인 것에 사용한다.

　暗くする → 어둡게 하다.

時間がありませんから、早くしてください。 시간이 없기 때문에, 빨리 해주세요.

今勉強していますから、静かにしてください。 지금 공부하고 있기 때문에, 조용히 해주세요.

今日は忙しいですから、明日にしましょう。 오늘은 바쁘기 때문에, 내일 합시다.

• い형용사의 변형.

い형용사. (형용사)			
긍정	추측	かろう。(大きいだろう) 大きいでしょう。	~크겠지. ~크겠지요.
	가정	ければ。	~크다면.
	과거	かった。	~컸었다.
大き		い。	~크다.
부정	부정	くない。 くありません。	~크지 않다. ~크지 않습니다.
	과거	くなかった。 くありませんでした。	~크지 않았다. ~크지 않았습니다.
	가정	くなければ。	~크지 않다면.
	추측	くないだろう。 くないでしょう。	~크지 않겠지. ~크지 않겠지요.

* な형용사와 명사의 변형은 같다.

		な형용사. (형용동사)		
긍정	**추측**	だろう。 でしょう。		~예쁘겠지. ~예쁘겠지요.
	가정	なら (ば)。		~예쁘다면.
	과거	だった。 (でした)		~예뻤다.
きれい		だ。		~예쁘다.
부정	**부정**	じゃない。 ではない。 じゃありません。 ではありません。		~예쁘지 않다. ~예쁘지 않다. ~예쁘지 않습니다. ~예쁘지 않습니다.
	과거	じゃなかった。 ではなかった。 じゃありませんでした。 ではありませんでした。		~예쁘지 않았다. ~예쁘지 않았다. ~예쁘지 않았습니다. ~예쁘지 않았습니다.
	가정	じゃなければ。 ではなければ。 でなければ。		~예쁘지 않으면. ~예쁘지 않으면. ~예쁘지 않으면.
	추측	じゃないだろう。 ではないだろう。 ではないでしょう。		~예쁘지 않겠지. ~예쁘지 않겠지. ~예쁘지 않겠지요.

* 形容詞の活用。(형용사의 활용)

活用形 (활용형)	イ形容詞 (い형용사)	ナ形容詞 (な형용사)
語根 (어근)	よ	きれい (예쁘다)
	어간(활용어의 변하지 않는 부분)이라고도 함.	어간(활용어의 변하지 않는 부분)이라고도 함.
連体形	よい (좋다)	きれいな (예쁜)
(연체형)	い형용사＋명사는 기본형이 온다.	な형용사＋명사는 な가 온다.

現在形 (현재형)	よい (좋다) 기본형.	きれいだ (예쁘다) 기본형.
連用形 (연용형)	よく (좋아서) い형용사가 동사를 수식할 때 기본형의 끝 글자인 い가 く로 바뀐다.	きれいに (예쁘게) な형용사가 동사를 수식할 때 단어+に 가 된다.
否定形 (부정형)	よくない (좋지 않다) い형용사의 부정형.	きれいで(は)ない (예쁘지 않다) な형용사의 부정형.
テ形 (て형)	よくて (좋아서) い형용사의 문장연결.	きれいで (예뻐서) な형용사의 문장연결.
推量形 (추량형)	よかろう (좋겠지) い형용사의 추측형.	きれいだろう (예쁘겠지) な형용사의 추측형.
過去形 (과거형)	よかった (좋았다) い형용사의 과거형.	きれいだった (예뻤다) な형용사의 과거형.
タリ形 (たり형)	よかったり(좋기도 하고) い형용사의 열거.	きれいだったり(예쁘기도 하고) な형용사의 열거.
タラ形 (たら형)	よかったら (좋다면) い형용사의 과거·미래 가정형.	きれいだったら (예쁘다면) な형용사의 과거·미래가정형.
仮定形 (가정형)	よければ (좋다면) い형용사의 가정형.	きれいならば (예쁘다면) な형용사의 가정형.

• 동사·い형용사·な형용사·명사의 문장접속.

　で・て : ～이고. (문장과 문장을 열거할 때 て形을 사용한다)

　의미　 : 주어(주체)가 두 개일 경우는 무조건 て形으로 연결한다.

• **동사. で・て형.**
　(<u>で</u>는 동사 기본형의 끝 글자가 ぐ・ぬ・ぶ・む로 끝나는 동사에 한정된다)

　　田中さんはコーヒーを飲みました。田中さんはケーキを食べました。

다나까씨는 커피를 마셨습니다. 다나까씨는 케이크를 먹었습니다.

→ 田中さんはコーヒーを飲んで、ケーキを食べました。

다나까씨는 커피를 마시고, 케이크를 먹었습니다.

田中さんはコーヒーを飲みました。山本さんは紅茶を飲みました。

다나까씨는 커피를 마셨습니다. 야마모또씨는 홍차를 마셨습니다.

→ 田中さんはコーヒーを飲んで、山本さんは紅茶を飲みました。

다나까씨는 커피를 마시고, 야마모또씨는 홍차를 마셨습니다.

• い형용사. (기본형에서 い를 빼고 くて)

행위의 주체가 하나일 경우 다음과 같다.
부정문과 긍정문, 긍정문과 부정문일 때는 <u>が</u>를 사용하고,
부정문과 부정문, 긍정문과 긍정문일 때는 <u>くて</u>를 사용한다.
(が : ~지만. くて : ~이고)

これは安いです。これは美味しくないです。　　이것은 쌉니다. 이것은 맛이 없습니다.

→ これは安いですが、美味しくないです。　　이것은 쌉니다만, 맛이 없습니다.

これは安いです。これは美味しいです。　　이것은 쌉니다. 이것은 맛있습니다.

→ これは安くて、美味しいです。　　이것은 싸고, 맛있습니다.

• 행위의 주체가 둘일 경우 다음과 같다. (くて : ~이고)

これは安いです。あれは高いです。　　이것은 쌉니다. 저것은 비쌉니다.

→ これは安くて、あれは高いです。　　이것은 싸고, 저것은 비쌉니다.

• な형용사. (단어+で)

행위의 주체가 하나일 경우는 다음과 같다.
부정문과 긍정문, 긍정문과 부정문일 때는 <u>が</u>를 사용하고.
부정문과 부정문, 긍정문과 긍정문일 때는 <u>で</u>를 사용한다.

(が : ~지만. で : ~이고)

ここは静かです。ここはきれいです。　　여기는 조용합니다. 여기는 깨끗합니다.

→ ここは静かで、きれいです。　　여기는 조용하고, 깨끗합니다.

- 행위의 주체가 둘일 경우 다음과 같다. (で : ~이고)

ここは静かです。あそこは賑やかです。　　여기는 조용합니다. 저기는 시끄럽습니다.

→ ここは静かで、あそこは賑やかです。　　여기는 조용하고, 저기는 시끄럽습니다.

- **명사. (단어+で) な형용사와 똑같이 활용된다)**

美恵子さんはけんじさんの 奥さんです。美恵子さんは日本語の先生です。

미에꼬씨는 겐지씨의 부인입니다. 미에꼬씨는 일본어선생님입니다.

→ 美恵子さんはけんじさんの奥さんで、日本語の先生です。

미에꼬씨는 겐지씨의 부인이고, 일본어선생님입니다.

綾子さんは日本語の先生です。スミスさんは英語の先生です。

아야꼬씨는 일본어선생님입니다. 스미스씨는 영어선생님입니다.

→ 綾子さんは日本語の先生で、スミスさんは英語の先生です。

아야꼬씨는 일본어선생님이고, 스미스씨는 영어선생님입니다.

- **い형용사＋명사는 기본형이 접속된다.**

赤い家。빨간 집.　　大きい部屋。큰방.　　広い庭。넓은 정원.

- **な형용사＋명사는 な가 접속된다. 단어＋な. (예외 : 同じ)**

きれいな山。아름다운 산.　　静かな公園。조용한 공원.

親切な人。 친절한 사람.　　同じ会社。 같은 회사.

- 동사 etc＋후속구.
- 기본체.

기본체는 현재형 · 현재부정형 · 현재진행형 · 현재진행부정형 · 과거형 · 과거부정형을 말한다.
(단 현재진행 · 현재진행부정은 동사에 한정된다)
ない形 : 부정형을 말한다.
ます形 : 동사 ます형에서 ます를 빼고 접속한다. (• 표시는 다르게 변형되므로 주의)

| | 肯定形。**긍정형** | | 否定形。**부정형** | |
	げんざいけい 現在形 **현재형**	か こ けい 過去形 **과거형**	げんざいけい 現在形 **현재형**	か こ けい 過去形 **과거형**
동 사	か 書く	か 書いた	か 書かない	か 書かなかった
	か 書いている	か 書いていた	か 書いていない	か 書いていなかった
	た 食べる	た 食べた	た 食べない	た 食べなかった
	する ・	した	しない	しなかった
	くる ・	きた	こない	こなかった
	ある ・	あった	ない	なかった
い형용사	たか 高い	たか 高かった	たか 高くない	たか 高くなかった
な형용사	しず 静かだ	しず 静かだった	しず 静かじゃない	しず 静かじゃなかった
명 사	せんせい 先生だ	せんせい 先生だった	せんせい 先生じゃない	せんせい 先生じゃなかった

- **たいです。~하고 싶습니다.**

용법 : 동사(ます形)＋たいです。
의미 : 희망을 나타내며 주어가 그 행위의 실현을 희망하는 의미를 나타낸다.
　　　주어는 항상 행위자가 되고, い형용사가 된다. 따라서 활용은 い형용사와 같다.
　　　조사는 <u>**が**</u> 또는 <u>**を**</u> 를 사용할 수 있다.
　　　さけ　　の
　　　お酒<u>が</u>飲みたいです。　　　술을 마시고 싶습니다.
　　　ビール<u>を</u>飲みたいです。　　　맥주를 마시고 싶습니다.

が　　 : 대상격 정의(じょうい
情意 : 기분 · 마음 · 감정과 의지), 상태의 중심이 되는 사물 · 내용 · 대상의
　　　　관계를 나타낸다.

주로 가능동사·가능형, 희망을 나타내는 たい형에 많이 사용된다.

注意 : 단 を를 が로 바꾸는 것이 가능한 것은 주로 동작을 나타내는 동사에 한정된다.

일반 문장	희망형 (たい형)
コーヒーを飲む。 커피를 마시다.	コーヒーが (を) 飲みたい。 커피를 마시고 싶다.
かばんを買う。 가방을 사다.	かばんが (を) 買いたい。 가방을 사고 싶다.
ご飯を食べる。 밥을 먹다.	御飯が (を) 食べたい。 밥을 먹고 싶다.

　　　단, 방향의 へ, 목적의 で와 같이 항상 변하지 않는 조사는 그대로 사용한다.

　　　東京へ行く。도꾜에 가다.　　友だちに会う。　친구를 만나다.

　　　部屋に入る。방에 들어가다. 日本語で話す。　일본어로 이야기하다.

● がっています。~하고 싶어 합니다.

　용법 : 동사(たい형에서 い를 빼고)·い형용사(기본형에서 い를 빼고) ＋ がっている。
　　　　な형용사(단어) ＋ がっている。

　의미 : 주어는 항상 남이 되며 조사는 반드시 を를 사용한다.

　　　남의 말을 듣고 남에게 전해 주는 일종의 전문(伝聞)이며 상대의 희망을 나타낸다.

　　　田中さんはお酒を飲みたがっています。다나까씨는 술을 마시고 싶어 합니다.

　　　단, 방향의 へ, 목적의 で와 같이 항상 변하지 않는 조사는 그대로 사용한다.

　　　東京へ行く。도꾜에 가다.　　友だちに会う。친구를 만나다.

　　　部屋に入る。방에 들어가다. 日本語で話す。　일본어로 이야기하다.

• に行く。~하러 가다. (に는 목적을 나타낸다)

　용법 : 동사(ます形)·명사(단어)＋に行く。

　　　　に来る。(~하러 오다). に出掛ける。(~하러 외출하다)

　의미 : 목적을 나타낸다.

　　　食べます＋行きます。→　　　食べに行きます。

　　　먹습니다. 갑니다.　　　　　　먹으러 갑니다.

　　　食事＋行きます。　　→　　　食事に行きます。

　　　식사. 갑니다.　　　　　　　　식사하러 갑니다.

　　　コーヒーを飲みに行きます。　커피를 마시러 갑니다.

• てください。~해 주세요.

　용법 : 동사(て形)＋ください。

　　　手紙を書いてください。　　　편지를 써 주세요.

　　　この本を読んでください。　　이 책을 읽어 주세요.

• ないでください。~하지 말아 주세요. (동사의 부정)

　용법 : 동사Ⅰ : あ단　　　　＋ないでください。

　　　　동사Ⅱ : ます만 빼고＋ないでください。

　　　　동사Ⅲ : する → しないでください。

　　　　동사Ⅲ : くる → こないでください。

• 동사 기본형의 끝 글자가 う로 끝나는 기본형은 <u>あ가 아닌 わ로</u> 바뀐다.

　의미 : 완곡한 금지 또는 부정의 희망을 나타낸다.

　　　買<u>わ</u>ないでください。　　　사지 말아 주세요.

　　　書かないでください。　　　　쓰지 말아 주세요.

　　　食べないでください。　　　　먹지 말아 주세요.

- て形＋います。 **〜하고 있습니다. (현재진행형)**

  て形＋います。 **〜하고 있습니다. (상태)**

  용법 : 동사(て形)＋います。

  今雨が降っています。　　지금 비가 내리고 있습니다. (현재진행형)

  道にお金が落ちています。 길에 돈이 떨어져 있습니다. (상태)

- て形＋も いいです。　**〜해도 좋습니다.**

  て形＋かまいません。**〜해도 상관없습니다.**

  용법 : 동사(て 형)　　　　＋も。

  　　　い형용사(い만 빼고)＋くても。

  　　　な형용사(단어)　　＋でも。

  　　　명사(단어)　　　　＋でも。

  의미 : 상대에게 허락의 의미를 나타낸다.

  書いても いいです。　　써도 좋습니다.

  暑くてもいいです。　　더위도 좋습니다.

  不便でもいいです。　　불편해도 좋습니다.

  雨でもいいです。　　비가 와도 좋습니다.

- てから。**〜하고 나서.**

  용법 : 동사(て形)＋から。

  의미 : 어떤 동작·행위를 먼저 하고 나서, 그 뒤의 동작을 행하는 것을 나타낸다.

  書いてから寝ます。　　쓰고 나서 잠을 잡니다.

- 前に。**〜하기 전에.**

  용법 : 동사(기본형)＋前に。

  의미 : 어떤 행동을 하기 전에 〜합니다.

ご飯を食べる前に手を洗います。　밥을 먹기 전에 손을 씻습니다.

• 後で。~한 후에.
용법 : 동사(과거형)＋後で。
의미 : 어떤 행동을 한 후에 ~합니다.

手を洗った後でご飯を食べます。　손을 씻은 후에 밥을 먹습니다.

• いくら(どんなに) …ても(でも)。 **아무리 ~하더라도(~해도).**
용법 : 동사・い형용사・な형용사・명사(て形)＋も。
　　　な형용사・명사(で形)　　　　＋も。
의미 : 아무리 ~해도 소용없다. (~하겠다)

説明しても分かりません。

설명해도 모르겠습니다. 설명해도 이해가 되지 않습니다.

手術しても治らないでしょう。　수술해도 낫지 않겠지요.

あした雨でも行きます。　　　내일 비가 와도 갑니다.

何度聞いても分かりません。　　몇 번이나 들어도 이해가 되지 않습니다.

連休は、どこへ行っても混んでいます。　연휴는, 어디에 가도 혼잡합니다.

いくら難しくても試験を受けるつもりです。

아무리 어려워도 시험을 볼 생각입니다.

キムさんは何を食べても、「おいしくない」と言います。

김씨는 무엇을 먹어도, 「맛이 없다」라고 말합니다.

どんなに大変でも勉強を続けようと思っています。

아무리 힘들어도 공부를 계속하려고 생각하고 있습니다.

• なくてもいいです。　　　**~하지 않아도 좋습니다.**

  なくてもかまいません。**~하지 않아도 상관없습니다.**

  용법 : 동사Ⅰ : あ段＋なくてもいいです。

  　　　동사Ⅱ : る or ます만 빼고　　　　　　　　＋なくてもいいです。

  　　　동사Ⅲ : する : しなくてもいいです。

  　　　동사Ⅲ : くる : こなくてもいいです。

  　　　い형용사(부정형 ない에서 い를 빼고)　　＋くてもいいです。

  　　　な형용사·명사(부정형 ない에서 い를 빼고)＋くてもいいです。

  의미 : 대상이 되는 내용이나 특정의 상대를 의식하지 않고 상대에게 허가(허락)를 할 때

  　　　사용한다.

  　　　食べなくてもいいです。／　食べなくてもかまいません。

  　　　먹지 않아도 좋습니다.　／　먹지 않아도 상관없습니다.

  　　　書かなくても いいです。　　쓰지 않아도 좋습니다.

  　　　広くなくても いいです。　　넓지 않아도 좋습니다.

  　　　便利じゃなくてもいいです。　편리하지 않아도 좋습니다.

  　　　鉛筆じゃなくてもいいです。　연필이 아니어도 좋습니다.

• なければなりません。**~하지 않으면 안 됩니다.**

  ないといけません。　　**~하지 않으면 안 됩니다.**

  ねばなりません。　　　**~하지 않으면 안 됩니다. (문어체)**

  なくてはいけません。**~하지 않으면 안 됩니다.**

  용법 : 동사Ⅰ : あ단　　　　　　　　＋なければなりません。

  　　　동사Ⅱ : 기본형에서 る만 빼고＋なければなりません。

  　　　동사Ⅲ : する → しなければなりません。

  　　　동사Ⅲ : くる → こなければなりません。

  　　　い형용사·な형용사·명사(부정형 (ない)에서 연결)＋なければなりません·

  　　　ないといけません·ねばなりません·なくてはいけません·なくてはなり

  　　　ません。

食べる → 食べなければなりません。　　　食べないといけません。

　　　　食べなくてはいけません。　　　食べなくてはなりません。

　　　　食べねばなりません。(문어체)

　　　広くなければなりません。　　　넓지 않으면 안 됩니다.

　　　便利じゃなければなりません。　편리하지 않으면 안 됩니다.

　　　鉛筆じゃなければなりません。　연필이 아니면 안 됩니다.

• **다음의 두 개를 세부적으로 구분하면 다음과 같다.**

• なくてはなりません。なければなりません。**은 객관적 표현이다.**
   규칙이나 법률로 결정되어 있는 것, 명령이나 약속에 기초를 두고 있는 것, 사회의 습관에
   의한 것, 그렇게 하지 않으면 도움이 되지 않는 것, 그렇게 하는 것이 보통이라고 하는 것
   등을 말하는 경우에 사용된다.

• なくてはいけません。なければいけません。**은 주관적 표현이다.**
   말하는 상대의 의견이나 생각을 말할 때 사용한다.
   규칙이나 약속으로 결정된 것을 말할 때와, 말하는 상대가 자신도 그렇게 생각한다고 하는
   입장에서 말할 때 사용된다.

• ことがある。**~하는 적이 있다. ~할 때가 있다.**
   용법 : 동사(현재형)＋ことがある。
   의미 : 가끔 어떤 동작 · 상태가 일어나는 것을 나타낸다.

   　　　お酒を飲むことがあります。　　　　　술을 마실 때가 있습니다.

• ことがある。**~한 적이 있다.**
   용법 : 동사(과거형)＋ことがある。
   의미 : 과거의 경험이나 체험을 나타낸다.

   　　　子供のときお酒を飲んだことがあります。　어릴 때 술을 마셔 본 적이 있습니다.

   　　　富士山を見たことがあります。　　　　　후지산을 본 적이 있습니다.

• ことができる。 **~하는 것을 할 수 있다. ~하는 것이 가능하다.**

　용법 : 동사(기본형)＋ことができる。

　의미 : 잘하지는 못하지만 하는 것이 가능하다.

　　　　お酒を飲むことが出来ます。　　　　　술을 마실 수 있습니다.

• ことが好きです。 **~하는 것을 좋아합니다.**

　용법 : 동사(기본형)＋ことが好きです。

　의미 : ~하는 것을 좋아합니다.

　　　　お酒を飲むことが好きです。　　　　　술 마시는 것을 좋아합니다.

• と思う。 **~라고 생각한다.**

　용법 : 동사·い형용사·な형용사·명사(기본체)＋と思う。

　의미 : 자기의 생각에서 나오는 추측 형태의 문장이다.

　　　　さちこさんは部屋にいると思います。　사찌꼬씨는 방에 있다고 생각합니다.

• ほうがいいです。　　　 **~하는 것이 좋습니다.**
　ないほうがいいです。 **~하지 않는 것이 좋습니다.**

　용법 : 동사(과거형)　　＋ほうがいいです。
　　　　동사(현재부정형)＋ほうがいいです。

　의미 : 조언(助言)을 나타내는 관용적 표현이다.

　　　　この映画は面白いから、見たほうがいいですよ。

　　　　이 영화는 재미있기 때문에, 보는 것이 좋습니다.

　　　　電話をかけないほうがいいだろうと思います。

　　　　전화를 걸지 않는 것이 좋다고 생각합니다.

• かもしれません。~**일지도 모릅니다.**
  でしょう。　　　**~이겠지요.**
  용법 : 동사·い형용사·な형용사·명사(기본체)＋かもしれません。
  　　　동사·い형용사·な형용사·명사(기본체)＋でしょう。
  의미 : 단정은 할 수 없지만 그렇게 될 것이다. 또는 그럴 가능성도 있다는 의미를 나타낸다.

  　　田中さんは来るかもしれません。　　다나까씨는 올지도 모릅니다.

  　　タクシーは来ないかもしれません。　택시는 안 올지도 오릅니다.

• ながら。~**하면서 ~합니다. (つつ)**
  용법 : 동사(ます形)＋ながら。
  의미 : 두 가지 동작이 동시에 일어날 때.

  　　コウさんはテレビを見ながら宿題をしています。
  　　고씨는 텔레비전을 보면서 숙제를 하고 있습니다.
  　　喫茶店でお茶を飲みながら友だちと話しました。
  　　찻집에서 차를 마시면서 친구와 이야기했습니다.

• ながら。~**이지만. ~이면서도. ~에도 불구하고. (역접. つつ)**
  용법 : 동사(ます形)＋ながら。
  의미 : 앞 문장과 뒤 문장에 모순이 있을 때 사용한다.
  　　にもかかわらず。のに。けれども。의 의미에 해당된다.

  　　彼は苦しみながらも、途中で諦めずに最後まで泳ぎ抜いた。
  　　그는 괴로워하면서도, 도중에 포기하지 않고 최후까지 헤엄쳤다.

• やすい。~**하기 쉽다. ~하기 좋다.**
  용법 : 동사(ます形)＋やすい。

  　　この肉は柔らかくて食べやすいです。　이 고기는 부드러워서 먹기 좋습니다.
  　　大きい字は読みやすいです。　　　　　큰 글씨는 읽기 쉽습니다.

• **にくい。~하기 어렵다. (がたい는 문어체)**

　용법 : 동사(ます形)＋にくい。

　　　　この肉は固くて食べにくいです。　　이 고기는 질겨서 먹기 어렵습니다.

　　　　小さい字は読みにくいです。　　　　작은 글씨는 읽기 어렵습니다.

• **동사(て形)＋しまう。~해 버리고 말다.**

　용법 : 동사(て形)＋しまう。(회화체로는 ちゃう。じゃう。를 사용한다)
　　　　단 **じゃう**는 동사 기본형이 **ぬ、ぶ、む、ぐ。**로 끝나는 동사에 한정된다.
　의미 : 동작이 완료된 것을 나타낸다.
　　　　동작이나 상황을 강조해서 말한다. (깨끗이 ~하다)

　　　　本を全部読んでしまった。　　　本を全部読んじゃった。(회화체)

　　　　책을 전부 읽었다.　　　　　　　책을 전부 읽었다.

　　　　パスポートを無くしてしまった。　パスポートを無くしちゃった。

　　　　여권을 잃어버리고 말았다.　　　　여권을 잃어버리고 말았다. (회화체)

• **て来る。~해 오다. (상태가 점점 변화하다. 접근해 오다)**

　용법 : 동사(て形)＋来る。
　의미 : 동사를 나타내는 내용이, 말하는 상대 또는 화제에 오른 사람을 중심으로 점점 가까워
　　　　질 때 사용한다.

　　　　3時ごろ帰って来ると思います。3시경에 돌아온다고 생각합니다.

　　　　訪ねて来る : 찾아오다.　　　帰って来る : 돌아오다.

　　　　行って来る : 갔다 오다.　　　買って来る : 사 오다.

　　　　見て来る　 : 보고 오다.　　　取って来る : 집어 오다.

• ておきました。~해 놓았습니다. ~해 두었습니다.

　용법 : 동사(て形)＋おきました。

　의미 : 동작이나 상태를 지속시킨다.

現在の関係をそのままにしておく。　　현재의 관계를 그대로 두다.

夜遅くまで遊ばせておく。　　　　　　밤늦게까지 놀게 두다.

窓を開けて置きます。　　　　　　　　창문을 열어 놓겠습니다.

• 미리, 사전에 어떤 행위를 준비해 두다.

試合に備えて練習しておく。　　　　　시합을 대비해서 연습해 두다.

一週間前に切符を買っておきます。　일주일 전에 표를 사 두겠습니다.

自動詞・他動詞。(자동사・타동사)

▸ 자동사. (自動詞)

- 주어 자체의 동작 상태를 나타내고, 동작이 다른 것에 미치지 않고 목적어를 취하지 않는 동사.
- 동사Ⅰ은 거의 다 자동사가 된다. 단 기본형이 す로 끝나는 것은 타동사이다.
- 같은 한자에 같은 의미의 동사가 두 개 있을 때 기본형이 す로 끝나는 동사는 타동사이고 동사 Ⅱ는 자동사가 된다.

자동사		타동사	
集まる	(모이다)	集める	(모으다)
続く	(계속되다)	続ける	(계속하다)
建つ	(서다)	建てる	(세우다)
回る	(돌다)	回す	(돌리다)
生きる	(살다)	生かす	(살리다)
つながる	(연결되다)	つなぐ	(연결하다)
生まれる	(태어나다)	生む	(낳다)
溶ける	(녹다)	溶く	(녹이다)

▸ 타동사. (他動詞)

- 다른 것에 작용하는, 동작을 나타내는 동사.
- 그 작용이 미치는 대상을 목적어로 갖는다.
- 목적어에는 대표적으로 격조사 を를 사용하기 때문에, 동사의 자동사・타동사를 구별하는 표시가 된다. 특별한 경우를 제외하고는, 자동사는 조사 が를 사용하고 타동사는 を를 사용한다.
- 동사의 기본형이 す로 끝나는 동사는 타동사이다.
- 같은 한자에 같은 의미의 동사가 두 개 있을 때 동사Ⅰ은 자동사가 되고 동사Ⅱ는 타동사가 된다. 단 자동사가 동사Ⅱ일 경우, 타동사는 거의 다 기본형이 す로 끝난다.

자동사		타동사	
が集^{あつ}まる	(모이다)	を集^{あつ}める	(모으다)
が続^{つづ}く	(계속되다)	を続^{つづ}ける	(계속하다)
が建^たつ	(서다)	を建^たてる	(세우다)
が回^{まわ}る	(돌다)	を回^{まわ}す	(돌리다)
が生^いきる	(살다)	を生^いかす	(살리다)
がつながる	(연결되다)	をつなぐ	(연결하다)
が生^うまれる	(태어나다)	を生^うむ	(낳다)
が溶^とける	(녹다)	を溶^とく	(녹이다)

- 목적의 を를 취하는 동사는 대개 타동사이지만, 그중에는 を를 취하는 자동사도 있다. 이 경우는, 대상에 대한 동작이나 활동뿐만이 아니고 통과하는 장소 · 출발점(기점)을 나타낸다.

▶ 통과점

橋^{はし}を渡^{わた}る。	空^{そら}を飛^とぶ。	川^{かわ}を泳^{およ}ぐ。	山^{やま}を登^{のぼ}る。
다리를 건너다.	하늘을 날다.	강을 헤엄치다.	산을 오르다.
野原^{のはら}を走^{はし}る。	公園^{こうえん}を散歩^{さんぽ}する。	学校^{がっこう}の前^{まえ}を通^{とお}る。	
들판을 달리다.	공원을 산보하다.	학교 앞을 통과하다.	

▶ 기점

家^{うち}を出^でる。	国^{くに}を去^さる。	陸^{りく}を離^{はな}れる。
집을 나오다.	본국(고향)을 떠나다.	육지를 떠나다.
学校^{がっこう}を卒業^{そつぎょう}する。	会社^{かいしゃ}を辞^やめる。	門^{もん}を入^{はい}る。
학교를 졸업하다.	회사를 그만두다.	문으로 들어가다.
電車^{でんしゃ}を降^おりる。 전차에서 내리다.		

▶ 다음과 같은 경우는 동사 Ⅱ 이면서도 자동사이다. (구분은 동사 앞의 조사에 주의)

자동사	타동사
が売れる　(팔리다)	を売る　　(팔다)
が焼ける　(타다)	を焼く　　(굽다)
が折れる　(부러지다)	を折る　　(부러트리다)
が切れる　(잘라지다)	を切る　　(자르다)
が砕ける　(부서지다)	を砕く　　(부수다)
が取れる　(풀리다)	を取る　　(풀다)
が溶ける　(녹다)	を溶く　　(녹이다)

자동사 (自動詞)	타동사 (他動詞)
(窓　　　が) 閉まる。　(닫히다)	(…が窓　　を) 閉める。　(닫다)
(予定　　が) 決まる。　(결정되다)	(…が予定　を) 決める。　(결정하다)
(天気　　が) 変わる。　(바뀌다)	(…が天気　を) 変える。　(바꾸다)
(電話　　が) 掛かる。　(걸리다)	(…が電話　を) 掛ける。　(걸다)
(人　　　が) 集まる。　(모이다)	(…が人　　を) 集める。　(모으다)
(授業　　が) 始まる。　(시작되다)	(…が授業　を) 始める。　(시작하다)
(ビール　が) 冷える。　(식다)	(…がビールを) 冷やす。　(식히다)
(電気　　が) 消える。　(꺼지다)	(…が電気　を) 消す。　(끄다)
(電気　　が) 点く。　　(켜지다)	(…が電気　を) 点ける。　(켜다)
(水　　　が) 入る。　　(들어가다)	(…が水　　を) 入れる。　(넣다)
(ごみ　　が) 出る。　　(나오다)	(…がごみ　を) 出す。　　(내다)
(ドア　　が) 開く。　　(열리다)	(…がドア　を) 開ける。　(열다)

(お湯　が) 沸く。　　(끓다)	(…がお湯　を) 沸かす。 (끓이다)
歩く。 걷다.　　　行く。 가다. 遊ぶ。 놀다.　　　来る。 오다.	する。　하다.　　　買う。 사다. 置く。 놓다.　　　洗う。 씻다. 食べる。 먹다.　　捨てる。 버리다. 張る。　뻗다. 펼치다. 굳다.

- 자동사(て形＋いる) : ~하고 있다. ~해져 있다. (현재진행과 상태를 나타낸다)
  타동사(て形＋ある) : ~해 놓다.　　　　　　　(상태를 나타낸다)

- 동작·작용이 진행하면서 지속하고 있는 것을 나타낸다.

  川を泳いでいます。　　　　　강을 헤엄치고 있습니다.

  山を登っています。　　　　　산을 오르고 있습니다.

  野原を走っています。　　　　들판(넓은 평지)을 달리고 있습니다.

- 동작·작용이 행하여진 뒤의 상태가 계속되고 있는 것을 나타낸다.

  犬が死んでいます。　　　　　개가 죽어 있습니다.

  二人は結婚しています。　　　두 사람은 결혼했습니다.

  子供が寝ています。　　　　　아이가 자고 있습니다.

  花が咲いています。　　　　　꽃이 피어 있습니다.

  雨が止んでいます。　　　　　비가 그쳤습니다.

- 원래부터의 상태가 현재에도 그 상태로 계속되고 있는 것을 나타낸다.

  顔が似ています。　　　　　　얼굴이 닮았습니다.

山がそびえています。	산이 솟아 있습니다.
言葉が有り触れています。	말(내용)이 흔합니다.
技術が優れています。	기술이 뛰어납니다. (우수합니다)

- 하나의 동사가, 동작·작용의 진행과 결과의 모두를 나타낸다.

雨が降っています。	비가 내리고 있습니다.
葉が落ちています。	잎이 떨어지고 있습니다.

- 반복을 나타낸다.

火山が爆発しています。	화산이 폭발하고 있습니다.

- 습관을 나타낸다.

毎朝、散歩しています。	매일 아침, 산보(산책)하고 있습니다.

- 경험을 나타낸다.

台湾には去年行っています。	타이완에는 작년에 갔었습니다.

- 타동사(て形＋ある) : ~해져 있다. ~해 놓다. 동작·작용의 결과나 상태를 나타낸다.

- 동작의 결과를 나타낸다.

花が植えてあります。	꽃이 심어져 있습니다.
壁に絵が掛けてあります。	벽에 그림이 걸려 있습니다.

字が書いてあります。　　　　　　글씨가 써져 있습니다.

• 준비 · 동작의 완료를 나타낸다.

すでに頼んであります。　　　　　이미 부탁해 놓았습니다.

ご飯は炊いてあります。　　　　　밥은 해 놓았습니다.

そのことは前もって約束してあります。 그 일은 사전에 약속해 놓았습니다.

• 같은 동작 · 결과를 나타내는 경우의 ている와 てある。

자동사 (て形) + いる。	타동사 (て形) + ある。
ドアが開いています。	ドアが開けてあります。
자연적으로 행하여진 동작 · 결과. (사람에 의해 열렸다든지, 바람에 의해 열렸다든지 확실하지 않은 경우 의지의 동작이 보이지 않는다)	행위적으로 행하여진 동작 · 결과. (누군가의 의지로 창문을 열어서, 지금도 열려져 있다)
電灯が点いている。　　전등이 켜 있다.	電灯が点けてある。　　전등을 켜 놓았다.
仕事が残っている。　　일이 남아 있다.	仕事を残してある。　　일을 남겨 놓았다.
水が流れている。　　　물이 흐르고 있다.	水を流してある。　　　물을 흐르게 했다.

• 타동사 (て形 + いる) : ~하고 있다. (현재진행과 상태를 나타낸다)

• 현재 그 동작이 진행 중이거나 지속하고 있는 것을 나타낸다.

りんごを食べています。　　　　　사과를 먹고 있습니다.

絵を描いています。　　　　　　　그림을 그리고 있습니다.

食器を洗っています。　　　　　　식기를 닦고 있습니다.

• 동작이 행하여진 결과의 상태가 계속되고 있는 것을 나타낸다.

荷物を持っています。　　　　짐을 들고 있습니다.

学校を卒業しています。　　　학교를 졸업했습니다.

日本語を習っています。　　　일본어를 배우고 있습니다.

▶ 窓が開いている。 → 창문이 열려 있다.　　(자연히 열림)
　窓が開けてある。 → 창문이 열려져 있다.　(일부러 열어 놓음)
　窓を開けている。 → 창문을 열고 있다.　　(동작이 진행 중)

• 자동사·타동사의 상태의 문장.

자동사 (自動詞)	타동사 (他動詞)
ドアが開いています。 문이 열려 있습니다.	ドアが開けてあります。 문이 열려져 있습니다.
窓が閉まっています。 창문이 닫혀 있습니다.	窓が閉めてあります。 창문이 닫혀져 있습니다.
電気が消えています。 전기가 꺼져 있습니다.	電気が消してあります。 전기가 꺼져 있습니다.
電気が点いています。 전기가 켜 있습니다.	電気が点けてあります。 전기가 켜져 있습니다.
水が入っています。 물이 들어 있습니다.	水が入れてあります。 물이 넣어져 있습니다.
ごみが出ています。 쓰레기가 나와 있습니다.	ごみが出してあります。 쓰레기를 내 놓았습니다.

• てみます。~해 보겠습니다.

　용법 : 동사(て形) + みます。

　의미 : 의지적으로 시험하는 동작.

漢字で書いてみます。　　　　　　　　　한자로 써 보겠습니다.

漢字で書いてみてください。　　　　　　한자로 써 봐주세요.

漢字で書いてみましょう。　　　　　　　한자로 써 봅시다.

わからないので、辞書で調べてみます。　모르기 때문에, 사전에서 찾아보겠습니다.

• のに。~인데도. ~했는데도. (역접의 확정 조건)

　용법 : 동사 · い형용사 · な형용사 · 명사(기본체) + のに。

　　　　• な형용사 · 명사(단어) + なのに。

　의미 : 예상하지 않았던 결과가 발생해서 원래의 상태로 돌아갈 수 없을 때, 비난이나 불만,
　　　　안타까움의 뜻을 나타낸다.

中学生なのに、たばこを吸っています。　중학생인데도, 담배를 피우고 있습니다.

あの人は病気なのに、出掛けました。　　저 사람은 병인데도, 외출했습니다.

わざわざ来たのに、誰も来なかった。　　일부러 왔는데도, 아무도 오지 않았다.

あの人は知っているのに、答えません。　저 사람은 알고 있으면서도, 대답하지 않습니다.

あの人はいつも沢山食べるのに、太りません。

저 사람은 언제나 많이 먹는데도, 살이 찌지 않습니다.

せっかくケーキを作ったのに、誰も食べませんでした。

모처럼 케이크를 만들었는데, 아무도 먹지 않았습니다.

あそこのレストランは高いのに、美味しくありません。

저기의 레스토랑은 비싼데도, 맛이 없습니다.

この機械は便利なのに、だれも使いません。

이 기계는 편리한데도, 아무도 사용하지 않습니다.

• のに。 **~하는 데. ~하기 위해.**

용법 : 동사(기본형)＋のに。

의미 : 목적의 의미를 나타낸다.

薬は病気を治すのに使います。   약은 병을 치료하는 데 사용합니다.

財布はお金を入れるのに使います。   지갑은 돈을 넣는 데 사용합니다.

消しゴムは字を消すのに使います。   지우개는 글씨를 지우는 데 사용합니다.

• ところ

• 용법 : 동사(기본형)＋ところです。

  의미 : 동작의 개시 직전. (지금부터 ~할 생각입니다)

今からケーキを作るところです。   지금부터 케이크를 만들 생각입니다.

• 용법 : 동사(현재진행형)＋ところです 。

  의미 : 동작의 진행 중. (지금 ~하고 있는 중입니다)

今ケーキを作っているところです。   지금 케이크를 만드는 중입니다.

• 용법 : 동사(과거형)＋ところです。

  의미 : 동작의 완료. (지금 막 ~동작이 끝났습니다)

たった今ケーキを作ったところです。 지금 막 케이크를 만들었습니다.

• 용법 : 동사(기본형)＋ところでした。

  의미 : ~일 뻔했습니다.

昨日の事故で死ぬところでした。   어제 사고로 죽을 뻔했습니다.

• ばかりです。~**지금 막 동작이 끝났습니다.**

용법 : 동사(과거형)＋ばかり。

의미 : 동작이 지금 막 끝났다는 의미를 나타낸다.

ところ와 ばかり의 차이점은 ばかり는 심리적으로 가깝다는 뉘앙스가 있다면,
ところ는 시간적으로 가까운 경우에 사용한다.

起きたばかりでまだ顔も洗っていません。

지금 막 일어나서 아직 얼굴도 씻지 않았습니다.

リーさんは日本へ来たばかりです。

이씨는 일본에 온 지 얼마 안되었습니다.

• **명령형.**

용법 : 동사Ⅰ : え段　　　　　　　　동사Ⅱ : ます만 빼고 ろ・よ

　　　동사Ⅲ : する → しろ・せよ　　동사Ⅲ : くる → こい・こよ

　　・동사(ます形)＋なさい。(여성어)

의미 : 명령을 나타낸다.

早く行け。　　　　　　　　빨리 가라. (남성어)

早く行きなさい。　　　　　빨리 가라. (여성어)

• **부정 명령형.**

な　: ~하지 말아라. (부정의 명령형으로 사용함)

용법 : 동사(기본형)＋な。　　　　　　(남성어)

　　　동사(ない形)＋ないでください。(여성어)

의미 : 금지를 나타내는 명령형이다.

あしたから来るな。　　　　내일부터 오지 마. 　　(남성어)

あしたから来ないでください。　내일부터 오지 마세요. (여성어)

• **의지형**＋と思います。~**하려고 생각합니다.**

 용법 : 동사Ⅰ : お段＋う　　　　　동사Ⅱ : ます만 빼고 よう
　　　　동사Ⅲ : する → しよう　　동사Ⅳ : くる → こよう
 의미 : 어디까지나 생각뿐이고 동작은 행하지 않은 상태를 나타낸다.

私は夏休みに国へ帰ろうと思います。

나는 여름방학에 본국으로 돌아가려고 생각합니다.

• つもりです。~**할 생각입니다.**

 용법 : 동사(기본형·부정형)＋つもり。
 의미 : 자기의 추측이나 생각에서 그렇다고 생각할 때 사용한다.

私は大学でコンピューターの勉強をするつもりです。

나는 대학교에서 컴퓨터공부를 할 생각입니다.

明日どこへも行かないつもりです。

내일 어디에도 가지 않을 생각입니다.

• 予定。~**할 예정입니다.**

 용법 : 동사(기본형)＋よてい。
 의미 : 미리 결정된 것. 또는 어떠한 스케줄에 의해서 일이 진행될 때 사용한다.

一学期は7月20日ごろ終わる予定です。　1학기는 7월 20일경 끝날 예정입니다.

• くれ。~**해 달라. ~해 줘라.**

 용법 : 동사(て形·ない形)＋くれ。
 의미 : ください의 명령형으로 주로 남성들이 사용한다.

忙しいから手伝ってくれ。　　　　바쁘니까 도와주어라.

大丈夫だから心配しないでくれ。　괜찮으니까 걱정하지 마라.

• すぎる。 **지나치게 ~하다**.

　용법 : 동사(ます形)　　　＋すぎます。
　　　　い형용사(い만 빼고)＋すぎます。
　　　　な형용사(단어)　　＋すぎます。
　의미 : 사물의 정도가 지나친 것을 나타낸다.

夏休みに遊びすぎてはいけませんよ。　여름방학에 너무 놀아서는 안 됩니다.

冷房が効きすぎて寒いです。　　　　　냉방이 너무 잘되어서 춥습니다.

この本は難しすぎます。　　　　　　　이 책은 너무 어렵습니다.

ここは静かすぎて、恐いです。　　　　여기는 너무 조용해서, 무섭습니다.

• **명사형**.

　食べ過ぎ (과식).　　飲み過ぎ (과음).　　遊び過ぎ (너무 놈).

　買い過ぎ (낭비).　　使い過ぎ (과 사용).　吸い過ぎ (지나친 흡연).

病気の原因は、お酒の飲みすぎです。　병의 원인은, 과음 때문입니다.

• そうです。 **~인 것 같습니다.**

　용법 : 동사(ます를 빼고·부정형 ない에서는 い를 빼고 な)＋そうです。
　의미 : 외관상으로 판단해서, 실제로 확인한 것은 아니지만, 어떤 상태모습의 징조가 인정되
　　　　는 것을 나타낸다. 말하는 상대, 그 외의 사람의 기분을 추측할 때도 사용한다.
　　　　(そう 뒤에 명사가 오면 문장 연결은 な형용사 같다)

긍 정 형	부 정 형
行きそうです。 갈 것 같습니다.	行きそうに(も) ないです。　갈 것 같지도 않습니다.
	行かなそうです。　　　　　갈 것 같지 않습니다. (문법적으로는 맞지만, 사용하지는 않음)

• い형용사 (い만 빼고) そうです。

긍 정 형	부 정 형
大^{おお}きそうです。 클 것 같습니다.	大^{おお}きくなさそうです。　크지 않을 것 같습니다.

• よい와 ない는 주의할 것.

기 본 형	긍 정 형
よい	よさそうです。　좋을 것 같습니다.
ない	なさそうです。　없을 것 같습니다.

• な형용사 (단어) + そうです。

긍 정 형	부 정 형
親切^{しんせつ}そうです。 친절한 것 같습니다.	親切^{しんせつ}じゃなさそうです。　친절하지 않은 것 같습니다. 親切^{しんせつ}そうではないです。　친절한 것 같지도 않습니다.

• 명사에는 そう가 접속되지 않는다. 어떤 물건을 보고, 그것이 「~인 것 같다」라고 말하고 싶을 때는 「のようだ」를 사용한다. 단 부정형에는 「명사＋ではなさそうだ」가 있다.

명 사	
(X) あの人^{ひと}は会社員^{かいしゃいん}そうだ。	저 사람은 회사원인 것 같다.
(O) あの人^{ひと}は会社員^{かいしゃいん}のようだ。	저 사람은 회사원인 것 같다.
(O) あの人^{ひと}は会社員^{かいしゃいん}ではなさそうだ。	저 사람은 회사원이 아닌 것 같다.

- そうです。~인 것 같습니다. (예상)

용법 : 동작동사(ます형)＋そうです。

의미 : 눈앞의 외관이나 주관적인 인상에 기초를 두고, 동작·작용이 가까운 장래에 실현하는
　　　가능성이 있는 것을 언급한다.

早く水をやらないと、この花は枯れそうです。

빨리 물을 주지 않으면, 이 꽃은 마를 것 같습니다.

あの人は泣き出しそうな顔をしている。

저 사람은 울 것 같은 얼굴을 하고 있다.

小学生が今朝プールで、溺れそうになりました。

초등학생이 오늘 아침 풀장에서, 익사할 뻔했습니다.

- そうです。~인 것 같습니다. (추측)

용법 : 동사(ます形)·い형용사·な형용사(어간)＋そうです。

의미 : 강하고 주관적인 추측을 나타내는 일부터, 그 경우의 상황이나 과거의 경험·지식에
　　　기초를 두고 「당연히 ~이다」라고 하는 기분이 있는 추측이다.

こんなことを言ったら、先生に叱られそうです。

이런 것을 말한다면, 선생님에게 혼날 것 같습니다.

どこにでもありそうな物なのに、見付からない。

어디에라도 있을 것 같은 물건인데도, 눈에 띄지 않는다.

表向きは華やかそうに見えて、中身はとても寂しがりやです。

겉모습(표면상)은 평온하게 보이지만, 속은 대단히 외로운(쓸쓸한) 사람입니다.

これだけ詳しく説明したのだから、分かってくれてもよさそうなものだ。

그만큼 자세하게 설명했기 때문에, 이해해 주어도 좋을 것이다.

- い형용사 (い만 빼고) + そうです。

  부정형 ない에서 い만 빼고 + さそうです。

- **기본체+そうです。~라고 합니다.** (伝聞)

  용법 : 동사・い형용사・な형용사・명사(기본체)+そうです。

  의미 : 남에게 전해들은 것을 남에게 전달할 때 사용한다.

夕方から雨が降るそうです。

저녁부터 비가 내린다고 합니다.

リンさんは大学へ行かないそうです。

린씨는 대학에 가지 않는다고 합니다.

金さんは今東京に向かって行っているそうです。

김씨는 지금 도꾜를 향해서 가고 있다고 합니다.

今朝のニュースによると、甲州街道で交通事故があったそうです。

오늘 아침 뉴스에 의하면, 고슈까이도에서 교통사고가 있었다고 합니다.

テレビのニュースによると、アメリカの大統領が来るそうです。

텔레비전의 뉴스에 의하면, 미국대통령이 온다고 합니다.

- **い형용사 (기본체) + そうです。**

あの映画はとてもおもしろいそうですよ。

저 영화는 매우 재미있다고 합니다.

新聞によると、今年の夏はあまり暑くないそうです。

신문에 의하면, 올 여름은 그다지 덥지 않다고 합니다.

山本さんは昨日とても忙しかったそうです。

야마모또씨는 어제 매우 바빴었다고 합니다.

山本さんは昨日あまり忙しくなかったそうです。

야마모또씨는 어제 그다지 바쁘지 않았다고 합니다.

• な형용사 · 명사 (기본체) + そうです。

　단 な형용사 · 명사의 긍정은 단어 + だそうです。

先週は暇だったそうです。	지난주는 한가했다고 합니다.
先週は暇ではなかったそうです。	지난주는 한가하지 않았다고 합니다.
リーさんは旅行が好きだそうです。	이씨는 여행을 좋아한다고 합니다.
あの店の人はあまり親切じゃないそうです。	저 가게 점원은 그다지 친절하지 않다고 합니다.
火事の原因はたばこの火だそうです。	화재의 원인은 담뱃불이라고 합니다.
田中さんは病気だそうです。	다나까씨는 병이라고 합니다.
テストは月曜日じゃなかったそうです。	테스트는 월요일이 아니었다고 합니다.
天気予報によると、明日は晴れだそうです。	일기예보에 의하면, 내일은 맑다고 합니다.

• 動詞의 活用。 (동사의 활용)

• 동사 I. (오단동사)

	か	ない	부정형	가지 않는다.
	き	ます	ます형	갑니다.
	き	なさい	명령형	가라. (여성어)
	く		기본형	가다.
行	け		명령형	가라. (남성어)
	け	ば	가정형	간다면.
		る	가능형	갈 수 있다.
	こ	う	의지형	가자.

• 동사Ⅱ. (상일단동사 · 하일단동사)

	ない	부정형	먹지 않는다.
	ます	ます형	먹습니다.
	る	기본형	먹다.
	なさい	명령형	먹어라. (여성어)
食べ	ろ	명령형	먹어라. (남성어)
	よ	명령형	먹어라. (남성어)
	れば	가정형	먹는다면.
	られる	가능형	먹을 수 있다.
	よう	의지형	먹자.

• 동사Ⅲ. する。

	ない	부정형	하지 않는다.
	ます	ます형	합니다.
し	なさい	명령형	해라. (여성어)
	ろ	명령형	해라. (남성어)
	よう	의지형	하자.
	る	기본형	하다.
す	れば	가정형	한다면.
	できる	가능형	할 수 있다.
せ	よ	명령형	해라. (남성어)

• 동사Ⅲ. 来る。

	ます	ます형	옵니다.
来	なさい	명령형	와라. (여성어)
来	る	기본형	오다.
	れば	가정형	온다면.

来	ない	부정형	오지 않는다.
	い	명령형	와라. (남성어)
	よ	명령형	와라. (남성어)
	よう	의지형	오자.
	られる	가능형	올 수 있다.

01 間違っている読み方をそれぞれの中から一つ選びなさい。

① 冬至　（とうじ）　　　　② 副社長 (ふくしゃちょう)

③ 保健所 (ほけんじょ)　　④ 神秘　（しんび）

⑤ 砂漠　（さばく）

➡ ④ しんぴ (신비)

① 동지. (夏至 : 하지)　　　② 부사장.

③ 보건소.　　　　　　　　⑤ 사막. (砂場 : 모래사장)

02 次の文の正しい解釈を一つ選びなさい。

その計画はめちゃくちゃになって行きました。

① 그 계획은 착착 진행되어 갔습니다.

② 그 계획은 은밀하게 되어 갔습니다.

③ 그 계획은 눈에 보일 듯이 진행되어 갔습니다.

④ 그 계획은 엉망으로 되어 갔습니다.

⑤ 그 계획은 눈가림하듯 되어 갔습니다.

➡ めちゃくちゃ : 순서 등이 엉망진창으로 되다. 도리에서 벗어나 있다. 형체를 알아볼 수 없도록 망가진 모습. 산산조각이 나다. 지나치다.
めちゃくちゃな弁解. 터무니없는 변명. めちゃめちゃ. 도리에서 벗어나 있는 것.

• 次の文の(　　　)の中に最も適当なものを一つ選びなさい。(3~6)

03 人には笑顔で(　　　)ように努力しています。

①　見る　　　　　　　　　②　さわる
③　接する　　　　　　　　④　触れる
⑤　見送る

解説

➡ 사람들에게는 웃는 얼굴로 대할 수 있도록 노력하고 있습니다.

② 만지다. 접촉하다. 닿다. 감정을 상하게 하다. (触る)

③ 접촉하다. 닿다. 관심을 갖다.

④ 만지다. 접촉하다. 닿다. 뛰어난 것의 영향을 받다. 우연히 또는 자연히 알다.

⑤ 배웅하다(みおくる). (迎える : 마중나가다)

04 もう時間ですから(　　　)出かけましょうか。

①　とうとう　　　　　　　②　やっと
③　そろそろ　　　　　　　④　だんだん
⑤　やがて

해설

➡ 이제 시간이 되었기 때문에 슬슬 나갈까요.

① 마침내. 결국은.　　　　　② 드디어.

③ 슬슬 어떤 동작을 할 때가 되었다.　④ 점점. (ますます・どんどん)

⑤ 조만간에. 곧. 이윽고. (その内に・間もなく)

05 昨日、風邪(　　　)引きましたから、学校(　　　)休みました。

①　を　　　　　　　　　　②　が
③　も　　　　　　　　　　④　に
⑤　で

➡️ 어제는 감기에 걸렸기 때문에, 학교를 결석했습니다.

① ~을. ~를.

② ~이. ~가.

③ ~도.

④ ~에. (존재를 나타내는 장소)

⑤ ~에서. (동작이 행하여지는 장소)

06 来週日光(　　　)でしたが、行けなくなりました。

① ～へ行く

② ～へ行きたい

③ ～へ行きそう

④ ～へ行くつもり

⑤ ～へ行った

➡️ 다음 주 닛꼬에 갈 생각이었습니다만, 갈 수 없게 되었습니다.

① ~에 가다.

② ~에 가고 싶다.

③ ~에 갈 것 같다.

④ ~에 갈 생각이다.

⑤ ~에 갔다.

07 「佐藤さんは五階の会議室にいらっしゃるようです。」의 올바른 해석을 고르세요.

① 사또씨는 5층의 회의실에 계신다고 합니다.

② 사또씨는 5층의 회의실에 계셨습니다.

③ 사또씨는 5층의 회의실에 가 있습니다.

④ 사또씨는 5층의 회의실에 계신 것 같습니다.

⑤ 사또씨는 5층의 회의실에 계실 것입니다.

➡️ よう : 사물의 사정이나 사람의 심정 등을 추측하며, 불확실한 판단을 나타낸다. 말하는 사람의 감각에 기초를 둔 주관적, 또는 직감적인 판단이고, 추량의 조동사 「らしい」와 같이 사용하는 일이 많다. 회화체로는 「みたい」를 사용한다.

08 「무리한 부탁이라고 알고는 있지만 괜찮으시다면, 해 주시지 않겠습니까.」의 올바른 일본어를 고르세요.

① 無理なお願いとは存じますが、よろしければやってくださいませんか。

② 無理なお願いと思いますが、よければやっていただきませんか。

③ 無理なお願いだとご存じますが、よろしゅうございますからいただけませんか。

④ 無理なお願いだとは存じますが、いいと思うならやらせていただきませんか。

⑤ 無理なお願いと知りますが、やらせてくださいませんか。

해설

➡ 知る : 알다. ご存じ (존경어). 存じる (겸양어).

동사 사역형＋もらう、いただく。의 행위자는 내가 된다.

동사 て형 ＋もらう、いただく。의 행위자는 상대가 된다.

飲ませていただきます。 내가 마시겠습니다.

飲ませてもらいます。　내가 마시겠습니다.

飲んでいただきます。　상대가 마십니다.

飲んでもらいます。　　상대가 마십니다.

▶ い형용사 · な형용사의 겸양표현.

い형용사(감정 · 감각 형용사 및 자신과 그 주위의 것에 대해서 언급하는 경우는 겸양표현이 된다). 다음의 3종류의 형이 있지만 사용하는 빈도는 적다.

• 기본형(い자 앞의 글자가)이 あ段 (あかい) · お段 (あおい) 으로 끝나는 것은 お段＋うございます. (예를 들어 あおい처럼 い자 앞의 글자가 お단일 경우는 그대로 사용한다)
赤いです → あこうございます。 　　빨갛습니다. (お단＋う) 近いです → ちこうございます。 　　가깝습니다. (お단＋う) 青いです → あおうございます。 　　파랗습니다. (お단＋う) 強いです → つようございます。 　　강합니다. (お단＋う)
• 기본형의 끝 글자가 しい로 끝나는 것은 しい만 빼고 しゅうございます.
美しいです → 美しゅうございます。 　　아름답습니다.

- 기본형(い자 앞의 글자가) 이 う段 (あ<u>つ</u>い) 로 끝나는 것은 うございます. (기본형에서 い만 빼고 うございます)

あつ
熱いです → あつうございます.　　　뜨겁습니다.

- 良い・大きい・可愛いは 겸양어를 사용하지 않는다.
- 과거를 나타낼 때는 赤かったですが あこうございました. 로 된다.

09 次の文の(　　　)の中に最も適当なものを一つ選びなさい. (9~16)

せんせい　　　かわかみ
先生：川上さんはまだいますか.

がくせい
学生：いいえ、もういません. 今(　　　)ところです.

① 帰りそうな　　　　　② 帰りました

③ 帰り　　　　　　　　④ 帰った

⑤ 帰る

해설

▶ 동사 (과거형) + ところ : 지금 막 동작이 완료된 상태를 나타낸다.

선생 : 가와까미씨는 아직 있습니까.

학생 : 아니요, 이미 없습니다. 지금 막 돌아갔습니다.

10 雨が降らない(　　　)に帰るつもりだったが、もう降ってきてしまった.

① まで　　　　　　　　② まえ

③ うち　　　　　　　　④ あと

⑤ から

해설

▶ 비가 내리기 전에 돌아갈 생각이었지만, 이미 내리고 말았다.

① ~까지.　　　　　　　② ~하기 전에. (前に)

③ ~하는 동안에. (間に)　　④ ~한 후에. (後で)

⑤ ~로부터.

11 この筆者は他人から聞いた話を、あたかも(　　)。

① 自分で見たかのように書いている。　② 読者にわかりやすいように書いている。

③ 発展させてさらにおもしろくしている。　④ そのまま少しもかえずに書いている。

⑤ 誰から聞いたようにしている。

해설

➡ 이 필자는 남으로부터 들은 이야기를, 마치 자신이 본 것처럼 쓰고 있다.

마치 (ちょうど、まるで、さながら、あたかも) 뒤 문장은 반드시 よう、みたい를 동반한다.

① 자신이 본 것처럼 쓰고 있다.　② 독자가 이해하기 쉽도록 쓰고 있다.

③ 발전시켜서 더욱더 재미있게 하고 있다.　④ 그대로 조금도 바꾸지 않고 쓰고 있다.

⑤ 누군가로부터 들은 것처럼 하고 있다.

---

12 この問題は私には歯が立たない。考えれば考えるほど(　　)。

① 少しもわからない　② 少しだけわかってきた

③ だんだんよくわかるようになる　④ ますますわからなくなる

⑤ あまりやさしくなる

해설

➡ 이 문제는 나로서는 도저히 할 수 없다. 생각하면 생각할수록 점점 어려워진다.
歯が立たない。실력 이상이다. 당해낼 수 없다. (手に余る・手が付けられない・手強い・手に負えない・始末に負えない・手が出ない)

① 조금도 이해가 안 된다.　② 조금만 이해가 되었다.

③ 점점 더 이해하게 되다.　④ 점점 더 이해할 수 없게 되다.

⑤ 너무 쉬워지다.

13 大雨が降っていたにもかかわらず(　　).

① その前日はいい天気だった　　② 外出するのをやめた
③ 雨はなかなか止まなかった　　④ 梅雨に入ってしまった
⑤ 荷物を家まで届けてくれた

해설

➡ 큰 비가 내렸음에도 불구하고 짐을 집까지 배달해 주었다.

にもかかわらず。~임에도 불구하고. ~에도 상관없이. (역접)

① 그 전날은 좋은 날씨였다.　　② 외출하는 것을 그만두었다.
③ 비는 좀처럼 그치지 않았다.　　④ 장마철에 접어들고 말았다.
⑤ 짐을 집까지 배달해 주었다.

14 子供(　　)大人のような口をきく。

① がせっかく　　　　　② がいっそう
③ のくせに　　　　　　④ の真似をして
⑤ のように

해설

➡ 아이가(어린아이인 주제에) 어른 같은 말을 한다.

くせ : ~인데도. ~인 주제에. 모순·배반인 것을, 불만·비난의 기분을 넣어 말한다.
　　　(のに · けれども)

① 모처럼.　　　　　　② 한층 더.
④ 흉내를 내다.　　　　⑤ ~처럼.

15 お金(　　)ほしいとは思わない。

① を払ってまで　　　　② があるからには
③ がいくらでも　　　　④ を払えば
⑤ があるからといって

➡️ 돈을 지불하는 것까지 원한다고는 생각하지 않는다.

① 지불하는 것까지
② ~인 이상은. (からには)
③ 얼마라도. 얼마든지. (いくらでも)
④ ~을 지불한다면
⑤ ~라고 해서. (からといって)

16 たとえ(　　　)貸_かしてあげない。

① 持っていないので
② 持っていたとしても
③ 持っていようにも
④ 持っていないとすれば
⑤ 持っていたから

➡️ 설령 갖고 있다 하더라도 빌려주지 않겠다.

たとえ : 설령. 가령. (보통 일어날 수 없는 것을 예로 들 때)

① 가지고 있지 않기 때문에
② 가지고 있다고 하더라도
③ 가지고 있어도
④ 가지고 있지 않다고 한다면
⑤ 가지고 있었기 때문에

17 「岡田_{おかだ}さんはいつも文句_{もんく}ばかり言_いっています。」의 올바른 해석을 고르세요.

① 오까다씨는 언제나 작문만 말합니다.
② 오까다씨는 늘 거짓말만 합니다.
③ 오까다씨는 늘 주제만 이야기합니다.
④ 오까다씨는 언제나 불평만 말하고 있습니다.
⑤ 오까다씨는 늘 본인 이야기만 합니다.

18 「一通り読んでみたんですが。」の意味を一つ選びなさい。

① ざっと読んだ。

② やさしそうな所だけ読んだ。

③ 最初の部分だけ読んだ。

④ 何回も繰り返し読んだ。

⑤ 最後の部分だけ読んだ。

19 次の文の問いに答えなさい。

　韓国の食べ物はどうでしたか。

① おしいです。

② とてもきらかったんです。

③ まずくて安いです。

④ 大変熱いでした。

⑤ とてもおいしいですが、少し辛かったんです。

- 次の文の(　　　)の中に最も適当なものを一つ選びなさい。(20~23)

20 子供に死なれること(　　　)悲しいことはありません。

① だけ   ② こそ

③ くらい   ④ ばかり

⑤ など

해설

➡️ 아이가 죽은 정도로(아이를 잃는 것만큼) 슬픈 일은 없습니다.

くらい …はない。~할 정도로 ~는 없다. 그것이 제일이라고 하는 의미를 나타낸다.

21 もう元には戻らない、取り返しが(　　　)から。

① きかない   ② つかない

③ できない   ④ もどらない

⑤ でない

해설

➡️ 이제는 원래대로(처음으로) 돌아갈 수 없다, 원상태로 되돌릴 수 없기 때문에.

取り返しがつかない。원상태로 돌아갈 수 없다. 만회할 수 없다. 돌이킬 수 없다.

22 たとえ給料があがった(　　　)労働時間が長くなったのでは少しもありがたくない。

① としても   ② となれば

③ といって   ④ としたら

⑤ とながら

해설

➡️ 가령(설령) 월급이 올랐다고 해도 노동시간이 늘었다면은 조금도 고맙지 않다.

① ~라고 하더라도. ~라고 해도.

23 あの事故が(　　　)になって、反対運動が起きた。

① 火ぶた　　　　　　　　　② 足がかり

③ 引き金　　　　　　　　　④ 引きぎわ

⑤ 言いがかり

▶ 그 사고가 계기가 되어, 반대운동이 일어났다.

① 火ぶたを切る。 행동을 개시하다.　　② 발판. 실마리. (手がかり・糸口)

③ 방아쇠. 계기. 동기. (きっかけ)　　　④ 물러날 때. 사퇴할 때. (引き際)

⑤ 트집을 잡다. (言い掛かりを付ける)

• 次の文の(　　　)の中に最も適当なものを一つ選びなさい。(24~27)

24 この洋服を着る(　　　)なんとなく女らしくなった感じがするわ。

① と　　　　　　　　　　② なら

③ し　　　　　　　　　　④ なり

⑤ つつ

▶ 이 양복을 입으면 왠지 모르게 여자다워진 느낌이 들어요.

② なら : 뒤 문장의 일이 앞 문장보다 먼저 일어난 경우에 사용.

③ ~이기도 하고.　　　　　　　④ ~하자마자.

⑤ ~이지만. 두 가지 동작을 동시에 할 때. (ながら)

25 保険を掛けるのは必要なことだということはわかっているが、(　　　)毎月の支払いは、私にとってきつい。

① そのために　　　　　　② その結果

③ それなのに　　　　　　④ それにしても

⑤ それなら

➡ 보험을 드는 것은 필요한 것이라고는 알고 있지만, 그렇다고 해도 매월 지불하는 것은, 나로서는 힘겹다(힘들다).

きつい : 일의 정도가 심하다. 코나 혀 등에 자극이 강하다. 냄새가 심하다. 힘을 꽉 주다.
여유가 없어 답답하다. 규율·요구 등이 엄격하다. 어떤 일을 수행하거나 감당하기가 쉽지 않다. 성질이 세다. 기가 세다.

① 그렇기 때문에.　　　　② 그 결과.
③ 그런데도.　　　　　　④ 그렇다고 해도.
⑤ 그렇다면.

26 どんなに一生懸命勉強した(　　　)あの人が東大に入れるとは思えない。

① どころか　　　　② からには
③ ものを　　　　　④ ところで
⑤ なら

➡ 아무리 열심히 공부해 봤자 그 사람이 도꾜대학에 들어갈 수 있다고는 생각되지 않는다.

① ~는커녕.　　　　② ~한 이상은. (以上は)
③ ~것을.　　　　　④ ~한들. ~해 봤자.
⑤ ~하는 것이라면.

27 下線の部分の意味として最も適当だと思われるのはどれですか。

　ひたすら前進あるのみ。

① せいぜい　　　　② まったく
③ そのため　　　　④ せっかちに
⑤ ひとすじに

➡ 오로지 전진할 뿐. (ひたすら : 오로지. 외줄기. 그 일에만 마음을 집중하다. 一途に · 専ら · 偏に · 直向き · 一筋に)

① 기껏해야. 고작. (精々)　　② 전혀. 상대편 의견에 동감할 때. (全く)

③ 그것 때문에.　　④ 성격이 급하다. (気が早い · 気が短い · 短気)

⑤ 오로지. 외줄기.

28 주어진 일본어를 번역한 것 중 가장 적당한 것을 고르세요.

弟はふえをでたらめに吹いて遊びました。

① 동생은 피리를 신나게 불며 놀았습니다.

② 동생은 피리를 손가락으로 불며 갔습니다.

③ 동생은 피리를 아무렇게나 불며 놀았습니다.

④ 동생은 피리를 구슬프게 불며 놀았습니다.

⑤ 동생은 피리를 씩씩하게 불며 놀았습니다.

➡ 出たら目に : 아무렇게나. 엉터리. 장난으로. (無茶 · なまぬるい)

29 밑줄 친 부분과 같은 뜻이 아닌 것을 고르세요.

日が沈むと辺りは徐々に暗くなってきた。

① ゆっくり　　② どんどん

③ つぎつぎに　　④ しだいに

⑤ おもむろに

➡ 해가 지자 주위는 서서히 어두워져 왔다. (日が昇る : 해가 뜨다)

① 천천히.　　　　　　② 점점. (ますます · だんだん)

③ 계속해서. (次々に)　　④ 차츰. (次第に)

⑤ 서서히. (徐ろに)

30 일본어를 우리말로 바르게 옮긴 것을 고르세요.

> 今日は忙しくないから、お手伝いは遠慮致します。

① 오늘은 바쁘지 않으니까 심부름을 시켜도 괜찮습니다.

② 오늘은 바쁘지 않으니까 거들어 주는 것은 사양하겠습니다.

③ 오늘은 바쁘지 않으니까 손바느질을 할 작정입니다.

④ 오늘은 바쁘지 않으니까 손 가는 일부터 차근차근 처리할 예정입니다.

⑤ 오늘은 바쁘지 않으니까 손에 닥치는 대로 남을 도울 생각입니다.

해설

➡ 遠慮 : 사양하다. 미래의 일을 생각하다. (致す : する의 겸양어)

31 「ごめんください。」의 대답으로 가장 적당한 것을 고르세요.

① しばらくですね。　　② よかったですね。

③ 気をつけて下さい。　④ お大事に。

⑤ どなたですか。

해설

➡ 계십니까. (남의 집이나 직장을 방문할 때 사용)

　미안합니다. 실례합니다의 의미도 있다. (すみません · 失礼します)

① 오래간만입니다. お久し振りですね (윗사람에게) · しばらくですね (동년배나 어린 사람에게)

④ 몸조심하세요. (주로 환자에게)

32 다음 관용어의 뜻이 잘못 짝지어진 것을 고르세요.

① 腹をきめる : 결심하다. ② 手ぜま : 비좁다.

③ 手を焼く : 무척 덥다. ④ 道草を食う : 도중에 딴 짓하고 게으름피우다.

⑤ 恩に着る : 고맙게 여기다.

해설

➡ 手を焼く : 고생하다. 애먹다. 시간이 많이 들다. (骨が折れる·骨を折る)

② 手狭 : 비좁은. 오붓함. ④ 途中で暇を潰す.

• 次の文の( )の中に最も適当なものを一つ選びなさい。

33 なまけものでしょう。今まで( )延びてしまいました。

① そわそわ ② じろじろ

③ はらはら ④ ずるずる

⑤ すらすら

해설

➡ 게으름뱅이(怠け者)군요. 지금까지 계속 지연되고 말았습니다.

① 안정되지 않는 모습. (안절부절) ② 빤히 쳐다보는 모습.

③ 옆에서 걱정하는 모습. 눈이 조금씩 떨어지는 모습. 눈물·나뭇잎이 조용히 떨어지는 모습.

④ 약속을 지연하다. 주르르 미끄러지는 모습. 코흘리는 소리. (훌쩍훌쩍)

⑤ 일이 지체없이 순조롭게 되는 모습. (이야기가 줄줄)

---

34 「えたいのしれない人物。」の意味を一つ選びなさい。

① 이득이 없는 인물. ② 이득이 많은 인물.

③ 몸이 크며 이득이 없다. ④ 정체를 밝히는 인물.

⑤ 정체를 알 수 없는 인물.

➡️ ⑤ 得体の知れない人物。

35 田中さんの奥さんはいつも見えを張っている。下線の部分の意味を一つ選びなさい。

① 見えるようにする。　　　② 外観を飾る。

③ 取るに足りない。　　　　④ 物を見ない。

⑤ 知らん振りする。

➡️ 다나까씨의 부인은 언제나 사치를 부리고 있다.

見えを張る : 허세를 부리다. 사치하다. (贅沢する · 世間を張る)

見えを切る : 일부러 자신을 과시하는 태도를 취하다.

① 보이게 한다.　　　　　　② 외관을 장식하다(꾸미다).

③ 하찮다. 시시하다. 거론하는 것조차도 부족하다. (詰らない · 下らない)

④ 사물을 보지 않는다.　　　⑤ 모르는 척하다. 모르는 체하다.

• 次の文の(　　　)の中に最も適当なものを一つ選びなさい。(36~38)

36 彼がそんな大きい事を言うとは(　　　)千万だ。

① 生死　　　　　　　　　　② 笑止

③ 小子　　　　　　　　　　④ 焼死

⑤ 小史

➡️ 그가 그렇게 큰소리를 치다니 가소롭기 짝이 없다.

笑止千万 : 가소롭기 짝이 없다. 너무나 우습다. (片腹痛い)

① 생과 사. 생사. (生死 · 生死)　　③ 아이. (4세에서 16세의 남자아이)

④ 불에 타서 죽는 것.　　　　⑤ 간단히 정리한 역사. (略史)

37 あの司会者はもと大学教授だけあって(　　　)。

　　① 鼻につく　　　　　　　　　② 頭が切れる

　　③ 骨を惜しまない　　　　　　④ 頭にくる

　　⑤ 頭が上がらない

> 해설

➡ 저 사회자는 전직(元) 대학교수였기 때문에 머리가 좋다.

① 물리다.　　　　　　　　　② 머리가 날카롭다.

③ 노력(労力)을 아끼지 않는다.　　④ 화나다. (頭に来る)

⑤ 꼼짝 못하다. 병이 호전되지 않고 계속되다.

38 この問題を解決するには(　　　)。

　　① 気が短そうだ　　　　　　　② 息が詰まりそうだ

　　③ 引けを取りそうだ　　　　　④ 骨が折れそうだ

　　⑤ 掛け替えのなさそうだ

> 해설

➡ 이 문제를 해결하기 위해서는(해결하려면) 고생할 것 같다.

① 성격이 급한 것 같다.　　　　② 숨이 막힐 것 같다.

③ 질 것 같다. (負ける·輸する)　　④ 고생할 것 같다.

⑤ 둘도 없을 것 같다. 소중한 사람, 소중한 물건. (代わりになるものがない·大切)

39 다음 중 숙어의 뜻이 잘못 연결된 것을 고르세요.

　　① 血相をかえる。　　：急激な驚き·怒りなどの現れた顔付き。

　　② 目を通す。　　　　：一通り見る。

　　③ 受けがいい。　　　：評判がいい。

　　④ 座が白ける。　　　：座を外す。

　　⑤ 始末に負えない。　：ものつけようがない。

➡ 座を外す : 자리를 뜨다. 퇴색하다 ⟷ 座を持つ.

① 안색을 바꾸다. 급격한 놀람·분노 등이 나타난 얼굴모습.

② 대충 훑어보다.   ③ 주위의 반응. 평판.

④ 흥이 깨지다. 분위기가 식다.   ⑤ 처치 곤란하다.

40 部長のお気に入りだ。下線の部分の意味を一つ選びなさい。

① 잘난 체하다.   ② 아부하다.

③ 마음에 든다.   ④ 변덕쟁이다.

⑤ 눈치가 빠르다.

➡ 부장 마음에 들려고 한다. (気に入る : 마음에 들다. 아부하다)

• 次の文の( )の中に最も適当なものを一つ選びなさい。(41~48)

41 この本は全部英語( )。

① を書いています   ② で書かれています

③ を書かせています   ④ で書けています

⑤ を書かれています

➡ 이 책은 전부 영어로 써져 있습니다.

타동사(て形)＋ある。자동사(て形)＋いる。

42 荷物が多すぎて、かばんに全部( )。

① 入ります   ② 入りません

③ 入れます   ④ 入れません

⑤ 入るそうです

➡ 짐이 너무 많아서, 가방에 들어가지 않습니다.

入る : 들어오다. 들어가다.   入れる : 넣다. 들어가게 하다. 속에 집어넣다. 끓이다.

43 うち(　　　)としたとき、電話がかかってきました。

① を出る　　　　　　　　　② を出そう

③ を出よう　　　　　　　　④ を出す

⑤ を出まい

➡ 집을 나가려고 했을 때, 전화가 걸려 왔습니다.

出よう : 의지형. (~하려고 하다)

장소에서 바깥으로 나가다. (部屋を出る)

44 電気(　　　)まま学校に来てしまいました。

① がついた　　　　　　　　② がついている

③ をつけた　　　　　　　　④ をつけている

⑤ がついてある

➡ 전기를 켜 놓은 상태로 학교에 오고 말았습니다. (電気を点ける : 전기를 켜다)

동사(て形)＋しまう : 동작의 완료를 나타낸다.

45 隣の人に一晩中歌(　　　)大変でした。

① が歌わせて　　　　　　　② が歌って

③ を歌われて　　　　　　　④ を歌おうとして

⑤ が歌われて

➡ 옆집 사람이 밤새도록 노래를 불러서 곤란했습니다.

수동형은 대상 뒤에 조사 に를 받는 사람이 그 행위를 한 사람이 된다.

46 母親は愛情を(　　　)毎日子供にお弁当を作る。

① 入れて　　　　　　　② 入って

③ 込めて　　　　　　　④ 含めて

⑤ 込めた

➡ 어머니는 애정을(정성) 넣어서(담아서) 매일 아이(자식)의 도시락을 만든다.

③ をこめて : 안에 넣어서. 포함해서. 들어서. (눈에 보이지 않는 추상적(抽象的)인 것에 사용)

④ ふくめる : 포함시키다. 보통의 의미 이외의 의미를 갖게 하다. 이해시키다.

47 隣の学校のアナウンスの音がうるさくて(　　　)。

① とまらない　　　　　② かまわない

③ とめられない　　　　④ かなわない

⑤ うごかない

➡ 옆 학교의 교내 방송 소리가 시끄러워서 견딜 수가 없다.

① 멈추다. 정지되다. 고정되다. 인상에 남다. (止まる)

② 배려하다. 돌보아 주다. 걱정하다. 신경이 쓰이다. (構う)

③ 차를 세우다. 싸움을 말리다. 제지하다. (止める)

④ 대항할 수 없다. 이길 수 없다. 대적할 수 없다. 참을 수 없다. 견딜 수 없다. (敵わない)

⑤ 움직이다. 이동하다. 활동하다. (動く)

48 人に酒をやめろと言った(　　　)、私も飲むわけにはいかない。

① からといって　　　　　② 手前

③ 応じて　　　　　　　　④ おかげで

⑤ 出前

➡️ 남들에게 술을 끊으라고 말하면서, 나도 마실 수는 없다.

② 手前 : 동사(과거형)·명사(の)＋手前 : ~했기 때문에, 반드시 하지 않으면 안 된다. (문장 끝은 의무를 나타내는 말이 많다)

① ~라고 해서.　　　　　　　③ 대답하다. 대응하다. 호응하다.

④ 덕분에.　　　　　　　　　⑤ 배달. 요리를 배달하는 것.

49 下線の部分の間違っているものを一つ選びなさい。

① 雨が降ったし止んだし天気がわるい。

② ９月になると、だんだん涼しくなってきます。

③ この仕事はできるだけ早くしてください。

④ 心とお金とどちらが大切かという問題だ。

⑤ こんなに高くて性能がわるかったらだれも買うわけがない。

해설

➡️ ① 降ったし止んだし → 降ったり止んだり。

① 비가 내렸다 그쳤다 날씨가 나쁘다.

② 9월이 되면, 점점 시원해집니다. (涼しい顔 : 시치미 떼는 얼굴)

③ 이 일은 가능한 한 빨리 해주세요.

④ 마음과 돈 중 어느 쪽이 중요한가 하는 문제다.

⑤ 이렇게 비싸고 성능이 나쁘다면 누구도 살 리가 없다.

50 「仕事をなおざりにする。」의 올바른 해석을 고르세요.

① 일을 분명히 하다.   ② 일을 소홀히 하다.

③ 일을 정신 차리고 하다.   ④ 일을 정성 들여 하다.

⑤ 일을 일사천리로 하다.

해설

➡ 일을 등한시하다.

等閑 : 등한시하는 것. 대충하는 것. 진심이 아닌 것. (疎か)

---

51 다음 밑줄 친 부분의 なまじ가 올바르게 사용되지 않은 것을 고르세요.

① なまじ頭がいいと、人に嫌われることもある。

② 彼女はなまじ真面目で感じがいい。

③ この研究を完成させるには、なまじの能力ではだめだ。

④ なまじ延命医療が進歩したので、いわゆる植物人間になる人が増えてしまった。

⑤ 練習するならベストをつくしてやりなさい。なまじの練習ならば、しないほうがいい。

해설

➡ ② 彼女はなまじ美人だったために不幸になった。

그녀는 어설픈 미인이었기 때문에 불행해졌다.

憖 : 불충분하고, 어설퍼서 오히려 나쁜 결과가 된다. 하지 않는 것이 좋은데 했기 때문에 오히려 나쁜 결과가 된다. (いい加減・なまじっか)

① 오히려 머리가 좋으면, 남에게 미움을 받기도 한다.

② 彼女は真面目で感じがいい。 그녀는 성실해서 느낌이 좋다.

③ 이 연구를 완성시키기 위해서는, 어설픈 능력으로는 안 된다.

④ 어설픈 연명의료가 진보했기 때문에, 소위 식물인간이 되는 사람이 증가하고 말았다.

⑤ 연습하려면 최선을 다해서 해라. 어설픈 연습이라면 하지 않는 것이 좋다.

52 다음 밑줄 친 부분의 단어가 바르게 사용되지 않은 것을 고르세요.

① 最近の若い人の言葉の<u>乱れは目に余る</u>。

② 失敗したとき、へんに<u>同情されるとかえって</u>みじめになる。

③ 最近の技術の進歩は非常に<u>輝かしい</u>。

④ 時間がないので、<u>要点だけかいつまんで言います</u>。

⑤ 天気が悪いから、きょうの登山は<u>見合わせた</u>ほうがいいだろう。

해설

➡ ③ かがやかしい (빛나다. 훌륭하다) → 目ざましい (눈부시다. 놀랍다)

① 요즘(최근) 젊은 사람들의 언어문란은 눈에 거슬리다. (볼썽사납다)

② 실패했을 때, 이상하게도(変に) 동정을 받으면 오히려 비참하게 된다.

③ 최근 기술의 진보는 대단히 눈부시다.

④ 시간이 없기 때문에, 요점만 추려서 말하겠습니다.

⑤ 날씨가 나쁘기 때문에, 오늘 등산은 미루는 것이(보류하는 것이) 좋겠다.

• 次の文の(　　　)の中に最も適当なものを入れなさい。(53~58)

53 日本は土地(　　　)割に人が多い。

① の狭く　　　　　　　　② の狭さ

③ が狭い　　　　　　　　④ が狭さ

⑤ を狭い

해설

➡ 일본은 토지가 좁은 것에 비해 사람이 많다.

54 昨夜、遅く寝たので(　　　)起きられなかった。

① 眠くて　　　　　　　　② 眠い

③ 眠って　　　　　　　　④ 眠り

⑤ 眠る

➡ 어젯밤, 늦게 잤기 때문에 졸려서 일어날 수가 없었다.

55 会社の人にたくさんお酒(　　　)大変でした。

① に飲ませて　　　　　　　② を飲んで

③ を飲ませられて　　　　　④ に飲まれて

⑤ の飲んで

➡ 회사 사람들이 술을 많이 먹여서 힘들었습니다.

　사역수동형 : 본인의 의지와는 상관없이 상대방이 시켜서 나는 당했습니다 라고 하는 강제의
　　　　　의미를 나타낸다.

▶ 동사 I 에 한정되어 せら가 さ로 축약되며, 주로 축약형으로 사용된다.

③ を飲ませられて → を飲まされて

56 あの時、君がいればどれほど(　　　)かわからない。

① 助かる　　　　　　　　② 助かった

③ 助けた　　　　　　　　④ 助け

⑤ 助ける

➡ 그때, 네가 있었다면 어느 정도 도왔을지는 모르겠다.

① 助かる : 살아나다. 면하다. 도움이 되다. 편해지다.

⑤ 助ける : 구조하다. 살리다. 돕다. 거들다.

57 若いころからスポーツが好きで、今も毎朝ジョギングを(　　　)。

① することにしていた　　　② することにしている

③ することにした　　　　　④ することにする

⑤ することになる

➡ 젊었을 때부터 스포츠를 좋아해서, 지금도 매일 아침 조깅을 하고 있다.

- ことにする : ~하기로 하다(의지에 의한 결정). 주체의 의지에 의해 결정된 것을 나타낸다.
  (규칙 · 습관)
- ことになる : ~하기로 되다(사물의 결정의 결과). 주체의 의지 이외의 것으로 결정된다.
  또는 결정된 결과를 나타낸다.

58 傘^{かさ}を(　　　)ために雨^{あめ}にぬれてしまった。

① 忘^{わす}れた　　　　　　　② 忘^{わす}れる

③ 忘れて　　　　　　　　④ 忘れ

⑤ 忘れる

➡ 우산을 잊어버렸기 때문에 비에 젖고 말았다. (濡^ぬれる)

ために : ~를 위해서.　(목적을 나타낸다)

ために : ~이기 때문에. (이유나 원인을 나타낸다)

59 次の文の(　　　)の中に最も適当なものを一つ選びなさい。

となりの家^{いえ}からきれいな音楽^{おんがく}が(　　　)。

① 聞^きける　　　　　　　② 聞^きいている

③ 聞こえる　　　　　　　④ 聞く

⑤ 聞こう

➡ 옆집(隣の家)으로부터 아름다운 음악이 들린다.

聞こえる : 들리다. 들려오다. 이해하다. 납득하다. 세상에 알려져 이름나다.

聞く   : 듣다. 묻다.

60 次の文の(　　　)の中に最も適当なものを一つ選びなさい。

> A : このスープ冷たいですよ。
> B : じゃ、(　　　)きましょう。

① 暖まりに　　　　　　　② 暖まって

③ 暖めに　　　　　　　　④ 暖めて

⑤ 暖める

➡ A : 이 수프는 차갑습니다.　B : 그렇다면, 따뜻하게 덥혀 옵시다.

暖まる : 따끈해지다. 따뜻해지다. 마음이 흡족하여 훈훈해지다. 주머니 사정이 좋아지다.

暖める : 따뜻하게 하다. 덥게 하다. 몰래 내 것으로 하다. 이익을 독점하다. 한가하다.

• 次の文の(　　　)の中に最も適当なものを一つ選びなさい。(61~73)

61 ゆっくりお茶でも(　　　)話しましょう。

① のんでいて　　　　　　② のめば

③ のむと　　　　　　　　④ のみながら

⑤ のんだら

➡ 천천히 차라도 마시면서 이야기합시다.

ながら : ~하면서. (두 가지 동작을 동시에 진행할 때 사용한다)

62 あれ、財布がない。かばんの中に(　　　)はずなんだが……。

① いれた　　　　　　　　② いれる

③ はいった　　　　　　　④ はいる

⑤ はいれる

해설

➡ 아니, 지갑이 없네. 가방 안에 틀림없이 넣었는데…….

　　入れる : 넣다. 들어가게 하다. 속에 집어넣다. 끓이다.

　　入る　 : 들어오다. 들어가다. 마음에 들다(気に入る·気に入る).

63 パスポートを(　　　)気をつけてください。

① 無くさなくて　　　　　② 無くさなく

③ 無くさないように　　　④ 無くさないで

⑤ 無くすように

해설

➡ 여권을 잃어버리지 않도록 조심해 주세요.

　　기억·재산을 잃어버리다(無くす). 죽다. 없애다(亡くす).

64 さっき田村さんから電話がありました。明日6時に(　　　)そうです。

① 来る　　　　　　　　　② 来

③ 来てい　　　　　　　　④ 来させ

⑤ 来い

해설

➡ 조금 전에(先·先) 다무라씨로부터 전화가 왔습니다. 내일 6시에 온다고 합니다.

　　기본체 + そうです。~라고 합니다. (伝聞)

　　용법 : 동사·い형용사·な형용사·명사 (기본체) + そうです。

의미 : 남에게 전해들은 것을 남에게 전달할 때 사용한다.

65 漢字(　　　)のは大変でしょう。

① をおぼえて　　　　　　　② をおぼえる

③ がおぼえる　　　　　　　④ がおぼえに

⑤ をおほえ

해설

➡ 한자를 외우는(覚える) 것은 힘들지요.

66 この仕事はすぐ(　　　)つもりですから、ちょっと待っていてください。

① 終わる　　　　　　　　② 終わり

③ 終わらせる　　　　　　④ 終わらせた

⑤ 終われ

해설

➡ 이 일은 곧 끝낼 생각이기 때문에, 잠깐만 기다리고 있어 주세요.

67 勉強(　　　)ずに覚えられたらなあ。

① し　　　　　　　　　② せ

③ する　　　　　　　　④ すれ

⑤ しま

해설

➡ 공부도 하지 않고 외웠구나.
　 부정(打消し・否定)의 조동사 ず + に。~하지도 않고. (ないで와 같은 의미이다)

용법 : 동사 (부정형 ない에서 ない만 빼고) + ずに (ないで)

동사Ⅰ (あ단) + ずに (ないで) 동사Ⅱ (ます形) + ずに (ないで)

동사Ⅲ (する) → せずに (しないで) 동사Ⅲ (来る) → 来ずに (こないで)

단 동사 기본형의 끝 글자가 <u>う</u>로 끝나는 것은 <u>あ</u>가 아닌 <u>わ</u>로 바뀐다.

(会う → 会わずに : 만나지도 않고)

失敗を気にせずに (しないで) 仕事をしなさい。실패를 신경쓰지말고 일을 해라.

68 これは来週までに家で(　　　)くればいいです。

① やった ② やり

③ やりに ④ やって

⑤ やる

해설

➡ 이것은 다음주까지는 집에서 해 오면 됩니다.

まで　 : ~까지. （동작 · 작용이 계속 행하여지는 범위를 나타낸다）

までに : ~까지는. （행위 · 작용의 성립 시점 범위의 한계를 나타낸다）

69 のんびりしていたら、父に少しは(　　　)と言われた。

① 手伝う ② 手伝おう

③ 手伝え ④ 手伝い

⑤ 手伝ろ

해설

➡ 한가롭게 놀고 있었더니, 아버지에게 조금은 일 좀 도와라 라고 말을 들었다.

手伝う : 남의 일을 돕다. 거들다. 조력하다. 더하다. 원인에 원인이 겹치다.

70 毎週(　　　)のに少しもうまくならなかった。

① 練習しよう　　　　　　　② 練習し

③ 練習して　　　　　　　　④ 練習した

⑤ 練習せ

해설

➡ 매주 연습했는데도 조금도 향상되지(좋아지지) 않았다.

71 一週間でひらがなが、全部(　　　)。

① よむようにした　　　　　② よんでいるようにした

③ よめるようになった　　　④ よまないようになった

⑤ よませるようになった

해설

➡ 일주일 만에 히라가나를, 전부 읽을 수 있게 되었다.

ようになる。 ~할 수 있게 되다.

용법 : 동사(기본형·가능형)＋ようになりました。

의미 : 말하는 상대의 의도도 포함되어 있지만, 그것보다도 외부의 영향·과정·상황·변화의
추이에 의해서 상태가 되는 것을 나타낸다.

과거에는 못했던 것을 지금은 할 수 있게 된 상태를 나타낸다.

그러므로 ように 앞에는 주로 가능형을 사용한다.

ようにする。 의도(관용적 표현). ~하도록 하다.

용법 : 동사(현재형)＋ようにする。

의미 : 의도적으로 노력하는 것을 나타낸다. (반드시 긍정문에만 사용된다)

72 恋人からの手紙だから人に(　　　)たくない。

① 見てい　　　　　　　　　② 見る

③ 見　　　　　　　　　　　④ 見られ

⑤ 見り

➡ 애인(연인)한테 온 편지이기 때문에 남에게 보이고 싶지 않다.

73 いつも(　　　)帰るのに昨日は遅かった。

① 早い　　　　　　　　　② 早ければ

③ 早くて　　　　　　　　④ 早かった

⑤ 早く

➡ 언제나 빨리 돌아오는데 어제는 늦었다.

　い형용사가 동사를 수식할 때는, 기본형의 끝 글자인 い가 く로 바뀐다. (暑くなる)

　な형용사가 동사를 수식할 때는, 단어+に가 된다. (親切になる)

74 밑줄 친 부분이 伝聞(전문)으로서 올바르지 않은 것을 고르세요.

① 田中さんは、3時ごろ来ると言っていました。

② 韓国のキムチはとてもおいしいそうです。

③ 今日友だちに会ったんですが、友だちは、テレビをほしがっています。

④ 辛い食べ物は体によくないそうです。

⑤ 木村さんは、沖縄へ行ったはずです。

➡ はず : 당연히 ~일 것이다. 당연하다.

① 다나까씨는, 3시쯤 온다고 했습니다. (전문)

② 한국의 김치는 아주 맛있다고 합니다. (전문)

③ 오늘 친구를 만났습니다만, 친구는, TV를 갖고 싶어 합니다. (전문)

④ 매운 음식은 몸에 안 좋다고 합니다. (전문)

⑤ 기무라씨는, 오끼나와에 갔습니다. (당연한 것)

75 下線の部分の間違っている文章を一つ選びなさい。

① 幸子さんは部屋にいると思います。

② この本はとても難しいと思います。

③ 明日は雨だと思います。

④ 明洞はいつも賑やかだと思います。

⑤ 今週の日曜日は暇と思います。

해설

➡ 명사·な형용사(기본체)＋と思う : ~라고 생각하다.

① 사찌꼬씨는 방에 있다고 생각합니다.

② 이 책은 매우 어렵다고 생각합니다.

③ 내일은 비가 온다고 생각합니다.

④ 명동은 항상 시끌벅적 하다(번화가라)고 생각합니다.

⑤ 이번 주 일요일은 한가하다고 생각합니다. (今週の日曜日は暇だと思います。)

76 のにの 用法(용법)이 나머지 넷과 다른 것을 고르세요.

① 中学生なのにたばこを吸っています。

② あの人は病気なのに出かけました。

③ あそこのレストランは高いのにおいしくありません。

④ この機械は便利なのにだれも使いません。

⑤ このスイッチはクーラーをつけるのに便利です。

해설

➡ のに : ~인데도. ~했는데도. (역접의 확정 조건)

　　　~하는 데. ~하기 위해. (목적의 의미를 나타낸다)

① 중학생인데도 담배를 피우고 있습니다. (역접)

② 그 사람은 아픈데도 떠났습니다. (역접)

③ 그 레스토랑은 비싼데도 맛이 없습니다. (역접)

④ 이 기계는 편리한데도 아무도 사용하지 않습니다. (역접)

⑤ 이 스위치는 에어컨을 켜는 데 편리합니다. (목적)

77 밑줄 친 부분이 올바르지 않은 것을 고르세요.

① 勉強が大変になりました。
② 前はきらいでしたが、今は好きになりました。
③ 原さんは先生になりました。
④ 今年の冬は寒くになります。
⑤ 来月私は20歳になります。

해설

➡ い형용사가 동사를 수식할 때는 기본형에서 い를 빼고 くなる가 되고, 명사·な형용사가 동사를 수식할 때는 단어＋になる가 된다.

① 공부가 너무 힘들어졌습니다.
② 전에는 싫어했습니다만, 지금은 좋아하게 되었습니다.
③ 하라씨는 선생님이 되었습니다.
④ 올 겨울은 추워집니다. (今年の冬は寒くなります。)
⑤ 다음 달 저는 20살이 됩니다.

78 次の文の下線の部分の正しい日本語を一つ選びなさい。

시험을 앞두고 놀기만 하다.

① さかえて   ② ひかえて
③ おえて   ④ おさえて
⑤ まえにおいて

해설

➡ ② 앞두다. 잡아끌다. 제한하다. 기록하다. 메모하다. (控える)
① 번영하다. (栄える)   ③ 종료하다. 끝내다. (終える)

④ 억누르다. 억압하다. 참다. 상처·눈을 가리다. (押える)

⑤ 물건 등을 앞에 놓다. (前に置く)

• 次の文の(　　)の中に最も適当な言葉を一つ選びなさい。(79~80)

79 (　　)見える山が富士山です。

① 遠い　　　　　　　　② 遠く

③ 遠くて　　　　　　　④ 遠くに

⑤ 遠かった

해설

➡ 멀리 보이는 산이 후지산입니다.

④ 멀리 있는 산이란 장소를 나타내기 때문에 遠くに가 정답이 된다.

80 昨夜(　　)てんぷらを食べた。

① おいしい　　　　　　② おいしかった

③ おいしくて　　　　　④ おいしいのに

⑤ おいしくなかった

해설

➡ 어젯밤 맛있는 튀김을 먹었다. (美味しい。맛있다. 不味い。맛없다)

81 次の文章の内容を最もよく表しているものを一つ選びなさい。

　　　　人生に失敗はつきものだ。しかし、何かをやる前に失敗を予想しては
いけない。積極的な見通しを立てられれば、それでもう事は成功したよ
うなものだ。それでもなお、失敗した場合には、素早く立ち直り、対処

し、また前進していく。「失敗は成功のもと」という言葉もある。失敗しても、最後に成功を勝ち取ることは出来る。

① 人生で失敗するのは当たり前だが、いつも失敗するとは限らない。
② 何かをやる前に、失敗を考えないことだ。もし失敗しても、諦めないで、失敗したところを直し、前進すれば、成功につなげることが出来る。
③ 失敗を予想することは、既に失敗したことになる。積極的に物事を進めれば、失敗しても最後には必ず成功する。
④ 人生に失敗はつきものだから、失敗しても諦めずに立ち直ることが大切だ。
⑤ 予想とははかないものだ。努力だけが真の人生の原動力なのだ。

➡ ② 무언가를 하기 전에, 실패를 생각하지 않는 것이다. 혹시 실패하더라도 단념하지 말고 실패한 곳을 보완해서, 전진하면 성공으로 연결될 수 있다.

인생에 있어서 실패란 피할 수 없는 것이다(붙어 다니는 것이다). 그러나, 무언가를 하기 전에 실패를 예상해서는 안 된다. 적극적으로 예측을 세울 수 있다면(미래를 예상할 수 있다면), 그것으로 이미 일은 성공한거나 마찬가지인 것이다. 허나 또, 실패한 경우에는, 재빨리 다시 일어나, 대처하고, 또 전진해 간다. 「실패는 성공의 어머니」라는 말도 있다. 실패하더라도, 최후에 성공을 쟁취할 수 있는 것은 가능하다.

① 인생에서 실패하는 일은 당연하나 언제나 실패한다고 할 수 없다.
③ 실패를 예상하는 것은 이미 실패한 것이다. 적극적으로 일을 진척해 나가면, 실패하더라도 최후에는 반드시 성공한다.
④ 인생에 실패는 당연한 것이므로, 실패하더라도 포기하지 말고 다시 일어나는 것이 중요하다.
⑤ 예상이란 것은 덧없는 것이다. 노력만이 진정한 인생의 원동력이다.

82 次の文章の内容を最もよく表しているものを一つ選びなさい。

> 本が人に深い影響を与えるのは、恐らく子供の時だけであろう。大人になると、本を読んで感動もするし、考えのいくつかを変えることもあるが。それよりむしろ心にある考えを本の中に見つけることが多いのではないか。しかし、子供の時にはすべての本から将来必要な考え方を読み取るのである。

① 大人になっても、本によって考え方が大きく変えられることもある。
② 子供の時には本から教えられることが多いが、大人になると共感はあっても教えられることは少ない。
③ 大人になってから本を読むと、心の中にある子供の時のことを思い出す。
④ 子供は本からいろいろなことを学ぼうとするが、大人はそれをしない。
⑤ 大人になると、感動することも考えを変えることも、めったにない。

➡ ② 어릴 때에는 책 속에서 배우는 것이 많지만, 어른이 되면 공감을 해도 배우는 것은 적다. 책이 사람에게 깊은 영향을 미치는 것은, 아마 어릴 때 뿐일 것이다. 어른이 되면, 책을 읽고 감동도 하고, 생각의 몇 가지를 바꾸는 일도 있지만, 그것보다 오히려 마음속에 있는 생각을 책 속에서 발견하는 일이 많지는 않을까. 그러나, 아이일 때에는 모든 책으로부터 장래에 필요한 사고방식을 읽고 내용을 파악하는 것이다.

① 어른이 되어도, 책에 의해 사고방식이 크게 변하는 일도 있다.
③ 어른이 된 후에 책을 읽으면, 마음속에 있는 아이 때의 일을 생각해 낸다.
④ 어릴 때에는 책으로부터 여러 가지를 배우려 하지만 어른이 되면 그것을 다시 하지 않는다.
⑤ 어른이 되면, 감동하는 일도 생각을 바꾸는 일도 별로 없다.

---

83 次の文章の内容を最もよく表しているものを一つ選びなさい。

> エレクトロニクス、バイオテクノロジーなど高度技術を先導に、新産業革命が急展開している。その中で産業、企業は大きく変貌を遂げつつ

あり、更に職業、仕事にも新分野が生まれ、従来のイメージではとらえにくいものも多い。職業選択の難しい時代になったといえよう。

① 産業構造が変わり、今までの職業経験は役に立たなくなってきた。
② 産業構造が変わり、仕事の種類も今までと異なるので、仕事を選ぶのが難しくなった。
③ 産業構造が変わり、仕事が減って、就職が難しくなった。
④ 産業構造が変わり、技術を持っていない者は、就職が難しくなった。
⑤ 産業構造が変わり、職業観も変わってきたが、就職が難しくなった。

➡ ② 산업구조가 변하여, 일의 종류도 지금까지와는 달라져서 일을 선택하는 것이 어려워졌다.

전자공학, 생명공학 등 고도기술을 선두로, 신산업혁명이 급 전개하고 있다. 그중에서 산업, 기업은 큰 변모를 수행하고 있고, 게다가 직업, 일에서도 새 분야가 생겨나고, 종래의 이미지로는 파악하기 힘든 것도 많다. 직업선택이 어려운 시대가 되었다고 할 수 있으리라.

① 산업구조가 변해서, 지금까지의 직업 경험이 쓸모없게 되었다.
③ 산업구조가 변하여, 일이 줄고 취직도 어렵게 되었다.
④ 산업구조가 변하여, 기술을 갖고 있지 않은 사람은 취직이 어렵게 됐다.
⑤ 산업구조가 변하여, 직업관도 변해 왔지만, 취직이 어렵게 됐다.

84 次の文章の内容を最もよく表しているものを一つ選びなさい。

個人の貯蓄意欲の増大は、その個人の貯蓄量を増大させる。しかし、経済全体としては、貯蓄意欲が増大すると消費支出が減り、それは国民所得の減少となって、更には貯蓄をも減少させる。つまり、個人に当てはまることが、その個人の集合である全体については、当てはまらないことになる。

① 個人の貯蓄意欲の増大は、全体の貯蓄量を増大させる。
② 個人の貯蓄意欲の増大は、消費支出を減少させ、全体の貯蓄量を減少させる。

③ 個人の貯蓄量の増大は、全体の貯蓄意欲を減少させる。

④ 個人の貯蓄量の増大は、国民所得の減少となって消費支出を減少させる。

⑤ 個人の貯蓄量の増大は、国民所得の減少には関係ない。

해설

➡️ ② 개인의 저축 의욕의 증대는 소비지출을 감소시키고 전체의 저축량을 감소시킨다.

개인의 저축의식의 증대는, 그 개인의 저축량을 증가시킨다. 그러나, 경제 전체로서는, 저축 의욕이 증가하면 소비지출이 줄고, 그것은 국민소득의 감소가 되어, 더욱더 저축을 감소시킨다. 즉, 개인에 적합한 것이, 그 개인의 집합인 전체에 대해서는 적합하지 않은 것이 된다.

① 개인의 저축의욕의 증대는 전체의 저축량을 증대시킨다.

③ 개인의 저축량의 증대는 전체의 저축의욕을 감소시킨다.

④ 개인의 저축량의 증대는 국민소득의 감소가 되어 소비지출을 감소시킨다.

⑤ 개인의 저축량의 증대는 국민소득의 감소와는 관계가 없다.

---

85 次の文章の内容を最もよく表しているものを一つ選びなさい。

> 人間の表面に見えている能力は、氷山の一角のようなもので、その下には本人も驚くほどの能力が隠されている。自分で自分を見限り、道半ばあきらめてしまう人は、せっかく持っている能力を生かすことできないで、結局、一生何事もなすことなく終わってしまう。

① 人間の能力は、隠れた部分が多い。自分で自分を見限ればその能力を生かせないで一生を終わってしまう。

② 隠された能力を生かして、一生を終わることができる人は少ない。

③ 人間には自分の知らない能力がたくさんあるのだから、あきらめなければ、能力を生かすことができる。

④ 人間はせっかく隠れた能力を持っているのだから、能力を生かして一生を終わった方がよい。

⑤ 人間の隠された能力を引き出す科学的の研究が必要なのだ。

➡ ① 인간의 능력은 감추어진 부분이 많다. 자신이 자신의 능력을 한정 지으면 그 능력을 살리지 못하고 일생을 끝내 버리고 만다.

인간의 표면에 보이는 능력은, 빙산의 일각에 불과한 것으로, 그 밑에는 본인도 놀랄 정도의 능력이 숨겨져 있다. 자기가 자신을 단념하고, 도중에 포기해 버리는 사람은, 기껏 가지고 있는 능력도 살려 보지 못하고, 결국, 일생을 아무것도 이루지 못하고 끝내 버리고 만다.

② 숨겨진 능력을 살려 일생을 마치는 일을 할 수 있는 사람은 적다.

③ 인간에게는 자신이 모르는 능력이 많이 있으므로, 포기하지 않으면 능력을 살리는 것이 가능하다.

④ 인간은 조금 숨겨진 능력을 갖고 있기 때문에, 능력을 살려서 일생을 마치는 게 좋다.

⑤ 인간의 감추어진 능력을 끌어내는 과학적 연구가 필요한 것이다.

86 次の文の下線の部分の正しい意味を一つ選びなさい。

思いも掛けない結果となった。

① 思い出す
② 思いの外
③ 思い切る
④ 深く思い込む
⑤ 思いを起こす

➡ 의외로.

③ 단념하다. (諦める)
⑤ 생각이 나다. (思い出す)

87 次の文の下線の部分の正しい意味を一つ選びなさい。

話し合いに応じる。

① 相談
② 話す
③ 話しかける
④ 話し出す
⑤ 話し手

해설
➡ ① 상담.

③ 말을 걸다. (声を掛ける)　　　　　　⑤ 말하는 상대.

88 次の文の下線の部分が正しく訳されたのを一つ選びなさい。

> 山下さんは貧しいくせに、いつもブランドの物を身につけて<u>お金がある</u>
> <u>ふり</u>をする。

① 돈이 있는 체한다.　　　　　　② 돈이 굉장히 많다.

③ 돈이 많아서 과소비한다.　　　④ 돈을 늘 갖고 다닌다.

⑤ 돈이 따라다닌다.

해설
➡ 야마시따씨는 가난한 주제에, 언제나 브랜드 물건을 몸에 걸치고 돈이 있는 체한다.

(ふりをする。~인 척하다.　見て見ぬふりをする。보고도 못 본 체한다)

(모르는 체하다 : 何食わぬ顔·素知らぬ顔·白を切る·しらばくれる·ほおかぶりを

する·知らないふりをする·知らん振り)

89 次の文の下線の部分が正しく訳されたのを一つ選びなさい。

> 지금도 <u>살아 있다고</u> 한다면 70살입니다.

① 生きていると　　　　　　② 生きてあると

③ 住んでいると　　　　　　④ 住んであると

⑤ 生きていくと

해설
➡ 生きている : 살아 있다.　生かしてある : 살리고 있다. (적성·전공)

90 次の文が正しく訳されたものを一つ選びなさい。

농촌의 신부찾기에 적극 나서자는 새로운 움직임도 있다.

① 農村の花嫁探しに乗り出そうという新たな動きもある。
② 農村の花嫁探しに先立とうという新たな働きもある。
③ 農村の花嫁探しに乗り出そうという新たな動きもある。
④ 農村の花嫁探しに先立とうという新たな動きもある。
⑤ 農村の花嫁探しに乗り出そうという新たな働きもある。

➡ 乗り出す : 타기 시작하다. 스스로 알아서 일을 행하다.
　先立つ　 : 먼저 점유하다. 먼저 죽다.
　花嫁(신부)·新婦(신부). 花婿(신랑)·新郎(신랑).

91 밑줄 친 표현이 올바르지 않은 것을 고르세요.

① 小切手を現金に引き換えるには手数料が必要だ。
② 今度の祝日は日曜なので、月曜は振り替え休日になる。
③ 頭を入れ替えないと、新しい時代の流れについていけない。
④ 落としたフォークを新しいものに取り換えてもらった。
⑤ 今度こそ有利な株への乗り換えをすることにした。

➡ ③ 頭が古いと、新しい時代の流れについていけない。
　생각이 진부(陳腐)하면, 새로운 시대의 흐름에 따라갈 수 없다.
　頭を切り替えないと、新しい時代の流れについていけない。
　생각을 바꾸지 않으면, 새로운 시대의 흐름에 따라갈 수 없다.
　頭を切り替える. 사고방식을 바꾸다. 생각을 바꾸다.
　頭が古い　 : 사고방식이 진부하다. (考え方が古臭い)
　入れ替える : 갈아 넣다. 바꿔 넣다. 위치를 바꾸다. 교체하다. 바꾸다. (入れ換える)

祝日(しゅくじつ)　　　　：축일. 경사스러운 날. 국경일.(祝日·祝い日(いわ び))

振替休日(ふりかえきゅうじつ)　：대체휴일. (振休(ふりきゅう) : 대체휴일의 준말)

乗り換える　：환승하다. 지금까지의 입장·사고방식·관계 등을 버리고 다른 것으로
　　　　　　　바꾸다.

乗り替え　　：환승하는 것. 자신에게 유리한, 또는 좋아하는 것으로 바꾸는 것.
　　　　　　　보유 주식을 팔고 다른 종목을 사는 것.

① 수표를 현금으로 바꾸기 위해서는(바꾸려면) 수수료가 필요하다.

② 이번 국경일은 일요일이기 때문에, 월요일은 대체휴일이 된다.

④ 떨어뜨린 포크를 새것으로 교체 받았다.

⑤ 이번에야말로 유리한 주식으로 갈아타기로 했다.

---

92 次(つぎ)の文章(ぶんしょう)の内容(ないよう)を最(もっと)もよく表(あらわ)しているものを一(ひと)つ選(えら)びなさい。

> 人間(にんげん)の人柄(ひとがら)は、その人(ひと)と一緒(いっしょ)に旅行(りょこう)すると一番(いちばん)よく分(わ)かると言(い)われているが、それは本当(ほんとう)であろう。自分(じぶん)を殺(ころ)すことに慣(な)れた人(ひと)でも、24時間(じかん)のべつ自分(じぶん)を殺(ころ)しているわけにはいかない。どうしても本来(ほんらい)の自分(じぶん)の姿(すがた)を示(しめ)さざるをえなくなる。

① 一緒(いっしょ)に旅行(りょこう)すると、一日中(いちにちじゅう)一緒(いっしょ)にいるので、その人(ひと)の性格(せいかく)がよく分(わ)かる。

② 一緒(いっしょ)に旅行(りょこう)すると、一日中(いちにちじゅう)一緒(いっしょ)にいるので、我慢(がまん)しなければならないことが多(おお)い。

③ 一緒(いっしょ)に旅行(りょこう)するには、自分(じぶん)のことをよく知(し)っている人(ひと)がいい。

④ 一緒(いっしょ)に旅行(りょこう)するには、我慢強(がまんづよ)い人(ひと)がいい。

⑤ 犯人捜査(はんにんそうさ)のため旅行(りょこう)が必要(ひつよう)だ。

해설

➡ ① 함께 여행을 하면, 하루 종일 함께 있으므로, 그 사람의 성격을 잘 알 수 있다.

사람의 성품은, 그 사람과 함께 여행하면 가장 잘 알 수 있다고 하지만, 그것은 정말이리라. 자신을 억제하는 데 익숙한 사람도, 24시간 자신을 억제할 수는 없다. 어떻게든 본래의 자신의 모습을 나타내지 않을 수 없다.

② 함께 여행을 하면, 하루 종일 함께 있으므로, 참지 않으면 안 되는 일이 많다.

③ 함께 여행을 하기에는 자신을 잘 아는 사람이 좋다.

④ 함께 여행을 하기에는 잘 참는 사람이 좋다.

⑤ 범인 수사를 위해 여행이 필요하다.

93 다음 문장의 내용과 가장 가까운 것을 고르세요.

宝くじに関して私は次のような質問をよく受けます。「宝くじを2枚買えば大当たりになる率は2倍、3枚買えば3倍となりますか」。私が「そうです」と答えますと、その人は「でも、大当たりの宝くじを当てた人は、大抵たった1枚を買って大事に持っていた人で、5枚、6枚買った人がほとんど当たったことのないのはどういうわけでしょうか」と反問するのです。もしこれが本当だとすれば、これはなかなか面白い問題だと思いますが、3枚買えば当たる率が3倍になるという理論と矛盾するものではありません。大体宝くじを買う時、たった1枚を買った人が、何枚も買った人よりずっと多いというだけのことです。しかし、これから当たるためにはたった1枚を買うがよい、という結論の出て来ないことはもちろんです。

① 복권을 여러 장 사도 당첨 확률은 한 장 사는 경우와 같다.

② 대부분의 복권 당첨자는 복권을 5, 6장 구입한 사람이다.

③ 복권에 당첨되기 위해서는 오직 한 장의 복권만 사는 것이 바람직하다.

④ 한 장의 복권으로 당첨된 사람이 많은 것은 대부분 복권을 한 장만 사기 때문이다.

해설

➡ ④ 한 장의 복권으로 당첨된 사람이 많은 것은 대부분 복권을 한 장만 사기 때문이다.

복권에 관해서 나는 다음과 같은 질문을 자주 받습니다. 「복권을 2장 사면 당첨될 확률은 2배, 3장을 사면 3배는 됩니까.」 내가 「그렇습니다」라고 대답하면, 그 사람은 「그러나, 당첨된 복권을 맞춘 사람(복권 당첨자)은, 대개는 단 1장을 사서 소중히 갖고 있던 사람으로, 5장, 6장을 산 사람이 거의 당첨된 적이 없는 것은 어떤 이유일까요, 라고 반문하는 것입니다. 만약 이것이 사실이라고 한다면, 이것은 꽤 재미있는 문제라고 생각합니다만, 3장 사면 당첨률이 3배가 된다고 하는 이론과 모순되는 것은 아닙니다. 대개 복권을 살 때, 딱 한 장을 산 사람이, 여러 장을 산 사람보다 훨씬 많다는 것입니다. 그러나, 지금부터 당첨되기 위해서는 딱 한 장을 사는 게 좋다, 라고 하는 결론이 나오지 않는 것은 당연한 것입니다.

94 다음 문장의 내용과 가장 가까운 것을 고르세요.

ミラーという日本研究の専門家が唱えた 「逆収入の法則」という学説がある。日本人が日本語に対して持つ特別な意識を象徴したもので、具体的に言うと、外国人が日本語が上手になればなるほど、日本人はその外国人に冷たくなる、とする説である。外国人がほんのカタコトの日本語を話しても、日本人は、あら、日本語がお上手ですねとか言って、おおげさに褒めたりする。ところが、日本語を流暢に話し出すと、今度は、手のひらを返したかのように、「あっ、やだー!」とかいう。カタコトの日本語はキュートでいいのだが、流暢な日本語になると、日本人は外国人に日本語を「侵略」されたような危機感を持つようだ。

① 일본어가 능숙한 외국인일수록 일본인에게 환영받지 못하는 경향이 있다.
② 일본인은 일본어가 능숙하지 않은 외국인을 무시하는 경향이 있다.
③ 일본어가 능숙한 외국인은 칭찬(褒める)을 받아 마땅하다.
④ 일본어가 능숙하지 않은 외국인들이 순수한 일본어를 오염시키고 있다.

해설

➡ ① 일본어가 능숙한 외국인일수록 일본인에게 환영받지 못하는 경향이 있다.
片言 : 유아·외국인 등이 더듬거리며 말하는 불완전한 말. 한마디의 말(片言 : 편언).
　　　사투리(訛り), 속어(俗語), 방언(方言) 등 표준에서 벗어난 말.

밀러(미국의 극작가)라는 일본 연구 전문가가 주창한 「역수입의 법칙」이라는 학설이 있다. 일본인이 일본어에 대해서 갖는 특별한 의식을 상징한 것으로, 구체적으로 말하면, 외국인이 일본어를 잘하면 잘할수록, 일본인은 그 외국인에게 차가워진다, 고 하는 설이다. 외국인이 그저 서투른 일본어를 이야기해도, 일본인은, 어머, 일본어를 잘하시네요 라며 말하고, 과장해서 칭찬하곤 한다. 그러나, 일본어를 유창하게 이야기하면, 이번에는 손바닥 뒤집듯이,

「앗, 싫어!」라고 말한다. 서투른 일본어는 귀엽고 좋은데, 유창한 일본어가 되면, 일본인은 외국인에게 일본어를 「침략」당한 듯한 위기감을 갖는 것 같다.

95 다음 문장의 내용과 가장 가까운 것을 고르세요.

女性が社会に進出していく機会が増え、母親も仕事をしている家庭が増加している。夜、両親が帰宅してからゆっくり子供と対話ができる家庭ならあまり問題がない。しかし、両親の仕事の都合で全く会話がない家庭や、たとえ家族全員が家にいても、両親が疲れきってろくに話もしない家庭で育った子供は、いろいろと問題が多い。子供は、常に両親と対話を求め、甘えたり、何かと相談にのってもらったりしたがっているものであるが、それができないと非行に走りやすい。

① 女性の社会進出が増えると不仲の夫婦が増える。
② 共稼ぎの家庭の子供はだいたい非行に走る。
③ 子供の教育のために父親の権威は必要である。
④ 共稼ぎによる親子の対話不足は問題である。

해설

▶ ④ 맞벌이(共働き)로 인한 부자 간 대화 부족은 문제이다.
非行に走る。비행의 길로 들어서다. 탈선하다. (脱線する。탈선하다)
여성이 사회에 진출할 기회가 증가하면서, 어머니도 일을 하고 있는 가정이 증가하고 있다. 밤에, 부모가 귀가한 뒤 천천히 자녀와 대화할 수 있는 가정이라면 그다지 문제가 없다. 그러나, 부모의 일(직장) 형편상 전혀 대화가 없는 가정이나, 설령 온 가족이 집에 있어도, 부모가 너무 피곤해서 충분히(제대로) 이야기도 못하는 가정에서 자란 자녀는, 여러 가지로 문제가 많다. 아이들은, 항상 부모님과 대화를 원하고(요구하고), 응석을 부리거나, 무엇인가 상담하고 싶어 하지만, 그것이 불가능하면 비행의 길로 들어서기 쉽다. (탈선하기 쉽다)
① 여성의 사회 진출이 증가하면 사이가 나쁜 부부가 늘어난다.
② 맞벌이 가정의 자녀는 대개(大体) 비행을 저지른다. (탈선한다)
③ 자녀 교육을 위해 아버지의 권위는 필요하다.

• 다음 문장의 (   ) 안에 들어갈 가장 적당한 것을 고르세요. (96~111)

96 では、お言葉に(   )上がらせていただきます。

① 考えて　　　　　　　　② まかせて
③ 遠慮して　　　　　　　④ あまえて
⑤ 失礼して

해설

➡ 그렇다면, 사양하지 않고 들어가겠습니다. (상대의 집에 들어갈 때)
② 맡기다. (任せる)　　　　③ 사양하다.
④ 응석부리다. 어리광부리다. 힘입다(호의・친절). 우쭐해하다. (甘える)
(お言葉に甘えて拝借します。그러면 사양하지 않고 빌리겠습니다)
(拝借する。빌리다의 겸양어)

---

97 病気にさえかからなければ、人間は150才まで(   )ことができる。

① すむ　　　　　　　　　② のこる
③ いきる　　　　　　　　④ くらす
⑤ せいかつする

해설

➡ 병에만 걸리지 않는다면, 인간은 150살까지 사는 것이 가능하다.
① 살다. (住む)　　　　　② 남다. (残る)
③ 살다. (生きる)　　　　④ 생활하다. 일몰까지 시간을 보내다. (暮らす)
⑤ 생활하다. (生活する)

---

98 歯に(   )着せぬ表現で語る。

① 服　　　　　　　　　　② 衣
③ 布　　　　　　　　　　④ 綿
⑤ 麻

➡️ 솔직한 표현으로 이야기하다.

(솔직하게 말하다. 터놓고 말하다 : 思ったことをずけずけ言う・腹を割る・打ち明ける)

① 옷. (服)　　　　　　　　　　② 옷. 의복. 거죽. 껍질. (衣)

③ 포목. 삼베와 무명. (布)　　④ 면. (綿)

⑤ 마. 삼베. (麻)

99 彼はいつも遊んで(　　　)いる。

① だけ　　　　　　　　　　② さえ

③ も　　　　　　　　　　　④ など

⑤ ばかり

➡️ 그는 언제나 놀고만 있다.

ばかり : 어떤 동작을 계속하고 있는 상태를 나타낸다.

(テレビを見てばかりいる。 텔레비전을 보고만 있다)

(テレビばかり見ている。　텔레비전만 보고 있다)

100 先生の車を(　　　)いいですか。

① かしても　　　　　　　　② かしてくれても

③ おかりしても　　　　　　④ おかりになっても

⑤ おかししても

➡️ 선생님 차를 빌려도 좋겠습니까.

貸す　 : 빌려주다. 능력·노동력 등을 타인에게 제공하다. (↔ 借りる)

借りる : 남의 물건 등을 빌리다. 일시적으로 다른 사람 물건을 이용하다. (↔ 貸す)

존경어가 없는 동사는 다음과 같이 고치면 된다.

(존경어 : お＋ます形＋になる・なさる) 先生がお飲みになる。先生がお飲みなさる。

(겸양어 : お＋ます形＋する・いたす) 私がお飲みする。　私がお飲みいたす。

101 金さんは英語どころか日本語もろくに(　　)。

① できません　　　　　　② 理解します
③ 知っています　　　　　④ 話します
⑤ できます

해설

➡ 김씨는 영어는 물론이고 일본어도 만족스럽게 못한다.

　どころか : ~뿐만 아니라. (は愚か・勿論・無論・元より・素より・固より)

　　　　　　　(앞 문장에 비해 뒤 문장은 정도가 심한 문장이 온다)

　ろくに　 : 민족스럽게. 제대로. 충분히. (ろくに …ない 형으로 사용된다)

102 こんな結果で終わってしまいましたが、それでも私(　　)一生懸命に考えたんですよ。

① まで　　　　　　　　　② らしく
③ なりに　　　　　　　　④ でも
⑤ たり

해설

➡ 이런 결과로 끝나고 말았습니다만, 그래도 내 나름대로 열심히 생각했습니다.

　それなりの価値がある。　　　　　그만큼의 가치가 있다.

　人はその人なりの考え方がある。 사람은 그 사람 나름의 사고방식이 있다.

　彼女は私の顔を見るなり、わっと泣き出した。

　그녀는 내 얼굴을 보자마자, 돌연 큰소리를 내면서 울기 시작했다.

　ついて来るなり、帰るなり、好きなようにしなさい。

　따라오든지, 돌아가든지, 좋을 대로 해라.

103 次の文の(　　　)の中に最も適当な言葉を一つ選びなさい。

　　遊牧民というものは、つねに移動しなければならないし、したがって
環境の変化がはげしい。新しい環境と新しい敵に対処する問題が常に目
の前にある。(　　　)、するどい現実感覚と、すばやい機動性が必要と
なる。

① ところで　　　　　　　② とはいっても

③ そして　　　　　　　　④ 尤も

⑤ そのため

해설

➡ 유목민이라고 하는 것은, 항상(常に) 이동하지 않으면 안 되고, 따라서(従って) 환경의 변화
　가 심하다. 새로운 환경과 새로운 적에 대처하는 문제가, 항상 목전에 있다. 그렇기 때문에,
　예리한 현실감각과, 재빠른(素早い) 기동성이 필요하다.

① 그런데(화제 전환). ~해 봤자. ~해 본들.

② ~라고는 말해도.　　　　　　　③ 그리고.

④ 단. (最も : 가장. 제일. 최고)

⑤ 그렇기 때문에. (결과보다는 뒤 문장에서 일어났던 이유를 강조)

---

104 次の文の(　　　)の中に最も適当な言葉を一つ選びなさい。

　　金さん、お元気ですか。きょうは、急いでお知らせしなければならな
いことがあって、手紙を書いています。十日に、仕事で大阪に行くこと
になって、空港に行けなくなってしまったのです。(　　　)、妹の花子
に、かわりに迎えに行ってもらうことにしたので、すみませんが、妹の
車で家まで来てください。

① それでは　　　　　　　② それに

③ それから　　　　　　　④ それで

⑤ それとも

➡ 김씨, 건강하십니까. 오늘은, 급하게 알리지 않으면 안 되는 일이 있어서, 편지를 쓰고 있습니다. 10일날, 일 때문에 오오사까에 가기로 되어 있어서, 공항에 갈 수 없게 되었습니다. 그래서, 여동생인 하나꼬에게, 대신(代わりに) 마중 가주기로 했기 때문에, 미안합니다만, 여동생 차로 집까지 와 주세요.

① 그러면.　　　　　　　　② 게다가. (そのうえ·しかも)

③ 그리고 나서.　　　　　　④ 그래서. (이야기가 발전된다)

⑤ 그렇지 않으면. (두 개 중에 하나를 선택)

105 次の文の(　　)の中に最も適当な言葉を一つ選びなさい。

　　私は会社につとめています。休みの日はすることがたくさんあります。掃除や洗濯や買い物です。掃除と洗濯はすぐ終わります。（ **A** ）、買い物は時間がかかります。たいてい朝十一時ごろから二時ごろまでかかります。買うものがたくさんある（ **B** ）です。

	A	B		A	B
①	そして	まで	②	しかし	から
③	でも	のに	④	そして	から
⑤	それに	だから			

➡ 나는 회사에 근무하고 있습니다. 휴일에는 하는 일이 많이 있습니다. 청소와 빨래, 쇼핑입니다. 청소와 빨래는 곧 끝납니다. 그러나, 쇼핑은 시간이 걸립니다. 대개 아침 11시경부터 2시까지 걸립니다. 살 물건이 많이 있기 때문입니다.

① 그리고. 까지.　　　　　② 그러나. 때문에.

③ 그러나. 인데도.　　　　④ 그리고. 때문에.

⑤ 게다가. 그렇기 때문에.

106 家賃は毎月一日に払うことになっています。下線の読み方を一つ選びなさい。

① かちん

② やちん

③ やにん

④ かにん

⑤ いえちん

해설

➡️ 집세(월세)는 매월 1일에 내기로 되어 있습니다.

107 다음 대화를 읽고 물음에 답하세요.

A : あなたのロッカーはどれですか。

B : それです。右から３番目です。

A : ああ、ちょうどまん中のですね。

【問い】ロッカーは全部いくつありますか。

① 三つ

② 四つ

③ 五つ

④ 六つ

⑤ 七つ

해설

➡️ 사물함은 전부 몇 개 있습니까.

A : 당신 사물함은 어느 것입니까.

B : 그것입니다. 오른쪽으로부터 3번째입니다.

A : 아예, 딱 정중앙이군요. (真ん中 : 정중앙)

108 次の文の(　　　)の中に最も適当な言葉を入れなさい。

時期を(　　　)私から弟に話そう。

① 見落として

② 見計らって

③ 見習って
④ 見渡して
⑤ 見逃して

해설

➡ ② 시기를 잘 가늠해서 내가 동생에게 이야기할께.

① 보고 있으면서도 알지 못하다. 놓치다.

② 적당한 것을 선택하다. 적당히 결정하다.

③ 보고 기억하다. 보고 배우다.

④ 사물 전체를 보다. 넓게 멀리까지 보다.

⑤ 상대의 결점을 보고도 못 본 체해 주다. 보고 놓치다.

109 次の文の(   )の中に最も適当な言葉を入れなさい。

日本へ来た(   )、日本語がわからなくて、友達ができません。

① ものの
② ものを
③ ものだから
④ ものか
⑤ ものなら

해설

➡ 일본에 오긴 했지만, 일본어를 몰라서, 친구가 생기지 않습니다.

① ~지만. (のに·けれども)

(ものの는 그러고 나서 앞의 사태가 나아가지 않고 반대의 전개가 되어 버리고, 결과가 동반되지 않는다)

パソコンを買ったものの、使い方が全然わからない。

컴퓨터를 샀지만, 사용법을 전혀 모르겠다.

デパートへ行ったものの、混んでいて何も買えなかった。

백화점에 갔지만, 붐벼서 아무것도 살 수 없었다.

② ~인 것을. (ものを 뒤에는 앞의 내용과 반대의 내용인 안타까움이 동반되고, 사람에 대한 불평·불만·비난을 말하는 경우가 많다.

焦らなくてもいいものを、焦るから失敗するんだ。

초조해(조급해)하지 않아도 될 것을, 초조해(조급해)하기 때문에 실패하는 것이다.
借金で困っていた友人を、助けようと思えば助けられたものを、見捨ててしまった。

빚으로 곤란한 친구를, 도우려고 생각하면 도울 수 있었던 것을, 외면하고 말았다.

110 다음 「まい」의 표현 중 용법이 다른 것을 고르세요.

① 彼は熱があるといっていたから、今日は来るまい。

② まさか、彼はこのことを知るまい。

③ 彼は正直な人だからうそはつくまい。

④ 彼は病気だから酒は飲むまい。

⑤ もう甘いものは食べまいと思っています。

해설

➡ ⑤ 이제 단 것은 먹지 않으려고 생각합니다. (의지)

① 그는 열이 있다고 말했기 때문에, 오늘은 오지 않을 것이다. (추측)

② 설마, 그는 이 일을 모를 것이다. (추측)

③ 그는 정직한 사람이기 때문에 거짓말은 하지 않을 것이다. (추측)

④ 그는 병이기 때문에 술은 마시지 않을 것이다. (추측)

だい に しょう
第 2 章。제2장

ぶんぽう へん
文法編　　문법편 Ⅱ

き そ ぶんぽう
基礎文法 Ⅱ　기초 문법 Ⅱ

▶ …し …し。 ~이기도 하고. ~하고.

　용법 : 동사·い형용사·な형용사·명사 (기본체) ＋ し。

　　　　부정＋부정 or 긍정＋긍정문으로 연결되고,

　　　　부정＋긍정 or 긍정＋부정문은 연결할 수 없다.

　의미 : 같은(同類) 내용을 열거하기도 하고 累加(누가 : 겹쳐서 보태짐)를 조건으로 推論(추리)해서 帰結(끝을 맺는)하는 관계를 나타낸다.

　　雨も降るし風も吹くし、出掛けたくない。

　　비도 오고 바람도 불고, 외출하고 싶지 않다.

　　疲れたし遅いしもう寝よう。 피곤하고 늦었고 이제 자자.

　● 대립되고 모순된 것을 열거하여 예를 들어 말하기도 하고 암시하기도 한다.

　　遊びに行きたいし暇はないし。　 놀러는 가고 싶고 시간은 없고.

▶ …たり …たりします。　　　~하기도 하고 ~하기도 합니다.

▶ …たり …たりしています。　　~하기도 하고 ~하고 있습니다.

▶ …たり …たりしました。　　　~하기도 하고 ~하기도 했습니다.

▶ 동류 (同類) 의 동작이나, 상태를 병렬한다. 반대의 의미의 말을 열거하거나, 교대로 반복되는 것을 나타낸다.

　용법 : 동사·い형용사·な형용사·명사 ＋ 과거형 ＋ り。

　의미 : 주어(主語)가 행하는 몇 개의 행동 중에서, 시간적인 순서의 관계에 상관없이, 두 개나 세 개의 중요 한 행동을 예로 들어, 주어(주체)가 그것을 포함하는 복수의 행동을 행하는 것을 열거하고자 할 경에, 이(…たり …たり)의 표현형식이 사용된다.

　　그것은 마침 어느 곳에 여러 가지 물건이 있는(존재한다) 것을 열거하려고 할 때에, 거기에 있는 물건 안에서 두 개나 세 개를 예로 들어 「Aや Bや Cなどが あります」라고 하는 것과 동류의 표현 형식이다.

　　그렇기 때문에 「料理をする」、「洗濯をする」、「掃除をする」라고 하는 것처럼 「…する」

형의 동사에 대해서는,

料理をしたり洗濯をしたり掃除をしたりします。 로 바꾸고

料理や洗濯や掃除などをします。 로 사용하는 것도 가능하다.

休みの日はいつも本を読んだりテレビを見たりしています。
쉬는 날은 언제나 책을 읽기도 하고 텔레비전을 보고 있습니다.

図書館で大きい声で話したりタバコを吸ったりしてはいけません。
도서관에서 큰 소리로 이야기하거나 담배를 피워서는 안 됩니다.

センターで日本語を勉強したり講義を聞いたりします。
센터에서 일본어를 공부하기도 하고 강의를 듣기도 합니다.

- 동류(同類)의 동작이나, 상태를 병렬한다.

  반대의 의미의 말을 열거하거나, 교대로 반복되는 것을 나타낸다.

昨日は風邪で気分が悪かったので、寝たり起きたりしていました。
어제는 감기로 기분이 나빴기 때문에, 자다가 깨다가 했습니다.

私は毎日文法の勉強をしますが、漢字の勉強はしたりしなかったりします。
나는 매일 문법공부를 합니다만, 한자공부는 하기도 하고 하지 않기도 합니다.

最近の気候はおかしくて、暑かったり寒かったりします。
최근의 기후는 이상해서, 덥기도 하고 춥기도 합니다.

朝御飯は、パンだったり御飯だったりします。
아침밥은, 빵이기도 하고 밥이기도 합니다.

三月は暖かかったり、寒かったりです。 3월은 따뜻하기도 하고, 춥기도 합니다.

- 사역형의 표현도 있다.

日本語を聞かせたり、話させたりします。
일본어를 듣게 하기도 하고, 이야기를 시키기도 합니다.

絵を描かせたり、歌を歌わせたりします。
그림을 그리게 하기도 하고, 노래를 부르게 하기도 합니다.

▶ か …ないか。~일지 ~아닐지. ~할지 ~안 할지.
　か …どうか。~일지 ~아닐지. ~할지 ~안 할지.

용법 : 동사·い형용사·な형용사·명사 (기본체) + かどうか。
의미 : 불확실하거나 단정할 수 없을 때 사용한다.

● 例外 (예외)	基本体 (肯定·現在)	かの形
な형용사	好きだ	好き＋か
명 사	本だ	本 ＋か

リーさんはいつ来るか分かりません。　　　이씨는 언제 올지 모릅니다.

どれがいいか選んでください。　　　어느 것이 좋을지 골라 보세요.

彼はいつ暇か分かりません。　　　그는 언제 한가할지 모르겠습니다.

彼の奥さんはどんな人か知りません。　　　그의 부인은 어떤 사람인지 모르겠습니다.

あの人が行くか行かないか分かりません。　저 사람이 갈지 안 갈지 모르겠습니다.

大きいか小さいかわからなかったので、履いてみました。
큰지 작은지 몰랐기 때문에, 신어(입어) 보았습니다.

静かか静かじゃないか分かりませんが、家賃はとても安いです。
조용한지 조용하지 않은지 모릅니다만, 집세는 매우 쌉니다.

千葉か埼玉か忘れましたが、あの人は郊外に住んでいます。
찌바인지 사이따마인지 잊어버렸습니다만, 저 사람은 교외에 살고 있습니다.

休みが取れるかどうか分かりません。휴가를 얻을 수 있을지 못 얻을지 모릅니다.

▶ て・で。~로 인해. ~때문에.

용법 : 동사·い형용사 + て形。な형용사·명사 + で形。

의미 : 원인이나 이유·동기의 문장에 사용한다.

手紙を読んで安心しました。	편지를 읽고 안심했습니다.
忙しくて旅行に行けませんでした。	바빠서 여행을 갈 수 없었습니다.
使い方が複雑でよく分かりません。	사용법이 복잡해서 잘 모르겠습니다.
毎日宿題で大変です。	매일 숙제로 힘듭니다.
先週病気で休みました。	지난주 병으로 쉬었습니다.
頭痛で休みます。	두통으로 쉽니다.
試験で忙しいです。	시험으로 바쁩니다.
海は人で一杯です。	바다는 사람으로 가득합니다.

▶ でしょう。~이겠지요. (だろう의 정중체이다)

용법 : 동사·い형용사·な형용사·명사 (기본체)＋でしょう。

●例外 (예외)	基本体 (肯定·現在) 기본체 (긍정·부정)	でしょう形。 だろう形。
な形容詞 (な형용사)	賑やかだ	賑やか＋でしょう 賑やか＋だろう
名詞 (명사)	田中さんだ	田中さん＋でしょう 田中さん＋だろう

의미 : 하나의 내용을 추량·상상하는 의미를 나타낸다.

　　　의문의 승조 (昇調) 인토네이션을 동반할 때는 상대에게 확인을 요할 때 사용한다.

だろう。~이겠지. (반말이기 때문에 정중어로는 사용하지 않는다)

たぶん。아마. 대개. (おそらく·おおかた·どうやら)

　　　뒤 문장은 반드시 추측의 문장이 온다.

▶ だろう。～이겠지. (だろうと思います。～이라고 생각합니다)

용법 : 동사·い형용사·な형용사·명사 (기본체) + だろう。

의미 : 하나의 내용을 추량·상상하는 의미를 나타내며 상대가 어떤 화제제시를 했을 때 상대의
　　　 의견에 맞추어서 이야기한다. (이때 자기의 주장은 나타나지 않는다)

▶ でしょう。～이겠지요. (だろう의 정중체이다)

●例外 (예외)	기본체(긍정·현재)	だろうの형
な형용사	賑やかだ	賑やか＋だろう
명사	田中さんだ	田中さん＋だろう

りーさんは明日来るだろう。　　　　이씨는 내일 오겠지.

今年の冬は寒いだろう。　　　　　　올 겨울은 춥겠지.

怪我はもう大丈夫だろう。　　　　　상처는 이제 괜찮겠지.

彼はまだ独身だろう。　　　　　　　그는 아직 독신이겠지.

▶ らしい。～답다. ～에 어울린다.

용법 : 명사 (단어) + らしい。

의미 : 유사(類似)한 것, 또는 거기에 어울린다고 하는 관계를 나타낸다.

山本さんは本当に男らしい人ですね。
야마모또씨는 정말로 남자다운 사람이네요.

かおりさんは着物がよく似合って、日本女性らしくていいですね。
가오리씨는 기모노가 잘 어울려서 일본여성다워서 좋습니다.

最近の大学生は、勉強しないで遊んでばかりいて、学生らしくないですね。
요즘 대학생은, 공부하지 않고 놀기만 해서, 학생답지 않습니다.

この家は畳の部屋ばかりで、日本の家らしくていいですね。
이 집은 다다미(돗자리) 방만 있어, 일본 집다워서 좋습니다.

▶ らしい。~인 것 같다. 推定(추측)의 의미를 나타낸다.

용법 : 동사 · な형용사 · い형용사 · 명사 (기본체) + らしい。
　　　단 な형용사 · 명사의 현재형은 (단어)　　　+ らしい。

의미 : 상대의 말에 의해서 무엇인가 확실한 근거를 갖는 추량의 의미를 나타낸다. 그 근거가 객
　　　관성을 가질 때는 단정을 완곡(婉曲)에서 이야기한다고 하는 내용이고, 그 근거가 주관적
　　　일 때는 불확실한 단정이 된다고 하는 느낌을 동반한다.

あしたは雨らしいです。　　　　　내일은 비가 올 것 같습니다.

もうすぐ出掛けるらしいです。　　이제 곧 외출할 것 같습니다.

この冬は寒いらしいです。　　　　이번 겨울은 추운 것 같습니다.

この問題は簡単らしいです。　　　이 문제는 간단한 것 같습니다.

学校ではほめられるらしいです。　학교에서는 칭찬 받는 것 같습니다.

映画を見て来たらしいです。　　　영화를 보고 온 것 같습니다.

川では泳げないらしいです。　　　강에서는 수영을 못 하는 것 같습니다.

十時かららしいです。　　　　　　10시부터인 것 같습니다.

梅雨明けはまだらしいです。　　　장마가 끝나기에는 아직 이른 것 같습니다.

▶ の (ん)。~했던 것입니다.

용법 : 동사 · い형용사 · な형용사 · 명사 (기본체) + の。(ん)
　　　단 명사 · な형용사 현재형은 단어 + なの。(なん)

의미 : 설명문에 사용한다.

- 체언화.

> 용법 : 동사(기본체)＋の。
> 의미 : こと(일)・もの(물건)・ひと(사람)을 나타낸다.

うまく書けたのを宿題として提出した。　　　（もの）

잘 쓴 것을 숙제로써 제출했다.

先来たのは新聞屋さんだよ。　　　　　　　（ひと）

조금 전에 왔던 사람은 신문배달원이다.

私が質問したのは経済の問題についてだ。　（こと）

내가 질문했던 것은 경제문제에 대해서다.

- のは こと와 비교해서 회화체로서 많이 사용된다.

- 婉曲。(완곡)

> 용법 : 동사・い형용사・な형용사・명사 (기본체)＋のだ。(のです)
> 　　　단 명사・な형용사 현재형은 단어 (な)　＋のだ。(のです)
> 의미 : 말하는 상대가 자신의 일에 대해서 간접적으로 설명한다.

A : お子さんは、今年もう御卒業ですか。　자제분은, 올해 벌써 졸업입니까.

B : いいえ、まだ4年生なんです。　　　아니요, 아직 4학년입니다.

A : いつ社長になられましたか。　　　언제 사장이 되셨습니까.

B : 去年の4月なんです。　　　　　　작년 4월입니다.

- 강조.

> 용법 : 동사・い형용사・な형용사・명사(기본체)＋のだ。(のです)
> 　　　단 명사・な형용사 현재형은 단어(な)　＋のだ。(のです)

의미 : 강조가 포함된 설명 一体(도대체), 本当に(정말로),

いくら ~ても(아무리 ~하더라도. 해도)처럼 부사구를 동반해서 사용되는 경우가
많다.

一体、何をしていたんですか。　도대체, 무엇을 하고 있었습니까.

本当に分からないんです。　　정말로 모릅니다. (정말로 이해가 되지 않습니다)

どうしても信じられないんです。도저히 믿을 수 없습니다.

• 주장이나 명령.

　용법 : 동사 · い형용사 · な형용사 · 명사(기본체)＋のだ。(のです)
　　　　단 명사 · な형용사 현재형은 단어(な)　＋のだ。(のです)
　의미 : 주장이나 명령적인 기분을 나타내는 설명문에 사용된다.

食べる前には手を洗うんですよ。　먹기 전에는 손을 씻어야만 됩니다.

男の子は泣かないんです。　　　남자는 울지 않는 것입니다.

ここで遊ぶんじゃありませんよ。여기서 놀면은 안 됩니다.

• 확인.

　용법 : 동사 · い형용사 · な형용사 · 명사(기본체)＋のだ。(のです)
　　　　단 명사 · な형용사 현재형은 단어(な)　＋のだ。(のです)
　의미 : 어떠한 것을 자기가 확인이 되었을 때 사용한다.

何か食べましたか。　　　　　무엇인가 먹었습니까. (확인이 안 되었을 때)

何を食べたんですか。　　　　무엇을 먹었습니까. (확인이 되었을 때)

• 설명을 구하는 의문.

　　용법 : 동사·い형용사·な형용사·명사(기본체)＋のだ。(のです)

　　　　　단 명사·な형용사 현재형은 단어(な)　＋のだ。(のです)

　　의미 : 말하는 상대는 이미 알고 있는 것에 대해서 더욱더 설명을 구하는 경우. (1과 2를
　　　　　비교해서 볼 것)

　　1. A : 先生ですか。　　　　　　　　선생님입니까.

　　　　B : ええ、そうです。　　　　　　예, 그렇습니다.

　　2. A : 先生なんですか。　　　　　　선생님입니까.

　　　　B : ええ、そうなんです。　　　　예, 그렇습니다.

• の대신 ん을 사용할 수 있다. (기본체 + ん·の)

기본형		現在形 (현재형)		過去形 (과거형)	
		肯定	否定	肯定 (긍정)	否定 (부정)
동사	行く	行く んです	行かない んです	行った んです	行かなかった んです
い 형용사	痛い	痛い んです	痛くない んです	痛かった んです	痛くなかった んです
な 형용사	静か	静かな んです	静かじゃない んです	静かだった んです	静かじゃなかった んです
명사	先生	先生な んです	先生じゃない んです	先生だった んです	先生じゃなかった んです

▶ のを。~것을.　のは。~것은.　のが。~것이. ~것을.

　용법 : 동사·い형용사·な형용사·명사(기본형)＋のは。のを。のが。

　　　　단 な형용사·명사 현재형의 연결은 반드시 な가 접속된다.

　의미 : 활용형의 기본형에 접속해서 그것을 체언화한다.

　　　　(명사는 조사를 동반하지만 い형용사·동사는 조사를 동반할 수 없기 때문에 명사형을
　　　　만들어 조사를 동반시킨다)

　　　　두 글자 (まで·から·ので·のに 등) 의 조사는 동반이 가능하지만 한 글자 (は·ヘ·を·
　　　　が 등) 조사는 올 수 없기 때문에 の를 갖고 명사형을 만들어 사용한다)

小さいケーキをくださいください。　　　小さいのをください。

작은 케이크를 주세요.　　　　　　　작은 것을 주세요.

りーさんが散歩しているのを見ました。　이씨가 산보하고 있는 것을 보았습니다.

漢字を覚えるのは難しいです。　　　　한자를 기억하는(외우는) 것은 어렵습니다.

試験が難しいのは困ります。　　　　　시험이 어려운 것은 곤란합니다.

試験が簡単なのはいいです。　　　　　시험이 간단한 것은 좋습니다.

日曜日に店が休みなのは不便です。　일요일날 가게가 쉬는 것은 불편합니다.

この絵を描いたのはリーさんです。　이 그림을 그린 사람은 이씨입니다.

私は音楽を聞くのが好きです。　　　나는 음악을 듣는 것을 좋아합니다.

新しいのは高いです。　　　　　　　새것은 비쌉니다.

ケーキは丸いのがいいです。　　　　케이크는 둥근 것이 좋습니다.

小さくて軽いのがいいです。　　　　작고 가벼운 것이 좋습니다.

▶ よう。~인 것 같다.

• 推量。추량 (사물의 사정이나 사람의 심정 등을 추측).

　ようです。　~인 것 같습니다.
　みたいです。~인 것 같습니다. (ようの 회화체)
　용법 : 동사·い형용사·な형용사·명사 (기본체) ＋ よう。
　　　　な형용사 (な)·명사 (の)　　　　　＋ よう。
　　　　동사·い형용사·な형용사·명사 (기본체) ＋ みたい。
　　　　단 な형용사·명사의 현재형은 단어　＋ みたい。

의미 : 불확실한 판단·추측을 나타낸다.

말하는 사람의 감각에 기초를 둔 주관적, 또는 직감적인 판단이고, 추량의 조동사(らし
い)와 같이 사용하는 일이 많다.

동사	田中さんはおなかが空いているようです。／みたいです。 다나까씨는 배가 고픈 것 같습니다. ／ 같습니다.
い형용사	田中さんは頭が痛いようです。／みたいです。 다나까씨는 머리가 아픈 것 같습니다. ／ 같습니다.
な형용사	田中さんは暇なようです。／みたいです。 다나까씨는 한가한 것 같습니다. ／ 같습니다.
명사	田中さんは病気のようです。／みたいです。 다나까씨는 병인 것 같습니다. ／ 같습니다.

- 比喩。 비유·비교

▶ まるで : 마치 ~인 것 같다. (뒤 문장은 반드시 ようなみたい를 동반한다)

(あたかも·ちょうど·さながら)

▶ よう　 : ~같이. ~처럼.

みたい : ようの 회화체.

용법 : な형용사(な)·명사(の)＋よう。

な형용사·명사(단어)　＋みたい。

よう·みたい가 명사를 수식하면 な형용사가 된다. 따라서 활용도 な형용사와 같다.

의미 : 비교.

「XはYのよう…」라고 하는 구성문으로, X를 설명하기 위해서 Y를 X와 닮았다고 하는
예로서 나타낸다.

A : アリさんは日本語が上手ですね。　　아리씨는 일본어를 잘하는군요.

B : ええ、まるで日本人のようですね。　　예, 마치 일본인 같군요.

吉田さんの手は氷のように冷たいです。　요시다씨의 손은 얼음처럼 차갑습니다.

山本さんのうちの庭は、公園のように広くてきれいです。
야마모또씨 집 정원은, 공원같이 넓고 아름답습니다.

A : 東大に入学したそうですね。おめでとうございます。
　　도꾜대학에 입학했다고 하더군요. 축하합니다.
B : ありがとうございます。まるで夢のようです。
　　고맙습니다. 마치 꿈같습니다.

五月なのに、冬みたいに寒いですね。　5월인데도, 겨울같이 춥습니다.

チンさんは妹みたいに可愛いです。　　진씨는 여동생처럼 귀엽습니다.

あの人は朝から晩まで、こまねずみのように働いています。
저 사람은 아침부터 밤까지, 생쥐같이 열심히 일하고 있습니다.

- 例示。예시.

▶ よう。～처럼. ～같은.

　용법 : 동사·い형용사(기본체)　　　　　　　＋よう。
　　　　 명사(の)·な형용사(な)　　　　　　　＋よう。
　　　　 동사·い형용사·な형용사·명사(기본체) ＋みたい。
　　　　 명사·な형용사(단어)　　　　　　　　＋みたい。
　의미 : 닮은 것, 조건에 맞는 것을 구체적인 예를 들어서 설명한다. 또, 그 자체에 대해서 말할 때
　　　　도 사용하지만, 그 경우 어떤 내용을 예시로써 강조하는 의미가 되는 일이 많다.

韓国料理のような辛いものが好きです。　　한국요리 같은 매운 것을 좋아합니다.

いかにも見たように話します。　　　　　　정말로 본 것처럼 이야기합니다.

だれにでも出来るような易しい試験でした。 누구라도 할 수 있는 쉬운 시험이었습니다.

あなたのような意地悪な人は嫌いです。　　당신처럼 심술궂은 사람은 싫습니다.

幸子さんのような人は、いいお母さんになるでしょう。
사찌꼬씨 같은 사람은, 좋은 어머니가 되겠지요.

東京のように人が多い所には住みたくありません。
도쿄처럼 사람이 많은 곳에는 살고 싶지 않습니다.

リンさんのように毎日よく勉強する人は、きっと難しい大学にも入れるでしょう。
린씨처럼 매일 열심히 공부하는 사람은, 틀림없이 어려운 대학에도 들어갈 수 있겠지요.

- 目的。목적.

▶ ように。~할 수 있도록. (바람이나 희망의 문장에 사용한다)
　용법 : 동사(현재형)＋ように。
　의미 : 행위의 목적을 나타낸다.

あしたの朝早く起きられるように、今晩早く寝ます。
내일 아침 일찍 일어날 수 있도록, 오늘 밤 일찍 잡니다.

お祖父ちゃんによく聞こえるように、大きな声で言ってください。
할아버지에게 잘 들리도록, 큰소리로 말해 주세요.

家族が心配しないように、毎週手紙を書きます。
가족이 걱정하지 않도록, 매주 편지를 씁니다.

隣の猫に食べられないように、注意してください。
옆집 고양이에게 먹히지 않도록, 주의해 주세요.

大切なことは、忘れないようにメモしましょう。
중요한 일은, 잊어버리지 않도록 메모합시다.

大学に合格できるように、勉強した単語や文法を復習します。
대학에 합격할 수 있도록, 공부한 단어나 문법을 복습합니다.

来年、海外旅行ができるように、お金を少しずつ貯めています。
내년에, 해외여행을 갈 수 있도록, 돈을 조금씩 저금하고 있습니다.

誰にも気がつかれないように、こっそりと家を出た。
아무도 눈치채지 못하게, 슬그머니(살짝) 집을 나왔다.

- 상황에 의한 결정. ~할 수 있게 되었습니다.
  - 용법 : 동사 (기본형 · 가능형) + ようになりました。
  - 의미 : 말하는 상대의 의도도 포함되어 있지만, 그것보다도 외부의 영향 · 과정 · 상황 · 변화의 추이에 의해서 상태가 되는 것을 나타낸다. 과거에는 못했던 것을 지금은 할 수 있게 된 상태를 나타낸다. 그러므로 ように 앞에서는 가능형을 많이 사용한다.

  毎日練習したので、ピアノが上手に弾けるようになりました。
  매일 연습했기 때문에, 피아노를 잘 칠 수 있게 되었습니다.

  友達が出来て、チンさんはよく笑うようになりました。
  친구가 생겨서, 진씨는 잘 웃게 되었습니다.

  スポーツを始めて、たくさん食べるようになりました。
  스포츠를 시작해서, 많이 먹을 수 있게 되었습니다.

  高橋さんは、結婚して、前よりもっと仕事をするようになりました。
  다까하시씨는, 결혼해서, 전보다 훨씬 더 일을 할 수 있게 되었습니다.

- 권고 · 願望(바람 · 희망). ~하도록 해 주세요.
  - 용법 : 동사 (현재형) + ようにしてください。
  - 의미 : 본인의 바람이나 희망을 상대에게 부탁할 때 사용한다.
    상대편이 ~해 주었으면 하는 것을 원할 때 사용한다.

  外国人登録証を無くさないようにしてください。
  외국인등록증을 잃어버리지 않도록 해 주세요.

  門限は九時ですから、九時までに帰るようにしてください。
  문 닫는 시간은 9시이기 때문에, 9시까지는 돌아올 수 있도록 해 주세요.

  校外学習に行く日は遅れないようにしてください。
  교외학습을 가는 날은 지각하지 않도록 해 주세요.

- 의도. (관용적 표현) ~하도록 하다.
  - 용법 : 동사 (현재형) + ようにする。
  - 의미 : 의도적으로 노력하는 것을 나타낸다. (반드시 긍정문에만 사용된다)

今日勉強したことは、なるべく今日中に覚えるようにしています。
오늘 공부했던 것은, 가능한 한 오늘 중으로 기억하도록 하고 있습니다.

手紙の返事は必ずすぐ出すようにしています。
편지 답장은 반드시 곧 보내도록 하고 있습니다.

明日からは毎朝六時に起きるようにします。
내일부터는 매일 아침 6시에 일어날 수 있도록 합니다.

- 명령 · 충고.
  용법 : 동사 (현재형) + ように + 言う(말하다) · 頼む(부탁하다) · 伝える(전달하다).
  의미 : 명령이나 충고를 나타낸다.

  お医者さんに、飲みすぎないように言われました。
  의사선생님에게, 과음하지 말라는 말을 들었습니다.

  保証人に、よく勉強するように言われます。
  보증인에게, 열심히 공부하라는 말을 들었습니다.

  母は私に、生野菜を食べるように言いました。
  어머니는 나에게, 생야채를 먹으라고 말했습니다.

  誰にも言わないように言われました。
  누구에게도 말하지 말라는 말을 들었습니다.

  友達に、手紙を出すように頼まれました。
  친구에게, 편지를 보내도록 부탁 받았습니다.

  その仕事は五時までにするように伝えてください。
  그 일은 5시까지는 할 수 있도록 전해 주세요.

- 설명. ~한대로. ~인 것처럼. (…とおり)
  용법 : 명사 · 지시대명사 + のよう。
  　　　 동사 (과거형)　　+ よう。
  의미 : 이미 이야기한 것, 또는 지금부터 이야기할 것을 참조해서, 내용을 설명할 때에 사용한다.

電話で話したように、この問題はもう解決しました。

전화로 이야기했던 것처럼, 이 문제는 벌써 해결했습니다.

▶ はず。당연히 ~일 것이다. 당연하다.

용법 : 동사 · い형용사 · な형용사 · 명사(기본체)＋はず。

● 例外 (예외)	기본체(긍정 · 현재)	はずの 形
な형용사	賑やかだ	賑やかなはずだ
명 사	休みだ	休みのはずだ

• 어떠한 상황에서의 사물이, 당연히 그래야 할 것임을 나타내는 말.

これでいいはずだ。　　　　　이것으로 좋다.

これでは彼女も怒るはずだ。　　이것으로는 그녀도 화낸다.

• 예정되어 있는 내용 또는, 事情(사정) · 予定(예정).

確か今日のはずだ。　　　　　틀림없이(확실히) 오늘이다.

• はずだ의 부정형. 그러나 가능성은 다소 있다.

今日は土曜日だから、彼は会社に行かないはずだ。

오늘은 토요일이기 때문에, 그는 회사에 가지 않을 것이다.

• 가능성은 없다. ~일 리가 없다. 회화체로는 はずない로도 사용된다.

こんな難しいことが子供にわかるはずがない。

이렇게 어려운 것을 아이가 이해할리가 없다.

商店街にあるアパートが静かなはずはない。

상점가에 있는 아파트가 조용할 리는 없다.

そんなはずありません。もう一度調べて下さい。

그런 일이 있을 리가 없습니다. 다시 한 번 조사해 주세요.

• 실현하지 못한 예정. (はずだった)
(はず 뒤에는 반드시 과거형이 동반되고 과거형 뒤에는 반드시 역접이 온다)

今年卒業できるはずだったんだけど……。

올해 졸업하기로 되어 있었지만…….

部長は会議に出るはずだったが、急用で出張した。

부장은 회의에 나가기로 되어 있었지만, 급한 용무로 출장을 갔다.

天気予報では降らないはずだったのに、雨が降って来た。

일기예보에서는 내리지 않는다고 했지만, 비가 내렸다.

▶ べし (べき)。당연히 ~해야만 된다.

용법 : 동사 (기본형) + べき。(する는 すべき로 많이 사용된다)

의미 : 실현이 될지 안 될지는 모르지만, 그렇게 하는 것이 또는 그렇게 되는 것이 당연하다고
하는 moral(도덕·윤리)이나 상식을 나타낸다.
하는 것이 당연하다(するのが当然だ). 하지 않으면 안 된다(ねばならない·なけれ
ばならない). 또, ~해라(また、…せよ)라는 의미를 나타낸다.

そういうことは自分から言うべきだ。　그러한 것은 스스로 말해야만 된다.

• 어떠한 실현이 거의 확실하다고 추측되는 것을 의미한다.

つばめも帰って来るべき候となった。　제비도 돌아올 날씨가 되었다.

- べからず。금지, 불가능을 나타낸다.

　　当たるべからざる勢い。　　　　　당해낼 수 없는 기세.

　　ごみを捨てるべからず。　　　　　쓰레기를 버리지 말 것.

　　芝生に入るべからず。　　　　　　잔디밭에 들어가지 말 것.

- べくして。하는 것은 당연하다는 의미를 나타낸다.

　　勝つべくして勝った。　　　　　　당연히 이길 것을 이겼다.

▶ なくて。～하지 않아서. ないで。～하지 않아서.
　용법 : 동사·い형용사·な형용사·명사. (부정형에서 い를 빼고)＋くて。
　의미 : 이유나 원인을 나타내고, 부정형의 문장 연결에 사용된다.

　　毎晩、寝られません。だから、困っています。

　　매일 밤, 잠을 잘 수 없습니다. 그렇기 때문에, 곤란합니다.

　→ 毎晩、寝られ<u>なくて</u>、困っています。 매일 밤, 잠을 잘 수가 없어서, 곤란합니다.

　　これは本じゃありません。雑誌です。이것은 책이 아닙니다. 잡지입니다.

　→ これは本じゃ<u>なくて</u>、雑誌です。　　이것은 책이 아니고, 잡지입니다.

- なくて와 ないで。
　부정형의 て形으로서는, 형용사의 なくて와 조동사의 ないで가 있지만, 형용사문과 명사문에
대해서는 なくて만 사용하고 동사문에 대해서는 なくて와 ないで를 사용할 수 있다.

(·표는 존재하지 않음과 동시에 사용할 수 없음)

い형용사	くなくて	·くないで
な형용사	ではなくて	·ではないで
명사	ではなくて	·ではないで
동사	なくて	ないで

• 형용사(い형용사 · な형용사 · 명사)일 경우.

三浦大根はあまり辛くなくて、味がいいです。

미우라 무는 그다지 맵지 않아서, 맛이 좋습니다.

去年の夏は、あまり暑くなくて、凌ぎやすかったです。

작년 여름은, 그다지 덥지 않아서, 견디기 쉬웠습니다.

その作家は日本ではあまり有名ではなくて、人気もなかったです。

그 작가는 일본에서는 그다지 유명하지 않아서, 인기도 없었습니다.

必要なのは才能ではなくて、熱意と努力である。

필요한 것은 재능이 아니고, 열의와 노력이다.

• 동사일 경우.

辞書を使わないで書いてみてください。

사전을 사용하지 않고 써 봐주세요.

明日は試験なので、今晩は寝ないで勉強するつもりです。

내일은 시험이기 때문에, 오늘 밤은 잠자지 않고 공부할 생각입니다.

• 동작 · 작용이 계속해서 일어날 때나, 동사가 부정형이 될 때는 ないで만 사용한다.

魚は焼かないで食べます。　　　생선은 굽지 않고 먹습니다.

一晩中寝ないで本を読みます。　　밤새도록 자지 않고 책을 읽습니다.

歩かないで車に乗りました。　　　걷지 않고 차를 탔습니다.

- 어떤 상태 및 원인·이유를 나타낼 때는 なくて·ないで를 모두 사용할 수 있다.

海へ行ったのに、泳げなくて (泳げないで) 残念だった。

바다에 갔는데도, 수영을 할 수 없어서 안타까웠다.

言うことを聞かなくて (聞かないで) 困る。

말하는 것을 듣지 않아서 곤란하다.

雨が降らなくて (降らないで) 助かる。

비가 내리지 않아서 도움이 되다.

- 동사 て形의 부분과 뒷부분의 주어가 같고, 게다가 두 개의 동사가 같이 의지 동사이고, 주어에 의해서 직접 컨트롤되어 있다고 의식될 때는, 「なくて」는 사용하지 않고, 「ないで」만 가능하다. 특히 이 조건은, 「…ないで…ください」라는 명령문이나 「…ないで…ましょう」라는 권유문 등에 적용된다.

朝は何も食べないで、九時までに病院の受付に来てください。

아침은 아무것도 먹지 말고, 9시까지는 병원 접수하는 곳으로 와 주세요.

教科書を見ないで答えてください。

교과서를 보지 말고 대답해 주세요.

あの人はきっと来ますよ。心配しないで待っていましょう。

저 사람은 틀림없이 (꼭) 옵니다. 걱정하지 말고 기다립시다.

授業の後、すぐ帰ってしまわないで、ちょっと相談しましょう。

수업 후, 곧바로 돌아가지 말고, 잠깐 상담합시다.

健康のため、エレベーターやエスカレーターに乗らないで、階段を使おう。

건강을 위해서는, 엘리베이터나 에스컬레이터를 타지 말고, 계단을 이용하자.

▶ やる。あげる。もらう。くれる。 의 용법(用法).

- あげる。 **주다.**
  용법 : 명사 (물건) + あげる。
  의미 : 내가 남에게 물건을 주다.

  私は金さんに (物) をあげました。   나는 김씨에게 물건을 주었습니다.

- もらう。 **받다.**
  용법 : 명사 (물건) + もらう。
  의미 : 내가 남에게 물건을 받다. (조사는 に 또는 から를 사용할 수 있다)

  私は金さんに / から (物) をもらいました。 나는 김씨에게 물건을 받았습니다.

- くれる。 **주다.**
  의미 : 남(주로 알고 있는 사람)이 나에게 물건을 주다.
     (관계가 없는 사람이면 もらう를 사용하는 것이 좋다)
  용법 : 명사 (물건) + くれる。

  金さんは私に (物) をくれました。   김씨는 나에게 물건을 주었습니다.

• 여기에서는 수급(受給 : 받다)의 표현 중, 물건의 수급에 대해 생각해 보자.

▶ 물건의 수급.
물건의 수급은 누가 누구에게 물건을 주었느냐에 따라서, 다음과 같이 나뉜다. (내가 주체일 경우 あげる와 もらう는 상응될 수 없고, もらう와 くれる는 상응될 수 있다)

• 내가 상대에게 물건을 준 경우.
私は、Aさんに本をあげました。   (私 → 他人) 나는, A씨에게 책을 주었습니다.
• 내가 상대에게 물건을 받은 경우.
私は、Aさんに ／ から本をもらいました。   (私 ← 他人) 나는, A씨에게 책을 받았습니다.

Aさんは、私に ／ から本をもらいました。　　(존재하지 않음)

A씨는, 나에게 책을 받았습니다.

• **상대가 나에게 물건을 준 경우. (문장은 다르지만 의미는 같다)**

Aさんは、私に本をくれました。　　　　　(他人 → 私)

A씨는, 나에게 책을 주었습니다.

私は、Aさんに ／ から本をもらいました。　　(私 ← 他人)

나는, A씨에게 책을 받았습니다.

• 비생물일 경우 もらう의 조사는 から밖에 사용할 수 없다.

私は国から奨学金をもらっています。

나는 본국으로부터 장학금을 받고 있습니다.

> ▸ さしあげる。 **드리다.** (あげる의 겸양어)
> 용법 : 명사 (물건) + さしあげる。
> 의미 : 내가 윗사람에게 물건을 드리다.

私は先生の奥さんにお土産をさしあげました。

나는 선생님 부인(사모님)에게 선물(토산품)을 드렸습니다.

何をさしあげましょうか。

무엇을 드릴까요. (점원이 손님에게)

> ▸ いただく。 **받다.** (もらう의 겸양어)
> 용법 : 명사 (물건) + いただく。
> 의미 : 내가 윗사람에게 물건을 받다. (조사는 に 또는 から를 사용할 수 있다)

私は先生にブランデーをいただきました。

저는 선생님에게 브랜디를 받았습니다.

> ▸ くださる。 **주시다.** (くれる의 존경어)
> 용법 : 명사 (물건) + くださる。
> 의미 : 윗사람이 나에게 물건을 주시다.

リンさんのお母<ruby>さん<rt>かあ</rt></ruby>が (私に) お<ruby>菓子<rt>かし</rt></ruby>をくださいました。

린씨 어머님이 (나에게) 과자를 주셨습니다.

• 내가 선생님에게 물건을 드린 경우.

私は、<ruby>先生<rt>せんせい</rt></ruby>に<ruby>本<rt>ほん</rt></ruby>を<ruby>差<rt>さ</rt></ruby>し<ruby>上<rt>あ</rt></ruby>げました。　　　　(私 → 先生)

저는, 선생님에게 책을 드렸습니다.

• 내가 선생님에게 물건을 받은 경우.

私は、先生に ／ から本をいただきました。　　　(私 ← 先生)

저는, 선생님에게 책을 받았습니다.

先生は、私に ／ から本をいただきました。　　　(존재하지 않는 문장)

선생님은, 저에게 책을 받았습니다.

• 선생님이 나에게 물건을 주신 경우. (문장은 다르지만 의미는 같다)

先生は、私に本をくださいました。　　　　　　(先生 → 私)

선생님은, 저에게 책을 주셨습니다.

私は、先生に ／ から本をいただきました。　　　(私 ← 先生)

저는, 선생님에게 책을 받았습니다.

▶ あげる。 주다.

　의미 : 제3자가 제3자에게 물건을 주다.

　　　　(제3자와 제3자일 경우, あげる와 상응되는 것은 もらう이고 もらう와 상응되는 것은 あげる이다)

　　• A씨가 B씨에게 물건을 준 경우와, B씨가 A씨에게 받은 경우.

　　Aさんは、Bさんに本をあげました。　　　　(A → B)

　　A씨는, B씨에게 책을 주었습니다.

　　Bさんは、Aさんに ／ から本をもらいました。 (B ← A)

　　B씨는, A씨에게 책을 받았습니다.

- **B씨가 A씨에게 물건을 받은 경우와, A씨가 B씨에게 준 경우.**

  Bさんは、Aさんに ／ から本をもらいました。　　　(B ← A)
  B씨는, A씨에게 책을 받았습니다.

  Aさんは、Bさんに本をあげました。　　　　　　　(A → B)
  A씨는, B씨에게 책을 주었습니다.

- もらう。받다.

  의미 : 제3자가 제3자에게 물건을 받다.

  (조사는 に 또는 から를 사용할 수 있다).

  (제3자와 제3자일 경우 もらう와 상응되는 것은 くれる이고, くれる와 상응되는 것은 もらう이다)

  - **B씨가 A씨에게 물건을 받은 경우와 상응되는 문장.**

    Bさんは、Aさんに／から本をもらいました。　　　(B ← A)
    B씨는, A씨에게 책을 받았습니다.

    Aさんは、Bさんに本をくれました。　　　　　　　(A → B)
    A씨는, B씨에게 책을 주었습니다.

  - **A씨가 B씨에게 물건을 준 경우와 상응되는 문장.**

    Aさんは、Bさんに本をくれました。　　　　　　　(A → B)
    A씨는, B씨에게 책을 주었습니다.

    Bさんは、Aさんに／から本をもらいました。　　　(B ← A)
    B씨는, A씨에게 책을 받았습니다.

- 내가 주체일 경우 あげる와 もらう는 상응될 수 없지만, もらう와 くれる는 상응될 수 있다. 제3자와 제3자일 경우 あげる의 상응되는 말은 もらう이고 もらう의 상응되는 말은 くれる이다.

  - **내가 상대에게 물건을 준 경우.**

    私は、Aさんに本をあげました。　　　　　　　(私 → 他人)
    나는, A씨에게 책을 주었습니다.

- 내가 상대에게 물건을 받은 경우.

私は、Aさんに ／ から本をもらいました。　　　　(私 ← 他<ruby>人<rt>たにん</rt></ruby>)

나는, A씨에게 책을 받았습니다.

- A씨가 B씨에게 물건을 준 경우와, B씨가 A씨에게 물건을 받은 경우.

Aさんは、Bさんに本をあげました。　　　　　　　(A → B)

A씨는, B씨에게 책을 주었습니다.

Bさんは、Aさんに ／ から本をもらいました。　　(B ← A)

B씨는, A씨에게 책을 받았습니다.

- B씨가 A씨에게 물건을 받은 경우와, A씨가 B씨에게 물건을 준 경우.

Bさんは、Aさんに ／ から本をもらいました。　　(B ← A)

B씨는, A씨에게 책을 받았습니다.

Aさんは、Bさんに本をあげました。　　　　　　　(A → B)

A씨는, B씨에게 책을 주었습니다.

- A씨가 나에게 물건을 준 경우와, 내가 A씨한테 물건을 받은 경우.

Aさんは、私に本をくれました。　　　　　　　　　(A → 私)

A씨는, 나에게 책을 주었습니다.

私は、Aさんに ／ から本をもらいました。　　　　(私 ← A)

나는, A씨에게 책을 받았습니다.

- A씨가 B씨에게 물건을 준 경우와, B씨가 A씨에게 물건을 받은 경우.

Aさんは、Bさんに本をくれました。　　　　　　　(A → B)

A씨는, B씨에게 책을 주었습니다.

Bさんは、Aさんに／から本をもらいました。　　　(B ← A)

B씨는, A씨에게 책을 받았습니다.

- B씨가 A씨에게 물건을 받은 경우, A씨가 B씨에게 물건을 준 경우.

Bさんは、Aさんに／から本をもらいました。　　　(B ← A)

B씨는, A씨에게 책을 받았습니다.

Aさんは、Bさんに本をくれました。　　　　　　　(A → B)

A씨는, B씨에게 책을 주었습니다.

・상대가 나에게 물건을 준 경우. (문장은 다르지만 의미는 같다)

Aさんは、私に本をくれました。　　　　　　　(A → 私)

A씨는, 나에게 책을 주었습니다.

私は、Aさんに ／ から本をもらいました。　　　(私 ← 他人)

나는, A씨에게 책을 받았습니다.

▶ やる。주다.

용법 : 명사 (물건) ＋ やる。

의미 : 내가 친구・동생・동물・식물에게, 물건이나 먹이・물 등을 줄 때.

私は、弟に本をやりました。　　　　　　　(私 → 年下)

나는, 남동생에게 책을 주었습니다.

私は、鳥にえさをやりました。　　　　　　　(私 → 동・식물)

나는, 새에게 먹이를 주었습니다.

・다음과 같은 경우는 소유물을 가리키기 때문에 もらう・くれる만 사용할 수 있다.
(あげる는 사용할 수 없음)

これは山田さんに／からもらいました。　　　이것은 야마다씨에게 받았습니다.

この指輪は山田さんにもらいました。　　　이 반지는 야마다씨에게 받았습니다.

これは山田さんがくれました。　　　이것은 야마다씨가 주었습니다.

この指輪は山田さんがくれました。　　　이 반지는 야마다씨가 주었습니다.

• 문제를 풀며 외워 봅시다.
(문제를 풀기 전에 다음의 4가지를 꼭 기억했으면 한다)

1. 문장에 내가 들어가 있는지, 남이 있는지를 생각할 것.

2. 대상 뒤에 조사는 무엇이 있는지를 생각할 것.
   (대상 뒤에 조사 に / から가 올 경우에는 もらう · いただく밖에 사용할 수 없고, 대상 뒤에 조사 が / は가 올 경우에는 くれる · くださる가 올 수 있다)

3. 내가 들어갔을 때 상응되는 것과 제3자와 제3자일 경우 상응되는 것을 생각할 것. (내가 주체일 경우 あげる와 もらう는 상응될 수 없지만, もらう와 くれる · くれる와 もらう는 상응될 수 있다.
   제3자와 제3자일 경우 あげる의 상응되는 말은 もらう이고 もらう의 상응되는 말은 くれる이다)

4. 소유물이나 물건을 가리켰을 경우 あげる · さしあげる는 사용할 수 없다.

---

1. あげる。**주다. (내가 남에게 주다. 남이 남에게 주다)**

   / 君。彼 / が私に本をあげる。　(X)

   / 君。彼 / が弟に本をあげる。　(○)

   A : これは私が山本さんに(　　)た本です。
   B : これは山本さんが私に(　　)た本です。

---

2. もらう。**받다. (내가 남에게 받다. 남이 남에게 받다)**

   / 君。彼 / が私に本をもらう。　(X)

   / 君。彼 / が妹に本をもらう。　(○)

   A : 君は中山さんにセーターを(　　)ましたね。
   B : 中山さんは君にセーターを(　　)ましたね。

---

3. くれる。**주다. (남이 나에게 주다. 남이 남에게 주다)**

   私が / 君。彼 / に本をくれる。　(X)

   君が / 彼。私 / に本をくれる。　(○)

   A : 木村さんが林さんにケーキを(　　)ました。
   B : 林さんは木村さんにケーキを(　　)ました。

---

4. / 君。彼 / が弟に本をあげる。　(○)

A : あなたが弟にカメラを(　　　)たのですか。

B : 弟はあなたにカメラを(　　　)たのですか。

5. / 君。彼 / が妹に本をもらう。　(○)

A : 私は弟に自転車を(　　　)ました。

B : 弟は私に自転車を(　　　)ました。

兄が / 君。彼 / に本をくれる。(○)

私が / 君。彼 / に本をもらう。(○)

君が / 彼。私 / に本をくれる。(○)

答え。(답)

1. A : もらっ　　B : くれ
2. A : あげ　　　B : もらい　　　or　　A : もらい　　　　B : くれ
3. A : あげ　　　B : もらい　　　or　　A : もらい　　　　B : あげ
4. A : くれ　　　B : もらっ
5. A : もらい　　B : くれ

▶ 행위의 수급.

• てあげる。~해 주다.
　용법 : 동사 (て形) + あげる。
　의미 : 내가 누군가에게 어떤 행위를 해 주다.

• てもらう。~해 받다. (직역 : ~해 받다. 의역 : ~해 주다)
　용법 : 동사 (て形) + もらう。
　의미 : 내가 누군가에게 어떤 행위를 해 받다. 조사는 に 또는 から를 사용할 수 있다.

• てくれる。~해 주다.
　용법 : 동사 (て形) + くれる。
　의미 : 상대(주로 관계가 있는 사람)가 나에게 어떤 행위를 해 주다.
　　　　관계가 없는 사람이면 もらう를 사용하는 것이 좋다.

▶ 여기에서는 수급(受給 : 받다)의 표현 중, 행위의 수급에 대해 생각해 보자.

• 행위의 수급

행위의 수급도, 누가 누구에게 행위를 행하였느냐에 따라서, 다음의 3개의 장면으로 나뉜다.

　· 내가 상대에게 행위를 해 준 경우.

　　私は、Bさんに 花を買ってあげました。　　　　(私 → 他人)

　　나는, B씨에게 꽃을 사 주었습니다.

　· 내가 상대에게 행위를 해 받은 경우.

　　私は、Bさんに／から 花を買ってもらいました。　(私 ← 他人)

　　나는, B씨에게 꽃을 사 받았습니다.

　· 상대가 나에게 행위를 해 준 경우. (문장은 다르지만 의미는 같다)

　　Bさんは、私に花を買ってくれました。　　　　(他人 → 私)

　　B씨는, 나에게 꽃을 사 주었습니다.

　　私は、Bさんに／から 花を買ってもらいました。　(私 ← 他人)

　　나는, B씨에게 꽃을 사 받았습니다.

　· 자기보다 나이가 어린 경우나, 동물(動物)·식물(植物)에게 무엇을 해 줄 때.

　　私は、Bに 花を買ってやりました。　　　나는, B에게 꽃을 사 주었습니다.

　　鳥にえさをやってください。　　　　　새에게 먹이를 주세요.

　　木に水をやります。　　　　　　　　　나무에 물을 줍니다.

• (　　) 안에 알맞은 말을 넣으세요. 누가 주어인가를 잘 생각하면 쉽게 이해할 수 있다.

> **· 내가 주체일 경우 あげる와 もらう는 상응될 수 없지만, もらう와 くれる는 상응될 수 있다. 제3자와 제3자일 경우 あげる의 상응되는 말은 もらう이고 もらう의 상응되는 말은 くれる이다.**

1. A：田中が山田に本を書いて　（　　　　　　　　　　　　　）。

　　B：山田は田中に本を書いて　（　　　　　　　　　　　　　）。

2. A：あなたが私に手紙を書いて　（　　　　　　　　　　　　　）。

　　B：私はあなたに手紙を書いて　（　　　　　　　　　　　　　）。

3. A：私があなたに手紙を書いて　（　　　　　　　　　　　　　）。

　　B：あなたが私に手紙を書いて　（　　　　　　　　　　　　　）。

答え。(답)

1. A（あげる）　B（もらう）　　or　　A（もらう）　　　B（くれる）
2. A（くれる）　B（もらう）
3. A（もらう）　B（くれる）

- （　）안에는 모든 것이 다 들어갈 수 있다.

　단 앞 문장에 주어가 있으면 주어에 따라 문장은 달라진다.

1. 買って(　　　　　)た本です。	2. 編んで(　　　　　)ましたね。
3. 作って(　　　　　)ました。	4. 打って(　　　　　)たのですか。
5. 貸して(　　　　　)ました。	

- て差し上げる。~해 **드렸습니다.** (てあげる의 겸양어)

　용법 : 동사 (て形) + さしあげる。

　의미 : 내가 상대에게 ~해 드렸습니다.

　私は、先生に花を買って差し上げました。　저는 선생님에게 꽃을 사 드렸습니다.

▶ 아래의 두 문장은 주어가 다를 뿐 의미는 같다.

- ていただく。~해 **받았습니다.** (てもらう의 겸양어)

　용법 : 동사 (て形) + いただく。

　의미 : 내가 상대에게 ~해 받았습니다. (행위의 주체가 자신일 때는 겸양어를 사용한다)

직역 : ~해 받았습니다. 의역 : ~해 주셨습니다.

　　　　조사는 に 또는 から를 사용할 수 있다.

私は先生に本を貸していただきました。

저는 선생님에게 책을 빌려 받았습니다.　(직역)

선생님이 저에게 책을 빌려주셨습니다.　(의역)

先生が (私に) 本を貸してくださいました。

선생님이 (저에게) 책을 빌려주셨습니다.

• **てくださる。~해 주셨습니다. (てくれる의 존경어)**
용법 : 동사(て形) + くださる。
의미 : 상대가 나에게 ~해 주셨습니다. (행위의 주체가 상대일 때는 존경어를 사용한다)

先生が (私の) 荷物を持ってくださいました。

선생님이 (제) 짐을 들어주셨습니다.

私は先生に荷物を持っていただきました。

저는 선생님에게 짐을 들어 받았습니다.　(직역)
선생님이 제 짐을 들어주셨습니다.　　　　(의역)

‣ **てあげる。~해 주다. (누가 누구에게 무엇을 해 주다)**

‣ **てもらう。~해 받다. (누가 누구에게 무엇을 해 받다)**
　　　제3자와 제3자일 경우 あげる의 상응되는 말은 もらう이고 もらう의 상응
　　　되는 말은 くれる이다.

• **A씨가 B씨에게 행위를 한 경우와, 상반되는 경우.**

Aさんは、Bさんに花を買ってあげました。　　　　　　　(A → B)

A씨는, B씨에게 꽃을 사 주었습니다.

Bさんは、Aさんに ／ から 花を買ってもらいました。

B씨는, A씨에게 꽃을 사 받았습니다.

‣**다음과 같은 경우는 소유물을 가리키기 때문에** もらう·くれる**만 사용할 수 있다.**
(やる·あげる·差し上げるは **사용할 수 없음**)

A：これは山田さんに買ってもらいました。　　이것은 야마다씨에게 사 받았습니다.

B：この指輪は山田さんに買ってもらいました。　이 반지는 야마다씨에게 사 받았습니다.

A：これは山田さんが買ってくれました。　　　이것은 야마다씨가 사 주었습니다.

B：この指輪は山田さんが買ってくれました。　이 반지는 야마다씨가 사 주었습니다.

‣てくださって。**~해 주셔서.** (くれる**의 존경어**)

役に立つ本を貸してくださって、どうもありがとうございました。

도움이 되는 책을 빌려주셔서, 대단히 고맙습니다. (고마웠습니다)

この間はわざわざ来てくださって、ありがとうございました。

요전에는 일부러 와 주셔서, 고맙습니다. (고마웠습니다)

わざわざうちまで送ってくださって、ありがとうございました。

일부러 집까지 배웅해 주셔서, 고마웠습니다. (고맙습니다)

‣ていただいて。**~해 주셔서.** (もらう**의 겸양어**)

わざわざうちまで送っていただいて、すみませんでした。

일부러 집까지 배웅해 주셔서, 고맙습니다. (고마웠습니다)

先日は重い物を遠い所から持って来ていただいて、すみませんでした。

지난번에는 무거운 물건을 먼 곳으로부터 가지고 와 주셔서, 고마웠습니다.

‣てくれませんか。**~해 주지 않겠습니까. ~해 주시지 않겠습니까.**

용법 : 동사 (て形) ＋ くれませんか。　くださいませんか。
　　　　　　　　　　　もらえませんか。いただけませんか。

의미 : 내가 상대에게 무엇인가를 정중히 부탁할 때 사용한다.
　　　　てくれませんか。　　~해 주지 않겠습니까. 　(정중어)
　　　　てくださいませんか。 ~해 주시지 않겠습니까. (くれる의 존경어)
　　　　てもらえませんか。　 ~해 주지 않겠습니까. 　(정중어)

ていただけませんか。~해 주시지 않겠습니까. (もらう의 겸양어)

- **주의** : もらう・いただく는 기본형에서 <u>え단</u>으로 바꿔 사용한다.

すみませんが、ここにご住所とお名前を書いて<u>いただけ</u>ませんか。
미안합니다만, 여기에 주소와 성함을 써 주시지 않겠습니까.

すみませんが、これをあっちへ持って行ってもら<u>え</u>ませんか。
미안합니다만, 이것을 저쪽으로 가지고 가 주지 않겠습니까.

	• 문장은 다르지만 의미는 같다.
정중어	すみませんが、窓を開けてくれませんか。 미안하지만, 창문을 열어 주지 않겠습니까.
존경어	すみませんが、窓を開けてくださいませんか。 미안하지만, 창문을 열어 주시지 않겠습니까.
일반어	すみませんが、窓を開けてもらえませんか。 미안하지만, 창문을 열어 주지 않겠습니까.
겸양어	すみませんが、窓を開けていただけませんか。 미안하지만, 창문을 열어 주시지 않겠습니까.
겸양어	すみませんが、窓を開けていただけないでしょうか。 미안하지만, 창문을 열어 주실 수 없겠습니까.
겸양어	すみませんが、窓を開けていただきたいんですが。 미안하지만, 창문 열어 주시는 것을 해 받고 싶습니다만.
일반어	すみませんが、窓を開けてもらいたいんですが。 미안하지만, 창문 여는 것을 해 받고 싶습니다만.
일반어	すみませんが、窓を開けてほしいんですが。 미안하지만, 창문 여는 것을 원합니다만.

▶ 受身刑。(수동형)

일본어에서는 조동사「れる·られる」를 사용해서, 누군가에게 무엇인가를 당하는 것을 수동이라고 한다.

• 모든 수동형은 동사 Ⅱ의 활용이 된다.

• れる·られる는 가능·수동·존경·자발의 형태가 있지만, 문장 변형은 똑같다.
 (자발은 남에게 영향을 받지 않고 스스로 느끼는 것)

가 능 (可能)	一人で東京まで行かれる。 혼자서 도쿄까지 갈 수 있다.
	一人で東京まで行ける。 혼자서 도쿄까지 갈 수 있다.
	一人で東京まで行くことが出きる。 혼자서 도쿄까지 갈 수 있다. (가는 것이 가능하다)
수 동 (受け身)	人にお酒を飲まれる。 남이 술을 먹이다.
존 경 (尊敬)	先生は先日新しい本を書き終えられた。 선생님은 지난번에 새 책을 다 쓰셨다.
자 발 (自発)	古里にいる母のことが案じられる。 고향에 있는 어머니가 걱정이 된다. 자발의 대표적인 동사들은 다음과 같다. 案じられる (걱정이 되다)·感じられる (느껴지다)·忍ばれる (그리워지다)·待たれる (기다려지다)·思い出される (기억이 나다).

▶ 동사 수동형 만드는 법.

• 동사 I. (あ단＋れる)
(단 기본형이 う로 끝나는 동사는 あ가 아닌 わ로 바뀐다)

기 본 형	수 동 형	기본형에서(あ단＋れる)
言う (말하다)	言われる (말을 듣다)	わ い う え お
泣く (울다)	泣かれる (울리다)	か き く け こ
消す (끄다)	消される (끄다)	さ し す せ そ
死ぬ (죽다)	死なれる (죽다)	な に ぬ ね の
踏む (밟다)	踏まれる (밟히다)	ま み む め も
降る (내리다)	降られる (내리다)	ら り る れ ろ

• 동사 II. (기본형에서 る만 빼고 られる)

기 본 형	수 동 형(기본형에서 る만 빼고 られる)
見る (보다)	み られる (보이다)
起きる (일어나다)	おきられる (일으켜지다)
食べる (먹다)	たべられる (먹히다)
誉める (칭찬하다)	ほめられる (칭찬 받다)

• 동사 III.

기 본 형	수 동 형
する (하다)	される (당하다)
来る (오다)	来られる (오다)

▶ 単純受身。(단순한 수동)

▶ 수동은 「A는 B에게 (C를) 동사 ＋ れる·られる」라고 하는 형으로 일어나서, A는 「B에게 (C를) 동사」에 의해서, 직접 또는 간접의 영향을 받는 것을 나타낸다. 간접 영향의 경우에는, A는 무엇인가의 의미로 피해자라는 느낌이 든다.
수동은 통상, 직접수동과 간접수동의 2개의 타입으로 나뉘어 있다.

접수동은 능동태의 「B가 A를 동사」에 대응하는 「A가 B에 동사 + れる·られる」라는 수동의 경우를 나타낸다. (이러한 경우에는 C는 나타나지 않는다).

간접수동은 「B가 (C를) 동사」에 대해서 「A가 B에 (C를) 동사 + れる·られる」라는 수동의 경우를 나타낸다. (이러한 경우 A는 원래부터 능동태는 아니다).

일반적으로 말해서, 수동형의 주어에는 비생물(非生物) 명사는 일어나기 어렵다. 간접수동의 경우는 특히 더 그렇다. (비·바람·눈 같은 것은 예외이다)

• 직접수동	ブルータスがシーザーを殺した。	부루터스가 시저를 죽였다.
	シーザーがブルータスに殺された。	시저가 부루터스에게 살해당했다.
• 간접수동	子供が泣いた。	아이가 울었다.
	私はゆうべ子供に泣かれて困った。	나는 어젯밤 아이가 울어서 곤란했다.

• 수동은 항상 앞에 나오는 사람이 당하는 사람이 되고, 조사 に·から 를 받는 대상은 그 행위를 한 사람이 된다.

学生は先生に叱られました。　　　　　　　학생은 선생님에게 혼났습니다.

따라서 혼난 사람은 학생이고 혼낸 사람은 선생님이 된다.

• 수동은 대상이 있으면 반드시 조사는 に·から 를 사용한다.
단, 방향·목적·장소 등 항상 사용되는 조사는 제외된다. (へ·で·に)
일반 문장과 수동형은 주어가 바뀌게 된다.

• 일반문장	先生はチンさんをほめました。	선생님은 진씨를 칭찬했습니다.
• 수동형	チンさんは先生にほめられました。	진씨는 선생님에게 칭찬받았습니다.

私は先生に呼ばれました。　　　　　　　　나는 선생님에게 불렸습니다.

子供はお母さんに叱られました。　　　　　아이는 어머니에게 혼났습니다.

チンさんはお巡りさんに調べられました。　진씨는 순경(경찰)에게 조사 받았습니다.

私は母に起こされました。　　　나는 어머니에게 깨워졌습니다.

あの人はみんなに尊敬されています。　　　저 사람은 모두에게 존경받고 있습니다.

林さんは社長に仕事を頼まれました。　　　하야시씨는 사장에게 일을 부탁 받았습니다.

新しい星が発見されたそうです。　　　새로운 별이 발견되었다고 합니다.

この絵は１５世紀ごろ描かれました。　　　이 그림은 15세기경에 그려졌습니다.

ナンデムンはいつごろ作られましたか。　　　남대문(南大門)은 언제쯤 만들어졌습니까.

さちこさんは一郎さんに花をプレゼントされました。

사찌꼬씨는 이찌로우씨에게 꽃을 선물 받았습니다.

この歌は世界中の人に愛されています。

이 노래는 세상 사람들에게 사랑받고 있습니다.

インドではいろいろな言葉が話されています。

인도에서는 여러 가지(많은) 언어가 사용되고 있습니다.

▸ 迷惑受け身。(피해를 받는 수동)

• 남에게 피해를 주는 수동.

일반문장	泥棒は私のお金を盗みました。	도둑은 내 돈을 훔쳤습니다.
수 동 형	私は泥棒にお金を盗まれました。	나는 도둑에게 돈을 도둑맞았습니다.

私は母に日記を読まれました。
나는 어머니에게 일기를 읽혔습니다.

パクさんは電車の中で隣の人に足を踏まれました。
박씨는 전철 안에서 옆 사람에게 다리를 밟혔습니다.

キムさんは友達に恋人の写真を見られました。
김씨는 친구에게 애인의 사진을 보였습니다.

私は兄にケーキを食べられてしまいました。
나는 형에게 케이크를 먹히고 말았습니다.

鈴木さんは誰かに傘を持って行かれてしまいました。
스즈끼씨는 누군가에게 우산을 가지고 가는 것을 당했습니다.

幸子さんは妹さんに一番いい服を着られてしまいました。
사찌꼬씨는 여동생에게 제일 좋은 옷을 입히고 말았습니다.

일반문장	雨が降りました。(私は困りました)	비가 내렸습니다. (나는 곤란했습니다)
수 동 형	私は雨に降られました。	나는 비를 맞았습니다.

私は昨日一晩中赤ちゃんに泣かれました。
나는 어제 밤새 아기에게 울음을 당했습니다.

キムさんは試験の勉強をしている時、友達に来られました。
김씨가 시험공부를 하고 있을 때, 친구가 왔습니다.

小さい時、母に死なれました。
어렸을 때, 어머니가 죽었습니다.

私は隣の部屋の学生に歌を歌われて、寝られませんでした。
나는 옆방 학생이 노래를 불러서, 잘 수가 없었습니다.

今日、急にテストをされて、全然出来ませんでした。
오늘, 갑자기 테스트를 당해서, 전혀 못했습니다.

• 다음 문장을 수동형으로 바꾸세요.

1. 先生が生徒をほめました。

→ _____。

2. 先生が子供の絵をほめた。

→ _____。

3. 田中さんが私の悪口を言った。

→ _____。

4. その人が私の父に古い手紙を渡した。

→ _____。

5. 日本人は昔からお茶を飲んできた。

→ _____。

6. 大勢の人がこの本を読んでいます。

→ _____。

7. 若い人たちがこの歌を歌っています。

→ _____。

8. 日本人も外国人も富士山を知っています。

→ _____。

• 答え。(답)

1. 生徒は先生にほめられました。

2. 子供は絵を先生にほめられた。

3. 私は田中さんに悪口を言われた。 (悪口・悪口・悪口・悪口・悪口)

4. 私の父はその人に古い手紙を渡された。

5. お茶は昔から日本人に飲まれてきた。

6. この本は大勢の人に読まれています。

7. この歌は若い人たちに歌われています。

8. 富士山は日本人にも外国人にも知られています。

▶ 使役受身刑。(사역수동형)
(し えきうけ み けい)

• 사역수동형. (사역수동형은 동사Ⅱ의 활용이 된다)
  용법 : 사역형으로 만든 다음에 수동형 「られる」을 접속하면 된다.
  의미 : 본인의 의지와는 상관없이 상대방이 시켜서 나는 당했습니다 라는 강제의 의미를 나타낸다.

• 동사Ⅰ에 한정되어 <u>せら</u>가 <u>さ</u>로 축약되며, 주로 축약형으로 사용된다)
  (단 기본형이 <u>う</u>로 끝나는 동사는 <u>あ</u>가 아닌 <u>わ</u>로 바뀐다)

기 본 형	사 역 형 (あ단+せる)	수 동 형 (あ단+れる)
行く (가다)	行か<u>せる</u> (보내다)	行か<u>れる</u> (보내지다)
立つ (서다)	立た<u>せる</u> (세우다)	立た<u>れる</u> (세워지다)
読む (읽다)	読ま<u>せる</u> (읽게 하다)	読ま<u>れる</u> (읽혀지다)
帰る (돌아가다)	帰ら<u>せる</u> (돌아가게 하다)	帰ら<u>れる</u> (돌아가지다)

사역수동형	축약형
行か<u>せられる</u> (강제로 보내지다)	行か<u>される</u> (강제로 보내지다)
立た<u>せられる</u> (강제로 세워지다)	立た<u>される</u> (강제로 세워지다)
読ま<u>せられる</u> (강제로 읽혀지다)	読ま<u>される</u> (강제로 읽혀지다)
帰ら<u>せられる</u> (강제로 돌아가지다)	帰ら<u>される</u> (강제로 돌아가지다)

• 동사Ⅱ 사역형, 수동형.

기 본 형	사 역 형 (기본형에서 る만 빼고 させる)	수 동 형 (기본형에서 る만 빼고 られる)
食べる (먹다)	食べ<u>させる</u> (먹이다)	食べ<u>られる</u> (먹히다)
見る (보다)	見<u>させる</u> (보게 하다)	見<u>られる</u> (보이다)

• 동사Ⅲ 사역형, 수동형.

기 본 형	사 역 형 (기본형에서 る만 빼고 させる)	수 동 형 (기본형에서 る만 빼고 られる)
する (하다)	<u>させる</u> (시키다)	<u>される</u> (당하다)

기 본 형		사역수동형	
来る	(오다)	来させる (오게 하다)	来られる (오게 하다)

• 동사Ⅱ는 축약되지 않는다.

기 본 형		사역수동형	
食べる	(먹다)	食べさせられる	(강제로 먹이다)
見る	(보다)	見させられる	(강제로 보게 하다)

• 동사Ⅲ은 축약되지 않는다.

기 본 형		사역수동형	
する	(하다)	させられる	(강제로 시키다)
来る	(오다)	来させられる	(강제로 오게 하다)

私は子供の時、よく宿題を忘れて、先生に立たせられました。
나는 어릴 때, 자주 숙제를 잊어버려서, 선생님에게 벌을 받았습니다.

パクさんは子供のころ、お母さんにピアノを習わせられたそうです。
박씨는 어릴 때, 어머니에게 피아노를 배우는 것을 당했다고 합니다.

欲しくない物をセールスマンに買わせられてしまいました。
원하지 않는 물건을 외판원에게 사는 것을 당하고 말았습니다.

今日みんなの前で歌を歌わせられて、恥ずかしかったです。
오늘 모든 사람 앞에서 노래를 불러서, 창피했습니다.

チンさんは、子供のころよくお母さんにお使いに行かせられたそうです。
진씨는, 어렸을 때 자주 어머님에게 심부름에 보내어졌다고 합니다.

かおりさんはご両親にお見合いをさせられました。
가오리씨는 부모님에게 맞선 보는 것을 당했습니다.

私は酒が好きなのに、医者に酒を止めさせられました。
나는 술을 좋아하는데도, 의사에게 술을 끊겼습니다.

私は子供のころ体が弱かったので、毎朝、父に運動をさせられました。
나는 어릴 때 몸이 약했기 때문에, 매일 아침, 아버지가 운동을 시켰습니다.

昨日、病院へ行きましたが、患者が多くて一時間ぐらい待たされました。
어제, 병원에 갔었습니다만, 환자가 많아서 1 시간 정도 기다렸습니다.

私は、昨日、パーティーのときに、あまりお酒が飲みたくなかったのに、みんなにお酒を飲まされました。
나는, 어제, 파티 때, 그다지 술을 마시고 싶지 않았는데, 모두에게 술 마심을 당했습니다.

私は、昨日、パーティーのときに、歌が下手なのにみんなに歌を歌わされました。
나는, 어제, 파티 때, 노래를 못하는데도 모두 앞에서 노래를 불리어졌습니다.

• 다음 문장을 사역·수동형으로 바꾸세요.

1. 私は授業に遅れました。先生はあなたを廊下に立たせました。

→ _____。

2. 私は授業中に騒ぎました。先生はあなたを教室の外へ行かせました。

→ _____。

3. 私は教科書がよく読めませんでした。
　先生はあなたに何回も教科書を読ませました。

→ _____。

4. 私は正しい発音ができませんでした。先生はあなたに何回も発音を言わせました。

→ _____。

5. 私は正しく答えられませんでした。先生はあなたに何回も答えさせました。

→ _____。

6. 私は、子供のころ、野菜がきらいでした。
　お母さんはあなたに、毎日、野菜を食べさせました。

→ _____。

7. 私は、今日、教科書を持ってきませんでした。
　先生はあなたに教科書を取ってこさせました。

→ _____。

1. 私は先生に廊下に立たされました。

2. 私は先生に教室の外へ行かされました。

3. 私は先生に何回も教科書を読まされました。

4. 私は先生に何回も発音を言わされました。

5. 私は先生に何回も答えさせられました。

6. 私は、母に、毎日、野菜を食べさせられました。

7. 私は、今日、先生に教科書を取ってこさせられました。

▶ 동사 I (五段動詞)의 활용. (동사는 모두 기본형의 어미에서 활용됨)

	かない。	쓰지 않는다.	(부정형)
	かないでください。	쓰지 말아 주세요.	(부정의 희망)
	かないでしょう。 かないだろう。	쓰지 않겠지요.	(추측)
	かないように。	쓰지 않도록.	(바람·희망)
	かないといけません。	쓰지 않으면 안 됩니다.	(금지)
	かないそうです。	쓰지 않는다고 합니다.	(伝聞)
	かないようです。	쓰지 않을 것 같습니다.	(추측)
	かなくてもいいです。	쓰지 않아도 좋습니다.	(허락)
	かなければなりません。	쓰지 않으면 안 됩니다.	(의무)
書	かなかった。	쓰지 않았다.	(과거형)
	かれる。	쓸 수 있다. 쓰여지다.	(가능·수동·존경·자발)
	かせる。	쓰게 하다.	(사역형)
	き始める。	쓰기 시작하다.	
	きなさい。	써라.	(여성 명령형)
	きに。	쓰러.	(동작의 목적)
	きながら。	쓰면서.	(두 가지 동작의 동시진행)
	きそうです。	쓸 것 같습니다.	(양태)
	きます。	씁니다.	(정중어)
	きたい。	쓰고 싶다.	(희망)
	きたくて。	쓰고 싶어서.	

きたくなります。	쓰고 싶어집니다.	
きたければ。	쓰고 싶으면.	(희망 가정형)
きたかった。	쓰고 싶었다.	(희망 과거형)
きたくない。	쓰고 싶지 않다.	
きたくなかった。	쓰고 싶지 않았다.	(과거부정형)
く。	쓰다. (편지를·작문을)	
いています。	쓰고 있습니다.	(현재진행형)
いても。	써도. (뒤 문장은 주로 いいです가 온다)	
いては。	써서는. (뒤 문장에는 주로 いけません이 온다)	
いてから。	쓰고 나서. (동작을 하고 나서)	
いたそうです。	썼다고 합니다.	(伝聞 : 전문)
いたら。	쓴다면. 썼더니.	(과거가정·미래가정)
いたり。	쓰기도 하고.	(동작의 열거)
いたから。	썼기 때문에.	(이유나 원인)
くことができる。	쓸 수 있다.	(가능)
くことにする。	쓰기로 하다.	(의지에 의한 결정)
くことになる。	쓰기로 되다.	(결과나 결론)
くようにする。	쓸 수 있도록 하다.	
くそうです。	쓴다고 합니다.	(伝聞)
くまい。	쓰지 않을 것이다.	(부정의지·부정추측)
けば。	쓴다면.	(가정형)
ける。	쓸 수 있다.	(가능형)
け。	써라.	(남성 명령형)
こう。	쓰자.	(의지형)
こうと思う。	쓰려고 생각한다.	
こうかと思う。	쓸까 하고 생각한다.	

書
か

▶ 동사Ⅱ(上一段・下一段動詞)의 활용.

기본형의 <u>る</u>자 앞의 글자가 <u>い段</u>이면 상일단동사이고, <u>え段</u>이면 하일단동사이다.

	ない。	먹지 않는다.	(부정형)
	ないでください。	먹지 말아 주세요.	(부정의 희망)
	ないでしょう。(だろう)	먹지 않겠지요.	(추측)
	ないように。	먹지 않도록.	(바람・희망)
	ないといけません。	먹지 않으면 안 됩니다.	(금지)
	ないそうです。	먹지 않는다고 합니다.	(伝聞 : 전문)
	ないようです。	먹지 않을 것 같습니다.	(추측)
	なければなりません。	먹지 않으면 안 됩니다.	(의무)
	なくてもいいです。	먹지 않아도 좋습니다.	(허락)
	なかった。	먹지 않았다.	(과거형)
	られる。	먹을 수 있다. 먹히다.	(가능・수동・존경・자발)
	させる。	먹이다.	(사역형)
	まい。	먹지 않을 것이다.	(부정의지・부정추측)
	始める。	먹기 시작하다.	
食べ	に。	먹으러.	(동작의 목적)
	ながら。	먹으면서.	(두 가지 동작의 동시진행)
	そうです。	먹을 것 같습니다.	(양태)
	ます。	먹습니다.	(정중어)
	たい。	먹고 싶다.	(희망)
	たくて。	먹고 싶어서.	
	たくなります。	먹고 싶어집니다.	
	たければ。	먹고 싶으면.	(희망 가정형)
	たかった。	먹고 싶었다.	(희망 과거형)
	たくない。	먹고 싶지 않다.	(희망 부정형)
	たくなかった。	먹고 싶지 않았다.	(과거부정형)
	ています。	먹고 있습니다.	(현재진행형)
	ても。	먹어도. (뒤 문장은 주로 いいです가 온다)	
	ては。	먹어서는. (뒤 문장은 주로 いけません이 온다)	
	てから。	먹고 나서.	(동작을 하고 나서)

食べ	たそうです。	먹었다고 합니다.	(伝聞 : 전문)
	たら。	먹는다면 · 먹었더니.	(과거가정 · 미래가정)
	たり。	먹기도 하고.	(동작의 열거)
	たから。	먹었기 때문에.	(이유나 원인)
	ることができる。	먹을 수 있다.	(가능형)
	ることにする。	먹기로 하다.	(의지에 의한 결정)
	ることになる。	먹기로 되다.	(결과나 결론)
	るようにする。	먹을 수 있도록 하다.	
	るそうです。	먹는다고 합니다.	(伝聞 : 전문)
	れば。	먹는다면.	(가정형)
	ろ · よ。	먹어라.	(명령형)
	よう。	먹자.	(의지형)
	べようと思う。	먹으려고 생각한다.	
	べようかと思う。	먹을까 하고 생각한다.	

▶ 동사Ⅲ する의 활용. (어간이 변하고 있는 점에 주의)

し	ない。	하지 않는다.	(부정형)
	ないでください。	하지 말아 주세요.	(부정 희망)
	ないでしょう。(だろう)	하지 않겠지요.	(추측)
	ないように。	하지 않도록.	(바람 · 희망)
	ないといけません。	하지 않으면 안 됩니다.	(금지)
	ないそうです。	하지 않는다고 합니다.	(伝聞 : 전문)
	ないようです。	하지 않을 것 같습니다.	(추측)
	なければなりません。	하지 않으면 안 됩니다.	(의무)
	なくてもいいです。	하지 않아도 좋습니다.	(허락)
	なかった。	하지 않았다.	(과거)
	なさい。	해라.	(여성명령형)
	まい。 •するまい。	하지 않을 것이다.	(부정추측 · 부정의지)
	始める。	하기 시작하다.	
	に。	하러.	(동작의 목적)

し	ながら。	하면서.	(두 가지 동작의 동시진행)
	そうです。	할 것 같습니다.	(양태)
	ます。	합니다.	(ます形)
	たい。	하고 싶다.	(희망)
	たくて。	하고 싶어서.	
	たくなります。	하고 싶어집니다.	
	たければ。	하고 싶으면.	(가정형)
	たかった。	하고 싶었다.	(과거형)
	たくない。	하고 싶지 않다.	(부정)
	たくなかった。	하고 싶지 않았다.	(과거형)
	ています。	하고 있습니다.	(현재진행형)
	ても。	해도.	(뒤 문장은 주로 いいです가 온다)
	ては。	해서는.	(뒤 문장은 주로 いけません이 온다)
	てから。	하고나서.	(동작을 하고 나서)
	たそうです。	했다고 합니다.	(伝聞 : 전문)
	たら。	한다면 · 했더니.	(과거가정 · 미래가정)
	たり。	하기도 하고.	(동작의 열거)
	たから。	했기 때문에.	(이유나 원인)
	• できる。	할 수 있다.	(가능형)
	• させる。	시키다.	(사역형)
す	ることができる。	할 수 있다.	(가능형)
	ることにする。	하기로 하다.	
	ることになる。	하기로 되다.	
	るようにする。	할 수 있도록 하다.	
	るそうです。	한다고 합니다.	(伝聞 : 전문)
	れば。	한다면.	(가정형)
し	ろ · せよ。	해라.	(남성명령형)
	よう	하자.	(의지형)
	ようと思う。	하려고 생각한다.	
	ようかと思う。	할까 하고 생각한다.	

▶ 동사Ⅲ くる의 활용. (어간이 변하고 있는 점에 주의)

こ	ない。	오지 않는다.	(부정형)
	ないでください。	오지 말아 주세요.	(부정희망)
	ないでしょう。(だろう)	오지 않겠지요.	(추측)
	ないように。	오지 않도록.	(바람 · 희망)
	ないといけません。	오지 않으면 안 됩니다.	(금지)
	ないそうです。	오지 않는다고 합니다.	(伝聞 : 전문)
	ないようです。	오지 않을 것 같습니다.	(추측)
	なければなりません。	오지 않으면 안 됩니다.	(의무)
	なくてもいいです。	오지 않아도 좋습니다.	(허락)
	なかった。	오지 않았다.	(과거)
	られる。	올 수 있다.	(가능)
	させる。	오게 하다.	(사역)
	まい。 •くるまい。	오지 않을 것이다.	
き	ながら。	오면서.	(두 가지 동작의 동시진행)
	そうです。	올 것 같습니다.	(양태)
	ます。	옵니다.	(ます형)
	なさい。	와라.	(여성명령형)
	たい。	오고 싶다.	(희망)
	たくて。	오고 싶어서.	
	たくなります。	오고 싶어집니다.	
	たければ。	오고 싶으면.	(가정형)
	たかった。	오고 싶었다.	(과거형)
	たくない。	오고 싶지 않다.	(희망 부정형)
	たくなかった。	오고 싶지 않았다.	(과거부정형)
	ています。	오고 있습니다.	(현재진행형)
	ても。	와도. (뒤 문장은 주로 いいです가 온다)	
	ては。	와서는. (뒤 문장은 주로 いけません이 온다)	
	てから。	오고 나서.	(동작을 하고 나서)
	たそうです。	왔다고 합니다.	(伝聞 : 전문)
	たら。	온다면. 왔더니.	(과거가정 · 미래가정)
	たり。	오기도 하고.	(동작의 열거)
	たから。	왔기 때문에.	(이유나 원인)

く	ることができる。	올 수 있다.	(가능형)
	ることにする。	오기로 하다.	(의지에 의한 결정)
	ることになる。	오기로 되다.	(결과나 결론)
	るようにする。	올 수 있도록 하다.	
	るそうです。	온다고 합니다.	(伝聞 : 전문)
	れば。	온다면.	(가정형)
こ	い。	와라.	(명령형)
	よう	오자.	(의지형)
	ようと思う。	오려고 생각한다.	
	ようかと思う。	올까 하고 생각한다.	

● 形容詞の活用。형용사의 활용.

活用形 (활용형)	イ形容詞 (い형용사)	ナ形容詞 (な형용사)
語根 (어근)	よ	きれい (예쁘다)
	어간(활용어의 변하지 않는 부분)이라 고도 함.	어간(활용어의 변하지 않는 부분)이라 고도 함.
連体形 (연체형)	よい (좋다)	きれいな (예쁜)
	い형용사＋명사는 기본형이 온다.	(な형용사＋명사는 な가 온다)
現在形 (현재형)	よい (좋다)	きれいだ (예쁘다)
	기본형.	기본형.
連用形 (연용형)	よく (좋아서)	きれいに (예쁘게)
	い형용사가 동사를 수식할 때 기본형의 끝 글자인 い가 く로 바뀐다.	な형용사가 동사를 수식할 때 단어＋ に가 된다.
否定形 (부정형)	よくない (좋지 않다)	きれいで(は)ない (예쁘지 않다)
	い형용사의 부정형.	な형용사의 부정형.
テ形	よくて (좋아서)	きれいで (예뻐서)

(て형)	い형용사의 문장연결.	な형용사의 문장연결.
推量形 (추량형)	よかろう (좋겠지) い형용사의 추측형.	きれいだろう (예쁘겠지) な형용사의 추측형.
過去形 (과거형)	よかった (좋았다) い형용사의 과거형.	きれいだった (예뻤다) な형용사의 과거형.
タリ形 (たり형)	よかったり (좋기도 하고) い형용사의 열거.	きれいだったり (예쁘기도 하고) な형용사의 열거.
タラ形 (たら형)	よかったら (좋다면) い형용사의 과거·미래 가정형.	きれいだったら (예쁘다면) な형용사의 과거·미래가정형.
仮定形 (가정형)	よければ (좋다면) い형용사의 가정형.	きれいならば (예쁘다면) な형용사의 가정형.

▶ い형용사의 변형.

い형용사. (형용사)

긍정	추측	かろう。(大きいだろう) 大きいでしょう。	~크겠지. ~크겠지요.
	가정	ければ。	~크다면.
	과거	かった。	~컸었다.
大き		い。	~크다.
부정	부정	くない。 くありません。	~크지 않다. ~크지 않습니다.
	과거	くなかった。 くありませんでした。	~크지 않았다. ~크지 않았습니다.
	가정	くなければ。	~크지 않다면.
	추측	くないだろう。 くないでしょう。	~크지 않겠지. ~크지 않겠지요.

▸ な형용사의 변형.

な형용사. (형용동사)			
긍정	**추측**	だろう。 でしょう。	~예쁘겠지. ~예쁘겠지요.
	가정	なら (ば)。	~예쁘다면.
	과거	だった。 (でした)	~예뻤다.
きれい		だ。	~예쁘다.
부정	**부정**	じゃない。 ではない。 じゃありません。 ではありません。	~예쁘지 않다. ~예쁘지 않다. ~예쁘지 않습니다. ~예쁘지 않습니다.
	과거	じゃなかった。 ではなかった。 じゃありませんでした。 ではありませんでした。	~예쁘지 않았다. ~예쁘지 않았다. ~예쁘지 않았습니다. ~예쁘지 않았습니다.
	가정	じゃなければ。 ではなければ。 でなければ。	~예쁘지 않으면. ~예쁘지 않으면. ~예쁘지 않으면.
	추측	じゃないだろう。 ではないだろう。 ではないでしょう。	~예쁘지 않겠지. ~예쁘지 않겠지. ~예쁘지 않겠지요.

01 間違っている読み方をそれぞれの中から一つ選びなさい。

① 振替 (ふりかえ)　　　　② 今夕 (いまゆう)

③ 拍子 (ひょうし)　　　　④ 会釈 (えしゃく)

⑤ 生憎 (あいにく)

해설

➡ ② こんせき (今昔 : こんじゃく · こんせき)

① 바꾸다.　　　　　　　② 오늘 밤.

③ 박자.　　　　　　　　④ 가벼운 인사. 목례.

⑤ 공교롭게도. (상황이 나쁜 상태에 사용함)

02 文中の下線の言葉の用法が他の四つと違ったものを一つ選びなさい。

① 五里ぐらいならぼくにも歩かれます。

② 取られればいくらでも取りなさい。

③ 報告書はあすまでには出される。

④ 悲しい映画を見るとつい泣かれてしまう。

⑤ 他人を眠らせられる人がいます。

해설

➡ ④ : 자발.　①, ②, ③, ⑤ : 가능

① 5리 정도라면 나도 걸을 수 있습니다.　② 뺏을 수 있으면 얼마든지 뺏어 봐라.

③ 보고서는 내일까지는 제출할 수 있다.　④ 슬픈 영화를 보면 그만 울고 만다.

⑤ 남을 재우려고 하는 사람이 있습니다.

03 次の文の下線の部分の正しい日本語を一つ選びなさい。

> 오늘의 円시세는 어제에 비해 66센의 <u>円화 강세 달러화 약세</u>였다.

① 円高ドル弱だった　　② 円高ドル低だった
③ 円強ドル弱だった　　④ 円強ドル安だった
⑤ 円高ドル安だった

04 次の文の下線の部分の正しい日本語を一つ選びなさい。

> 버스 안은 사람들로 <u>붐벼</u> 앉을 자리가 없었다.

① たくさんいて　　②立ちならんで
③ こんでいて　　④こんだので
⑤ おおぜいいて

해설

➡ ③ 混んでいる : 혼잡하다. 붐비다.
② 立ち並ぶ : 늘어서다, 줄지어 서다.
沢山・大勢・大勢 : 많다.
沢山 : 많다. 사람・사물에 모두 사용한다. 이 이상은 필요 없다. 질리다.
　　　お説教はもう沢山だ. 설교는 이제 질렸다.
大勢 : 많다. 사람이 많을 경우에만 사용한다. (大勢)
大勢 : 대세. 대세가 기울다.

• 次の文の(　　　)の中に最も適当なものを一つ選びなさい。(5~7)

05 日本では四季(　　　)の料理がある。

① ときおり　　　　② おりふし
③ おりおり　　　　④ ときどき

⑤ めいめい

해설

➡️ 일본에는 사계절 그때그때의 요리가 있다.

四季折々の : 사시사철. 철마다의. 부사(副詞)로서 사용될 때는 가끔. (時々)

① 가끔. 때때로.

② 그때그때의. (보통 경치)

④ 때때로.

⑤ 각각. 따로따로.

06 こちらは東京から転校してきた山田君です。皆さん(　　)あげましょう。

① 交際して

② 交流して

③ 仲良くして

④ 元気良くして

⑤ 付き合って

해설

➡️ 이쪽은 도꾜로부터 전학해 온 야마다군입니다. 여러분 모두 사이 좋게 지내세요.

① 교제하다.

② 교류하다.

③ 사이좋다.

④ 힘차게. 활기차게.

⑤ 행동을 같이하다. 사이좋게 지내다. (交際する)

07 実行するかしないかの決断を(　　)ことは思ったより難しかった。

① くだす

② まとめる

③ やる

④ おろす

⑤ あげる

해설

➡️ 실행할까 하지 않을까의 결단을 내리는 것은 생각보다 어려웠다.

決断を下す。결단을 내리다. 決断を迫る。결단을 재촉하다.

② 모으다.

③ 주다.

④ 짐을 내리다.

⑤ 올리다. 주다.

08 次の文の問いに答えなさい。

> あなたは何で日本へ来ましたか。

① きのうきました。　　　② おとといきました。

③ 飛行機できました。　　④ バスできました。

⑤ 明日かえります。

해설

▶ 당신은 무엇으로 일본에 왔습니까.

で : ~로. ~으로. (수단·방법·도구·재료 등에 사용한다)

④ 먼 미래에는 답이 될 수도 있습니다.

• 次の文の(　　　)の中に最も適当なものを一つ選びなさい。(9~11)

09 新しいかばんも買ったし、切符も持ったし、あとは出発する(　　　)。

① ぐらいだ　　　　　　② ばかりだ

③ ことだ　　　　　　　④ さえだ

⑤ までだ

해설

▶ 새 가방도 샀고, 표도 있고, 이제 남은 것은 출발만 하면 된다.

동사 (기본형) + ばかり。(이제 남은 것은 이것뿐이다 라는 의미를 나타낸다)

10 天気が悪いせい(　　　)どうかわからないが、どうも体の調子が変だ。

① か　　　　　　　　　② で

③ に　　　　　　　　　④ の

⑤ と

➡ 날씨가 나쁜 탓인지 아닌지는 모르지만, 왠지 몸 상태가 이상하다.

　か …ないか : ～일지 ～아닐지. ～할지 ～안 할지.

　か …どうか : ～일지 ～아닐지. ～할지 ～안 할지.

　용법 : 동사・い형용사・な형용사・명사 (기본체) ＋ かどうか.

　의미 : 불확실하거나 단정할 수 없을 때 사용한다.

● 例外 (예외)	基本体 (肯定・現在)	かの形
な형용사	好きだ	好き＋か
명　사	本だ	本　＋か

11 あの人は新聞記者(　　　)文章を書くのが上手だ。

① だけに　　　　　　　　　② ばかりに

③ からこそ　　　　　　　　④ ぐらい

⑤ まで

➡ 저 사람은 신문 기자이기 때문에 (기자인 만큼) 글을 잘 쓴다.

① ～탓으로. ～이기 때문에 더욱더. ～이기 때문에 당연하다. ～의 도움으로.

② ～탓으로. 어떠한 것이 이유나 원인이 되어. (주로 부정문에 사용)

③ ～이기 때문에 더욱더 그렇다.

　からこそ …てこそ의 형태로 그 이유를 강조하는 경우에 사용한다.

12 「불평을 쏟아 놓다.」의 올바른 일본어를 고르세요.

① 不平をぶちまける。　　　　② 不平を流し込む。

③ 不平をたらたら言う。　　　④ 不平をたたき込む。

⑤ 不平をのべつ幕なしにしゃべる。

➡ ③ 제한 없이 불평을 쏟아 놓다.

① 打ちまける : 속마음을 솔직히 털어놓다. 용기를 뒤집어, 안의 것을 힘차게 털어 내다.
瓶の塩を食卓に打ちまける。병에 든 소금을 식탁에 쏟다.
日ごろの鬱憤を打ちまける。평소의 울분을 터뜨리다.

② 불평을 장황하게 말하다.　　　　　④ 불평을 열심히 말하다.
⑤ 불평을 끝없이 지껄이다.

• 次の文の(　　　)の中に最も適当なものを一つ選びなさい。(13~14)

13 彼にすべてを任せても(　　　)不安を感じない。
　　① べつだん　　　　　　　② まさか
　　③ いささか　　　　　　　④ たしか
　　⑤ あらゆる

해설

▶ 그에게 모든 것을 맡겨도 별로 불안을 느끼지 않는다.
① 보통과 다름. 특별히. 각별히. 유난히. (別段·格別·取り分け)
② 설마. (よもや·いくらなんでも)　　③ 조금. (ほんの少し)
④ 확실히. 아마. (確か)　　　　　　⑤ 전부. 모든. (一切·全部·すっかり)

14 和語のさまたげを漢語に言いかえると、どれが適当ですか。
　　① 容姿　　　　　　　　　② 妨害
　　③ 交替　　　　　　　　　④ 敏感
　　⑤ 失望

해설

▶ 일본어의 さまたげ를 한자로 바꾸면, 어느 것이 적당합니까. (妨げ : 방해)
① 용자. 얼굴 모양과 몸매.　　　　② 방해.
③ 교체.　　　　　　　　　　　　④ 민감.
⑤ 실망.

15 주어진 일본어를 우리말로 바르게 해석한 것을 고르세요.

> サークルの部長を軽く引き受けてはみたが、運営の方法がよくわからずに
> 五里夢中の状態が続いている。

① 서클의 부장자리를 쉽게 인수해 봐도, 운영의 방법을 잘 몰랐는지, 오리무중의 상태가
   계속되고 있다.
② 서클의 부장자리를 가볍게 인수해 봐도, 운영의 방법과는 별개로 앞길이 암담하다.
③ 서클의 부장자리를 가벼운 마음으로 맡기는 했지만, 운영의 방법을 잘 몰라 오리무중
   의 상태가 계속되고 있다.
④ 서클의 부장자리를 가볍게 받아들여야만 운영의 방법을 쉽게 이해할 수 있게 된다.
⑤ 서클의 부장자리를 가벼운 마음으로 인수하더니, 운영의 방법을 잘 몰라 오리무중을
   헤매고 있다.

해설

➡ 引き受ける : 상대편의 제안을 받아들이다.

16 次の文の(　　　)の中に最も適当なものを一つ選びなさい。

> こちらは私の(　　　)です。どうぞよろしく。

① 家内
② 奥様
③ 奥方
④ 夫人
⑤ おかみさん

해설

➡ 이쪽은 저의 아내입니다. 잘 부탁합니다.
① 아내의 낮춤말. (妻)
② 남의 아내의 높임말. (奥さん)
③ 자신보다 신분이 높은 사람의 부인.
④ 영부인. 나비 부인. 귀인의 부인.
⑤ 女将 : 요릿집 · 여관 등의 여주인. 상점의 주부를 공손하게 부르는 말.
   御上 : 일왕 · 정부 · 관청.

17 <u>あらさがして</u>言いふらす。下線の意味を一つ選びなさい。

① 乱暴にさがすこと。　　　② 欠点をさがすこと。

③ 無くしたものをさがすこと。　④ 新しいものをさがすこと。

⑤ 古いものをさがすこと。

해설

➡ 결점을 잡아 말을 퍼트리다. (揚げ足取り・重箱の隅をつつく)

粗探し・粗捜し : 남의 결점이나 과실을, 일부러 찾아내어 나쁜 말을 하는 것.

① 난폭하게 찾는 것.　　　② 결점을 찾는 것. (欠点を捜す)

③ 없어진 것을 찾는 것.　　④ 새로운 것을 찾는 것.

⑤ 낡은 것을 찾는 것. (亡くした物を捜す)

• 次の文の(　　　)の中に最も適当なものを一つ選びなさい。(18~25)

18 結婚して子供を産むことが(　　　)女性の幸せだとは言えない。

① どうしても　　　　　② きっと

③ 必ずしも　　　　　　④ 必ず

⑤ ぜひ

해설

➡ 결혼해서 아이를 낳는 것이 반드시 여성의 행복이라고는 말할 수 없다.

① 어떻게 해서라도.　　　　② 꼭. 틀림없이(必ず・確かに). 상대에게의 요망.

③ 반드시 부정을 동반. (必ずしも・一概に・強ち・満更)

④ 반드시.　　　　　　　⑤ 꼭. 틀림없이. (바람・희망)

---

19 あの先生のお説教は同じことを何度も言うから、もう(　　　)だ。

① 一杯　　　　　　　　② たくさん

③ 充分　　　　　　　　④ ゆとり

⑤ さんざん

➡️ 저 선생님의 설교는 같은 것을 반복해서 말하기 때문에, 이젠 질렸다.

　もう沢山だ。이젠 질렸다. 충분하다. 필요 없다.

① 가득. 한잔.　　　　　　　　　② 질리다. (飽き足りている)

④ 여유가 있다.　　　　　　　　⑤ 심하게. (ひどい・さんざ)

20 将来のために、(　　　)だけれど、貯金をしている。

　① わずか　　　　　　　② たった

　③ たっぷり　　　　　　④ ごく

　⑤ ちっとも

➡️ 장래를 위해서, 약간이지만, 저금을 하고 있다. (ほんの少し・やっと)

② 오직. (ただ)　　　　　　　　③ 넉넉하다(옷). 충분하다.

④ 극히.　　　　　　　　　　　⑤ 조금도.

21 食事はまずいし、部屋は(　　　)ひどいホテルでした。

　① きたなくし　　　　　② きたないし

　③ きたなくない　　　　④ きたなかった

　⑤ きたなくて

➡️ 식사는 맛없고, 방은 심하게 더러운 호텔이었습니다.

　…し　…し : ~이기도 하고. (동시에 두 가지 이상의 내용을 열거할 때 사용한다)

22 時間が(　　　)できなかった。

　① ないで　　　　　　　② なくて

　③ ない　　　　　　　　④ なさそうで

⑤ ないそうで

해설

➡ 시간이 없어서 못했습니다.

부정형의 て形으로는, 형용사의 なくて와 조동사의 ないで가 있지만, 형용사문과 명사문에 대해서는 なくて만 사용하고 동사문에 대해서는 なくて와 ないで를 접속할 수 있다.

23 山田さんはあの(　　　)っぽいセーターを着ている人です。

① あおい　　　　　　　　　② あお

③ あおく　　　　　　　　　④ あおさ

⑤ あおいくて

해설

➡ 야마다씨는 저 새파란 스웨터를 입고 있는 사람입니다.

っぽい : ~을 많이 포함하고 있는 의미를 나타낸다. ~의 경향이 강하다는 의미를 나타낸다. (명사·동사에 붙어 い형용사를 만듦)

용법 : 명사(단어)·동사(ます형) + っぽい。

粉っぽい : 밀가루가 많은 것. 子供っぽい : 어린애 같은 것. 水っぽい : 물기가 많은 것. 싱거운 것. 怒りっぽい : 화를 잘내는 것. 俗っぽい : 속물.

飽きっぽい : 싫증을 잘 내는 것. 荒っぽい : 거친 것. 色っぽい : 색정적인 것.

24 若い人は歌舞伎のような(　　　)ものにあまり興味を持たないようだ。

① 伝統的な　　　　　　　② 伝統的に

③ 伝統的だ　　　　　　　④ 伝統的

⑤ 伝統的の

해설

➡ 젊은 사람은 가부끼 같은 전통적인 것에 그다지 흥미를 갖고 있지 않은 것 같다.

(な형용사＋명사의 문장 연결은 な가 접속된다)

25 子供は犬を見ると(　　　)がって泣き出した。

① こわく   ② こわさ

③ こわ   ④ こわい

⑤ こわいそう

해설

➡ 아이는 개를 보자마자 무서워서 울기 시작했다.

　가っています : ~하고 싶어 합니다.

용법 : 동사(たい형에서 い를 빼고)·い형용사(기본형에서 い를 빼고)·な형용사(단어)＋

　가っている。

의미 : 주어는 항상 남이 되며 조사는 반드시 を를 사용한다.

　남의 말을 듣고 남에게 전해 주는 일종의 전문(伝聞)이며 상대의 희망을 나타낸다.

　단 방향의 へ, 목적의 で와 같이 항상 변하지 않는 조사는 그대로 사용한다.

　東京へ行きたがっている。　　도쿄에 가고 싶어 하다.

　友だちに会いたがっている。　친구를 만나고 싶어 하다.

　部屋に入りたがっている。　　방에 들어가고 싶어 하다.

　日本語で話したがっている。　일본어로 이야기하고 싶어 하다.

26 次の文の(　　　)の中に最も適当な言葉を一つ選びなさい。

A : ゆうべ2時まで起きていました。

B : ずいぶん(　　　)まで起きていたんですね。

① おそさ   ② おそくて

③ おそく   ④ おそい

⑤ おそくなって

해설

➡ ③ 遅くまで : 늦게까지.

A : 어젯밤(夕べ·昨夜·昨夜) 2시까지 깨어 있었어요.

B : 꽤 늦게까지 깨어 있었군요.

27 次の文の(　　)の中に最も適当なものを入れなさい。

日曜日も仕事に没頭している彼は、仕事の(　　)だ。

① 道　　　　　　　　　　② 鬼
③ 骨　　　　　　　　　　④ 種
⑤ 根回し

해설

➡ 일요일도 일에 몰두하고 있는 그는, 일벌레다.

① 수단. 방법. 진리. 도덕. 적성.　　② 어떤 일에 몹시 열중하다.

③ 신념.　　　　　　　　　　　　④ 씨앗. (話の種 : 이야깃거리)

⑤ 사전교섭.

28 次の文の(　　)の中に最も適当なものを一つ選びなさい。

鐘が(　　)鳴っている。

① けんけん　　　　　　　② かんかん
③ こんこん　　　　　　　④ げんげん
⑤ とんとん

해설

➡ 종이 땡땡 울린다.

① 떠들썩함. 왁자지껄함. 시끄럽다. (やかましい・かしましい)

② 햇볕이 내리쬐는 모습. 금속소리. 굉장히 화난 모습. 숯불 따위가 세차게 피어오르는 모습.

③ 어두운 모습. 의식을 잃어버린 모습. 깊게 자는 모습 (昏々). 여우 울음소리.

④ 말 한 마디 한 마디. (言々)

⑤ 막상막하(실력이). 계속해서 가볍게 두드리는 소리(노크). 일이 순조롭게 진행되는 모습.

29 밑줄 친 부분과 관계가 있는 것을 고르세요. (29~30)

男 : みなさん今日はお忙しいところをわざわざありがとうございます。

女 : あ、いいえ。

男 : じゃ、そろそろお開きにしましょうか。

① 始めましょう　　　　　② 休みましょう

③ つづけましょう　　　　④ 終わりましょう

⑤ かえりましょう

해설

➡ お開きにする。 끝내다.

① 시작합시다. (始める)　　　② 휴식합시다. (休む)

③ 계속합시다. (続く)　　　　④ 끝냅시다. (終わる)

⑤ 돌아갑시다. (帰る)

---

30 来月、日本にいらっしゃるそうですね。お見送りしますよ。

① 研究室へいらっしゃったそうですよ。

② お元気でいらっしゃいますね。

③ あなたは、おうちにばかりいらっしゃいますね。

④ こちらへいらっしゃい。

⑤ あしたもここにいらっしゃいますか。

해설

➡ 다음 달에, 일본에 가신다고 하더군요. 배웅하겠습니다.

いらっしゃる : 계십니다(居る). 가셨습니다(行く). 오셨습니다(来る).

(居る·行く·来る의 존경어)

31 次のうち、動詞の活用の種類が他のものと違うのはどれですか。

① はしる   ② いる

③ きる   ④ うまれる

⑤ はいる

해설

➡ ④ 生まれる : 태어나다. (하일단 동사). ①, ②, ③, ⑤는 동사Ⅰ (오단동사)

① 달리다. (走る)   ② 필요하다. (要る)

③ 자르다. (切る)   ⑤ 들어가다. (入る)

32 次の文の( )の中に最も適当なものを一つ選びなさい。

誤解を( )ために、もっと具体的な例を出したほうがいい。

① さける   ② よける

③ まぬがれる   ④ にげる

⑤ とける

해설

➡ ① 피하다. (避ける)

② 피해를 방지하다. 대피하다. (避ける)   ③ 면하다. 모면하다. 피하다. (免れる)

④ 도망가다. (逃げる)   ⑤ 풀리다. (解ける)

33 「石橋を叩いて渡る。」の意味を一つ選びなさい。

① 堅固   ② 慎重

③ 寛大   ④ 余裕

⑤ 願望

➡ 돌다리를 두들겨 보고 건너다.

① 견고.　　　　　　　　　② 신중.

③ 관대.　　　　　　　　　④ 여유.

⑤ 소망. 소원. (願望ㆍ願望)

34 「ぼくは、君の肩を持つよ。」밑줄 친 말과 같은 의미로 볼 수 없는 것을 고르세요.

① ひいきにする　　　　② 応援する

③ 味方する　　　　　　④ せめる

⑤ 仲間になる

➡ 나는 네 편이야. 편을 들다. (肩を入れるㆍ肩を貸す)

③ 편들다. (味方 : 자기 편. 한편. 아군. 편듦)

④ 나무라다. 비난하다. 심하게 요구하다. (せがむ)

　せめて。최소한의 희망. (少なくとも。~만이라도)

35 次の文の慣用句と同じ意味でないものを一つ選びなさい。

高をくくる。

① 見くびる　　　　　　② 甘く見る

③ なめる　　　　　　　④ 人を食う

⑤ ほめたたえる

➡ 깔보다. 무시하다. 얕보다. (侮る)

⑤ 칭송하다. 크게 칭찬하다. (誉め称える)

• 次の文の(　　)の中に最も適当なものを一つ選びなさい。(36~38)

36 僕の(　　)店があるから、そこへ行こう。

① 顔を出す　　　　　　　② 顔がきく

③ 顔がひろい　　　　　　④ 腕を上げる

⑤ 肩書きがいい

해설

➡ 내가 아는 가게가 있으니까, 거기에 가자.

① 참석하다.

② 얼굴이 알려져 있다. 유명하여 덕을 보다. 유명해서 無理(무리)가 통하다.

③ 발이 넓다. (유명하다)　　　④ 실력을 기르다.

⑤ 사회적인 지위나 신분·경력이 화려하다.

---

37 彼女の御両親のところへ、何度も(　　)結婚の許しを得た。

① 足を伸ばして　　　　　② 鼻を折って

③ 足が棒になって　　　　④ 足を運んで

⑤ 手塩にかけて

해설

➡ 그녀의 부모님 계신 곳에, 몇 번이나 찾아가서 결혼 승낙을 얻었다(받았다).

① 예정했던 곳보다 멀리 가다.　　② 콧대를 꺾다.

③ 다리가 피곤하다.　　　　　　④ 일부러 찾아가다.

⑤ 열심히 보살펴서 키우다.

---

38 彼女は甘いものに(　　)。

① 目がない　　　　　　　② 目がまわる

③ 目にかける　　　　　　④ 鼻を明かす

⑤ 鼻を突く

➡️ 그녀는 단것을 아주 좋아한다.

① 아주 좋아한다. 사물을 판단하는 능력이 없다. (안목이 없다)

② 굉장히 바쁘다. (くるくる · 目が回る)   ③ 보살피다. (目に掛ける)

④ 상대의 코를 납작하게 하다.   ⑤ 코를 찌르다. 냄새가 심하다.

39 다음 중 의미가 잘못 짝지어진 것을 고르세요.

① 意地を張る   : 自分の考えを無理に通そうとする。

② のどから手が出る : とても欲しいようす。

③ 物になる   : 習っているものを自分の役に立つようにする。

④ 体をこわす   : 病気になる。

⑤ ピッチを上げる   : 物事の調子を遠くする。

➡️ 物になる : 사람 · 사물이 일정 수준이상의 훌륭한 상태가 되다.

誰からも非難されない一人前の形を整える。

누구에게도 비난받지 않는 성인으로서의 자격을 갖추다.

物にする : 내 것으로 만들다. 손에 넣다. (身に付く · 会得する · 手にする · 手に入れる)

④ 몸을 망가트리다. 병에 걸리다. (体を壊す · 具合が悪い · 病気に掛かる)

40 「目から鼻へぬける。」の意味を一つ選びなさい。

① 코가 크다.   ② 미간에 서기가 어리다.

③ 매우 영리하다.   ④ 타인의 눈을 피하다.

⑤ 말썽만 부린다.

➡️ 利口 · 利発 · 賢い : 영리하다.

• 次の文の(　　)の中に最も適当なものを一つ選びなさい。(41~74)

41 このごろの都会は、どこでも車が増えてしまった(　　)交通事故が増えている。

① せいで
② ためで
③ からで
④ もとで
⑤ もので

42 工事の音がうるさくて、勉強(　　)話もできなかった。

① ところ
② どころか
③ ところが
④ どころ
⑤ ところで

43 他のことは別として、走ること(　　)誰にも負けないと思います。

① にとっては
② によると
③ にたいして
④ にかけては
⑤ によって

➡ 다른 것은 제쳐 놓고, 달리는 것만큼은 누구에게도 지지 않는다고 생각합니다.

① ~로서는.　　　　　　　　　② ~의하면.

③ ~에 대해서.　　　　　　　　④ ~만큼은. (については)

⑤ ~따라서(이유). ~에 의해서(권위).

44 そのシンポジウムは5日間(　　　　)東京国際会議場で行なわれた。

　　① まで　　　　　　　　② において

　　③ にかけて　　　　　　④ にわたって

　　⑤ から

➡ 그 심포지엄(토론회)은 5일간에 걸쳐서 도꾜 국제회의장에서 행하여졌다.

　symposium : 어떤 논제에 대하여 다른 의견을 가진 두 사람 이상의 전문가가 각각 의견을 발표하고 참석자의 질문에 답하는 형식의 토론회.

② ~에 있어서　　　　　　　　④ ~에 걸쳐서

45 帰りにちゃんとカバンの中に入れた(　　　　)ので、まだ机の上に置きっぱなしだなんて夢にも思いませんでした。

　　① つもりだった　　　　② ためな

　　③ ところだった　　　　④ ままな

　　⑤ ことな

➡ 귀갓길에 틀림없이 가방 안에 넣었다고 생각했기 때문에, 아직 책상 위에 놓여 있다고는 꿈에서도 생각 못 했습니다.

　っ放し・放し : 동사의 ます형에 접속하여, 그 동작을 한 상태로 방치하는 의미를 나타낸다.

　明け放し(열어놓은 상태로 둠). 置きっ放し(계속 놓아 둠). やりっ放し(계속 함).

46 私の一存では(　　　)ので、他の者とも相談した上で連絡したいと思う。

① 決めることになる　　　　② 決めかねる

③ 決めざるをえない　　　　④ 決めうる

⑤ 決めないわけにはいかない

해설

➡ 나 혼자로서는 결정할 수 없기 때문에, 다른 사람과 상담한 뒤에 연락하고 싶다고 생각한다.

② 동사(ます形)＋かねる : ~할 수 없다. (실현하는 것이 어렵다)

③ ざるをえない : ~하지 않을 수 없다.

④ 동사(ます形)＋うる : ~할 수 있다. ~일 수 있다. (得る의 문어체 : 가능성이 있다)

⑤ 동사(부정형)＋わけにはいかない。(하지 않으면 안 된다)

　~하지 않으면 안 된다고 하는 의미를 나타낸다. (의무적인 것)

47 ここへ来る前に電話をしておけばよかった(　　　)しなかったので困ったことになってしまいました。

① ものでも　　　　② ものを

③ ものだから　　　　④ ものなら

⑤ わけを

해설

➡ 여기에 오기 전에 전화를 해 두었으면 좋았던 것을 하지 않았기 때문에 곤란하게 되고 말았습니다.

② ~인 것을. 사람에 대한 불평, 불만, 비난을 말하는 경우가 많다. (앞 문장으로부터 예상되는 것과 반대의 결과가 뒤 문장에 온다. 그리고 그것을 안타깝다고 생각하는 기분을 나타낸다)

48 原子力は非常に危険なものだが、利用の仕方(　　　)人間の暮らしに大いに役立たせることもできる。

① については　　　　② にあっては

③ にとっては　　　　④ によっては

⑤ にしては

➡ 원자력은 대단히 위험한 것이지만, 이용 방법에 따라서는 인간의 생활에 크게 도움을 주기도 한다.

① について : ~에 대해서. ~에 관해서(に関して). 어떤 주제나 토론에 대해 이야기할 때.

② にあって : ~에서. ~에 있어서. において : ~에서. ~에 있어서.

「にあって」「において」는 「で」의 의미. 「にあって」를 「において」로 바꿔 말할 수 있는 경우는 많지만, 그 반대로 사용하는 것은 적다.

孤独な状況にあって、はじめて親友のありがたさに気がついた。

고독한 상황에서, 처음으로 친우의 고마움을 알았다.

現代社会において、ごみの問題は無視できない。

현대사회에서, 쓰레기 문제는 무시할 수 없다.

③ にとって : ~있어서. ~로서는. ~의 입장으로서는.

(기분(気持ち)이나 마음(心)적인 표현이 나타난다)

魚は、日本人の食生活にとって大切なものだ。

생선은, 일본인의 식생활에 있어서 중요한 것이다.

にとっての : ~있어서의. (명사＋にとっての＋명사)

母にとっての楽しみは、子供を育てることだけだった。

어머니로서의 즐거움은, 아이를 키우는 것뿐이었다.

④ ~따라서. 앞 문장은 판단의 기준이 와서 のため・で하고 같은 의미이고, 수단・원인의 문장에 사용된다.

リーダーは能力よりも指導力によって選ぶべきだ。

리더는 능력보다도 지도력으로 뽑아야 한다.

~에 의해서. 권위를 나타내며 뒤 문장은 수동형을 동반한다.

このホテルはロイド氏によって設計された。 이 호텔은 로이드씨에 의해 설계되었다.

によっては。~하다면. ~따라서는.

天気によっては、明日の運動会は延期になる。

날씨가 나쁘다면, 내일 운동회는 연기가 된다.

⑤ ~에 비해서는. (割には : 상대에 대한 평가를 나타낸다)

49 僕は家事が苦手であるが、(　　　)家事は女がすべきものだなんて思ったことはない。

① だからといって　　　　② それに反して

③ というと　　　　　　　④ すると

⑤ からには

해설

➡ 나는 집안일이 싫지만, 그렇다고 해서 집안일은 여자가 해야만 된다고 생각한 적은 없다.

苦手 : 다루기 어렵고 싫은 상대. 자기가 잘 못하는 일. 질색이다. 서투르다.

① ~라고 해서.　　　　　② 그에 반해.

④ 그러자. 그래서. 그렇지만.　⑤ ~한 이상은.

---

50 彼は才能に恵まれている。(　　　)大変な努力家だ。

① あまり　　　　　　　　② だから

③ とうてい　　　　　　　④ しかも

⑤ なぜなら

해설

➡ 그는 재능에 혜택받고 있다. 게다가 대단한 노력가다. (自然に恵まれた。자연이 풍부하다)

③ 도저히(とても). (뒤 문장은 실현 불가능한 문장이 온다)

④ 게다가. (その上・御負けに・それに・かつ・さらに)

---

51 隣の人にコップの水を(　　　)私のズボンがびしょびしょになってしまった。

① こぼして　　　　　　　② こぼれて

③ こぼされて　　　　　　④ こぼられて

⑤ こぼさせて

➡️ 옆 사람이 컵의 물을 엎질러서 내 바지가 흠뻑 젖고 말았다.

③ 零す : 엎지르다. 흘리다. 불평하다. 투덜대다.

　 びしょびしょ : 비가 끝없이 내리는 모습. 흠뻑 젖은 모습. (びっしょり)

52 買い物はよく考えてするほうで、高価なものは(　　　)ガム一つでもじっくり
選んで買う。

① もとより　　　　　　　　② さらに

③ わずかに及ばない　　　　④ まだしも

⑤ ことが

➡️ 쇼핑은 잘 생각해서 하는 편으로, 비싼 것은 물론이고 껌 하나라도 골몰히 선택해서 산다.

① 물론. (元より・勿論・無論)

② 게다가. 더욱더. 점점. 부정을 동반하여 조금도. 전혀. (更に)

③ 조금에 지나지 않는다.

④ 불충분 하지만 어떻게든 참을 수 있다. (未だしも : 그런대로)

53 彼の苦労を知ったら、とてもそんなことは言う(　　　)はずだ。

① 気にない　　　　　　　　② 気になった

③ 気になれない　　　　　　④ 気になれる

⑤ 気がする

➡️ 그의 고생을 안다면, 도저히 그런 것은 말할 수가 없었을 것이다.

① 마음에 없다.　　　　　　② 신경이 쓰였다.

③ 마음에 둘 수 없다.　　　④ 신경이 쓰인다.

⑤ 그러한 생각이 든다.

54 我が子の将来を(　　　)に、一生懸命働いている。

① 楽しみ　　　　　　　　② 楽しさ

③ 楽しく　　　　　　　　④ 楽しい

⑤ 楽し

55 はじめから本当のことを(　　　)話していれば、疑われることはなかったはずだ。

① ありあり　　　　　　　② ありあわせ

③ ありきたり　　　　　　④ ありのまま

⑤ ありえない

56 いよいよ木の根を食べる以外にない。という(　　　)まできてしまった。

① ところ　　　　　　　　② とき

③ かぎり　　　　　　　　④ ていど

⑤ こと

③ 한정. (限り)　　　　　　　　　　　④ 정도. (程度)

57 彼女はまるで何もなかったかの(　　)平然と仕事を始めた。
　① ほど　　　　　　　　　　② みたいな
　③ らしさで　　　　　　　　④ ように
　⑤ ような

해설

➡ 그는 마치 아무 일도 없었던 것처럼 태연히 일을 시작했다.
　平気 : 태연하다. 마음에 동요가 없는 것. 침착한 것. 아무렇지도 않은 것(平静).
　　　　平気なふりをする. 아무 일 없는(태연한) 척 하다.
　平然 : 태연하다. 아무 일도 없었다는 듯이 침착한 모습.
　　　　平然たる態度. 태연한 태도.
　　　　嘘をつきながら平然としている. 거짓말을 하면서 태연해하고 있다.
　① 정도. (비교문에 사용)　　　　　② よう의 회화체.

58 小さい時はよく兄弟げんかをした(　　)です。
　① こと　　　　　　　　　　② もの
　③ ものの　　　　　　　　　④ はずだった
　⑤ よう

해설

➡ 어릴 때는 자주 형제하고 싸움(喧嘩)을 했던 것입니다.
　② 동사(과거형) + もの : 과거의 습관이나 경험을 나타낸다.
　　　동사(현재형) + もの : 당연한 귀결의 문장에 사용된다.
　③ 역접의 의미를 나타낸다. (のに)　　　　④ 당연했었다.

59 昨夜は娘が夜中になってもかえってこなかったので(　　　)寝られなかった。

① 寝ずに　　　　　　　　　　　② 寝るに

③ 寝ないと　　　　　　　　　　④ 寝たいし

⑤ 寝らずに

60 野球部に入っていますけれども、野球がすごく好きという(　　　)。

① ところです　　　　　　　　② ためではありません

③ わけではありません　　　　④ からです

⑤ ものです

61 これは若者一人一人にアンケートして(　　　)調べた調査の結果です。

① たんねんに　　　　　　　　　② さんざんに

③ おのずから　　　　　　　④ なんとなく

⑤ ひとりでに

해설

➡ 이것은 젊은 사람 한 사람 한 사람에게 설문조사 해서 자세히 조사한 결과입니다.

① 자세히. (丹念に)　　　　　② 심하고 비참한 모습.

③ 저절로. 자연히. (自ずから)　⑤ 저절로. 자연히.

62 今日は残業したくなかったのだが、課長に無理やり(　　　)。

① させた　　　　　　　　② やられた

③ しなかった　　　　　　　④ させられた

⑤ させる

해설

➡ 오늘은 잔업하고 싶지 않았지만, 과장이 무리하게 시켰다.

　사역수동형은 강제적으로 상대에게 당한다.

　동사 I 에 한정되어 **せら**가 **さ**로 축약되며, 주로 축약형으로 사용된다.

63 小さい子供にそんな難しい判断が(　　　)わけがない。

① できる　　　　　　　　② できない

③ できた　　　　　　　　④ できなかった

⑤ できまい

해설

➡ 어린아이에게 그렇게 어려운 판단이 가능할 리가 없다.

　わけがない・はずがない : 당연히 ~하지 않다. ~일 리가 없다.

　용법 : 동사 (기본체) ＋ わけがない.

　　　　い형용사・な형용사 (현재・과거형) ＋ わけがない.

의미 : 동작 또는 상태가 일어날 가능성이 전혀 없는 것.

앞의 문장이 부정문이면 의미는 긍정이고, 앞의 문장이 긍정문이면 의미는 부정이다.

64 現地の人々の厳しい反対にあって、社長ら幹部は海外進出を(　　　)を得なかった。

① あきらめる　　　　　　② あきらめない

③ あきらめざる　　　　　④ あきらめず

⑤ あきらめずに

해설

➡ 현지 사람들의 엄한 반대에 부딪혀, 사장이나 간부는 해외 진출을 단념하지 않을 수 없었다.
(ざるを得ない : ~하지 않을 수 없다)

---

65 昔から人は美しい女性を花に(　　　)。

① ないがしろにする　　　② 指摘する

③ 類似する　　　　　　　④ なぞらえる

⑤ ふさわしい

해설

➡ 옛날부터 사람은 아름다운 여성을 꽃에 비유한다.

① 업신여기다. 무시하다.　　　　② 지적하다.

③ 유사하다.　　　　　　　　　　④ 비하다. 견주다. 모방하다.

⑤ 다른 것과 어울리다. (행동 · 나이 · 장소)

---

66 次の文の下線の部分にあてはまる漢字を一つ選びなさい。

重い荷物を<u>ムゾウサ</u>に持って歩いている。

① 無像差　　　　　　② 無像査

③ 無造作　　　　　　④ 無造差

⑤ 無像作

➡ 무거운 짐을 어려움 없이 들고 걷고 있다.

無造作・無雑作（むぞうさ・むぞうさ）: 간단하게. 손쉽게.

67 そんなこと、いちいち親（おや）に相談（そうだん）する(　　　)ありません。

① だけも　　　　　　② ほども

③ よりも　　　　　　④ までも

⑤ しかも

➡ 그러한 것, 일일이 부모에게 상담할 필요도 없다.

④ までもない : ~할 필요가 없다.　　　⑤ 게다가.

68 便利（べんり）な都会（とかい）より多少（たしょう）不便（ふべん）でも緑豊（みどりゆた）かな田舎（いなか）のほうがいいという人もいる(　　　)
違（ちが）いない。

① に　　　　　　　　② のは

③ も　　　　　　　　④ で

⑤ を

➡ 편리한 도회지보다 다소 불편하더라도 숲이 우거진 시골(지방)이 좋다고 하는 사람도 있는
게 틀림없다.

に違（ちが）いない・に間違（まちが）いない・に相違（そうい）ない・に決（き）まっている : ~에 틀림없다.

69 (　　　)生きているのなら、楽しく暮らした方がいい。

① どうせ　　　　　　　　② 一方

③ いちおう　　　　　　　④ どうか

⑤ いくら

해설

➡ 어차피 사는 것이라면, 즐겁게 사는(생활하는) 것이 좋다.

① 어차피. (나쁜 결과를 예상해서, 단념할 때 표현)

② 일방. 한편으론. 그것만 하다. (それだけ)

③ 일단. 우선은. 대체적으로. (一応)

70 どちらが好きかと(　　　)迷わずこちらと答えます。

① 聞けば　　　　　　　　② 聞かれれば

③ 聞かせれば　　　　　　④ 聞かれれば

⑤ 聞いて

해설

➡ 어느 것을 좋아하냐고 물으신다면 망설이지 않고 이것이라고 대답합니다.

② 물을 수 있다면. (가능)　　　④ 물으신다면. (존경어)

71 母国を離れると、第三者(　　　)自分の国を客観的に見ることができます。

① にとって　　　　　　　② によって

③ にたいして　　　　　　④ として

⑤ によると

해설

➡ 모국을 떠나면, 제3자로서 조국을 객관적으로 보는 것이 가능합니다.

① ~로서. (마음적인 문장)　　　② ~의해서. ~따라서

③ ～에 대해서.   ④ ～로서. (자격을 나타낸다)

⑤ ～에 의하면. (伝聞에 사용)

72 あの人は誰からも好かれる(   )やすい人柄です。

① 親しい   ② 親しむ

③ 親しみ   ④ 親し

⑤ 親しく

해설

➡ 저 사람은 누구라도 좋아하는 친해지기 쉬운 성품입니다.

③ 동사 (ます形) + やすい : ～ 하기 쉽다.

　동사 (ます形) + にくい : ～ 하기 어렵다. (がたい는 문어체)

73 車があると(   )ため、みんな持ちたがります。

① 便利   ② 便利だ

③ 便利な   ④ 便利の

⑤ 便利さ

해설

➡ 자동차가 있으면 편리하기 때문에, 모두 갖고 싶어 합니다.

③ な형용사가 명사를 수식하면 な가 연결된다. (きれいな人 : 아름다운 사람. 예쁜 사람)

74 新しい家を見に行ったが、駅から近かった(   )とても不便なところだ。

① もので   ② もの

③ ものだから   ④ ものの

⑤ ものな

➡ 새집을 보러 갔지만, 역에서 가깝긴 했지만 대단히 불편한 곳이다.

④ ~역접의 의미를 나타낸다. (のに)

• 次の文の(　　　)の中に最も適当なものを一つ選びなさい。(75~80)

75 山田先生は本当に先生(　　　)人だ。

① のような　　　　　　② みたいな

③ らしい　　　　　　　④ そうな

⑤ はず

➡ 야마다 선생님은 정말로 선생님다운 사람이다.

① ~같은.　　　　　　　② よう의 회화체.

③ ~인 것 같다. ~답다.　⑤ ~이다.

76 この市場では果物が(　　　)。種類が豊富だ。

① 切っても切れない　　　② 居ても立ってもいられない

③ 言わず語らず　　　　　④ よりどり見どり

⑤ 無理からぬ

➡ 이 시장에서는 과일을 골라잡는다. 종류가 다양(풍부)하다.

④ 選り取り見取り : 마음대로 골라잡다.

① 자르려고 해도 자를 수가 없다.　② 불안해서 어쩔 수 없다.

③ 말할 필요도 없이.　　　　　　⑤ 당연하다.

77 そんなにたくさん(　　　)としても無理ですよ。

① 持って ② 持ったり

③ 持ちます ④ 持とう

⑤ 持たせて

해설

➡ 그렇게 많이 들려고 해도 무리입니다.

意志形(의지형) ＋ とする : ~하려고 하다.

78 このところずっと(　　　)がちです。

① 病気 ② 病気だ

③ 病気に ④ 病気の

⑤ 病気な

해설

➡ 요즈음 계속 병이 잦습니다.

がち : 그러한 경향이 있다. 명사＋がち : 굉장히 잦다. (遅れがち : 자주 지각함. 자주 늦음)

79 この薬は6時間(　　　)飲んでください。

① ずつ ② おきに

③ たびに ④ ずつに

⑤ ことに

해설

➡ 이 약은 6시간마다 먹어 주세요.

① 씩. (한 개씩. 한 사람씩) ② 시간. 거리. 수량이 규칙적인 것.

③ ~일 때마다. 그때마다. ⑤ 殊に : 특히. 각별히.

80 雨がやみ( )すれば、出かけられるんですけど。

① も   ② さえ

③ だけ   ④ ながら

⑤ もの

➡️ 비가 그쳐만 준다면, 외출할 수 있습니다만.

さえ …ば : 이것만 하면 모든 것이 완료된다.

---

81 次の文章の内容を最もよく表しているものを一つ選びなさい。

> 人間を悲劇に導くものは、必ずしも異常な事件のみではない。むしろ、日常のちょっとしたことや、目に見えない心の変化によることが多い。そんなことで、我々はしばしば苦い思いをしたり、悲劇に直面したりすることになる。何気なく過ぎていく日常ほど恐ろしいものはないのかもしれない。

① 人間は、日常のちょっとしたことから、悲劇を経験するかもしれない。

② 悲劇は、異常な事件の中にはなく、日常の中にある。

③ 人間は、悲劇をけいけんしたくないので、日常のちょっとしたことを恐ろしがる。

④ 悲劇は、何気なく我々のまわりにあるので、異常な事件ほど恐ろしくないかもしれない。

⑤ 悲劇に、直面する心配があるので異常な事件はないほうがいい。

➡️ ① 인간은, 일상의 조그만 일로부터 비극을 경험할지도 모른다.

사람을 비극으로 이끄는 것은, 반드시 이상한 사건만은 아니다. 오히려, 일상의 조그만 일이나, 눈에 보이지 않는 마음의 변화에 의한 일이 많다. 그런 것으로, 우리들은 자주 괴로운 경험을 하거나, 비극에 직면하거나 하게 된다. 무심코 지나쳐 가는 일상만큼 무서운 것은 없을지도 모른다.

② 비극은, 비정상적인 사건 속이 아니라 일상 속에 있다.

③ 인간은, 비극을 경험하기 싫으므로 일상의 작은 일도 무서워한다.

④ 비극은, 아무렇지도 않은 것처럼 우리들 주위에 있으므로 비정상적인 사건 정도로 무섭지 않을지도 모르겠다.

⑤ 비극에, 직면할 걱정이 있으므로 이상한 사건은 없는 것이 좋다.

82 次の文章の内容を最もよく表しているものを一つ選びなさい。

高度化する科学技術文明の中で、人々はともすれば、自分で作り出した機械や組織や規則に縛られて、自由な心を失いがちです。今ほど、物にとらわれない自由で新鮮な遊びの精神が必要な時代はないでしょう。

① 現代は社会的制約が強い。だからこそ、自由な考え方やゆとりが必要なのだ。
② 社会的制約が強い時代には、自由とか遊びとかは社会に受け入れられにくい。
③ 現代は社会的制約が強い。その社会で生きていくためには、自由を犠牲にしなくてはならない。
④ 社会的制約が強い時代は、かえって自由や遊びを求める人がふえる。
⑤ 社会的制約や機械や組織や規則はゆるくなければならない。

해설

➡ ① 현대는 사회적 제약이 강하다. 그렇기 때문에 자유로운 사고방식과 여유가 필요하다.

고도화하는 과학기술 문명 속에서, 사람들은 자칫하면, 스스로 만들어 낸 기계나 조직이나 규칙에 묶여, 자유로운 마음을 잃기 쉽습니다. 지금처럼, 물질에 얽매이지 않는 자유롭고 신선한 놀이정신이 필요한 시대는 없겠지요.

② 사회적 제약이 강한 시대에는 자유라든지 유희라든지 사회에서는 받아들이기 힘들다.

③ 현대는 사회적 제약이 강하다. 그 사회에서 살아 나가기 위해서는 자유를 희생하지 않으면 안 된다.

④ 사회적 제약이 강한 시대에는 오히려 자유와 유희를 원하는 사람이 증가한다.

⑤ 사회적 제약이나 기계나 조직이나 규칙은 너무 틀에 박히면 안 된다.

83 次の文章の内容を最もよく表しているものを一つ選びなさい。

　　生活の中のいやな臭いを消すための消臭剤や脱臭剤がよく売れている。しかし、その効果は製品によってかなり差があり、客観的に効果の程度を調べるための方法、基準を決める必要がある。

① 消臭剤、脱臭剤にはあまり効果のないものが多い。
② 消臭剤、脱臭剤の効果の客観的測定はかなりむずかしい。
③ 消臭剤、脱臭剤がどのぐらいきくかを調べる方法が必要である。
④ 消臭剤、脱臭剤の効果的な使い方を研究する必要がある。
⑤ 消臭剤、脱臭剤の効果の差はなくすべきだ。

해설

➡️ ③ 소취제와 탈취제가 어느 정도 효력이 있는지 조사할 방법이 필요하다.

생활 속의 불쾌한 냄새를 지우기 위한 소취제와 탈취제가 잘 팔리고 있다. 그러나, 그 효과는 제품에 따라 많은 차이가 있고, 객관적으로 효과의 정도를 조사하기 위한 방법, 기준을 정할 필요가 있다.

① 소취제, 탈취제에는 별로 효과가 없는 것이 많다.
② 소취제와 탈취제의 효과는 객관적 측정이 상당히 어렵다.
④ 소취제, 탈취제의 효과적인 사용 방법을 연구할 필요가 있다.
⑤ 소취제, 탈취제의 효과의 차이는 없어져야 한다.

---

84 次の文章の内容を最もよく表しているものを一つ選びなさい。

　　海には多種多様な、そして膨大な量の生物が生息している。それらは、その生存のためにさまざまな有用物質を生産している。海はまさに有用物質の宝庫である。それを利用しない手はない。海洋バイオテクノロジーはますます盛んになるだろう。

① 海は有用物質の宝庫なので、大切にしなければならない。
② 有用物質の宝庫である海を利用した海洋バイオテクノロジーは、これか

らも大いに研究, 活用されるだろう。

③ 海の生物が生産する物質が注目されて、海洋バイオテクノロジーになる
だろう。

④ 有用物質の宝庫である海は、海洋バイオテクノロジーを利用して開発さ
れている。

⑤ 海のさまざまな有用物質を保護するために特別法が必要だ。

➡ ② 유용물질의 보고인 바다를 이용한 해양생명공학은, 지금부터라도 많은 연구·활용될 것
이다.

바다에는 다종다양한, 그리고 방대한 양의 생물이 생존하고 있다. 그것들은, 그 생존을 위하
여 여러 가지 유용물질을 생산하고 있다. 바다는 실로 유용물질의 보고이다. 그것을 이용하지
않는 사람은 없다. 해양생명공학은 점점 번성하리라.

① 바다는 유용물질의 보고이므로 소중히 하지 않으면 안 된다.

③ 바다의 생물이 생산하는 물질이 주목받아 해양생명공학이 되리라.

④ 유용물질의 보고인 바다는 해양생명공학을 이용하여 개발되고 있다.

⑤ 바다의 여러 가지 유용물질을 보존하기 위하여 특별법이 필요하다.

---

85 次の文章の内容を最もよく表しているものを一つ選びなさい。

テレビや映画で、大写し、つまりクローズアップする場合、腕時計や
ペン先だったら、ふだん自分が使っているものとの比較ですぐその大き
さが分かる。ところがわれわれにとって未知のもの、たとえば、見たこ
とのない動物の頭や全身となると、比較するものがその画面の中になけ
れば、大きさは全く分からない。クローズアップでは、象もねずみも同
じ大きさである。

① 我々が知らないものをクローズアップするときは、画面に比較するもの
がなければ、大きさが分からない。

② 我々が知らいものをクローズアップすると、ふだん自分が使っているも

のと比較して、大きさがよく分かる。

③ いろいろなものの大きさを比較するために、テレビや映画ではクローズアップして映す場合がある。

④ どんなものでも、画面の中に比較するものがなければ、クローズアップしてもその大きさが全く分からない。

⑤ クローズアップの弱点は見たことがない。
　動物の大きさが分からないということだったが、象やねずみの場合でその問題が解けた。

➡ ① 우리들이 모르는 것을 클로즈업할 때에는 화면에 비교할 것이 없으면 크기를 알 수 없다. TV나 영화에서, 크게 찍고, 즉 클로즈업할 경우, 손목시계나 펜촉이라면, 평상시 자신이 사용하고 있는 것과 비교해 곧바로 그 크기를 알 수 있다. 그러나 우리들에게 있어서는 미지의 물건, 예를 들면, 본 적이 없는 동물의 머리나 전신이 되면, 비교하는 것이 그 화면 속에 없으면, 크기는 전혀 알 수 없다. 클로즈업만으로는 코끼리도 쥐도 같은 크기이다.

② 우리들이 모르는 것을 클로즈업하면 보통 자신이 사용하는 것과 비교하여 크기를 잘 알 수 있다.

③ 여러 가지 물건의 크기를 비교하기 위하여 TV나 영화에서 클로즈업해서 비추어 줄 때가 있다.

④ 어떤 것이라도 화면 안에서 비교하는 것이 없으면 클로즈업해도 그 크기는 전혀 알 수 없다.

⑤ 클로즈업의 약점은 본 적이 없는 동물의 크기를 모른다는 것이었지만 코끼리와 쥐의 경우에 그 문제가 풀렸다.

---

86 ふたりのかけおちはすぐとうわさになった。下線の部分の意味を選びなさい。

① 서로 갈라섬　　　　　　② 말다툼

③ 사랑의 도피　　　　　　④ 사랑

⑤ 감정

➡ 두 사람의 도피는 곧 소문(噂)이 났다.

駆け落ち : 결혼을 반대해서 사랑의 도피. 눈 맞은 남녀가 몰래 다른 곳으로 달아남.

87 次の文の中で、下線の部分がまちがっているものを選びなさい。

① あの子は父親によく似ます。
② 君はコンピューターをもっていますか。
③ あの学生のことならよく覚えています。
④ 今一万ウォン要ります。
⑤ 山が高くそびえています。

해설

➡ ① 저 아이는 아버지를 많이 닮았습니다. (似ています。자동사의 상태)

② 당신은 컴퓨터를 갖고 있습니까.   ③ 저 학생에 대해서라면 잘 알고 있습니다.

④ 지금 만 원 필요합니다.   ⑤ 산이 높게 솟아 있습니다.

88 次の文の下線の部分と同じ意味で使われているものを選びなさい。

一応勉強を初めたからには一生けんめいしなければなりません。

① あるいは   ② 以上は
③ なのに   ④ ばかりでは
⑤ だけでは

해설

➡ 일단 공부를 시작한 이상은(以上は) 열심히(一生懸命) 하지 않으면 안 됩니다.
① 또는 (それとも·または·ないしは·もしくは)
③ ~인데도   ④ ~뿐으로는
⑤ ~만으로는

89 「原ならではの、ホームランですね。」의 올바른 해석을 고르세요.

① 原가 홈런을 쳤다.

② 原가 홈런을 못 쳤다.

③ 原라면 홈런을 칠 것이다.

④ 原이니까 홈런을 쳤다.

⑤ 原만이 칠 수 있는 타법으로 홈런을 쳤다.

해설

➡ 명사＋ならでは : ～가 아니면은 할 수 없다. ～만이 할 수 있다.

---

90 次の文と同じ意味で使われているものを選びなさい。

木村さんは田中さんから本をもらって山田さんに返した。

① 木村さんは田中さんに本をあげた。

② 田中さんは山田さんに本をもらった。

③ 田中さんは山田さんに本をあげた。

④ 山田さんは木村さんに本を返した。

⑤ 山田さんは木村さんに本をもらった。

해설

➡ 기무라씨는 다나까씨한테 책을 받아서 야마다씨에게 돌려주었다.

---

91 次の文章はどんなことを言っているのか。最も適当なものを選びなさい。

今も昔も、私は私なのに、富貴であれば身内のものも大事にしてくれるが、貧しければひどい扱いをする。身内でさえそうなのだから、他人にいたってはなおさらだ。

① 他人は、身内ほどひどいことはしない。

② 他人は、身内の人が貧しいので、ひどく扱わされることを気にしている。

③ 他人は、わたしが富貴であろうとなかろうと大事にしてくれる。

④ 他人は、わたしが富貴であるかないかによって身内よりひどく扱いを変える。

⑤ 他人は、わたしが富貴であるため、わたしの身内も大事にしてくれる。

해설

➡ ④ 타인은, 내가 부귀(富貴·富貴 : 부자이고, 지위나 신분이 높은 것)인지 아닌지에 따라서 가족보다도 더 심하게 대우가 변한다(바뀐다).

지금도 옛날에도, 나는 나인데, 부귀하면 가족들도 소중하게 챙겨 주지만, 가난하면 심하게 대우한다. 가족조차도 그런데, 타인으로서는 더더욱 그렇다.

① 타인은, 가족만큼 심한 짓은 하지 않는다.

② 타인은, 가족이 가난하기 때문에, 심하게 대우받는 것을 걱정하고 있다.

③ 타인은, 내가 부귀하든 아니든 소중히 대해 준다.

⑤ 타인은, 내가 부귀하기 때문에, 내 가족도 소중히 대해 준다.

92 次の文章はどんなことを言っているのか。最も適当なものを選びなさい。

大勢の人が一緒に暮らす、合理的ですし、楽しさも倍加するものです。兄弟の家族まで同居は無理としても、せめてご両親とは一緒に暮らしたい、と考えている方は多いと思います。スペースの合理化、暮らしの便利さもありますが、共に暮らすことで伝えられる伝統や文化が大切です。おじいちゃんやおばあちゃんとの語らいの中から、家風とか自然をいつくしむ心がお孫さんへと伝えられていきます。

① 大家族の同居は利点が多く、子供にとっても良い環境となる。

② 兄弟の家族との同居は、ひかえたほうが良い。

③ 同じうちに大勢の人が住むと、経済的だ。

④ 昔から親と子が一緒に暮らすのは、容易でなかった。

⑤ 伝統や文化は、家庭で親から子へ、子から孫へと伝えなければならない。

➡ ① 대가족의 동거는 이점이 많고, 아이에게 있어서도 좋은 환경이 된다.

많은 사람이 함께 생활한다, 합리적이고, 즐거움도 배가 되는 것입니다. 형제의 가족까지
동거는 무리라고 해도, 적어도 부모님과는 함께 생활하고 싶다, 라고 생각하는 분은 많다고
생각합니다. 공간의 합리화, 생활의 편리함도 있습니다만, 함께 생활함으로써 전해지는
전통이나 문화가 중요합니다. 할아버지나 할머니와의 대화 속에서, 가풍이나 자연을 사랑하
는 마음이 손자에게 전해집니다.

② 형제 가족과의 동거는 삼가는 것이 좋다. (控え目にする : 절제하다. 삼가다)

③ 같은 집에 많은 사람이 살면, 경제적이다.

④ 예로부터 부모와 자식이 함께 생활하는 것은 쉽지 않았다.

⑤ 전통이나 문화는, 가정에서 부모에게서 아이로, 아이로부터 자손으로 물려주지 않으면 안 된다.

93 다음 문장의 내용과 가장 가까운 것을 고르세요.

　　新東京国際空港は、千葉県成田市にあり、成田空港とも呼ばれてい
る。成田空港は1977年に第1期工事が終わり、4,000メートルの滑走路
一本と、旅客ターミナルと貨物ターミナルが完成した。そして、次の年
に開港したが、計画では、あと二本滑走路を作ることになっている。
　　成田空港と都心を結ぶ交通機関は、主にリムジンバスと電車である。
リムジンバスは都心の主なホテルまで直通で便利だが、都内の道路がい
つもこんでいるので時間がかかるし、料金も電車よりだいぶ高い。電車は
リムジンバスより時間も短くて安いが、重い旅行かばんを運ぶのは大変
だ。空港が都心から遠すぎるというのが多くの利用者の意見である。

① 新東京国際空港は東京都の成田市にある。

② 成田空港は1978年に開港した。

③ 電車よりリムジンバスのほうが料金が安い。

④ リムジンバスより電車のほうが時間がかかる。

➡️ ② 나리따 공항은 1978년에 개항했다. (旅客・旅客 : 여객)

신도꾜국제공항은, 찌바현 나리따시에 있어, 나리따공항으로도 불린다. 나리따 공항은 1977년에 제1기 공사가 끝나, 4,000미터의 활주로 1개와, 여객 터미널과 화물 터미널을 완성했다. 그리고, 다음 해에 개항했지만, 계획으로는, 앞으로 두 개의 활주로를 더 만들기로 되어 있다. 나리따 공항과 도심을 연결하는 교통기관은, 주로 리무진 버스와 전철이다. 리무진 버스는 도심의 주요 호텔까지 직통이어서 편리하지만, 도내 도로가 항상 혼잡하기 때문에 시간이 걸리고, 요금도 전철보다 좀 비싸다. 전철은 리무진 버스보다 시간도 짧고 싸지만, 무거운 여행가방을 운반하는 것은 힘들다. 공항이 도심에서 너무 멀다는 것이 많은 이용자들의 의견이다.

① 신도꾜 국제공항은 도꾜도의 나리따시에 있다.

③ 전철보다 리무진 버스가 요금이 싸다.

④ 리무진 버스보다 전철이 시간이 걸린다.

94 다음 문장의 내용과 가장 가까운 것을 고르세요.

日本では、1970年代後半の韓国演歌ブームや、1988年のソウルオリンピック開催の年、2002年のFIFAワールドカップ共同開催の年に韓国に注目が集まっていたが、それらの時にはまだ韓流という言葉は存在していなかった。日本における韓流は、2003年4月から「冬のソナタ」が放送されたことが発端である。特に初期においては純愛ドラマが多かったこともあり、中高年の女性がブームの牽引役となった。それ以前との違いは、ヨン様ブームに特徴付けられるように、韓国で放送されたドラマが日本でもそのまま放送され、韓国人俳優に注目が集まるようになったことである。

① 韓流が始まったのは韓国演歌ブームからである。

② 2003年以前にも韓国のドラマが日本でそのまま放送された。

③ 日本では韓国ドラマが男女を問わず人気を集めている。

④ 韓流は韓国の純愛ドラマが主なきっかけとなった。

➡️ ④ 한류는 한국의 순애보 드라마가 주요 계기가 되었다.

일본에서는 1970년대 후반 한국 트로트 붐이나, 1988년 서울 올림픽 개최의 해, 2002년 월드컵 공동 개최의 해에 한국에 대한 관심이 집중되었지만, 이 시기에는 아직 한류라는 말이 존재하지 않았다. 일본에서의 한류는, 2003년 4월부터 「겨울연가」가 방송된 것이 발단이다. 특히 초기에는 순애보 드라마가 많았던 것도 있고, 중장년 여성이 붐의 견인차가 되었다. 그 이전과 다른 점은, 욘사마 열풍으로 특징 지어지듯, 한국에서 방영된 드라마가 일본에서도 그대로 방송되면서, 한국인 배우에게 주목이 집중되었다는 점이다.

① 한류가 시작된 것은 한국 트로트 열풍으로부터다.

② 2003년 이전에도 한국 드라마가 일본에서 그대로 방송되었다.

③ 일본에서는 한국 드라마가 남녀를 불문하고 인기를 끌고 있다.

95 문맥상 가장 자연스럽게 배열한 것을 고르세요.

(ア)日本においてこのような制度が成立した理由としては、組織単位の作業が中心で成果主義を採用しにくかったこと、年少者は年長者に従うべきという儒教的な考え方が古代から強かったことが挙げられる。集団で助け合って仕事をする場合は、個々人の成果を明確にすることが難しい場合も多く、組織を円滑に動かすには構成員が納得しやすい上下関係が求められる。職能概念に基づく年功序列制度は、こういったニーズを満たす合理的な方法だったのである。

(イ)年功序列制度は、加齢とともに労働者の技術や能力が蓄積され、最終的には企業の成績に反映されるとする考え方に基づいている。結果として、経験豊富な年長者が管理職などのポストに就く割合が高くなる。

(ウ)その意味では1960年代の高度経済成長期は経済が拡大を続けた。また石油ショック以降の安定成長時代である1970年代後半から1980年代末期は団塊ジュニア世代の学齢期に当たり、数多い若年者の賃金

を低く抑え、一方で年配者の賃金を高くすることに経済合理性が
あったということができる。

(エ)また、リスクの低い確実な選択肢を選ぼうとする国民性がこれに拍車を
掛けることとなった。そして、年功賃金モデルを維持する前提として、
経済が右肩上がりであることと労働力人口が増え続けることがある。

① (ア) – (エ) – (イ) – (ウ)　　② (ア) – (イ) – (エ) – (ウ)
③ (イ) – (ア) – (エ) – (ウ)　　④ (イ) – (ア) – (ウ) – (エ)

➡ ③ (イ) – (ア) – (エ) – (ウ)

団塊ジュニア : 1971~1974년경 제2차 베이비 붐 시대에 태어난 사람들.

学齢　　　 : 의무교육을 받는 연령. 일본에서는 현재, 만 6세부터 15세까지. 초등학교
에 입학하는 연령.

右肩上がり　: 상태가 점점 좋아지는 것.　拍車を掛ける : 박차를 가하다.

(ア) 일본에서 이러한 제도가 성립된 이유로서는, 조직 단위의 작업이 중심으로 성과주의를
채용하기 어려웠던 것, 나이가 어린 사람은(연소자) 나이가 많은 사람을(연장자) 따라야
한다는 유교적인 사고방식이 고대로부터 강했던 것을 들 수 있다. 집단으로 서로 도와
일하는 경우는, 개개인의 성과를 명확하게 하는 것이 어려운 경우도 많고, 조직을 원활하게
움직이려면 구성원이 납득하기 쉽게 상하관계가 요구된다. 직능개념에 기초한 연공서열
제도는, 이러한 요구를 충족시키는 합리적인 방법이었던 것이다.

(イ) 연공서열제도는, 나이를 먹음과 함께 노동자의 기술이나 능력이 축적되어, 최종적으로는
기업의 성적에 반영된다고 하는 사고방식에 기초하고 있다. 결과로서, 경험이 풍부한
연장자가 관리직 등의 자리에 앉는 비율이 높아진다.

(ウ) 그런 의미로는 1960년대 고도 경제성장기는 경제가 계속 확대되었다. 또 석유파동 이후
안정성장시대인 1970년대 후반부터 1980년대 말기는 베이비붐 주니어세대의 학령기여
서, 수많은 젊은 층의 임금을 낮추고, 한편으로는 중년의 임금을 높이는 것에서 경제합리성
이 있었다고 할 수 있다.

(エ) 또, 리스크가 낮은 확실한 선택지를 선택하려고 하는 국민성이 이것에 박차를 가하게
되었다. 그리고, 연공 임금 모델을 유지하는 전제로서, 경제가 점진적으로 상승에 있는
것과 노동력 인구가 계속 증가하는 것이 있다.

96 次の文の(　　　)の中に最も適当な言葉を入れなさい。

(　　　)声で言われたので、よく聞こえなかった。

① はやい　　　　　　　② うすい

③ すくない　　　　　　④ ひくい

⑤ よわい

해설

➡️ 나지막한 목소리로 말했기 때문에, 잘 들리지 않았다.

① 빠르다. (速い)　　　　　② 얇다. 맛·농도가 약하다. (薄い)

③ 적다. (少ない)　　　　　④ 낮다. 키가 작다. (低い)

⑤ 약하다. (弱い)

---

97 밑줄 친 부분이 올바른 것을 고르세요.

① これは誕生日にキムさんにあげたものです。

② わたしは金さんの誕生日にプレゼントをもらいました。

③ 先生にくださったものですから、大事にしているんです。

④ 私は田中さんに本をくれました。

⑤ 先生に書いていただいたものです。

해설

➡️ ⑤ 선생님에게 써 받은 것입니다. (의역 : 선생님이 써 주신 것입니다)

① 이것은 생일날 김씨에게 받은 것입니다.

　　これは誕生日に金さんにもらったものです。

② 나는 김씨 생일 선물을 주었습니다.

　　わたしは金さんの誕生日にプレゼントをあげました。

③ 선생님이 주신 것이기 때문에, 소중히 하고 있습니다.

　　先生にいただいたものですから、大事にしているんです。

　　先生がくださったものですから、大事にしているんです。

④ 나는 다나까씨에게 책을 받았습니다.　私は田中さんに本をもらいました。

나는 다나까씨에게 책을 주었습니다.　私は田中さんに本をあげました。

다나까씨가 나에게 책을 주었습니다.　田中さんが私に本を<u>くれました</u>。

98 「방문할 때는 사전에 전화하겠습니다.」의 올바른 일본어를 고르세요.

① お伺いするときは、あらかじめお電話いたします。

② お伺いするときには、前もってお電話さし上げます。

③ 訪問するときには、とっくにお電話させていただきます。

④ 訪問するときは、かねてお電話してくださいます。

⑤ お訪ねになるときには、あらかじめお電話していただきます。

해설

➡ 방문하다. (お伺いする・訪問する・伺う・お訪ねする)

미리. 사전에. (予め・前もって・予て・兼ねて)

99 나머지 넷과 용법이 다른 것을 고르세요.

① あの辺は夜は静から<u>らしい</u>です。

② お金を盗んだ人はあの人<u>らしい</u>です。

③ 小説はあまりよまない<u>らしい</u>です。

④ あしたは雨が降る<u>らしい</u>です。

⑤ 彼の態度は実に男<u>らしい</u>です。

해설

➡ ⑤ 그의 태도는 정말 남자답습니다. (~답다. ~에 어울리다)

① 그 근처는 밤에는 조용할 것 같습니다. (추측)

② 돈을 훔친 사람은 그 사람인 것 같습니다. (추측)

③ 소설은 그다지 읽지 않는 것 같습니다. (추측)

④ 내일은 비가 내릴 것 같습니다. (추측)

100 次の文の(　　　)の中に最も適当な言葉を入れなさい。

　　私はアパートをさがしている。安いアパートがいいのだが、安ければ
（　　　）。できれば駅から歩いて5分ぐらいで、近くに商店街があり、ま
わりに緑の多いところに住みたいと思っている。

① どこでもいいというわけではない

② どこでもいいというわけだ

③ どこでもいいというためではない

④ どこでもいいといわないわけにはいかない

⑤ どこでもいいというほかだ

해설

➡ ① 어디라도 좋다고 하는 것은 아니다.

나는 아파트를 찾고 있다. 집세가 싼 아파트가 좋지만, 싸다면 아무데나 좋다고 하는 것은
아니다. 가능하면 역에서 걸어서 5분 정도이고, 근처에 상가가 있고, 주위에 숲이 많은 곳에서
살고 싶다고 생각하고 있다.

101 次の文の(　　　)の中に最も適当な言葉を入れなさい。

　　こんな間違い（　　　）の文章は、読む気にならない。

① がたい　　　　　　　　　② やすい

③ ばかり　　　　　　　　　④ だらけ

⑤ だけ

해설

➡ 이렇게 틀린 것 투성이의 문장은, 읽을 마음이 안 생긴다.

① 동사(ます形)＋がたい : ~하기 어렵다. (にくい)

② 동사(ます形)＋やすい : ~하기 쉽다.

③ 명사＋ばかり : ~만. 그것만.

④ 명사＋だらけ : ~투성이. 傷だらけ(상처투성이)·ほこりだらけ(먼지투성이·血だらけ
(피 투성이)·借金だらけ(빚투성이). 泥だらけ(흙투성이).

まみれ : 범벅. 액체 같은 것이 표면에 많이 묻어 있는 것.
泥まみれ(흙범벅)·血まみれ(피범벅)·汗まみれ(땀범벅).

명사＋ずくめ : 전부 ~이다.
(黒ずくめの服装(전부 까만 복장)·いいことずくめ(좋은 것만 있는 것)

⑤ 명사＋だけ : ~만. (한정의 의미를 나타낸다)

102 밑줄 친 부분과 의미가 다른 것을 고르세요.

田中さんはひたむきに勉強ばかりしている。

① いちずに   ② ひとえに
③ まったく   ④ もっぱら
⑤ ひたすら

해설

➡ 다나까씨는 오로지 공부만 하고 있다.
①, ②, ④, ⑤ 오로지 한 가지 일에만 열중하다.
③ 전혀. 전적으로. 어처구니가 없다.

103 다음 문장의 밑줄 친 부분과 의미가 같은 것을 고르세요.

私の発言をそんな風にとらないでください。

① 知らぬ風をする。   ② 彼には生活を楽しむという風がある。
③ 外国の風を真似る。   ④ どんな風に説得するか悩む。
⑤ あんな風では、また、失敗する。

➡️ 내 발언을 그런 식으로 해석하지(판단하지) 말아 주세요.

風 : 습관. 생활양식(ならわし). 모습(様子). 상태. 성격적·정신적인 경향. 방식. 방법.

세상의 평판.

① 모르는 체하다. (何食わぬ顔·素知らぬ顔·白を切る·しらばくれる·ほおかぶりを

する·知らないふりをする)

② 그는 생활을 즐긴다고 하는 경향이 있다. (嫌いがある : ~하는 경향이 있다)

③ 외국의 생활양식을 흉내내다.   ④ 어떤 식으로 설득을 할까 고민하다.

⑤ 그런 방법으로는, 또, 실패한다.

104 다음의 우리말을 일본어로 바르게 옮긴 것을 고르세요.

오늘은, 먼 곳까지 일부러 와 주서서, 고맙습니다.

① きょうは、遠いところをせっかくおいでくださり、ありがとうございます。

② 今日は、遠いところをわざとおいでくださり、ありがとうございます。

③ 今日は、遠いところをせっかくおみえになり、ありがとうございます。

④ 本日は、遠いところをわざわざおこしくださり、ありがとうございます。

⑤ 本日は、遠いところをわざとおこしいただき、ありがとうございます。

➡️ ④ お越し : 行く·来る 의 존경어.

御出でになる : 行く(가다)·来る(오다)·居る(있다)의 존경어.

御見えになる : 来る(오다)의 존경어.

• わざわざ : **일부러.**

다른 일과 더불어 하는 것이 아니고 어떤 일을 위해서만 특별히 하는 것, 또는 하지 않아도

좋은데 굳이 어떤 의도를 갖고 하는 것.

• わざと   : **고의로. 일부러. (부정적인 문장에 사용한다)**

어떤 의도를 갖고, 또는 의식적으로·고의로·일부러 남에게 피해를 줄 때.

• せっかく : **모처럼. (기회를 만들어)**

노력했는데도 되지 않아 안타깝다고 하는 기분을 나타낸다.

せっかく用意したのに使われなかった。　모처럼 준비했는데도 사용되지 않았다.

상대의 노력에 보답하려고 하는 일이 되지 않아 미안하다고 하는 기분을 나타낸다.

せっかくの好意を無にする。　　　　모처럼의 호의를 헛되게 하다.

좀처럼 얻을 수 없는 것의 의미를 나타낸다. (작지만은 귀중한)

せっかくの機会だから。　　　　　　모처럼의 기회이기 때문에.

105 次の文の(　　　)の中に最も適当なものを入れなさい。

面接の順番を待っているとき、緊張して胸が(　　　)していた。

① がんがん　　　　　　　② のろのろ

③ さらさら　　　　　　　④ わくわく

⑤ どきどき

해설

➡ 면접 차례를 가다리고 있을 때, 긴장해서 가슴이 불안했다.

① 두통(頭痛)이 심한 모습. 불을 활활 피우다. 금속 제품이 시끄럽게 울리는 소리.
음성이 울려 퍼지다. 심하게 행동하는 것(운동 연습).

② 움직임이 둔한 모습. (느릿느릿 · 달팽이 · 거북이). (のそのそ)

③ 표면이 말라서 반질반질한 느낌. 물이 조용히 흐르는 소리(졸졸).
사물이 지체하지 않고 나아가는 모습(붓으로 줄줄 쓰다). 모래 · 모포 · 나뭇잎이 스치는
소리. 가벼운 물건이 맞닿을 때 나는 소리(사각사각). 부정을 동반하여 조금도(少しも).
전혀(全く). 절대로(決して). 조금도, 전혀(一向に). (更々)

④ 기쁨이나 기대로 가슴이 설레는 모습. (기대감이 큰 것)

⑤ 심한 운동이나 공포 · 불안 · 기대 때문에 심장이 빨리 뛰는 모습.

106 ある言葉の意味を説明したものです。説明に合うものを選びなさい。

> 思うようにことが進まないのであせる。

① じりじりする   ② ひりひりする

③ びりびりする   ④ ぷりぷりする

⑤ はらはらする

해설

➡ 생각대로 일이 잘되지 않아서 초조하다.

① 사물이 조금씩 진행하는 모습(서서히·조금씩). 태양이 강하게 비치는 모습.

   생각대로 되지 않아 점점 답답해하는 모습.

② 상처가 아리아리한 모습(찰과상). 매워서 입안이 얼얼하다.

③ 종이·모포가 찢어지는 소리. 물건이 작게 울리는 소리. 전기가 감전되는 느낌(찌르르).

④ 탱탱하다. 풍부하다.

⑤ 눈물·나뭇잎이 조용히 떨어지는 모습. 옆에서 걱정하는 모습.

---

107 次の会話文を正しい順序にしなさい。

> A : うん、押し入れに入りきれないから、そうだなあ。
> B : ほこりのことを考えば ……ここだな。
> C : 荷物どうする。
> D : ああ、そうだな。ここなら外に出られるし。換気にはもってこいだよ。
> E : キッチンのそばはやめよう。埃が立つから。

① B－D－C－A－E   ② C－A－E－B－D

③ B－A－E－C－D   ④ C－A－B－E－D

⑤ C－D－A－B－E

해설

➡ ② C－A－E－B－D

A : 응, 벽장에 다 들어갈 수 없으니까, 그렇네(생각해 보자).

B : 먼지를 생각하면 ……여기가 좋겠다.

C : 짐은 어떻게 하지.

D : 아, 그렇네. 여기라면 밖으로 나갈 수 있고. 환기에는 안성맞춤이네(딱 좋네).

E : 주방 옆은 그만두자. 먼지가 나니까.

108 다음 한자의 읽기 중에서 옳지 않은 것을 고르세요.

① 減税 (げんぜい)　　　　② 八百屋　(やおや)

③ 乳母 (うば)　　　　　　④ 七夕　　(ななばた)

⑤ 雪崩 (なだれ)

➡ ④ 칠석. (七夕)

① 감세.　　　　　　　　　② 채소가게. 야채가게.

③ 유모. (古語 : めのと)　⑤ 눈사태. (雪崩を打つ : 대세가 한번에 기울다)

109 次の文の(　　　)の中に最も適当なものを入れなさい。

コーヒーを床にこぼしてしまったので、雑巾ですぐ(　　　)。

① こすった　　　　　　　② ふいた

③ はいた　　　　　　　　④ けずった

⑤ はがした

해설

➡ 커피를 바닥에 엎질렀기 때문에, 걸레로 금방 닦았다.

① 문지르다. 마찰하다. (擦る)

② 걸레질을 하다. 닦다. (涙を拭く : 눈물을 닦다. 汗を拭く : 땀을 닦다)

③ 쓸다. 비로 먼지를 쓸다(掃く). 문지르듯이 가볍게 칠하다(刷く).

　　(掃いて捨てるほど : 대단히 많은 것)

④ 깎다. 연필을 깎다. 삭제(削除)하다. 예산을 줄이다(削る). 머리를 빗으로 빗다(梳る).

⑤ 붙어 있는 것을 떼어내다. 포스터·벨을 떼어내다. (剝がす)

110 次の文の(　　)の中に最も適当なものを入れなさい。

> 先日は京都を(　　)、ありがとうございました。

① お案内さしあげて　　　　② ご案内さしあげて
③ お案内いただいて　　　　④ ご案内いただいて
⑤ お案内くださって

해설

➡️ 지난번에 교또를 안내해 주셔서 감사했습니다.

⑤ ご案内くださって (お案内 를 ご案内 로 수정하면 정답이 된다)

第 3 章。제3장

文法編　　문법편 Ⅲ

助詞　　조사

▶ は。 ~은. ~는.

의미 : 하나의 주제를 제시하고, 판단·敍術(순서적으로 조리 있게 씀)을 끌어낸다. 格(기준·규칙)의 관계로서는 대표적으로 주격·대상격, 그리고 목적격을 받는다.

• 개별적이고 구체적인 場(범위)의 주제.

少女は 十七になった。	소녀는 17세가 되었다.
あなたのことは 忘れていた。	당신에 대해서 잊고 있었다.

• 일반적이고 추상적인 場의 주제. ···とは의 형을 취하는 것도 있다.

人間は 微力なものだ。	인간은 미력한 것이다.
食事は 楽しくとるものです。	식사는 즐겁게 먹는 것입니다.
誠実さは 人を結ぶ。	성실함은 사람을 연결한다.

• 2개의 판단·서술을 대조하고 또 그 형식에 있어서 2개의 주제를 대조적으로 제시한다.

1. 대립하는 것의 대비적인 제시.

가끔(しばしば) ···は ···は의 형을 취하고 또 대조를 이해시키는 어휘·어법을 갖는 경우가 많다.

西は 夕焼け。	서쪽은 저녁놀.
東は 夜明け。	동쪽은 새벽.
雨は降る降る、日は 薄雲る。	비는 계속 내리고, 날은 저물고.
人は冷たし、我が身は 愛し。	남은 차갑고, 나의 몸은 사랑스럽고.

今の僕には、これが限界だ。　　　　지금의 나에게는, 이것이 한계다.

2. 비슷한 것의 대비적인 제시.

가끔(しばしば) …は …も의 형을 취한다.

秋の終わりは寂しいが、暮れゆく春も惜しまれる。

끝나가는 가을은 적적하지만, 지는 봄도 아쉬워진다.

雪崩は消える花も咲く。　　　　　눈사태가 사라지면 꽃도 핀다.

• 활용어의 연용형에 ては의 형으로 접속해서 여러 가지 조건을 제시한다. (→ ては)

　• 그 일을 금지하는 일을 나타낸다.
　…てはいけない･…てはならない。 ~해서는 안 된다.

　• 예정이 없고 도리(道理)가 없는 것을 말한다.
　…はずはない･…はずがない。 ~일 리는 없다. ~일 리가 없다.
　① 다른 방법이 없을 때를 나타낸다.　…ほかはない。　~다른 방법은 없다.
　② 부정의 의지를 나타낸다.　　　　…つもりはない。 ~할 생각은 없다.
　③ 그럴 필요는 없다.　　　　　　　…ことはない。　~할 일은 없다.

1. 연용형의 문에 접속해서 그 의미를 강하게 한다.

お前の外には誰もいない。　　　너 외에는 아무도 없다.

大抵は駄目なんだ。　　　　　　대개는 안 된다.

君には参ったよ。　　　　　　　너에게는 질렸다.

以前よりは素直になった。　　　전보다는 순수해졌다.

心の底にはそんな考えがあった。 마음속에는 그런 생각이 있었다.

2. 수량의 말에 붙어 긍정의 표현을 취하면서 최소한을 나타내고, 부정의 표현을 취하면서 최대한을 나타낸다.

期日にまだ十日はある。	기일까지 아직 10일은 있다.

残る者は、もう五人はいないだろう。	남은 자는, 이제 5명도 없겠지.

• 부분적인 긍정의 구성문을 만든다.
  • …はするが。 ~는 하지만.　　…はあるが。　~는 있지만.
  …てはいるが。 ~이기는 하지만　…ではあるが。 ~이기는 있지만.
  …てはみたが。 ~해 보지만. 등의 형으로 역접적으로 접속한다.
  그러면서 일단은 긍정하고, 사실은 배반하는 성질에 있는 것을 나타낸다.

• 연용형의 문에 접속해서, 부정의 말을 동반하여 は와 접속했던 문절을 부정의 초점으로 한다.
  そうするといっても …ではない。의 의미, 게다가 역접의 구를 동반하기도 하고, 암시하기도 한다.

早くは帰れない。	빨리는 돌아가지 않는다.

寒くはない。	춥지는 않다.

恥ずかしくはあるまい。	창피하지는 않을 것이다.

あなたには見せられない。	당신에게는 보여줄 수 없다.

一日中は降っていないだろう。	하루 종일은 내리지 않겠지.

• 기본문장.

私は山田です。	나는 야마다입니다.

この電車は東京へ行きます。	이 전철은 도꾜에 갑니다.

午後は講義です。	오후는 강의입니다.

今晩食事に行きませんか。　　　　　오늘밤 식사하러 가지 않겠습니까.

今晩は友だちに会う約束があります。오늘밤은 친구와 만날 약속이 있습니다.

▶ も。~도.

의미 : も는 포함성을 나타내며, 같은 종류라는 것을 나타내며, 하나의 사실을 열거하고 다른 것
　　　도 같다는 것을 나타내며, 같은 종류의 사물이 공존하는 관계를 나타낸다. 몇 개의 사태를
　　　판단해서 병렬적으로 제시한다.

• 명사 또는 「명사 + 조사」에 접속한다.

私も行きます。　　　　　　　　　　나도 갑니다.

• 술어의 내부에 나타난다. 부정문 안에 나타나, 강조의 의미가 나오는 일도 많다.

お前の顔など見たくもない。　　　　너의 얼굴 같은 것은 보고 싶지도 않다.

• 술어의 「て形」에 접속하여, 「어떠한 경우라도 한다」는 느낌이 나는 경우도 많다.

雨が降っても、ピクニックにいきます。비가 내려도, 소풍을 갑니다.

• 수량사와 같이 사용되고 「그것으로 충분하다」는 의미를 나타낸다.
　가정문의 내부에서 일어나는 경우에는 「그 정도」의 의미가 되고 「그것으로 충분」하다
　는 의미를 포함하는 일도 있다.

ビールを六本も飲んだ。　　　　　　맥주를 6병씩이나 마셨다.

• 부정문 안에서 수량사와 함께 사용되고, 전체부정의 의미를 나타낸다.

ビールが一本もない。　　　　　　　맥주가 한 병도 없다.

• 의문사와 함께 사용되고, 그 의문사가 속하는 의미적 범주(영역), 예를 들면 「だれならば。
　누구라면」, 「人間というように。 인간이라고 하는 것처럼」을 포함한다.
　통상 부정문의 안에서도 나타난다. 부정문이 아니고, 긍정의 예외적인 것은 「いつも。

언제나」, 게다가, 「だれもが。모두가 다」처럼 주격의 が가 후속하는 경우도 있다.

誰もが彼女を美人だと思っている。　모두가 다 그녀를 미인이라고 생각하고 있다.

誰も来ませんでした。　　　　　　　아무도 오지 않았습니다.

▸ 의문사와 같이 공립하는 경우에도, 「의문사 ＋ で ＋ も」가 되면, 그 「의문사의 의미적
　영역에 소속하는 임의의 구성원」의 의미 내용이 나오고, 또 그것이 나타나는 문도 부정
　문이 아니어도 좋다.

お腹が空いていますから、何でも食べられます。
배가 고프기 때문에, 무엇이든지 먹을 수 있습니다.

• も가 의문사를 포함하는 문의 「て・で형」에 접속해서 나타나는 경우 「의미적으로는
　전항의 위의 ▸ 에 준한다」. 「て・で형」의 文(문)의 의미가 적합하다. 「어떠한 경우에
　도」의 의미 내용이 나타난다.

何を食べてもおいしくありません。　무엇을 먹어도 맛있지 않습니다.

• 기본 문장

あの人は研修生です。　　　　　　저 사람은 연수생입니다.
私も研修生です。　　　　　　　　나도 연수생입니다.

今朝何も食べまんでした。　　　　오늘 아침 아무것도 안 먹었습니다.

明日どこも行きません。　　　　　내일 어디에도 안 갑니다.

庭にだれもいません。　　　　　　정원에 아무도 없습니다.

りんごとみかんと、どちらが好きですか。사과와 귤 중 어느 것을 좋아합니까.
どちらも好きです。　　　　　　　어느 것도(둘 다) 좋아합니다.

切手を二枚ください。それから、封筒もください。
우표를 두 장 주세요. 그리고 봉투도 주세요.

- どこも。 방향의 부정. (어디에도)　どこへも。 방향의 부정. (어디에도)
  何も。 사물의 부정. (아무것도)　だれも。 사람의 부정. (누구도)

▶ の。~의. ~것. ~인.

의미 : 기본적으로 명사의 문을 연결하는 역할을 하며 の는 표면적으로는, 다음의 두 가지 형태
　　　가 있다.

- 「명사＋격조사의 명사」 또는 동사 「て形。접속사의 명사」인 것처럼 「A의 B」의 형으로 A가
  B를 수식한다.
- 여러 가지 품사의 어구, 또는 문에 접속해서 「A」가 되고, 뒤에 계속되는 명사를 갖지 않고, 그
  자체로 명사구(또는 거기에 준하는 것)가 된다.
- 의미·내용이 포함되어 세분화하는 것은 다음과 같다.

- 소유·속성(사물의 고유한 성질) 등을 나타낸다.

  僕の眼鏡。　　　　　　　　내 안경.

  インド人の学生。　　　　　　인도인의 학생.

- の를 사용하는 것은 명사와 명사를 연결할 때만이다.

  O 黒の服。 黒い服。　　　　(X 黒いの服)

  O 元気な子供。　　　　　　(X 元気の子供)

  O 日本語を教える仕事。　　(X 日本語を教えるの仕事)

- 「명사＋명사」처럼 사이에 「の」를 넣지 않는 경우, 두 개의 명사에 연결될 때는 강하고,
  특별하게 될 때는, 고유명사로서도 사용된다.

  京都で一番有名なのは、京都大学です。　　(X 京都の大学)

  교또에서 제일 유명한 것은, 교또대학입니다.

京都の大学は、全部で百校以上もある。　　　（X　京都大学）

교또의(교또에 있는) 대학은, 전부 백 개 이상 있다.

池谷先生は、日本語の先生です。　　　　　　（X　日本語先生）

이께다니 선생님은, 일본어 선생님입니다.

• 「A의 B」가 「주어―동사」, 「주어―형용사」 등의 관계를 어순적으로 계속 유지하고 있는
경우, 연체수식절 안에서 が를 대신하는 경우도 포함한다.

切符の予約。	표(티켓) 예약.	私の買った本。	내가 산책.
私の読んだ本。	내가 읽은 책.	友だちの来る日。	친구가 오는 날.
人のいない部屋。	사람이 없는 방.	水の飲みたい人。	물을 마시고 싶은 사람.

• 그 외 명사＋격조사를 연결하는 수식, 피수식어의 관계를 나타낸다.

頭の上。	머리 위.	女性との対談。	여성과의 대담.
大学時代の友人。	대학 때의 친한 친구.		

• の와 다른 격조사의 연결에 접속하여 の는 언제나 뒤에 접속.

アメリカからの手紙。	미국으로부터의 편지.
母からの便り。	어머니로부터의 소식(편지).
日本までの航空運賃。	일본까지의 항공운임.
富士山からの眺め。	후지산으로부터 바라본 경치.

• への를 사용한다.

母への手紙。　　　어머니에의 편지.　　(X)　母にの手紙。

• 먼저 제시한 명사를 대신해서 사용한다. 어떤 대상이나 사물을 가리키는 の.

この本はあなたのですか。　　이 책은 당신 것입니까.

この本は私のです。　　　　　이 책은 제 것입니다.

小さいのを見せてください。　작은 것을 보여주세요.

• 상황을 指示(지시)한다.

僕は君が山田さんと話しているのを見た。

나는 네가 야마다씨하고 이야기하고 있는 것을 보았다.

• 分裂分(분열문)으로서.

あの人が好きなのは京子です。　저 사람이 좋아하는 사람은 교꼬입니다.

위의 예문에서는 あの人は京子が好きです。의 京子를 강조하고 있다.

• のです의 용법. 먼저 제시한 내용을 보충 설명한다. (口語. 조동사적 용법)

A : もうお帰りですか。　　　　　벌써 돌아가십니까.
B : うん、風邪を引いているのでね。　응, 감기가 걸린 것 같아서.

- 관용적 용법·관련된 것을 병렬해서 문제로 삼다. (영향을 받지 않고, ~하든 ~안 하든)

暑いの暑くないの、もうみんな汗びっしょりだ。
덥고 덥지 않은 것에 상관없이, 이미 모두 땀에 흠뻑 젖었다.

- ~인 경우로 해석하는 경우.

息子の太郎。   아들인 다로우.

- 기본 문장

私は日本の山田です。   저는 일본의 야마다입니다.

机の上に本があります。   책상 위에 책이 있습니다.

これは私の本です。   이것은 제 책입니다.

これは日本の時計です。   이것은 일본의 시계입니다.

昨日の勉強強しましたか。   어젯밤 공부했습니까.

私は東京電気の研修生です。   저는 도꾜전기의 연수생입니다.

日本語の勉強は九時からです。   일본어 공부는 9시부터입니다.

サムソンはコンピューターの会社です。 삼성은 컴퓨터 회사입니다.

タイプの使い方を教えてください。   타이프 사용법을 가르쳐 주세요.

▶ を。 ~을. ~를.

의미 : 동사를 나타내는 동작·작용에 필연적으로 관계되는 대상을 지정하는 데에 사용되는 목

적을 나타내는 조사이다. 그 동작·작용은 통상 타동성(他動性)인 것이다.

• 단 자동사 앞에서도 사용하는 경우가 있다.

川を渡る。 강을 건너다.　　　角を曲がる。 모퉁이를 돌다.

空を飛ぶ。 하늘을 날다.　　　道を歩く。　 길을 걷다.

• 동작을 받는 대상을 나타낸다.

ブルータスがシーザーを殺した。　브루투스가 시저를 죽였다.

• 조사 を는 한 문장에서 두 개 이상 나오는 일은 없다.

(X)　日本語を勉強をする。　　　일본어를 공부를 한다.
(O)　日本語の勉強をする。　　　일본어공부를 한다.

(O)　演劇を勉強している。　　　연극을 공부하고 있다.
(O)　演劇の勉強をしている。　　연극공부를 하고 있다.

(O)　ペンキで壁を塗る。　　　　페인트로 벽을 칠하다
(O)　ペンキを壁に塗る。　　　　페인트를 벽에 바르다.

• 장소를 나타낸다.

1. 이동을 나타내는 장소.

スーパーマンは空を飛べる。　　슈퍼맨은 하늘을 날 수 있다.

2. 지나가는 점을 나타내는 장소.

丸の内線は四谷を通りますか。　마루노우치센은 요쯔야를 통과합니까.

3. 나오는 장소를 나타낸다.

四谷駅で電車を降りてください。　　　　　　요쯔야역에서 전차를 내려 주세요.

• 관용적 용법. (추상적, 막연한 공간, 상황을 나타내는 것. 3번 용법에서 발전한 문장). 그
  외의 관용적 용법으로서.

何をそんなに怒っているの?　　　　　　　왜 그렇게 화가 나 있니?

危ないところを助けられた。　　　　　　　위험한 중에 도움을 받았다.

何をぐずぐずしているんだ。　　　　　　　뭘 꾸물꾸물 대고 있어.

お忙しいところを、どうもすみません。　　바쁘신 중에, 정말로 미안합니다.
　　　　　　　　　　　　　　　　　　　　바쁘신 중에, 정말로 고맙습니다.

• 기본 문장.

ご飯を食べます。　　　　　　　　　　　밥을 먹습니다.

友だちとピンポンをします。　　　　　　친구와 탁구를 합니다.

日本へ家内を連れて来ました。　　　　　일본에 아내를 데리고 왔습니다.

会社を休みます。　　　　　　　　　　　회사를 쉽니다.

部屋を出ます。　　　　　　　　　　　　방을 나옵니다.

電車を降ります。　　　　　　　　　　　전철에서 내립니다.

公園を散歩します。　　　　　　　　　　공원을 산책합니다.

橋を渡ります。　　　　　　　　　　　　다리를 건넙니다.

この道をまっすぐ行くと駅があります。　이 길을 똑바로 가면 역이 있습니다.

▶ **か。** か는 의문이나 불확실함을 나타낸다.

의미 : 명사의 뒤에 접속하는 경우, 보통 두 개 이상의 명사에서 나타나고, 그 안의 하나에 술어
의 의미가 들어가는 것을 나타낸다.

田中か山本か中村が先生と話すことになっている。

다나까나 야마모또나 나까무라(세 명 중 한 명) 가 선생님하고 이야기하게 되어 있다.

• 주문의 뒤에 접속하는 경우에는, 상대의 판단에서 말하고, 그 문장에 진실성이 없을지도
모른다고 하는 가능성을 나타낸다.

올라가는 인토네이션을 취하는 경우에는 질문文이 되고, 그렇지 않은 경우는 상대·자신의
놀람·주저 등을 나타낸다.

ああ、山本さん、もう先生と話しましたか。
아아, 야마모또씨, 벌써 선생님과 이야기했습니까.

ああ、退屈だなあ。映画でも見に行くか。
아아, 따분하다. 영화라도 보러 갈까.

• 주문으로서 일어나는 의문문은 반드시 か를 사용하지 않아도 좋지만, 의문문을 확인하는
문으로서 일어나는 경우 か는 필요하다.

田中さんは何時に来るか聞いてください。
다나까씨는 몇 시에 올지 물어봐 주세요.

• 한 개 이상의 문에 접속하는 경우에는, 진실성에 있어서, 거기에 선택의 필요가 있는 것을
나타낸다.

あなたが行くんですか、スミスさんが行くんですか。
당신이 갑니까, 스미스씨가 갑니까.

• 반박이나 반발의 의미를 나타낸다.
(상대의 동작을 나타내는 동사 등에 접속해서 심한 부정의 의미를 나타낸다)

そんなこと出来るか。   그런 것을 할 수 있겠냐.

| 知ったことか。 | 알고 있었냐. |
| そんなことがあるか。 | 그런 일이 있겠냐. |

• 힐난, 꾸짖음, 명령, 금지하는 의미를 나타낸다. 부정형을 받는 것도 많다.

駄目じゃないか。	안 되지 않나.
しっかりしないか。	확실히 해. (정신 못 차리겠니)
そこまで言うやつがあるか。	그렇게까지 말하는 놈이 있을까.
まだ分からないか。	아직도 모르겠어.

• 감탄과 놀라움을 나타낸다.

| まだか。 | 아직이야. (아직 멀었냐) |
| ああ、そうか。 | 아, 그래. |

• 권유와 의뢰의 뜻을 나타내기도 한다.

| ちょっと休もうか。 | 잠깐 쉴까. |
| 行きましょうか。 | 갈까요. |

• 기본 문장

あなたは田中さんですか。	당신은 다나까씨입니까.
A : 日本語の勉強は九時からです。 B : そうですか。	일본어공부는 9시부터입니다. 그렇습니까.
A : かばん売り場はどこですか。	가방 매장은 어디입니까.

B：かばん売り場ですか。五階です。　가방 매장인가요. 5층입니다.

一緒に御飯を食べませんか。　　　　같이 밥을 먹지 않겠습니까.

それはボールペンですか。シャープペンシルですか。
그것은 볼펜입니까. 샤프펜입니까.

▶ が。 ~이. ~가.

　의미 : 체언 또는 체언성의 말에 접속한다, 명사에 접속하여 주어임을 나타낸다.

• 주격·동작·작용·변화의 주체가 되는 사물의 관계를 나타낸다.

　鐘が鳴る。　　　　　　　　　종이 울리다.

　夏が来れば思い出す。　　　　　여름이 오면 생각이 난다.

• 대상격 情意(기분, 마음, 감정과 의지), 상태의 중심이 되는 사물·내용·대상의 관계를
  나타낸다. (가능형, たい등)

　別れが辛い。　　　　　　　　　이별이 괴롭다.

　風が青い。　　　　　　　　　　바람이 신선하다.

　顔が見たい。　　　　　　　　　얼굴이 보고 싶다.

■ 연체격

• 문어적인 표현으로서 관용적으로 사용되고 명사와 명사를 연결한다.

　我が家。　　　　　　　　　　　우리 집.

- 용언과 형식명사를 연결한다.

眠るが孤独。　　　　　　　　　잠드는 것이 고독.

思うが故に。　　　　　　　　　생각에 따라서. 생각했기 때문에.

我思う故に我あり。　　　　　　나는 생각한다, 고로 나는 존재한다.
　　　　　　　　　　　　　　　　(프랑스 철학자 데카르트의 명언)

- 동사의 사전형에 직접 접속하는 일도 있다.

言わぬが花。　　　　　　　　　말하지 않는 것이 낫다. (침묵은 금이다)

負けるが勝ち。　　　　　　　　지는 것이 이기는 것.

- 접속사로서 사용한다. ~지만. (역접의 뜻도 있다)
  (けれど·けども·けど·けれども) 순접의 뜻일 때는 ~입니다만.

何時間も話し合ったが、結論は出なかった。
몇 시간씩이나 논의했지만, 결론은 나지 않았다.

天気予報では雨が降ると言っていったのですが、結局降りませんでした。
일기예보에서는 비가 온다고 말했지만, 결국 내리지 않았습니다.

- 기본 문장.

私はりんごが好きです。　　　　저는 사과를 좋아합니다.

崔さんは歌が上手です。　　　　최씨는 노래를 잘합니다.

私はカメラがあります。　　　　저는 카메라가 있습니다.

私は日本語がわかります。　　　저는 일본어를 압니다.

私は子供が二人います。　　　　저는 애가 2명 있습니다.

私は車が欲しいです。 저는 차를 갖고 싶습니다.

私はスキーが出来ます。 저는 스키를 탈 수 있습니다.

私は頭が痛いです。 저는 머리가 아픕니다.

ハンさんは髪が長いです。 한씨는 머리가 깁니다.

日本は交通が便利です。 일본은 교통이 편리합니다.

あそこに男の人がいます。 저기에 남자가 있습니다.

あそこに銀行があります。 저기에 은행이 있습니다.

今雨が降っています。 지금 비가 내리고 있습니다.

アリさんがこのシャツをくれました。 아리씨가 이 셔츠를 주었습니다.

私はテープレコーダーが要ります。 저는 카세트가 필요합니다.

これは私が撮った写真です。 이것은 내가 찍은 사진입니다.

明日センターでパーティーがあります。 내일 센터에서 파티가 있습니다.

クラスでナロンさんが一番若いです。 반에서 나론씨가 제일 젊습니다.

仕事が終わってから、すぐ家へ帰ります。 일이 끝나면, 곧 집으로 돌아갑니다.

このボタンを押すと、機械が止まります。 이 버튼을 누르면, 기계가 멈춥니다.

A：新幹線と飛行機と、どちらが速いですか。 신깐센과 비행기와, 어느 쪽이 빠릅니까.
B：飛行機のほうが速いです。 비행기 쪽이 빠릅니다.

家族が日本へ来たら、京都へ連れて行きたいです。
가족이 일본에 오면, 교또에 데리고 가고 싶습니다.

▶ に。 ~에. ~에게. ~<u>으로</u>. ~하러. ~와. ~과. ~을. ~를. ~이. ~가.

　의미 : 동사를 나타내는 사항으로, 상태가 있는 시간적, 공간적인 場(장소) 또는 (주문의 주어는
　　　　 아님) 동작이 주가 되어 관련되어 일어날 때.

• 사람이나 물건이 존재하는 장소를 나타낸다.

　　そのお寺は京都にある。　　　　　그 절은 교또에 있다.

　　木の葉が川に浮かんでいる。　　　나뭇잎이 물에 떠 있다.

• 존재와 동작의 의미가 양쪽 다 있는 것은 に · で 양쪽 모두 사용할 수 있지만, 그 경우
　に를 사용하면 존재의 의미가 되고 で를 사용하면 동작의 의미가 된다.

　　その本は どこ に／で 売っていますか。　　그 책은 어디에서 팔고 있습니까.

• 시간 · 회수 · 빈도의 설정.

　　新学期は四月に始まる。　　　　　신학기는 사월에 시작된다.

　　一日に四十本もたばこを吸う。　　하루에 담배를 40개피나 핀다.

• 방향이나 들어가는 장소를 나타낸다.

　　大阪に（へ）行く。　　　　　　　오오사까에 가다. (大阪へ行く)

　　部屋に入る。　　　　　　　　　　방에 들어가다.

• 변화한 뒤의 상태 · 결과, 또는 선택 · 결정을 나타낸다.

　　私たち、今度結婚することになりました。 우리, 이번에 결혼하게 되었습니다.

• 자신의 의지나 결정을 강조하는 경우는 ことになる는 사용하지 않고 ことにする를 사용
　한다.

• 동작 및 대상을 나타낸다.

この手紙を田中さんに渡してください。　이 편지를 다나까씨에게 건네주세요.

車の事故にあって怪我をした。　　　　자동차 사고가 나서 상처가 났다.

ひどい目に遭う。　　　　　　　　　　고생을 심하게 했다.

に遭う。 사고·재해 등의 체험을 나타낸다.
大変な目に遭う。 힘든 일을 경험하다.　恐ろしい目に遭う。 무서운 경험을 하다.
辛い目に遭う。　고통스러운 경험을 하다. 悲しい目に遭う。　슬픈 경험을 하다.
恥ずかしい目に遭う。 창피한 경험을 하다.

• 목적을 나타낸다.

買い物(쇼핑)·食事(식사)·スキー(스키)·映画(영화)·ゴルフ(골프)·登山(등산)·
釣(낚시)＋に行く。　~하러 가다. (に出掛ける)

• 원인이 되는 대상을 나타낸다.

一円を笑うものは一円に泣く。　　1엔을 비웃는 사람은 1엔에 운다.

• 범위나 대상을 나타낸다.

この金庫は火に強い。　　　　　이 금고는 불에 강하다.

• 수동·사역 등의 동작을 나타낸다.

赤ん坊に泣かれる。　　　　　　아기가 울다.

• 명사＋に＋명사의 형으로 사용된다.

黒のスーツに黒のネクタイの男。　까만 양복에 까만 넥타이의 남자.

• 숙어로 동사(ます형)＋に＋같은 동사. (반복을 나타낸다)

鬼に金棒。	도깨비에 금방망이. 강한 사람이 더욱더 강해지다.
降りに降る。	내리고 또 내리는 비.
ただ泣きに泣いた。	그저 울고 또 울었다.
歩きに歩いた。	걷고 또 걸었다.

• 명사·な형용사＋になる : ~가 되다. (자연적인 현상을 나타낸다)

| 雨になる。 | 비가 되다. (비가 온다) |
| きれいになる。 | 예뻐지다. |

• 기본 문장

毎朝六時に起きます。	매일 아침 6시에 일어납니다.
九月十五日に日本へ来ました。	9월 15일에 일본에 왔습니다.
私は友だちに本をあげました。	저는 친구에게 책을 주었습니다.
私は会社に電話をかけます。	저는 회사에 전화를 겁니다.
田中さんは事務所にいます。	다나까씨는 사무소에 있습니다.
デパートは駅の前にあります。	백화점은 역 앞에 있습니다.
私は東京に住んでいます。	저는 도꾜에 살고 있습니다.
部屋に入ります。	방에 들어갑니다.
この椅子に座ってもいいですか。	이 의자에 앉아도 좋습니까.

電車に乗ります。	전차를 탑니다.
機械に触らないでください。	기계를 만지지 말아 주세요.
スキーに行きます。	스키 타러 갑니다.
ドルを円に換えます。	달러를 엔으로 바꿉니다.
リーさんは病気になりました。	이씨는 병에 걸렸습니다.
私は加藤さんに時計をもらいました。	저는 가또씨에게 시계를 받았습니다.
私は林先生に日本語を習いました。	저는 하야시선생님에게 일본어를 배웠습니다.

▶ で。~으로. ~에서. ~에. ~때문에.

▶ 場所。장소. (~에서)

　의미 : 동작·작용이 행하여지는 장소. 그 동작이 행하여지는 무대로서의 장소.

公園で会う。	공원에서 만나다.
喫茶店でお茶を飲む。	찻집에서 차를 마시다.

• 동작·작용이 행하여지는 場面(~에서). 그것이 속해져 있는 추상적인 장소·관계.

学会で発表。	학회에서 발표.
法廷で争う。	법정에서 싸우다.
軍事政権下でのデモ。	군사정권 하에서의 데모.

• 동작 · 행위를 행하는 주체로서의 조직, 또는 관계로서의 사람. (~에서. ~로서)

劇団で募集する。 　　　　　　　극단에서 모집하다.

私からでは許せません。 　　　　나로서는 용서 못 합니다.

野党側で示した対案。 　　　　　야당측에서 제시한 대안.

▶ 시간.

• 동작 · 작용이 행하여지는 時点(시점). 今日では(오늘에서는) · 現在では(현재로서는)
와 같은 한정된 말밖에 없다. (~로서는)

• 기한 · 또는 단위 시간. (~로서. ~만에)

今日で一週間になる。 　　　　　오늘로 일주일이 되다.

二週間で完成。 　　　　　　　　2주일 만에 완성.

• 수단 · 방법 · 재료 · 도구 등. (~의해서. ~를 이용해서. ~로 ~하다)

手で口を覆う。 　　　　　　　　손으로 입을 덮다.

牛乳で煮る。 　　　　　　　　　우유로 끓이다. (삶다)

ナイフで切る。 　　　　　　　　칼로 자르다.

• 상황 · 상태. (~로 ~하다)

いい気持ちで寝ている。 　　　　기분 좋게 자고 있다.

たいした速さで走ってる。 　　　대단한 속도로 달리고 있다.

- 기준(基準). (~에).

百円_{ひゃくえん}で買_かう.　　　　　　　　100엔에 사다.

三_{みっ}つで百円_{ひゃくえん}.　　　　　　　세 개에 100엔.

- 화제(話題_{わだい})나 논제(論題_{ろんだい})가 되는 것. (~로. ~에 대해서)

憲法問題_{けんぽうもんだい}で議論_{ぎろん}する.　　　　헌법문제로(에 대해서) 의논하다.

麻薬取_{まやくと}り締_しまりで会議_{かいぎ}を開_{ひら}く.　마약단속으로(에 대해서) 회의를 열다.

- 원인·이유·동기·근거 등. (~로 인해. ~때문에)

頭痛_{ずつう}で休_{やす}みます.　　　　　　두통으로(때문에) 쉽니다.

試験_{しけん}で忙_{いそが}しい.　　　　　　　시험으로(때문에) 바쁘다.

海_{うみ}は人_{ひと}で一杯_{いっぱい}だ.　　　　　바다는 사람으로(때문에) 가득하다.

▶ と。 ~하고. ~와. ~과.
　의미 : と는, 표면적으로는 다음의 네 가지로 나타나고, 다른 동작을 갖는다.

- (명사＋명사＋명사) 여기에서는 한 개 이상의 명사가 문법적으로는 동등의 자격을 갖는다.

先生_{せんせい}とキムさんとチェさんと朴さんと会_あう.
선생님하고 김씨하고 최씨하고 박씨하고 만나다.

- (명사와 동사) 여기에서는 동사의 補語_{ほご}(불완전동사)를 나타내는 것으로 사용된다.

先生_{せんせい}と会_あう.　　　　　　　　선생님과 만나다.

友<ruby>とも</ruby>だちと話<ruby>はな</ruby>す。　　　　　　　　　친구와 이야기하다.

- (문과 동사) 여기에서는 특정의 동사에 있어서 그 補文<ruby>ほぶん</ruby>(보충하는 문)을 나타내는 것에 사용된다.

私<ruby>わたし</ruby>も行<ruby>い</ruby>くと、言<ruby>い</ruby>いました。　　　나도 간다고 말했습니다.

もう駄目<ruby>だめ</ruby>だと思<ruby>おも</ruby>った。　　　이제는 안 된다고 생각했다.

- (문과 문) 여기에서의 と는 접속사로서 사용되고 처음의 문장이 뒤 문장에 대해서 조건적 · 시간적으로 선행(先行<ruby>せんこう</ruby>)하는 일을 나타낸다.
  의미나 용법을 포함해서 세분화하면, 다음과 같이 된다.

- 명사와 명사를 연결하고, 관련된 명사를 모두 예로 든다.
  や와 틀려 다른 물건까지 암시하는 일은 없다.

机<ruby>つくえ</ruby>の上<ruby>うえ</ruby>に本<ruby>ほん</ruby>とノートがある。　　책상 위에 책과 노트가 있다.

- 이때 と는 명사와 명사를 연결할 때만이고, 동사나 형용사를 연결할 때에는 사용할 수 없다.

동 사	切<ruby>き</ruby>って食<ruby>た</ruby>べる。	잘라서 먹다.
い형용사	高<ruby>たか</ruby>くてまずい。	비싸고 맛없다.
な형용사	元気<ruby>げんき</ruby>で賑<ruby>にぎ</ruby>やかな子<ruby>こ</ruby>。	건강하고 활기찬 아이.

- 같이 그 동작을 하는 상대나 대상을 나타낸다.

友<ruby>とも</ruby>だちと学校<ruby>がっこう</ruby>へ行<ruby>い</ruby>く。　　친구하고 학교에 가다.

• 인용문(명사 및 な형용사일 때 だ는 생략이 가능하다). 단축형(って、て)

先生は、パーティーに来ないと言っていました。

선생님은 파티에 오지 않는다고 말했습니다.

• 이것 외에.

…と主張する。	~라고 주장하다.
…と呼んでいる。	~라고 부르고 있다.
…と聞いた。	~라고 물었다.
…ということだ。	~라고 하는 것이다. (そうだ : ~라고 한다)

　と가 생략되는 경우. 사고·생각·(명사 및 な형용사일 때 だ는 생략이 가능하다).
　보통 「って」로는 바꿔 사용하지 않는다.

• 이것 외에.

…と思います。~라고 생각합니다.	…と感じる。 ~라는 느낌이 든다.
…と思われる。~라고 생각된다.	…と想像できる。~라고 상상할 수 있다.

• 모습·양태·상태 묘사·의태어·의성어. (…のように : ~처럼)

雨がぱらぱらと降ってきた。비가 후드득 내렸다. (빗방울이 떨어졌다)

• 변화 (に와 바꿔 사용할 수 있다).

…となる。~이 되다.	…としては。~에 비해서는.
…とする。~로 하다.	…にしては。~에 비해서는.

クレオパトラはアントニーの愛人となった。　클레오파트라는 안토니어의 애인이 되었다.

• 기본문장.

私は友だちと東京へ行きます。　　　　저는 친구와 도꾜에 갑니다.

パンと卵を食べます。　　　　　　　빵과 계란을 먹습니다.

コーヒーと紅茶と、どちらがいいですか。　커피하고 홍차하고, 어느 쪽이 좋습니까.

本屋は銀行とスーパーの間にあります。　책방은 은행과 슈퍼의 사이에 있습니다.

山田さんは会社の人と話しています。　야마다씨는 회사 사람과 이야기하고 있습니다.

▶ へ。 ~에. ~에게. ~으로.
　　의미 : 동작이 진행하는 방향·동작의 대상을 나타낸다.
　　　　　단 방향에서의 に와 へ는 구분 없이 사용한다.

京都へ行きます。　　　　　　　　　교또에 갑니다.

デパートへ買い物に行きます。　　　백화점에 쇼핑하러 갑니다.

右へ曲がると、銀行があります。　　우측으로 돌면, 은행이 있습니다.

▶ や。 ~이랑. ~이나.
　　의미 : 1개 이상의 사물을 열거하거나 예로 들 때.

部屋にベッドや机や椅子があります。　　방에 침대랑 책상이랑 의자가 있습니다.

部屋にベッドや机や椅子などがあります。 방에 침대랑 책상이랑 의자 등이 있습니다.

▶ から~まで。 ~부터. ~까지.

• から。 ~부터.
  의미 : 동작의 기준점이나 출발점을 나타낸다.
• まで。 ~까지.
  의미 : 장소의 종점이나 도착점을 나타낸다.

毎日九時から五時まで働きます。　매일 9시부터 5시까지 일합니다.

日本語の勉強は九時からです。　일본어 공부는 9시부터입니다.

デパートは夜七時までです。　백화점은 저녁 7시까지입니다.

東京から大阪まで新幹線で、三時間ぐらいかかります。
도쿄로부터 오오사까까지 신깐센으로, 3시간 정도 걸립니다.

▶ まで。 ~까지.　　▶ までに。 ~까지는.

• まで。 ~까지.
  의미 : 시간·기간·공간의 범위를 나타낸다.
• までに。 ~까지는.
  의미 : 시간으로서의 限界(한계)·期限(기한)·以内(이내), 정해진 정확한 시간을 나타낸다.

十二時まで来てください。

12시까지 와 주세요.

十二時までにセンターへ帰らなければなりません。

12시까지는 센터에 돌아가지 않으면 안 됩니다.

▶ より。~보다.

의미 : 비교의 기준이나 대상을 나타낸다.

インドは日本より暑いです。　　　　　인도는 일본보다 덥습니다.

• 구어에서는 よりも・よりか・よか로도 사용한다.

• 부정의 말을 동반하여 거기에 한정된 의미를 나타내며 그 이외의 모든 것을 부정하는 의미를
  나타낸다.

…よりほか(は)ない。~외에 없다. 방법이 없다. 어쩔 수가 없다.
ここまで病状が進んだのでは、手術をするよりほかないだろう。

이렇게까지 병상태가 진행되었다면, 수술을 하는 수밖에 없다.

…よりしかない。　　　　　　　　「~밖에 없다」의 고정된 형도 있다.
これより道はない。　　　　　　　이것 외에 길은 없다.
こうするより方法がない。　　　　이렇게 할 수밖에 없다.

• 시간・장소의 시작하는 점에서의 의미는 「から」와 같다.

テストは九時より始まります。　　시험은 9시부터 시작합니다.

• 境界・境界(경계)를 나타낸다. (から)

ここより先には何もありませんよ。　여기서부터 끝까지는 아무것도 없습니다.

▶ ね。~인데. ~인데요. ~로군. ~로군요.

의미 : 감탄의 기분을 포함해서 판단을 나타낸다. 감탄에 있어서 상대와의 공감을 구성하려고 한다.
　　　 여성의 경우는, わ에 접속하기도 하고, 명사에 직접 접속해서 述語(문장의 하나)를 구성
　　　 하는 용법도 있다.

面白いね。　　　　　　　　　　　재미있구나.

そんな本、読みたいわね。	그런 책, 읽고 싶다.
きれいな花ね。	예쁜 꽃이구나.

• 생각에 생각을 더해서 말하고, 상대의 동의를 구한다.

きっと来ますね。	꼭 오겠지요.
答える気はないんですね。	대답할 기분은 아니지요.
それだけだわね。	그것뿐이지요.

• 의문문에 사용해서, 질문, 또는, 詰問(트집을 잡아 따짐)의 의미를 나타낸다. 주로 남성들이 사용한다.

あの絵見たかね。	저 그림 보았냐.
昨日も来たのかね。	어제도 왔었니.
それでいいとでも思っているのかね。	그것으로 되었다고 생각하냐.

• 친근함을 갖고 부른다든지, 다시 한 번 확인할 때 사용되는 말.

ね (ねえ)、ちょっと来て。	잠깐 올래.

▶ よ。~이다. ~요. ~거야. ~이지. ~하게나.

• よ。권유·명령·금지의 의미를 나타낸다.

의미 : 의문사를 포함한 문절에 접속하고, 또는 のよ·だよ 의 형으로 述語(문장의 하나)를 구성한다. (述語 ⇔ 主語)

또, 의문 조사에 접속해서 かよ 의 형으로, 상대에게 불만을 갖고 비평하는 기분을 묻는다. (だよ·かよ 의 형으로는 일반에게 사용되지만, 그 외는 주로 여성어이다)

• 자신의 판단 · 기분을 강하게 주장해서, 상대에게 들려준다.

早く寝るんだよ。	빨리 자.
ああそうだよ。	그래 맞다.
りんごが好きだよ。	사과를 좋아한다.

• てよ의 형으로 명령이나 의뢰(依賴) · 부탁은 여성어(女性語)이다.

| 連れて逃げてよ。 | 데리고 도망가 줘. |
| ついておいでよ。 | 따라와라. |

• わよ · のよ · ことよ · てよ 등의 형으로 상대에게 가볍게 확인하고, 자신의 기분을 전달할 때. (여성어이다)

行くわよ。	갈 거예요.
泣いてもいいのよ。	울어도 좋아요.
来てもいいことよ。	와도 좋아요.
このごろ私辛くてよ。	요즈음 나는 괴로워서요.

▶ から。 ~이기 때문에.

• から。 ~이기 때문에. (원인이나 이유가 주관적이다)
  용법 : 동사 · い형용사 · な형용사 · 명사(기본체)＋から。
     　　기본형 · 과거형을 대신할 수 있는 것은 ます · ました이다.
  의미 : 원인이나 이유가 주관적이며, 어떤 사태에 의해 결과가 있는 사태가 발생하며, 또는 예상
     　　된다고 하는 관계를 나타낸다.
     　　뒤 문장에는 추량(사물의 사정이나 사람의 심정 등을 추측) 요구 · 명령 등의 형을 사용할
     　　수 있다. …たい(희망) · …と思う(추측) · …なさい(명령).

あした家でパーティーをしますから、来てください。

내일 집에서 파티를 하기 때문에, 와 주세요.

子供でさえ出来たのだから、大人に出来ないはずがない。

아이들조차도 할 수 있었기 때문에, 어른이 못할 리가 없다.

あの人は来そうもないから、もう帰ろう。

저 사람은 올 것 같지도 않으니까, 이제 돌아가자.

ここは静かだからよく寝られるだろう。

여기는 조용하기 때문에 잘 잘 수 있겠지.

• 이유를 뒤 문장에 나타내는 경우도 있다.

手紙より電話で知らせましょう。そのほうが早いから。

편지보다 전화로 알립시다. 그쪽이 빠르기 때문에.

• 앞 문장이 정중체인(です·します) 경우, 뒤 문장도 정중체(です·します)가 된다.

これは難しいでしょうから、辞書を使ってもいいです。

이것은 어렵기 때문에, 사전을 사용해도 좋습니다.

▶ ので。~이기 때문에.

• ので。~이기 때문에. (원인이나 이유가 객관적이다)
용법 : 동사·い형용사·な형용사·명사(기본체)＋ので。

• 例外 예외	기본체(긍정·현재)	ので형
な형용사	賑やかだ	賑やか＋なので。
명사	田中さんだ	田中さん＋なので。

의미 : 원인·이유·근거의 관계를 나타낸다. 조건과 조건이 원인·결과·근거·귀결의 관계에 있는 것이, 비교적 객관적이고 명백한 것 같은 경우에 사용된다. 조건의 독립성은 から보다는 약한 의미를 갖고 있다. 後句(뒤 문장)에 명령·희망·의문 등을 표현하는 것은 から가 더욱 어울리고, 또 からだ·からです처럼 ので·のでだ·のでです를 문장 끝에 접속해서 끝내는 것은 가능하지 않다.

● 사람에게 어떤 것을 부탁하거나 정중하게 말할 때는 「ので」를 사용한다. (특히 여성은 「ので」를 사용하는 일이 많다). 예문은 から를 같이 사용할 수 있다.

電車の事故があったので遅くなりました。
전차의 사고가 있었기 때문에 늦었습니다.

昨夜はよく眠れなかったので今日は頭が痛い。
어젯밤에는 잠을 잘 못 잤기 때문에 오늘은 머리가 아프다.

あしたは子供の日なので学校は休みです。
내일은 어린이날이기 때문에 학교는 쉽니다.

▶ のに。~인데도. ~했는데도.

● のに。~인데도. ~했는데도. (역접의 확정조건)
　용법 : 동사·い형용사·な형용사·명사(기본체)＋のに。
　　　　● な형용사·명사(단어)＋なのに。
　의미 : 예상하지 못했던 결과가 발생해서 원래의 상태로 돌아갈 수 없을 때, 비난이나 불만, 안타까움의 뜻을 나타낸다.

あの人は知っているのに、答えません。　　저 사람은 알고 있으면서도, 대답하지 않습니다.

わざわざ来たのに、誰も来なかった。　　일부러 왔는데도, 아무도 오지 않았다.

あの人は病気なのに、出掛けました。　　저 사람은 병인데도, 외출했습니다.

中学生なのに、たばこを吸っています。　　중학생인데도, 담배를 피우고 있습니다.

暑いのに、誰も窓を開けませんでした。　　더운데도, 아무도 창문을 열지 않았습니다.

暑かったのに、だれも窓を開けませんでした。
더웠었는데도, 아무도 창문을 열지 않았습니다.

この機械は便利なのに、誰も使いません。
이 기계는 편리한데도, 아무도 사용하지 않습니다.

あそこのレストランは高いのに、美味しくありません。
저기의 레스토랑은 비싼데도, 맛이 없습니다.

あの人はいつも沢山食べるのに、太りません。
저 사람은 언제나 많이 먹는데도, 살이 찌지 않습니다.

せっかくケーキを作ったのに、誰も食べませんでした。
모처럼 케이크를 만들었는데, 아무도 먹지 않았습니다.

▶ のに。~하는 데. ~하기 위해.

용법 : 동사(기본형) ＋ のに。
의미 : 목적의 의미를 나타낸다.

薬は病気を治すのに使います。　　약은 병을 치료하는 데 사용합니다.

財布はお金を入れるのに使います。지갑은 돈을 넣는 데 사용합니다.

消しゴムは字を消すのに使います。지우개는 글씨를 지우는 데 사용합니다.

▶ さ。남성어.

• 가벼운 단정(断定)을 나타낸다.

A : もしもし、今どこにいるの?　　여보세요, 지금 어디 있니?
B : 東京さ。　　　　　　　　　　도쿄야.
A : 君も来るかい?　　　　　　　너도 오지 않을래?

• 반발(反発)을 나타낸다.

何さ、あんな絵ぐらい、私にだって描けるわよ。
뭐야, 저런 그림 정도, 나라도 그릴 수 있다.

▶ わ。여성어.

• 여성이 일반적으로 넓게 사용한다. 그 경우 중 상승(中上昇)의 인토네이션을 동반하는 것이 보통이다.

あら、もう五時だわ。　　　　　　아니, 벌써 5시네.

• 남성의 이야기에도 나타나지만, 그 경우에는 하강(下降)의 인토네이션을 동반하는 것이 보통이다. 이 남성의 「わ」에는 단정의 생각이 강하다.

それじゃ俺も行くわ。　　　　　　그러면 나도 가겠다.

▶ ね(ねえ)。남여(男女) 공동어.　な(なあ)。남성어.

• ね 는 듣는 사람에게의 어필로서 많이 사용된다.
「な・なあ」를 사용하면 무례한 말투가 된다.

• 혼잣말을 할 때는 「な・なあ」를 사용하고, 「ね・ねえ」는 보통 사용하지 않는다.

• 특별한 의미도 없이, 그저 문장을 끊어서 말할 때에도 사용한다.

• 정중하게 말할 때는 「ですね」를 사용한다.

あのですね。　　　　　　저 있잖아요.

実はですね。　　　　　　사실은 말예요.

田中さんがですね。　　　　　다나까씨가 말예요.

• 확인(確認) · 의문(疑門)

あなたがスミスさんですね。　　당신이 스미스씨입니까.

• 감동. (感動)

今日も暑いねえ。　　　　　　오늘도 덥군요.

暑いわねえ。　　　　　　　　덥군요.

• 주장. (主張)

僕はその意見には反対だな。　　나는 그 의견에는 반대다.

▶ かしら。여성어.

• 혼잣말을 나타낸다.

ロミオは今ごろ何をしているのかしら。
로미오는 지금쯤 무엇을 하고 있을까.

• 의문(疑門)을 나타낸다.

明日のパーティーには、何人ぐらい出席するのかしら。
내일 파티에는, 몇 명 정도 출석할까.

• 원망(願望 : 소원 · 희망)을 나타낸다.

> 早く八月にならないかしら。山に行きたいわ。
> 빨리 팔월이 되지 않으려나. 산에 가고 싶은데.

▸ ぞ。ぜ。재차 다짐하는 말.

• ぞ가 ぜ보다는 많이 사용된다. ぜ는 도꾜지방에서 주로 남성이 사용한다.

> そろそろ出かけるぞ。　　　　　　슬슬 외출하자.

• 혼잣말. (이 용법에서는 주로 ぞ를 사용하고 ぜ는 사용하지 않는다)

> あれ、ドアが開いている。何か変だぞ。아니, 문이 열려 있다. 뭔가 이상하다.

▸ てば。ってば。て。たら。접속사의 たら와는 다르다.

• 상대에게 「이미 알고 있어」라는 기분을 전달한다.

> 行くの、行かないの。うるさいわねえ、行くってば。
> 가는 거야, 안 가는 거야. 시끄러워, 간다니까.

• 상대에게 초조해하는 기분(焦れったい気持ち)을 전달한다.

> ねえ、サリーちゃん、サリーちゃんったら。聞いてるの。
> 저, 사리씨, 사리씨말야, 듣고 있어. (ちゃん : さん보다 귀여운 말투)

▶ い。남성어.

• 남성이 극히 친한 감정을 나타낼 때 사용한다.

> おい。何_{なん}だい。　　이봐. 뭐야.

▶ っけ。

• 자문하는 듯한 느낌으로 상대에게 묻는다.

> 明日_{あした}の試験_{しけん}は九時_{くじ}からだっけ。　　내일 시험은 9시부터지.

▶ (だろう)に。

• 기대에 반할 때, 후회할 때 등에 사용한다.

> 今日_{きょう}は休_{やす}みだと知_しってたら、来_こなかっただろうに。
> 오늘은 휴일이라고 알고 있었다면, 오지 않았을 텐데.

01 間違っている読み方をそれぞれの中から一つ選びなさい。

① 交番 (こうばん)　　　　② 役割 (やくわり)

③ 敗北 (はいぼく)　　　　④ 売買 (ばいばい)

⑤ 下落 (がらく)

해설

➡ ⑤ げらく (하락)

① 파출소.　　　　　　② 역할. (役割を果たす)

③ 패배.　　　　　　　④ 매매.

02 次の文の下線の部分の正しい読み方を一つ選びなさい。

ひょうばんはあまり芳しくない。

① よろ　　　　　　　② ほう

③ かんば　　　　　　④ こうば

⑤ かぐわ

해설

➡ 평판(評判)은 그다지 좋지 않다.

かんばしくない : 좋지 않다. (望ましくない·好ましくない)

かんばしい　　 : 향기가 좋다.

03 次の文と意味が最も近いものを選びなさい。

子供が巣立ってしまうとほっとするが、同時に寂しくないこともない。

① 子供が親離れすると寂しくない。

② 子供が親離れすると少し寂しい。

③ 子供が親離れすると寂しいかもしれない。

④ 子供が親離れすると寂しくならない。

⑤ 子供が親離れすると寂しくてたまらない。

➡ 아이가 출가하면 안심하지만, 동시에 쓸쓸하지 않은 것도 아니다.

巣立つ : 성인이 되어서 집을 나가다. 출가하다.

---

04 次の文の(　　　)の部分に入る言葉を選びなさい。

あまりの暑さに汗が(　　　)流れる。

① べたべた　　　　　　② じとじと

③ たらたら　　　　　　④ さらさら

⑤ からから

➡ 너무 더워서 땀이 줄줄 흐른다.

① 끈적끈적한 모습(기름). 둘이 붙어 있는 모습(애인·남녀).

충분히 칠하거나 뿌리는 모습. (전단지·페인트)

② 습기로 축축한 모습. (じめじめ)

③ 액체가 줄줄 떨어지는 모습(피·땀. だらだら). 불평·아부를 반복해서 말하다.

④ 표면이 말라서 반질반질한 느낌. 물이 조용히 흐르는 소리. (졸졸)

사물이 지체하지 않고 나아가는 모습. (붓으로 줄줄 쓰다)

모래·모포·나뭇잎이 스치는 소리. 가벼운 물건이 맞닿을 때 나는 소리. (사각사각)

さらさら(更々) : 부정을 동반하여. 조금도(少しも). 전혀(全く). 절대로(決して).

조금도(一向に).

⑤ 목마른 모습. 딱딱한 물건이나 마른 물건이 부딪치는 소리. 큰소리로 웃다.

• 次の文の(　　　)の中に入られないものを一つ選びなさい。

05 頭のいい人は話の終わらないうちに(　　　)相手の心を察してしまう。

① もう　　　　　　　　　② すでに

③ いずれ　　　　　　　　④ とっくに

⑤ もはや

해설

➡ 머리가 좋은 사람은 이야기가 끝나지 않는 동안에 이미 상대의 마음을 꿰뚫어 본다.

① 이미. 벌써.　　　　　　② 이미. 벌써.

③ 머지않아. 조만간에. 어디.　④ 이전에. 벌써.

⑤ 이미. 벌써.

---

06 밑줄 친 말의 올바른 의미를 고르세요.

普請を頼んだが、あいにく梅雨時なので、梅雨が明けるまで待たねばならない。

① 건축　　　　　　　　　② 지붕 수리

③ 기초 공사　　　　　　　④ 담 수리

⑤ 마무리 공사

해설

➡ 건축을 의뢰했지만, 공교롭게도 장마 때라, 장마가 갤 때까지 기다리지 않으면 안 된다.
普請 : 집을 짓거나 고침. 건축. 토목공사.

---

07 一人たびをして、得難い体験をした。下線の部分の意味を一つ選びなさい。

① 利益にならない　　　　② 面白い

③ 貴重な　　　　　　　　④ あげられない

⑤ 役に立たない

➡ 혼자 여행(旅)을 해서, 소중한 체험을 했다.

① 이익이 되지 않는다.　　　　② 재미있다.

③ 귀중한.　　　　　　　　　　④ 줄 수 없다.

⑤ 쓸모가 없다. 도움이 안 되다.

08 「で」が入られない文を一つ選びなさい。

① 図書館(　　)本を読む。　　　② 彼はソウル(　　)住んでいます。

③ 風邪(　　)学校を休みました。　④ 会社までバス(　　)行きます。

⑤ 昨日母校(　　)同窓会がありました。

➡ 住んでいる : 앞 문장에 장소(場所)가 올 경우에는 반드시 조사는 に가 오고, 사물의
　기준일 때는 で、행동을 같이하는 대상일 때는 と.

① 동작이 행하여지는 장소.　　　③ 이유나 원인.

④ 수단·방법·재료·도구.　　　　⑤ 동작이 행하여지는 장소.

09 次の文の(　　　)の中に最も適当なものを一つ選びなさい。(9~10)

　　あの子は、欲しかったものをもらって、嬉しい(　　　)飛び上がった。

① くらい　　　　　　　　② だけに

③ とばかりに　　　　　　④ など

⑤ さえ

➡ 저 아이는, 갖고 싶은 것을 받아서, 기쁜 듯이 깡충깡충 뛰었습니다.

③ とばかりに 의 형으로 말로는 이야기하지 않지만 동작으로 나타낼 때 사용한다.

10 いったい君は私をほめるつもりか。それとも(　　　)つもりか。

① けなす　　　　　　　　② かざる

③ あつらえる　　　　　　④ はかる

⑤ うらむ

해설

➡ 도대체(一体) 너는 나를 칭찬할(誉める) 생각이냐. 아니면 비방할 생각이냐.

① 헐뜯다. 비방하다. (貶す)　　② 장식하다. (飾る)

③ 주문하다. 맞추다.　　　　④ 측정하다. (計る)

⑤ 원망하다. (恨む)

11 「にわかには賛成しかねる。」の意味を一つ選びなさい。

① 당분간은 찬성할 수밖에 없다.　② 당분간은 찬성하기 힘들다.

③ 별안간은 찬성할 수밖에 없다.　④ 갑자기는 찬성할 수 없다.

⑤ 그 의견에는 찬성하기 힘들다.

해설

➡ にわか雨 : 소나기. (夕立・白雨)

夕立は馬の背を分ける。소나기는, 말의 등 한쪽에서는 내리고, 다른 쪽에서는 내리지 않는 일이 있다. 소나기가 내리는 방법이 국지적이라는 것을 비유함.

동사 (ます形) + かねる　　: ~할 수 없다.

동사 (ます形) + かねない : ~할 수 있다.

12 「手前。」의 뜻으로 볼 수 없는 것을 고르세요.

① 体裁　　　　　　　　② 腕前

③ 自分のすぐ目の前　　④ 作法

⑤ 勝手

➡️ ⑤ 멋대로(わがまま). 부엌(台所). 생계. 편리. 형편이 좋은 것(都合のよいこと).
勝手が悪い. 형편이 나쁘다(都合が悪い). 勝手が違う. 당황하다(面食らう).

① 체면.　　　　　　　　　　　　② 솜씨. 기량.

④ 예의. (不作法 : 무례하다)

13 「죄송하지만, 말씀 좀 전해 주실 수 있겠습니까.」의 올바른 일본어를 고르세요.

① すみませんが、よろしくお伝え下さいませんか。
② すみませんが、お願いいたします。
③ すみませんが、お伝言お願いいたします。
④ 恐れ入りますが、よろしいですか。
⑤ 恐れ入りますが、ご伝言お願いできますでしょうか。

➡️ 恐れ入る : 죄송스럽게 생각하다. 고맙게 생각하다. 어처구니가 없다. 너무나도 대단해서
감탄하다. (彼の誠実さには恐れ入るよ. 그의 성실함에는 감탄하다)

14 「読みごたえのある本です。」의 올바른 해석을 고르세요.

① 읽어서는 안 되는 책.　　　② 읽는 데 시간이 걸리는 책.
③ 읽지 않아도 되는 책.　　　④ 지은이가 있는 책.
⑤ 해답지(解答紙)가 있는 책.

➡️ 読み応え : 읽을 만함. 읽기에 힘이 듦.

• 次の文の(　　)の中に最も適当なものを一つ選びなさい。(15〜19)

15 こんなにたくさんの食事を2人だけでは(　　)食べ切れない。

①　さっぱり　　　　　　　　②　とうてい

③　ますます　　　　　　　　④　たいして

⑤　そんなに

해설

➡️ 이렇게 많은 식사를 두 사람만으로는 도저히 다 못 먹겠다.

① 완전히. 깨끗이. (すっかり)

② 도저히 (到底·とても). (뒤 문장은 실현 불가능한 부정문을 동반한다)

③ 점점. 더욱더.

④ 뒤에 부정을 동반하여 그다지. 별로. (さほど)

⑤ 그렇게. (주로 부정문에 사용)

16 (　　)コップを落として、わっちゃった。

①　うっかり　　　　　　　　②　何となく

③　知らず知らず　　　　　　④　さりげなく

⑤　おおげさに

해설

➡️ 부주의로 컵을 떨어뜨려서, 깨지고(割る) 말았다.

① 부주의한 모습. 깜빡 잊고(건망증). 아무 생각 없이 멍한 모습. 넋을 놓다. 생각이나 계획 없이 시간을 보내는 모습.

② 왠지.　　　　　　　　　　③ 자기 자신도 모르는 사이에.

④ 아무것도 아닌 듯이. 아무 일도 없었다는 듯이 행동하는 것. (然りげ無く·何気無い)

⑤ 과장해서. (大げさ)

17 彼女は髪を切って、(　　　)かわいくなった。

① いっそう　　　　　　　　② よほど

③ じゅうぶん　　　　　　　④ ごく

⑤ みっともなく

해설

➡ 그녀는 머리를 잘라서, 한층 귀여워졌다. (可愛い)

② 굉장히.　　　　　　　　③ 충분히. (充分·十分)

④ 극히.　　　　　　　　　⑤ 추하게. 보기 싫게.

18 お客さま(　　　)親しみをもってもらいたいと思っています。

① と　　　　　　　　　　② で

③ に　　　　　　　　　　④ の

⑤ が

해설

➡ 손님에게 친근함을 갖고 해 주었으면 하고 생각합니다.

① ~과. ~와. (동작을 같이하는 대상을 나타낸다)

③ ~에게. (동작이 행하여지는 대상을 나타낸다)

19 日本のことを調べれば調べる(　　　)興味が涌いてくる。

① ぐらい　　　　　　　　② なり

③ まで　　　　　　　　　④ こと

⑤ ほど

해설

➡ 일본에 대해서 조사하면 조사하는 만큼 흥미가 솟아난다.

　　…ば …だけ(ほど) : ~하면 ~하는 만큼(정도). ~하면 ~할수록.

涌く・湧く : 솟아나다. 분출하다. 샘솟다. 눈물이나 땀이 나다. 벌레 등이 일시에 발생하다.
의문이 생기다. 사물이 계속해서 발생하다. (沸く : 물이 끓다)

• 次の文の(　　　)の中に最も適当なものを一つ選びなさい。(20~23)

20 いろいろお世話になり、感謝の念に(　　　)。

① とめられません　　　　② たえません

③ いかれません　　　　④ やみません

⑤ いれません

해설

➡️ 여러 가지로 신세를 져서, 대단히 감사를 느낍니다.

명사＋に＋堪えない : ~을(를) 대단히 강하게 느끼다. 몹시 ~하다.

동사(기본형)＋に＋たえない : 참을 수 없다. 어렵다.

① 움직이는 것을 움직이지 않도록 한다. 택시를 세우다. 멈추다. 고정시키다. 싸움을 말리다.
제지하다. 주의하다. 장소에 머무르게(잡아두다) 하다. 흔적을 남기다. (止める)

④ 바람 · 비 · 눈 등, 자연 현상의 움직임이 없어지다. 그치다(비 · 바람).
계속하고 있었던 것이 멈춰지다. 일이 매듭지어지다. 끝나다.
고조된 감정이나 질병 등이 진정되다. (止む)

21 顔は(　　　)心のきれいな人だ。

① ともあれ　　　　② どうにか

③ ともすれ　　　　④ どうやら

⑤ ではあれ

해설

➡️ 얼굴은 어쨌든(그렇다 치고) 마음이 고운 사람이다.

① 어쨌든. 하여튼.

③ ともすれば · ともすると : 어떤 상태가 되기 쉬운 것. 자칫하면. 까딱하면.

22 外出した(　　　　)にデパートをのぞいた。

① かたわら 　　　　　　　② つい

③ ついで 　　　　　　　　④ つもり

⑤ 場合

解説

➡ 외출하는 김에 백화점에 들렀다.

① 傍ら : 옆. 곁. 동시에. 또 한편으론.

② 결국은. 마침내. 　　　　　　④ 생각.

23 子供のとき迷子になって、(　　　　)思いをした人も少なくないだろう。

① 心無い 　　　　　　　　② 心強い

③ 心憎い 　　　　　　　　④ 心細い

⑤ 心許無い

해설

➡ 어렸을 때 미아가 되어, 불안한 경험을 한 사람도 적지 않을 것이다.
(心遣い : 마음의 배려. 気を配る : 마음을 배려하다)
(心を配る : 마음·신경을 써 주다. 気を遣う)

① 良識(양식)·思慮(사려)·分別·分別(분별)이 없다.

② 마음의 배려. 　　　　　　③ 얄미울 정도로 뛰어나다.

④ 의지할 곳이 없어서 불안하다. (⇔ 心強い)

⑤ 왠지 모르게 信頼(신뢰)가 안 돼 불안하다.

24 「ねほりはほり質問されてうんざりしてしまった。」의 올바른 의미를 고르세요.

① 다짜고짜 질문 받아서 당황하고 말았다.

② 말도 되지 않는 질문을 받아서 질리고 말았다.

③ 모든 사람에게 질문 받아서 피곤했다

④ 꼬치꼬치 물어 와서 질리고 말았다.

⑤ 어이없는 질문을 받아서 어처구니가 없었다.

해설

➡️ 根_ね掘_ほり葉_は掘_ほり : 전부. 남기지 않고. 꼬치꼬치. 세세한 것. 미미한 것.

　うんざり　　　　 : 질리다. 진절머리가 나다. 지긋지긋하다. 몹시 싫증나다.

---

25 下線_{かせん}の部分_{ぶぶん}の正_{ただ}しい日本語_{にほんご}はどれですか。

> 彼_{かれ}は 달리고 달려서 発車前_{はっしゃまえ}のバスに飛_とび乗_のった。

① かけるにかけられて　　　② かけにかけて

③ はしるにはしられて　　　④ はしりにはしって

⑤ かけだして

해설

➡️ 그는 달리고 달려서 출발 전의 버스에 올라탔다. (겨우 탔다)

---

26 金_{キム}さんが試験_{しけん}に落_おちたことは<u>ぞんがい</u>ですね。下線_{かせん}の意味_{いみ}と違_{ちが}うものを一_{ひと}つ

選_{えら}びなさい。

① 思_{おも}いのほか　　　　② 例外_{れいがい}

③ 思_{おも}うほど　　　　　④ ほかの考_{かんが}え

⑤ 予期_{よき}した以上_{いじょう}

해설

➡️ 存外 : 생각보다. 의외로. 예상외.

① 생각 외. (思_{おも}いも寄_よらない · 思_{おも}い掛_がけない)

③ 생각한 정도.　　　　　④ 그 밖의 생각.

⑤ 예상했던 이상.

27 ないがしろにする。の意味として、適当でないものを選びなさい。

① あなどる。　　　　　　　　② ないものとする。

③ かろんじる。　　　　　　　④ みさげる。

⑤ けいべつする。

➡ 경시하다. 경멸하다. 무시하다.

① 깔보다. (侮る)　　　　　　　② 없는 것으로 하다. (無い物とする)

③ 깔보다. (軽んずる・軽んじる)　④ 경멸하다. (見下げる)

⑤ 경멸하다. (軽蔑する)

28 주어진 일본어를 번역한 것 중 가장 적당한 것을 고르세요.

> せっかくの機会ですから行かせていただきたいんですが、今回は遠慮させ
> ていただきます。

① 일부러 만든 기회이기 때문에 데리고 가고 싶습니다만, 이번은 사양하고 싶습니다.

② 힘들게 만든 기회이기 때문에 보내 주고 싶습니다만, 이번은 갈 수가 없습니다.

③ 모처럼의 기회이기 때문에 가고 싶습니다만, 이번에는 사양하겠습니다.

④ 모처럼의 기회를 잡아서 가고 싶습니다만, 이번은 시간이 없어 고려해 보겠습니다.

⑤ 모처럼의 기회입니다만 갈 수가 없기 때문에, 이번만큼은 사양하겠습니다.

29 次の言葉の意味として適当なものを一つ選びなさい。

> 他人の不幸が自分のことのように思われる。

① 下手の横好き　　　　　　② 見かけだおし

③ 身につまされる　　　　　④ 草の根を分けても

⑤ 重箱の隅をつつく

➡️ 남의 불행이 자신의 일처럼 생각된다.

① 서투르면서도 좋아해서, 열심히 하는 것. 서투른 주제에 몹시 좋아하는 것.

② 겉모습은 훌륭하지만, 실제로는 볼품없는 것. 겉모습만 화려하다. (見掛け倒し)

④ 모든 방법을 동원해서 완전히(끝까지) 찾다.

⑤ 중요하지도 않은 세심한 일에 집착하다.

30 次のさすがの解釈のうち、他のものと異なるのはどれですか。

① さすが彼の実力はたいしたものだ。

② さすがの先生もそれには答えられなかった。

③ さすが大先生だ。何でも知っている。

④ さすが南国だけに、日中はとても暑い。

⑤ さすが彼は選手としての資格は充分だ。

➡️ 流石 : 역시. 정말로. 듣던 대로. (さすが …だけあって)

さすがの …も의 꼴로 앞 문장을 일단은 긍정하면서도, 이야기의 내용이 모순된 것을 말한다.

① 역시 그의 실력은 대단한 것이었다.

② 대단한 선생님도 거기엔 대답하지 못하셨다.

③ 역시 대 선생님이시다. 뭐든지 다 알고 있다.

④ 역시 남쪽나라인 만큼 낮엔 굉장히 덥다. (南国 : 지명으로 읽을 때는 なんこく)

⑤ 역시 그는 선수로서의 자격은 충분(充分 · 十分)하다.

31 「모처럼 와 주셨는데, 미안합니다.」를 最もよく表現しているものを一つ選びなさい。

① せっかく、いらっしゃってくださるのに、申し訳ありません。

② せっかく、いらっしゃるのに、申しわけありません。

③ せっかく、いらっしゃってくださいまして、申し訳ありません。

④ せっかく、いらっしゃってくださったのに、申し訳ございません。

⑤ せっかく、いらっしゃって、すみませんでした。

해설

▶ せっかく : 모처럼. (기회를 만들어)

노력했는데도 되지 않아 안타깝다고 하는 기분을 나타낸다.

상대의 노력에 보답하려고 하는 일이 되지 않아 미안하다고 하는 기분을 나타낸다.

좀처럼 얻을 수 없는 것의 의미를 나타낸다. (작지만은 귀중한)

32 다음의 との가 と言う의 뜻으로 쓰이고 있는 것을 고르세요.

① 明日は用事があるから休むとのことでした。
② 友だちとの約束をすっかり忘れてしまった。
③ 彼女の両親との結婚に反対だそうです。
④ 私は山田さんとの交際を十年もつづけています。

해설

▶ との : ～와의. 과의. 설명문에 사용. ～라고 한다. ～라고 말했습니다.

① 내일은 일이 있기 때문에 쉰다고 했습니다.

② 친구와의 약속을 완전히 잊어버렸다.

③ 그녀의 부모님과의 결혼을 반대한다고 합니다.

④ 저는 야마다씨와의 교제를 10년이나 계속하고 있습니다.

33 次の五つの文の中の「よう」の意味・用法が外のと違うものを一つ選びなさい。

① あなたと結婚できるなんて、まるで夢のようです。
② あたかも春のような湯気に梅の花が狂い咲いた。
③ 彼は急に足を止めて部屋をのぞくようにしていたが …。
④ 全力を打ち込んで取り組んでみようと決心した。
⑤ あの人は朝から晩まで、こまねずみのように働いています。

➡ ④ 전력을 다해 연구에 몰두하려고 결심했다. (의지)

① 당신과 결혼할 수 있다니, 마치 꿈만 같습니다. (비유)

② 마치 봄 같은 날씨에 매화꽃이 제철이 아닌데도 피었다. (비유)

③ 그는 갑자기 다리를 멈추고 방을 엿보는 것처럼 하고 있었지만. (비유)

⑤ 저 사람은 아침부터 밤까지, 팽이 쥐같이 열심히 일하고 있습니다. (비유)

34 生きがいいえび。下線の部分の意味を一つ選びなさい。

① 新鮮である。　　　② 健康である。

③ 長命である。　　　④ 高貴である。

⑤ 顔を貸す。

➡ 물이 좋은 새우. (海老・海老)

① 신선하다.　　　　　　② 건강하다.

③ 장수하다. 오래 살다.　④ 고귀하다.

⑤ 부탁을 받아 누구를 만나다.

35 「適切な手当てで命拾いした。」下線の部分の意味を一つ選びなさい。

① 命を投げる。　　　② 命をもらう。

③ 命をかける。　　　④ 命知らず。

⑤ 危ないところで運よく助かること。

➡ 적절한 치료로 목숨을 건졌다. (命を拾う。목숨을 건지다)

① 목숨을 던지다.　　　② 죽음을 받다.

③ 목숨을 걸다.　　　　④ 죽음을 두려워하지 않다.

⑤ 위험한 지경에서 운 좋게 살아난 것. (助かる)

36 下線の「名にし負う」と意味が最も遠いものを一つ選びなさい。

> 富士山は、名にし負う天下の高嶺で、日本国民のみならず海外からも登山客が来ます。

① 名高い
② 有名。
③ 責任を負う。
④ なの通った。
⑤ 名のある。

• 次の文の(　　　)の中に最も適当なものを一つ選びなさい。(37~38)

37 その小さな子は、母の帰りを(　　　)待っていた。

① いい顔をして
② 思い思いに
③ 首を長くして
④ 物心が付いて
⑤ けちをつけた

38 その難問(なんもん)には先生(せんせい)も(   )。

① 手(て)を分(わ)かつ

② 合(あ)わせる顔(かお)がなかった

③ 顔(かお)から火(ひ)が出(で)た

④ 大目(おおめ)に見(み)た

⑤ 首(くび)を捻(ひね)った

해설

➡ 그 어려운 문제에는 선생님도 고개를 저었다.

① 의견이나 대립 등으로 관계를 끊다. 의절하다. 추방하다. (袂(たもと)を分(わ)かつ・勘当(かんどう)する)

② 면목이 없었다.　　　　　　　③ 몹시 창피했다.

④ 용서해 주다. 관대하게 봐 주었다.　　⑤ 의심스럽다. 고개를 갸우뚱하다. 깊게 생각하다.

39 괄호 안에 들어갈 글자가 나머지 넷과 다른 것을 고르세요.

① 신경이 쓰이다　　(   ) がこる。

② 편들다.　　　　(   ) を持(も)つ。

③ 유명해지다.　　(   ) が売(う)れる。

④ 홀가분해지다.　(   ) の荷(に)が下(お)りる。

⑤ 어깨를 견주다.　(   ) を並(なら)べる。

해설

➡ ③ 顔(かお). 나머지는 肩(かた)(어깨).

40 「개회에 맞춰서 한마디 인사 말씀 드리겠습니다.」의 올바른 일본어를 고르세요.

① 開会(かいかい)によって一言(ひとこと)お挨拶(あいさつ)を申(もう)しております。

② 開会(かいかい)にわたって一言(ひとこと)お挨拶(あいさつ)を申(もう)します。

③ 開会(かいかい)にたいして一言葉(ひとことば)ご挨拶(あいさつ)をおっしゃって申(もう)します。

④ 開会(かいかい)において一言葉(ひとことば)お挨拶(あいさつ)を申(もう)し上(あ)げます。

⑤ 開会(かいかい)にあたって一言(ひとこと)ご挨拶(あいさつ)を申(もう)し上(あ)げます。

해설

➡ ⑤ にあたって : ~에 맞춰서. (어떤 상황에 맞춰서)

① によって　　: ~따라서. (앞 문장은 판단의 기준이 와서 のため · で하고 같은 의미이고,

　　　　　　　　　　수단, 원인의 문장에 사용된다).

　　~에 의해서. (권위를 나타내며 뒤 문장은 수동형의 문장이 온다)

② にわたって : ~에 걸쳐서. (주로 짧은 시간에)

③ にたいして : ~에 대해서. (대상을 나타낸다)

④ において　　: ~에서. ~에 있어서. (にあって · においては で의 의미. にあって를 において로 바꿔 말할 수 있는 경우는 많지만, 그 반대로 사용하는 것은 적다.

• 次の文の(　　　)の中に最も適当なものを一つ選びなさい。 (41~53)

41 10時(　　)過ぎたのに金さんは帰ってこない。

① が　　　　　　　　　　② まで

③ の　　　　　　　　　　④ に

⑤ で

해설

➡ 10시가 지났는데도 김씨는 돌아오지 않는다.

過ぎる 앞에서의 조사는 が를 사용한다. (시간 · 날짜가 지나가다)

42 そろそろ事務所を探さなければ(　　　)思っているんです。

① と　　　　　　　　　　② の

③ も　　　　　　　　　　④ に

⑤ で

해설

➡ 슬슬 사무소를 찾지 않으면 안 된다고 생각합니다. (そろそろ : 어떤 동작을 할 때가 되었다)

43 春がきた(　　　)花も咲きません。

① のに　　　　　　　　　　② に

③ から　　　　　　　　　　④ ので

⑤ の

해설

➡ 봄이 왔는데도 꽃도 안 핀다. (のに : ~인데도. ~했는데도. 역접의 확정 조건)

예상하지 않았던 결과가 발생해서 원래의 상태로 돌아갈 수 없을 때, 비난이나 불만,

안타까움의 뜻을 나타낸다.

44 今日は船で島(　　　)渡って、一日釣をしました。

① を　　　　　　　　　　　② の

③ は　　　　　　　　　　　④ へ

⑤ で

해설

➡ 오늘은 배로 섬으로 가서, 하루 종일 낚시를 했습니다. (へ는 방향)

단순히 섬을 건넜다면 ①번이 정답이 되지만, 이 문장에서는 「섬으로 가다」란 표현이기

때문에 ④번이 정답이 된다.

島を渡る. 섬을 건너다. 横断歩道を渡る. 횡단보도를 건너다.

45 そんなことをきいては、すぐ(　　　)でも家に帰りたいと思います。

① で　　　　　　　　　　　② に

③ が　　　　　　　　　　　④ の

⑤ は

해설

➡ 그런 것을 듣는다면, 금방이라도 집에 돌아가고 싶다고 생각합니다.

46 私はそんなこと(　　　)とてもできません。

① も   ② で

③ など   ④ やら

⑤ が

해설

➡ 나는 그러한 것은 도저히 할 수 없습니다.

③ ~등, ~따위. (など를 대신해서 は를 사용할 수 있다)

47 私は今はこの大学(　　　)しか、行く気持ちがありません。

① の   ② で

③ が   ④ へ

⑤ は

해설

➡ 나는 지금은 이 대학에밖에, 갈 마음이 없습니다.

48 そう(　　　)でもしなければ、私の気持ちがおさまりません。

① に   ② は

③ が   ④ へ

⑤ と

해설

➡ 그렇게라도 하지 않으면, 내 기분이 가라앉지 않습니다.

49 鳥はいちど大空(　　　)舞い上がって、すぐみえなくなりました。

① へ   ② が

③ の　　　　　　　　　　　　④ は

⑤ を

➡ 새는 한 번 하늘로 날아오르더니, 곧 보이지 않게 되었습니다.

50 妹はこい(　　　)悩む年ごろになりました。

① を　　　　　　　　　　　　② は

③ に　　　　　　　　　　　　④ の

⑤ が

➡ 여동생은 사랑(恋)에 괴로워할 나이가 되었습니다.

51 古代と近代(　　　)では、文明に大きな違いがある。

① と　　　　　　　　　　　　② の

③ に　　　　　　　　　　　　④ を

⑤ で

➡ 고대와 근대하고는, 문명에 큰 차이가 있다.

52 あの病気にかかったときは、一日(　　　)寝てくらさなければなりません。

① で　　　　　　　　　　　　② を

③ は　　　　　　　　　　　　④ に

⑤ が

➡ 그 병에 걸렸을 때는, 하루를 누워서 생활하지 않으면 안 됩니다.

53 机の上にはペンや筆入れや教科書(　　　)があります。

① とが　　　　　　　　② はが

③ にを　　　　　　　　④ など

⑤ やと

➡ 책상 위에는 펜이랑 필통이랑 교과서 등이 있습니다.

54 下線の部分と同じ意味のものを一つ選びなさい。

あの子はわがままで手が付けられません。

① 肩がこります。　　　　② 口が悪いです。

③ 耳が痛いです。　　　　④ 目が遠いです。

⑤ 手に負えません。

➡ 저 아이는 멋대로이기 때문에 손을 쓸 수가 없어요.

我が侭 : 멋대로 행동하는 것. (気まま・欲しいまま・自分勝手)

我が侭を通す : 제멋대로 굴다. 我が侭な人 : 멋대로인 사람.

⑤ 손쓸 방법・수단이 없다. 어쩔 수 없다. 벅차다. 나의 능력 이상이다. 시작할 수 없다.

(手が付けられない・手強い・手に負えない・始末に負えない・手に余る)

手を付ける : 착수하다. 사용하기 시작하다. 관계를 갖다. (여자와)

① 어깨 근육이 뭉치다. 어깨가 결리다. 중압감으로 마음이 답답하다(肩が張る). (肩が凝る)

② 입이 거칠다. 욕을 잘한다.

(根はいい人だが口が悪い. 본성은 좋은 사람이지만 입이 거칠다)

③ 귀가 따갑다. (다른 사람이 말하는게, 자신의 약점을 말하는 것 같아 듣기가 괴롭다)

④ 눈이 나쁘다. 원시. (遠視 ⇔ 近視)

55 次の文にあたる質問はどれか。

まだ彼にあったことはありません。

① あした金さんにあいますか。

② 今、金さんはどこにすんでいますか。

③ 金さんがいつここにきましたか。

④ 金さんにあったことはありますか。

⑤ いつ彼にあうつもりですか。

해설

➡️ 아직 그를 만난 적은 없습니다.

　동사(과거형)＋ことがある : 본인의 경험이나 체험을 나타낸다.

• 次の文の(　　　)の中に最も適当なものを一つ選びなさい。(56~57)

56 大きい箱の中に(　　　)、小さい箱の中に(　　　)チョークがあります。

　　① は　　　　　　　　　② が

　　③ も　　　　　　　　　④ の

　　⑤ と

해설

➡️ 큰 상자 안에도, 작은 상자 안에도 분필이 있습니다.

① ~은. ~는. (앞의 문장과 동일성이 없다든지 공통점이 없을 때 사용할 수 있다)

③ ~도. (포함성을 나타내며, 같은 종류라는 것을 나타내며, 하나의 사실을 열거하고 다른 것도 같다는 것을 나타내며, 같은 종류의 사물이 공존하는 관계를 나타낸다)

57 うちから会社まで、３０分(　　　　)あれば、じゅうぶん行けます。

①　で　　　　　　　　　　　　②　さえ

③　こそ　　　　　　　　　　　④　も

⑤　を

해설

➡️ 집에서 회사까지, 30분만 있으면 충분히(十分・充分) 갈 수 있습니다.

② 특별한 예를 들어 ~이기 때문에 다른 것은 물론이라고 하는 의미를 나타낼 때. (すら)

　「…でさえ」「…ですら」의 형으로 사용하는 일도 많다.

　~한테 마저도(게다가) 라는 의미를 나타낸다. (すら)

　「…さえ …ば」의 형으로 그것만으로도 충분(それだけでじゅうぶん)하다는 의미를
　나타낸다.

58 次の文が正しく訳されていないものを一つ選びなさい。

　미안합니다다만, 창문 좀 열어 주시지 않겠습니까.

① 申し訳ありませんが、窓を開けてくださいませんか。

② 申し訳ありませんが、窓を開けていただけませんか。

③ 申し訳ありませんが、窓を開けていただきたいんですが。

④ 恐れ入りますが、窓を開けさせていただきますか。

⑤ 恐れ入りますが、窓を開けていただけないでしょうか。

해설

➡️ ~해 주시지 않겠습니까. (くださいませんか・いただけませんか)

59 밑줄 친 부분이 올바른 것을 고르세요.

① 四ツ谷駅から二つ目の停留所でバス<u>を</u>降りて下さい。

② 田中さんはお父さん<u>を</u>似ています。

③ 友だち<u>を</u>会うつもりです。

④ 私はバナナ<u>を</u>好きです。

⑤ あの機械<u>を</u>触らないでください。

➡ ②, ③, ⑤ に   ④ が

① 요쯔야 역으로부터 두 번째 정류장에서 버스를 내려주세요.

② 다나까씨는 아버님을 닮았습니다.   ③ 친구를 만날 생각입니다.

④ 저는 바나나를 좋아합니다.   ⑤ 저 기계를 만지지 말아 주세요.

60 下線の部分が間違っているのを一つ選びなさい。

① 私は妹に本を<u>読んでくれました</u>。

② 英語は田中先生に<u>教えていただきました</u>。

③ あなたがその老人を<u>助けてあげたのですか</u>。

④ 私は時々姉にケーキを<u>作ってもらいました</u>。

⑤ <u>招待して下さいまして</u>ありがとうございます。

해설

➡ ① 저는 여동생에게 책을 읽어 주었습니다. (私は妹に本を<u>読んであげました</u>。)

상대가 나에게 주다. (くれる)   金さん<u>が</u>私にくれる。

내가 상대에게 받다. (もらう)   私は金さん<u>に</u>もらう。

내가 상대에게 주다. (あげる)   私は金さんにあげる。

② 영어는 다나까 선생님에게 배웠습니다.

③ 당신이 그 노인을 도와준 것입니까.

④ 저는 가끔 언니에게 케이크를 만들어 받았습니다.

⑤ 초대해 주서서 감사합니다.

61 次の文と同じ意味で使われているものを選びなさい。

「あなただけでなく、私も今学期は落第したよ。」

① 私は前学期落第した。
② 二人とも今学期落第した。
③ 今学期、私は落第したが、あなたは進学した。
④ 今学期、あなたは落第したが、私は進学した。
⑤ 二人とも前学期は落第したが、今学期は進学した。

해설

➡ 당신뿐만 아니라, 나도 이번 학기는 낙제했다.

(だけでなく : ~뿐만 아니라. ばかりでなく・ばかりか・のみでなく・のみならず)

• 次の文の(　　　)の中に最も適当なものを一つ選びなさい。(62~68)

62 彼は絶対(　　　)。病気で寝ているのだから。

① 来ないわけではない　　　　② 来ないはずだ

③ 来ないものだ　　　　　　　④ 来るはずではない

⑤ 来ることになっている

해설

➡ 그는 절대로 오지 않을 것이다. 병으로 누워 있기 때문에.

① 오지 않는 것은 아니다. (부분부정을 나타낸다)

⑤ 오기로 되어 있다.

---

63 パーティーに行こうか行くまいか迷ったけれど、(　　　)行くことにしました。

① 終わりに　　　　　　　② けっきょく

③ ついに　　　　　　　　④ ついでに

⑤ 最後に

➡ 파티에 갈까 가지 않을까 망설였지만, 결국 가기로 했습니다.

① 끝날 때에.　　　　　　　　　② 결국. (結局)

③ 결국. 마침내. 최종 단계에서.　④ ~하는 김에.

⑤ 최후에, 마지막에.

64 大学に入った(　　　)、何を専攻すればいいのかよくわからない。

① からには　　　　　　　② ので

③ くせに　　　　　　　　④ からといって

⑤ ものの

➡ 대학에 들어가긴 했지만, 무엇을 전공하면 좋을지 잘 모르겠다.

① ~한 이상은　　　　　③ ~이면서도

④ ~라고 해서　　　　　⑤ ~하긴 했지만

65 昨日はとても天気が(　　　)。

① よくないです　　　　② よいでした

③ いかったです　　　　④ よかったです

⑤ よいです

➡ 어제는 대단히 날씨가 좋았습니다. (い형용사의 과거형은 でした를 사용할 수 없다)

66 日本(　　　)は、2月(　　　)一番寒い。

① が、が　　　　　　　　② に、が

③ と、が　　　　　　　　④ の、も

⑤ で、が

➡ 일본에서는, 이월이 제일 춥다.

67 ベル(　　)鳴りました。学生はみんな席(　　)着きました。

① が、を　　　　　　　　② に、が
③ が、に　　　　　　　　④ が、は
⑤ を、に

➡ 벨이 울렸습니다. 학생은 모두 의자에 앉았습니다.

68 あの人は今どこにいる(　　)知りません。

① が　　　　　　　　　　② は
③ か　　　　　　　　　　④ で
⑤ に

➡ 그 사람은 지금 어디에 있는지 모릅니다.
③ 불확실함을 나타낸다.

69 余暇を楽しむには健康(　　)ないといけない。

① は　　　　　　　　　　② が
③ で　　　　　　　　　　④ に
⑤ と

➡ 여가를 즐기려면(즐기기 위해서는) 건강하지 않으면 안 된다.

70 地震が火災を発生させる場合(　　　)多い。

① は　　　　　　　　　② や

③ の　　　　　　　　　④ が

⑤ で

➡ 지진이 화재를 발생시키는 경우는 많다.

　地震<u>は</u>火災を発生させる場合<u>が</u>多い。 지진은 화재를 발생시키는 경우가 많다.

71 下線の部分の間違っているものを一つ選びなさい。

① 私は池袋から二つ目の茗荷谷<u>で</u>いつも降ります。

② 昨日は新宿へ買い物<u>に</u>行きました。

③ 私は兄と姉が一人<u>ずつ</u>あります。

④ ここから成田までは、1時間<u>に</u>行けるでしょう。

⑤ このバスは渋谷<u>を</u>通りますか。

➡ ④ に → で。(사물의 기준을 나타낸다)

① 나는 이께부꾸로에서 두 번째 정거장인 묘가다니에서 언제나 내립니다.

② 어제는 신쥬꾸에 쇼핑하러 갔었습니다.

③ 나는 형과 누나가 한 명씩 있습니다.

④ 여기서부터 나리따까지는, 한 시간 만에 갈 수 있겠지요.

⑤ 이 버스는 시부야를 통과합니까.

72 次の五つの文の中で助詞の使い方が正しいものを一つ選びなさい。

① 彼は正直な人だからうそ<u>を</u>つくまい。

② そんなにがっかりすること<u>を</u>なかろうに、ご飯も食べないらしいね。

③ 漢江はソウルのまんなか<u>を</u>流れている。

④ 私は彼の質問<u>を</u>答えることができなかった。

⑤ 崔さんは東京<u>を</u>行きたがっています。

해설

➡ ① を → は ② を → も ④ を → に ⑤ を → へ

① 그는 정직한 사람이니 때문에 거짓말(嘘)을 하지 않을 것이다.

② 그렇게 낙담(실망)할 일도 아닌데, 밥도 먹지 않는 것 같다.

③ 한강은 서울의 한가운데(真ん中)를 <u>흐르고</u> 있다.

④ 나는 그의 질문에 대답할 수가 없었다.

⑤ 최씨는 도꾜에 가고 싶어 합니다.

73 風もない<u>のに</u>、花びらがゆれる。の「のに」と同じ用法のものを一つ選びなさい。

① とても寒い<u>のに</u>びっくりした。

② ぼくは母の姿がない<u>のに</u>気がついた。

③ お酒の種類が豊富な<u>のに</u>驚いた。

④ 戸を閉めた<u>のに</u>雨がへやのなかまで入ってきた。

⑤ テレビを買う<u>のに</u>お金が要ります。

해설

➡ 바람이 불지 않는데도, 꽃잎이 흔들린다. (역접)

のに : ～인데도. ～했는데도. (역접의 확정조건)

용법 : 동사·い형용사·な형용사·명사(기본체) ＋ のに.

●예외	기본체 (긍정·현재)	のに형
な형용사	賑やかだ。	賑やか＋なのに。
명사	田中さんだ。	田中さん＋なのに。

의미 : 예상하지 않았던 결과가 발생해서 원래의 상태로 돌아갈 수 없을 때, 비난이나 불만, 안타까움의 뜻을 나타낸다. 불만이나 불평을 나타낼 때는 くせ를 사용한다.

　　　くせ : ~인 주제에. ~이면서도.

용법 : 동사・い형용사(기본체)＋くせ.

　　　な형용사(な)＋くせ. 명사(の)＋くせ.

　　　のに : ~하는 데. ~하기 위해.

의미 : の는 체언을 나타내고, に는 목적을 나타낸다.

① 너무 추워서 깜짝 놀랐다.

② 나는 어머니의 모습이 없는 것을 알았다.

③ 술의 종류가 다양한 것에 놀랐다.

④ 문을 닫았는데 비가 방안까지 들어왔다. (역접)

⑤ TV를 사는 데 돈이 필요합니다.

74 次の文の中で助詞にの使い方が正しいものを一つ選びなさい。

　① その頃学校の前に文房具屋がありました。
　② 寮に働いている男の人の名前は何ですか。
　③ きのう学校の前に事故がありました。
　④ あの喫茶店にコーヒーを飲みましょう。
　⑤ きのうの事故に人が死にました。

해설

➡ ②, ③, ④, ⑤ に → で (동작이 행하여진 장소 또는 무대로서의 장소)

に : ~에. (사람이나 물건이 존재하는 장소를 나타낸다)

で : ~에서. (동작・작용이 행하여지는 장소, 또는, 그 동작이 행하여지는 무대(舞台)로서의 장소에서 사용된다)

존재(存在)와 동작(動作)의 의미가 양쪽 다 있는 것은 に・で 양쪽 모두 사용할 수 있지만, 그 경우 に를 사용하면 존재의 의미가 되고 で를 사용하면 동작의 의미가 된다.

① 그 무렵 학교 앞에 문방구가 있었습니다.

② 기숙사에서 근무하는 남자 이름은 무엇입니까.

③ 어제 학교 앞에서 사고가 있었습니다.

④ 저 찻집에서 커피를 마십시다.

⑤ 어제 사고에서 사람이 죽었습니다.

75 遠<ruby>とお</ruby>くから<ruby>集</ruby><ruby>あつ</ruby>まって<ruby>来</ruby><ruby>き</ruby>たらしい。の<ruby>助詞</ruby><ruby>じょし</ruby>からの<ruby>意味</ruby><ruby>いみ</ruby>の<ruby>用法</ruby><ruby>ようほう</ruby>と<ruby>同</ruby><ruby>おな</ruby>じものを<ruby>一</ruby><ruby>ひと</ruby>つ<ruby>選</ruby><ruby>えら</ruby>びなさい。

① <ruby>寒</ruby><ruby>さむ</ruby>いから<ruby>窓</ruby><ruby>まど</ruby>をしめてください。

② まだ<ruby>未成年</ruby><ruby>みせいねん</ruby>だからお<ruby>酒</ruby><ruby>さけ</ruby>は<ruby>飲</ruby><ruby>の</ruby>めません。

③ よく<ruby>分</ruby><ruby>わ</ruby>からないから<ruby>聞</ruby><ruby>き</ruby>いて<ruby>見</ruby><ruby>み</ruby>よう。

④ <ruby>午後</ruby><ruby>ごご</ruby><ruby>1</ruby><ruby>いち</ruby><ruby>時</ruby><ruby>じ</ruby>から<ruby>会議</ruby><ruby>かいぎ</ruby>が<ruby>始</ruby><ruby>はじ</ruby>まる。

⑤ きのう<ruby>買</ruby><ruby>か</ruby>っておいたから<ruby>心配</ruby><ruby>しんぱい</ruby>しないでください。

해설

➡ から : ~이기 때문에(이유·원인). ~부터(출발점).

① 춥기 때문에 창문을 닫아주세요.

② 아직 미성년이기 때문에 술은 마실 수가 없습니다.

③ 잘 모르기 때문에 물어보자.

④ 오후 1시부터 회의가 시작된다.

⑤ 어제 사 놓았기 때문에 걱정하지 마세요.

76 <ruby>下線</ruby><ruby>かせん</ruby>の<ruby>部分</ruby><ruby>ぶぶん</ruby>が<ruby>正</ruby><ruby>ただ</ruby>しく<ruby>使</ruby><ruby>つか</ruby>われているものを<ruby>一</ruby><ruby>ひと</ruby>つ<ruby>選</ruby><ruby>えら</ruby>びなさい。

① その<ruby>言葉</ruby><ruby>ことば</ruby>は、この<ruby>地方</ruby><ruby>ちほう</ruby>でだけ<ruby>通用</ruby><ruby>つうよう</ruby>しない。

② その<ruby>教室</ruby><ruby>きょうしつ</ruby>には<ruby>机</ruby><ruby>つくえ</ruby>はもちろん<ruby>椅子</ruby><ruby>いす</ruby>しかありません。

③ <ruby>私</ruby><ruby>わたし</ruby>の<ruby>部屋</ruby><ruby>へや</ruby>には<ruby>簡単</ruby><ruby>かんたん</ruby>な<ruby>和英辞書</ruby><ruby>わえいじしょ</ruby>しかありません。

④ クラスは30<ruby>人</ruby><ruby>にん</ruby>ですが、<ruby>女</ruby><ruby>おんな</ruby>の<ruby>学生</ruby><ruby>がくせい</ruby>は、<ruby>3</ruby><ruby>さん</ruby><ruby>人</ruby><ruby>にん</ruby>ばかりです。

⑤ <ruby>知</ruby><ruby>し</ruby>っている<ruby>人</ruby><ruby>ひと</ruby>は<ruby>二人</ruby><ruby>ふたり</ruby>もです。

해설

➡ ① だけ → しか。　　　② しか → も。

④ ばかり → だけ。　　　　　　　⑤ も　 → だけ・きり。

も　　　: 포함성을 나타내며, 같은 종류라는 것을 나타내며, 하나의 사실을 열거하고 다른 것도
　　　　　같다는 것을 나타내며, 같은 종류의 사물이 공존하는 관계를 나타낸다.
和(わ)　　: 일본을 가리킨다.
しか　　: ~밖에. (한정의 의미를 나타내며 뒤에는 반드시 부정문을 동반한다)
だけ　　: ~만・뿐. (한정의 의미를 나타내며 뒤에는 긍정문과 부정문이 올 수 있다)
ばかり : 수사(数詞)+ばかり。 대개의 분량・정도를 나타낸다. 상식적으로 조금이라고
　　　　　하는 뉘앙스가 내포되어 있다.

① 그 말은, 이 지방에서 밖에 통용되지 않는다.
② 그 교실에는 책상은 물론 의자도 없습니다.
③ 제 방에는 간단한 일영사전밖에 없습니다.
④ 클래스는 30명입니다만, 여학생은 3명뿐입니다.
⑤ 알고 있는 사람은 두 명뿐입니다.

77 밑줄 친 부분이 틀린 것을 고르세요.

① バスに乗(の)る。　　　　　　　② 風邪(かぜ)が引(ひ)く。
③ 部屋(へや)に入(はい)る。　　　　　　④ 東京(とうきょう)に住(す)んでいる。
⑤ 日本語(にほんご)が出来(でき)る。

해설

▶ ② 風邪(かぜ)を引(ひ)く。 감기 걸리다. (ピアノを弾(ひ)く : 피아노를 치다. 辞書(じしょ)を引(ひ)く : 사전을 찾다)

78 次(つぎ)の文(ぶん)が正(ただ)しく訳(やく)されたのものを一(ひと)つ選(えら)びなさい。

　이사에 관한 모든 것을 해 줍니다.

① 引(ひ)っ越(こ)しに関(かん)する全部(ぜんぶ)をやってくれるんです。
② 引(ひ)っ越(こ)しに関(かん)するみんなをやってくれるんです。
③ 引(ひ)っ越(こ)しに関(かん)するすべてをやってくれるんです。

④ 引っ越しに対する全部をやってくれるんです。

⑤ 引っ越しに対するみんなをやってくれるんです。

해설

▶ 全部 : 부분적인 전부. (挙って : 한 명도 빠짐없이. 전원). 皆 : 모두 같이.

凡て·全て·総て : 모든 전체적인 것.

に関する : ~관한. に対する : ~대한.

79 「場合」の「場」とちがう読み方を一つ選びなさい。

① 場所   ② 場面

③ 立場   ④ 風呂場

⑤ 停留場

해설

▶ ⑤ 정류장. (停留場·停留所)

① ばしょ (장소)   ② ばめん (장면)

③ たちば (입장)   ④ ふろば (목욕탕)

80 次の外来語表記のうち、間違っているものを一つ選びなさい。

① coffee : コーヒ。   ② alibi   : アリバイ。

③ copy   : コピー。   ④ building : ビル。

⑤ beer   : ビール。

해설

▶ ① コーヒー (커피). bed : ベッド (침대)

② 알리바이.   ③ 복사.

④ 빌딩 : ビル·ビルディング (building). (ビル (bill) : 계산).

⑤ 맥주.

81 次の文章の内容を最もよく表しているものを一つ選びなさい。

> 田中食品工業は7日、牛乳を原料とする酒「乳酒」を世界で初めて工業化に成功し、来年4月から発売することを発表した。これは、東アジアの遊牧民などが飲んでいる自家製の乳酒をヒントに、研究・開発を進めてきたものである。

① これまで製品として販売された乳酒はなかった。
② 田中食品工業は東アジアに乳酒を輸出する。
③ 乳酒をつくったのは、田中食品工業が世界初めてである。
④ 乳酒は、製造の工業化成功と同時に発売が開始された。
⑤ 遊牧民たちが最初に乳酒を商品化した。

해설

➡ ① 지금까지 제품으로 하여 판매된 유주는 없었다.

다나까 식품공업은 7일, 우유를 원료로 한 술「우유 술」을 세계에서 처음으로 공업화에 성공하여, 내년 4월부터 발매할 것을 발표했다. 이것은, 동아시아의 유목민 등이 마시고 있는 자가제(자기 집에서 만듦)의 우유 술을 힌트로 하여, 연구·개발을 진행해 온 것이다.

② 다나까 식품공업은 동아시아에 유주를 수출한다.

③ 유주를 만든 것은 다나까 식품공업이 세계 최초다.

④ 유주는 제조의 공업화 성공과 동시에 발매가 개시되었다.

⑤ 유목민들이 최초로 유주를 상품화했다.

---

82 次の文章の内容を最もよく表しているものを一つ選びなさい。

> 現在、65歳以上のお年寄りは日本の総人口の11%を超し、21世紀までには15%になると予測される。また総労働力に占める55歳以上の割合も現在の20%から24%に増えると考えられる。このように社会の高齢化が進む一方、核家族化がさらに進み、現在の一家族3．2人が2．8人に減少するため、老人の孤独化は一層促進されるものと思われる。

① 日本は世界の中でもお年寄りの多い国の一つである。

② 年をとっても、働きたいと考える人が増えている。

③ お年寄りのためには、大きな家族のほうが良い。

④ 今後日本の高齢化は進み、それに伴う問題も生じてくる。

⑤ 高齢化は当たり前のことで心配することはない。

➡ ④ 앞으로 일본의 고령화는 진행되어, 거기에 따른 문제도 생겨난다.

현재, 65세 이상의 노인은 일본 총인구의 11%를 넘어, 21세기까지는 15%가 될 것으로 예측된다. 또 총 노동력에서 차지하는 55세 이상의 비율도 현재의 20%로부터 24%로 늘 것이라고 생각된다. 이처럼 사회의 고령화가 진행되는 한편, 핵가족화가 더욱 진행되어, 현재의 일가족 3.2인이 2.8인으로 감소하기 때문에, 노인의 고독화는 한층 더 촉진될 것으로 생각된다.

① 일본은 세계에서도 노인이 많은 나라 중 하나이다.

② 나이를 먹어도, 일하고 싶다고 생각하는 사람이 늘고 있다.

③ 노인을 위해서는 대가족이 좋다.

⑤ 고령화는 당연한 것으로 걱정할 필요는 없다.

---

83 次の文章の内容を最もよく表しているものを一つ選びなさい。

「あなたにとって一番大切なものは」という問いに、「家族」と答える人が増えている。一方、若い世代の独身志向、中高年の離婚の増加など、家族にとらわれない生き方も出てきている。

① 家族をもっと大切にするべきである。

② 家族を大切にしないので、離婚が増えている。

③ 若い世代ほど、家族を大切にする。

④ いろいろな家族観が出てきた。

⑤ 家族の解体が目立つ。

➡️ ④ 여러 가지 가족관이 등장했다.

「당신에게 있어 가장 소중한 것은」이란 질문에 「가족」이라고 대답한 사람이 늘고 있다.
한편, 젊은 세대의 독신 지향, 중 고령의 이혼의 증가 등은, 가족에 구애받지 않는 삶의
방식도 나오고 있다.

① 가족을 더욱더 소중히 여겨야 한다.

② 가족을 소중히 여기지 않기 때문에, 이혼이 증가하고 있다.

③ 젊은 세대야말로, 가족을 소중히 여긴다.

⑤ 가족의 해체가 눈에 띈다.

84 次の文章の内容を最もよく表しているものを一つ選びなさい。

> どんな仕事でもそうだが、俳優をやるにもそれなりに素質がなくては
> ならない。だが、素質はそれほど絶対的なものではない。「好きこそ物の
> 上手なれ」ということわざがあるが、俳優も例外ではなく、まず演技する
> ことが好きでなくてはならない。

① 俳優という仕事では、役を好きになることが大切である。
② 俳優という仕事は、素質には関係なく、自分の仕事が好きであることが
重要だ。
③ 俳優という仕事には、素質も必要だが、何より演技が好きであることが
必要だ。
④ 俳優という仕事は、演技が好きであれば、上手になっていく。
⑤ 俳優という仕事は、素質がなくても演技することが好きだとこう感情が
必要だ。

➡️ ③ 배우라는 일은 소질도 필요하지만 무엇보다 연기를 좋아하는 것이 필요하다.

어떤 일이라도 그렇겠지만, 배우를 하는데도 그 나름대로의 소질이 없어서는 안 된다. 그러
나, 소질은 그 정도로 절대적인 것은 아니다. 「무엇이든지 좋아하고 열심히 하기 때문에

자연히 숙달되는 것이다」라고 하는 속담(諺)도 있지만, 배우도 예외는 아니고, 우선 연기하는 것을 좋아하지 않으면 안 된다.

① 배우라고 하는 일에는, 역할을 좋아하는 일이 중요하다.

② 배우라는 일은 소질하고는 관계없이 자신의 일을 좋아하는 것이 중요하다.

④ 배우란 일은 연기를 좋아하면 능숙하게 된다.

⑤ 배우란 일은 소질이 없어도 연기하는 것을 좋아한다고 하는 감정이 필요하다.

85 次の文章の内容を最もよく表しているものを一つ選びなさい。

「医者は患者の手当てをし、自然が病気を治す」ということわざは、
医療の限界とその目的をよく言い表している。なぜなら、医療とは、人
間の体が持つ回復力の働きに有利な条件を与えるものであるからだ。

① 人間は本質的に病気の回復力を持っているのであり、医者は不要である。

② 医者は、自然が病気を治すのを手助けするものである。

③ 医療とは、患者に回復力を与える仕事である。

④ 病気にかかったら、自然に治らないので、医者に行く必要がある。

⑤ 医療とは、全然必要ではないものだ。

해설

➡ ② 의사는 자연이 병을 낫게 하는 것을 도와주는 것이다.

「의사는 환자를 치료하고, 자연이 병을 낫게 한다」라고 하는 속담은, 의료의 한계와
그 목적을 잘 표현하고 있다. 왜냐하면, 의료란, 인간의 몸이 가지는 회복력의 활동에 유리한
조건을 제공하는 것이기 때문이다.

① 인간은 본질적으로 병의 회복력을 가지고 있고, 의사는 불필요하다.

③ 의료란 것은 환자에게 회복력을 주는 일이다.

④ 병에 걸리면 자연히 낫지 않기 때문에 의사에게 갈 필요가 있다.

⑤ 의료란 전혀 필요 없는 것이다.

86 次の文の下線の部分の意味が違うものを一つ選びなさい。

① 彼女が気取っているさまは実にこっけいだ。

② 彼らは歌に合わせてこっけいな踊りを披露した。

③ これはこっけいな漫画だ。

④ 彼の恰好は珍妙にしてこっけいであった。

⑤ 彼はこっけいなパントマイムで会場を沸かせた。

해설

➡️ ① 그녀의 점잖은 체하는 모습은 실로 보기 흉하다.

滑稽 : 익살맞다. 재미있다. 우스꽝스럽다. (面白おかしいこと)

　　　　보기 흉하다. (みっともない)

洒落 : 멋짐. 익살. 洒落を飛ばす. 익살 부리다.

洒落っ気 : 관심을 끌려고 하는 기분. 멋내다. 익살맞다.

② 그들은 노래에 맞춰 익살스러운 춤을 선보였다.

③ 이것은 재미있는 만화다.

④ 그의 모습은 특이(진귀, 별난 모습)해서 재미있었다.

⑤ 그는 익살스러운 팬터마임으로 회의장을 열광시켰다.

---

87 다음 문장과 같은 것을 고르세요.

うまい ： おいしい

① おもしろい ： くだらない　② はれやか ： ほがらか

③ ひろい ： せまい　④ たしかだ ： あいまいだ

⑤ あらい ： こまかい

해설

➡️ ② 晴やか(명랑하다. 쾌청, 맑게 갠 모양). 朗らか : 명랑하다. 성격이 밝다.

④ 確かだ : 확실하다. 曖昧 : 애매하다.

⑤ 荒い : 거칠다. 난폭하다. 粗い : 꺼칠꺼칠하다. 조잡하다.

細かい : 대단히 작다. 자세하다. 인색하다(돈에).

88 次の文の(   )の中に最も適当な言葉を入れなさい。

　　　文さんはいびきを(   )人とはいっしょに寝られません。

① かう　　　　　　　② きく

③ かく　　　　　　　④ すう

⑤ のむ

해설

➡ 문씨는 코를 고는 사람하고는 함께 잘 수 없습니다. (いびきをかく : 코를 골다)

89 次の(   )の中に適当な言葉を入れなさい。

　　　今日もはたらき(   )いく。

① に　　　　　　　　② を

③ の　　　　　　　　④ で

⑤ は

해설

➡ 오늘도 일(働く)하러 가다. 동사(ます形) + に : ～하러. (목적을 나타낸다)

90 次の二人の会話の最も正しい順序を一つ選びなさい。

㉠ : 離婚しようとでもおっしゃるのですか。

㉡ : おれは一人でも生きられるみたいだな。

㉢ : そうじゃなくて、組織にぞくさなくても一人で生きていかれる自信があるということだよ。

㉣ : 組織に属さないと友達がなくなって寂しいんじゃありませんか。

① ㉡－㉠－㉣－㉢　　　　② ㉡－㉠－㉢－㉣

③ ㉣－㉢－㉠－㉡　　　　④ ㉠－㉢－㉣－㉡

⑤ ㉣－㉢－㉡－㉠

해설

➡ ② ㉡－㉠－㉢－㉣

㉠ 이혼하자고 말씀하시는 겁니까.

㉡ 나는 혼자서도 살아갈 수 있을 것 같다.

㉢ 그게 아니고, 조직에 속하지 않아도 혼자서 살아갈 자신이 있다는 거야.

㉣ 조직에 속하지 않으면 친구가 없어져서 외롭지 않습니까.

91 次の文章を読んで、後の問いに答えなさい。

　　あるとき、私はイギリスにいて、数ヵ月後の学会出席についてロンドンの事務局と電話で話していた。先方は、「リターン・チケットをくれる」という。私は少し慌てて、「いや、帰りの切符だけでは困る。今はイギリスにいるけれども、一度日本に帰ってまた来ることになる。だから、何とか往路の切符ももらえないか」といった。ところが、どうも話が通じない。押し問答をしているうちにはっと気付いたのだが、イギリスで「リターン・チケット」とは往復切符の意味だ（アメリカでは「ラウンド・トリップ」と言う）。往復切符をくれると言われたのに、往復切

符をくれと騒いでいたわけである。

【問い】どうも話が通じないのはなぜか。

① 筆者が困って騒いだから
② 電話ではなしていたから
③ 電話では往復切符をくれといってたから
④ 筆者が「リターン・チケット」の意味を誤解していたから
⑤ 筆者が「帰りの切符だけでは困る」といったから

➡ ④ 필자가 「리턴 티켓」의 의미를 잘못 알았기(오해했기) 때문에.

往路 : 가는 길. (⇔ 帰路·復路)

押し問答 : 서로 양보하지 않고 자신의 생각을 강하게 말하는 것.

はっと : 갑자기 생각나는 모습. 돌연 생각나다. 갑자기 놀라는 모습. 깜짝 놀라다. 급한 일에 놀란 모습.

さわぐ : 시끄럽게 떠들어대다. 소란스럽다. 질서를 어지럽히다. 혼란해지다. 마음이 설레다. 당황하다. (騒ぐ)

그때, 나는 영국에 있었고, 몇 달 후의 학회 출석에 대해 런던의 사무국과 전화 통화를 했었다. 상대방은, 「리턴 티켓을 준다」라고 말했다. 나는 조금 당황해서, 「아니, 돌아올 표만으로는 곤란하다. 지금은 영국에 있지만, 한번 일본에 돌아가서 다시 오게 된다. 그렇기 때문에 어떻게든 갈 때 표도 받을 수 없겠냐」라고 했다. 그러나, 도저히 말이 통하지 않는다. 입씨름을 하고 있는 동안에 갑자기 깨달은 것이, 영국에서 「리턴 티켓」이라고 하는 것은 왕복표를 뜻한다(미국에서는 「라운드 트립」이라고 한다). 왕복표를 준다고 들었는데도, 왕복표를 달라고 떠들고 있었던 것이다.

① 필자가 곤란해서 떠들었기 때문에.
② 전화로 이야기했기 때문에.
③ 전화로는 왕복표를 달라고 말했었기 때문에.
⑤ 필자가 「돌아오는 표만으로는 곤란하다」라고 말했었기 때문에.

92 次の文章を読んで、後の問いに答えなさい。

　　好かれるということは、相手は自分に満足していると言うことである。
何もしてあげなくても、自分と一緒にいることで満ち足りているというこ
とである。心の底で自分に満足していないものは、相手が単に自分といる
だけで満足しているということが想像できない。そこで<u>いろいろと無理を
する。何らかの奉仕をしようとする。何か役に立とうとする。</u>

【問い】<u>いろいろと無理をする。何らかの奉仕をしようとする。何か役に立と
うとする</u>とあるが、それはなぜか。

① 相手に自分が満足してもらっているから
② 相手が何もしなくても自分が満足してもらって想像できるから
③ 相手に自分が無理をすることで満足してもらいたいから
④ 自分が相手に好かれていると想像できないから
⑤ 自分が何もしなくても相手が満足していることが想像できないから

해설

➡ ⑤ 자신이 아무것도 하지 않아도 상대가 만족하고 있는 것을 상상할 수 없기 때문에.

호감 받는다는 것은, 상대는 스스로에게 만족하고 있다고 말하는 것이다. 아무것도 해주지
않아도, 자신(본인)과 함께 있는 것으로 만족한다는 것이다. 마음 한편으론 자신에게 만족하
지 못하는 것은, 상대가 단순히 자신과 있는 것만으로 만족하고 있다는 것을 상상할 수
없다. 그래서 여러 가지로 무리를 한다. 무엇인가 봉사를 하려고 한다. 무언가 도움이 되려고 한다.
満ち足りる : 충분하다. 만족하다.
無理やりに : 무리하게(有無を言わせず). 無理もない : 당연하다(無理からぬ・当たり前).

① 상대에게 자신이 만족할 수 있기 때문에

② 상대가 아무것도 하지 않아도 자신이 만족을 받고 있다고 상상할 수 있기 때문에

③ 상대에게 자신이 무리를 하는 것으로 만족해 받고 싶기 때문에

④ 자신이 상대에게 호감을 받고 있다고 상상할 수 없기 때문에

93 편지의 내용으로 가장 적당한 것을 고르세요.

> 　突然お手紙差し上げます。私はそちらの上の階601号室に住む井上と申しますが、実はお願いがございます。お宅様で飼っていらっしゃる犬が、夜中に激しく鳴き出すのでいささか困っております。私どもの家には、受験をひかえた娘がおりますので、どうか早急になんらかの手段を講じていただけないでしょうか。夜間はベランダから室内に入れるとか、鳴き出す前に散歩に連れていくなど、善処してくださるようお願い致します。

① 苦情　　　　　　　　　② 拒絶
③ 謝罪　　　　　　　　　④ 慰労

해설

➡ ① 남으로부터 피해 · 불이익을 당한 것에 대한 불평. 불만. (不平 · 不満)

갑자기 편지 드립니다. 저는 그쪽의 위층 601호실에 사는 이노우에라고 합니다만, 실은 부탁드릴 게 있습니다. 댁에서 기르고 계시는 개가, 한밤중에 심하게 짖기 때문에 조금 곤란합니다. 저희 집에는, 시험을 앞둔 딸이 있기 때문에, 아무쪼록 시급히 어떤 수단을 강구해 주실 수 없겠습니까. 야간에는 베란다에서 실내로 들여보내거나, 짖기 전에 산책에 데리고 가는 등, 선처해 주시길 부탁드립니다.

② 거절.　　　　　　　　③ 사죄.

④ 위로.

94 다음 문장의 내용과 일치하지 않는 것을 고르세요.

> 　あるデパートグループが、初売りの話題づくりに人型ロボットの注文を取った。二体限りの特製で、価格は西暦にちなんで2,010万円。それでも全国で数十件の応募があったそうだ。抽選のうえ、購入者と同じ顔、体、声を持つロボットを、開発会社のココロ(東京)が半年かけて作

る。あらかじめ用意した言葉を、それなりの表情や身ぶりでしゃべるという。同じ大金を出すなら別の容姿にしたい気もする　が、自分がもう１人いる世界も面白い。ロボットの好感度は、外見や動作が人間に近づくほど増す。ところが、ある時点で強烈な不快感に転じるが、人と見分けがつかない水準になるとまた好感に戻るという。中途半端に人っぽい段階を「不気味の谷」と呼ぶそうだ。

① 人型ロボットの注文には数十件の応募があり、抽選で二体の購入者が決まる。
② 2,010万円の価格は2010年によっており、製作期間は半年である。
③ ロボットの好感度は、人と見分けがつかない水準に到って強烈な不快感に転ずる。
④ ロボットが中途半端に人間の外見や動作に近づいている段階を「不気味の谷」と呼ぶそうだ。

➡ ③ 로봇의 호감도는, 사람과 구분할 수 없는 수준에 이르러서 강렬한 불쾌감으로 변한다.

半年·半年　　：반년. 大金·大金：큰돈. 外見·外見：겉모습.

無気味·不気味：왠지 모르게 무섭다. 불길하다.

不気味の谷　　：인간형 로봇 등의 모습이 너무나도 인간에 가까울 때에, 보는 사람에게
　　　　　　　　위화감이나 혐오감을 준다고 하는 현상.

한 백화점그룹이, 첫 판매 화제(이슈)를 만들기 위해 인간형 로봇을 주문했다. 2개 한정 특제로, 가격은 서기일을 기념하기 위해서(연관지어) 2,010만엔. 그런데도 전국에서 수십 건의 응모가 있었다고 한다. 추첨 후, 구입자와 같은 얼굴, 몸, 목소리를 가진 로봇을, 개발 회사의 코코로(도쿄)가 반년에 걸쳐 만든다. 사전에 준비한 말을, 나름대로 표정이나 몸짓으로 말한다는 것이다. 비슷한 돈을 낸다면 다른 외모로 하고 싶기도 하지만, 자신이 하나 더 있는 세상도 재미있다. 로봇의 호감도는, 외모나 동작이 인간에 가까워질수록 늘어난다. 그러다, 어느 시점에서 강렬한 불쾌감으로 변하지만, 사람과 구분할 수 없는 수준이 되면 또다시 호감으로 돌아간다고 한다. 어중간한 사람 같은 단계를 「부끼미노 다니」라고 부른다고 한다.

① 인간형 로봇의 주문은 수십 건의 응모가 있어, 추첨으로 두 명의 구입자가 정해진다.

② 2,010만엔의 가격은 2010년에 의한것이고, 제작기간은 반년이다.

④ 로봇이 어설프게 인간의 외모나 동작에 접근하고 있는 단계를 「부끼미노 다니」라고 부른다고 한다.

95 다음 문장의 내용과 가장 가까운 것을 고르세요.

日本の食事の中心は白いごはんにある。もともとは、白いごはんさえ十分に食べさせてもらえれば、それで満足するものだった。それが日本人のルールなのだ。もちろん白いごはんを白いごはんだけで食べろ、ということではない。おかずは必要だ。ただ、あくまでおかずはごはんを食べるための補助食物だったということである。だから、白いごはんを思いっきり食べさせてもらえなかったときは文句を言ってもいいが、おかずが少量であったり品数が少なくても、文句を言うものではなかった。おかずが足りずにごはんが余ってしまって、満腹しないというのは個人のミスで、ごはんを食べる計略ができていないだけであるとされた。

① 일본인은 원래 반찬보다 흰 밥 위주의 식습관이었다.

② 일본인은 원래 반찬을 남기면 예의에 어긋난다고 했다.

③ 일본인은 원래 반찬 수가 적으면 불평을 해도 괜찮았다.

④ 일본인은 원래 반찬이 부족하면 밥을 배불리 먹지 못했다.

해설

➡ ① 일본인은 원래 반찬보다 흰 밥 위주의 식습관이었다.

充分・十分 : 충분히. 食物・食物・食物・食物 : 음식. 식사.

일본의 식사의 중심은 흰쌀밥이다. 원래는, 흰 쌀밥만 충분히 먹이면, 그것으로 만족했던 것이었다. 그것이 일본인의 룰(규칙)인 것이다. 물론 흰쌀밥을 흰쌀밥으로만 먹어라, 라고 한 것은 아니다. 반찬은 필요하다. 단, 어디까지나 반찬은 밥을 먹기 위한 보조음식이었다는 것이다. 그렇기 때문에, 흰 쌀밥을 실컷(마음껏) 못 먹였을 때는 불평해도 되지만, 반찬이 소량이거나 가짓수가 적더라도, 불평하는 것은 아니었다. 반찬이 부족해 밥이 남아돌면,

배부르지 않는다고 하는 것은 개인의 실수이고, 밥을 먹을 계략(꾀가)이 없는 것뿐이라고
여겨졌다.

96 해석이 잘못 짝지어진 것을 고르세요.

① よろこんでいたします。　 : 깜짝 놀랐습니다.

② もう一杯いかがですか。　 : 한 그릇 더 드시겠습니까.

③ 相変わらず元気です。　 : 별 탈 없이 잘 지냅니다.

④ お先に失礼いたします。　 : 먼저 가보겠습니다.

⑤ また今度お願い致します。　 : 다음에 부탁합니다.

해설

➡ ① 기꺼이 하겠습니다. (喜んで致します。)

97 다음 문장을 일본어로 가장 잘 표현한 것을 고르세요.

물을 끓여서 차를 마십시다.

① おゆをわいて、お茶をいれましょう。

② おゆをにて、お茶をのみましょう。

③ おゆをわかして、お茶をいれましょう。

④ おひやをたいて、お茶をのみましょう。

⑤ おみずをわいて、お茶をいれましょう。

해설

➡ お湯を沸かす : 물을 끓이다. お茶を入れる : 차를 끓이다. 차를 마시다.

② 煮る : 물속에 넣고 물건을 삶다.

④ 御冷や : 찬물. 차가운 음료수. 차가운 밥. 炊く : 밥·죽을 끓이다.

98 次の文の(　　)の中に最も適当なものを入れなさい。

歩くことは(　　)、立つこともできない。

① ところが　　　　　　　② ところで

③ しかも　　　　　　　　④ おろか

⑤ ばかりに

해설

➡ 걷는 것은 물론이고, 서는 것도 못한다. (…は疎か : ~는커녕. ~는 물론이고)

「…はおろか」「…もおろか」 등의 형태로 말할 필요도 없는 것을 나타낸다. (勿論)

掃除は疎か、布団を上げたこともない。 청소는 물론이고, 이불을 갠 적도 없다.

99 次の文の(　　)の中に最も適当なものを入れなさい。

子どもの入学試験の発表が気になって、仕事が(　　)。

① 首になった　　　　　　② 手にあまる

③ 手につかない　　　　　④ 鼻につく

⑤ 相づちを打つ

해설

➡ 아이의 입학시험 발표가 신경 쓰여, 일이 손에 잡히지 않는다.

① 해고되다.　　　　　　　② 능력이상이다. 벅차다. (手に余る)

③ 마음이 다른 곳에 있어서 일이 손에 잡히지 않는다.

④ 질리다.　　　　　　　　⑤ 상대의 의견에 맞장구치다.

100 次の文の(　　)の中に最も適当なものを入れなさい。

(　　)をこぼしてばかりいて全然仕事をしない。

① 欲
　よく

② 恥
　はじ

③ 念
　ねん

④ 愚痴
　ぐ ち

⑤ 塵
　ちり

해설

➡ 투덜거리기만 할 뿐 (불평만 말할 뿐) 전혀 일을 하지 않는다.

愚痴をこぼす。 말해도 소용없는 것을 말하고 한탄하다. 푸념하다.
　く ち

① 욕심.

② 창피. 부끄러움. 수치. 치욕.

③ 생각. 기분. 주의. 배려(心配り). 염원(念願). 소망.
　　　　　　　　　　　こころくば　　　　　　ねんがん

念には及びません。 염려할 것까지는 없습니다. 念がかなう。 소원이 이루어지다.
ねん　　　およ　　　　　　　　　　　　　　　　　　　　　ねん

④ 푸념. 불평. 넋두리.

⑤ 티끌. 먼지. 쓰레기.

101 次の文の(　　　)の中に最も適当なものを入れなさい。

梅雨になると、食べ物に(　　　)がはえやすい。
つ ゆ　　　　　　　た　もの

① こけ

② さび

③ かび

④ ぼろ

⑤ くず

해설

➡ 장마철이 되면, 음식에 곰팡이가 피기 쉽다. (生える : 나다. 생기다)
　　　　　　　　　　　　　　　　　　　　　　　　は

① 이끼. (苔)
　　　　こけ

② 녹. (錆)
　　　さび

③ 곰팡이의 총칭. (黴)
　　　　　　　かび

④ 누더기. 넝마. 단점. 결점. (襤褸)
　　　　　　　　　　　　　ぼ ろ

⑤ 부스러기. 조각. 찌꺼기. 쓰레기. 도움이 안 되는 사람. (屑)
　　　　　　　　　　　　　　　　　　　　　　　　　くず

102 다음 문장의 설명에 맞는 것을 고르세요.

とりやウサギを数えることば。
　　　　　　　かぞ

① 頭　　　　　　　　② 匹

③ 足　　　　　　　　④ 羽

⑤ 本

➡ ④ 새. 닭. 토끼. (羽)

① 큰 동물. (頭)　　　　② 작은 동물. (匹)

③ 켤레. (足)　　　　　⑤ 가늘고 긴 것. 꽃. 연필. 맥주병. 강. 우산. (本)

103 次の文の(　　　)の中に最も適当なものを入れなさい。

(　　　)買うなら、ながく役立つものを買いたいね。

① つまり　　　　　　② とうとう

③ ついに　　　　　　④ けっきょく

⑤ どうせ

➡ 어차피 사는 것이라면, 오랫동안 도움이 되는 것을 사고 싶다.

① 말하자면. 설명하자면. (詰まり)　　② 마침내. 결국은.

③ 마침내. 드디어.　　　　　　　　④ 결국은. (結局)

⑤ 어차피.

104 다음 문장의 의미를 가장 잘 표현한 것을 고르세요.

言ってはいけないことをうっかり言ってしまうこと。

① 口が飛び出す　　　　② 口を出す

③ 口がすべる　　　　　④ 口がころぶ

⑤ 口がかたい

➡ 말해서는 안 되는 것을 무심결에 말해 버리는 것.

① 나가다. 뛰어들다. 날아오르다. (飛び出す)

② 참견하다. 간섭하다.　　　　　　③ 비밀을 말해 버리고 말다. (口が滑る)

④ 넘어지다. 자빠지다. (転ぶ)　　　⑤ 입이 무겁다. (口が堅い)

105 次の文の(　　　)の中に最も適当なものを入れなさい。

こんなにたくさんの借金があっては、すこしずつ返すと言っても、(　　　)、一生働いても無理だろう。

① ときはかねなり　　　　　② うそも方便

③ 失敗はせいこうのもと　　④ 焼けいしに水

⑤ ちりも積もれば山となる

➡ 이렇게 많은 빚이 있으면, 조금씩 갚는다고 해도, 별 효과가 없다, 일생을 일해도 무리일 것이다.

① 시간은 금이다. (時は金なり)　　　② 거짓말도 하나의 방편이다.

③ 실패는 성공의 어머니. (失敗は成功の元)

④ 별 효과가 없다. 언 발에 오줌 누기. (焼け石に水)

⑤ 티끌 모아 태산.

106 ある言葉の意味を説明したものです。説明に合うものを選びなさい。

物価・温度・地位などが急激上昇していくこと。

① 手を焼く　　　　　② 手にあまる

③ うなぎのぼり　　　④ 口火を切る

⑤ 思いを巡らす

➡️ ③ 물가 · 온도 · 지위 등이 갑자기 상승하는 것.

① 고생하다. (骨が折れる · 骨を折る · 始末が悪い)

② 벅차다. 나의 능력 이상이다. (手に余る · 手強い · 手に負えない · 始末に負えない · 持て余す · 手が出ない · 手が付けられない)

④ 제일 먼저 일을 시작하다. (火ぶたを切る)

⑤ 곰곰이 생각하다. (つくづくと考える · 投げ首)

107 次の文の内容に最もふさわしいものを一つ選びなさい。

あなたが来ると知っていたら私も行ったのに。

① 知らなかったから行きませんでした。

② 知らなかったから行きました。

③ 知っていたから行きませんでした。

④ 知っていたから行きました。

⑤ 知っているのに行きませんでした。

➡️ 당신이 올 줄 알았다면 나도 갔었을 텐데.

108 次の文の(　　　)の中に最も適当なものを入れなさい。

新聞に書いてあることは、(　　　)真実ではない。

① けっして　　　　　　　② ちっとも

③ かならずしも　　　　　④ ますます

⑤ かなり

➡️ 신문에 쓰여 있는 것은, 반드시 진실이라고는 할 수 없다.

① 절대로 ~하지 않다. (決して)　　　② 조금도. (少しも)

③ 반드시. 뒤 문장은 반드시 부정 동반. (必ずしも)

④ 점점 더. (どんどん・だんだん)　　⑤ 꽤. 상당히. (ずいぶん)

109 次の文の(　　)の中に最も適当なものを入れなさい。

両親が背が高い(　　)、子供も背が高いとは(　　)。

① やめるべきだ　　　　　　② やめるはずだ

③ やめるわけにはいかない　　④ やめるものだ

⑤ やめざるをえない

해설

➡ 어쩔 수 없는 사정으로, 학교를 그만두지 않을 수 없다.

동사 (帰る)　　　＋ わけにはいかない : 돌아갈 수는 없다.　　(돌아가지 않는다)

동사 (帰らない) ＋ わけにはいかない : 돌아가지 않을 수 없다. (돌아간다)

ざるを得ない : ~하지 않을 수 없다.

용법 : 동사(부정형 ない에서 い만 빼고)＋ざるを得ない.

　　　동사 Ⅰ (あ段)　＋ ざるを得ない.　　동사 Ⅱ (ます形) ＋ ざるを得ない.

　　　동사 Ⅲ(する) → せざるを得ない.　くる → こざるを得ない.

의미 : 하지 않으면 안 된다. 어쩔 수 없다라고 하는 기분이 포함되어 있다.

　　　食べるためには、いやでも働かざるをえない。

　　　먹기 위해서는(살기 위해서는), 싫어도 일하지 않으면 안 된다.

　　　(어쩔 수 없다 : 是非もない・是非に及ばない・仕方なく・止むなく)

110 次の文の(　　)の中に最も適当なものを入れなさい。

両親が背が高い(　　)、子供も背が高いとは(　　)。

① ので、みえない　　　　　② から、わけがない

③ からといって、 いえない   ④ だけに、 ちがいない

⑤ ために、 はずがない

해설

➡ 부모가 키가 크다고 해서, 아이도 키가 크다고는 말할 수 없다.

③ からといって : ~라고 해서. 言えない : 말할 수 없다.

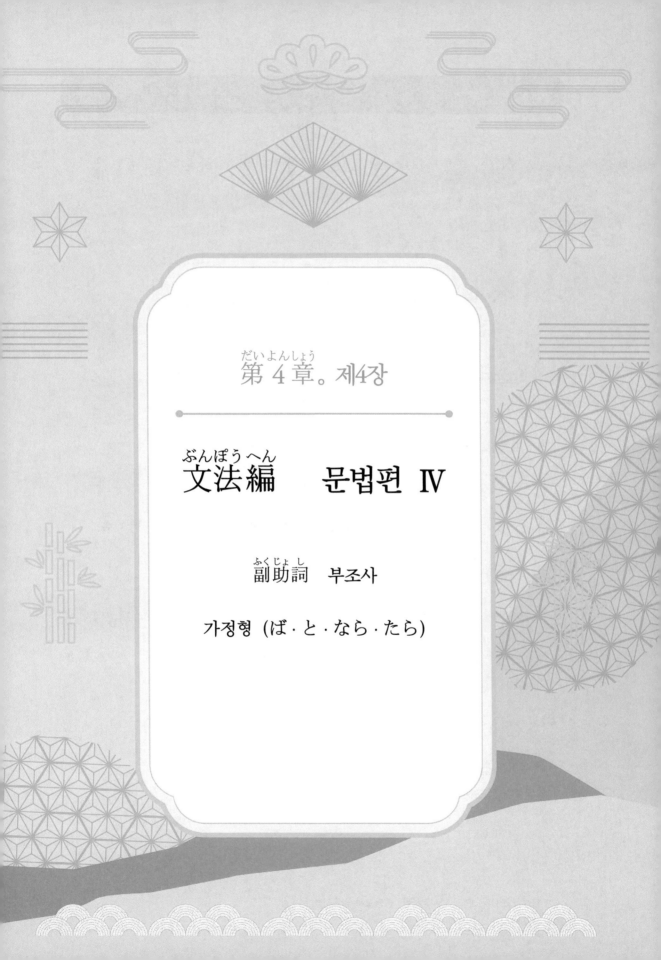

だいよんしょう
第４章。제4장

ぶんぽうへん
文法編　　문법편 Ⅳ

ふくじょし
副助詞　부조사

가정형 (ば・と・なら・たら)

用法の難しい、まぎらわしいもの。 용법이 어렵고, 비슷해서 혼동하기 쉬운 것.

◆ 앞의 말을 강조함. (前の語を強調する)

▶ こそ。 ~이야말로. ~이기 때문에 더욱더 그렇다.

● 앞의 말을 특히 강조하는 경우에 사용한다.

今度こそ頑張ろう。   이번에야말로 힘내자.

A : 昨日はどうもありがとう。   어제는 정말 고마웠습니다.
B : こちらこそ。   이쪽이야말로. (저야말로)

● からこそ…てこその 형태로 그 이유를 강조하는 경우에 사용한다.

生徒がかわいいからこそ、叱るんです。 학생이 귀여울수록, 혼내는 것입니다.

▶ さえ。 ~까지도. ~조차. ~마저. ~만. ~뿐.

● 특별한 예를 들어, ~이기 때문에 다른 것은 물론이라고 하는 의미를 나타낼 때. (すら)

その学生は漢字はもちろん、ひらがなさえ書けないんですよ。
그 학생은 한자는 물론 히라가나조차 쓰지 못합니다.

● 「…でさえ」「…ですら」의 형으로 사용하는 일도 많다.

日本人でさえ敬語の使い方をよく間違えます。
일본인조차도(마저도) 경어 사용법을 자주 틀립니다.

- ~한테 마저도(게다가) 라고 하는 의미를 나타낸다. (すら).

友達だけでなく、弟にさえ馬鹿にされた。

친구뿐만 아니라, 동생한테도 바보 취급당했다.

- 「…さえ …ば」의 형으로 그것만으로도 충분(それだけでじゅうぶん) 하다고 하는 의미를 나타낸다.

練習さえすればだれでもできるようになる。　연습만 한다면 누구라도 할 수 있게 된다.

◆ 병렬. (사물을 열거해서 말함)

▸ とか。~라든지. ~든지.

- A라든지 B라든지의 형으로 몇 개의 사물을 예로서 늘어놓는다.

休日には映画を見るとか音楽を聞くとかたいていのんびりしている。

휴일에는 영화를 보거나 음악을 듣거나 대개는 느긋하게 지내고 있다.

- 긍정과 부정, 또는 대립적인 2개를 열거하는 형으로 그것이 미정(未定)에 있는 것을 나타낸다.

来るとか来ないとか、迷っているようです。

오려고 그러는지 안 오려고 그러는지, 망설이고 있는 것 같습니다.

生きるとか死ぬとか騒いでいる。

죽네 사네 떠들고 있다.

人々は、近いうちに大地震があるとかないとか言って騒いでいる。

사람들은 조만간에 큰 지진이 있을까 없을까를 말하면서 떠들고 있다.

- 명사를 열거할 경우는 A나 B로 바꾸어 말할 수 있다.
- 불확실함을 나타낸다. (言う·聞く의 뒤에 동반하여 불확실한 내용, 또는 완곡한 말투를 표현한다)

山本とか言う人。　　　　　　　야마모또라고 하는 사람.

先方から来るとか言う話です。　상대편으로부터 온다고 하는 이야기입니다.

- 수량을 나타내는 말에 접속한다.

日程二週間とかで旅行する。　　일정 2주일 정도로 여행하다.

▶ やら。~인가. ~인지. ~이랑. ~하기도 하고.

- A라든지 B라든지의 형으로 이 정도의 예는 다른 것에도 있다 라는 의미를 나타낸다.

赤いのやら青いのやら たくさんあります。　빨간 것이나 파란 것은 많이 있습니다.

- 명사일 때는 A나 B로 동사일 때는 「A이기도 하고 B이기도 하고」로 바꿔 말할 수 있다.
- 「…のやら」「…のやら」의 형으로 とか의 두 번째 문장과 같은 의미를 나타낸다.
  (문장 뒤에는 わからない 등의 말이 온다)

嬉しいのやら悲しいのやらわからない。　기쁜 것인지 슬픈 것인지 모르겠다.

▶ なり。~하든지. ~대로. (言うなり : 말하는 대로)
　　　　~모양. ~꼴. (…たまごなり : 계란 모양)

- Aなり Bなり의 형으로 다른 것에도 있다고 하는 기분으로 예를 들어 그 안에서 하나를 선택할 경우에 사용한다.

バスに乗るなり電車に乗るなりして、一人で行きなさい。
버스를 타든지 전차를 타든지 혼자서 가라.

- 나름대로. (…私なりの : 나 나름대로)

それなりの価値がある。　　그만큼의 가치가 있다.

人はその人なりの考え方がある。　사람은 그 사람대로의 사고방식이 있다.

● ~하자마자.

彼女は私の顔を見るなり、わっと泣きだした。

그녀는 내 얼굴을 보자마자, 돌연 큰소리를 내면서 울기 시작했다.

● ~하든지.

ついて来るなり、帰るなり、好きなようにしなさい。

따라오던지, 돌아가든지, 좋을 대로해라.

▶ だの。~라든지. ~이랑. ~하느니. ~하며

● とか의 속된 말로 비난하는 의미가 들어 있을 때가 많다.

彼は部屋代が高いだの食事がまずいだのといつも文句を言っている。

그는 방세가 비싸니 식사가 맛이 없니 언제나 불평만 말하고 있다.

◆ 정도나 한정을 나타낸다.

▶ ばかり。~가량・~쯤・~정도. ~만・~뿐. ~한지 얼마 안됐다. 방금 ~하였다.

● 수사＋ばかり。대개의 분량・정도를 나타낸다. 상식적으로 조금이라고 하는 뉘앙스가 내포되어 있다.

三万円ばかり貸してください。　　　3만엔 정도 빌려주세요.

五分ばかり待つと汽車が着きました。　5분 정도 기다렸더니 기차가 도착했습니다.

● 동사(과거형)＋ばかり。시간이 조금밖에 지나지 않은 것을 나타낸다.
ところ와 ばかり의 차이점은 ばかり는 심리적으로 가깝다고 하는 뉘앙스가 있다면, とこ

ろ는 시간적으로 가까운 경우에 사용한다.

起きたばかりでまだ顔も洗っていません。

지금 막 일어나서 아직 얼굴도 씻지 않았습니다.

- い형용사・な형용사・동사(기본체)＋ばかりに。
~이기 때문에・~인 탓으로・~인 이유로. (부정문에만 사용한다)
ばかりに라고 하는 형으로, 그것만이 원인・이유가 있다고 하는 의미를 나타낸다.

私が大声を出したばかりに赤ちゃんは起きてしまった。

내가 큰소리를 냈기 때문에 아기는 일어나고 말았다.

- 동사(부정형 ない에서 い만 빼고)＋…んばかり。
금방이라도 그렇게 될 듯한 모습을 나타낸다.

彼は今にも泣き出さんばかりの顔で「金を貸してくれ」と頼みに来た。

그는 지금이라도 울 것 같은 얼굴로 「돈 좀 빌려줘」라고 부탁하러 왔다.

- 동사(기본형)＋ばかり。(이제 남은 것은 이것뿐이다라는 의미를 나타낸다)

パーティーの準備が終わって、あとは料理を並べるばかりです。

파티준비가 끝나서, 남은 것은 요리를 차리기만 하면 됩니다.

- 명사・い형용사・な형용사(현재・과거)＋ばかり。
동사(기본체)＋とばかり。강조의 기분을 나타낸다.

今度ばかりは驚いた。　　　　　이번만큼은 놀랐다.

こればかりは確かだ。　　　　　이것만큼은 확실하다.

早いばかりが能ではない。　　　빠른 것이 능사는 아니다.

死んだとばかり思っていた人から手紙が来て驚いたよ。

죽었다고만 생각하고 있던 사람으로부터 편지가 와서 놀랐다.

- 기본체＋とばかりに。(말로는 이야기하지 않지만 동작으로 나타낼 때 사용한다)

食事の時、納豆を出したら、彼はいやだとばかりに横を向いてしまった。

식사할 때 낫또오를 차렸더니, 그는 싫다는 듯이 옆을 향하고 말았다.

- 명사·い형용사·な형용사(현재형)·동사(기본체)＋ばかり。
그것만(それだけ), 다른 것에는 없다(ほかにはない) 라고 하는 한계를 나타낸다. (어떤 동작을 계속하고 있는 상태를 나타낸다)

テレビばかり見ている。	TV만 보고 있다.
テレビを見てばかりいる。	TV를 보고만 있다.
彼は遊んでばかりいる。	그는 놀고만 있다.
食べるばかりで、外に何の能もない。	먹는 것, 이외에는 아무런 능력도 없다.
座ってばかりいないで、少しは働きなさい。	앉아 있지만 말고, 조금은 일해라.
この家は大きいばかりで、間取りが悪いから、不便だ。	이 집은 크기만 하고, 방 배치가 나쁘기 때문에, 불편하다.

- 기본체＋ばかりか。(ばかりでなく·のみならず·のみでなく·だけでなく·どちらかというと). ～뿐만 아니라. (그것 만에 한정되지 않고, 더욱더 상회하는 사태가 발생하는 관계를 나타낸다)

あなたばかりかぼくまで悲しくなるよ。	너뿐만 아니라 나까지 슬퍼진다.
来ないばかりか電話もくれないんだから。	오지 않을 뿐만 아니라 전화도 주지 않기 때문에.
英語ばかりでなく、フランス語も分かります。	영어뿐만 아니라, 프랑스어도 압니다.

▶ だけ。 ～만. ~뿐. ~만큼. ~더욱. ~까지.

● 그 이외에는 없다고 하는 한정의 의미를 나타낸다.
　　용법 : 동사 · い형용사 · な형용사(기본체) + だけ。
　　　　　부사 · 수사 · 지시명사 · 명사　　　 + だけ。

五分だけ休みましょう。　　　　　　　　5분만 휴식합시다.

● 전부의 의미를 나타낸다.

彼は、お金を持っているだけ使ってしまう。 그는, 돈을 갖고 있는 것만큼 써버린다.

● …ば(～하면) …だけ(～하는 만큼) · …ば(～하면) …ほど(～하는 정도)
(…に比例して(～에 비례해서) …だ(～이다) 라는 의미를 나타낸다.

何でも、練習すればするだけ上手になる。

무엇이든지, 연습하면 연습한 만큼 잘할 수 있다.

● ～한 보람은 있다. ～에 어울리다. (にふさわしい)
당연한 귀결의 문장에 사용한다.
　　용법 : 동사 · い형용사 · な형용사(기본체) · 명사(단어) + だけのことはある。

いろいろ調べただけのことはあって、新情報をつかんだ。

여러 가지 방법으로 조사했기 때문에, 새로운 정보를 손에 넣었다.

● ～이기 때문에. ～답게. 당연한 귀결의 문장에 사용한다.
　　용법 : 동사 · い형용사 · な형용사(기본체) · 명사(단어) + だけあって。

練習しただけあって上手になった。　 연습했기 때문에 발전되었다.

● ～이기 때문에 당연하다. 당연한 귀결의 문장에 사용한다.
　　용법 : 동사 · い형용사 · な형용사(기본체) · 명사(단어) + だけに。

夜一人で帰すのは、女の子だけに心配です。

밤에 혼자 돌아가게 하는 것은, 여자이기 때문에 걱정입니다.

彼はスポーツ選手だけに体格がいい。　 그는 스포츠선수이기 때문에 체격이 좋다.

▸ くらい・ぐらい。 ~가량. ~정도쯤. ~만큼. ~처럼.

● 대개는 그것과 같은 정도라는 의미를 나타낸다.

家から駅まで五分くらいかかります。　　　　집에서 역까지는 5분 정도 걸립니다.

メロンぐらいの大きさのりんごを食べました。 메론만한 큰 사과를 먹었습니다.

● くらい …はない。(그것이 제일이라는 의미를 나타낸다)

外国で病気することくらい不安なことはない。

외국에서 병 걸리는 것만큼 불안한 일은 없다.

● 쉬운 것으로 예를 들어 말한다.

一年生の漢字くらいは書けますよ。　　　　1학년 한문 정도는 쓸 수 있어요.

▸ ほど。 ~가량. ~정도쯤. ~만큼.

● 대개 그것과 같다고 하는 정도를 나타낸다.

家賃は十年前に比べると、二倍ほど高くなりました。

집세는 10년 전과 비교하면, 2배정도 비싸졌습니다.

足が痛くなるほど歩いた。　　　　　　　　다리가 아플 정도로 걸었다.

● ほど …はない。 ~할 정도는 아니다.
　그것이 제일이라고 하는 의미를 나타낸다.

この学校で彼ほど頭のいい生徒はいない。

이 학교에서 그 정도로 머리가 좋은 학생은 없다.

● ほどのこと(で)はない。 (그렇게 중요한 것은 아니다 라는 의미)
　어떤 조그마한 일이 발생되었다고 해서 ~할 정도의 일은 아니다 라고 하는 의미를 나타낸다.

試験に落ちたからといって、死ぬほどのことはない。

시험에 떨어졌다고 해서 죽을 정도의 일은 아니다.

- ~정도. ~처럼. ~만큼.

これほどうれしいことはない。　　　　　이처럼 기쁜 일은 없다.

▸ きり。 ~만. ~뿐. ~밖에. ~이후. ~한 것을 마지막으로.

- それだけ(그것만) 와 같은 의미. (だけ)

二人きりで話したい。　둘이서만 이야기하고 싶다.

- きり …ない : 그것만이다 라는 의미를 강하게 나타낸다.
  (しか · きりしかの 형으로 자주 사용함)

横浜へはまだ一度きりしか行ったことがない。

요꼬하마에는 아직 한번밖에 가본적이 없다.

- 어떤 것을 최후로, 뒤에는 계속되지 않는 모습을 나타낸다.

三日前に出かけたきりで、まだ帰って来ないんです。

3일전 외출한 후로, 아직 돌아오지 않았습니다.

- 쭉 그 상태로 계속 진행하는 것을 나타낸다.

母は病気で、半年前から寝たきりである。

어머니는 병으로 반년 전부터 계속 누워 있다.

- 「…っきり」는 회화체로 사용한다.

◆ 그 외의 부조사.

▸ まで。 ~까지. ~조차. ~뿐. ~따름. ~까지도. ~하면 그만이다.
　　　　　~할 필요도 없다. ~할 것까지도 없다.

- 종점을 나타낸다. (一番終わり)

銀行は3時までです。　　　　　　　은행은 3시까지입니다.

駅まで歩きます。　　　　　　　　　역까지 걷습니다.

わかるまで調べます。　　　　　　　이해할 때까지 찾겠습니다.

- 그것으로 모든 것이 끝이다 라고 하는 의미.

はい、今日はここまで。　　　　　　예, 오늘은 여기까지만. (예, 이만 끝내겠습니다)

まずはご挨拶まで。　　　　　　　　우선은 인사만. (그러면 안녕히 계십시오)

- 거기까지 말한 것만으로도 놀라고 있는 기분을 나타낸다.

子供にまで馬鹿にされた。　　　　　　아이들한테마저도 바보취급 당했다.

彼は子供の貯金まで使ってしまった。　그는 아이들 저금까지 사용하고 말았다.

- までもない・までのこともない。~할 필요가 없다 라는 의미를 나타낸다.

皆さんもよくご存じですから、説明するまでのこともないでしょう。
여러분도 잘 알고 계시기 때문에, 설명할 필요도 없겠지요.

日本が天皇制であることは言うまでもない。일본이 천황제인 것은 말할 필요도 없다.

▸ など。~따위. ~등. ~라도. ~같은. ~같은 것. ~라도.

- 똑같은 사물 안에서 한 개만을 예로 들어 말할 때 사용함.

毎日、忙しくて映画に行く暇などない。　　매일, 바빠서 영화 보러 갈 시간도 없다.

- 똑같은 것, 같은 것을 열거할 때 사용한다.

酒やたばこなどは飲みません。　　　　　술이나 담배 등은 못 합니다.

- 대단한 것은 아니다 라는 경멸이나 불유쾌한 기분을 나타낸다.

こんなまずい料理を出す店など、もう来ない。

이렇게 맛없는 요리를 내놓는 가게는, 다시 오지 않는다.

- 자신의 일에 관해 겸손해야 할 경우에 사용한다.

彼に比べたら、私などまだまだ努力が足りません。

그와 비교한다면, 나 같은 사람은 아직까지도 노력이 부족합니다.

- なんか는 회화체.

あの人の言うことなんか信じないほうがいいよ。

저 사람이 말하는 것은 믿지 않는 것이 좋아요.

● ば。 ~한다면. ~하면.

용법 : 동사 行けば (간다면) · 行かなければ (가지 않는다면)

い형용사 安ければ (싸다면) · 安くなければ (싸지 않다면)

な형용사 きれいであれば (예쁘다면) · きれいで(は)なければ (예쁘지 않다면)

1. 앞 문장이 성립할 때는 뒤 문장도 반드시 성립하는 것을 나타낸다. (항상조건)
   속담이나 추상적 논리 관계, 일반적 진리 등에 잘 사용된다. 문장 끝에 과거형은 사용할
   수 없다. (단 관용적으로 사용하는 경우는 5번 참조)

   終わり良ければすべてよし。 　　　　　끝이 좋으면 모든 것이 좋다.

   苦あれば楽あり。 　　　　　　　　　　고생이 있으면 낙이 있다. (고생 끝에 낙)

   二に二をかければ四になる。 　　　　　2에 2를 곱하면 4가 된다.

2. 뒤 문장이 성립하기 위한 조건을 앞 문장에서 진술한다.(가정조건)
   뒤 문장에는 보통 말하는 상대의 희망(…たい) · 의지(…よう) · 명령(…なさい) · 추량
   (…だろう) 등이 나타난다.

   もし切符が買えれば、是非行ってみたい。 혹시 표를 살 수 있다면 꼭 가 보고 싶다.

   値段があまり高くなければ買おう。 　　　가격이 그다지 비싸지 않으면 사자.

   子供の服は着やすく、丈夫でさえあれば充分です。
   어린이옷은 입기 쉽고, 튼튼하기만 하면 충분합니다.

   みんなが協力してくれれば、もっと早くできただろう。
   모두가 협력해 주었다면, 좀 더 빨리 완성할 수(끝낼 수) 있었겠지.

   昔は結婚しなければ一人前と認められなかった。
   옛날에는 결혼하지 않으면 어른으로 인정받지 못했다.

● 위의 2번은 たら와 같이 사용할 수 있다.

3. 서론(머리말)이나 관용적인 사용법.

よろしければどうぞお使いください。좋으시다면 어서 사용하십시오.

思えば一人でよくここまで頑張ったものだ。
생각해 보면 혼자서 여기까지 잘 노력했던(힘냈던) 것이다.

出来れば手伝って欲しい。가능하면 도와주는 걸 원한다. (도와주었으면 좋겠다).

どちらかと言えばスポーツは苦手なほうです。
어느 쪽인가를 말한다면 스포츠는 서투른(질색·골칫거리) 편입니다.

4. …も …ば …も : ~도 ~없다면 ~도 없다. ~도 ~있다면 ~도 있다의 형으로 똑같은
내용의 사정을 열거해서 말할 때 사용한다.
명사나 な형용사의 경우에는 なら (ば) 를 사용해도 된다.

私には金もなければ、権力もない。나에게는 돈도 없다면, 권력도 없다.

才能の豊かな人で、歌も歌えば、絵も描く。
재능이 풍부한 사람이어서, 노래도 부를 수 있다면, 그림도 그린다.

金さんは赤が好きで、電話も赤なら車も赤である。
김씨는 빨강을 좋아해서, 전화도 빨갛다면, 차도 빨갛다.

5. …ばよかった : ~하면 좋았다. (관용적 용법)

学生時代にもっと勉強すればよかったと思います。
학생시절에 좀 더 공부했다면 좋았을 거라고 생각합니다.

● たら(ば)。～한다면. ～했더니.

용법 : 동사·い형용사·な형용사·명사(과거, 과거부정형) + ら。～한다면.

　　　たらば로도 사용할 수 있다. (미래가정형과 과거과정형을 취한다)

1. 앞 문장의 조건이 성립한 시점에서 굳이 뒤 문장을 진술한다.

　　가정조건 「ば」와 같고 뒤 문장에서는 상대의 희망·의지·명령·추량 등이 나타난다.

あしたの朝早く起きられたらジョギングをしよう。

내일 아침 일찍 일어날 수 있다면 조깅을 하자.

日曜日の午前中だったらば家にいるかもしれません。

일요일 오전 중이라면 집에 있을지도 모릅니다.

荷物が重かったら持ってあげますよ。　　짐이 무겁다면 들어 드리겠습니다.

2. 理由(이유)나 동기를 나타낸다. (과거 가정형이며 문장 끝에는 과거형이 온다)

　　(●と의 4번과 같다)

薬を飲んだら頭痛が治まりました。　　약을 마셨더니 두통이 가라앉았습니다.

母の日に贈り物をしたら、母はとても喜んだ。

어머니날에 선물을 했더니, 어머니는 대단히 기뻐했다.

お湯で洗ったらきれいになった。　　더운물로 씻었더니 깨끗해졌다.

3. 마침 그때 또는, 그후에 라는 의미를 나타낸다.

　　앞 문장과 뒤 문장에는 위의 2번과 같은 인과관계(원인과 결과)는 없다.

父が帰って来たら相談しよう。　　아버지가 돌아오면 상담하자.

散歩をしていたら、急に雨が降ってきた。산보하고 있었는데, 갑자기 비가 내렸다.

十五分ほど待ったらバスが来ました。　　15분 정도 기다리고 있었는데 버스가 왔습니다.

4. 어떤 행동의 결과를 알고 있었던 것을 나타낸다. (발견)
   뒤 문장은 말하는 상대의 의지하고는 관계없는 사실이 계속된다.
   (문장 끝에는 과거형이 온다)

海へ泳ぎに行ったら、波が高くて遊泳禁止だった。
바다에 수영하러 갔었지만, 파도가 높아서 수영 금지였다.

友だちの家を訪ねたら、留守でした。
친구 집을 방문했었지만, 외출하고 없었습니다.

食べてみたら、思ったより美味しかったです。
먹어 보았더니, 생각보다 맛있었습니다.

5. たら의 문은 「そうしたら・そしたら」로 바꿔 사용할 수 있다.
   したらどうですか。~한다면 어떻겠습니까는 상대에게 어떤 행동을 권할 때 사용한다.

食べて見たらどうですか。   먹어 본다면 어떻겠습니까.

● と。~하면.
  용법 : 동사(기본형) + と。(동사 과거형은 사용할 수 없음)
    ● 3・4・5번은 동사에만 접속된다.
  의미 : 당연한 귀결의 문장에 사용된다.

1. 앞 문장의 조건을 충족시킬 때는, 언제나 자동적으로 바로 조건이 성립한다(항상조건).
   자연현상・진리・습관 등을 나타내며, 당연한 것의 관계를 나타낸다.
   (가정형 ば를 사용할 수도 있다).

暑いと汗が出る。   더우면 땀이 나온다.

水の中だと体が軽くなる。   수중에서는 몸이 가벼워진다.

お腹が一杯になると眠くなる。   배가 부르면 졸리다.

2. 「もし (혹시) …だったら (~라면)」・「…になると (~되면) 의 의미 (가정조건)」・「ば・
  たら」와 달라, 조건에서 말하는 상대의 희망·의지·명령·유혹·권유 등은 사용할 수
  없다.

  平日だと映画館は空いていますよ。　　平일이라면 영화관은 비어 있습니다.

  漢字が読めないと困ることが多い。　　한자를 읽을 수 없으면 곤란한 일이 많다.

  天気が悪いと山へ行くのは無理でしょう。 날씨가 나쁘면 산에 가는 것은 무리이겠지요.

  子供を無理に勉強させると勉強嫌いになる。
  아이들을 무리하게 공부시키면 공부를 싫어하게 된다.

3. 우연적인 공존의 관계를 나타낸다. 하나의 동작·작용이 성립하는 동시에, 우연, 또는
  하나의 동작, 작용이 성립, 또는 상태가 출현한다고 하는 관계. 「その時：그때」 또는
  「…してすぐ：~하자마자」의 의미를 나타낸다.

  朝起きるとすぐシャワーを浴びた。　　아침에 일어나자마자 샤워를 했다.

  朝起きると、雪が降っていた。　　아침에 일어나니, 눈이 내리고 있었다.

  彼は本を手に取ると読み始めた。　　그는 책을 손에 잡자마자 읽기 시작했다.

  彼女は部屋に入ると窓を開けた。　　그녀는 방에 들어가자마자 창문을 열었다.

  出ようとすると、人が来た。　　외출하려고 하자, 사람이 왔다.

  電話をかけていると、ドアにノックが聞こえた。
  전화를 걸고 있는데, 문 노크 소리가 들렸다.

  部屋にいると外で車の止まる音がしました。
  방에 있을 때 밖에서 차 멈추는 소리가 났습니다.

4. 이유나 동기를 나타낸다. (문장 끝에는 과거형이 온다)

窓を開けると寒い風が入った。　　창문을 열었더니 차가운 바람이 들어왔다.

その話を聞くと悲しくなった。　　그 이야기를 들었더니 슬퍼졌다.

一杯飲むと、元気になった。　　한잔 마셨더니, 힘이 났다.

先生に注意されると、学生はお喋りを止めた。
선생님에게 주의를 받자, 학생은 잡담을 그만두었다.

5. 어떤 행동의 결과를 알고 있었던 것을 나타낸다. (발견)
　뒤 문장은 상태를 나타내는 표현의 과거형. (문장 끝에는 과거형이 온다)

デパートへ買い物に行くと定休日だった。
백화점에 쇼핑하러 갔더니 정기휴일이었다.

友達を見舞いに病院へ行くともう退院していました。
친구를 병문안하러 병원에 갔더니 벌써 퇴원했습니다.

駅に着くと電車はもう出た後だった。
역에 도착했더니 전차는 이미 출발한 뒤였다.

● なら (ば)。～하는 것이라면. ～이라면.

　용법 : 동사·い형용사(기본체)＋(の)なら。(安いなら·安いのなら)
　　　　 な형용사·명사(단어)＋なら。(静かなら)
　　　　 동사·い형용사는 「のなら」의 형으로 사용하는 일이 많다.

1. もし(혹시) …だったら(～이라면)의 의미를 나타낸다.
　명사·な형용사에 접속하는 일이 많다. (가정조건)

そのアパート、学校に近くて安いんならぜひ借りたいですね。
그 아파트, 학교에서 가깝고 싸다면 꼭 빌리고 싶습니다.

必要でないのなら、返してください。 필요하지 않다면, 돌려주세요.

もし郵便局に行くのならついでに切手を買って来てください。
혹시 우체국에 가는 거라면 가는 김에 우표를 사 가지고 오세요.

もし生まれ変わることが出来るなら、また男に生れたいですか。
혹시 다시 태어나는 것이 가능하다면, 또 남자로 태어나고 싶습니까.

2. 동사에 붙어서, 어떤 내용이 일어나고, 또는 일어나고 있는 것을 인정하고, 거기에 대한
   말하는 상대의 의미·의견을 나타낸다.
   「혹시 ~할 생각이라면, 나는 지금 당신에게, 다음과 같은 조언을 한다」라는 의미이다.

京都に行くなら新幹線が便利ですよ。 교또에 가는 거라면 신깐센이 편리합니다.

日本語を習うのなら、ひらがなから始めたほうがいい。
일본어를 배우는 거라면, 히라가나부터 시작하는 것이 좋다.

3. 명사에 접속해서, 화제제시(話題提示)를 나타낸다.

そのことならもういいんです。   그 일이라면 이제 됐습니다.

ひらがななら読める。   히라가나라면 읽을 수 있다.

寿司ならあの店が安くて美味しい。   초밥이라면 저 가게가 싸고 맛있다.

01 間違っている読み方をそれぞれの中から一つ選びなさい。

① 豪雨 (ごうう)　　　　　② 遺族 (いぞく)

③ 健気 (けなげ)　　　　　④ 喪中 (もちゅう)

⑤ 衝動 (ちゅうどう)

해설

➡ ⑤ しょうどう (충동)

① 호우. 비가 많이 옴.　　　　② 유족. 죽은 사람의 남아 있는 가족.

③ 자기 몸을 돌보지 않고 행동하는 것. 갸륵하다.

④ 상중.

• 次の文の(　　)の中に最も適当なものを一つ選びなさい。(2~7)

02 だれが考えだって、そんなことは(　　)許せることではない。

① とうてい　　　　　　② または

③ だから　　　　　　　④ たぶん

⑤ たいそう

해설

➡ 누가 생각하더라도, 그러한 것은 도저히 용서할 수 있는 것이 아니다.

① 도저히(到底・とても). (뒤 문장은 부정을 동반하며 실현 불가능한 문장이 온다)

② 또는. 두 개중에 하나를 선택할 때 사용한다.
　(或は・それとも・でなければ・乃至は・若しくは)

③ ~이기 때문에. (이유나 원인의 문장에 사용되며 뒤 문장은 당연한 귀결의 문장이 온다)

④ 아마. 뒤 문장은 반드시 추측의 문장을 동반한다. (恐らく・多分・どうやら・大方)

⑤ 언동(言動) 등을 과장하다. 사물의 정도가 심하다. (大層)

03 お風呂に水を入れているのを忘れて、水が(　　　)しまった。

① もれて　　　　　　　② しみて

③ ゆれて　　　　　　　④ ふくれて

⑤ あふれて

해설

➡ 욕조에 물을 넣고 있는 것을 잊어버려서(잠그지 않아), 물이 넘치고 말았다.

① 새다. 감정이나 표정을 동작으로 나타내다. (漏れる)

② 스며들다. 사무치다. 강한 자극을 받다. (沁みる)

③ 상하·전후·좌우 등으로 움직이다. 흔들리다. (揺れる)

④ 부풀다. 화가 나서 삐지다. (脹れる)

⑤ 넘치다. 분에 넘칠 정도로 넘치다. (溢れる)

---

04 五千円札を千円札に(　　　)てください。

① たてかえ　　　　　　② きりかえ

③ とりかえ　　　　　　④ おきかえ

⑤ とりたて

해설

➡ 오천엔짜리를 천엔짜리로 바꿔 주세요.

① 남을 대신해서 한 번 대금을 지불하다. (立て替える)

② 예정을 바꾸다. 기분을 전환하다. (切り替える)

③ 돈을 바꾸다. (取り替える)

④ 바꾸어 놓음. (置き換える)

⑤ 강제로 징수하다(家賃). 등용·발탁하다. (取り立てる)

---

05 このテストはほとんどできたが、(　　　)わからない問題がある。

① 必ず　　　　　　　　② 必ずしも

③ なんとか　　　　　　④ どうしても

⑤ ごく

➡ 이 테스트는 거의 다 했지만, 그래도 모르는 문제가 있다.

① 반드시.　　　　　　　　② 반드시. (부정 동반)

③ 어떻게든.　　　　　　　⑤ 극히. (極·極めて)

---

06 1週間も降りつづいた雨が(　　　)やんだ。

① 結局　　　　　　　　② やっと

③ どうにか　　　　　　④ 皆目

⑤ べつだん

➡ 일주일간이나 계속 내리던 비가 드디어 그쳤다.

③ 어떻게든.　　　　　　　④ 전혀. 도무지(かいもく).

⑤ 별로. 특별히. (別段)

---

07 車を(　　　)安全なところにとめてから、地図を見るように。

① いったん　　　　　　② たまたま

③ たちまち　　　　　　④ いきなり

⑤ いよいよ

➡ 차를 일단 안전한 곳에 세우고 나서, 지도를 볼 수 있도록.

② 우연히. 드물게.　　　　③ 갑자기. 순간.

④ 별안간.　　　　　　　⑤ 점점. 드디어. 마침내.

08 주어진 말을 일본어로 올바르게 표현한 것을 고르세요.

　저는 서울에서 삽니다. 그리고 서울대학교에 다니고 있습니다.

① 私はソウルで住みます。そしてソウル大学に通います。

② 私はソウルに住みます。そしてソウル大学に通います。

③ 私はソウルに住んでいます。そしてソウル大学に通っています。

④ 私はソウルで住んでいます。そしてソウル大学に通っています。

⑤ 私はソウルで住みます。そしてソウル大学に通ってます。

해설

➡️ 住んでいる。通っている。진행형의 상태.

• 次の文の(　　　)の中に最も適当なものを一つ選びなさい。(9~11)

09 このかばんはちょっと見ると(　　　)ですが、じっさいはあまりおもくありません。

① おもい　　　　　　　　② おもかったり

③ おもそう　　　　　　　④ おもかった

⑤ おもいそう

해설

➡️ 이 가방은 언뜻 보면 무겁게 보입니다만, 실제(実際)는 그다지 무겁지 않습니다.

　そうです : ~인 것 같습니다.

　용법 : 동사(ます를 빼고・ない형에서는 い를 빼고 なさ)＋そうです.

　의미 : 외관상으로 판단해서, 실제로 확인한 것은 아니지만, 어떤 상태・모습의 징조가
　　　　인정되는 것을 나타낸다. 말하는 상대, 그 외의 사람의 기분을 추측할 때도 사용한다.
　　　　(そう 뒤에 명사가 오면 문장 연결은 な형용사와 같다)

　そうです : ~라고 합니다. 전문. (伝聞)

　용법 : 동사・い형용사・な형용사・명사(기본체) ＋ そう.

　의미 : 남에게 전해들은 것을 남에게 전달할 때 사용한다.

10 吉川さんは山下さんが好きな(　　　)に、一言も彼女に話しかけない。

① から
② くせ
③ こそ
④ もの
⑤ だけ

해설

➡ 요시까와씨는 야먀시따씨를 좋아하면서도, 한마디도 그녀에게 말을 걸지 않는다.

くせに : ~이면서도. ~하면서도. (癖に・けれども・のに)

(모순・배반인 것을, 불만・비난의 기분을 넣어 말한다)

山田さんに聞いたけれど、知ってるくせに教えてくれないんですよ。

야마다씨에게 물어보았지만, 알고 있으면서도 가르쳐 주지 않습니다.

11 (　　　)息子だけでも助けて下さい。

① やがて
② おそらく
③ なんとなく
④ せめて
⑤ どうしても

해설

➡ 하다못해 아들만이라도 살려주세요. (도와주세요)

① 조만간에. 곧.
② 아마. (추측을 동반)
③ 왠지 모르게.
④ 하다못해. (少なくとも)
⑤ 어떻게 해서라도.

12 「意地が悪い人。」の意味を一つ選びなさい。

① 의지가 나쁜 사람.
② 친절하지 않은 사람.
③ 남을 곤란하게 하는 사람.
④ 성격이 급한 사람.
⑤ 의욕이 없는 사람.

➡️ 意地が悪い : 심술궂다. 짓궂다.

意地っ張り : 고집쟁이. 見栄っ張り : 허세 부리는 사람. 欲張り : 욕심쟁이.

意地を張る : 고집 부리다. (天の邪鬼・天ん邪鬼・旋毛曲がり・へそ曲がり)

13 다음 문장의 올바른 의미를 고르세요.

３年もなんの音沙汰もなかったので、みんな彼が死んだと思った。

① 삼년씩이나 편지가 없어서, 전부 그가 죽었다고 생각했다.

② 삼년씩이나 아무런 이상이 없었는데도, 전부 그가 죽었다고 생각했다.

③ 삼년 동안이나 아무런 변화가 없었기 때문에, 전부 그가 죽었다고 생각했다.

④ 삼년 동안 깨어나지 않았기 때문에, 전부 그가 죽었다고 생각했다.

⑤ 삼년 동안이나 아무런 소식도 없었기 때문에, 모두 그가 죽었다고 생각했다.

➡️ 沙汰 : 소식 (便り・知らせ). 행위 (行為・仕業). 이야기가 되는 사건. 평판. 소문(噂).

시비를 논하다. 沙汰止み。계획 등이 중지되다. (取り止め)

沙汰の限り。범위 외다. 당치도 않다. 沙汰無し。소식이 없는 것. 나무라지 않는 것.

14 다음 문장의 대화가 어색한 것을 고르세요.

① A : バイオリンを習い始めたんだけれど、なかなか難しいね。

   B : 私も子供の時に習ったけれど、始めて３か月で音を上げたよ。

   A : 私もやめてしまおうかと思ってるんだ。

② A : 彼の働きで、会社の取り引きが成功したんだって。

   B : それ以来彼の株がずいぶん上がったそう。

③ A : 役所に行ってもう一度きいてみたら、判で押したような答えが返っ

   てきたよ。

B : じゃ、全然方針はかわらないのか。

④ A : もう10時になるのに、まだ帰って来ない。きっとまた油を売っているんだろう。

B : いつも他人の仕事までやってあげるから遅くなるんだ。

⑤ A : 彼の発言には開いた口がふさがらなかった。

B : まったくひどい意見であきれてしまったよ。

해설

➡ ④ A : 벌써 10시가 다 되었는데도, 아직 돌아오지 않는다. 틀림없이 또 딴짓하고 있겠지.

B : 언제나 다른 사람일까지 해 주기 때문에 늦는다.

① A : 바이올린을 배우기 시작했지만, 꽤 어렵구나.

B : 나도 어릴 때 배웠지만, 시작한 지 삼개월 만에 그만두었다.

A : 나도 그만둘까 생각하고 있다.

(音を上げる : 고통을 참지 못하고 소리를 내다. 손들다. 항복하다)

② A : 그의 활동으로 회사의 거래가 성공했다고 한다.

B : 그 이후 그의 주식이 상당히 올랐다고 한다.

③ A : 관청에 가서 다시 한 번 물어보았더니, 판에 박은 듯한 대답만 되돌아왔다.

B : 그렇다면, 전혀 방침은 바뀌지 않는 건가.

⑤ A : 그의 발언으로 벌려진 입이 닫혀지지 않았다.

B : 정말로 너무 심한 의견이어서 어처구니가 없었다.

---

15 다음 문장의 밑줄 친 부분이 잘못 연결된 것을 고르세요.

① それは私たちの関知するかぎりではない。

② あなたのために力のあるかぎり戦います。

③ 彼にかぎってそんなことはないよ。

④ お金持ちが必ずしも幸せだとは限りない。

⑤ 夏は海水浴にかぎる。

➡ ④ 限り無い (끝이 없다) → 限らない。(とは限らない : ~라고는 할 수 없다. 한정되지 않다)

　　限り無い : 끝이 없다. 제한이 없다. (果てしない・際限がない・きりがない)

　　　　　　더할 나위 없다. 최상이다. (この上ない・最上である)

　　　　　　정도가 심하다. 보통이 아니다. (甚だしい・一通りでない)

① 그것은 우리들이 관여할 바가 아니다. (かぎりではない : 그 범위에 들지 않다)

② 당신을 위해서 있는 힘껏 싸우겠습니다.

③ 그에 한해서 그런 일은 없어요. (…に限って)

④ 부자가 반드시 행복하다고는 할 수 없다.

⑤ 여름은 해수욕이 제일이다. (…に限る : 최고이다. 제한하다)

16 밑줄 친 부분의 用法(용법)이 나머지 넷과 다른 것을 고르세요.

① ７月になると暑くなります。
② 外国語は勉強すればするほど難しくなります。
③ 現在の家は昔よりせまくなりました。
④ あの女の人は前よりきれくなりました。
⑤ 教室に金さんがくるとうるさくなります。

➡ い형용사가 동사를 수식할 때는 기본형에서 い를 빼고 く동사가 온다.

　い 명사·な형용사가 동사를 수식할 때는 단어＋に 동사가 온다.

17 「身上を潰す。」の意味を一つ選びなさい。

① 신세를 지다.　　　　　② 건축을 의뢰하다.
③ 재산을 탕진하다.　　　④ 세상을 등지다.
⑤ 가족이 몰살하다.

➡ 身上·身上 : 신상. 일신상의 일. 자산. 재산. 밑천. 살림. 가계. 장점. 몸.
身上が悪い : 가계의 형편이 나쁘다. 身上をこしらえる. 살림을 마련하다.
身上書 : 신상명세서. 그 사람의 이름이나 가족 구성, 경력 등을 적은 서류.
혼담에 사용되는 것은, 釣書라고도 한다.

18 用法(용법)이 나머지 넷과 다른 것을 고르세요.

① ほかの人に見られないように.
② あなたに出かけられるとこまるのよ.
③ かぎをかけておいたのに開けられてしまいました.
④ こんなに美しい景色はもう見られないでしょう.
⑤ ゆうべどろぼうに入られたんです.

➡ ④ 이렇게 아름다운 경치는 이제 볼 수 없겠지요. (가능)

① 다른 사람이 보지 못하게. (수동)

② 네가 외출하면 곤란하다. (수동)

③ 열쇠를 잠궜는데도 열리고 말았습니다. (수동)

⑤ 어젯밤에 도둑이 들었습니다. (수동)

• 次の文の(　　)の中に最も適当なものを一つ選びなさい. (19〜22)

19 今度の夏休みには北海道へ旅行を(　　)と思っています.
① する　　　　　　　　② した
③ しない　　　　　　　④ しよう
⑤ しに

➡ 이번 여름방학에는 홋까이도로 여행을 하려고 생각하고 있습니다.

20 このクラスの授業<ruby>授業<rt>じゅぎょう</rt></ruby>は、いつも活気<ruby>活気<rt>かっき</rt></ruby>に(　　　)いる。

① とらえて　　　　　　　　② まとまって

③ はやって　　　　　　　　④ あふれて

⑤ みちて

해설

➡️ 이 클래스의 수업은, 언제나 활기차 있다.

　　活気を帯びる : 활기차 있다. (活気づく)

① 꽉 잡다. 체포하다. 적극적으로 이용하다. 해석하다. (捕える)

② 종합하다. 결착하다. 결정하다　　　③ 유행하다. 번성하다. (流行る)

④ 허용량을 넘어서 넘치다. 밖으로 넘치다(물·사랑·회의장 사람). (溢れる)

⑤ 넘칠 정도로 꽉 차다. 차다(연기·꿈·자신감·바닷물 수위·조건). (満ちる)

21 火事<ruby>火事<rt>かじ</rt></ruby>の原因<ruby>原因<rt>げんいん</rt></ruby>(　　　)第一<ruby>第一<rt>だいいち</rt></ruby>にたばこの火<ruby>火<rt>ひ</rt></ruby>の不始末<ruby>不始末<rt>ふしまつ</rt></ruby>があげられる。

① にあたって　　　　　　　② によると

③ において　　　　　　　　④ によって

⑤ として

해설

➡️ 화재의 원인으로서 첫 번째로 담배 불의 부주의를 들 수 있다.

① 어떤 상황에 맞춰서.　　　　　　② ~에 의하면. (伝聞에 사용)

③ ~에서. ~에 있어서. (にあって·においては 에서의 의미. にあって를 において로 바꿔 말할 수 있는 경우는 많지만, 그 반대로 사용하는 것은 적다.

④ ~따라서. (앞 문장은 판단의 기준이 와서 のため·で하고 같은 의미이고, 수단·원인의 문장에 사용된다). ~에 의해서. (권위를 나타내며 뒤 문장은 수동형의 문장이 온다)

⑤ ~로서. (자격을 나타낸다)

22 長期予報(　　　)今年の冬はかなり寒さがきびしいということだ。

① として   ② によって

③ において   ④ によると

⑤ にあたって

해설

➡ 장기예보에 의하면 올 겨울은 상당히 추위가 엄할 것이라고 한다.

23 <u>まぶしい</u>ほど白い雪。の「まぶしい」の意味と関係のないものを一つ選びなさい。

① 光る   ② 輝く

③ 明るい   ④ 燃える

⑤ まばゆい

해설

➡ 눈부실 정도로 흰 눈. ④ 타다. 불타다.

24 <u>見事</u>な光景。밑줄 친 부분과 의미가 다른 것을 고르세요.

① 立派   ② すばらしい

③ ものすごい   ④ すてき

⑤ ひどい

해설

➡ 見事 : 완전히. 훌륭한. 굉장하다. 가치가 있다.

① 훌륭한. 멋진.   ② 훌륭한. 굉장하다. (素晴らしい)

③ 대단한. (物凄い)   ④ 멋진. (素敵)

25 次の韓国語の正しい日本語の訳を一つ選びなさい。

　　오빠가 돌아올 때는 꼭 마중 나갔습니다.

① 兄が帰るときには、きっと迎えに行きました。

② 兄が帰るときは、ぜひ迎えに行きました。

③ 兄がお帰りになるときには、必ずに迎えに行きました。

④ お兄さんが帰るときには、いつも迎えに行きました。

⑤ お兄さんが帰るときには、かならず迎えに行きました。

해설

▶ きっと : 꼭. 틀림없이. (상대에게의 요망)

② ぜひ　 : 꼭. 틀림없이. (뒤에는 명령·희망·의지가 온다)

③ たまに : 가끔.

26 「ちょっとひといき入れて食事にしましょうか。」의 올바른 해석을 고르세요.

① 잠깐 일을 끝내고 식사합시다.

② 조금 일찍 일을 끝내고 식사합시다.

③ 잠깐 한숨 돌리고 식사합시다.

④ 미안하지만 한 사람씩 식사합시다.

⑤ 때마침 사람이 오니 식사하러 갑시다.

해설

▶ 一息入れる : 한숨 돌리다. (一休みする)

27 「みずうみなら日本のいたるところにある。」의 올바른 해석을 고르세요.

① 호수라면 일본에 몇 군데 있다.

② 호수만은 일본으로 가는 곳에 있다.

③ 호수라면 일본 도처에 있다.

④ 바다는 일본 사방에 접해 있다.

⑤ 늪이라면 일본 곳곳에 있다.

> 🔖 **해설**

➡️ 湖: 호수. 至る所: 이르는 곳마다. 가는 곳마다.

- 次の文の(　　)の中に最も適当なものを一つ選びなさい。(28~31)

28 少年は、大声で助けを求めました(　　)、もう誰も少年の言葉を信じません でした。

① ところで　　　　② けれども

③ すなわち　　　　④ それから

⑤ しかし

> 🔖 **해설**

➡️ 소년은, 큰소리로 도움을 청했습니다. 그렇지만, 이젠 아무도 소년의 말을 믿지 않았습니다.

① 그런데.　　　　③ 즉.

④ 그로부터.　　　⑤ 그러나.

29 留守の時はまたどうぞ(　　)ください。

① 言わせて　　　　② いただいて

③ もうして　　　　④ おっしゃって

⑤ 言って

> 🔖 **해설**

➡️ 집을 비울 때는 또 말씀해 주십시오.

30 雷が(　　　)鳴りました。

① ごろごろ　　　　　　　　② ぴかぴか

③ どんどん　　　　　　　　④ ぐんぐん

⑤ ざあざあ

해설

➡ 천둥이 꽈르르 쾅쾅 쳤습니다.

① 큰 것이 굴러가는 모습. 천둥치는 소리. 고양이 소리(꼬르륵).

　아무것도 안 하고 지내는 모습(빈둥빈둥). 여기 저기 많이 있는 모습.

② 별이 빛나는 모습. 빤짝빤짝 빛나는 것.

③ 계속해서 강하게 치는 소리(북·문).

　사물이 계속해서 강하게 진행하는 모습(계속해서 만든다).

④ 강하게 자라거나 가속되는 모습. (속도·키)

⑤ 소낙비가 오는 모습. 수돗물·폭포가 떨어지는 소리.

31 外国旅行をする(　　　)、その国のことを前もって調べておくべきだ。

① くらいだから　　　　　　② ものだから

③ ことだから　　　　　　　④ からには

⑤ あらかじめ

해설

➡ 외국여행을 하는 이상은, 그 나라에 대해 미리(사전에) 조사해야만(알아두어야) 한다.

32 「鈴木선생님은 한국어를 공부하신다고 합니다.」의 올바른 일본어를 고르세요.

① 鈴木先生さんは韓国語を勉強しているそうです。

② 鈴木先生は韓国語を勉強しなさそうです。

③ 鈴木先生は韓国語を勉強なさっています。

④ 鈴木先生さんは韓国語を勉強していらっしゃるそうです。

⑤ 鈴木先生は韓国語を勉強なさっていらっしゃるそうです。

33 단어의 의미가 잘못 연결된 문장을 고르세요.

① 勝ちを取める。　　　② 古今の学を修める。

③ 薬が効果を収める。　④ 月謝を納める。

⑤ 病を治める。

> **해설**

➡ ① 勝ちを取る : 승리를 잡다.

② 고금의 학문을 습득하다.　　③ 약이 효과를 거두다.

④ 수업료를 내다.　　　　　　⑤ 병을 치료하다.

34 처참해서 볼 수가 없다. を正しく表現しているものを一つ選びなさい。

① 目もあてられない。　　② 捨て鉢になる。

③ 気がもめる。　　　　　④ 鳴りをひそめる。

⑤ 尻目に掛ける。

> **해설**

➡ ① 너무나 처참해서 볼 수가 없다. 눈 뜨고 볼 수 없다.

② 자포자기하다. 자포자기가 되다.　　③ 걱정이 있어 초조하다. 안타깝다. (気が揉める)

④ 조용해지다. 활동을 않고 가만히 있다.　⑤ 업신여기다. 무시하다. 모르는 체하다.

• 次の文の(　　　)の中に最も適当なものを入れなさい。 (35~36)

35 彼が犯人であるということは、だれの目にも(　　　)ではないか。

① あざやか　　　　　② きよらか

③ あきらか　　　　　④ ほがらか

⑤ はれやか

> **해설**

➡ 그가 범인이라는 것은, 누가 보더라도 분명하다.

① 신선하다. (鮮やか)　　② 맑다. 깨끗하다. (清らか)

③ 분명하다. (明らか)　　④ 성격이 명랑하다. (朗らか)

⑤ 날씨가 맑다. 성격이 명랑하다. (晴やか)

36 あの人は都会に出てきたが、生活の苦しさに（　　）田舎に帰ってしまった。

①　たえながら　　　　　②　たえかねて

③　たえられて　　　　　④　たえさせて

⑤　たえさせられて

해설

➡ 저 사람은 도시로 나갔지만, 생활의 고통을 견디지 못하고 시골로(고향으로) 돌아왔다.

　堪え兼ねる : 견디지 못하다. (我慢できなくなる・堪え切れなくなる)

② 동사(ます形) ＋ かねる : ~할 수 없다.

37 다음 문장의 밑줄 친 부분과 의미가 같은 것을 고르세요.

　　人はひまを持てあますと<u>ろくでもない</u>ことを始めるものだ。

①　有用である　　　　　②　効力がある

③　役に立たない　　　　④　効力がない

⑤　役に立つ

해설

➡ 사람은 시간이 남으면 쓸데없는 일을 시작하는 것이다.

　시원치 않은. 쓸모 없는 (陸でない・くだらない・まともでない)

　ろくでなし : 도움이 안 되는 귀찮은 일만 일으키는 사람.

① 유용하다.　　　　　　② 효력이 있다.

③ 쓸모없다. (ろくでもない)　　④ 효력이 없다.

⑤ 도움이 되다.

38 「과일을 사러 갔더니 벌써 다 팔렸다.」의 올바른 일본어를 고르세요.

① 果物を買おうといったが、もう売り切れた。

② 果物を買いにいったら、もう売り切れた。

③ 果物を買おうといくと、もう売り切れた。

④ 果物を買いにいくのい、もう売り切れた。

⑤ 果物を買おうといってから、もう売り切れた。

해설

▶ 동사(과거형)＋ら : ~했더니. ~한다면.

동사(ます形)·명사(단어)＋に : ~하러. (に : 목적을 나타낸다)

(に行く·に出かける : ~하러 가다)

39 次の文の(　　)の中に最も適当なものを一つ選びなさい。(39~75)

どうやら大変なことに(　　)しまったようだ。

① 首を突っ込んで　　　　② 顔を合わせて

③ 腹を括って　　　　　　④ 首を傾げて

⑤ 顔がそろって

해설

▶ 어쩐지 큰 사건에 말려든 것 같다.

① 관심을 갖다. 흥미를 갖거나 참가해서 깊은 관계를 맺다.

② 만나다.　　　　　　　　③ 각오를 하다. (覚悟を決める)

④ 불만을 갖다. 의문이나 불만이 있어서 납득 못 하는 기분.

　(首を傾げて物案じをしている。 고개를 갸웃하며 무엇인가 생각하고 있다)

⑤ 멤버가 다 모이다. (顔が揃う)

40 ひさしぶりに友人と会ったので話が(　　)、つい帰りが遅くなってしまった。

　　① とぎれ　　　　　　　　② はずれ

③ つまり　　　　　　　　　　④ はずみ

⑤ とんで

➡ 오래간만에 친구를 만났기 때문에 이야기가 넘쳐서, 집에 늦게 돌아가고 말았다.

① 중단하다. 중간에서 끊어지다. (途切れる)

② 떨어지다. 집단에서 벗어나다. 맞지 않다(기대). 빗겨 나가다. (外れる)

③ 꽉차다. 여유가 없어지다. 곤란하다. 단축되다. (詰まる)

④ 튀다(공). 기세가 오르다. 들뜨다. 주다(팁). (弾む)

⑤ 날다. 공중에서 춤추다(빨래). 급하게 가다. 빠르게 전달되다. (飛ぶ)

41 電話をする(　　　　)手紙を書く(　　　　)必ず連絡してください。

① だの　　　　　　　　　　② でも

③ なり　　　　　　　　　　④ まで

⑤ だけ

➡ 전화를 한다든지 편지를 쓴다든지 반드시 연락해 주세요.

③ A なり B なり의 형으로 다른 것에도 있다고 하는 기분으로 예를 들어 그 안에서 하나를 선택할 경우에 사용한다.

42 行っていいもの(　　　　)悪いもの(　　　　)わからない。

① やら　　　　　　　　　　② なり

③ だの　　　　　　　　　　④ きり

⑤ ほど

➡ 가서 좋을지 나쁠지 모르겠다.

① 명사일 때는 A나 B로 동사일 때는 「A이기도 하고 B이기도 하고」로 바꿔 말할 수 있다.

43 教授からほめられ、時間をかけて調べた(　　　)のことはあったと思った。

① ぐらい　　　　　　　　　② まで

③ ほど　　　　　　　　　　④ だけ

⑤ なり

해설

➡ 교수님한테 칭찬 받아서, 시간을 들여서 조사했던 만큼의 일은 있었다고 생각한다.

④ 동사(기본체)＋だけのことはある : ～한 보람이 있다. (당연한 귀결의 문장에 사용한다)

44 今日は口もききたくない(　　　)疲れている。

① ほど　　　　　　　　　　② さえ

③ きり　　　　　　　　　　④ ばかりに

⑤ だけ

해설

➡ 오늘은 말도 하고 싶지 않을 정도로 피곤하다.

① 대개는 그것과 같다고 하는 정도를 나타낸다. (비교문에 사용)

45 上司に注意されたからといって、会社をやめる(　　　)のことはありません。

① ばかり　　　　　　　　　② ぐらい

③ だけ　　　　　　　　　　④ ほど

⑤ さえ

해설

➡ 상사에게 주의를 받았다고 해서, 회사를 그만둘 정도의 일은 아니다.

② くらい …はない. 의 형으로 그것이 제일이라고 하는 것을 나타낸다.

④ ほどのこと（で）はない. ～할 정도의 일은 아니다.

46 両親が音楽家(　　　)娘さんの歌もすばらしい。

① ほど　　　　　　　② だけに

③ こそ　　　　　　　④ ばかりに

⑤ ぐらい

➡ 부모님이 음악가인 만큼 따님의 노래도 훌륭하다.

① 비교문에 사용된다.

② ~이기 때문에 더욱더 그렇다. (긍정문에 사용)

④ ~인 탓으로. (부정문에 사용)

47 私はあなたがいう(　　　)ばかじゃありません。

① ぐらい　　　　　　② だけ

③ ほど　　　　　　　④ まで

⑤ こそ

➡ 나는 당신이 말하는 정도로 바보가 아닙니다.

48 まんが(　　　)読まないで、小説でも読んだらどうですか。

① でも　　　　　　　② ぐらい

③ など　　　　　　　④ さえ

⑤ だけ

➡ 漫画(만화)같은 것만 읽지 말고, 소설이라도 읽는다면 어떻겠습니까.

49 いくらなんでも顔(　　　)洗いなさい。

① ぐらい　　　　　　　② ほど

③ まで　　　　　　　　④ でも

⑤ だけ

해설
➡ 아무리 그렇다고 하더라도 얼굴 정도는 씻어라.

50 このビルには、中国人(　　　)アメリカ人(　　　)いろいろな国の人が出入りしている。

① と　　　　　　　　② なり

③ やら　　　　　　　④ こそ

⑤ さえ

해설
➡ 이 빌딩에는, 중국인이라든지 미국인이라든지 여러 나라 사람들이 출입하고 있다.

51 テレビばかり見ていないで、勉強する(　　　)本を読む(　　　)少しは何かしなさい。

① やら　　　　　　　② だの

③ とか　　　　　　　④ こそ

⑤ なり

해설
➡ TV만 보고 있지 말고, 공부를 한다든지 책을 읽는다든지 조금은 무엇인가 해라.

⑤ 몇 개 중에서 하나를 선택할 때 사용한다.

52 子どもを愛しているから(　　　)しかるんです。

①　さえ 　　　　　　　　　　②　も

③　だけ 　　　　　　　　　　④　ほど

⑤　こそ

해설

➡️ 아이를 사랑하기 때문에 혼내는 것입니다.

⑤ からこそ。…てこそ。의 형태로 그 이유를 강조하는 경우에 사용한다.

---

53 最近の中学入試問題は、大学の先生(　　　)解けないのがあるそうですよ。

①　でさえ 　　　　　　　　　②　しか

③　だけ 　　　　　　　　　　④　こそ

⑤　と

해설

➡️ 최근의 중학교 시험문제는, 대학교 교수조차도 풀지 못하는 것이 있다고 합니다.

① …でさえ。…ですら。의 형으로 사용하는 일도 많다. (A뿐만 아니라 B도 그렇다)

---

54 日本が経済大国であることは、言う(　　　)。

①　ばかりだ 　　　　　　　　②　までだ

③　までもない 　　　　　　　④　までに

⑤　からだ

해설

➡️ 일본이 경제대국인 것은, 말할 필요도 없다.

③ 동사(기본형)＋までもない : ~할 필요가 없다. (ことはない·には及ばない)

55 彼^{かれ}はよほどおなかが空^すいていたらしく、となりの人^{ひと}の分^{ぶん}(　　　)食^たべてしまった。

① だけ　　　　　　　② ばかり

③ ほど　　　　　　　④ まで

⑤ ぐらい

해설

➡ 그녀는 굉장히 배가 고팠는지, 옆 사람분까지 먹어 치웠다.

　よほど : 꽤. 상당히. (かなり・そうとう)

56 忙^{いそが}しいからといっても、電話^{でんわ}(　　　)かけるひまはあるでしょう。

① など　　　　　　　② だけ

③ ほど　　　　　　　④ まで

⑤ ぐらい

해설

➡ 바쁘다고 하더라도, 전화 정도 걸 어유는 있지 않습니까.

⑤ 아무리 ~해도 최소한의 이 정도는 해라.

57 あなたがそんなに泣^なくから私^{わたし}(　　　)悲^{かな}しくなってしまう。

① まで　　　　　　　② なんか

③ こそ　　　　　　　④ さえ

⑤ ばかり

해설

➡ 당신이 그렇게 울기 때문에 나까지 슬퍼진다.

　貰^{もら}い泣^なき。같이 따라 우는 것. 덩달아 우는 것.

58 そんな重要な仕事は、あの人(　　　)できるはずがない。

① だけに　　　　　　　　　② ばかりに

③ までに　　　　　　　　　④ からには

⑤ なんかに

해설

➡ 그렇게 중요한 일은, 저런 사람이 할 리가 없다.

③ 범위의 한계를 나타낸다.　　　　④ ~한 이상은.

⑤ ~등. ~따위. ~등에게. (상대를 비난하거나 힐난할 때)

59 彼女はいつも肩がこる(　　　)頭が痛い(　　　)と体の不調を訴えている。

① だの　　　　　　　　　② なり

③ やら　　　　　　　　　④ か

⑤ も

해설

➡ 그녀는 언제나 어깨가 결린다든지 머리가 아프다든지 몸의 컨디션을 호소하고 있다.

① ~이라든지. ~라거나. 비난하는 말이 들어 있을 때가 많음. (とか)

60 今朝、ジュースを飲んだ(　　　)何も食べていません。

① だけ　　　　　　　　　② きり

③ ばかり　　　　　　　　④ まで

⑤ すら

해설

➡ 오늘 아침, 주스를 마신 것을 끝으로 아무것도 먹지 않았습니다.

② ~을 끝으로 동작이 일어나지 않음.

61 あの人は、年(　　　)若いが、なかなかしっかりしている。

① も　　　　　　　　　　② こそ

③ さえ　　　　　　　　　④ でも

⑤ だけ

해설

➡ 그 사람은, 나이는(나이야말로) 젊지만, 꽤 잘하고 있다(제법 야무지다).

62 あの歌手は、日本で(　　　)有名だが、海外では誰も知らないんです。

① さえ　　　　　　　　　② こそ

③ も　　　　　　　　　　④ しか

⑤ とか

해설

➡ 저 가수는, 일본에서는 유명하지만, 해외에서는 아무도 모릅니다.

63 彼女は、だまって(　　　)いれば、上品に見える。

① さえ　　　　　　　　　② なり

③ でも　　　　　　　　　④ とか

⑤ こそ

해설

➡ 그녀는, 입만 다물고(黙る) 있으면, 품위 있게 보인다.
上品 : 고상하다. 품위 있다. (⇔ 下品)

64 やせたい(　　　)、ダイエットをしすぎて病気になった。

① ほど　　　　　　　　　② すら

③ ぐらい　　　　　　　　④ ばかりに

⑤ だけ

해설

➡ 날씬해지고 싶은 탓으로, 다이어트를 너무 많이 해서 병에 걸렸다.

④ ～이기 때문에. ～인 탓으로. ～인 이유로. (부정문에만 사용한다)

い형용사·な형용사·동사 (기본체) ＋ ばかりに。

ばかりに 라고 하는 형으로, 그것만이 원인·이유가 있다고 하는 의미를 나타낸다.

65 あの人は、私が夢に(　　　)見た理想の人です。

① ほど　　　　　　　　② ぐらい

③ まで　　　　　　　　④ など

⑤ までに

해설

➡ 저 사람은, 내가 꿈에서까지(도) 보았던 이상형입니다.

③ ～까지. (시간·기간·공간의 범위를 나타낸다)

⑤ ～까지는.

(시간으로서의 限界(한계)·期限(기한)·以内(이내), 정해진 정확한 시간을 나타난다)

66 成功するためには、毎日の努力(　　　)が重要なのです。

① まで　　　　　　　　② ばかり

③ こそ　　　　　　　　④ ほど

⑤ さえ

해설

➡ 성공하기 위해서는, 매일의 노력이야말로 중요한 것입니다.

③ ～이야말로. ～이기 때문에 더욱더 그렇다.

앞의 말을 특히 강조하는 경우에 사용한다.

からこそ・…てこそ 의 형태로 그 이유를 강조하는 경우에 사용한다.

67 あなた(　　　)私の気持ちがわかるもんですか。

① なんかに　　　　　　② だけに

③ こそ　　　　　　　　④ さえ

⑤ ばかりに

해설

➡ 당신 같은 사람이 내 기분을 이해할 수 있겠습니까.

① ~따위. ~등. ~같은. ~같은 것. 等의 회화체. (なんか・なんて)

어떤 사물을 예시하고, 특히 그것을 무시하는 듯한 의미를 나타내며, 부정적인 표현에서 많이 사용된다.

私のことなんかお忘れでしょう。　　저 같은 건 잊으셨지요.

金なんか要るものか。　　　　　　　돈 같은 게 필요하겠니.

68 1人(　　　)夜道を歩くのはやめなさい。

① ぐらいで　　　　　　② きりで

③ などで　　　　　　　④ ばかりで

⑤ さえで

해설

➡ 혼자서 밤길을 걷는 것은 그만두어라.

② ~만. ~뿐. ~밖에. ~이후. ~한 것을 마지막으로. (…っきり 는 회화체)

그것만(それだけ)과 같은 의미. (だけ)

きり …ない : 그것만이다 라는 의미를 강하게 나타낸다.

(しか・きりしか의 형으로 자주 사용함)

어떤 것을 최후로, 뒤에는 계속되지 않는 모습을 나타낸다.

母は3年前に買い物に行ったきりで、まだ帰って来ないんです。

엄마는 3년 전에 쇼핑을 간후로, 아직 돌아오지 않았습니다.

쭉 그 상태로 계속 진행하는 것을 나타낸다.

69 時間が(　　　)すれば、そのコンサートに行けるのですが……。

① ありさえ　　　　　　② あってこそ

③ あるほど　　　　　　④ ありなど

⑤ ある

➡ 시간이 있기만 하면, 그 콘서트(concert)에 갈 수 있습니다만.

「…さえ …ば」의 형으로 그것만으로도 충분(それだけでじゅうぶん)하다는 의미를
나타낸다.

70 いちばん仲のよい友だちに(　　　)疑われて悲しい。

① こそ　　　　　　　　② さえ

③ ばかり　　　　　　　④ だけ

⑤ ぐらい

➡ 제일 사이가 좋은 친구에게마저도 의심받아서 슬프다.

② ~한테 마저도(게다가)라는 의미를 나타낸다. (すら)

71 こわくてこえを出すこと(　　　)できなかった。

① だけ　　　　　　　　② さえ

③ しか　　　　　　　　④ きり

⑤ ばかり

➡ 무서워서(恐い) 소리(声)를 내는 것조차도 할 수 없었다.

「…でさえ」「…ですら」의 형으로 사용하는 일도 많다.

日本人でさえ敬語の使い方をよく間違えます。

일본인조차도(마저도) 경어사용법을 자주 틀립니다.

---

72 彼女はスターにあいたい(　　　)六本木や原宿をうろうろしている。

① ほど　　　　　　　　② ぐらい

③ などで　　　　　　　④ ばかりに

⑤ きりで

➡ 그녀는 스타를 만나기 위해 록뽕기나 하라쥬꾸를 어슬렁거리고 있다.

うろうろ : 어떻게 하면 좋을까 판단이 서지 않아 당황하다. 목적지도 없이 걸어다니는 모습.

④ ~이 원인이 되어.

---

73 心を込めて作った料理なのに、子どもたちはまずい(　　　)飲み込んだ。

① とか　　　　　　　　② だけに

③ ぐらい　　　　　　　④ とばかりに

⑤ しか

➡ 정성을 들여서 만든 요리인데도, 아이들은 맛없는 듯이 삼켰다.

飲み込む : 삼키다. 이해(理解)하다. 납득(納得)하다.

④ 말로는 이야기하지 않지만 동작으로 나타낼 때 사용한다. (기본체＋とばかりに)

74 子どもで(　　)そんな非常識なことはしない。

① すら　　　　　　　　　② ほど

③ でも　　　　　　　　　④ こそ

⑤ こと

해설

➡ 어린이조차도 그런 몰상식한 짓은 하지 않는다.

① ~조차도. ~마저도. 「…でさえ」「…ですら」의 형으로 사용하는 일도 많다.

75 あなたとは、もうこれ(　　)あいません。

① まで　　　　　　　　　② さえ

③ だけ　　　　　　　　　④ きり

⑤ もの

해설

➡ 당신하고는, 더 이상(이것을 끝으로) 만나지 않겠습니다.

④ 어떤 것을 최후로, 뒤에는 계속되지 않는 모습을 나타낸다.

• 次の文の(　　)の中に最も適当なものを一つ選びなさい。(76~80)

76 この本は田中さんに(　　)ました。

① あげ　　　　　　　　　② やり

③ もらい　　　　　　　　④ ください

⑤ くれ

해설

➡ 이 책은 다나까씨한테 받았습니다.

この本は田中さんがくれました。　　이 책은 다나까씨가 주었습니다.

この本は田中さんにもらいました。　　이 책은 다나까씨에게 받았습니다.

田中さんは山田さんに本をあげました。 다나까씨는 야마다씨에게 책을 주었습니다.

77 そんなことはわざわざ書く(　　　)分かり切ったことです。

① までもなく　　　　　　② ようも

③ だけでなく　　　　　　④ さえも

⑤ ほどはなく

해설

➡ 그러한 것은 일부러 쓰지 않아도 너무 잘 알 수 있는 것입니다.

동사(ます형) + 切る : 끝까지 그 행위를 하다. 끝까지 ~하다. 완전히 ~하다.

売り切る。 다 팔다. 매절되다. 力を出し切る。 힘을 끝까지 내다. 전력을 다하다.

疲れ切る。 너무 피곤하다. 弱り切った表情。 매우 난처해진 표정. 너무 곤란한 표정.

関係を断ち切る。 관계를 완전히 단절하다(끊다).

① 동사(기본형)+までもない : ~할 필요가 없다. (ことはない · には及ばない)

78 私は庭の花をみている(　　　)しあわせです。

① しか　　　　　　　　　② だけで

③ だけが　　　　　　　　④ だけしか

⑤ はずで

해설

➡ 나는 정원의 꽃을 보고 있는 것만으로도 행복(幸せ)합니다.

② 그것만 하다.

79 彼は今にも泣きだす(　　　)の顔で「金を貸してくれ」と頼みに来た。

① たばかり　　　　　　　② ばかりに

③ とばかり　　　　　　　④ ばかり

⑤ んばかり

➡ 그는 지금이라도 울 듯한 얼굴로 「돈을 빌려줘」라고 부탁하러 왔다.

⑤ 동사(부정형 ない에서 い만 빼고) ＋ …んばかり.

　금방이라도 그렇게 될 듯한 모습을 나타낸다.

80 彼の言葉を信じて株を買った(　　　)、大金を失った。

① せつ　　　　　　　　　② とおりに

③ ように　　　　　　　　④ ばかりに

⑤ ので

해설

➡ 그의 말을 믿고 주식을 산 탓으로, 큰돈을 잃어버렸다.

④ 탓으로. (~가 이유나 원인이 되어. 주로 부정문에 사용)

81 次の文章の内容を最もよく表しているものを一つ選びなさい。

　　　人類は創造力を持ってはいるが、二人以上の人の協力によって物が創
造されたためしはない。音楽においても、芸術においても、哲学におい
ても、有効な協力というものはない。集団はこれを組織だて、拡大する
ことはできるが、ゼロからの創造は決してない。

① 人はけっして一人ではゼロから創造することはできない。
② 一人で創造するよりは集団で行ったほうがよい。
③ 集団で組織だてたものを、最後にまとめるのは一人がよい。
④ ものを創造するのは集団の力でなく、一人の力で行われるものである。
⑤ 人類の創造力はたった一人だけが持っている。

➡ ④ 사물을 창조하는 것은 집단의 힘이 아니라, 혼자의 힘으로 행하여지는 것이다.

인류는 창조력을 갖고는 있지만, 2인 이상의 협력에 의하여 사물이 창조된 예는 없다. 음악에 있어서도, 예술에 있어서도, 철학에 있어서도, 유효한 협력이란 것은 없다. 집단은 이것을 조직하여, 확대하는 것은 가능하지만, 제로로부터의 창조는 결코 없다.

① 사람은 결코 혼자서는 제로로부터 창조하는 것은 불가능하다.

② 혼자서 창조하는 것보다 집단으로 하는 편이 좋다.

③ 집단에서 조작한 것을 최후에 정리하는 것은 혼자가 좋다.

⑤ 인류의 창조력은 오직 한 사람만이 갖고 있다.

82 次の文章の内容を最もよく表しているものを一つ選びなさい。

> 運転中、道を歩いている子供の予想もしない行動に、冷や汗をかいたドライバーは多いと思います。子供に安全な行動を期待するより、ドライバーのほうが注意を払う用心がけましょう。

① 子供に安全な道の歩き方を教えなければいけない。
② 子供がいたら、ドライバーはよく注意しなければいけない。
③ 子供をひいたら、ドライバーの責任だ。
④ 子供の交通事故が多いのは、ドライバーの不注意が原因である。
⑤ 子供の交通事故は、徹底的に親の責任だ。

➡ ② 아이가 있으면 운전자는 잘 주의하지 않으면 안 된다.

운전 중, 길을 걷고 있던 아이의 예상도 못한 행동에, 식은땀을 흘린, 운전자는 많다고 생각합니다. 아이에게 안전한 행동을 기대하기보다 운전자 쪽이 주의하도록 조심합시다.

① 아이에게 안전한 보행방법을 가르치지 않으면 안 된다.

③ 아이를 치면 운전자의 책임이다.

④ 아이의 교통사고가 많은 것은 운전자의 부주의가 원인이다.

⑤ 아이의 교통사고는 철저히 부모책임이다.

83 次の文の( )の中に最も適当なものを入れなさい。

　　文章は、全体としてまとまった考えをあらわすのが一般的であるか
ら、しめくくり、( )書き終わりをはっきりさせて、今まで述べて
きた内容の結末が何であるか読み手に伝えなければならない。そのため
に、書き終わりの工夫が必要だ。

① つま　　　　　　　　　　② それに

③ ならびに　　　　　　　　④ ばかりではなく

⑤ いわば

해설

➡ ① 요컨대. 요약하자면. 말하자면. 바꿔 말하면. 설명하자면. (대충의 설명문에 사용)

　締め括り : 끝맺음. 끈 등으로 꽁꽁 묶는 것. 관리·감독하여 정리하는 것.

　話の締め括りをつける。 이야기의 결말을 짓다.

　工夫する : 궁리하다. 연구하다. 재능.

　述べる : 생각·의견 등을 말하다. 진술하다. 문장으로 나타내다. 날짜를 연기하다.

　문장은 전체로서 정리된 생각을 나타내는 것이 일반적이기 때문에, 마무리, 즉(설명하자면)
끝맺음을 분명히 해서, 지금까지 이야기한 내용의 결말이 무엇에 있을까 독자에게 전달하지
않으면 안 된다. 그렇기 때문에, 맺음말 연구가 필요하다.

② 게다가. 그 위에. (然も·その上·お負けに·かつ)

③ ～및. 문장을 열거할 때 사용한다. 「および」보다는 훨씬 더 딱딱한 말투. (並びに)

④ ～뿐만 아니라. (ばかりか·だけでなく·のみでなく)

⑤ 말하자면. 서로 알고 있는 것을 알기 쉽게 말하면. 예를 들어 말하면. (言わば)

84 次の文章の内容を最もよく表しているものを一つ選びなさい。

　　悪口が友情の表現である場合がしばしばある。人間というものは親し
くなればなるほど相手に対して注文が多くなるのが普通であり、また当
然である。そして、その注文は常に悪口の形で表現される。

① 悪口を言って友人を失うことがよくある。
② 悪口を言い合えるぐらい親しい友人はいいものだ。
③ 悪口が親しい人にたいする要望を表していることがよくある。
④ どんなに親しい人であっても、悪口はつつしむべきだ。
⑤ 悪口と友情は同じものである。

➡ ③ 욕이 친한 사람에 대한 요망을 나타내는 일이 많이 있다.

욕으로써 우정을 표현하는 경우가 자주 있다. 인간이라고 하는 것은 친숙해지면 친숙해질수록 상대에 대하여 주문이 많아지는 것이 보통이고, 또 당연하다. 그리고 그 주문은 언제나 욕의 형태로 표현된다.

① 욕을 해서 친구를 잃는 일이 자주 있다.

② 서로 욕할 정도로 친한 사람은 좋은 것이다.

④ 아무리 친한 사람이더라도 욕은 삼가야 한다.

⑤ 욕과 우정은 같은 것이다.

85 次の文章の内容を最もよく表しているものを一つ選びなさい。

　　私は子どもの時に、自分の気持ちをあまり顔に表さないほうだったが、このことを今ではとても残念に思っている。というのも、今になって分かったのだが、両親が私のために計画してくれたことに喜びをさほど表さなかったために、何度も大きな失望を彼らに与えたと思われるからである。

① 子供の時、自分の気持ちを顔にあらわさず、たびたび両親を失望させたことを残念に思っている。

② 子供の時、両親が私のために計画してくれたことに、たびたび失望をあらわしたことを残念に思っている。

③ 子供の時、自分の気持ちを顔にあらわさず、両親が何もしてくれなかったことを残念に思っている。

344　日本語 JLPT・JPT・외무영사직・중등교사 임용시험 문제집 (상)

④ 子供の時、両親をがっかりさせたくて、わざと表情に出さなかったのを、今では後悔している。

⑤ 子供の時、自分の気持ちを顔にあらわさなかったのは、両親が計画したことがつまらなかったと思っている。

해설

➡ ① 어렸을 때 자신의 마음을 얼굴에 나타내지 않아, 여러 번 양친을 실망시켰던 것을 유감스럽게 생각하고 있다.

나는 어렸을 때, 자신의 기분을 별로 얼굴에 나타내지 않는 편이었지만, 이것을 요즘에 와서는 상당히 유감스럽게 생각한다. 이런 것도 이제 와서 알게 된 것이지만, 부모님이 나를 위해 계획해 주었던 일에 그다지 기쁨을 표현하지 않았기 때문에, 몇 번이나 큰 실망을 그분들에게 안겨 드렸다고 생각하기 때문이다.

② 어렸을 때 양친이 나를 위하여 계획하여 주었던 것에 여러 번 실망을 표시한 일을 유감스럽게 생각하고 있다.

③ 어렸을 때 자신의 마음을 얼굴에 나타내지 않아 양친이 아무것도 해 주지 않았던 것을 유감스럽게 생각하고 있다.

④ 어렸을 때 양친을 실망시키고 싶어서 일부러 표정에 나타내지 않았던 것을, 지금은 후회하고 있다.

⑤ 어렸을 때 자기 기분을 얼굴에 나타내지 않은 것은, 부모님이 계획한 일이 시시했다고 생각하기 때문이다.

---

86 「問われるまでには言うまい。」의 올바른 해석을 고르세요.

① 질문할 수 있기 전까지는 말하지 않겠다.

② 질문할 수 있기 전에 말하겠다.

③ 질문 받기까지는 말할 것이다.

④ 질문할 수 있기까지는 말할 것이다.

⑤ 질문 받기까지는 말하지 않겠다.

해설

➡ まい : …하지 않을 것이다. (부정추측·부정의지를 나타낸다)

동사Ⅰ (기본형)＋まい。　　동사Ⅱ (ます형)＋まい。

동사Ⅲ : する : しまい。すまい。するまい。せまい。

　　　　くる : きまい。くまい。くるまい。こまい。

동사Ⅲ은 모두 사용할 수 있지만 기본형으로 가장 많이 사용된다.

87 다음 우리말을 일본어로 올바르게 표현한 것을 고르세요.

　꼭 여쭈고 싶은 이야기가 있습니다만, 오늘밤 시간이 있으십니까.

① かならず聞かせていただきたい話があるのですが、今晩お暇でしょうか。

② きっとおうかがいたい話があるんですが、今晩時間がございますか。

③ きっと聞かせて下さい話があるのですが、今晩ご都合いかがでしょうか。

④ ぜひおうかがいたい話があるのですが、今晩ご具合いかがでしょうか。

⑤ ぜひ聞いていただきたい話があるのですが、今晩ご都合いかがでしょうか。

해설

➡ 사역형＋もらう、いただく。의 행위자는 내가 된다.

て형　＋もらう、いただく。의 행위자는 상대가 된다.

飲ませていただきます。내가 마시겠습니다.

飲ませてもらいます。　내가 마시겠습니다.

飲んでいただきます。　상대가 마십니다.

飲んでもらいます。　　상대가 마십니다.

88 「人の世を作ったものは神でもなければ鬼でもない。」의 올바른 해석을 고르세요.

① 인간 세상은 신이 만들었다.

② 인간 세상은 귀신이 만들었다.

③ 인간 세상은 신과 귀신이 함께 만들었다.

④ 인간 세상을 만든 것은 신도 아니고 귀신도 아니다.

⑤ 인간 세상은 신이 만들지 않았으면 귀신이 만든 것 같다.

➡ …も …ば …も : ~도 있다면 ~도 있다. ~도 없다면 ~도 없다.

89 「事件にまきこまれるのはもう真っ平だ。」의 올바른 해석을 고르세요.

① 사건에 휘말리는 것은 좋지 않다.

② 사건에 휘말리는 것은 있을 수 있다.

③ 사건에 휘말리는 것은 할 수 없다.

④ 사건에 휘말리는 것은 절대 반대다.

⑤ 사건에 휘말리는 것은 누구나 한다.

해설

➡ 巻き込まれる : 말려들다. 真っ平 : 오로지. 절대로. (ひたすら・ひらに)
  真っ平御免 : 도저히 싫다. (どうしてもしたくない・絶対にいやだ)

90 「手取金。」の意味を一つ選びなさい。

① 공짜로 생긴 돈. ② 원금을 뺀 이자.

③ 돌보아 주거나 가르치는 것. ④ 세금을 내는 돈.

⑤ 수입 중에서 세금을 제외한 순수익.

91 次の文章を読んで、後の問いに答えなさい。

　　朝10時ごろから昼ごろまでの間に、気分が悪くなって保健室に行く子供たちを調べた結果、大半が朝食抜きであるということが判明しています。そしてこれらの子どもたちの体温を測ってみますと、通常の体温よりかなり低いのが目立ちます。中には35度台の子どももいます。これはたいへん危険です。子どもで36度未満になりますと体が冷えてしまい、

場合によっては生命に危険な場合もあります。

【問い】これの指す内容はどれか。

① 気分が悪くなって保健室に行く子どもたちが多いこと
② 朝食を食べないで学校に来る子供たちが多いこと
③ 朝食を食べないと生命に危険な場合もあるから
④ 体温が36度未満の子どもたちが朝食を食べないこと
⑤ 子どもたちの中に体温が36度未満の子どもがいるから

해설

➡ ⑤ 아이들 중에 체온이 36도 미만인 아이가 있기 때문에.

아침 10시경부터 점심 때까지 사이에, 속이 메스꺼워서 양호실에 가는 아이들을 조사한 결과, 대부분이 아침식사를 거른 것으로 판명되었습니다. 그리고 이 아이들의 체온을 재어 보았더니, 통상 체온보다 상당히 낮다는 것이 눈에 띄었습니다. 그중에는 35도대의 아이도 있습니다. 이것은 대단히 위험한 일입니다. 아이가 36도 미만이 되면 몸이 차가워져서, 경우에 따라서는 생명에 위험한 경우도 있습니다.

計る : 각도·길이·무게를 재다. 상상하다. 짐작하다(計る·量る·測る). 실행하려고 하다
(図る). 속이다(謀る·図る). 의견을 제시하고 상담하다(諮る).
(図る·計る·測る·量る·諮る·謀る)

① 속이 메스꺼워 양호실에 가는 아이들이 많은 것.

② 아침을 먹지 않고 학교에 오는 아이들이 많은 것.

③ 아침을 먹지 않으면 생명에 위험이 되는 경우도 있기 때문에.

④ 체온이 36도 미만인 아이들이 아침을 먹지 않는 것.

92 次の文章を読んで、後の問いに答えなさい。

　　夜間の運転では、目を周囲の環境の暗さに慣らしておくことが重要です。室内灯は、バスのほかは走行中につけないようにし、車室内は暗くしておきましょう。

【問（と）い】夜間（やかん）、走行中（そうこうちゅう）に車室内（くるましつない）を暗（くら）くするのはどんな理由（りゆう）からか。

① 周囲（しゅうい）の環境（かんきょう）が暗（くら）いから　　② 外（そと）がよく見（み）えなくなるから

③ 車室内（くるましつない）が見（み）えなくなるから　　④ ほかの車（くるま）にバスと間違（まちが）えられるから

⑤ 車室内（くるましつない）を暗（くら）くしないと人（ひと）か見（み）えないから

해설

➡️ ② 밖이 잘 보이지 않게 되기 때문에.

야간 운전에서는, 눈을 주위 환경의 어둠에 익숙하게 해 두는 것이 중요합니다. 실내등은, 버스 외에는 주행 중에 켜지 않도록 하고, 차 안은 어둡게 해 둡시다.

慣（な）らす : 단련시키다. 훈련시키다. 순응（順応（じゅんのう））시키다.

① 주위의 환경이 어둡기 때문에

③ 차 실내가 보이지 않게 되기 때문에.

④ 다른 차들이 버스와 혼동할 수 있기 때문에.

⑤ 차 실내를 어둡게 하지 않으면 사람이 보이지 않기 때문에.

---

93 다음 문장의 내용과 일치하지 않는 것을 고르세요.

　　鼻（はな）がつまっていると、どうしても口呼吸（くちこきゅう）になりがちだ。口呼吸（くちこきゅう）では舌（した）がのどの奥（おく）に落（お）ち込（こ）んで気道（きどう）をふさぐことがあるから身体（しんたい）が酸素（さんそ）を求（もと）めて目覚（めざ）めようとしてしまう。その結果（けっか）、眠（ねむ）りが浅（あさ）くなり、熟睡感（じゅくすいかん）を得（え）られなくなってしまうのだ。夜（よる）、睡眠（すいみん）をしっかり取（と）れないと心身（しんしん）の疲労（ひろう）が抜（ぬ）けず、体力（たいりょく）がなかなか回復（かいふく）できない、さらに、日中（ひなか）に眠気（ねむけ）に襲（おそ）われやすくなり、集中力（しゅうちゅうりょく）がダウン。仕事（しごと）や勉強（べんきょう）などの能率（のうりつ）が著（いちじる）しく低下（ていか）しかねない。良質（りょうしつ）な睡眠（すいみん）を得（え）るためには横向（よこむ）きで寝（ね）るのが望（のぞ）ましいとのこと。重力（じゅうりょく）の関係（かんけい）で舌（した）がのどに落（お）ち込（こ）みにくく、比較的（ひかくてき）呼吸（こきゅう）が楽（らく）にできるそうだ。また、部屋（へや）の湿度（しつど）を適度（てきど）に保（たも）つことも「鼻呼吸（はなこきゅう）」をしやすくするからお勧（すす）めだ。

① 舌で気道がふさがれると口呼吸になりやすい。

② 睡眠障害はさまざまな副作用を起こしやすい。

③ 良質な睡眠の確報は仕事の能率に影響を及ぼす。

④ 熟眠のためには部屋が乾燥しないようにするのも大事だ。

해설

➡ ① 혀 때문에 기도가 막히면 입호흡하기가 쉽다.

身体・身体 : 몸. 신체. (心身・神身 : 정신과 신체)

코가 막히면, 아무래도 입호흡하기가 쉽다. 입호흡으로는 혀가 목구멍 깊숙이 들어가 기도를 막을 수 있기 때문에 몸이 산소를 찾아 깨어나게 된다. 그 결과, 깊이 잠들 수 없고, 숙면감을 얻을 수 없게 되어 버리는 것이다. 밤에, 수면을 제대로 취하지 못하면 심신의 피로가 풀리지 않고, 체력이 좀처럼 회복되지 않는다, 게다가, 한낮에 쉽게 졸음이 쏟아지고, 집중력이 다운. 일이나 공부 등의 능률이 현저하게 저하될 수 있다. 양질의 수면을 얻기 위해서는 옆으로 누워 자는 것이 바람직한 것. 중력 관계로 혀가 목구멍으로 떨어지기(하강하기) 어려워, 비교적 호흡이 편하다고 한다. 또, 방의 습도를 적당한 온도로 유지하는 것도「코호흡」을 하기 쉽게 하기 때문에 권장한다.

② 수면장애는 여러 가지 부작용을 일으키기 쉽다.

③ 양질의 수면 확보는 일의 능률에 영향을 미친다.

④ 숙면을 위해서는 방이 건조하지 않게 하는 것도 중요하다.

94 (   ) 안에 들어갈 가장 적당한 말을 고르세요.

私たちはだれでも自己回復の能力を持っており、多かれ少なかれ、人はそれを使っている。病気が治る過程において、患者本人の治ろうという意志が(   )、多くの医師が説くところでもある。肉体と精神をはっきり区別して考えることは出来ないと言える。

① あまり見られないことは　　② あまりかまわないことは

③ どれほど大切であるかは　　④ どれほど役に立たないかは

➡ ③ 어느 정도 중요한지는

우리들은 누구나 자기회복의 능력을 갖고 있으며, 많든 적든 간에, 사람은 그것을 사용하고 있다. 병이 낫는 과정에서, 환자 본인이 낫겠다고 하는 의지가 어느 정도(얼마나) 중요한지는, 많은 의사가 설명하는 것이기도 하다. 육체와 정신을 뚜렷이 구분해서 생각하는 것은 불가능하다고 말할 수 있다.

① 그다지 볼 수 없는 것은   ② 그다지 상관없는 것은

④ 어느 정도 도움이 되지 않을지는

95 (   ) 안에 들어갈 가장 적당한 말을 고르세요.

経営難の東京電力が、大企業向けに続き、家庭向けの電気料金についても約10パーセントの値上げを申請するという。4月以降に、国に認可を求める方針で、平均的な家庭で月600円程度の負担増になる。値上げの理由は燃料費だ。燃料費は前年に比べ4割増しになっているという。費用がかかる分、一定程度を利用者が負担するのは、(   )。

① やむをえない   ② 頼りにならない

③ とどまらない   ④ はかどらない

➡ ① 어쩔 수 없다. ~하지 않을 수 없다. (やむを得ない)

경영난의 도꾜전력이, 대기업에 이어, 가정용의 전기요금에 대해서도 약 10%의 인상을 신청한다고 한다. 4월 이후에, 국가에 인가를 요구할 방침으로, 평균적인 가정에서 월 600엔 정도의 부담이 증가하게 된다. 가격 인상의 이유는 연료비. 연료비는 전년에 비해 4할 증가했다고 한다. 비용이 드는 만큼, 일정 정도를 이용자가 부담하는 것은, 어쩔 수 없다.

② 의지할 수 없다.   ③ ~에 그치지 않고.

④ 진척이 없다. (捗らない : 사물이 잘 진행되지 않다)

96 「手を焼く」を正しく使っているものはどれですか。

① 火傷をして手を焼く。　　② 子供の教育に手を焼く。

③ 見たい映画に手を焼く。　④ うれしくて手を焼く。

⑤ 我慢できなくて手を焼く。

해설

➡️ 해결방법을 몰라서 곤란한 것. 고생하다. (火傷·火傷 : 화상)

② 아이 교육으로 고생하다.

97 다음의 우리말을 일본어로 바르게 옮긴 것을 고르세요.

한번 만나 뵙고, 선생님의 의견을 듣고 싶다고 생각하고 있기 때문에, 잘 부탁드립니다.

① 一度お目にかけり、先生のお意見をおたずねしたいと思っておりますので、よろしくお願いします。

② 一度お目になり、先生のお意見をお聞きになりたいと思っていらっしゃっておりますので、よろしくお願いいたします。

③ 一度お目にあずかり、先生のご意見をうかがいたいと思っておりますので、よろしくお願いします。

④ 一度お目にいたし、先生のご意見をうかがいたいと思っていらっしゃっておりますので、よろしくお願いいたします。

⑤ 一度お目にかかり、先生のご意見をうかがいたいと思っておりますので、よろしくお願いいたします。

해설

➡️ ⑤ 会う(만나다)의 겸양어는 お目にかかる。お会いする。

聞く(묻다)·質問する(질문하다)의 존경어는 お聞きになる。お耳に入る。

聞く(묻다)·質問する(질문하다)의 겸양어는 お聞きする。伺う。

98 次の文の(　　　)の中に最も適当なものを入れなさい。

病気は(　　　)治ったので、また仕事に戻ります。

① すっかり　　　　　　　② はっきり

③ あっさり　　　　　　　④ しっかり

⑤ がっかり

해설

➡ 병은 깨끗이 나았기 때문에, 다시 일터로 돌아갑니다.

① 남김없이 전부. 완전히. 깨끗이.　　　② 분명히. 똑똑히. 확실히.

③ 맛·성격 등이 시원스러운 모습. 간단히(게임에 지다).

④ 내적으로 견실한 모습. 빈틈이 없는 모습. 충분히. 틀림없이.

　기분·성질·행위 등이 견실하고 확실해서 신용할 수 있는 모습.

⑤ 실망하다. 낙담하다.

　(落ち込む·落胆する·気落ちする·肩を落とす·気力がなえる·がっくりする)

---

99 次の文の(　　　)の中に入るのに適当でないものを一つ選びなさい。

今日は一日中(　　　)電話がかかってきて忙しかった。

① たえずに　　　　　　　② たえまなく

③ ひっきりなしに　　　　④ あっというまに

⑤ しきりに

해설

➡ 오늘은 하루 종일 끊임없이(계속해서) 전화가 걸려 와서 바빴다.

④ 눈 깜작할 사이에. 굉장히 짧은 시간.

　(あっという間に·またたく間に·束の間に·見る間に·みるみる·ちょいの間·

　ちょんの間)

100 次の会話文を正しい順序にしなさい。

A：先日お電話致しました。藤原不動産の江口ですが。

B：ああ、江口さんですね。あいにく主人は、突然の出張で。

C：さあ、向こうから連絡すると言ったきりで。……あのう、主人は最近忙しいので、今度の話は……。

D：お出掛けですか。いつお戻りになられる御予定でしょうか。

E：いや、あのう、そうとは存じますが、このようなチャンスはほかにありませんし、なんとか。

① A−D−C−B−E   ② A−B−C−D−E

③ A−C−B−D−E   ④ A−B−D−C−E

⑤ A−D−B−C−E

해설

➡ ④ A−B−D−C−E

A : 지난번에 전화 드렸던, 후지하라 부동산의 에구찌입니다만.

B : 아, 에구찌씨군요. 공교롭게도 남편은, 갑작스러운 출장으로.

C : 글쎄요, 그쪽에서 연락한다고 말했을 뿐. ……저, 남편은 요즘 바쁘기 때문에, 이번 이야기는……

D : 외출하셨습니까. 언제 돌아오실 예정입니까.

E : 안 돼요, 저, 그런 줄은 압니다만, 이런 기회는 또 없습니다, 어떻게든…

---

101 次の会話文を正しい順序にしなさい。

A：だけど、大学まで遠いのよ。行き帰りの電車だけで疲れちゃうの。もう、帰ってからはボーとしちゃって、あとは寝るだけなの。

B：そうかぁ、でも、こんな条件のところはめったにないからなぁ。

C：今年いっぱいでこの部屋をあけようと思うんだけど。

D：それもそうねぇ。

E：どうして。気に入っていたんじゃないか。
回りは静かだし、駅にもそう遠くないって。

① C－A－E－B－D　　　　② C－A－E－D－B

③ C－D－E－B－A　　　　④ C－D－A－B－E

⑤ C－E－A－B－D

해설

▶ ⑤ C－E－A－B－D

A : 그렇지만, 대학까지 멀어. 갔다가 돌아오는 기차만으로도 피곤하다.

　　또, 집에 돌아와서는 멍해지고, 그러고 나서는 잠만 잘 뿐이야.

B : 그렇네, 그러나, 이렇게 조건이 좋은 곳은 좀처럼 없으니까 말야.

C : 올해 말로 이 방을 비우려고 생각하는데.

D : 그것도 그렇네.

E : 왜. 마음에 들어 했잖아. 주변은 조용하고, 역에서도 그렇게 멀지 않고.

---

102 次の文の(　　　)の中に最も適当なものを入れなさい。

文化祭の打ち上げと称して居酒屋で酒を飲むなど、高校生として(　　　)行為だ。

① ならでは　　　　　　② ばかりに

③ ありふれる　　　　　④ だけに

⑤ あるまじき

해설

▶ 문화제(축제) 뒤풀이라고 칭하고 이자까야(술집)에서 술을 마시는 등, 고등학생으로서 있을
수 없는 행위다.

① ~가 아니면은 할 수 없다. ~만이 할 수 있다. (명사＋ならでは)

　　その時代の作品ならではの美しい色合いですね。

　　그 시대의 작품에서만 볼 수 있는 아름다운 색의 배합(색조)입니다.

③ 흔하다. 많다. (ありがち・ありきたり)

⑤ 있을 수 없는. 있어서는 안 될. (有るまじき・あり得ない・あるはずがない・あるわけ

がない・あってはならない・不都合である・とんでもない).
(指導者に有るまじき振る舞い。 지도자로서 있을 수 없는 행동)

103 다음 한자의 읽기 중에서 옳지 않은 것을 고르세요.

① 心地 (ここち) ② 相場 (そうば)

③ 為替 (かわせ) ④ 値段 (ねだん)

⑤ 取締 (しゅうたい)

해설

▶ ⑤ とりしまり(감독하다). (取締役 : 감독하는 역할. 사장)

① 마음의 상태. ② 상장. (株式相場 : 주식상장)

③ 환. ④ 가격. 값.

104 次の文の( )の中に最も適当なものを入れなさい。

双方意見が合わず、会談の( )はあやしくなってきた。

① 雪崩 ② 空模様

③ 雲行き ④ 雲合

⑤ 天気

해설

▶ 쌍방의견이 맞지 않아서, 회담의 분위기가 이상하게 되었다.

① 눈사태. ② 날씨.

③ 구름의 움직임. 날씨. 형세. 사물의 진행

④ 날씨. ⑤ 날씨.

105 次の文の(　　　)の中に最も適当なものを入れなさい。

この機会を(　　　)ら、もう会えなくなってしまう。

① 塞いだ　　　　　　　② 隔てた
③ 解いた　　　　　　　④ 間違った
⑤ 逃した

해설

➡️ 이번 기회를 놓친다면, 더 이상 만날 수 없게 된다.

① 열려 있는 곳을 닫다. 막다. 문을 닫다. 구멍을 메우다. 책임을 다하다.

② 간격을 두다. 거리를 두다.

③ 엉킨 것을 풀다. 짐을 풀다. 끈을 풀다. 풀어헤치다.

④ 틀리다. 실수하다. 지켜야만 되는 것을 위반하다. 잘못되다.

⑤ 기회를 놓치다. 잃어버리다.

---

106 次の文の(　　　)の中に最も適当なものを入れなさい。

運動したのでおなかが(　　　)。

① 減った　　　　　　　② 乾いた
③ 枯れた　　　　　　　④ 下った
⑤ 縮んだ

해설

➡️ 운동했기 때문에 배가 고프다.

① 사물의 수량이나 정도가 줄어들다. 배가 고프다.

② 젖은 것이 마르다. 목이 마르다.

③ 초목이 죽다. 수분이 없어 초목이 생기를 잃다. 시들다. 인격이나 예술 등이 깊은 맛이 나다.

④ 높은 곳에서 낮은 곳으로 이동하다. 내려가다. 도시의 중심에서 벗어나 있다. 지위가 낮아지다. 관직을 사직하고 민간인이 되다. 명령·판결 등이 내려지다. 기준보다는 넘지 않다.

시간이 경과하다. 굴복하다. 항복하다.

⑤ 줄어들다. 짧아지다. 작아지다. 줄어들다. 범위가 축소되다. 기세가 없어지다.

107 次の文の(　　　)の中に最も適当なものを入れなさい。

今度戦争が(　　　)ら、地球上の生物は絶滅してしまうかもしれない。

① 現れた　　　　　　　② 起った

③ 生じた　　　　　　　④ 至った

⑤ 応じた

해설

➡ 이번에 전쟁이 일어난다면, 지구상의 생물은 멸종(전멸)해 버릴지도 모른다.

① 나타나다(효과). 출현하다(가리었던 달이). 표정이 나타나다. (現れる · 現われる)

② 사고가 발생하다. 유행이 일어나다. 호기심이 생기다. (起こる · 起る)

③ 초목 등이 돋아나다. 싹이 트다. 곰팡이가 피다. 사물 · 사건 등이 발생하다. 생겨나다. 일으키다.

④ 도달하다. 이르다. 어느 지점에 달하다. 닿다. 미치다. (至る · 到る)

⑤ 응하다. 어떤 조건에 따르다. 대응하다. 호응하다.

108 次の文の(　　　)の中に最も適当なものを入れなさい。

宴会で課長にお酒を(　　　)もらった。

① つめて　　　　　　　② ついで

③ もって　　　　　　　④ はさんで

⑤ よって

해설

➡ 연회에서 과장님에게 술을 따라 받았다. (연회에서 과장님이 술을 따라 주었다)

① 공간 없이 채워 넣다. 가득 채우다. 중단하는 일 없이 계속하다. 빈틈없이 채우다. 구멍을 막다. 일순간 호흡을 멈추다. 단축하다. 절약하다(倹約する). 대기하다. (詰める)

② 용기 등에 음료수를 따르다. 술·차를 따르다. (注ぐ)

注ぐ : 흘러 들어가다(流れ入る·流れ込む). 비·눈 등이 끊임없이 내린다.

부어 넣다(流し入れる). 용기에 물 등을 따르다(注ぐ). 논에 물을 대다. 눈물을 흘리다. 물

등을 뿌리다(振り掛ける). 한 가지 일에 집중하다.

心血を注ぐ : 심혈을 기울이다. 視線を注ぐ : 시선을 집중하다. 全力を注ぐ : 전력을 다하다.

③ 물건을 손에 들다. 잡다. 휴대하다. 소지하다. 소유하다. 보유하다. 갖추다. 희망을 갖다. 담

당하다. 부담하다. 모임·교섭 등을 개최하다. 편들다. (持つ)

④ 물건의 사이에 끼워 넣다. 물건을 양측에서 눌러서 움직이지 않도록 하다. 핀셋트로 집다.

정중앙에 두다. 무엇인가에 대해서 말하기도 하고, 듣기도 하고, 마음에 품기도 하다(挟む·

挿む). 가위로 자르다(鋏む).

⑤ 접근하다. 한곳에 모이다. 증가하다. 들르다. 의탁하다. (寄る)

109 次の文の(　　　)の中に最も適当なものを入れなさい。

私は一生懸命勉強して医者を(　　　)いる。

① 見上げて　　　　　　　　② 見つめて

③ 見直して　　　　　　　　④ 目指して

⑤ 目立って

해설

➡ 나는 열심히 공부해서 의사를 목표로 하고 있다.

① 올려다보다. 인물·역량 등에 경의를 나타내다. 우러러보다. 훌륭하다고 감탄하다.

② 눈을 떼지 않고 계속 바라보다. 뚫어지게 보다.

③ 병·경기 등이 좋아지다. 확인하기 위해서 다시 한번 보다. 새롭게 가치를 인정하다.

④ 목적지를 향해서 나아가다. 목표로 하다. (目差す·目指す)

　싹이 트다. 새로운 일이 일어나려고 하다 (芽差す).

⑤ 눈에 띄다. 두드러지다. 눈길을 끌다. (目立つ)

110 次の文の(　　　)の中に最も適当なものを入れなさい。

会長のお嬢様はとても(　　)いらっしゃいます。

① お美しくて　　　　　　　② ご美しくて

③ お美しゅうで　　　　　　④ ご美しゅうで

⑤ お美しこう

➡ 회장님의 따님은 너무(대단히) 아름다우십니다.

① い형용사 · な형용사의 존경표현.

　い형용사(て形) ＋ いらっしゃる。

　な형용사(で形) ＋ いらっしゃる。의 두 개가 있다.

　い형용사의 て形은(기본형에서 い만 빼고)＋<u>くて</u>。

　な형용사 · 명사의 で形은(단어)＋<u>で</u>。

	존경어 (て形+いらっしゃる)	정중어 (です)	겸양어 (て形+ござる)
い형용사	忙しくていらっしゃいます。	忙しいです。	忙しゅうございます。
な형용사	元気でいらっしゃいます。	元気です。	元気でございます。
명사	金さんでいらっしゃいます。	金です。	金でございます。

第5章。제5장

文法編　문법편 V

尊敬語　존경어

▶ 家族の言葉。 가족의 언어.
かぞく ことば

● 일본어의 존경어는 가족이나 자기가 속해 있는 집단을 남에게 말하거나 소개할 때는 겸양어를
사용하지만, 본인이 자기 가족을 부를 때는 존경어를 사용할 수 있다.

● 존경어.

경어는 친하지 않은 사람(잘 모르는 사람·자기 그룹에 속하지 않은 사람)이나, 윗사람·존경
해야 되는 사람(지위·신분·연상)을 상대로서, 그 사람들이나 이야기하는 사람 등에 대해서
이야기할 때 사용한다. 단 보통 때는 존경해야 될 사람이라고 생각되는 경우에도, 친한 상대라
면 경어를 사용하지 않을 수도 있다.

● 겸양어.

자신이나 자신 측에 있는 것은 낮춰서 말하고 상대에 대해서는 경의를 나타낼 때 사용할 수
있다.

● 정중어.

정중어는 듣는 사람에 대한 경의를 나타내는 형이다. 따라서 친하지 않은 사람이나 다른 사람과
이야기할 때 사용한다. 또 정중체를 존경어나 겸양어와 같이 사용함에 따라서 더욱더 경의를
높이는 것이 가능하다.

● 보통어.

보통체는 경의를 나타내지 않는 형태로 친한 사람(가족이나 친구 등)과 이야기할 때 사용한다.

自分の家族。 (자기 가족)		他の人の家族。 (남의 가족)	
じぶん かぞく		ほか ひと かぞく	
家族 (가족)		御家族 (가족분)	
かぞく		ご か ぞく	
両親	(부모)	御両親	(부모님)
りょうしん		ご りょうしん	
親	(부모)	親御さん	(부모님)
おや		おや ご	
父	(아버지)	お父さん	(아버님)
ちち		とう	
母	(어머니)	お母さん	(어머님)
はは		か あ	

主人・夫	(남편)	御主人	(남편분)
家内・妻	(아내 · 처)	奥さん	(부인)
子供	(아이)	お子さん	(자제분)
息子	(아들)	息子さん	(아드님)
娘	(딸)	お嬢さん	(따님 · 아씨)
兄弟	(형제)	ご兄弟	(형제분)
兄	(형)	お兄さん	(형님)
弟	(남동생)	弟さん	(남동생분)
姉	(누나)	お姉さん	(누님)
妹	(여동생)	妹さん	(여동생분)
従兄弟・従姉妹	(사촌)	従兄弟の方	(사촌분)
祖父	(할아버지)	お祖父さん	(할아버님)
祖母	(할머니)	お祖母さん	(할머님)
伯父・叔父	(백부 · 숙부)	伯父さん・叔父さん	(백부님 · 숙부님)
伯母・叔母・小母	(백모 · 숙모)	伯母さん・叔母さん	(백모님 · 숙모님)
甥	(남자조카)	甥ごさん	(남자조카분)
姪	(여자조카)	姪ごさん	(여자조카분)
親戚	(친척)	御親戚	(친척분)
親類	(친척)	御親類	(친척분)

坊っちゃん	남의 자식을 친하게 부르는 말.
小父さん	아저씨.　(다른 집의 중년남성을 부르는 말)
小父	아저씨.　(낮춤말)
小母さん	아주머님.　(높임말)

• 指示語(지시어)・副詞(부사)・名詞(명사)・挨拶表現(인사표현).

普通の言葉。(일반어)		改まった言葉。(예의 바른 말)
こっち	(이곳)	こちら
そっち	(그곳)	そちら
あっち	(저곳)	あちら
どっち	(어디)	どちら
どっち	(어느 것)	どちら
今日	(오늘)	本日
明日	(내일)	明日
次の日	(다음날)	翌日
次の次の日	(다다음 날)	翌々日
あさって	(모레)	明後日
きのう	(어제)	昨日
おととい	(그저께)	一昨日
去年	(작년)	去年
おととし	(재작년)	一昨年
ゆうべ	(어젯밤)	昨夜・昨夜
今朝	(오늘 아침)	今朝・今朝ほど
あしたの朝	(내일 아침)	明朝
今日の夜	(오늘밤)	今夜
今	(지금)	ただいま
この間	(요전에)	先日
(１０分) ぐらい (10분) 정도		(１０分) ほど

今度	(이번·다음)	この度·この程·今回
後で	(후에·나중에)	後程
先	(조금 전에)	先程
これから	(지금부터)	今度·これより
すごく·とても	(대단히·굉장히)	大変·非常に
ちょっと·少し	(잠깐·조금)	少々
早く	(빨리)	早めに
本当に	(정말로)	誠に·真に·実に
すぐ	(곧)	早速·早急に
とても …ない	(도저히 ~않다)	とうてい …ない
どうですか。	(어떻습니까)	いかがですか。
いくら	(얼마)	いかほど·おいくら
いい	(좋다)	よろしい·結構
冷たい水	(찬물)	お冷や
すみません。	(미안합니다)	恐れ入ります。 申し訳ありません。
さようなら。	(헤어질 때 인사)	失礼します。 失礼致します。
ありがとう。	(고맙습니다)	ありがとうございます。

普通の言葉。 (일반어)	丁寧ではない男性言葉。 (정중하지 않은 남성말)	
上手·おいしい	うまい (잘한다. 맛있다. 좋다. 일이 잘되다)	
よくない	まずい (맛없다. 좋지 않다)	
お中·お腹	腹	(배)
ご飯	飯	(밥)
私	僕·俺	(나)

あなた	お前<ruby>まえ</ruby>	(너)
家内<ruby>か ない</ruby>・妻<ruby>つま</ruby>	女房<ruby>にょうぼう</ruby>	(여보)

• 인칭대명사.

普通<ruby>ふ つう</ruby>の言葉<ruby>こと ば</ruby>。**(일반어)**		丁寧<ruby>てい ねい</ruby>な言葉<ruby>こと ば</ruby>。**(정중한 말)**
私 (私<ruby>わたし</ruby>・僕<ruby>ぼく</ruby>・俺<ruby>おれ</ruby>)	(나)	わたくし
私達<ruby>わたしたち</ruby>	(우리들)	わたくしども
あなた (君<ruby>きみ</ruby>・お前<ruby>まえ</ruby>)	(너・자네)	あなた(さま)・お宅<ruby>たく</ruby>(さま)
人<ruby>ひと</ruby>	(사람)	この方<ruby>かた</ruby>・こちらの方
人達<ruby>ひとたち</ruby>	(사람들)	この方々<ruby>かたがた</ruby>・こちらの方々<ruby>かたがた</ruby>
先生達<ruby>せんせいたち</ruby>	(선생님들)	先生の方<ruby>かた</ruby>

▶ 敬語<ruby>けい ご</ruby>。존경어.　▶ 丁寧語<ruby>ていねい ご</ruby>。정중어.　▶ 謙譲語<ruby>けんじょう ご</ruby>。겸양어.

尊敬語<ruby>そんけい ご</ruby>。**(존경어)**		丁寧語<ruby>ていねい ご</ruby>。**(정중어)**	謙譲語<ruby>けんじょう ご</ruby>。**(겸양어)**
先生が (선생님이)		ます (입니다)	私が (제가)
하시다.	なさる。	する。(하다)	致<ruby>いた</ruby>す。　申<ruby>もう</ruby>し上<ruby>あ</ruby>げる。
게시다.	いらっしゃる。 おいでになる。	居<ruby>い</ruby>る。(있다)	居<ruby>お</ruby>る。
가시다.	いらっしゃる。 おいでになる。	行<ruby>い</ruby>く。(가다)	参<ruby>まい</ruby>る。　伺<ruby>うかが</ruby>う。　上<ruby>あ</ruby>がる。
오시다.	いらっしゃる。 おいでになる。 お見<ruby>み</ruby>えになる。 お越<ruby>こ</ruby>しになる。	来<ruby>く</ruby>る。(오다)	参<ruby>まい</ruby>る。　伺<ruby>うかが</ruby>う。　上<ruby>あ</ruby>がる。
말씀 하시다.	おっしゃる。	言<ruby>い</ruby>う。(말하다)	申<ruby>もう</ruby>す。(말하다) 申<ruby>もう</ruby>し上<ruby>あ</ruby>げる。(말씀드리다)

드시다.	召し上がる。 あがる。	食べる・飲む。 (먹다. 마시다)	頂く。
보시다.	ご覧になる。	見る。　(보다)	拝見する。
물으시다.	お聞きになる。 お耳に入る。	聞く・質問する。 (묻다. 질문하다)	お聞きする。　伺う。
방문 하시다.	お訪ねになる。	訪ねる。(방문하다)	伺う。　上がる
아시다.	ご存じ。	知る。(알다)	存じる。(알다) 存じ上げる。(알다)
생각 하시다.		思う。(생각하다)	存じる。

- 存じ上げる。알다(사람에게만 사용).　存じる。알다(사람 이외의 대상).

「存じ上げません」을 포함한 겸양어는, 주로 사람이 대상일 때 자주 사용되는 말에 반해,
「存じません」은 주로 사람 이외의 사물에 대해 쓰이는 말이다.

상대방에 대해 「存じ上げません。모르겠습니다」를 사용하면, 상대방의 입장을 낮추는 것이
되므로 실례되는 표현이 될 수 있기 때문에 사용할 수 없다.

申し訳ございませんが、私は彼のことを存じ上げません。　(사람이 대상)

죄송합니다만, 저는 그 사람에 대해서 알지 못합니다.

大変恐縮ですが、その件に関しては存じません。　　　　(사람 이외의 대상)

대단히 죄송합니다만, 그 건에 관해서는 모르겠습니다.

(O) お名前は存じ上げております。　　　　　　성함은 알고 있습니다.

(O) 私は社長の居場所を存じ上げません。　　　저는 사장이 있는 곳을 모릅니다.

(O) 僕は営業課の課長の名前は存じ上げません。　나는 영업과의 과장 이름은 모릅니다.

尊敬語。(존경어)		丁寧語。(정중어)	謙譲語。(겸양어)
先生が (선생님이)		ます (입니다)	私が (제가)
생각 하시다.		思う。(생각하다)	存じる。
입으시다.	召す。 お召しになる。	着る。(입다)	
감기 걸리시다.	お風邪を召す。	風邪を引く。 (감기 걸리다)	
나이를 드시다.	お年を召す。	年を取る。 (나이를 먹다)	
마음에 들다.	お気に召す。	気に入る。 (마음에 들다)	
		会う。 (만나다)	お目にかかる。 お会いする。
보여주다.		見せる。(보여주다)	お目にかける。 御覧に入れる。
빌리다. 꾸다.		借りる。(빌리다)	拝借する。
알다. 받아들이다.		分かる・引き受ける。	承知する。 かしこまる。
お＋ます形＋になる。 お＋ます形＋なさる。 (선생님이 하시다)		他の動詞 (존경어가 없는 동사)	お＋ます形＋する。 お＋ます形＋致す。 (제가 하다)

▸ 敬語。존경어. ▸ 丁寧語。정중어. ▸ 謙譲語。겸양어.

尊敬語。(선생님이)		丁寧語。정중어	謙譲語。(제가)
가시다. 오시다.	ていらっしゃる。	て行く。 (가다) て来る。 (오다)	て参る。 て上がる。

갖고 가시다. 갖고 오시다.	持っていらっしゃる。	持って行く。 持って来る。	持って参る。 持って上がる。 持参する。
~하고 계시다.	ていらっしゃる。	ている。 (~하고 있다)	ておる。
보시다.	て御覧になる。	てみる。 (~해보다)	
		上げる。 (주다)	差し上げる。 (드리다)
		て上げる。 (~해 주다)	て差し上げる。 (~해 드리다)
		もらう。 (받다)	頂く。 ちょうだいする。 賜る。
		てもらう。 (~해 받다)	て頂く。
주시다.	下さる。	くれる。　(주다)	
~해 주시다.	て下さる。	てくれる。 (~해 주다)	

• 존경어·겸양어의 기본형은 <u>る</u>로 끝나지만 <u>ます</u>形은 <u>います</u>가 된다.

기 본 형	ます形
いらっしゃる (行く·来る·居るの 존경어)	いらっしゃいます。
なさる 　　　(するの 존경어)	なさいます。
おっしゃる 　(言うの 존경어)	おっしゃいます。
くださる 　　(くれるの 존경어)	くださいます。
ござる 　　　(です·あるの 겸양어)	ございます。

▶ い형용사 · な형용사의 존경표현.

용법 : い형용사 (て形) + いらっしゃる。

な형용사 (で形) + いらっしゃる。의 두 개가 있다.

い형용사의 て形은 (기본형에서 い만 빼고) + くて。

な형용사 · 명사의 で形은 (단어)　　　　+ で。

	존경어 (て形 + いらっしゃる)	정중어 (です)	겸양어 (て形 + ござる)
い형용사	忙しくていらっしゃいます。	忙しいです。	忙しゅうございます。
な형용사	元気でいらっしゃいます。	元気です。	元気でございます。
명사	森田さんでいらっしゃいます。	森田です。	森田でございます。

• い형용사는 て形 + いらっしゃる。

社長さんは今お忙しくていらっしゃいますか。

사장님은 지금 바쁘십니까.

お宅のお子さんはとても賢くていらっしゃいますね。

댁의 자제분은 대단히 똑똑하시군요.

あの方の看護ぶりは、なかなか甲斐甲斐しくていらっしゃいました。

저분의 간호하는 모습은, 꽤 헌신적이셨습니다.

• な형용사 + でいらっしゃる。(で形 + いらっしゃる)

佐藤先生は新しい御研究に意欲的でいらっしゃいます。

사또 선생님은 새로운 연구에 의욕적이십니다.

高橋さんのお父さんは御高齢なのにお丈夫でいらっしゃいますね。

다까하시씨의 아버님은 연세가 많은데도 건강하십니다.

お久し振りです。お元気でいらっしゃいますか。

오래간만입니다. 건강하십니까.

校長先生はいつも穏やかでいらっしゃいます。

교장선생님은 언제나 온화하십니다.

▶ い형용사 · な형용사의 겸양표현.

• い형용사(감정 · 감각 형용사 및 자신과 그 주위의 것에 대해서 언급하는 경우는 겸양 표현이 된다). 다음의 3종류의 형이 있지만 사용하는 빈도는 적다.

　• 기본형(い자 앞의 글자가)이 あ段 (あかい) · お段 (あおい)으로 끝나는 것은 お段+うございます。
　(예를 들어 あおい처럼 い자 앞의 글자가 お단일 경우는 그대로 사용한다)

　　赤いです → あこうございます。　　빨갛습니다.　(お단+う)

　　近いです → ちこうございます。　　가깝습니다.　(お단+う)

　　青いです → あおうございます。　　파랗습니다.　(お단+う)

　　強いです → つようございます。　　강합니다.　(お단+う)

　• 기본형의 끝 글자가 しい로 끝나는 것은 しい만 빼고 しゅうございます。

　　美しいです → 美しゅうございます。　아름답습니다.

　• 기본형(い자 앞의 글자가) 이 う段 (あつい) 로 끝나는 것은 うございます。
　(기본형에서 い만 빼고 うございます)

　　熱いです → あつうございます。　　　뜨겁습니다.

• 良い · 大きい · 可愛いは 겸양어를 사용하지 않는다.

• 과거를 나타낼 때는 赤かったですが あこうございました。로 된다.

▶ な형용사(감정·감각 형용사 및 자신과 그 주위의 것에 대해서 언급하는 경우는 겸양 표현이 된다).

용법 : な형용사·명사(단어)＋でございます。

<ruby>円満<rt>えんまん</rt></ruby>でございます。	원만합니다.
<ruby>厳<rt>おごそ</rt></ruby>かでございます。	엄숙합니다.
<ruby>簡単<rt>かんたん</rt></ruby>でございます。	간단합니다.
<ruby>出<rt>で</rt></ruby>たら<ruby>目<rt>め</rt></ruby>でございます。	엉터리(멋대로) 입니다.
<ruby>不愉快<rt>ふゆかい</rt></ruby>でございます。	불유쾌합니다.

▶ <ruby>挨拶表現<rt>あいさつひょうげん</rt></ruby>。 인사표현.

정중표현의 형태를 취하고 있지만 정중표현은 아니고 인사표현으로서 정착하고 있는 것도 있다.

ありがとうございます。	감사합니다.
おはようございます。	안녕하세요. (아침인사)
おめでとうございます。	축하합니다.
お<ruby>暑<rt>あつ</rt></ruby>うございます。	덥습니다.
お<ruby>寒<rt>さむ</rt></ruby>うございます。	춥습니다.

▶ 존경어가 없는 동사는 お＋ます만 빼고 になる·なさる로 고치면 존경어가 된다.

동사 : お　　＋ます形　＋ になる · なさる · です。

명사 : お · ご ＋ 단어　　＋ になる · なさる · です。

		정중어	존경어 (선생님이)
동사		持ちます。 듭니다.	お持ちになります。 들으셨습니다. お持ちなさいます。 들으셨습니다.
		歩きます。 걷습니다.	お歩きになります。 걸으셨습니다. お歩きなさいます。 걸으셨습니다.
		飲みます。 마십니다.	お飲みになります。 드십니다. お飲みなさいます。 드십니다.
명사		訪問。 방문.	御訪問になります。 방문하십니다. ご訪問なさいます。 방문하십니다.
		連絡。 연락.	御連絡になります。 연락하십니다. ご連絡なさいます。 연락하십니다.
		迷惑。 폐. 귀찮음. 성가심.	御迷惑になります。 폐가 됩니다. ご迷惑なさいます。 폐가 됩니다.

▶ お・ご … になる・なさる。

동사의 ます形과 같이 사용하는 경어의 형(形)은 거의 다 동사에만 사용할 수 있다.
단 동사의 ます形이 일음절인 것에는 사용할 수 없다.
(주의 : お見になる라고는 말하지 않는다)

式典には先生がご出席になりました。

식전에는 선생님이 출석하셨습니다.

この本をお読みなさるのでしたら、お貸しいたします。

이 책을 읽으신다면, 빌려드리겠습니다.

▶ 겸양어가 없는 동사는 お＋ます만 빼고 します로 고치면 겸양어가 된다.

동사 : お　 ＋ ます形 ＋ します・致します。

명사 : お・ご ＋ 단어　 ＋ します・致します。

	정중어	겸양어 (제가)	
동사	持ちます。 듭니다.	お持ちします。	들겠습니다.
		お持ち致します。	들겠습니다.
	歩きます。 걷습니다.	お歩きします。	걷겠습니다.
		お歩き致します。	걷겠습니다.
	帰ります。 돌아갑니다.	お帰りします。	돌아가겠습니다.
		お帰り致します。	돌아가겠습니다.
명사	連絡。 연락.	御連絡します。	연락하겠습니다.
		ご連絡致します。	연락하겠습니다.
	迷惑。 폐. 귀찮음. 성가심.	御迷惑します。	폐 끼치겠습니다.
		ご迷惑致します。	폐 끼치겠습니다.

▶ お＋ます形・단어＋する・いたす。
(동사의 경우는 이러한 형식이 일반적으로 사용되는 형태다)

重そうですね。お持ちしましょうか。 무거운 것 같군요. 들어 드릴까요.

▶ お＋ます形・단어＋申し上げる。(위의 문장보다는 경도(敬度)가 높다)

営業の田村でございます。 よろしくお願い申し上げます。
영업하는 다무라입니다. 잘 부탁드리겠습니다.

▶ お・ご＋ます形・단어＋いただく。(상대로부터 은혜를 받은 경우에 사용된다)

ちょっとお待ちいただければ、すぐお直しいたします。
잠깐만 기다려 주신다면, 곧 고쳐 드리겠습니다.

▶ お・ご＋ます形・単語＋願う。(윗사람에게 부탁할 때 사용한다)

間違いはないと思いますが、念のためお調べ願います。

틀림없다고 생각합니다만, 만약을 위해 조사해 주시기 바랍니다.

▶ お・ご＋ます形・単語＋にあずかる。

(윗사람에게 호의나 은혜 등을 받은 경우에 사용한다)

毎度お引き立てにあずかりまして、ありがとうございます。

매번 보살펴 주셔서(돌봐 주셔서), 고맙습니다.

(引き立てる。일으켜 세우다. 문을 닫다. 북돋우다. 돌보다. 돋보이게 하다)

(引き立て役。들러리)

▶ お・ご＋ます形・単語＋を仰ぐ。

(윗사람으로부터 가르침이나 지시, 원조 등을 받고 싶을 때에 사용한다)

これを達成するには、皆様方の温かいご援助を仰がなければなりません。

이것을 달성하기 위해서는, 여러분들의 따뜻한 지원을 받지 않으면 안 됩니다.

▶ お・ご＋ます形・単語＋を賜る。

(고귀한 사람이나 윗사람으로부터 무엇인가 받은 경우 대단히 경도가 높다)

毎度ご愛顧を賜りまして、ありがとうございます。

매번 보살펴(돌보아) 주셔서, 고맙습니다.

▶ お・ご+ます形・단어+を差し上げる。

(윗사람에 대해서 무엇인가를 해 주는 경우 사용한다)

この人を捜しています。情報を寄せられた方にはお礼を差し上げます。

이 사람을 찾고 있습니다. 정보를 제공한 분에게는 답례를 해 드리겠습니다.

(寄る : 접근하다. 한곳에 모이다. 증가하다. 들르다. 의탁하다)

お手紙をいただきながら、長いことお返事も差し上げず、大変失礼いたしました。

편지를 주셨는데도, 긴 시간 답장도 드리지 못해서, 대단히 실례했습니다.

▶ ている에 대해서는 일반적으로 ておられる를 사용한다.

来ている。오고 있다.　→　来ておられる。오고 계시다.

▶ 존경어가 없는 동사나 명사일 경우의 존경 명령형은 다음과 같다.

용법 : 동사 お + ます形 + になってください。

　　　　　　お + ます形 + なさってください。

　　　　　　お + ます形 + ください。

　　　명사 お + 단어　　 + ください。

　　　　　　ご + 단어　　 + ください。

　　　　　(명사는 단어에 따라 お・ご를 사용할 수 있다)

의미 : 상대에게 ~해 주십시오.

	정중어 (상대에게)	존경 명령형 (선생님에게)
명사	電話してください。 전화해 주세요.	御電話ください。 전화 주십시오.
	連絡してください。 연락해 주세요.	御連絡ください。 연락 주십시오.
동사	持ってください。 들어주세요. 가져가세요.	お持ちになってください。 들어주십시오. 가져가 주십시오.
		お持ちなさってください。 들어주십시오. 가져가 주십시오.

		お持ちください。 들어주십시오. 가져가 주십시오.
		お<ruby>歩<rt>ある</rt></ruby>きになってください。 걸어 주십시오.
<ruby>歩<rt>ある</rt></ruby>いてください。 걸어 주세요.		お<ruby>歩<rt>ある</rt></ruby>きなさってください。 걸어 주십시오.
		お<ruby>歩<rt>ある</rt></ruby>きください。 걸어 주십시오.

- 존경어 뒤에 명령형 (ください) · 존경어 (くださる) · 의문문 (か) 은 동반할 수 있지만
  겸양어 뒤에는 절대로 올 수 없다.
  (올바르지 않은 문장) お話ししてください。お待ちしてください。
  (올바른 문장)　　　お話しください。　　　お待ちください。

▶ 존경어 명령형은 다음과 같다.
  존경어(て形)＋ください。お＋(ます形)＋ください。
  (• 존경어는 お＋ます形＋になってください를 사용할 수 없다)

올바르지 않은 문장	<ruby>美味<rt>おい</rt></ruby>しいですから、お<ruby>召<rt>め</rt></ruby>し<ruby>上<rt>あ</rt></ruby>がりになってください。
올바른 문장	おいしいですから、<ruby>召<rt>め</rt></ruby>し<ruby>上<rt>あ</rt></ruby>がってください。 맛있기 때문에, 드십시오. おいしいですから、お<ruby>召<rt>め</rt></ruby>し<ruby>上<rt>あ</rt></ruby>がりください。 맛있기 때문에, 드십시오.
올바르지 않은 문장	おいしいからお<ruby>食<rt>く</rt></ruby>いになってください。
올바른 명령형 문장	おいしいですから、<ruby>食<rt>く</rt></ruby>えよ。 맛있기 때문에, 먹어라.

▶ 존경어

- 御·御 + 단어 + です。

  待っている。　(기다리고 있다)　→　お待ちです。(기다리고 계십니다)

  待っている方。(기다리고 있는 분)　→　お待ちの方。(기다리고 계시는 분)

- 御·御 + ます形 + くださる·ください。

  書いてくれる。　(써 주다)　→　お書きくださる。　(써 주시다)

  書いてください。(써 주세요)　→　お書きください。(써 주십시오)

- れる·られる는 가능·수동·존경·자발(남에게 영향을 받지 않고 스스로 느끼는 것)의
  형태가 있지만, 문장변형은 똑같다.

가능	一人で東京まで行かれる。 혼자서 도꾜까지 갈 수 있다.
수동	人にお酒を飲まれる。 남이 술을 먹이다.
존경	先生は先日新しい本を書き終えられた。 선생님은 지난번에 새 책을 다 쓰셨다.
자발	古里にいる母のことが案じられる。 고향에 있는 어머니가 걱정된다.

▶ 差し上げる·頂く(戴く)·下さる。

- さしあげる。**드리다.** (あげる의 겸양어)
  용법 : 명사 (물건) + さしあげる。
  의미 : 내가 윗사람에게 물건을 드리다.

- いただく。 **받다. (もらう의 겸양어)**
  용법 : 명사 (물건) + いただく。
  의미 : 내가 윗사람에게 물건을 받다. (조사는 に 또는 から를 사용할 수 있다)

- くださる。 **주시다. (くれる의 존경어)**
  용법 : 명사 (물건) + くださる。
  의미 : 윗사람이 나에게 물건을 주시다.

- **내가 선생님에게 물건을 드린 경우.**

私は、先生に本を差し上げました。　　　(私 → 先生)
나는, 선생님에게 책을 드렸습니다.

- **내가 선생님에게 물건을 받은 경우.**

私は、先生に／から本をいただきました。　(私 ← 先生)
나는, 선생님에게 책을 받았습니다.

先生は、私に／から本をいただきました。　(존재하지 않는 문장)
선생님은, 나에게 책을 받았습니다.

- **선생님이 나에게 물건을 주신 경우. (문장은 다르지만 의미는 같다)**

先生は、私に本をくださいました。　　　　(先生 → 私)
선생님은, 나에게 책을 주셨습니다.

私は、先生に／から本をいただきました。　(私 ← 先生)
나는, 선생님에게 책을 받았습니다.

- て差し上げる。 **~해 드렸습니다. (てあげる의 겸양어)**
  용법 : 동사 (て形) + さしあげる。
  의미 : 내가 상대에게 ~해 드렸습니다.

私は、先生に花を買って差し上げました。　저는 선생님에게 꽃을 사 드렸습니다.

▶ **아래의 두 문장은 주어가 다를 뿐 의미는 같다.**

• **ていただく。~해 받았습니다. (てもらう의 겸양어)**
　용법 : 동사 (て形) + いただく。
　의미 : 내가 상대에게 ~해 받았습니다. (행위의 주체가 자신일 때는 겸양어를 사용한다)
　　　　직역 : ~해 받았습니다.　의역 : ~해 주셨습니다.
　　　　조사는 に 또는 <u>から</u>를 사용할 수 있다.

私は先生に本を貸していただきました。

저는 선생님에게 책을 빌려 받았습니다.　(직역)

선생님이 저에게 책을 빌려주셨습니다.　　(의역)

先生が (私に) 本を貸してくださいました。

선생님이 (저에게) 책을 빌려주셨습니다.

• **てくださる。~해 주셨습니다. (てくれる의 존경어)**
　용법 : 동사 (て形) + くださる。
　의미 : 상대가 나에게 ~해 주셨습니다. (행위의 주체가 상대일 때는 존경어를 사용한다)

先生が (私の) 荷物を持ってくださいました。

선생님이 (제) 짐을 들어주셨습니다.

私は先生に荷物を持っていただきました。

저는 선생님에게 짐을 들어 받았습니다.　(직역)

선생님이 제 짐을 들어주셨습니다.　　　　(의역)

• **てくださって。~해 주셔서. (くれる의 존경어)**

役に立つ本を貸してくださって、どうもありがとうございました。

도움이 되는 책을 빌려주셔서, 대단히 고맙습니다. (고마웠습니다)

この間はわざわざ来てくださって、ありがとうございました。

요전에는 일부러 와 주셔서, 고맙습니다. (고마웠습니다)

わざわざうちまで送ってくださって、ありがとうございました。

일부러 집까지 배웅해 주셔서, 고마웠습니다. (고맙습니다)

- ていただいて。~해 주셔서. (もらう의 겸양어)

わざわざうちまで送^{おく}っていただいて、すみませんでした。

일부러 집까지 배웅해 주셔서, 고맙습니다. (고마웠습니다)

先日^{せんじつ}は重^{おも}い物^{もの}を遠^{とお}い所^{ところ}から持^もって来^くていただいて、すみませんでした。

지난번에는 무거운 물건을 먼 곳으로부터 가지고 와 주셔서, 고마웠습니다.

- てくれませんか・てくださいませんか。~해 주지 않겠습니까. ~해 주시지 않겠습니까.

용법 : 동사 (て形) ＋ くれませんか。　くださいませんか。
　　　　　　　　　　　もら**え**ませんか。　いただ**け**ませんか。
의미 : 내가 상대에게 무엇인가를 정중히 부탁할 때 사용한다.
　　　　てくれませんか。　　　　~해 주지 않겠습니까.　　　(정중어)
　　　　てくださいませんか。　　~해 주시지 않겠습니까.　　(くれる의 존경어)
　　　　てもら**え**ませんか。　　~해 주지 않겠습니까.　　　(정중어)
　　　　ていただ**け**ませんか。　~해 주시지 않겠습니까.　　(もらう의 겸양어)
- 주의(もらう・いただく는 기본형에서 **え단**으로 바꿔 사용한다)

すみませんが、ここにご住所^{じゅうしょ}とお名前^{なまえ}を書いていただ**け**ませんか。

미안합니다만, 여기에 주소와 성함을 써 주시지 않겠습니까.

すみませんが、これをあっちへ持^もって行ってもら**え**ませんか。

미안합니다만, 이것을 저쪽으로 가지고 가 주지 않겠습니까.

- **문장은 다르지만 의미는 같다.**

정중어	すみませんが、窓^{まど}を開^あけてくれませんか。 미안하지만, 창문을 열어 주지 않겠습니까.
존경어	すみませんが、窓を開けてくださいませんか。 미안하지만, 창문을 열어 주시지 않겠습니까.
일반어	すみませんが、窓を開けてもら**え**ませんか。 미안하지만, 창문을 열어 주지 않겠습니까.

겸양어	すみませんが、窓を開けていただけませんか。 미안하지만, 창문을 열어 주시지 않겠습니까.
겸양어	すみませんが、窓を開けていただけないでしょうか。 미안하지만, 창문을 열어 주실 수 없겠습니까.
겸양어	すみませんが、窓を開けていただきたいんですが。 미안하지만, 창문 열어 주시는 것을 해 받고 싶습니다만.
일반어	すみませんが、窓を開けてもらいたいんですが。 미안하지만, 창문 여는 것을 해 받고 싶습니다만.
일반어	すみませんが、窓を開けてほしいんですが。 미안하지만, 창문 여는 것을 원합니다만.

· もらう · いただく。(반드시 기억할 것)

동사 (て形) + いただく · もらう의 행위자는 상대가 된다. 따라서 술을 마시는 사람은 상대가 된다.

この酒を飲んでいただきます。	이 술을 마시십시오.

동사(사역형) + いただく · もらう의 행위자는 내가 된다. 따라서 술을 마시는 사람은 내가 된다.

この酒を飲ませていただきます。	이 술을 마시겠습니다.

頭が痛いです。帰らせていただきます。	머리가 아픕니다. 돌아가겠습니다.

01 間違っている読み方をそれぞれの中から一つ選びなさい。

① 発端 (ほったん)　　② 作業 (さぎょう)

③ 発足 (ほっそく)　　④ 白妙 (はくみょう)

⑤ 土木 (どぼく)

해설

➡ ④ しろたえ。(백묘. 하얀 색. 하얀 모포)

① 발단.　　② 작업.

③ 발족.　　⑤ 토목.

02 間違っている読み方をそれぞれの中から一つ選びなさい。

① 素性 (すじょう)　　② 鋳物 (いもの)

③ 出店 (でみせ)　　④ 大根 (だいこん)

⑤ 手品 (てしな)

해설

➡ ⑤ 마술. 요술. 기적. 속임수. 솜씨. 요술. (てじな)

① 혈통. 태생. 본관.　　② 주물.

③ 지점.　　④ 무.

03 間違っている読み方をそれぞれの中から一つ選びなさい。

① 乾杯 (かんぱい)　　② 背中 (せなか)

③ 背低 (せいてい)　　④ 背信 (はいしん)

⑤ 背広 (せびろ)

➡ ③ せびく。 (키가 작다)

① 건배.

② 등.

③ 키가 작다.

⑤ 양복.

04 間違っている読み方をそれぞれの中から一つ選びなさい。

① 百姓 (ひゃくしょう)

② 猛勉強 (みょうべんきょう)

③ 伯父 (はくふ)

④ 伯仲　 (はくちゅう)

⑤ 百貨 (ひゃっか)

➡ ② 대단한 각오로 공부하는 것. 맹공부. (猛勉強・猛勉)

① 백성. 농민. 서민. (ひゃくせい)

③ 큰아버지. (おじ)

④ 백중지세. 우열을 가릴 수 없다.

⑤ 여러 가지 상품. (百貨店 : 백화점)

05 「兜を脱ぐ。」の意味をそれぞれの中から一つ選びなさい。

① 大きなお世話だ

② 閉口する

③ 迷惑をかける

④ 旗を巻く

⑤ 余計な口出し

➡ 항복하다.

① 걱정도 팔자다.

② 곤란하다. 질리다.

③ 폐를 끼치다.

④ 항복하다.

⑤ 쓸데없는 참견.

06 「相あいづちを打うつ。」の意味いみをそれぞれの中なかから一ひとつ選えらびなさい。

① 못박아 두다.　　　　　② 각각의 생각대로.

③ 맞장구를 치다.　　　　④ 트집을 잡다.

⑤ 허를 찌르다.

해설

➡ ③ 상대방의 이야기에 장단을 맞추어 대꾸를 하다.

① 釘くぎを刺さす : 재차 다짐해 두다. (念ねんを押おす・駄目だめを押おす)

② 思おい思おいに。　　　　　　　④ けちをつける。

⑤ 図星ずぼしを指さす : 핵심을 찌르다. 급소를 찌르다. (넘겨짚은 말이)

• 次つぎの文ぶんの(　　　)の中なかに最もっとも適当てきとうなものを一ひとつ選えらびなさい。(7~8)

07 田中君たなかくんは技術的ぎじゅつてきには優すぐれている(　　　)どうして試合しあいでは勝かてないのだろう。

① ので　　　　　　　　② もの

③ わけ　　　　　　　　④ はず

⑤ のに

해설

➡ 다나까군은 기술적으로는 뛰어난데도 어째서 시합에서는 이기지 못하는 것일까.

① ~이기 때문에. (원인·이유가 객관적으로 명백한 경우에 사용된다)

⑤ ~인데도. ~했는데도. (역접의 확정조건)

　　의미 : 예상하지 않았던 결과가 발생해서 원래의 상태로 돌아갈 수 없을 때, 비난이나 불만,

　　　　　안타까움의 뜻을 나타낸다. 불만이나 불평을 나타낼 때는 くせ를 사용한다.

　　くせ : ~인 주제에. ~이면서도.

　　용법 : 동사·い형용사(기본체) ＋ くせ。

　　　　　な형용사(な) ＋ くせ。명사(の) ＋ くせ。

　　のに : ~하는 데. ~하기 위해.

　　의미 : の는 체언을 나타내고, に는 목적을 나타낸다.

08 この歌^{うた}はやさしいので誰^{だれ}にでも(　　　　)。

① 歌^{うた}います　　　　　　② 歌^{うた}いません

③ 歌^{うた}えます　　　　　　④ 歌^{うた}えません

⑤ 歌^{うた}う

해설

➡ 이 노래는 쉽기(易^{やさ}しい) 때문에 누구라도 부를 수 있습니다.

09 「時雨^{い み}。」の意味^{い み}を一^{ひと}つ選^{えら}びなさい。

① その季節^{き せつ}ごとに降^ふる雨^{あめ}。
② 夏時^{なつじ}の夕立^{ゆうだち}のように強^{つよ}く降^ふる雨^{あめ}。
③ 秋^{あき}から冬^{ふゆ}にかけて通^{とお}り雨^{あめ}のように降^ふる雨^{あめ}。
④ 雪^{ゆき}がまじって降^ふる雨^{あめ}。
⑤ 春雨^{はるさめ}。

해설

➡ 時雨^{し ぐれ} : 늦가을에서 겨울에 걸쳐 지나가는 비처럼 내리는 비.
　時雨^{じ う} : 적당한 때에 내리는 비.

① 그 계절마다 오는 비.　　　　② 여름에 소나기처럼 강하게 내리는 비.

④ 눈과 섞여 내리는 비.　　　　⑤ 봄비. 당면.

10 この問題^{もんだい}は(　　　　)重大^{じゅうだい}な問題^{もんだい}です。(　　　　) 안에 가장 적당한 말을 고르세요.

① かなり　　　　　　　② まもなく

③ めったに　　　　　　④ しばらく

⑤ ほとんど

해설

➡ 이 문제는 상당히 중요한 문제입니다.

① 대단히. 상당히.　　　　　　② 즉시.

③ 좀처럼 ~없다.　　　　　　　④ 잠시.

⑤ 거의 다.

11 다음 밑줄 친 부분의 존경어 겸양어가 잘못된 것을 고르세요.

① 韓国の法廷は<u>厳か</u>でございます。

② お宅のお子さんはとても<u>賢く</u>ていらっしゃいますね。

③ あの方の看護ぶりは、なかなか<u>甲斐甲斐しい</u>でいらっしゃいました。

④ 先生のお宅は駅に<u>ちこう</u>ございます。

⑤ 校長先生はいつも<u>穏やか</u>でいらっしゃいます。

해설

➡ ③ かいがいしくていらっしゃいました。

甲斐甲斐しい : 자기 몸을 아끼지 않고 열심히 하는 것. 동작 등이 매우 빠르고 솜씨 좋은

것. 부지런히 일하다. 효과가 확실하게 나타나다. 믿음직스럽다.

① 한국 법정은 엄숙합니다.

② 댁의 자제 분은 대단히 똑똑하시군요.

③ 저분의 간호하는 모습은, 꽤 부지런했습니다. (열심히 했습니다)

④ 선생님 댁은 역에서 가깝습니다.

⑤ 교장 선생님은 언제나 온화하십니다.

12 밑줄 친 부분의 가장 올바른 의미를 고르세요.

花子ちゃんはいつも<u>かわい子ぶる</u>のがうまい。

① 애교 떠는 것을 잘한다.　　　　② 귀엽다.

③ 귀여운 척 행동한다.　　　　　④ 내숭떤다.

⑤ 공부를 잘한다.

➡ 学者^{がくしゃ}ぶる : 학자인 척하다. 先輩^{せんぱい}ぶる : 선배인 척하다. 偉^{えら}ぶる : 잘난 척하다.

(ふりをする。~인 척하다. 見^みて見^みぬふりをする。보고도 못 본 체한다)

(모르는 체하다 : 何食^{なにく}わぬ顔^{かお}・素知^{そし}らぬ顔^{かお}・白^{しら}を切^きる・しらばくれる・ほおかぶりを
する・知^しらない ふりをする・知らん振^ふり)

13 주어진 일본어를 번역한 것 중 가장 적당한 것을 고르세요.

今日までにできることになっていたんですが、てちがいがございまして。

① 오늘까지 가능하지만, 순서가 틀려서.

② 오늘까지 완성될 예정이었습니다만, 순서의 착오가 있어서.

③ 오늘까지 가기로 되어 있었습니다만, 표가 없어서.

④ 오늘까지 하기로 되어 있었습니다만, 틀린 곳이 많아서.

⑤ 오늘까지 계획은 없었지만 가능한 한, 빨리 하겠습니다.

해설

➡ 手違^{てちが}い : 착오.

• 次の文の(   )の中に最も適当なものを一つ選びなさい。(14~17)

14 彼^{かれ}の言葉^{ことば}づかいは(   )女性^{じょせい}のようである。

① いわば   ② まるで

③ さも   ④ なお

⑤ あるいは

해설

➡ 그의 말씨(말투)는 마치 여자같다.

① 말하자면. 서로 알고 있는 것을 알기 쉽게 말하면.

② 마치. 부정을 동반하여 전혀.   ③ 자못. 정말로.

④ 더욱. 덧붙여.   ⑤ 또는.

15 長かった夏休みも(　　　)あと１日になってしまった。

① やっと   ② どうにか

③ まもなく   ④ とうとう

⑤ きっと

해설

➡ 길었던 여름방학도 결국 앞으로 하루밖에 남지 않았다.

① 드디어. 마침내. 기다리던 것이 이루어졌을 때. 긴 시간 고생 후에 목적 달성.

② 그럭저럭.   ③ 곧. 즉시.

⑤ 꼭. 틀림없이. (상대에게의 요망)

16 ９月になったのに(　　　)涼しくならない。

① 決して   ② 一向に

③ 再び   ④ めったに

⑤ まれに

해설

➡ 9월이 되었는데도 조금도 시원해지지 않는다.

① 절대로.   ③ 다시 한번.

④ 좀처럼 ~않다   ⑤ 드물게 ~있다. (稀に)

17 バスが(　　　)終点まで座って行けました。

① こんで   ② すって

③ すいて   ④ 満ちて

⑤ あふれて

➡ 버스가 비어서 종점까지 앉아 갈 수 있었습니다.

① 붐비다. 혼잡하다. (混む) ② 들이마시다. (吸う)

③ 틈이 나다. 한가하다. 배가 고프다. (空く)

④ 차다. (연기. 꿈) ⑤ 넘치다. (溢れる)

18 다음 문장을 올바르게 번역한 것을 고르세요.

こんなに可愛い女の子になぜそんないやがらせをするんですか。

① 이렇게 귀여운 여자애에게 왜 그렇게 짓궂게 구십니까.
② 이렇게 귀여운 여자애에게 왜 그렇게 비천한 짓을 하십니까.
③ 이렇게 귀여운 여자애에게 왜 그렇게 징그러운 짓을 하십니까.
④ 이렇게 예쁜 여자애인데 왜 그렇게 싫어하십니까.
⑤ 이렇게 예쁜 여자애에게 왜 그렇게 싫은 티를 내십니까.

➡ 殊更いやがらせをする。일부러 남이 싫어하는 짓을 하다.

殊更 : 일부러. 고의로(わざと). 일부러(わざわざ). 유난히(取り分け).

いやがらせ : 남이 싫어하는 행동이나 말을 하는 것.

いじめる : 괴롭히다. 따돌리다.

19 「持ち前の行動力。」下線の意味を一つ選びなさい。

① 骨身にしみる。 ② 上手ごかし。
③ 生地が出る。 ④ 尻を向ける。
⑤ 裏切る。

➡ 타고난 행동력.

① 온몸·마음에 강하게 느끼다. 뼈저리게 느끼다. (骨身に沁みる·骨身に応える)

② 발림수작으로 실속을 차림. ③ 본성이 나오다.

④ 등을 보이다. 도망치다. ⑤ 배신하다.

• 次の文の(　　)の中に最も適当なものを一つ選びなさい。(20~24)

20 (　　)な、まだ時間はじゅうぶんある。

① あせる ② あらそう

③ たえる ④ あわてる

⑤ くつろぐ

해설

➡ 당황하지 마라, 아직 시간은 충분히(充分·十分) 있다.

① あせるな、早まってはいけない : 초조하게 굴지 마라, 서두르다 일을 그르치면 안 돼.

　(気をもむ : 초조하다)

② 다투다. (争う) ③ 견디다. 참다. (耐える)

④ 당황하다. (慌てる) ⑤ 느긋하게 쉬다. 여유 있게 쉬다. (寛ぐ)

21 学生だろう。それなら学生に(　　)行動をしろ。

① 似る ② 桁外れの

③ より近い ④ ふさわしい

⑤ 成り立ての

해설

➡ 학생이지. 그러면 학생에 어울리는(相応しい) 행동을 해라.

① 닮다. (대상을 닮다)

② 표준규격과 훨씬 틀림. 가치나 규모 등이, 다른 것과 많이 떨어져 있는 것.

③ 더 가까운. ⑤ 지금 막 된. 성립하다. 어엿한 사람으로 성장하다.

22 来年度の予算作成(　　　)人件費の削減に重点をおいた。

① によって　　　　　　　② において

③ として　　　　　　　　④ によると

⑤ にあたって

해설

➡ 내년도의 예산 작성에 맞춰 인건비의 삭감에 중점을 두었다.

① ~따라서. (앞 문장은 판단의 기준이 와서 のため・で하고 같은 의미이고, 수단・원인의 문장에 사용된다).　~에 의해서. (권위를 나타내며 뒤 문장은 수동형의 문장이 온다)

② ~에서. ~에 있어서. (にあって・においては で의 의미. にあって를 において로 바꿔 말할 수 있는 경우는 많지만, 그 반대로 사용하는 것은 적다.

③ ~로서. (자격을 나타낸다)　　　④ ~에 의하면.

⑤ 어떤 상황에 맞춰서.

23 考え方は人(　　　)さまざまだ。

① として　　　　　　　　② にあたって

③ にわたって　　　　　　④ によると

⑤ によって

해설

➡ 사고방식은 사람에 따라서 각양각색(様々)이다.

③ ~에 걸쳐서. (주로 짧은 시간에)

24 現在のような財政状態(　　　)は減税などは期待できない。

① にあたって　　　　　　② によると

③ によって　　　　　　　④ にかけて

⑤ において

➡ 현재와 같은 재정 상태로서는 감세 등은 기대할 수 없다.

④ ~그 기간 중에. ~걸쳐서. にわたって : ~에 걸쳐서(주로 짧은 시간).

25 次の文が正しく訳されたものを一つ選びなさい。

여기에 떨어져 있는 돈은 누구의 것입니까?

① ここに落ちているお金はだれのですか。
② ここに落ちてあるお金はだれのものですか。
③ ここに落としているお金はだれのですか。
④ ここに落ちられているお金はだれのものですか。
⑤ ここに落とされているお金はだれのですか。

➡ 동사의 상태문장은 (자동사(て形)＋いる。타동사(て形)＋ある)

26 次の文が正しく訳されたのを一つ選びなさい。

아침에 일어나니 눈이 내리고 있었다.

① 朝起きるから、雪が降っていた。　② 朝起きたから、雪が降っていた。
③ 朝起きたのに、雪が降っていた。　④ 朝起きたなら、雪が降っていた。
⑤ 朝起きると、雪が降っていた。

➡ 어떤 일 뒤에 곧바로 다른 일이 일어나는 경우.
　~하자마자. (동사(기본형) ＋ と・なり・や否や)
　~하자마자. (동사(과거형) ＋ 矢先に・途端に)

27 「先生は少し前に学校を出られた。」의 「られる」와 용법이 같은 것을 고르세요.

① いろいろな方法が考えられる。　② 先生にしかられた。

③ 昔のことが思い出される。　④ 雨に降られました。

⑤ どこでその話を聞かれたのですか。

해설

▶ 선생님은 조금 전에 학교를 나가셨다(퇴근하셨다). (존경)

　수동형(受け身)의 경우에는 대상이 있고 조사는 반드시 に가 온다.

① 여러 가지 방법을 생각할 수 있다. (가능)

② 선생님에게 꾸중을 들었다. (수동)　③ 옛날 일이 생각난다. (자발)

④ 비를 맞았습니다. (수동)　⑤ 어디서 그 얘기를 들으셨어요. (존경)

---

28 失恋した彼は最近(　　　)沈みがちになる。(　　) 안에 들어갈 말을 고르세요.

① せいぜい　　　　　　② めったに

③ いったん　　　　　　④ ともすると

⑤ てまえ

해설

▶ 실연한 그는 최근 슬픔에 잠겨 있는 적이 많다.

　がち : 굉장히 자주 있다. 그러한 경향이 있다. (遅れがち : 자주 지각함. 자주 늦음)

　　　동사(ます형)·명사＋がち。

④ 자칫하면 ~하는 경향이 있다.

⑤ 手前 : ~했기 때문에, 반드시 하지 않으면 안 된다. (문장 끝은 의무를 나타내는 말이 많다)

　　　동사(과거형)·명사＋の＋手前。

---

29 다음 문장의 올바른 일본어를 고르세요.

　선생님에게 여쭤 보고 싶은 것이 있습니다만, 몇 시경에 돌아오십니까.

① 先生にうかがいことがあるのですが、何日ごろお帰りしますか。

② 先生にお尋ねたいのがあるんですが、何時ごろお帰りましたか。

③ 先生にお尋ねたいのがあるんですが、何時ごろいらっしゃいますか。

④ 先生にお聞きになりたいことがあるのですが、何時ごろおいでになりますか。

⑤ 先生にうかがいたいことがあるのですが、何時ごろお帰りになりますか。

해설

➡ 聞く・質問する。(묻다. 질문하다).

　존경어(お聞きになる・お耳に入る). 겸양어(お聞きする・伺う).

• 次の文の(　　　)の中に最も適当なものを一つ選びなさい。(30~31)

30 私たちは先生に花を(　　　)つもりです。

　① あげる　　　　　　　② くださる

　③ くれる　　　　　　　④ いただく

　⑤ さしあげる

해설

➡ 우리들은 선생님에게 꽃을 드릴 생각입니다.

> **• 내가 선생님에게 물건을 드린 경우.**
>
> 私は、先生に本を差し上げました。　　　　　　(私 → 先生)
>
> 저는, 선생님에게 책을 드렸습니다.

> **• 내가 선생님에게 물건을 받은 경우.**
>
> 私は、先生に ／ から本をいただきました。　　　(私 ← 先生)
>
> 저는, 선생님에게 책을 받았습니다.
>
> 先生は、私に ／ から本をいただきました。　　　(존재하지 않는 문장)
>
> 선생님은, 저에게 책을 받았습니다.

> **• 선생님이 나에게 물건을 주신 경우. (문장은 다르지만 의미는 같다)**
>
> 先生は、私に本をくださいました。　　　　　　(先生 → 私)
>
> 선생님은, 저에게 책을 주셨습니다.
>
> 私は、先生に ／ から本をいただきました。　　　(私 ← 先生)
>
> 저는, 선생님에게 책을 받았습니다.

31 日本へ行けば知らず知らず(　　　)日本語を覚えるものだ。

① のうえに　　　　　　② のしたに

③ のなかに　　　　　　④ のほかに

⑤ のうちに

➡ 일본에 가면 자신도 모르는 동안에 일본어를 기억하는 것이다.

⑤ ~하는 동안에. (内に·間に)

32 次の文の(　　　)の中に入られないものを一つ選びなさい。

今日、日曜日(　　　)学校へ行った。

① にもかかわらず　　　② なのに

③ だったけれど　　　　④ なので

⑤ だったんですが

➡ 오늘, 일요일인데도 학교에 갔다.

① ~임에도 불구하고.　　　② ~인데도.

③ 이었지만.

④ ~이기 때문에. (원인·이유가 객관적으로 명백한 경우에 사용된다))

⑤ 이었습니다만.

• 次の文の(　　　)の中に最も適当なものを一つ選びなさい。(33~34)

33 あの人は(　　　)小鳥のようにきれいなこえで歌います。

① たとえ　　　　　　　② まるで

③ おそらく　　　　　　④ たぶん

⑤ とうてい

➡️ 저 사람은 마치 작은 새처럼 예쁜 목소리로 노래합니다.

① 설령. 가령. (혹시 ~이더라도). (仮に・仮令・たとい)

② 마치 ~인 것 같다. 뒤 문장은 よう를 동반한다. (丸で・丁度・宛ら・満更)

　　부정형이나 부정문을 동반할 때는 전혀. (まったく)

　　お酒はまるで駄目です。술은 전혀 안 됩니다. (못 마십니다)

③ 아마(필시) ~이겠지. 뒤 문장은 반드시 추측을 동반한다. (恐らく・多分・大方・どうやら)

④ 아마. 대개. 뒤 문장은 반드시 추측의 문장이 온다. (多分・恐らく・大方・どうやら)

⑤ 도저히 ~할 수 없다 (どうしても …できない). (到底)

34 言いにくいことですが(　　　)申し上げます。

① あくまで　　　　　　② あえて

③ わざわざ　　　　　　④ そこで

⑤ しかも

➡️ 말하기 어렵습니다만 감히 말씀드리겠습니다.

① 어디까지나. 끝까지.　　　　　② 굳이. 감히. 무리하게. (敢えて)

③ 일부러. 다른 일과 더불어 하는 것이 아니고 어떤 일을 위해서만 특별히 하는 것, 또는 하지

　　않아도 좋은데 굳이 어떤 의도를 갖고 하는 것.

⑤ 게다가. 더욱더. (その上・しかも・お負けに・うえに・かつ・それに)

35 「내일 쉬어도 좋겠습니까.」의 올바른 일본어를 고르세요.

① あした休ませていただいてもよろしいでしょうか。

② あした休んでもらってもよろしいでしょうか。

③ あした休ませてくださってもよろしいでしょうか。

④ あした休んであげてもよろしいでしょうか。

⑤ あしたお休みになってもよろしいでしょうか。

➡ 동사(て형) ＋ もらう·いただく : 행위는 상대가 하는 것이 된다.

동사(사역형) ＋ もらう·いただく : 행위는 내가 하는 것이 된다.

食べてもらいます。　　상대가 먹다.

食べさせてもらいます。　내가 먹다.

36 「이번 모임에는 저를 보내 주시지 않겠습니까.」의 올바른 일본어를 고르세요.

① 今度の会には私に行ってくださいませんか。

② 今度の会には私に行かせていただけませんか。

③ 今度の会には私に行ってもらえませんか。

④ 今度の会には私に行かれていただきたいんですが。

⑤ 今度の会には私に行かせていただきませんか。

➡ 동사(사역형) ＋ もらう·いただく : 행위는 내가 하는 것이 되고, 상대에게 부탁할 때의

もらう·いただく는 **え단**으로 바뀌는 것에 주의하세요.

窓を開けてもら**え**ませんか。　　　　창문을 열어 주지 않겠습니까.

窓を開けていただ**け**ませんか。　　　창문을 열어 주시지 않겠습니까.

窓を開けていただ**け**ないでしょうか。　창문을 열어 주시지 않겠습니까.

37 「申し分ない。」의 用法(용법)이 옳은 것을 고르세요.

① 申し分のない出来上がりです。　② 悪い天気で申し分ない。

③ 私はあなたに何も申し分ない。　④ こちらが悪いので申し分ない。

⑤ この問題は分からないので申し分ない。

➡ 흠잡을 데가 없는. 나무랄 데 없는.

38 下線の部分の間違っているものを一つ選びなさい。

① 自分のほうが成績がいいと安心していたら、友だちにおくれを取ってしまった。

② 一緒に仕事をした同僚が、大失敗をしてしまい、私も割を食って左遷させられた。

③ 今日のことは大目に見るが、今度したら絶対に許さないよ。

④ 今日は両親が留守なので、羽をのばして遊べる。

⑤ このものはあまりめずらしくないものですから、高くつきます。

해설

▶ ⑤ 이것은 별로 희귀한 것이 아니므로, 비용이 많이 듭니다.

① 내가 성적이 좋다고 안심하고 있었더니, 친구들에게 뒤처지고(遅れを取る) 말았다.

② 일을 같이한 동료가, 큰 실패를 해서, 나도 손해를 보고 좌천되었다.

③ 오늘 일은 봐주겠지만 또 하면 절대로 용서하지 않는다.

④ 오늘은 부모님이 안 계셔서 마음껏(羽を伸ばす) 놀 수 있다.

• 次の文はどんな意味か最も適当なものを一つ選びなさい。

39 恐れ入りますが、テープを止めていただけませんか。

① 失礼ですので、テープを止めてくださいませんか。

② こわくなってきましたから、テープを止めてくださいませんか。

③ すみませんが、テープをとめてくださいませんか。

④ もうよくわかりましたので、テープを止めてくださいませんか。

⑤ ごめんなさいが、テープを止めてくれませんか。

해설

▶ 미안하지만, 테이프를 멈춰 주시지 않겠습니까.

---

40 일본어 표현의 의미가 적당하지 않은 것을 고르세요.

① 赤の他人 —— 全然縁のない人。

② 的を射る —— うまく目標を当てる。

③ 虫の知らせ ── いいことが起こりそうな気がすること。
④ 頭を絞る ── 苦心していろいろ考える。
⑤ 河童の屁 ── 容易で何でもないこと。。

• 次の文の(　　)の中に最も適当なものを一つ選びなさい。(41~45)

41 こんな雨の中(　　)本当に申し訳ございません。

① お呼び立てくださいまして　　② お呼びになりまして
③ お呼びいただきまして　　④ お呼び立ていたしまして
⑤ お呼びになって

42 すみませんが、ちょっと(　　)いただきたいんですが。

① 座らせて　　② 座れて
③ 座られて　　④ 座らせられて
⑤ 座る

동사(사역형) ＋ もらう・いただく : 행위는 내가 하는 것이 된다.

43 松田先生におあいしたいと思っていたのですが…、ご都合が悪いようでしたら(　　)。

① ご遠慮いたします。　　　　② ご遠慮いただきます。

③ ご遠慮なさいます。　　　　④ ご遠慮ねがいます。

⑤ ご遠慮になります。

해설

➡ 마쯔다 선생님을 만나 뵙고 싶다고 생각하고 있습니다만…, 시간이 없으시다면 사양하겠습니다.

都合が悪い。상태가 안 좋다. (시간·돈)

具合が悪い。몸 상태가 안 좋다. 보기 흉하다. 창피하다.

① 사양하겠습니다.　　　　　　④ 삼가 주시기 바랍니다.

44 この本を来週まで(　　)よろしいでしょうか。

① 借りさせて　　　　　　② 借りられて

③ お借りになって　　　　④ お借りして

⑤ お借りになりまして

해설

➡ 이 책을 다음 주까지 빌려도 괜찮겠습니까.

존경어가 없는 동사는

(선생님이 하시다)　　　　　　　(제가 하다)

お＋동사(ます形)＋になる。　　お＋동사(ます形)＋する。

お＋동사(ます形)＋なさる。　　お＋동사(ます形)＋致す。

お借りになる。선생님이 빌리시다. お借りする。拝借する。제가 빌리다.

45 先生のお荷物を(　　　)。

① お持ちしました　　　　　② お持ちになりました

③ お持ちでした　　　　　　④ 持たれました

⑤ お持ちくださいました

해설

➡️ 선생님 짐을 들어 드렸습니다.

① 내가 들어 드렸습니다.　　　　　② 선생님이 들으셨습니다.

46 次の文の(　　　)の中に最も適当な言葉を一つ選びなさい。

　午後3時ごろ、お宅で買い物をした者ですけど、買った品物をお店に忘れてきてしまったんです。ちょっとお調べ(　　　)。

① いただきませんか　　　　　② 願えませんか

③ 見ていただきたいんです　　④ もらえませんか

⑤ させてもらいたいんですが

해설

➡️ 오후 3시경, 댁의 가게에서 쇼핑을 한 사람입니다만, 산 물건을 가게에서 잃어버리고 왔습니다. 잠깐 찾아봐 주시지 않겠습니까.

① え단으로 수정하면 정답이 될 수 있다. いただけませんか。

④ 정답인 ②번이 없다면 억지로라도 정답이 되겠지만 내 실수로 남에게 부탁하는 표현으로서는 적절하지 않다.

47 次の文の(　　　)の中に最も適当な言葉を一つ選びなさい。

　(　　　)彼は、みんなに信用されている。

① 口が軽い　　　　　　　　② 足手まといの

③ 口がかたい　　　　　　④ 気がみじかい

⑤ 口がうまい

➡️ 입이 무거운 그는, 모두에게서 신용 받고 있다.

① 입이 가볍다.　　　　　　② 방해가 되다.

③ 입이 무겁다. (口が堅い)　　④ 성격이 급하다. (気が短い)

⑤ 말솜씨가 좋다. 말로 남을 구어 삶는 것을 잘한다. 남의 마음에 들게 말을 잘한다.

• 次の文の(　　　)の中に最も適当なものを一つ選びなさい。(48~53)

48 よろしかったら、どれでも好きな本を(　　　)。

　　① ご覧なさい　　　　　　② ご覧になってください

　　③ 拝見してください　　　④ 拝見してもかまいません

　　⑤ 拝見になってください

➡️ 괜찮으시다면, 어느 것이라도 좋아하는 책을 보십시오.

① 見るの尊敬語はご覧になる。　③ 見るの謙譲語は拝見する。

　見せる(보여주다)の謙譲語. (お目にかける・御覧に入れる)

---

49 無理なお願いとは存じますが、(　　　)よろしくお願いいたします。

　　① なにやら　　　　　　② なんとも

　　③ なにしろ　　　　　　④ なにとぞ

　　⑤ なんかに

➡️ 무리한 부탁이라고는 알고 있습니다만, 부디 부탁드립니다.

　知る(알다)の尊敬語はご存じ。

知る(알다)의 겸양어는 存じる。存ずる。存じ上げる。

① 무엇인지. 무엇인가. (何やら)　　② 참으로. 뭐라고. (何とも)

③ 어쨌든. 여하튼. (何しろ・いずれにしても・とにかく・なにせ)

④ 제발. 부디. (何卒)

⑤ ~같은. ~등. ~따위. ~등에게. (상대를 비난하거나 힐난할 때 주로 사용)

50 どうも先日は、(　　　)。

① いろいろなお世話をしました　　② よくいらっしゃいました

③ 手伝っていただきました　　　　④ 手伝ってさしあげました

⑤ いろいろとお世話になりました

해설

➡ 징말로 지난번에는, 신세 많이 졌습니다.

手伝う : 일을 도와주다. 거들다. 조력하다. 원인에 원인이 겹치다.

(お手伝いさん・女中 : 가사 도우미. 파출부. 식모)

(신세지다 : 寄寓する・世話になる・厄介になる・面倒を掛ける)

(돌보아 주다 : 世話をする・世話を焼く・面倒を見る)

51 大変ご面倒ですが、ここからは工事中で危険ですので、安全帽子を(　　　)。

① 着用していただきます　　　② 着用させてもらいます

③ 着用させてさしあげます　　④ 着用させていただけます

⑤ 着用させてくれます

해설

➡ 매우 귀찮으시겠습니다만, 여기서부터는 공사 중으로 위험하기 때문에, 안전모자를 착용해
주십시요.

> ・もらう・いただく。(반드시 기억할 것)

동사 (て形) + いただく・もらう의 행위자는 상대가 된다. 따라서 술을 마시는 사람은 상대가 된다.

| この酒を飲んでいただきます。 | 이 술을 마시십시오. |

동사 (사역형) + いただく・もらう의 행위자는 내가 된다. 따라서 술을 마시는 사람은 내가 된다.

| この酒を飲ませていただきます。 | 이 술을 마시겠습니다. |

| 頭が痛いです。帰らせていただきます。 | 머리가 아픕니다. 돌아가겠습니다. |

① 착용해 주십시오.　　　　　　　② 착용하겠습니다.

52 腰が痛いので今日は座ったまま話を(　　　)。

① 話しになります　　　　　② していただきます

③ おっしゃっていただきます　　④ 言わせてさしあげます

⑤ させていただきます

해설

➡ 허리가 아프기 때문에 오늘은 앉은 상태로 이야기를 하겠습니다.

53 お口に合うかどうかわかりませんが、どうぞ(　　　)。

① いただいてください　　　　② 食べにしてください

③ お召し上がりになってください　④ 召し上がりいたします

⑤ 召し上がってください

해설

➡ 입에 맞을지 안 맞을지 모르겠습니다만, 자 어서 드십시오.
食べる(먹다)의 존경어는 召し上がる。上がる。겸양어는 頂く。
飲む(마시다)의 존경어는 召し上がる。上がる。겸양어는 頂く。

吸う(피다)의 존경어는 召し上がる。上がる。

① 겸양어 뒤에는 절대로 くださいが 올 수 없다. (주의할 것)

③ 召し上がる 자체가 존경어이기 때문에 이중 존경어는 사용하지 않는다.

54 日本語の敬語が正しく使われているものを一つ選びなさい。

① 私の御意見も聞いてください。

② 家族そろってだんごを召し上がりました。

③ 先生が送ってくださった手紙を御覧になりました。

④ お父さんはまだ会社からかえっていらっしゃいません。

⑤ 母は市場に出かけて居りません。

해설

➡ ⑤ 어머니는 시장(상점가)에 외출하고 없습니다. (市場 : 시장 경제)

① 私の意見も聞いてください。　　　　　　　저의 의견도 들어주세요.

② 家族そろって団子をいただきました。　　　온 가족이 모여 경단을 먹었습니다.

③ 先生が送ってくださったお手紙を拝見しました。선생님께서 보내 주신 편지를 보았습니다.

④ 父はまだ会社から帰って居りません。　아버지는 아직 회사에서 돌아오지 않았습니다.

• 次の文はどんな意味か。最も適当なものを一つ選びなさい。

55 どうしてもって、おっしゃるのなら、お引き受けします。

① どうしても私がやります。

② どうしてもと言われても、私はやりません。

③ どうして私がやるんですか。

④ どうしても私にやってほしいということならやります。

⑤ やる気があればやります。

해설

➡ 어떻게 해서라도, 말씀하신다면, 받아들이겠습니다.

言う(말하다)의 존경어는 おっしゃる。

言う(말하다)의 겸양어는 申す。申し上げる。

やる気 : 의욕. 스스로 일을 해내고자 하는 마음.

引き受ける : 자신이 책임 지고 그 일을 맡다(受け持つ·請け負う). 이어 받다. 보증하다. 보증인이 되다. 販売を一手に引き受ける。판매를 도맡다(독점하다).

一手 : 바둑에서의 한수.

一手 : 독점하다. (一手販売·一手販売 : 독점판매)

• 次の文の( )の中に最も適当なものを一つ選びなさい。(56~59)

56 もしさしつかえなければ、この本を来週まで貸して( )。

① さしあげます   ② あげていただきます

③ いただきます   ④ くれないですか

⑤ いただけないでしょうか

해설

▶ 혹시 지장이(괜찮다면) 없다면, 이 책을 다음 주까지 빌려주시지 않겠습니까.

差し支える : 불편한 일이 생기다. 지장이 있다. 방해가 된다.

⑤ いただけませんか · もらえませんか。

57 お招きいただきましてありがとうございます。喜んで( )。

① 出席してさしあげます   ② 出席なさいます

③ ご出席になります   ④ ご出席してもらいます

⑤ 出席させていただきます

해설

▶ 초대해 주서서 고맙습니다. 기꺼이 참석(출석)하겠습니다.

② 출석하십니다.   ③ 출석하십니다.

⑤ 출석하겠습니다.

58 遅れてすみません。ずいぶん(　　　)んじゃありませんか。

① お待ちした

② 待たされた

③ お待たせした

④ お待たせになった

⑤ お待ちになる

➡ 늦어서 미안합니다. 너무 오래 기다리게 한 것은 아닙니까.

① 기다렸다. (겸양어)

② 기다렸다. (사역 수동)

③ 기다리게 했다. (사역 겸양어)

⑤ 기다리시다. (존경어)

59 初めておいでの方は、受付でお名前を(　　　)。

① 言わせていただきます

② 言われます

③ おっしゃってください

④ おっしゃいになります

⑤ 言います

해설

➡ 처음으로 오시는 분은, 접수하는 곳에서 이름(성함)을 말씀해 주십시오.

言う(말하다)의 존경어는 おっしゃる。

言う(말하다)의 겸양어는 申す。申し上げる。

60 次の文章は何についての説明なのか。

ものさしとかはかりなどに、長さ・目方などを示すためにつけたしるし。

① めやす

② めばり

③ めくじら

④ めもり

⑤ めど

➡ 자(物差)나 저울(計り・量り) 등에, 길이・무게 등을 나타내기 위해 붙여진 표시.

① 목표. (目安)   ② 창호지. (目張り)

③ 눈초리. (目くじら)   ④ 계량기의 양을 나타내는 눈금. (目盛り)

⑤ 目処(목적). 針孔・針穴・針孔(바늘 귀).

61 次の文の( )の中に最も適当なものを一つ選びなさい。

    A：もしもし、藤谷さんのお宅ですか。
    B：はい。失礼ですが、どなたさまですか。
    A：李と( )。

① いらっしゃいます   ② 申し上げます

③ 申します   ④ おっしゃいます

⑤ ございます

➡ A：어보세요, 후지따니 댁입니까.

   B：네, 실례입니다만. 누구(어느분)십니까.

   A：~이라고 합니다.

     言う・話す의 겸양어는 申す・申し上げる。

     둘 다 겸양어로서 사용되지만 세부적으로 구분하면 申す는 자신을 낮춘 말하다의 의미가

     되고 申し上げる는 상대편을 높인 말씀드리다의 의미가 된다.

     私が申します。   제가 말하겠습니다.

     先生に申し上げます。 선생님에게 말씀드립니다.

④ 言う의 존경어. (おっしゃる)

⑤ ⑤번이 정답이 되려면 李でございます。로 고치면 정답이 된다.

62 下線の部分の意味を一つ選びなさい。

> 立ちばなしもなんですから、喫茶店にでも入りましょう。

① よくないので

② よくなるから

③ よかったので

④ なんども言うから

⑤ なんども言わないから

➡ 서서 이야기(立ち話)하는 것도 좀 그러니까, 찻집에라도 들어갑시다.

① 좋지 않기 때문에

② 좋아지기 때문에

③ 좋았었기 때문에

④ 몇 번이나 말하기 때문에

• 다음 문장의 밑줄 친 부분을 우리말로 바르게 옮긴 것을 고르세요. (63~64)

63 我々を釣り寄せて笑い草にしたに相違ない。

① 와자지껄 웃음.

② 미친 듯이 웃음.

③ 웃어넘김.

④ 실없이 웃음.

⑤ 웃음거리.

➡ 우리들을 끌어들여서 웃음거리로 만든 것이 틀림없다.
(に相違ない・間違いない・に違いない・に決まっている : ～에 틀림없다)

64 すこし腹がたち、ついで鼻白み、ついで背筋がさむくなった。

① 코가 아프고

② 거만하고

③ 머쓱해지고

④ 재채기를 하고

⑤ 콧물이 나고

➡ 조금 화가 나고, 그리고 머쓱해지고, 그리고 등골이 오싹해졌다.

　(はなじろみ : 예상 외의 사태에 기가 꺾인 얼굴 모습)

65 次の文の中で敬語が正しく使われていないものを一つ選びなさい。

① お兄さんは今勉強しております。

② 先生のおっしゃった通りです。

③ 母が先生によろしくと申しております。

④ 今週の日曜日、都合がよければ、先生のお宅にうかがいたいと思っております。

⑤ お姉さんによろしくお伝えください。

➡ ① 兄は今勉強しております。형(오빠)은 지금 공부하고 있어요.

② 선생님이 말씀하신 대로입니다.

③ 어머니가 선생님께 안부 좀 전해 달라고 말했습니다.

④ 이번 주 일요일, 시간이 되시면, 선생님 댁을 방문(伺う)하고 싶다고 생각하고 있습니다.

⑤ 누님(언니 분)에게 안부 좀 전해 주십시오.

• 次の文の(　　)の中に最も適当なものを一つ選びなさい。

66 初めて訪ねる家なので場所がわからず、地図を片手に(　　)、さんざん探してしまった。

① 行きつ来つ　　　　　② 帰りつ行きつ

③ 行きつ戻りつ　　　　④ 戻りつ進みつ

⑤ ためつすがめつ

➡ 처음으로 방문하는 집이기 때문에 장소를 몰라, 지도를 한쪽 손에 들고 사방팔방, 몹시 찾아다녔다. (…つ …つ ＝ …たり …たり)

⑤ 여기 저기 바라보면서 이곳저곳 잘 살피다. 어떤 것을 여러 방면에서 꼼꼼히 보는 모습.
눈을 뜨고 찬찬히 보거나 사방팔방([四方八方)에서 자세히 보는 것. (矯めつ眇めつ)

僕は、やっと手に入れたギターをためつすがめつ見てしまった。

나는, 드디어 손에 넣은 기타를 꼼꼼히 보고 있었다.

67 다음 문장의 밑줄 친 부분의 올바른 겸양어를 고르세요.

もう少し具体的に説明したら、あなたの言ってたことがよく分かりました。

① ご無沙汰しています。　② 恐れ入ります。

③ お願いいたします。　④ かしこまりました。

⑤ いただきます。

➡ 좀 더 구체적으로 설명했다면, 당신이 말했던 것을 잘 알 수 있었습니다.

分かる(이해하다, 알다)의 겸양어는 畏まりました・承知いたしました。

① 오랫동안 격조했습니다. 오랫동안 소식 못 전했습니다.

② 죄송스럽게 생각하다. 고맙게 생각하다. 어처구니가 없다. 너무나도 대단해서 감탄하다.
(彼の誠実さには恐れ入るよ。그의 성실함에는 감탄하다)

⑤ 食べる(먹다)・飲む(마시다)・もらう(받다)의 겸양어는 頂く。

68 次の文の(　　　)の中に最も適当なものを一つ選びなさい。

(　　　)努力した。結果が悪くても後悔はするまい。

① せめて　　　　　② 精一杯

③ 何にもまして　　④ 何より

⑤ ぎりぎり

➡ 최대한 노력했다. 결과가 나빠도 후회는 하지 않겠다.

① 적어도. 최소한의 희망을 나타낸다. (少_{すく}なくとも)

② 기껏. 고작. 최대한. (関_{せき}の山_{やま}・精々_{せいぜい})   ③ 무엇보다도 가장.

④ 무엇보다도 제일.   ⑤ 겨우. 간신히. (ぎりぎり間_まに合_あう : 겨우 도착하다)

69 「この店_{みせ}には鉛筆_{えんぴつ}は<u>ありません</u>。」의 밑줄 친 부분의 올바른 겸양어를 고르세요.

① おりません   ② おありします

③ なさいます   ④ おいでになります

⑤ ございません

➡ です・ある의 겸양어는 ござる. (명사・な형용사(단어)＋でござる)

する(하다)의 존경어는 なさいます.   겸양어는 致_{いた}す。申_{もう}し上_あげる。

居_いる(있다)의 존경어는 いらっしゃる。おいでになる。겸양어는 居_おる。

行_いく(가다)의 존경어는 いらっしゃる。おいでになる。 겸양어는 参_{まい}る。伺_{うかが}う。上_あがる。

来_くる(오다)의 존경어는 いらっしゃる。おいでになる。お見_みえになる。お越_こしになる。

来_くる(오다)의 겸양어는 参_{まい}る。伺_{うかが}う。上_あがる。

70 次_{つぎ}の文_{ぶん}の(   )の中_{なか}に最_{もっと}も適当_{てきとう}な言葉_{ことば}を入_いれなさい。

学生_{がくせい}   ：私木村_{きむら}と申_{もう}しますが、先生はいらっしゃいますか。

奥_{おく}さん：(   )。

① はい、いらっしゃいます   ② いいえ、おいでになりません

③ はい、おります   ④ はい、います

⑤ いいえ、まいりません

➡ 일본어의 존경어는 가족이나 자기가 속해 있는 집단을 남에게 말하거나 소개할 때는 겸양어

를 사용하지만, 본인이 자기 가족을 부를 때는 존경어를 사용할 수 있다.

71 「先生は何時ごろ<u>かえりますか</u>。」 밑줄 친 부분의 올바른 존경어를 고르세요.

① おかえりしますか　　② いらっしゃいますか

③ おかえりになりますか　　④ おいでになりますか

⑤ おかえりましたか

해설

➡ 존경어가 없는 동사는 お＋동사(ます형)＋になる·なさる로 고치면 존경어가 된다.
お休みになる。お休みなさる。お休みです。

동사 : お　　　＋ます形 ＋ になる · なさる · です。

명사 : お · ご　＋ 단어　＋ になる · なさる · です。

---

72 次の文の問いに答えなさい。

　　どなたが説明をなさいますか。

① 金さんがいたします。　　② 金さんがおります。

③ 私がいたします。　　④ 私がお伺いします。

⑤ 金さんがおもちします。

해설

➡ 어느 분이 설명을 하시겠습니까.

③ 제가 하겠습니다.

---

73 次の文の下線の部分が正しく訳されたものを一つ選びなさい。

　　이 땅은 돌 투성이어서 쓸모가 없습니다.

① この土地は、石だらけで役に立ちません。

② このどちは、石だけなので、使い道がありません。

③ このつちは、石ばかりで、役が立たないです。

④ このとちは、石だけなので、使いがないです。

⑤ このどちは、石ばかりなので使いところがありません。

➡ 명사+だらけ : 투성이. (ほこりだらけ : 먼지투성이. 傷だらけ : 상처투성이.

血だらけ : 피투성이. 泥だらけ : 흙투성이. 借金だらけ : 빚투성이)

こんな間違いだらけの文章は、読む気にならない。

이렇게 틀린 것 투성이의 문장은, 읽을 마음이 생기지 않는다.

74 次の文の(　　　)の中に最も適当なものを一つ選びなさい。

藤本 : どうぞお入りください。ひさしぶりですね。

島倉 : この前(　　　)のは、いつだったでしょう。

① お目にかかった　　　　② お会いになった

③ 会った　　　　　　　　④ お会わせた

⑤ お目にかけた

➡ 会う(만나다)의 겸양어는 お目にかかる. お会いする.

見せる(보여주다)의 겸양어는 御目に掛ける. お見せする. 御覧に入れる.

目を掛ける : 선행을 기대하고 지켜보다(見守る). 귀여워서 주목하다(注目する).

面倒を見る(돌보아주다). 晶屓にする(편들다). 応援する(응원하다).

ひいき目 : 호의적으로 보다. (ひいきの引き倒し : 너무 편을 들어 오히려 불리하게 되다)

75 次の文の問いに答えなさい。

あなたはどこからいらっしゃいましたか。

① 東京においでになりました。　② 台湾できました。

③ アメリカからまいりました。　④ ソウルから来られました。

⑤ ソウルへお行きになりました。

해설

➡ 당신은 어디에서 오셨습니까.

来る(오다)의 존경어는 いらっしゃる. おいでになる. お見えになる. お越しになる.

来る(오다)의 겸양어는 参る. 伺う. 上がる.

伺う : 聞く(듣다). 尋ねる(묻다). 訪ねる(방문하다) 의 겸양어.

お噂は予々伺っております。　　　　소문은 이전부터 듣고 있습니다.

お噂は予々うけたまわっておりました。 소문은 진작부터 듣고(承る) 있었습니다.

御機嫌をうかがう : 공연 등에서 관람객에게 이야기를 하다. 일반적으로 여러 사
　　　　　　　　　람에게 설명을 하다. (一席うかがう : 일장연설을 하다)

機嫌を取る : 비위를 맞추다. (人の気に入るような言動をする)

76 「모처럼 초대해 주셨는데도, 찾아뵙지 못해 죄송합니다.」의 올바른 일본어를 고르세요.

① わざわざご招待してくださったのに、お目にかけなくて申し訳ございません。

② わざと招待させていただいたのに、お会いできなくてごめんなさい。

③ せっかくご招待していただいたのに、うかがえなくて申し訳ございません。

④ わざわざ招待してくださったのに、おたずねなくて申し訳ございません。

⑤ せっかく招待していただいたのに、うかがわなくてすみませんです。

해설

➡ 訪ねる : 방문하다. 尋ねる : 묻다.

伺う　 : 聞く(듣다). 尋ねる(묻다). 訪ねる(방문하다)의 겸양어.

● わざわざ : 일부러.

다른 일과 더불어 하는 것이 아니고 어떤 일을 위해서만 특별히 하는 것, 또는 하지 않아도 좋은데 굳이 어떤 의도를 갖고 하는 것.

● わざと : 고의로. 일부러. (부정적인 문장에 사용한다)

어떤 의도를 갖고, 또는 의식적으로 · 고의로 · 일부러 남에게 피해를 줄때.

● せっかく : 모처럼. (기회를 만들어)

노력했는데도 되지 않아 안타깝다고 하는 기분을 나타낸다.	
せっかく用意したのに使われなかった。	모처럼 준비했는데도 사용되지 않았다.
상대의 노력에 보답하려고 하는 일이 되지 않아 미안하다고 하는 기분을 나타낸다.	
せっかくの好意を無にする。	모처럼의 호의를 헛되게 하다
좀처럼 얻을 수 없는 것의 의미를 나타낸다. (작지만은 귀중한)	
せっかくの機会だから。	모처럼의 기회이기 때문에.

77 「언제 서울에 오십니까.」의 가장 올바른 일본어를 고르세요.

① いつソウルにまいりますか　　② いつソウルに来ますか

③ いつソウルに来られますか　　④ いつソウルにおかえりますか

⑤ いつソウルにお来になりますか

해설

➡ ③ 来る(오다)의 존경어는 いらっしゃる。おいでになる。お見えになる。お越しになる。
　　来る(오다)의 겸양어는 参る。伺う。上がる。

② 일반적인 문장이라면 정답이지만 존경어 표현으로는 부적절하다.

78 次の文の(　　　)の中に適当な言葉を入れなさい。

明日先生が(　　　)なら、私も学校へ(　　　)。

① おっしゃる。　お行きします。　② おいでになる。　いらっしゃいます。

③ たずねる。　うかがいます。　④ いらっしゃる。　まいります。

⑤ いらっしゃる。　おいでになります。

➡ 내일 선생님이 오신다면, 저도 학교에 가겠습니다.

79 존경어, 정중어, 겸양어의 순서가 올바르지 않은 것을 고르세요.

① ご存じ。　　　　知る。　　　存じる。

② おいでになる。　行く。　　　参る。

③ いらっしゃる。　来る。　　　参る。

④ おっしゃる。　　言う。　　　申す。

⑤ お聞きになる。　質問する。　拝見する。

➡ ⑤ 質問する。의 존경어는 お聞きになる。お尋ねになる。
質問する。의 겸양어는 お伺いする。お聞きする。お尋ねします。

80 밑줄 친 부분이 올바르게 사용되지 않은 것을 고르세요.

① 金さんは一途な性格でいい。　② ひたすら神に祈る。

③ ひとすじに思い込む。　　　　④ なまじに努力する。

⑤ ひとえに私くしの不徳の致すところで。

➡ ④ なまじ (어설프게). → 直向き (오로지, 일편단심).
懋 : 무리하게 하려고 하려는 것. 불충분하고 어설퍼서 오히려 나쁜 결과가 된다. 하지 않는
것이 좋은데 했기 때문에 오히려 나쁜 결과가 된다. (なまじっか・中途半端・いい加減)
なまじ手出しをしたばかりに失敗に終わった。어설프게 관여한 탓으로 실패로 끝났다.

① 김씨는 한결같은 성격이라 좋다.　② 오로지 신에게 기도한다.

③ 외골수로 생각하다.　　　　　　④ 섣불리 노력하다.

⑤ 전적으로 저의 부덕의 소치로.

• 次の文章を読んで、あとの問いに答えなさい。(81~88)

　人間も生物である以上、生きていくためには自己をとりまいている自然に働きかけて、自然のなかからとり出すなり(A)自然を利用して、食物を獲得し、衣類を作り、住居を建てねばなりません。これが、(1)なんといっても自然と人間との関係でいちばん基礎的なことです。(B)大変大事なことは、人間はこの自然への働きかけを、一人ずつで、ばらばらで行なうのではなくて、多くの人と共同して行なうということです。(C)社会的に行なうということです。人間は本来的に(2)社会的動物なのです。我々はこの社会の仕組みを通して(3)自然に係わりあっているのです。(D)この社会の自然への働きかけの大きさを表すのが生産諸力ですし、社会が発展するということは、この生産諸力が大きくなることです。

　인간도 생물인 이상, 살아가기 위해서는 자신을 둘러싸고 있는 자연의 작용으로, 자연으로부터 끄집어내든지 또는 자연을 이용해서, 음식을 획득하고, 의류를 만들고, 주거를 만들지 않으면 안 됩니다. 이것이 뭐니 뭐니 해도 자연과 인간과의 관계에서 가장 기초적인 것입니다. 게다가 대단히 중요한 것은, 인간은 이 자연에서의 작용을, 한 사람씩, 각각 행하는 것이 아니라, 많은 사람과 공동으로 행한다는 것입니다. 즉 사회적으로 행한다는 것입니다. 인간은 본래 사회적 동물인 것입니다. 우리들은 이 사회의 구조를 통하여 자연과 서로 관계를 맺게 되는 것입니다. 그리고 이 사회의 자연에의 작용의 크기를 나타내는 것이 생산제력(총생산 능력)이고, 사회가 발전한다고 하는 것은, 이 생산제력이 커지는 것입니다.

• 文中の(A)~(D)に入れるのに最も適当なものを一つ選びなさい。(81~84)

81 (A)

① しかし　　　　　　② あるいは

③ ところで　　　　　④ したがって

⑤ けれども

➡ ② 또는

① 그러나   ③ 그런데

④ 따라서   ⑤ 그렇지만

82 (B)

① ないし   ② または

③ しかも   ④ それにしては

⑤ それから

➡ ③ 게다가

① 내지는   ② 또는

④ ~에 비해서는   ⑤ 그리고 나서

83 (C)

① つまり   ② ところが

③ それとも   ④ それにしても

⑤ しかし

➡ ① 즉

② 그러나   ③ 또는

④ 그렇다곤 하더라도   ⑤ 그러나

84 (D)

① だが   ② そして

③ たとえば   ④ さて

⑤ または

➡️ ② 그리고

① 그러나   ③ 예를 들면

④ 그래서. 그렇게 해서   ⑤ 또는

85 (1) <u>なんといっても</u>と同じような使われ方をする言葉を一つ選びなさい。

① 何から何まで   ② 何はさておいても

③ いかにも   ④ どうしても

⑤ それはさておき

해설

➡️ ② 만사를 제쳐 놓고라도.

① 무엇부터 무엇까지   ③ 자못. 어떻게든지. 확실히

④ 어떤 일이 있어도   ⑤ 그것은 놔 두고. 그것은 제쳐 두고

86 (2) <u>社会的動物</u>とは、どんな動物のことをいうのか。

① 食物を獲得し、衣類を作り、住居を建てる動物。
② 自然への働きかけを、多くの人と共同して行なう動物。
③ 生きていくために、自己をとりまいている自然に働きかける動物。
④ 自然への働きかけを、一人で行なうことができる動物。
⑤ 生産諸力が大きくなる動物。

해설

➡️ ② 자연에의 작용을 많은 사람과 공동으로 행하는 동물.

① 음식을 획득하고, 주거를 짓는 동물.

③ 살아가기 위하여 자기를 둘러싼 자연에 작용을 가하는 동물.

④ 자연에의 작용을 혼자서 행할 수 있는 동물.

⑤ 생산제력(총생산 능력)이 높아지는 동물.

87 (3) <u>かかわり合う</u>と意味の似た言葉を一つ選びなさい。

① 同化する
② 分裂する
③ 関係する
④ 対立する
⑤ 解け合う

해설

➡ ③ 관계하다.

① 동화하다. ② 분열하다.

④ 대립하다.

⑤ 마음을 터놓아 격의 없이 어울리다. 서로 화합하다. 융화하다

88 この文章の内容と合わないものはどれか。一つ選びなさい。

① 人間は生きていくための技術を身につけなければならない。
② 人間は単独ではなく、みんなと協力して生きていくものだ。
③ 社会の自然への働きかけが大きくなるということは、社会が発展することだ。
④ 社会的な動物である人間は、自然と係わっていては社会の発展が遅れる。
⑤ 社会の自然への働きかけの大きさが大きくなるのは社会の発展を意味する。

해설

➡ ④ 사회적 동물인 인간은 자연과 관계를 맺어서는 사회의 발전이 늦어진다.

① 인간은 살아가기 위하여 기술을 몸에 익히지 않으면 안 된다.

② 인간은 단독이 아니라 모두가 협력하여 살아가는 것이다.

③ 사회의 자연에의 작용이 커진다는 것은 사회가 발전하는 것이다.

⑤ 사회의 자연에의 작용의 크기가 커진다는 것은 사회의 발전을 의미한다.

89 次の文の(　　)の中に最も適当な言葉を入れなさい。

初めて外国旅行をするので胸が(　　)する。

① わくわく　　　　　② いそいそ

③ うとうと　　　　　④ わあわあ

⑤ ぺこぺこ

해설

▶ 처음으로 외국 여행을 하기 때문에 마음이 설렌다.

① 기쁨이나 기대로 가슴이 설레는 모습.

② 기쁨으로 마음이 들뜬 상태로 행동하는 모습.

③ 꾸벅꾸벅 조는 모습. (うつらうつら)

④ 큰소리로 우는 모습. 사람이 많아 큰소리로 떠드는 모습.

⑤ 배가 굉장히 고픈 모습. 아첨하다. 금속이 쪼그라드는 소리.

90 다음 중 문장이 올바른 것을 고르세요.

① 母は手紙をよんでいます。　　② 東京へ行いています。

③ 友達と話しています。　　　　④ 花を買いてにきました。

⑤ 荷物を持つています。

해설

▶ ③ 친구하고 이야기하고 있습니다.

① 母は手紙をよんでいます。　　② 東京へ行っています。

④ 花を買いにきました。　　　　⑤ 荷物を持っています。

91 次の文章を読んで、後の問いに答えなさい。

　　言葉の姿である文字には、意味と印象がまといついています。しかし新聞を読む私たちは文字の意味を読み取るだけで、文字の印象を気にすることはまれです。ところが「地震」という本文用の小さな文字も、拡大され見出しにあると「地震！」、感嘆符付きの印象を意味と一緒に読まされている、と気づくはずです。

【問い】作者が言いたいことは何か。最も適当と思われるものを選べ。

① 私たちは気が付かなくても文字の印象の影響を受けている。
② 私たちは文字の意味より印象に注意している。
③ 文字が拡大されて印象を気にすることが多い。
④ 文字が拡大されると意味が変化する。
⑤ 拡大された文字は小さな文字より印象が強い。

해설

➡ ① 우리는 눈치채지 못하고 있어도 문자의 인상·영향을 받고 있다.

말의 모습인 문자에는, 의미와 인상이 묻어 있습니다. 그러나 신문을 읽는 우리들은 문자의 의미를 읽을 뿐이고, 문자의 인상을 신경 쓰는 것은 드뭅니다. 그러나 「지진」이라고 하는 본문용의 작은 문자도, 확대된 표제에 있으면 「지진!」, 감탄부호가 붙은 인상을 의미와 함께 읽고 있다, 라고 느낄 것입니다.

見出し : 표제. 타이틀. 표제어. 목차·색인. 차례. 발탁.

まとい : 옛날 전시에 각군의 본진 대장 옆에 세워 둔 표시. 착 달라붙음. 에도(江戸)시대 마을의 소방수의 각조의 표시. (纏い)

まとう : 얽히다. 감기다. 몸에 걸치다. 감다. 입다. (纏い付く : 착 달라 붙다)

② 우리는 문자의 의미보다 인상에 주의하고 있다.
③ 문자가 확대되어 인상을 신경 쓰는 일이 많다.
④ 문자가 확대되면 의미가 변화한다.
⑤ 확대된 문자는 작은 문자보다 인상이 강하다.

92 次の文章を読んで、後の問いに答えなさい。

　　スキーは魅力的なスポーツであり、広大な大自然を相手に夏山にはない楽しみを私たちに与えてくれる。スキー人口は2,000万人に及んでおり、これを全く無視することもできまい。

【問い】これの指す内容として適当なものは何か。

① 魅力的なスポーツ　　　　② スキー人口
③ スキーの楽しみ　　　　　④ 拡大な大自然
⑤ スキー

해설

➡ ② 스키 인구.

스키는 매력적인 스포츠이고, 광대한 대자연을 상대로 여름산에는 없는 즐거움을 우리들에게 준다. 스키 인구는 2,000만명에 이르고 있어, 이것을 전혀 무시할 수 없다.

① 매력적인 스포츠.　　　　③ 스키의 즐거움.
④ 확대된 대자연.　　　　　⑤ 스키.

93 次の文章を読んで、後の問いに答えなさい。

　　地方自治の主人は、その地方で生活をしている住民です。ですから地方自治の仕事をするために必要な経費は、住民が受け持つと言うことが原則になっています。この経費を賄うのが地方税という税金です。
　　地方税は、その地域に住む住民に割り当てられたもので、地方税法に基づきそれぞれの地方公共団体の条例で決められています。

【問い】このは何を指すか。もっとも適当なものを選びなさい。

① 主人　　　　　　　　② 地方自治
③ 住民の原則　　　　　④ 地方公共団体
⑤ 地方税

➡ ② 지방자치.

지방자치의 주인은, 그 지방에서 생활을 하고 있는 주민입니다. 그렇기 때문에 지방자치의 일을 하기 위해서 필요한 경비는, 주민이 맡는(담당하는) 것이 원칙으로 되어 있습니다. 이 경비를 조달하는 것이 지방세라고 하는 세금입니다.

지방세는, 그 지역에 거주하는 주민에게 할당된 것으로, 지방세법에 의거하여 각각의 지방공공단체의 조례로 정해져 있습니다.

賄う   : 한정된 범위 내의 금전이나 물건으로 꾸려 나가다. 조달하다. 마련하다.
割り当てる : 할당하다. 배당하다. 基づく : 기초를 두다. 의거하다. 기인하다.

① 주인. 남편.   ③ 주민의 원칙.
④ 지방공공단체.   ⑤ 지방세.

94 (   ) 안에 연결될 내용으로 가장 적당한 것을 고르세요.

　　日本では、人の家を訪問する時手みやげを持っていくのが普通である。ということは少し日本語を勉強した外国人なら大抵誰でも知っていて、自分たちも日本人の家を訪ねる時、デパートにでも寄って手みやげを用意していく。そこまではいい。ところが、日本人がもらった手みやげをどうするか知らないと、少々厄介なことになる。手みやげをあげると、相手はそれに対してお礼を言い、その手みやげを自分の横に置いてしまう。アメリカだったらすぐ開けて中身を見る場合が多いのに、全然開けて見ようとしない。私の手みやげに興味がないのだろうか、何か変なことをしてしまったのだろうか、などと余計なことを考えはじめてしまう。日本人は、お客の目の前でもらった物を開けるのは品がないとでも思うのか、普通はお客が帰ってから開けて見る。それを知っていれば（　　　　　　　　　　）。

① 安い手みやげを買っていった方がいい。
② はずかしがる日本人が好きになってしまう。
③ 手みやげの中身を見る。
④ 余計な心配をする必要がない。

➡ ④ 쓸데없는 걱정을 할 필요가 없다.

手土産 : 남의 집을 방문할 때 갖고 가는 조그마한 선물.

(土産・土産 : 지역의 특산품. 선물)

일본에서는, 남의 집을 방문할 때 간단한 선물을 갖고 가는 것이 보통이다. 그렇다면 조금이라도 일본어를 공부한 외국인이라면 대개는 누구나 알고 있어서, 자신도 일본인 집을 방문할 때, 백화점에라도 들러 작은 선물을 준비해서 간다. 거기까지는 좋다. 그러나, 일본사람이 받은 선물을 어떻게 할지 모른다고 하면, 조금은 성가신(귀찮은) 일이 된다. 선물을 주면, 상대는 그것에 대해 고맙다는 인사를 하고, 그 선물을 자신의 옆에 놓아 둔다. 미국이라면 금방 열고 내용물을 보는 경우가 많은데, 전혀 열어 보려고 하지 않는다. 내 선물에 흥미가 없는 것일까, 뭔가 이상한 짓을 저지른 것일까, 하고 쓸데없는 것을 생각하기 시작한다. 일본인들은 손님이 보는 앞에서 받은 물건을 열어 보는 것은 품위(점잖지 않다고)가 없다고 생각하는 것일까, 보통은 손님이 돌아가고나서 열어 본다. 그것을 알고 있으면 쓸데없는 걱정을 할 필요가 없다.

① 싼 선물을 사 가는 것이 좋다.　　　　② 부끄러워하는 일본인을 좋아하게 된다.

③ 선물의 내용물을 본다.

95 다음 문장과 내용이 일치하는 것을 고르세요.

年をとって、だんだんと失っていくものもありますが、得るものもまったくないわけではありません。こうして失っていくということも、年をとらなければわからなかったことです。あれができたのにもうできなくなったと気づきます。自分というものの限界を知ります。このところ、年をとったことで初めて得られたもの、年をとったらもう得られないもの、それらを達観して見ることができるようになりました。

① 年をとると何か失っていくばかりだ。
② 年をとると自分に執着するようになる。
③ 年をとったら何も得られないと達観するようになる。
④ 年をとったら自分の限界に気づくようになる。

➡ ④ 나이를 먹으면 자신의 한계를 깨닫게 된다. (執着 · 執着 : 집착)

나이를 먹어, 점점 잃는 것도 있습니다만. 얻는 것도 전혀 없는 것은 아닙니다. 이렇게 잃는다는 것도, 나이를 먹지 않으면 몰랐던 것입니다. 그것을 할 수 있었는데도 이제는 할 수 없게 되었다는 걸 알게 되었습니다. 자신이라는 것의 한계를 알았습니다. 요즘, 나이 먹은 것으로 처음으로 얻을 수 있던 것, 나이를 먹으면 더 이상 얻을 수 없는 것, 그런 것들을 달관하여 볼 수 있게 되었습니다.

① 나이를 먹으면 무엇인가 잃어 갈 뿐이다.

② 나이를 먹으면 자신에게 집착하게 된다.

③ 나이를 먹으면 아무것도 얻을 수 없을 것이라고 달관하게 된다.

96 次の文の(　　)の中に最も適当なものを入れなさい。

仕事の手がたりないのでそちらから2、3人こちらに(　　)くれ。

① 与えて　　　　　② 贈って
③ 配って　　　　　④ 寄越して
⑤ 預けて

➡ 일손이 부족하기 때문에 그쪽에서 두세 명 이쪽으로 보내 줘라.

① 타격 · 재산 · 과제를 주다. 수여하다. (与える)

② 훈장을 주다. 찬사를 보내다. 선물을 보내다. (贈る)

③ 나누어 주다. 분배하다. 배달하다. 배치하다. 마음을 배려하다.

④ 보내 주다. 건네다. 오게 하다.

⑤ 맡기다. 몸을 다른 것에 의지하다. 판단을 맡기다.

97 次の文の(　　)の中に最も適当なものを入れなさい。

目を(　　)ら、もうお昼だった。

① 覚ました   ② 動かした

③ 数えた   ④ 試した

⑤ 除いた

해설

▶ 눈을 떴더니, 이미(벌써) 한낮(점심 때)이었다.

① 눈을 뜨다. 잠에서 깨다. 취기를 깨다. 깨우치다. 느끼다.

② 움직이다. 물건을 이동시키다. 옮기다. 소속을 이동시키다. 감동시키다. 변경시키다.

③ 세다. 열거하다.

④ 사물의 진위 좋고 나쁨 정도 등을 실제로 조사해서 확인하다. 시험하다.

⑤ 제거하다. 없애다. 배제하다. 빼다. (除く)

　　물건의 일부가 보이다. 들여다보다. 엿보다. 접근해서 보다. 몰래보다. 위에서 내려다보다.
(覗く・覘く)

---

98 次の文の(　　　)の中に最も適当なものを入れなさい。

　　先生は私にお考えを(　　　)くださいました。

① 聞かれて   ② 聞いて

③ 聞かされて   ④ 聞かせられて

⑤ 聞かせて

해설

▶ 선생님은 저에게 생각을 들려주셨습니다.

⑤ 聞く : 소리를 듣다. 요구나 지시를 잘 듣다. 묻다. 질문하다. (聴く)

---

99 次の文の(　　　)の中に最も適当なものを入れなさい。

　　今後もどうぞよろしくお願い(　　　)。

① 召し上がります　　　② 差し上げます

③ 申し上げます　　　　④ 存じます

⑤ 存じ上げます

➡ 앞으로도 잘 부탁드립니다.

① 드시다. (食べる·飲む의 존경어)　　② 드리다. (あげる의 겸양어)

③ 말해 주다. (言う·する의 겸양어)　　④ 알다. (知る의 겸양어)

⑤ 알려 주다. 잘 알고 있다. (知る·思う의 겸양어)

100 외래어 표기가 잘못된 것을 고르세요.

① コピー (copy)　　　　② ワルード (world)

③ ジュース (juice)　　　④ パワハラ (power＋harassment)

⑤ ホームラン (home run)

➡ ② ワールド (world)

④ 직장 상사의 괴롭힘. 직장 상사의 갑질. (パワハラ·パワーハラスメント)

101 다음 한자의 읽기 중에서 옳지 않은 것을 고르세요.

① 外科 (げか)　　　　　② 寿命　(じゅうみょう)

③ 鼻血 (はなぢ)　　　　④ 元首相 (もとしゅしょう)

⑤ 正直 (しょうじき)

➡ ② 수명. (じゅみょう)

① 외과. (内科)　　　　　③ 코피. (鼻水 : 콧물)

④ 전직 수상. (元総理 : 전 총리)　　⑤ 정직. 솔직. (率直)

102 다음 문장의 올바른 일본어를 고르세요.

선생님이 저에게 참고자료를 빌려주셨습니다.

① 先生が私に参考資料をお貸しいただきました。
② 先生が私に参考資料をお貸しくださいました。
③ 先生が私に参考資料をお借りしてくださいました。
④ 先生が私に参考資料をお借りいただきました。
⑤ 先生が私に参考資料を借りさせていただきました。

해설

➡ ② 貸す : 빌려주다. 능력·노동력 등을 타인에게 제공하다. (↔ 借りる)

借りる : 남의 물건 등을 빌리다. 일시적으로 다른 사람 물건을 이용하다. (↔ 貸す)

103 다음 밑줄 친 부분이 틀린 것을 고르세요.

① あの人は来そうもないから、もう帰ろう。
② いくらがんばったところで、上手になれそうもない。
③ 円は一ドル百円台にとどまらず、さらに上がりそうだ。
④ 天気予報によると、明日は雨そうだ。
⑤ 地震が起こっても全然感じないことがあるんだそうです。

해설

➡ ④ 雨そうだ → 雨だそうだ。 일기예보에 의하면, 내일은 비가 내린다고 한다. (전문)
① 저 사람은 올 것 같지도 않으니까, 이제 돌아가자.
② 아무리 노력해 보았자, 잘할 수 있을 것 같지도 않다.
③ 엔은 1달러 100엔 대에 그치지 않고, 더욱더 올라갈 것 같다.
⑤ 지진이 일어나도 전혀 느끼지 못하는 적도 있다고 합니다.

104 次の文の(　　　)の中に最も適当なものを入れなさい。

新入社員をただ学歴(　　　)で選ぶべきではない。

① のみ　　　　　　　　　② さえ

③ ほか　　　　　　　　　④ こそ

⑤ でも

해설

➡ 신입사원을 그저 학력만으로 뽑아서는 안 된다.

① だけ의 강조. (だけ·ばかり 에 비해 문어적 표현이 짙다)

② 특별한 예를 들어 ~이기 때문에 다른 것은 물론이라고 하는 의미를 나타낼 때.

(すら).「…でさえ」「…ですら」의 형으로 사용하는 일도 많다.

~한테 마저도(게다가) 라는 의미를 나타낸다. (すら).

小学生でさえ知っているようなことを、おとなの私が知らなくて恥ずかし

かった。

초등학생조차도 알고 있을 것 같은 것을, 어른인 내가 몰라서 창피했다.

「…さえ …ば」의 형으로 그것만으로도 충분(それだけでじゅうぶん)하다고 하는 의미

를 나타낸다.

③ ~임이 틀림없다. ~와 다를 바 없다. (ほかでもない : 다름이 아니라)

~일 수밖에 없다. (するほかない : 할 수밖에 없다)

④ 앞의 말을 특히 강조하는 경우에 사용한다.

からこそ·…てこその 형태로 그 이유를 강조하는 경우에 사용한다.

⑤ ~라도.

105 밑줄 친 부분이 나머지 넷과 다른 것을 고르세요.

① 顔を見るまではやはり安心されないものだ。

② 正月になるとふるさとのことが思い出される。

③ 銀行に行くたびに長い間待たされる。

④ 昔のことがしのばれる時がある。

⑤ 話を聞いているうちに、自分が大変悪いことをしたように感じられる。

해설

➡ ③ 은행에 갈 때마다 긴 시간 기다린다. (수동)

동사 (기본형)·명사 (단어) + たびに·ごとに : ~할 때마다.

(자발 : 다른 것에 의해 영향을 받지 않고 스스로 느끼는 것)

① 얼굴을 볼 때까지는 역시 안심할 수 없는 것이다. (자발)

② 설날이 되면 고향이 생각난다 (자발). (故里·古里·故郷·故郷·郷里·郷土 : 고향)

④ 옛날 일이 그리워질 때가 있다. (자발)

⑤ 이야기를 듣고 있는 동안에, 자신이 대단히 나쁜 일을 한 것처럼 느껴지다. (자발)

---

106 次の文の(　　　)の中に最も適当なものを入れなさい。

さすが学生時代にやっていた(　　　)今でもテニスが上手だ。

① からには　　　　　　　② ばかりか

③ だけあって　　　　　　④ きっかけで

⑤ にしては

해설

➡ 역시 학생 때 했었기 때문에 지금도 테니스를 잘한다.

① ~인 이상은.　　　　　　② ~뿐만 아니라.

③ ~이기 때문에. (당연한 귀결의 문장에 사용된다)

④ 계기. 동기.

⑤ ~에 비해서는. 상대에 대한 평가를 나타낸다. (割には)

---

107 次の文の(　　　)の中に最も適当なものを入れなさい。

父も母も、これまではただ仕事ひとすじで、人生を楽しむゆとりなどな

かった。海外旅行は(　　　)国内さえもほとんど見て回ったことがない。

① おろか　　　　　　　　　　② わずか

③ 限らず　　　　　　　　　　④ 問わず

⑤ とはいえ

해설

➡ ① ~는커녕. (…はおろか : ~는커녕. ~는 물론이고)

「…はおろか」「…もおろか」 등의 형태로 말할 필요도 없는 것을 나타낸다. (勿論)

아버지도 어머니도, 지금까지는 그저 일에만 매달려, 인생을 즐길 여유 등이 없었다. 해외여행
은 물론이고 국내여행조차도 거의 돌아본 적이 없다. (一筋 : 오로지 그것만 하다)

② 불과. 겨우.

③ 한하지 않고. 한정되지 않고.　　　④ 묻지 않고. 불문하고. (問う : 묻다. 질문하다)

⑤ ~라고는 말했지만. (A는 정말이지만, 그러나 B는)

108 次の文の(　　　)の中に最も適当なものを入れなさい。

台風によって交通機関が止まってしまい、旅行の中止を(　　　)。

① 余儀なくされた　　　　　② 禁じざるを得なかった
③ するまでもなかった　　　④ せずにはいられなかった
⑤ するほかなかった

해설

➡ 태풍 때문에(태풍으로) 교통기관이 멈춰 버려서, 여행을 중지할 수밖에 없었다.

① 어쩔 수 없이 그렇게 했다. (やむを得ない)

② 금하지 않을 수 없다.　　　　　③ 할 필요가 없었다.

④ 하지 않을 수 없었다.　　　　　⑤ 할 수밖에 없었다.

109 다음 관용구의 의미가 잘못 연결된 것을 고르세요.

① 自分勝手。 —— 남이야 어떻든 자기 좋을 대로만 하다.

② 相づちを打つ。 —— 할 일 없이 빈둥대다.

③ うなぎ登り。 —— 물가·기온·지위가 폭등하는 것.

④ 手を焼く。 —— 기술이나 방법이 복잡해서 시간이나 노력이 많이 들다.

⑤ 手に余る。 —— 손쓸 방법이 없다.

해설

➡ ② 상대의 의견에 맞장구치다. 할 일 없이 빈둥대다. (油を売る·うろうろ·ごろごろ)

① 멋대로 하다. (好き勝手·手前勝手·身勝手·我がまま)

④ 고생하다. (手が込む·骨を折る·骨が折れる·始末が悪い)

⑤ 수단이 없다. 어쩔 수 없다. 벅차다. 내 능력이상이다. (手に負えない·始末に負えない· 持て余す·手が付けられない·手が出ない·歯が立たない·手強い)

110 다음 관용구의 의미가 잘못 연결된 것을 고르세요.

① 気味が悪い。 —— 不気味。 ② 杓子定規。 —— 会得する。

③ 面倒を見る。 —— 世話をする。 ④ 猫を被る。 —— 上品を被る。

⑤ 身から出たさび。 —— 自業自得。

해설

➡ ② 융통성이 없다. (株を守る·株を守る)

会得する : 내 것으로 만들다. (구하기 어려운 물건·지식·기술)

(手に入れる·手に入る·身に付く·物にする)

① 왠지 모르게 무섭다. 불길하다. (無気味·不気味·気味が悪い)

③ 돌보아 주다(世話を焼く·世話をする·面倒を見る). 신세지다(お世話になる·面倒 を掛ける)

④ 내숭 떨다. 얌전한 체하다.

⑤ 자신이 불러들인 불행. 자업자득.

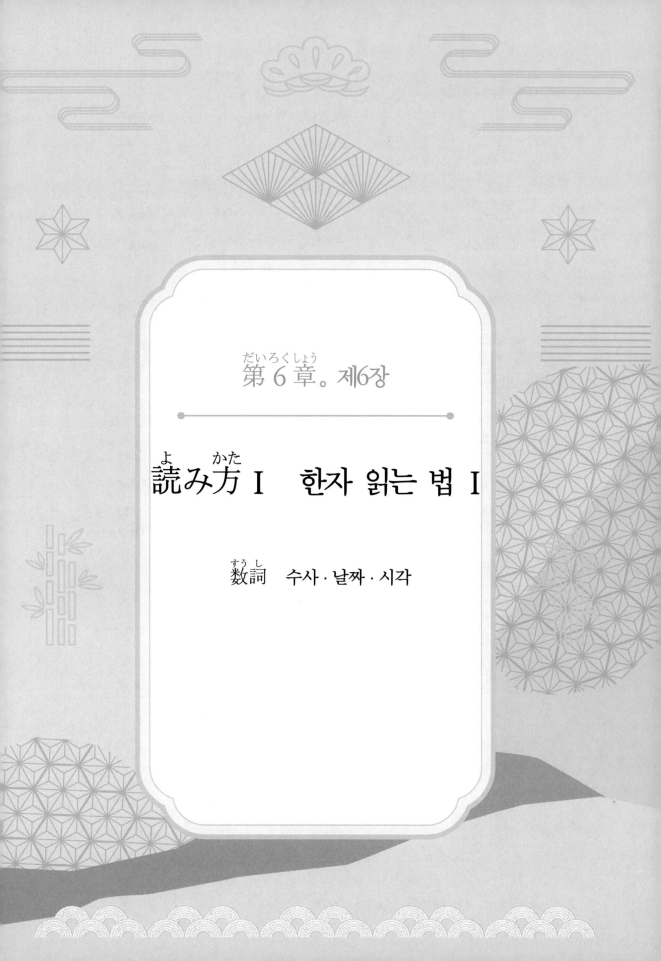

第6章。제6장

読み方Ⅰ　한자 읽는 법 Ⅰ

数詞　수사 · 날짜 · 시각

조수사(助数詞)

	…番	…階	…つ	…人	…個
1	いちばん	いっかい	ひとつ	ひとり	いっこ
2	にばん	にかい	ふたつ	ふたり	にこ
3	さんばん	さんがい	みっつ	さんにん	さんこ
4	よんばん	よんかい	よっつ	よにん	よんこ
5	ごばん	ごかい	いつつ	ごにん	ごこ
6	ろくばん	ろっかい	むっつ	ろくにん	ろっこ
7	ななばん	ななかい	ななつ	ななにん しちにん	ななこ
8	はちばん	はっかい	やっつ	はちにん	はっこ
9	きゅうばん	きゅうかい	ここのつ	きゅうにん くにん	きゅうこ
10	じゅうばん	じゅっかい	とお	じゅうにん	じゅっこ
?	なんばん	なんがい	いくつ	なんにん	なんこ
	차례 · 순번	층수	물건 · 사람나이	사람	작은 물건 (계란 · 사과 · 케이크)

	…頭	…匹	…足	…杯	…台
1	いっとう	いっぴき	いっそく	いっぱい	いちだい
2	にとう	にひき	にそく	にはい	にだい
3	さんとう	さんびき	さんぞく	さんばい	さんだい
4	よんとう	よんひき	よんそく	よんはい	よんだい
5	ごとう	ごひき	ごそく	ごはい	ごだい
6	ろくとう	ろっぴき	ろくそく	ろっぱい	ろくだい
7	ななとう	ななひき	ななそく	ななはい	ななだい
8	はっとう	はっぴき	はっそく	はっぱい	はちだい

9	きゅうとう	きゅうひき	きゅうそく	きゅうはい	きゅうだい
10	じゅっとう	じゅっぴき	じゅっそく	じゅっぱい	じゅうだい
?	なんとう	なんびき	なんぞく	なんばい	なんだい
	큰 동물 (소·코끼리)	작은 동물 (고양이·생선)	켤레 (구두·양말)	잔·그릇	모든 기계

	…舟	…軒	…円	…回	…度
1	いっせき	いっけん	いちえん	いっかい	いちど
2	にせき	にけん	にえん	にかい	にど
3	さんせき	さんげん	さんえん	さんかい	さんど
4	よんせき	よんけん	よえん	よんかい	よんど
5	ごせき	ごけん	ごえん	ごかい	ごど
6	ろくせき	ろっけん	ろくえん	ろっかい	
7	ななせき	ななけん	ななえん	ななかい	
8	はっせき	はっけん	はちえん	はっかい	
9	きゅうせき	きゅうけん	きゅうえん	きゅうかい	
10	じゅっせき	じゅっけん	じゅうえん	じゅっかい	
?	なんせき	なんげん	いくら	なんかい	なんど
	배	집·가게·건물	돈	회수	번

	…本	…枚	…冊	…歳	…羽
1	いっぽん	いちまい	いっさつ	いっさい	いちわ
2	にほん	にまい	にさつ	にさい	にわ
3	さんぼん	さんまい	さんさつ	さんさい	さんば
4	よんほん	よんまい	よんさつ	よんさい	よんわ
5	ごほん	ごまい	ごさつ	ごさい	ごわ
6	ろっぽん	ろくまい	ろくさつ	ろくさい	ろっぱ
7	ななほん	ななまい	ななさつ	ななさい	ななわ

8	はっぽん	はちまい	はっさつ	はっさい	はっぱ
9	きゅうほん	きゅうまい	きゅうさつ	きゅうさい	きゅうわ
10	じゅっぽん	じゅうまい	じゅっさつ	じゅっさい	じっぱ
?	なんぼん	なんまい	なんさつ	なんさい おいくつ	なんわ
	긴 물건 (홈런·연· 맥주·담배· 바나나·이빨· 우산·버스· 전차·꽃·강)	얇은 물건 (종이·사진· 접시·Y셔츠· 담요)	책. (권)	나이	새·닭·토끼

▶ 数_{かず}。숫자. (〇~五千_{ぜろ ご せん} : 0 에서 5,000)

• 숫자 중 4·7·9 는 주의해서 읽을 것.

0	ぜろ·れい	零	30	さんじゅう	三十
1	いち	一	40	よんじゅう	四十
2	に	二	50	ごじゅう	五十
3	さん	三	60	ろくじゅう	六十
4	し·よん·よ	四	70	ななじゅう	七十
5	ご	五	80	はちじゅう	八十
6	ろく	六	90	きゅうじゅう	九十
7	しち·なな	七	100	ひゃく	一百
8	はち	八	200	にひゃく	二百
9	く·きゅう	九	300	さんびゃく	三百
10	じゅう	十	400	よんひゃく	四百
11	じゅういち	十一	500	ごひゃく	五百
12	じゅうに	十二	600	ろっぴゃく	六百
13	じゅうさん	十三	700	ななひゃく	七百
14	じゅうよん	十四	800	はっぴゃく	八百

15	じゅうご	十五	900	きゅうひゃく	九百
16	じゅうろく	十六	1,000	せん・いっせん	千
17	じゅうなな	十七	2,000	にせん	二千
18	じゅうはち	十八	3,000	さんぜん	三千
19	じゅうきゅう	十九	4,000	よんせん	四千
20	にじゅう	二十	5,000	ごせん	五千

• 数。 숫자. (六千～一億 : 6천에서 1억)

一万(일만)은 반드시 いちまん으로 읽는다.

6,000	ろくせん	六千		10,000,000	せんまん	千万
7,000	ななせん	七千		100,000,000	いちおく	一億
8,000	はっせん	八千				
9,000	きゅうせん	九千		0.5	れいてんご	
10,000	いちまん	一万		0.76	れいてんなななろく	
100,000	じゅうまん	十万		$\frac{1}{2}$	にぶんのいち	二分の一
1,000,000	ひゃくまん	百万		$\frac{3}{4}$	よんぶんのさん	四分の三

• 예. (例)

125	ひゃく にじゅう ご
849	はっぴゃく よんじゅう きゅう
3.562	さんぜん ごひゃく ろくじゅう に
18.793	いちまん はっせん ななひゃく きゅうじゅう さん
100円	ひゃく えん
980円	きゅうひゃく はちじゅう えん
1.000円	せん えん
15.000円	いちまん ごせん えん
708.004円	ななじゅうまん はっせん よえん

• 주의. (특히 4를 읽는 데 주의(注意)할 것)

四月 (4월) しがつ	四時 (4시) よじ	四円 (4엔) よえん	四歳 (4살) よんさい	四年 (4년) よねん
七月 (7월) しちがつ	七時 (7시) しちじ	七円 (7엔) ななえん	七歳 (7살) ななさい	七年 (7년) しちねん
九月 (9월) くがつ	九時 (9시) くじ	九円 (9엔) きゅうえん	九歳 (9살) きゅうさい	九年 (9년) きゅうねん

• 때(時)의 표현.

年 (년) とし	月 (달·월) つき	週·週間 (주·주간) しゅう しゅうかん	日 (날짜) ひ
一昨年·一昨年 おととし いっさくねん 재작년	二か月前·先々月 に げつまえ せんせんげつ 지지난달	二週間前·先々週 に しゅうかんまえ せんせんしゅう 지지난주	一昨日·一昨日·一昨日 いっさくじつ おととい おとつい 그저께
去年 きょねん 작년	先月 せんげつ 지난달	先週 せんしゅう 지난주	昨日·昨日 きのう さくじつ 어제
今年 ことし 올해	今月 こんげつ 이번달	今週 こんしゅう 금주	今日·今日·今日 きょう こんじつ こんにち 오늘
来年 らいねん 내년	来月 らいげつ 다음달	来週 らいしゅう 다음주	明日·明日·明日 あした あす みょうにち 내일
再来年 さらいねん 내후년	再来月 さらいげつ 다다음 달	再来週 さらいしゅう 다다음 주	明後日·明後日·明後日 あさって あさて みょうごにち 모레
毎年 まいねん 매년	毎月·毎月 まいつき まいげつ 매월	毎週 まいしゅう 매주	毎日 まいにち 매일

• 曜日(요일).
よう び

日曜日 (일요일) にちようび	月曜日 (월요일) げつようび	火曜日 (화요일) かようび	水曜日 (수요일) すいようび
木曜日 (목요일) もくようび	金曜日 (금요일) きんようび	土曜日 (토요일) どようび	何曜日 (무슨요일) なんようび

• 달력의 1일은 「ついたち」. 그냥 하루는 「いちにち」.

	月。월		日。날짜		
1月	いちがつ	1日	ついたち	17日	じゅうしちにち
2月	にがつ	2日	ふつか	18日	じゅうはちにち
3月	さんがつ	3日	みっか	19日	じゅうくにち
4月	しがつ	4日	よっか	20日	はつか
5月	ごがつ	5日	いつか	21日	にじゅういちにち
6月	ろくがつ	6日	むいか	22日	にじゅうににち
7月	しちがつ	7日	なのか	23日	にじゅうさんにち
8月	はちがつ	8日	ようか	24日	にじゅうよっか
9月	くがつ	9日	ここのか	25日	にじゅうごにち
10月	じゅうがつ	10日	とおか	26日	にじゅうろくにち
11月	じゅういちがつ	11日	じゅういちにち	27日	にじゅうしちにち
12月	じゅうにがつ	12日	じゅうににち	28日	にじゅうはちにち
何月	なんがつ(몇 월)	13日	じゅうさんにち	29日	にじゅうくにち
		14日	じゅうよっか	30日	さんじゅうにち
• 1일부터 10일은 외워주세요.		15日	じゅうごにち	31日	さんじゅういちにち
		16日	じゅうろくにち	何日	なんにち(며칠)

• 주의해서 외울 것.

20일 : はつか	14일 : じゅうよっか	24일 : にじゅうよっか

▶ 시각·시간의 4시, 분의 3분·4분은 주의해서 읽을 것.

• 時刻 (시각)　　　　　　　　　　　　　　　• 時間 (시간)

時。(시)		分。(분)		…時間。(시간)	…分。(분)
1時	いちじ	1分	いっぷん	いちじかん	いっぷん
2時	にじ	2分	にふん	にじかん	にふん
3時	さんじ	3分	さんぷん	さんじかん	さんぷん
4時	よじ	4分	よんぷん	よじかん	よんぷん
5時	ごじ	5分	ごふん	ごじかん	ごふん
6時	ろくじ	6分	ろっぷん	ろくじかん	ろっぷん
7時	しちじ	7分	ななふん	ななじかん	ななふん
8時	はちじ	8分	はちふん	はちじかん	はっぷん
9時	くじ	9分	きゅうふん	くじかん	きゅうふん
10時	じゅうじ	10分	じゅっぷん	じゅうじかん	じゅっぷん
11時	じゅういちじ	11分	じゅういっぷん	じゅういちじかん	
12時	じゅうにじ	12分	じゅうにふん	じゅうにじかん	
		20分	にじゅっぷん		
• 八分·八分 (8분)은		25分	にじゅうごふん		
시각에 한정됨.		30分	さんじゅっぷん·半		
何時 몇 시		何分 몇 분		何時間 (몇 시간)	何分 (몇 분)

• 밑에 열거한 것은 두 가지로 읽을 수 있다.

8 분	はちふん	(はっぷん)
10 분	じゅっぷん	(じっぷん)
20 분	にじゅっぷん	(にじっぷん)
30 분	さんじゅっぷん	(さんじっぷん)

• 시간의 반을 나타낼 때는 半(반)으로 읽는다. (1시30분 : 一時半). (5시30분 : 五時半) 단 시간의 반이 아닌 그냥 30분을 읽을 때는 30分(さんじゅっぷん·さんじっぷん) 으로 읽는다.

▶ ~시간. ~날짜. ~주간. ~개월 . ~년.

	…時間。 **시간**	…日。 **날짜**	…週間。 **주간**	…か月。 **개월**	…年。 **년**
1	いちじかん	いちにち	いっしゅうかん	いっかげつ	いちねん
2	にじかん	ふつか	にしゅうかん	にかげつ	にねん
3	さんじかん	みっか	さんしゅうかん	さんかげつ	さんねん
4	よじかん	よっか	よんしゅうかん	よんかげつ	よねん
5	ごじかん	いつか	ごしゅうかん	ごかげつ	ごねん
6	ろくじかん	むいか	ろくしゅうかん	ろっかげつ	ろくねん
7	しちじかん ななじかん	なのか	ななしゅうかん	ななかげつ	しちねん ななねん
8	はちじかん	ようか	はっしゅうかん	はっかげつ	はちねん
9	くじかん	ここのか	きゅうしゅうかん	きゅうかげつ	きゅうねん
10	じゅうじかん	とおか	じゅっしゅうかん	じゅっかげつ	じゅうねん
?	なんじかん	なんにち	なんしゅうかん	なんかげつ	なんねん

• 중요한 수사 (数詞). 4·7·9는 주의할 것.

いっかげつ・一月	(일 개월)	じゅうよっか	(14일)
にかげつ・二月	(이 개월)	はつか	(20일)
ろっかげつ・半年	(6개월·반년)	にじゅうよっか	(24일)

• 주의. (특히 4를 읽는 데 주의(注意)할 것)

4	四月 (4월)	四時 (4시)	四円 (4엔)	四歳 (4살)	四年 (4년)
7	七月 (7월)	七時 (7시)	七円 (7엔)	七歳 (7살)	七年 (7년)
9	九月 (9월)	九時 (9시)	九円 (9엔)	九歳 (9살)	九年 (9년)

01 間違っている読み方をそれぞれの中から一つ選びなさい。

① 不漁 (ふりょう)　　② 活発 (かっぱつ)

③ 神宮 (じんぐう)　　④ 乳母 (うぼ)

⑤ 発言 (はつげん)

해설

➡ ④ うば·乳母(고어). 유모.

① 어업(漁業)이 흉어.　　② 활발.

③ 신의 궁전.　　　　　　⑤ 발언.

02 間違っている読み方をそれぞれの中から一つ選びなさい。

① 吹雪 (ふぶき)　　② 歩合　 (ぶあい)

③ 雪花 (せっか)　　④ 雪日和 (ゆきびより)

⑤ 雪原 (せつばら)

해설

➡ ⑤ せつげん (눈이 쌓인 넓은 들판. 설원)

① 눈보라.　　　　　② 비율. 수수료.

③ 눈꽃. (ゆきばな)　④ 눈이 올 듯한 날씨.

03 間違っている読み方をそれぞれの中から一つ選びなさい。

① 馬力 (ばりき)　　② 馬鹿 (ばれい)

③ 馬子 (まご)　　　④ 馬匹 (ばひつ)

⑤ 馬市 (うまいち)

➡ ② ばか (바보)

① 마력. 동력을 나타내는 단위.　　　③ 마부. (馬子にも衣装 : 옷이 날개)

④ 마필.　　　⑤ 마시장. 말 시장.

04 間違っている読み方をそれぞれの中から一つ選びなさい。

① 七夕 (たなばた)　　　② 夕陽 (ゆうひ)

③ 夕方 (ゆうがた)　　　④ 夕照 (ゆうしょう)

⑤ 夕風 (ゆうかぜ)

➡ ④ 석양. (夕照)

① 삼베를 짜는 틀. 칠월칠석.　　　② 석양. (夕陽)

③ 해질 무렵. 저녁 때.　　　⑤ 석풍. 저녁바람.

• 次の文の(　　)の中に最も適当な言葉を一つ選びなさい。(5~7)

05 先生は、生徒にたばこをやめさせるために、(　　)たばこをやめた。

① 自ら　　　② 自分で

③ ひとりで　　　④ ひとりでに

⑤ だから

➡ 선생님은 학생들에게 담배를 끊게 하기 위해서, 스스로 담배를 끊었다.

① 자기 자신. 솔선수범. 다른 사람 힘에 의지하지 않고 스스로 하는 것. (手ずから·自分で) 自らあやまちを認める。스스로 잘못을 인정하다. 自ら命を絶つ。스스로 목숨을 끊다.

② 자신이. 나.　　　③ 혼자서.

④ 저절로. 자연히.　　　⑤ ~이기 때문에.

06 赤ちゃんが生れたという電話を受け取った山田さんは、( ) うれしそうな顔
をしていた。

① いまにも　　　　　　　　② いかにも
③ ますます　　　　　　　　④ いったん
⑤ いっこうに

해설

➡ 아기가 태어났다고 하는 전화를 받은 야마다 씨는, 정말로 기쁜 듯한 얼굴을 하고 있었다.

① 지금이라도.

② 정말로. 확실히. 아무렇게나 보아도 그렇게 보일 수 있고 생각할 수도 있다고 할 때. (如何にも)

③ 더욱더. 점점.　　　　　　④ 일단.

⑤ 조금도. (부정을 동반)

07 私はアレルギー体質で、たまごを食べると( )体がかゆくなる。
① 必ず　　　　　　　　　　② 必ずしも
③ 一切　　　　　　　　　　④ いっそう
⑤ そっと

해설

➡ 나는 알레르기 체질이라, 계란을 먹으면 반드시 몸이 가려워진다.

① 반드시. 틀림없이. 100% 절대로. 반드시 ~하다. 꼭(틀림없이) ~하다. (きっと)

② 반드시. (뒤 문장은 반드시 부정형이 오며 가능동사의 부정형이 접속된다).

③ 일체. 전혀 ~않다(全然 …ない).　　④ 훨씬 더. 한층 더. (정도가 심하다)

⑤ 살짝. 소리를 내지 않고(조용히 · 살며시 · 穏やかに). 살짝(こっそり · ひそかに). 그
상태로 그냥 해 두다(しておく 형으로).

• 次の文の(　　)の中に最も適当な言葉を一つ選びなさい。(8~10)

08 うれしくて天にも(　　)気持ちだ。

① 飛ぶ　　　　　　　　② 上がる
③ 昇る　　　　　　　　④ 浮かぶ
⑤ 飛び上がる

➡ 기뻐서 하늘에라도 오를 기분이다. (天にも昇る心地 : 기분이 좋아 하늘을 날 듯한 기분)

① 날다.　　　　　　　　　② 오르다. 올라가다. 상륙하다.

③ 오르다. 승천하다. 높이 올라가다. 지위가 오르다. 승급하다. 떠오르다.

④ 뜨다. 떠오르다.

⑤ 뛰어오르다. 높이 날아오르다. 단계·순서를 뛰어넘다. (⟷ 飛び下りる)

---

09 人間だれでも一度や二度は(　　)をかいたことがある。

① はずかしめ　　　　　② 恥辱
③ 屈辱　　　　　　　　④ 恥
⑤ はじ知らず

해설

➡ 인간은 누구라도 한두 번은 망신당하는 일이 있다. (恥をかく : 망신하다)

① 모욕하다. (辱める)　　　　② 치욕.

③ 굴욕.　　　　　　　　④ 恥知らず : 철면피. 수치스러움을 모르는 사람.

⑤ 부끄러움. 자신의 결점·실패 등을 창피해하는 것. 명예(名誉)나 면목(面目)이 손상되는 행위.

---

10 下書きもしないで(　　)正式な用紙に書くと、失敗したときに困ります。

① いきなり　　　　　　② 突如
③ 突然　　　　　　　　④ 急に
⑤ にわかに

➡ 초안도 하지 않고 갑자기 정식 용지에 쓰면, 실패했을 때 곤란합니다.

① 갑자기. 느닷없이. (준비가 안된 상황. 突然・出し抜けに)

② 불의로. 예상 없이 일이 갑자기 일어나다. (突然・出し抜けに)

③ 돌연히. 예기되지 않는 사물이 급히 일어나는 것. (突如・出し抜けに・にわかに)

④ 급히.　　　　　　　　　　⑤ 갑자기. (にわか雨・夕立・白雨 : 소나기)

・次の文の(　　　)の中に最も適当な言葉を一つ選びなさい。(11~12)

11 相手に心をよまれては勝てない。できればなんともないように(　　　)行動するべきだ。

① いい加減に　　　　　　② てきとうに

③ さりげなく　　　　　　④ おおげさに

⑤ たいてい

➡ 상대에게 마음을 읽혀선 이길 수 없다. 될 수 있으면 아무렇지 않은 듯이 행동해야 한다.

① 적당히. 무책임한 것. 엉터리. 미적지근함. (好い加減に・投げやり・おざなり・無責任)

② 적당히. (適当・敵っていること・ふさわしいこと)

③ 아무 일도 없는 듯이 행동하는 것. (然りげ無い・何気無い)

④ 떠들썩하게. 과장되게 (大げさ・大仰・大形). (大げさに言う。과장되게 말하다. 허풍을 떨다)

⑤ 대강. 대충. 일의 중요 부분. 대부분 (大抵・大凡・大方).
　대부분은 뒤 문장에 부정(打消し・否定)의 말을 동반하여 보통인 것을 나타낸다.
　苦労は大抵ではない。고생은 보통이 아니다. 고생은 이만저만이 아니다.

12 彼女は性格が明るい。(　　　)少しそそっかしい。

① ただ　　　　　　　　　② なお

③ しかも　　　　　　　　④ それなのに

⑤ ぜひ

➡ 그녀는 성격이 밝다. 그렇지만 조금 경솔하다. (경망스럽다)

① 단. 단지. 그저.

徒(ただ)では済(す)まないぞ. 그냥 넘어가지 않을 테다. 반드시 앙갚음(仕返(しかえ)し : 보복, 복수)을 하겠다는 의미로 이별할 때 하는 말. (ただでは置(お)かないぞ. 가만두지 않겠다. 두고 보자)

只(ただ)より高(たか)いものはない. 공짜로 뭔가를 받으면, 그 대신 일을 부탁받거나 답례로 비용이 많이 들어 오히려 비싸게 든다.

② 덧붙여. 더욱. 또한(猶(なお)・尚(なお)). 앞 문장의 말을 일단 끊고 다시 한 번 뒤 문장에 설명을 덧붙인다.

③ 거기에. 게다가. (その上(うえ)・しかも・お負(ま)けに・かつ・それに)

④ ~인데도. 그런데도. (주로 비난이나 불만을 표시할 때 사용한다)

⑤ 꼭. 틀림없이. 굉장히 강한 소망. 뒤 문장은 명령이나 희망의 표현이 온다. (是非(ぜひ))

시비. 올바른 것과 올바르지 않은 것. 비평하는 것. (是非(ぜひ)を論(ろん)じる. 시비를 논하다)

是非(ぜひ)も無(な)い・仕方(しかた)がない・止(や)むを得(え)ない・是非(ぜひ)無(な)い : 어쩔 수 없다)

13. 주어진 일본어를 번역한 것 중 가장 적당한 것을 고르세요.

そんなにあっさりことわったのは、彼にもそっけないところがあったのだ。

① 그렇게 미련을 갖는 것은, 그에게도 께름칙한 점이 있는 것이다.
② 그렇게 깨끗이 거절했던 것은, 그에게도 쌀쌀맞은 점이 있었던 거다.
③ 그렇게 정확하게 말하다니, 그에게도 뛰어난 두뇌가 있었던 거다.
④ 그렇게 정확하게 말하다니, 그에게도 딴 속셈이 있었던 거다.
⑤ 그렇게 정확하게 말하다니, 그에게도 뭔가 감추는 것이 있었던 거다.

➡ あっさり : 맛・성격 등이 시원스러운 모습. 간단히(게임에 지다). 사소한 일에 신경 쓰지 않다.

斷(ことわ)る : 미리 알려 놓고 양해를 얻다. 허락을 받다. 거절하다. 사퇴하다. 상대방의 제의 등에 응할 수 없음을 알리다. 다짐해 두다. 계약이나 고용 등의 관계를 중단하다.

周知(しゅうち)の事実(じじつ)だから、ここに断(ことわ)るまでもないことだが。

주지의 사실이기 때문에, 여기에서 재차 다짐할 필요도 없는 것이지만.

素(そ)っ気(け)無(な)い : 쌀쌀맞다. (素気無(そけな)い・思(おも)い遣(や)りがない・愛想(あいそ)がない)

14 주어진 일본어를 번역한 것 중 가장 적당한 것을 고르세요.

> 手当てはしてやるげと、そうおおげさにいたがるな。

① 치료는 해 주지만, 그렇게 엄살 부리지마.

② 할 수 있는 데까지 해 보겠지만, 안 되더라도 실망은 하지 마라.

③ 닥치는 대로 해 주지만, 그렇게 엄살 피우지 마.

④ 할 수 있는 데까지 해 주지만, 과장하면 그만두겠다.

⑤ 형편이 되는 대로 도와주겠지만, 그렇게 보채지 마라.

해설

➡ 手当て : 치료하다. 처치하다. 수당. 급료.
大げさ : 과장. 허풍. 大げさに痛がる : 엄살떨다.

15 次の文の下線の部分の意味を一つ選びなさい。

> その会社の社長は、若くして社会に出た少年を<u>ふびんにおもって目をか</u>けてきた。

① かなしそうな事。　② たのしそうな事。

③ うれしそうな事。　④ あわれな事。

⑤ かわいい事。

해설

➡ 그 회사 사장은, 젊은 나이에 사회에 나온 소년을 불쌍히 여겨 보살펴 왔다.
不憫 : 측은함. 가련함. 불쌍한. 동정하다. (あわれむべき事 · 可哀想な事)

① 슬픈.　② 즐거운.

③ 기쁜.　④ 가련한. 불쌍한.

⑤ 귀엽다. (可愛い)

16 次の文の(　　　)の中に最も適当な言葉を一つ選びなさい。

　　それは(　　　)誰も知らないだろう。

① たぶん　　　　　　　　② おそらく

③ けっして　　　　　　　④ たしか

⑤ おおかた

해설

▶ 그것은 아마 아무도 모르겠지.

① 아마. (多分)　　　　　　② 아마. (恐らく)

③ 결코. (決して)　　　　　④ 확실히. 이때는 아마의 뜻. (確か)

⑤ 아마. (大方)

---

17 身上を築くのも手やすいことではない。の下線の意味を一つ選びなさい。

① 財産　　　　　　　　② 学識

③ 名誉　　　　　　　　④ 権力

⑤ 徳

해설

▶ 재산을 모으는 것도 쉬운 일은 아니다.

　身上·身上 : 신상. 일신상의 일. 자산. 재산. 밑천. 살림. 가계. 장점. 몸.

　身上　　　 : 장점. (長所·美点·取り柄). (身の上 : 신상)

　身上が悪い : 가계의 형편이 나쁘다. 身上をこしらえる. 살림을 마련하다.

　身上書　　 : 신상명세서. 그 사람의 이름이나 가족 구성, 경력 등을 적은 서류.

　　　　　　　혼담에 사용되는 것은, 釣書라고도 한다.

18 本当にお世話になりました。の 대답으로서 적당한 것을 고르세요.

① はい、世話になりました。　② よかったですね。

③ ごちそうさま。　④ いいえ、かまいません。

⑤ いいえ、こちらこそ。

해설

➡ 정말로 신세 많이졌습니다.

① 예, 신세졌습니다.　② 잘 되었습니다.

③ 잘 먹었습니다. (御馳走様)

④ 아니요. 상관없습니다(괜찮습니다).

　構う : 관계하다. 상관하다. 상대하다. 염려하다. 마음을 쓰다.

　많은 부정의 표현을 동반하여 사용된다. (괜찮다. 상관없다. 신경 쓰다 (気にする・気を遣う)

　私に構わないで先に行ってください。 저에게 신경 쓰지 말고 먼저 가세요.

　形振りかまわず働く。　겉모습(복장과 태도)에 상관없이(개의치 않고) 일하다.

　費用が掛かっても構いませんか。 비용이 들어도 괜찮겠습니까.

⑤ 아니요. 저야말로.

• 次の文の(　　)の中に最も適当な言葉を一つ選びなさい。 (19~28)

19 この靴は足にちょうどいいです。ここの靴は足に(　　)です。

① きっかり　② はっきり

③ ぴったり　④ しっかり

⑤ きちんと

해설

➡ 이 구두는 발에 딱 좋습니다. 이쪽 구두는 발에 딱 맞습니다.

① 시간·수량이 과부족 없이 일치하는 상태. 정확히. (きっちり)

　시간·수량을 나타내는 말에 붙어 정확히. (ちょうど)

② 분명히. 똑똑히. 확실히.

③ 빈틈없이 꼭 들어맞는 모습. 잘 어울리다. 적합하다.

④ 내적으로 건실한 모습. 빈틈이 없는 모습. (충분히·틀림없이)

   기분·성질·행위 등이 건실하고 확실해서 신용할 수 있는 모습.

⑤ 시간·수량이 과부족 없이 정확히. 규칙 바르게. 꼼꼼하다.

20 他の人の力を借りないと、(　　　)。

　① 何でもできる　　　　　　② 何かがわかる
　③ 何にもできる　　　　　　④ 何一つできない
　⑤ 何でも分かる

➡ 다른 사람 힘을 빌리지 않으면, 무엇 하나 할 수 없다.

① 뭐든지 할 수 있다.　　　　② 무엇을 알겠냐.

③ 뭐든지 할 수 있다.　　　　④ 무엇하나 할 수 없다.

⑤ 뭐든지 이해한다.

21 あの人は歌手のわりには(　　　)。

　① 歌が上手だ　　　　　　　② 歌が下手だ
　③ 歌を知っている　　　　　④ 歌を歌っている
　⑤ 歌を知ることだ

➡ 저 사람은 가수에 비해서는 노래를 못한다.

① 노래를 잘한다.　　　　　② 노래를 못한다.

③ 노래를 알고 있다.　　　　④ 노래를 부르고 있다.

⑤ 노래를 알 것이다.

22 優勝しないまでも、(　　　)。

① ずっと負けつづけていた　　　② 何度か挑戦をつづけた

③ 3位ぐらいには入りたいものだ　④ 何か優勝したい

⑤ ずいぶん練習しなければならない

해설

➡ 우승은 못 하더라도, 3위 정도는 하고 싶다.

① 계속해서 지고 있었다.　　　② 몇 번인가 도전을 계속했다.

③ 3위 정도에는 들어가고 싶은 것이다.　④ 무엇인가 우승하고 싶다.

⑤ 꽤 많이 연습하지 않으면 안 된다.

---

23 買おうと思っているうちに、つい(　　　)。

① 安いのをさがした　　　② 高いのを買ってしまった

③ 買わないことにした　　　④ 買いそこねてしまった

⑤ たくさん買いました

해설

➡ 사려고 생각하고 있는 동안에, 그만(무심결에) 못 사고 말았다.

　동사 (ます形) + そこねる : ~하지 못하다. (機嫌を損ねる : 기분을 상하게 하다)

① 싼 것을 찾았다. (捜す·探す)　　　② 비싼 것을 사고 말았다.

③ 사지 않기로 했다.　　　⑤ 많이 샀습니다.

---

24 日本人だからといって、(　　　)柔道ができるとは限りません。

① まさか　　　　② さすがに

③ かならずしも　　④ なんでも

⑤ まるで

➡ 일본인이라고 해서, 반드시 유도를 할 수 있다고는 할 수 없습니다.

① 설마.

② 역시. 듣던 대로. 예상했던 대로. 과연.

③ 반드시 ~라고는 할 수 없다.

④ 뭐든지.

⑤ 마치 ~인 것 같다.

25 日本は昔から外国のさまざまな文化の影響を(　　)きた。

① とらえて

② 集めて

③ 受けて

④ 得て

⑤ 進んで

➡ 일본은 옛날부터 외국의 많은 문화의 영향을 받아 왔다.

① 포획하다. 기회·범인을 잡다. 내 것으로 만들다. 파악하다. 관심을 끌다. (捕える·捉える)

② 모으다. 집중시키다.

③ 받다. 시험을 보다. 영향을 받다.

④ 얻다. 획득하다. 이해하다. 깨닫다.

⑤ 나아가다. 진출하다.

26 (　　)して、うちに財布を忘れてきてしまった。

① すっかり

② すっきり

③ しっかり

④ うっかり

⑤ ちっとも

➡ 부주의로, 집에 지갑을 잊어버리고 오고 말았다.

① 깨끗이. 완전히

② 산뜻해서 기분이 좋은 모습. 머리가 상쾌한 모습. 깔끔한 문장. 깔끔한 복장.

③ 사람의 성질이나 사고방식 등이 확실한 모습. 튼튼하다.

④ 부주의한 모습. 깜빡 잊고(건망증). 아무 생각 없이 멍한 모습. 넋을 놓다. 생각이나 계획 없이 시간을 보내는 모습.

27 委員会は2日間(　　)終わりました。

① で　　　　　　　　　　② に

③ と　　　　　　　　　　④ へ

⑤ が

해설

➡ 위원회는 2일 만에 끝났습니다.

で : 기한·단위·시간을 나타낸다. (数詞(숫자·수사)＋で)

28 中村さんは今へやにいません。ドアにかぎがかけて(　　)。

① あります　　　　　　　② います

③ おきます　　　　　　　④ くれます

⑤ あげます

해설

➡ 나까무라씨는 지금 방에 없습니다. 문에 열쇠가 잠겨 있습니다.

타동사(て形)＋ある : ～해져 있다. (타동사의 상태)

29 우리말을 일본어로 가장 올바르게 표현한 것을 고르세요.

가족 분에게도 안부 좀 전해 주십시오.

① お家族の方にご安否よろしくお願いします。

② ご家族にご伝えてください。

③ お家族によろしくお伝え願います。

④ ご家族の方によかったと伝えてお願い致します。

⑤ 御家族の方によろしくお伝え下さい。

30 다음 문장 중에서 밑줄 친 부분의 의미가 나머지 넷과 다른 것을 고르세요.

① こんなことが出来るなんて、もう一人前ですね。

② 最近弟が一人前のことを言うので腹が立つ。

③ 一人前の仕事ができるまでは父の墓前に立てない。

④ 一人前の生活ができるようになったので彼女を迎えに行くんだ。

⑤ 仲居になりたてのころは一人前の膳を片付けるのにも手間取った。

해설

➡ 一人前 : 한 명에게 할당된 양. 일 인분. (一人分·一人前)

　　　　　성인. 성인으로서의 자격·능력이 있는 것. 제 구실을 할 수 있는 것.

　　　　　기예·학문 등이 어느 정도 수준에 도달해 있는 것.

　仲居 　: 여관·요정 등에서 손님 접대를 하는 여성. 옛날에는 하녀의 의미.

① 이런 일을 할 수 있다니, 이젠 어엿하네요.

② 요즘 동생이 어른 같은 말을 하기 때문에 화가 난다.

③ 제 몫을 할 때까지는 아버지 묘 앞에 서지 않겠다.

④ 어엿한 생활을 할 수 있게 되었기 때문에 그녀를 데리러(청혼하러) 간다.

⑤ 종업원이 막 되었을 때는 1인분의 밥상을 치우는 데도 시간이 걸렸다.

• 次の文の(　　　)の中に最も適当な言葉を一つ選びなさい。(31~34)

31 口では言った(　　　)なかなか実行はむずかしい。

　① ながら　　　　　　② ものの

　③ ところ　　　　　　④ から

　⑤ ばかり

해설

➡ 입으로는 말했지만 좀처럼 실행은 어렵다. (難しい)

① ～하면서 ～하다. (두 가지 동작을 동시에 진행할 때)

　～이면서도. ～이지만. 역접. (앞 문장과 뒤 문장이 서로 다른 것을 나타낸다)

　용법 : 동사(ます形)·い형용사(기본형)·な형용사(단어)·명사(단어)＋ながら。(つつ)

동사에 연결되어, 역접을 나타낼 때는 주로 ながらも・つつも를 많이 동반한다.
(동사에 연결이 되지 않았을 때는 무조건 역접이다)

의미 : 앞 문장과 뒤 문장에 모순이 있을 때 사용한다.

にもかかわらず (~임에도 불구하고. ~에도 상관없이)・のに (~인데도)・けれども(~지만)의 의미에 해당된다.

~하면서. (ながら의 문어체)

…つつある의 형태로 동작이 계속 진행될 때. (관용적 용법)

世界の環境は破壊されつつあります。 세계의 환경은 계속 파괴되고 있습니다.

② ~지만. 역접의 의미를 나타낸다. (のに)

ものの는 그러고 나서 앞의 사태가 나아가지 않고 반대의 전개가 되어 버리고, 결과가 동반되지 않는다.

32 ソウルの明洞通りで見知らぬ人に声を(　　　)びっくりした。

① 言われて　　　　　　　　② 出されて
③ 呼ばれて　　　　　　　　④ 聞かれて
⑤ かけられて

해설

➡ 서울 명동거리에서 낯선 사람이 말을 걸어와 깜짝 놀랐다.

見知らぬ : 본 적도 없다. 면식이 없다. (見覚えがない。面識がない)

声を掛ける : 말을 걸다. 話し掛ける : 말을 걸다. 말하기 시작하다.

33 知らぬが(　　　)。

① 人　　　　　　　　　　② 罰
③ 仏　　　　　　　　　　④ 言
⑤ 罪

해설

➡ 모르는게 약. (知ったことじゃない : 관심이 없다. 알 바 아니다. 知ったこっちゃない)

② 벌.   ⑤ 죄.

34 この小説は、人の(   )いい作品だ。

① 胸がさわぐ   ② 胸が痛む
③ 胸を打つ   ④ 目を通す
⑤ 耳を傾ける

해설

➡ 이 소설은, 사람의 심금을 울리는 좋은 작품이다.

① 걱정·불안으로 마음이 심란하다.   ② 마음이 괴롭다.

③ 강하게 감동시키다.   ④ 대충 보다.

⑤ 귀를 기울이다.

35 次のうち、他と性質の違うものを一つ選びなさい。

① 田中君はすっかり元気になったそうだ。
② この小説はほんとうにおもしろそうだ。
③ この事件はもうすぐ解決しそうだ。
④ 今のような状態ならあまり心配はなさそうだ。
⑤ あしたテストがありそうです。

해설

➡ 동사·い형용사·な형용사·명사(기본체) + そう : 전문. (伝聞)

伝聞 : 방송·신문·사람 등에게 들은 것을 사람에게 전달하는 것.

様態 : 외관상으로 판단해서, 실제로 확인한 것은 아니지만, 어떤 상태·모습의 징조가
인정되는 것을 나타낸다. 말하는 상대, 그 외의 사람의 기분을 추측할 때도 사용한다.

(そう 뒤에 명사가 오면 문장 연결은 な형용사와 같다)

そう문장은 そう 앞에 어떤 형이 왔느냐를 생각하면 쉽게 풀 수 있다.

동사·い형용사·な형용사·명사(기본체) + そう는 전문이고, 그 외의 문장은 양태이다.

① 다나까 군은 완전히 건강해졌다고 한다. (전문)

② 이 소설은 정말로 재미있을 것 같다. (양태)

③ 이 사건은 곧 해결할 것 같다. (양태)

④ 지금과 같은 상태라면 그다지 걱정은 없을 것 같다. (양태)

⑤ 내일 시험이 있을 것 같습니다. (양태)

36 다음 문장의 의미를 올바르게 표현한 것을 고르세요.

> 意見が合わないままで別れること。

① 気くばり   ② 見さげる

③ 手をこまぬく   ④ 物別れ

⑤ ゆきあたりばったり

해설

➡ 의견이 맞지 않은 상태로 이별하는 것. (헤어지는 것)

① 마음의 배려. (気配り)   ② 무시하다. 경멸하다. 깔보다. (見下げる)

③ 수수방관하다. (手を拱く)   ④ 이야기 등이 정리되지 않은 채로 끝나는 것. 결렬.

⑤ 계획을 세우지 않고, 그때그때 되는 대로 맡기는 것. (行き当たりばったり)

37 나머지 넷과 의미가 다른 것을 고르세요.

① 出るくいは打たれる。   ② 雉も鳴かずば打たれまい。

③ 大木は風に打たれる。   ④ 先んずれば人に制される。

⑤ 柔よく剛を制す。

해설

➡ 모난 돌이 정 맞는다.

④ 先んずれば人を制す : 남보다 먼저 하면 유리하다. (先手をとれば相手を抑えられる)

⑤ 유능제강. 부드러운 것이 때로는 강한 것을 제압할 수 있다.

• 次の文はどんな意味か。最も適当なものを一つ選びなさい。

38 中川さんは気の早い人だね。

① ああ、昨日少し説明しただけなのに、今日はもう全部わかっているんだから。

② まったくだ。来年の夏休みの計画をもう立てているよ。

③ 人の話をよく聞かないから、すぐ間違えるんだよ。

④ そんなお天気屋かかわれたくないよ。

⑤ うだつが上がらない人ですね。

해설

➡ 나까가와씨는 성격이 급한 사람이군.

① 어제 조금 설명해 주었는데도, 오늘은 전부 알고 있기 때문에.

② 너 말이 맞다. 내년 여름방학 계획을 벌써 세워 놓았다.

③ 남의 이야기를 잘 듣기 때문에, 바로 실수한다(틀린다).

④ 그런 변덕쟁이, 관계하고(関わる·係わる) 싫지 않다.

⑤ 출세를 못 하는 사람입니다. (梲が上がらない : 지위·생활 등이 좋지 않다)

---

39 「ほんとうに派手な柄ですね。」의 올바른 의미를 고르세요.

① 정말로 대단한 몸집입니다.　② 생각보다는 멋진 체격이네요.

③ 참 멋진 사람이군요.　④ 정말로 화려한 무늬군요.

⑤ 정말로 멋진 기둥입니다.

해설

➡ 派手 : 화려하다. 모습·모양·색채 등이 화려해 눈길을 끄는 것. (⇔ 地味 : 수수하다)

　　태도·행동 등이 과장된 것.

40 次の文章を読んで、それぞれの問いに対する答えとして最も適当なものを一つ選びなさい。

> 何とかしたくても、こちらに打つ手がない以上、先方の意のままにならざるをえないでしょう。

【問い】上の文は、要するに、どういうことを言っているのか。

① こちらは、相手の思い通りにさせられてしまう。
② こちらは、相手の思い通りになるわけにはいかない。
③ こちらは、先方の考えがぜんぜんわからない。
④ こちらは、先方にお願いすることはできない。
⑤ こちらは、先方の思い通りになるべきではない。

해설

➡ 무엇인가 하고 싶어도, 이쪽에 방법이 없는 이상, 상대편의 뜻대로 될 수밖에 없겠지요.
　　打つ手 : 수단. 방법.　先方・先方 : 상대. 상대편.

① 이쪽은, 상대의 생각대로 되고 만다.
② 이쪽은, 상대의 생각대로 될 수는 없다.
③ 이쪽은, 상대편의 생각을 전혀 모른다.
④ 이쪽은, 상대편에게 부탁하는 것은 할 수 없다.
⑤ 이쪽은, 상대편의 생각대로 되어야만 되는 것은 아니다.

---

41 成の読み方が他の四つと違うものを一つ選びなさい。

① 成育　　　　　　　　② 成敗
③ 成人　　　　　　　　④ 成就
⑤ 成功

해설

➡ ④ 성취. (成就)

① 성육. 자람. (成育)

② 성패. 성공과 실패(成敗). 成敗 : 처벌함. 징계함. 참수. 정치를 행함.

③ 성인. 어른. (成人)　　　⑤ 성공. (成功)

42 重の読み方が他の四つと違うものを一つ選びなさい。

① 貴重　　　　　　　② 尊重

③ 丁重　　　　　　　④ 厳重

⑤ 自重

해설

➡ ④ 엄중. (厳重)

① 귀중. 매우 중요함. (貴重)　　② 존중. (尊重)

③ 정중. 극진함. 소중히 다루는 일. (丁重)

⑤ 자중. 자기의 말과 행동을 신중하게 함. (自重)

43 間違っている読み方をそれぞれの中から一つ選びなさい。

① 素直 (すなお)　　　② 人質　(ひとじち)

③ 減税 (げんぜい)　　④ 生放送 (せいほうそう)

⑤ 片道 (かたみち)

해설

➡ ④ なまほうそう (生放送)

① 순수하다. 솔직하다.　　② 인질.

③ 감세. 세금의 금액을 줄임.　⑤ 편도. (往復 : 왕복)

44 行方不明者。の読み方を選びなさい。

① こうほうふめいしゃ   ② こうほうふめいもの

③ ゆくえふめいしゃ   ④ ゆくえふめいもの

⑤ やきほうふめいもの

해설

➡️ 행방불명인 사람.

45 間違っている読み方をそれぞれの中から一つ選びなさい。

① 漸次 (てんじ)   ② 硫黄 (いおう)

③ 洪水 (こうずい)   ④ 賃金 (ちんぎん)

⑤ 月賦 (げっぷ)

해설

➡️ ① ぜんじ (점차. 차차. 점점)

② 유황.   ③ 홍수.

④ 임금.   ⑤ 월부.

46 間違っている読み方をそれぞれの中から一つ選びなさい。

① 結縁 (けちえん)   ② 正直 (せいじき)

③ 裁判 (さいばん)   ④ 日常 (にちじょう)

⑤ 憲法 (けんぽう)

해설

➡️ ② しょうじき (정직)

① 불도에 귀의함. (結縁·結縁)   ③ 재판.

④ 일상. 평소.   ⑤ 헌법.

47 間違っている読み方をそれぞれの中から一つ選びなさい。

① 生涯 (しょうがい)　　　② 衰弱 (すいじゃく)

③ 面影 (おもかげ)　　　　④ 添加 (せんか)

⑤ 完遂 (かんすい)

해설

➡ ④ てんか (첨가. 늘리다)

① 생애. 일생.　　　　　② 쇠약. 약해지다.

③ 모습. 옛날 모습. 얼굴 생김새. 기억이나 마음에서 생각나게 하는 얼굴이나 모습.

⑤ 완수. 일을 완수하다.

48 間違っている読み方をそれぞれの中から一つ選びなさい。

① 硝子 (がらす)　　　　② 土方 (どかた)

③ 若人 (やくじん)　　　④ 手袋 (てぶくろ)

⑤ 手先 (てさき)

해설

➡ ③ わこうど (젊은 사람. 若者)

① 유리.　　　　　② 막노동.

④ 장갑.　　　　　⑤ 손끝.

49 間違っている読み方をそれぞれの中から一つ選びなさい。

① 値打 (ねうち)　　　　② 手元 (てもと)

③ 北西 (ほくせい)　　　④ 手記 (てき)

⑤ 手芸 (しゅげい)

해설

➡ ④ しゅき (수기. 자기의 체험·감상 등을 적은 것. 손으로 쓰는 것)

① 가치. 값어치.　　　　　　　② 바로 옆. 손잡이.

③ 북서. 북쪽과 서쪽의 중간 방위.　　⑤ 수예.

50 間違っている読み方をそれぞれの中から一つ選びなさい。

① 寿命　（じゅみょう）　　② 寿司（じゅし）

③ 人数　（にんずう）　　　④ 水物（みずもの）

⑤ 乗組員（のりくみいん）

해설

➡ ② すし（초밥）

① 수명.　　　　　　　　　　③ 인원수. 인원 숫자.

④ 물·술 등의 음료. 수분을 많이 함유하고 있는 음식·과일 등. 변하기 쉬워 예상하기 어려운 것. (選挙は水物だ。선거는 예측하기 힘든 것이다. 알 수 없는 것이다)

⑤ 승조원. 승무원.

51 間違っている読み方をそれぞれの中から一つ選びなさい。

① 甲乙（こうおつ）　　② 市場（しじょう）

③ 市子（いちこ）　　　④ 天然（てんぜん）

⑤ 植木（うえき）

해설

➡ ④ てんねん（천연. 자연 그대로의 상태）

① 갑을. 첫째와 둘째. (甲乙が無い：우열이 없다)

② 시장경제. (市場：재래시장)　　③ 무속인. 무당.

⑤ 정원수. 분재.

52 間違っている読み方をそれぞれの中から一つ選びなさい。

① 息子（むすこ）　　　　　② 初耳（はつみみ）

③ 身内 (みうち)　　　　　④ 辛口 (しんこう)

⑤ 神風 (かみかぜ)

➡ ④ からくち (매운맛. 매운 음식을 좋아하는 사람. 맛이 달콤하지 않고 쌉쌀함)

① 아들. 자식. 伜(자기 아들을 겸손히 하는 말. 남의 자식) · 氏族(혈연관계) · 娘(딸)

② 처음 듣는 일.　　　　　③ 집안사람.

⑤ 결사적으로. 신의 바람.

53 間違っている読み方をそれぞれの中から一つ選びなさい。

① 右翼 (うえき)　　　　　② 心地 (ここち)

③ 真心 (まごころ)　　　　④ 親心 (おやごころ)

⑤ 心得 (こころえ)

➡ ① うよく (우익). (左翼 : 좌익)

② 기분. 마음.　　　　　　③ 진심.

④ 부모의 마음.　　　　　　⑤ 마음가짐. 수칙. 주의사항. 직무대행.

54 間違っている読み方をそれぞれの中から一つ選びなさい。

① 夜行 (やこう)　　　　　② 離脱　 (りたつ)

③ 夜中 (よなか)　　　　　④ 夜更し (よふかし)

⑤ 夜露 (よつゆ)

➡ ② りだつ (이탈. 어떤 상태나 소속에서 빠져나오는 것)

① 야행.　　　　　　　　　③ 밤중. 한밤중.

④ 밤샘. 밤늦게까지 자지 않음.　⑤ 밤이슬.

55 間違っている読み方をそれぞれの中から一つ選びなさい。

① 支持　　（しじ）　　　　　② 書留 (かきとめ)

③ 自業自得 (じきょうじとく)　④ 横断 (おうだん)

⑤ 気質 (かたぎ)

해설

➡️ ③ じごうじとく (자업자득)

① 지지.　　　　　　　　　② 등기. 등기우편.

④ 횡단. (横断歩道 : 횡단보도)　⑤ 기질. (気質)

56 間違っている読み方をそれぞれの中から一つ選びなさい。

① 弱音　　（よわね）　　　　② 弱点 (よわてん)

③ 弱気　　（よわき）　　　　④ 弱体 (じゃくたい)

⑤ 手弱女 (たおやめ)

해설

➡️ ② じゃくてん (약점)

① 힘없는 소리.　　　　　③ 약기. 무기력함. 나약함.

④ 약체. 약한 몸.　　　　⑤ 우아하고 아름다운 여인.

57 間違っている読み方をそれぞれの中から一つ選びなさい。

① 生薬 (きぐすり)　　　　② 永年　　　（れいねん）

③ 玉水 (たまみず)　　　　④ 五分五分 (ごぶごぶ)

⑤ 左右 (さゆう)

해설

➡️ ② ながねん (긴 세월. 여러 해. 永年·永年·長年)

① 생약. 한방약.　　　　③ 맑은 물. 낙숫물. 폭포. (滝)

④ 같다. 비슷하다.　　　⑤ 좌우.

58 間違っている読み方をそれぞれの中から一つ選びなさい。

① 年子 (ねんこ)   ② 迷子 (まいご)

③ 子女 (しじょ)   ④ 王子 (おうじ)

⑤ 竹刀 (しない)

해설

➡ ① としご (연년생). 双子(쌍둥이) · 三つ子(세쌍둥이. 세 살아이) · 一人子(독자. 형제 · 자매가 없는 아이. 独り子 · 一人っ子 · 独りっ子)

② 미아.   ③ 자녀.

④ 왕자. (お姫様 · 王女 : 공주님)   ⑤ 죽도. 대나무 칼.

59 間違っている読み方をそれぞれの中から一つ選びなさい。

① 座談 (さだん)   ② 自己 (じこ)

③ 刺身 (さしみ)   ④ 亡者 (もうじゃ)

⑤ 悪者 (わるもの)

해설

➡ ① ざだん (좌담. 앉아서 대화 나눔). (座談会 : 좌담회)

② 자기. 자기 자신. 본인.   ③ 생선회.

④ 망자. 죽어서 방황하는 영혼.   ⑤ 악자. 악인. 나쁜 놈.

60 間違っている読み方をそれぞれの中から一つ選びなさい。

① 作動 (さどう)   ② 作業 (さぎょう)

③ 作物 (さもつ)   ④ 作用 (さよう)

⑤ 作家 (さっか)

해설

➡ ③ さくもつ (작물. 농작물)

① 작동.　　　　　　　　　　② 작업.

④ 작용.　　　　　　　　　　⑤ 작가.

61 間違っている読み方をそれぞれの中から一つ選びなさい。

① 雑音 (ざつおん)　　　　② 雑草 (ざっそう)

③ 雑木 (ざつき)　　　　　④ 雑言 (ぞうごん)

⑤ 雑費 (ざっぴ)

해설

➡ ③ 雑木(ざつぼく)・雑木(ぞうき)・雑木(ぞうぼく) (잡목)

① 잡음. 소음. 잡소리.　　　　　② 잡초.

④ 잡언. 욕. 욕지거리. (雑言(ぞうげん)・雑言(ざつごん))　　⑤ 잡비. 중요한 용도 외의 비용.

62 間違っている読み方をそれぞれの中から一つ選びなさい。

① 場合 (ばあい)　　　　　② 場所 (ばしょ)

③ 場外 (じょうがい)　　　④ 具合 (ぐあい)

⑤ 規則 (きゅうそく)

해설

➡ ⑤ きそく (규칙)

① 경우.　　　　　　　　　② 장소.

③ 장외. 바깥.

④ 사물의 진행되는 상태 · 모습. 또는 방법. 신체 · 기계 등의 상태. 체재. (겉모습 · 세상 · 이목).
체면(工合(ぐあい)).

63 間違っている読み方をそれぞれの中から一つ選びなさい。

① 赤字　　 (せきじ)　　　② 赤十字 (せきじゅうじ)

③ 赤外線 (せきがいせん)　　④ 真っ赤 (まっか)

⑤ 赤色　　　(あかいろ)

> 해설

▶ ① あかじ (적자). (黒字 : 흑자)

② 적십자.　　　　　③ 적외선.

④ 새빨강. 진한 빨강.　　⑤ 빨간색. 빨강.

64 間違っている読み方をそれぞれの中から一つ選びなさい。

① 戸籍 (こせき)　　　② 田畑　 (でんぱた)

③ 田舎 (いなか)　　　④ 田舎家 (いなかか)

⑤ 田子 (たご)

> 해설

▶ ④ いなかや (시골집. 보잘것없는 집). 居酒屋(선술집)

① 호적. (호적등본)　　② 전답. 밭과 논. (田畑 · 田畑)

③ 시골. 촌.　　　　　⑤ 농사꾼. 모내기하는 여자.

65 間違っている読み方をそれぞれの中から一つ選びなさい。

① 前歯 (まえば)　　　② 前後 (ぜんご)

③ 山羊 (やぎ)　　　　④ 店先 (みせさき)

⑤ 井戸 (せいど)

> 해설

▶ ⑤ いど (우물)

① 앞 치아. 앞 이빨.　　② 전후. 앞과 뒤.

③ 염소. (羊 : 양)　　　④ 가게 앞.

66 間違っている読み方をそれぞれの中から一つ選びなさい。

① 天使 (てんし)　　　　② 天女 (てんじょ)

③ 天辺 (てっぺん)　　　④ 初雪 (はつゆき)

⑤ 初産 (ういざん)

해설

➡️ ② てんにょ (천녀. 선녀. 여신)

① 천사.　　　　　　　③ 꼭대기. 정상.

④ 첫눈.　　　　　　　⑤ 초산. 첫 해산. (初産_{はつざん}·初産_{しょさん}·初産_{しょざん})

67 間違っている読み方をそれぞれの中から一つ選びなさい。

① 出納 (すいとう)　　　② 太刀 (たち)

③ 憤怒 (ふんの)　　　　④ 丸太 (まるた)

⑤ 太字 (ふとじ)

해설

➡️ ③ ふんぬ (분노)

① 출납.　　　　　　　② 허리에 차는 칼.(刀_{かたな} : 큰 칼)

④ 통나무(丸木_{まるき}). 일본인들이 저지른 인체 실험 대상자를 달리 이르는 말.

⑤ 선이 굵은 문자. (⟷ 細字_{ほそじ}·細字_{さいじ})

68 間違っている読み方をそれぞれの中から一つ選びなさい。

① 土産 (みやげ)　　　　② 封筒 (ふうとう)

③ 特許 (とっきょ)　　　④ 看板 (かんさか)

⑤ 境内 (けいだい)

해설

➡️ ④ かんばん (간판)

① 선물. 토산품   ② 봉투.

③ 특허. 특허권. 국가가 특정 개인 또는 법인에 대해 특정 권리를 부여하는 행정행위.

⑤ 경내. 경계의 안쪽. 구역 내. 특히 신사·사찰의 부지 내.

69 間違っている読み方をそれぞれの中から一つ選びなさい。

① 新羅 (しらぎ)   ② 新品 (しんぴん)

③ 風車 (かぜくるま)   ④ 風呂 (ふろ)

⑤ 下戸 (げこ)

해설

➡ ③ ふうしゃ·かざぐるま (풍차. 바람개비. 팔랑개비)

① 신라.   ② 신품. 새로운 물건.

④ 목욕탕. 목욕.   ⑤ 술 못 마시는 사람. (下戸 ⇔ 上戸 (左党·左党))

70 間違っている読み方をそれぞれの中から一つ選びなさい。

① 高句麗 (こうくり)   ② 行儀 (ぎょうぎ)

③ 百済　 (くだら)   ④ 行宮 (あんぐう)

⑤ 大型　 (だいけい)

해설

➡ ⑤ おおがた (대형). 小型(소형).

① 고구려.   ② 행의. 예의범절. 예절. 순서.

③ 백제.   ④ 궁이 있는 곳.

71 間違っている読み方をそれぞれの中から一つ選びなさい。

① 花見 (はなみ)   ② 火傷 (やけど)

③ 草花 (くさばな)   ④ 日和 (ひより)

⑤ 黄金 (こうきん)

➡ ⑤ こがね · おうごん · くがね · きがね (황금)

① 꽃 구경.

② 화상. 불에 덴.

③ 화초. (草花)

④ 날씨. 맑은 날씨. 좋은 날씨.

72 間違っている読み方をそれぞれの中から一つ選びなさい。

① 了解 (りょうかい)

② 合併 (がっぺい)

③ 歓迎 (かんえい)

④ 根本 (こんぽん)

⑤ 小豆 (あずき)

➡ ③ かんげい (환영)

① 이해하다. 사물의 내용이나 사정을 이해하고 승인함. (了承)

② 합병. 합치다.

④ 근본.

⑤ 팥. (豆 : 콩. 豆腐 : 두부)

73 間違っている送り仮名を一つ選びなさい。

① 費やす

② 歩む

③ 導びく

④ 憤る

⑤ 改める

➡ ③ 導く (길 안내를 하다. 인도하다. 이끌어 내다. 데리고 가다. 지도하다. 중개하다)

① 사용하다.

② 걸어가다. 걷다. 진행하다.

④ 분하다.

⑤ 고치다. 변경하다.

74 間違っている送り仮名を一つ選びなさい。

① 湿める ② 和らぎ
③ 快い ④ 炒める
⑤ 訪れる

解説

➡ ① 湿る (축축해지다. 마음이 우울해지다. 불이 꺼지다. 차분해지다.

② 온화하다. 누그러지다. ③ 기분 좋다.

④ 볶다. (김치 · 밥을) ⑤ 방문하다. 여름 · 평화가 찾아오다. 소식을 전하다.

75 間違っている送りがなを一つ選びなさい。

① 乏しい ② 営む
③ 慈む ④ 誤る
⑤ 疑わしい

해설

➡ ③ 慈しむ (귀여워하다. 소중히 하다)

① 빈약하다. 부족하다. ② 경영하다. 바쁘게 일하다.

④ 사죄하다. 실수하다. (謝る) ⑤ 의심스럽다. 수상하다.

76 間違っている送りがなを一つ選びなさい。

① 重ねる ② 卑しむ
③ 受かる ④ 促がす
⑤ 奪う

해설

➡ ④ 促す (재촉하다. 촉구하다. 촉진하다)

① 겹치다. 중복되다. ② 무시하다. 깔보다.

③ 시험에 합격되다. 붙다.　　　　⑤ 빼앗다.

77 間違っている送り仮名を一つ選びなさい。

① 恭やしい　　　　　　② 痛ましい
③ 埋もれる　　　　　　④ 携わる
⑤ 承る

해설

➡ ① 恭しい (공손하다. 정중하다)
② 불행한 상태나 사건을 들어서 가슴이 저리도록 아프게 느끼는 것. 애처롭다. (痛ましい)
③ 묻히다. (埋もれる)　　　　④ 휴대하다. (携わる)
⑤ 承る : 받다. 받아들이다의 겸양어. (お受けする・いただく)

78 間違っている読み方をそれぞれの中から一つ選びなさい。

① 高値 (こかね)　　　　② 豊漁 (ほうりょう)
③ 居間 (いま)　　　　　④ 宮内 (くない)
⑤ 積立て (つみたて)

해설

➡ ① たかね (고가. 비싼 가격)
② 풍어. (凶漁 : 흉어)　　　　③ 거실.
④ 궁내. 궁안.　　　　⑤ 적금. 돈을 적립하는 것.

79 間違っている読み方をそれぞれの中から一つ選びなさい。

① 解毒 (げどく)　　　　② 殺生 (さつしょう)
③ 由緒 (ゆいしょ)　　　　④ 納戸 (なんど)
⑤ 重複 (ちょうふく)

▶ ② せっしょう (살생. 생물을 죽이는 일)

① 해독.   ③ 유서. 유래(由来). 내력(来歴).

④ 도구·의복을 넣어 두는 방.   ⑤ 중복.

80 間違っている送り仮名を一つ選びなさい。

① 再たび   ② 敬う

③ 速やか   ④ 老いる

⑤ 隠れる

▶ ① 再び : 다시 한 번. 두 번째. (二度·二度)

② 공경하다.   ③ 조속히.

④ 늙다.   ⑤ 숨다.

• 次の文章を読んで、あとの問いに答えなさい。(81~88)

　　知らないことを、素直に知らない、といい、知る努力をすれば、情報の蓄積は子供時代と同じように、ぐんぐん増えてゆくだろう。[A]「知らない」という一言を言えないために、本当は増えてゆくはずの情報が増えない。昔から、(　　　　)というコトワザがある。「知らない」という言葉を口にするのは、恥ずかしいことかもしれないが、知らないくせに知ったようなフリをしていることは、一生知らぬままに過ごすことになるというわけだ。

　　むき出しの好奇心にブレーキをかけて、はっきり「知らない」といえず、[B]、❶それを恥ずかしい、と思うようになるのは、それだけ自我意識が確立した、ということにほかならないわけだから、❷一概に、❸そ

れを悪いことだ、とは思わない。[C]、知りたいという欲求をおさえて、知ったかぶりをする、というのは人生の生き方として、大きなマイナスなのではないか。頭のなかには、まだ、いくらでも情報は入る余裕がある。好奇心にブレーキをかけるのは、決して賢明なことではないのだ。

　모르는 것을, 솔직하게 모른다고, 말하고, 알려고 노력을 하면, 정보의 축적은 아이 때와 같이, 쭉쭉 늘어가는 것이다. 그러나, 「모른다고」 하는 한마디를 말할 수 없기 때문에, 정말로 증가해야 할 정보는 증가하지 않는다. 옛날부터, 묻는 것은 한순간의 창피, 묻지 않는 것은 일생의 창피란 속담이 있다. 「모른다」란 말을 말하는 것은 부끄러운 일일지도 모르겠지만, 모르면서도 아는 척하고 있는 것은, 일생을 모르는 상태로 보내게 된다고 하는 이유이다.
　노골적으로 호기심에 브레이크를 걸고, 확실히 「모른다」고 말하지 않고, 그리고, 그것을 창피하다, 라고 생각하게 되는 것은, 그만큼 자아의식이 확립되었다, 라고 하는 것에 지나지 않는 이유이기 때문에, 일률적으로, 그것을 나쁜 것이다, 라고는 생각하지 않는다. 그러나, 알고 싶다고 하는 욕구를 억누르고, 아는 체를 한다, 라고 하는 것은 삶을 살아가는 방법에 있어서, 커다란 마이너스는 아닐까. 머릿속에서는, 아직, 얼마든지 정보는 들어갈 여유가 있다. 호기심에 제동을 거는 것은 결코 현명한 것은 아닌 것이다.

• 文中の(A)~(C)に入れるのに最も適当なものを一つ選びなさい。(81~83)

81 [A]

① だから　　　　　　　② ところが

③ それでも　　　　　　④ まして

⑤ それとも

해설

➡ ② 그러나.

① ~이기 때문에.　　　③ 그래도.

④ 하물며.　　　　　　⑤ 그렇지 않으면.

82 [B]

① そして   ② だから

③ ところが   ④ すなわち

⑤ しかし

해설

➡ ① 그리고.

② ~이기 때문에.   ③ 그러나.

④ 즉.   ⑤ 그러나.

83 [C]

① そして   ② ただし

③ そこで   ④ しかし

⑤ だから

해설

➡ ④ 그러나.

① 그리고.   ② 단.

③ 그래서.   ⑤ ~이기 때문에.

84 (   )に最も適当なものを、一つ選びなさい。

① 一を聞いて十を知る

② 百聞は一見にしかず

③ 聞くは一時の恥、聞かぬは一生の恥

④ 聞くと見るとは大違い

⑤ あぶはち取らず

➡ ③ 묻는 것은 한때의 창피, 묻지 않는 것은 일생의 창피. (聞<ruby>聞<rt>き</rt></ruby>くは<ruby>一時<rt>いっとき</rt></ruby>の<ruby>恥<rt>はじ</rt></ruby>、<ruby>聞<rt>き</rt></ruby>かぬは<ruby>末代<rt>まつだい</rt></ruby>の<ruby>恥<rt>はじ</rt></ruby>)

① 하나를 듣고 열을 안다.   ② 백문이 불여일견.

④ 보는 것과 듣는 것은 크게 다르다. (<ruby>聞<rt>き</rt></ruby>いて<ruby>極楽<rt>ごくらく</rt></ruby><ruby>見<rt>み</rt></ruby>て<ruby>地獄<rt>じごく</rt></ruby>)

⑤ 두 마리 토끼를 다 놓치다. 욕심을 부리면 손해를 본다.

• ❶、❸の「それ」は何をさすか。最も適当なものを一つ選びなさい。(85~86)

85 ❶ 「それ」

① むき出しの好奇心。

② 好奇心にブレーキをかけること。

③ 知らないこと。

④ 「知らない」といえないこと。

⑤ <ruby>自我意識<rt>じがいしき</rt></ruby>が<ruby>確立<rt>かくりつ</rt></ruby>したこと。

➡ ③ 모르는 것.

① 솟아오르는 호기심.   ② 호기심에 브레이크를 거는 것.

④ 모른다고 말하지 않는 것.   ⑤ 자아의식이 확립되지 않는 것.

86 ❸ 「それ」

① <ruby>自我意識<rt></rt></ruby>   ② 知らないこと

③ <ruby>自我意識<rt>じがいしき</rt></ruby>が<ruby>確立<rt>かくりつ</rt></ruby>したということ ④ 知らないといえないこと

⑤ <ruby>恥<rt>は</rt></ruby>ずかしいと思うこと

➡ ④ 모른다고 말하지 못하는 것.

① 자아의식.   ② 모르는 것.

③ 자아의식이 확립되었다고 말하는 것.   ⑤ 창피하다고 생각하는 것.

87 ❷の「一概に」が正しい使われ方をしている文章を一つ選びなさい。

① 僕はいちがいに本をよくよまない。

② 日本人がいちがいによく働くとは言えない。

③ あの人の名前がいちがいに思い出せない。

④ このテレビ番組はいちがいにつまらない。

⑤ この本はいちがいですか。

해설

➡ ② 일본인이 일률적으로 일을 잘한다고는 할 수 없다.

一概に : 일률적으로. 반드시. (뒤 문장은 부정을 동반한다)

88 この文章の内容と合わないものを、一つ選びなさい。

① 好奇心を押えて、知的欲求にブレーキをかけるのは人生の生き方として
マイナスだ。

② 子どものときは素直に、「知らない」と言えたから、情報が増えていった。

③ 子供のうちに、情報を頭のなかに入れておくべきだ。

④ 恥ずかしいという感情か芽生えるのは、自我意識が確立してきたことの
一つの表われである。

해설

➡ ③ 어렸을 때, 정보를 머릿속에 넣어 두어야 한다.

① 호기심을 억누르고, 지적욕구에 브레이크를 거는 것은 인생을 사는 방법으로서 마이너스다.

② 아이일 때는 솔직히, 「모른다」고 말할 수 있기 때문에, 정보가 늘었다.

④ 창피하다는 감정이 싹트는 것은, 자아의식이 확립되어 온 것의 한 가지 표현이다.

89 次の文の(　　)の中に適当な言葉を入れなさい。

弟はテレビを見ながら大声を出して(　　)わらう。

① げらげら　　　　　　　② にこにこ

③ にっこり　　　　　　　④ すやすや

⑤ にやにや

해설

➡ 남동생은 텔레비전을 보면서 큰소리로 껄껄 웃었다.

① 큰소리로 웃는 모습. (げたげた・からから)

② 미소 지으며 웃는 모습.　　　③ 미소 지으며 방긋 웃는 모습.

④ 아기가 기분 좋게 자는 모습.　　⑤ 싱글싱글 보고만 있는 모습.

90 次の文の(　　　)の中に適当な言葉を入れなさい。

あの人はおこりっぽいやすい人でいつも(　　　)している。

① もりもり　　　　　　　② いらいら

③ どろどろ　　　　　　　④ ぎゅうぎゅう

⑤ ぐうぐう

해설

➡ 저 사람은 화를 잘 내는 사람으로 언제나 안달복달한다.

① 사물이 잘 진행하는 것(힘차게 일한다. 먹는다). 힘 있어 보이는 근육.

② 자기 생각대로 되지 않아서 마음이 안정되지 않는 모습. 초조해하다. 상처가 아픈 모습.
　　(따끔따끔. ちくちく)

③ 천둥·대포 소리. 흙탕. 썩은 것이 질퍽질퍽한 모습. 흐물흐물한 인간관계.

④ 가득 채워 넣은 모습(전차에 승객을. 가방에 옷을). 숨쉬기 곤란할 때. 강하게 추궁하다.
　　심하게 감독하다.

⑤ 코고는 소리. 공복(空腹·空き腹)에서 꼬르륵 꼬르륵 나는 소리.

91 次の文章を読んで、後の問いに答えなさい。

　　　すっぽりと闇にとざされた海岸に座っていると、ここは「隔絶された独島なんだ」と、胸を締め付けられるような感じで、つぶやきたくなる。
　　　昼間はまだいい。あの明るい水平線の向こうに、また別の島があるんだ、そしてそのむこうにはもっと大きな島があり、町もあると想像できる。それに、やること、みることもいっぱいある。でも夜になると、電気の明るさに慣れた者には、目の前を塞がれた気がする。

【問い】昼間、筆者が実際に見ているものは何か。

① 水平線と別の島と大きい島と町。　② 水平線と別の町。

③ 水平線と海岸。　　　　　　　　　④ 水平線と別の島と大きい島にある町。

⑤ 明るい水平線。

해설

➡ ⑤ 밝은 수평선.

어둠에 푹 잠긴 해안에 앉아 있으면, 여기는 「고립된 외로운 섬이다」라고, 가슴을 조이는 듯한 느낌으로, 중얼거리고 싶어진다.

한낮은 그래도 괜찮다. 저 밝은 수평선 너머로 또 다른 섬이 있다. 그리고 그 너머에는 더 큰 섬이 있고, 도시도 있다고 상상할 수 있다. 게다가, 할 것, 볼 것도 많이 있다.

그러나 밤이 되면, 전기의 밝음에 익숙해진 사람에게는, 눈앞을 가려 버린 기분이 든다.

すっぽり　　：푹. 쑥. 전체를 남김없이 덮은 모습. 물건이 딱 맞는 모습.

頭からすっぽりと布団を被る。　머리부터 이불을 푹 뒤집어쓰다.

雪にすっぽりと覆われる。　　　눈에 푹 덮이다.

隔絶　　　　：격절. 동떨어져 있음. 격리되어있음. 呟く : 작은 소리로 혼잣말을 하다.

締め付ける：강하게 조이다.

塞ぐ　　　　：열려 있는 곳을 닫다. 막다. 문을 닫다. 구멍을 메우다. 책임을 다하다.

① 수평선과 다른 섬과 큰 섬과 도시.　　② 수평선과 다른 도시.

③ 수평선과 해안.　　　　　　　　　　④ 수평선과 다른 섬과 큰 섬에 있는 도시.

92 次の文章を読んで、後の問いに答えなさい。

　　易しい文章は学問的でないとか、通俗的だとか、雑文だという人がいるかもしれないが、そんなことはない。抽象的でわかりにくい文章が学問的というわけではない。やさしい文章でも、それを支える理論があれば学問的なのである。何の理論もなく単なる所感（印象、オピニオン）を述べているだけなら、それがいくら抽象的で難解であっても学問的とはいえない。

【問い】筆者の考える学問的な文章の条件とは何か。

① 抽象的であること　　　　② 所感で終わっていること
③ 理論があること　　　　　④ 難解であること
⑤ 所感を述べていること

➡ ③ 이론이 있는 것.

쉬운 문장은 학문적이 아니라거나, 통속적이다거나, 잡문(잡스러운 문)이라고 말하는 사람이 있을지도 모르지만, 그렇지는 않다. 추상적이고 이해하기 어려운 문장이 학문적인 것은 아니다. 쉬운 문장이라도, 그것을 뒷받침하는 이론이 있으면 학문적인 것이다. 아무런 이론도 없이 단순한 소감(인상, 오피니언)을 말하는 것이라면, 그것이 아무리 추상적이고 난해해도 학문적이라고는 말할 수 없다.

オピニオン : 의견. 견해. 세론. (opinion)

① 추상적인 것.　　　　　　② 소감으로 끝나는 것.
④ 난해한 것.　　　　　　　⑤ 소감을 말(진술)하고 있는 것.

93 다음 문장의 내용과 일치하지 않은 것을 고르세요.

　　和菓子は茶道や日本の年中行事に使用されており、なくてはならない存在です。和菓子にはさまざまな種類がありますが、見た目にも美しい

ものが多く、甘く、ほのかな香りが魅力です。多くの和菓子に花鳥風月
や和歌、郷土名、人名の銘がつけられています。たとえば、京都の銘菓
八つ橋は八つ橋作りを提案した八橋検校という人名に基づいた銘です。
このように和菓子の銘の由来を知るのも楽しいでしょう。

① 일본의 전통과자는 다도나 연중행사에 빼놓을 수 없는 존재이다.

② 많은 전통 과자에는 화조풍월이나 와카, 지역명, 인명이 붙여진다.

③ 교또의 명과 야쯔하시는 야쯔하시 겐교라는 사람의 이름을 딴 과자이다.

④ 전통과자는 보기에도 아름답고 독특한 진한 향기가 매력적이다.

해설

➡ ④ 전통과자는 보기에도 아름답고 독특한 진한 향기가 매력적이다.

茶道·茶道 : 다도. 年中行事 : 연중행사.

일본과자는 다도나 일본의 연중행사에 사용되고 있어, 없어서는 안 될 존재입니다. 일본과자
에는 다양한 종류가 있습니다만, 보기에도 아름다운 것이 많고, 달고, 은은한 향기가 매력입
니다. 많은 일본과자에 화조풍월이나 와카, 향토명, 인명(사람이름)의 특정이름이 붙여지고
있습니다. 예를 들면, 교또의 명과 야쯔하시는 야쯔하시가 만듬을 제안한 야쯔하시 겐교라고
하는 인명을 바탕으로 한 이름입니다. 이렇듯 일본과자 이름의 유래를 아는 것도 즐겁겠지요.

94 다음 문장의 제목으로 가장 적당한 것을 고르세요.

東京都内で開かれた日本とEUの経済連携協定(EPA)交渉は１日、閣僚
級協議を終えた。最大の焦点となっている欧州産チーズや日本車にかけ
ている関税を巡り、双方の主張の隔たりが埋まらず、決着を持ち越し
た。日本とEUは６日にブリュッセルで行う予定の首脳会談での大枠合
意を目指しており、限られた時間の中で着地点を模索することになる。
交渉を統括する岸田外相は交渉終了後、「有意義な進展があったが、今
後詰めなければならない重要な論点が残っている」と述べた。岸田氏は

首脳会談前にEU本部があるブリュッセルを訪れ、大枠合意に向けた調整を続ける考えを示した。

① 車やチーズの関税、依然平行線。　② 日欧EPA交渉、温度差縮まる。
③ EU本部をブリュッセルへ。　④ 岸田外相、コメント差し控える。

해설

➡ ① 차와 치즈의 관세, 여전히 평행선.

経済連携協定 : 경제협력협정. 경제 동반자 협정.

도쿄 도내에서 열린 일본과 EU의 경제연휴협정(EPA) 교섭(협상)은 1일, 장관급 협의를 쳤다. 최대 쟁점이 되고 있는 유럽산 치즈와 일본차에 걸려 있는(매기는) 관세를 둘러싸고, 쌍방 주장의 견해차가 좁혀지지 않아, 결론을 미뤘다. 일본과 EU는 6일 브뤼셀에서 거행 예정인 정상회담에서 큰 틀의 합의를 목표로 하고 있고, 한정된 시간 속에서 해결책(타협점)을 모색하게 된다.

교섭(협상)을 총괄하는 기시다 외상은 교섭(협상)이 끝난 후, 「의미 있는 진전이 있었지만, 앞으로 해결하지 않으면 안 되는 중요한 논점이 남아 있다」고 말했다. 기시다씨는 정상회담 전에 EU본부가 있는 브뤼셀을 방문해, 큰 틀의(대략적) 합의를 향한 조정을 계속할 생각을 나타냈다(제시했다).

② 일본과 유럽 EPA 교섭, 온도차 줄어들다.

③ EU 본부를 브뤼셀(벨기에 수도)로.　　④ 기시다 외상, 코멘트 조심하다. (삼가다)

---

95 다음 문장의 내용과 일치하는 것을 고르세요.

数年前、アメリカの雑誌「タイム」が日本特集号を出した。その中で言葉のページの見出しが、こともあろうに「悪魔の言葉」となっていた。その昔、初めて日本へキリスト教を伝えたスペインの宣教師フランシスコ・ザビエルの使った言葉を借りたものである。「タイム」があえて「悪魔の言葉」というからには、それなりの理由がある。たとえば、第一人称単数の代名詞。英語ならアイ、ドイツ語はイッヒ、フランス語

はジュ、とヨーロッパの言語はどれも一つに決まっている。ところが、日本語には、わたくし、わたし、ぼく、おれ、などいくつもある。しかも、どれも使わないでものが言える。おかしいというのだ。

① 日本語は多様な第一人称単数の代名詞をもっているが、それを省略することは難しい。
② スペイン人はみんな「日本語は悪魔の言語」だと思っている。
③ アメリカの雑誌「タイム」は「日本語は悪魔の言語だ」と初めて言及した。
④ ザビエルは日本語の第一人称単数の代名詞の種類が多いからおかしいと思った。

해설

➡ ④ 자비에르는 일본어의 제1인칭 단수 대명사의 종류가 많기 때문에 이상하다고 생각했다.
　事も有ろうに : 하필이면 이런 때(選りに選って).
　事も有ろうにこんなときに来るなんて. 하필이면 이런 때에 오다니.
　事も有ろうにあんな所で会うとは. 　하필이면 저런 곳에서 만나다니.
　省略・省略 : 생략. からには : ~한 이상은. それなり : 그 나름대로. 그런대로.

몇 년 전, 미국 잡지 「타임」이 일본 특집호를 냈다. 그 중에 언어 페이지의 제목이, 하필이면 「악마의 언어」로 되어 있었다. 그 옛날, 처음으로 일본에 기독교를 전파한 스페인 선교사 프란시스코 자비에르가 사용한 말을 빌린 것이다. 「타임」이 굳이 「악마의 언어」라고 한 이상은, 그럴 만한 이유가 있다. 예를 들면, 제1인칭 단수 대명사. 영어라면 아이, 독일어는 이히, 프랑스어는 쥬, 유럽의 언어는 어느 것이나 하나로 정해져 있다. 그러나, 일본어에는 저, 저, 나, 나 등 여러 개가 있다. 게다가 어떤 것도 사용하지 않고 말할 수 있다. 이상하다고 하는 것이다.

① 일본어는 다양한 제1인칭 단수 대명사를 갖고 있지만, 그것을 생략하는 것은 어렵다.
② 스페인 사람들은 모두 「일본어는 악마의 언어」라고 생각하고 있다.
③ 미국 잡지 「타임」은 「일본어는 악마의 언어다」라고 처음으로 언급했다.

96 다음 한자의 밑줄 친 부분이 나머지 넷과 다르게 읽는 것을 고르세요.

① 生水　　　　　　　　② 生番組

③ 生血 ④ 生牛乳

⑤ 生母

해설

➡ ⑤ 생모. (生母・うみの母・実母)

① 생수. (生水・生水) ② 생방송. (生番組・生放送)

③ 살아 있는 피. (生血・生血・生き血) ④ 생우유. (生牛乳)

---

97 次の文の( )の中に最も適当なものを入れなさい。

両親の苦労話を、( )ほど聞かされた。

① 案の定。 ② 焼け石に水。

③ 耳にたこができる。 ④ お茶を濁す。

⑤ 何食わぬ顔。

해설

부모님의 고생이야기를, 귀에 못이 박히도록 들었다.

➡ ③ 귀에 못이 박히다.

① 생각대로 되다. (図に当たる) ② 언 발에 오줌 누기. 별 효과가 없다.

④ 적당히 얼버무려서 자리를 모면하다.

⑤ 모르는 체하다.
(素知らぬ顔・白を切る・しらばくれる・ほおかぶりをする・知らないふりをする)

---

98 다음 밑줄 친 부분이 틀린 것을 고르세요.

① 彼女はいつも<u>にこにこ</u>していて<u>感</u>じがいいね。

② しばらく会えなかった恋人に明日会えると思うと、胸が<u>わくわく</u>する。

③ バスがなかなか来なくて、<u>いらいら</u>する。

④ 兄は受験が近いせいか、ぴりぴりしていて落ち着かない。

⑤ 先生の話がつまらなく、ついぺこぺこしてしまった。

해설

➡ ⑤ 先生の話がつまらなく、ついうとうとしてしまった。

　　선생님 이야기가 지루해서, 그만 꾸벅꾸벅 졸고 말았다.

① 그녀는 언제나 미소를 짓고 있어서 인상이 좋다.

② 한동안 만나지 못했던 애인을 내일 만날 수 있다고 생각하니, 가슴이 설렌다.

③ 버스가 좀처럼 오지 않아서, 답답하다.

④ 형은 시험이 가까워진 탓인지, 신경과민으로 안정하지 못하고 있다.

---

99 次の文の(　　)の中に最も適当なものを入れなさい。

　　物事をはっきり表現しようとするほかの言語と違い、日本語は、あいまいさを(　　)よしとしているようです。

① むりやり　　　　　　　　② やむをえず

③ せいぜい　　　　　　　　④ むしろ

⑤ どうせ

해설

➡ ④ 오히려. 차라리. 두 개를 비교하여 어느 쪽인가 말한다면.

　　(むしろ는 단순 비교문장에 사용되고, 앞 문장은 주로 より를 동반한다)

사물을 확실히 표현하려고 하는 다른 언어와 달리, 일본어는 애매모호함을 오히려 좋다고 생각하고 있는 것 같습니다.

① 무리하게(無理やり). (無理もない・無理からぬ : 당연하다)

② 어쩔 수 없이. (止むを得ない・是非もない・仕方ない・是非に及ばない・止むない)

③ 가능한 한. 기껏해야. 고작. 최대한. (精々・関の山・精一杯)

⑤ 어차피.

100 다음 문장 중에서 밑줄 친 부분이 틀린 것을 고르세요.

① 日本だけが例外扱いと言う<u>わけ</u>にはいくまい。

② だれからも好かれる彼女だが、欠点が全くない<u>わけ</u>ではもちろんない。

③ 首相はあまり忙しいから覚えている<u>わけ</u>がない。

④ 研究会の<u>わけ</u>に、あの男ははじめから終わりまでしゃべり続ける。

⑤ 試験があるのに勉強しない<u>わけ</u>にはいかない。

해설

➡ ④ わけ (이유·원인) → たびに (~할 때마다. ~할 적마다)

① 일본만이 예외 취급이라고 말하지 않을 수는 없을 것이다.

② 누구라도 좋아하는 그녀이지만, 결점이 전혀 없는 것은 물론 아니다.

③ 수상은 너무 바쁘기 때문에 기억하고 있을 리가 없다.

④ 연구회 때마다, 그 남자는 처음부터 끝까지 계속 떠든다.

⑤ 시험이 있어서 공부하지 않을 수 없다.

---

101 次の文章はどんなことを言っているのか。最も適当なものを一つ選びなさい。

本人を前にそんなことを言えるはずがないじゃないですか。

① 本人のいるところで、そんなことを言わないでください。

② 本人のいるところで、そんなことを言ってもむだです。

③ 本人のいるところで、そんなことは言えません。

④ 本人のいるところで、そんなことを言えるべきです。

⑤ 本人のいるところでもそんなことが言えますか。

해설

➡ ③ 본인 있는 곳에서, 그러한 것은 말할 수 없습니다.

　본인을 앞에 두고 그러한 것을 말할 수는 없지 않습니까.

　はずがない。당연히 ~하지 않다. ~일 리가 없다. (わけがない)

102 次の文章はどんなことを言っているのか。最も適当なものを一つ選びなさい。

不正を追及され、大臣は辞職せざるをえなかった。

① 不正を追及されて、大臣は辞職しなければならなかった。

② 不正を追及されて、大臣は辞職しようとした。

③ 不正を追及されても、大臣は辞職しまいとしている。

④ 不正を追及されたのに、大臣は辞職するわけにはいかなかった。

⑤ 不正を追及されたので、大臣は辞職したほうがよさそうだ。

해설

➡ ① 부정을 추궁받아, 대신(장관)은 사직하지 않으면 안 됐다. (사직하지 않을 수 없었다)

ざるを得ない : ~하지 않을 수 없다. (なければならない)

동사Ⅰ (あ段) + ざるを得ない。　동사Ⅱ (ます形) + ざるを得ない。

동사Ⅲ (する) → せざるを得ない。くる → こざるを得ない。

103 次の文章はどんなことを言っているのか。最も適当なものを一つ選びなさい。

相手を傷つけまいと気を使ったばかりに、自分が傷ついている。

① 相手を苦しめようとして、自分も苦しんでいる。

② 相手を苦しめているのではないかと思って、自分も苦しんでいる。

③ 相手を苦しめようとすれば、自分も苦しむことになる。

④ 相手を苦しめるつもりではなかったが、自分も苦しまれている。

⑤ 相手を苦しめないようにしたために、自分が苦しんでいる。

해설

➡ 상대에게 상처를 주지 않으려고 신경을 쓴 탓으로, 자신이 상처를 입고 있다.

⑤ 상대에게 고통을 주지 않으려고 했기 때문에, 자신이 고통스러워하고 있다.

苦しめる : 마음·몸에 고통을 주다. 곤란하게 하다. 괴롭히다. (困らせる·閉口させる)

104 次の会話文を正しい順序にしなさい。

> A : へえ、いろいろ厳しいんですね。
> B : あの、ここではタバコはちょっと…。
> C : え、吸っちゃいけないんですか。
> D : いえ、そういうわけではないんですが、一般的に、こういうところ
> では遠慮していただきたいんですが。

① C−D−A−B   ② C−B−D−A

③ A−B−C−D   ④ A−C−D−B

⑤ B−C−D−A

해설

▶ ⑤ B−C−D−A

A : 아 예, 여러 가지로 엄격하네요.

B : 저기, 여기에서 담배는 좀 그런데요….

C : 예, 피우면 안 됩니까.

D : 아니요, 그런 건 아닙니다만, 일반적으로, 이런 곳에서는 삼가주셨으면 합니다만.

---

105 次のうち、_____ 線の長音の表記が間違ったものを一つ選びなさい。

① おに<u>い</u>さん   ② おば<u>あ</u>さん

③ おね<u>え</u>さん   ④ おか<u>あ</u>さん

⑤ おと<u>お</u>さん

해설

▶ ⑤ おとうさん (아버지)

① 형.   ② 할머니.

③ 누나.   ④ 어머니.

106 次の文の(　　　)の中に最も適当なものを入れなさい。

きのうは会社の上司にむりやりお酒を(　　　)、酔っ払らいました。

① 飲んで　　　　　　　　② 飲ませて

③ 飲まされて　　　　　　④ 飲まれて

⑤ 飲んでしまって

해설

➡ 어제는 회사의 상사가 무리하게 술을 먹여서, 취하고 말았습니다.

사역수동형은 강제적으로 상대에게 당하다.

동사 I 에 한정되어 せら가 さ로 축약되며, 주로 축약형으로 사용된다.

107 다음 문장의 올바른 일본어를 고르세요.

저의 아버님이 일을 도와주셨습니다.

① 私のお父さんが仕事をてつだっていただきました。

② 私のお父さんが仕事をてつだってもらいました。

③ 私のちちが仕事をてつだってくださいました。

④ 私の父が仕事をてつだってくれました。

⑤ 私のちちが仕事をおてつだいさせていただきます。

해설

➡ ④ 자기 가족이나 자기가 속해 있는 집단을 남에게 소개할 때는 존경어를 사용할 수 없다.

108 次の文の(　　　)の中に最も適当なものを入れなさい。

ア : 中島はまもなく戻って参りますので、こちらでお待ちください。

イ : はい、それでは(　　　)。

① お待ちくださいます　　② お待ちしてくださいます

③ 待たせてくださいます　　④ お待ちいただきます

⑤ 待たせていただきます

해설

➡ ⑤ 기다리겠습니다. (사역형 ＋ いただく의 행위자는 반드시 내가 된다)

　　ア : 나까지마는 곧 돌아오기 때문에, 이쪽에서 기다려 주십시오.

　　イ : 네, 그러면 기다리겠습니다.

109 次の文の(　　)の中に最も適当なものを入れなさい。

お客との接し方や料理を盛る器の選び方に、代々続いた料亭(　　)の気配りが感じられる。

① ごとき　　　　　　② めく

③ ならでは　　　　　④ にいたる

⑤ かぎり

해설

➡ 명사＋ならでは : ~가 아니면은 할 수 없다. ~만이 할 수 있다.

　　손님에게의 접대나 요리를 담는 그릇 선택에, 대대로 내려오는 요정 특유의 배려가 느껴진다.

① ~와 같은. ~다운. 비유나 예시를 나타낸다. (如き·のような)

110 次の文の(　　)の中に最も適当なものを入れなさい。

　　私は、息子がときどき学校へ行くのを嫌がることに対して、全く心配していない。行きたくなかったら休めばいいと思っている。嫌がるものを無理やり行かせたところで、何も学ばずに帰ってくるだけだろうし、下手をするとますます学校嫌いになり(　　)。

① きれない　　　　　　② わけにはいかない

③ ざるを得ない　　　　④ かねない

⑤ かねる

➡️ ④ 동사 (ます形) + かねる　　　 : ~할 수 없다.

　　동사 (ます形) + かねない : ~할 수 있다.

　　田中さんに手伝ってもらったら、堪能しかねます。

　　다나까씨에게 도움을 받는다면, 만족할 수 없다.

나는, 아들이 가끔 학교에 가는 것을 싫어하는 것에 대해, 전혀 걱정하지 않는다. 가기 싫으면 쉬면 된다고 생각하고 있다. 싫어하는 것을 억지로 가게 해 봤자, 아무것도 배우지 않고 돌아올 뿐이고, 잘못되면 (자칫하다가는) 점점 더 학교를 싫어하게 될 수도 있다.

① 동사 (ます形) + きれない : ~할 수가 없다. (信じ切れない。믿을 수가 없다)

③ ざるを得ない : ~하지 않을 수 없다.

　　동사Ⅰ (あ段) + ざるを得ない。　　동사Ⅱ (ます形) + ざるを得ない。

　　동사Ⅲ (する) → せざるを得ない。くる → こざるを得ない。

② わけにはいかない。 (~일 수 없다)

용법 : 동사(현재형)＋わけにはいかない。

의미 : 불가능을 나타낸다. (앞의 문장이 부정문이면 의미는 긍정이고, 앞의 문장이 긍정문이면 의미는 부정이다)

　　試験の前だから、遊んでいるわけにはいかない。

　　시험 전이기 때문에, 놀고 있을 수가 없다.

　　その頃私は医者に酒を止められていたから、飲むわけにはいかなかった。

　　그때 나는 의사선생님에게 술을 금지당했기 때문에, 마실 수가 없었다.

• わけにはいかない。 (~일 수 없다)

용법 : 동사(부정형)＋わけにはいかない。 (しなければならない)

의미 : 하지 않으면 안 된다고 하는 의미를 나타낸다. (앞의 문장이 부정문이면 의미는 긍정이고, 앞의 문장이 긍정문이면 의미는 부정이다)

　　国民は税金を納めないわけにはいかない。

국민은 세금을 납부하지 않으면 안 된다.

食費が高いからといって食べないわけにはいかない。

식비가 비싸다고 해서 먹지 않으면 안 된다.

だいななしょう
第 7 章。제7장

よ   かた
読み方 Ⅱ

한자 읽는 법 Ⅱ

• 시험에 자주 출제되는 한자.

漢字 (한자)	読み方 (한자 읽는법)	意味 (의미)
建前・立前	たてまえ	속마음이 아닌 겉모습. (↔ 本気・本音)
商売敵	しょうばいがたき	같은 업종이나 일에서의 경쟁상대.
日常茶飯事	にちじょうさはんじ	흔히 있는 일. 일상다반사. (日常茶飯)
足袋	たび	일본식 버선. 현재의 양말에 준함.
発足	ほっそく	발족. 단체 등의 활동이 시작됨. 출발.
蛇足	だそく	군더더기. 뱀의 다리.
背広	せびろ	양복.
昼寝	ひるね	낮잠.
狼狽	ろうばい	낭패.
疑惑	ぎわく	의혹.
下着	したぎ	속옷. 내의.
上着	うわぎ	상의. 겉옷.
葉書	はがき	엽서.
競争	きょうそう	경쟁.
字引	じびき	사전(현대어에서는 사용하지 않음). (辞書 : 사전. 辞典 : 일반 사전보다 큰 사전)
地震	じしん	지진.
大地	だいち	대지.
大陸	たいりく	대륙. 육지.
大名	大名・大名・大名	많은 땅을 소유한 영주. 큰 명예. 큰 명성.
真似	まね	흉내. (真似る : 흉내내다)
真心	まごころ	진심. (誠意・実・真情・誠)
真上	まうえ	바로 위(直上). (真ん中 : 정 중앙)
真冬	まふゆ	한겨울. (真夏 : 한여름)

真実	しんじつ	진실.
真向い	まむかい	정면. (正面·面)
生意気	なまいき	건방지다.
生地·素地 (きじ·きじ)	(生地·生地 : 출생지)	인간의 손이 닿지 않은 자연 그대로의 성질·상태. 화장하지 않은 맨 얼굴(素顔). 마무리하기 전의 재료. 옷감. 반죽한 면. 도자기의 유약을 칠하지 않은 것.
素地·素地 (そじ·そち)	そじ	기초. 바탕.
生身	なまみ	현실에서 살고 있는 몸. (生身)
生ビール	なまビール	생맥주.
生放送	なまほうそう	생방송.
生涯	しょうがい	생애.
生水	なまみず	생수. (生水)
金銀	きんぎん	금과 은. 금화와 은화.
金物	かなもの	금속제의 물건.
金持	かねもち	부자. (大金持 : 재산가. 큰 부자. 부호)
金色	こんじき·きんいろ	금색. 황금색.
黄金	こがね·おうごん	황금. (黄金·黄金)
小金	こがね	적은 돈.
下戸	げこ	술을 못 먹는 사람.
上戸	じょうご	술을 잘 먹는 사람. (左党·辛党)
黒字	くろじ	흑자. 이익.
赤字	あかじ	적자. 손해.
貿易	ぼうえき	무역.
輸出	ゆしゅつ	수출. (輸出·輸出 ⇔ 輸入·輸入)
宛名	あてな	상대편 이름. (보낼 곳)
身内	みうち	친척. 몸 전체.

立場	たちば	입장.
場面	ばめん	장면.
場所	ばしょ	장소.
場合	ばあい	경우. 사정. (場合によっては : 경우에 따라서는)
雨具	あまぐ	우의. 비옷. (雨衣・雨衣・雨衣)
氷雨	ひさめ	우박, 진눈깨비, 차가운 비.
五月雨	さみだれ・さつきあめ	음력 5월경에 계속 내리는 비. 장마(梅雨).
五月晴れ	さつきばれ	5월 장마가 끝난 후 맑은 하늘.
小雨	小雨・小雨・小雨	가랑비. 조금내리는 비. (⇔ 大雨・大雨・大雨)
春雨	はるさめ	봄비.
梅雨	つゆ・ばいう	장마. (梅雨明け : 장마가 끝남)
時雨	しぐれ	가을 말부터 겨울 초에 걸쳐서 지나가는 비처럼 내리는 비. (時雨 : 적당한 시기에 내리는 비)
手配	てはい	수배. (指名手配 : 지명수배)
近辺	きんぺん	주위.
天辺	天辺・天辺	하늘 꼭대기. 하늘 상공. 머리의 정수리. 정상.
出店	出店・出店	가게를 내는 것. 지점.
漁業	ぎょぎょう	어업.
反応	反応・反応	반응. 어떤 작용에 따라 일어나는 사물의 움직임. (核反応 : 핵반응. 化学反応 : 화학반응)
順応	順応・順応	순응. 환경이나 처지의 변화에 따라서 성질이나 행동이 거기에 맞도록 바뀌는 것.
相応	そうおう	상응. 균형이 잡혀 있는 것. 어울리는 것. 能力に相応した働き。능력에 어울리는 일.
相撲	すもう・すまい	일본씨름. 相撲を取る。씨름하는 것을 직업으로 하는 사람. 씨름선수(力士).
相殺	そうさい	상쇄. 공제하여 서로 득이 없도록 하는 것. 탕감하

		는 것. 장점·이점 등이 공제되어 없어지는 것.
相殺	そうさつ	서로 죽이는 것.
殺生	せっしょう	살생. 산 것을 죽이는 것.
殺傷	さっしょう	살상. 죽이거나 상처를 입히는 것.
首相	しゅしょう	수상. (総理・総理大臣 : 총리)
非業	ひごう・ひぎょう	뜻하지 않은 재난. 비명. 非業の最期を遂げる。 비명횡사하다. 天罰のがれ難く斯る非業を遂げました。 천벌을 피하지 못하고 이렇게 비명횡사했습니다.
作業	さぎょう	작업. 일. 일을 하는 것.
拍子	ひょうし	박자.
交番	こうばん	교대로 역할·위치·차례를 맞는 것. 지구대 (경찰 서의 하부 기구로, 마을에 설치된 경찰관의 초소)
敗北	はいぼく	패배. (⟷ 勝利 : 승리). (敗北宣言 : 패배선언)
心得	こころえ	이해하는 것. 마음의 준비.
書留	かきとめ	등기우편.
弱点	じゃくてん	약점. 단점. (欠点・短所。 ⟷ 長所)
田舎	いなか	지방. 시골. 고향(郷里・故郷・故里・古里・故郷).
七夕	七夕・七夕	칠석. 오절구의 하나. 7월 7일의 행사.
七重	ななえ	일곱 겹.
出家	しゅっけ	출가. 세속생활을 정리하고 출가하다.
大家	おおや	셋집 주인 (⟷ 店子 : 세 든 사람). 안채. 본가.
家賃	やちん	집세. 월세.
家来	けらい	종. 비서. (女中 : 식모. お手伝いさん : 파출부. 도우미)
家庭	かてい	가정.
家出	いえで	가출. 집을 나감.

家主	やぬし	집을 많이 갖고 있는 사람 (家主^{いえぬし}·家主^{いえあるじ}). (地主^{じぬし} : 지주 · 株主^{かぶぬし} : 주주)
人家	じんか	인가. 사람이 사는 집. (廃家^{はいか} : 폐가)
留守	るす	집을 비우고 없는 것. 외출 중.
留守番	るすばん	집을 비우고 없는 것. 외출 중. (留守番電話^{るすばんでんわ} : 자동 응답 전화기)
出納^{すいとう}	すいとう	출납. 지출과 수납(支出^{ししゅつ}と収納^{しゅうのう}). 出納^{しゅつのう} : 세력가 집 안에서, 잡일을 맡아, 출납을 담당하던 직업. 집사.
納屋	なや	창고.
納入	のうにゅう	납입. 納^{おさ}める. (授業料^{じゅぎょうりょう}を納入^{のうにゅう}する. 수업료를 납입하다)
問屋	問屋^{とんや}·問屋^{といや}	도매상.
宿屋	やどや	옛날식 여관. (旅館^{りょかん})
質屋	しちや	전당포. 물건을 맡기고 돈을 빌리는 곳.
人質	ひとじち	인질. (人質^{ひとじち}を解放^{かいほう}する. 인질을 석방하다)
気質	気質^{きしつ}·気質^{かたぎ}	기질. 성질. 기풍(気風^{きふう})·성격(性格^{せいかく})·마음씨(気立^{きだ}て)· 気性^{きしょう}(성질. 기질. 성품). 母方^{ははかた}から流^{なが}れる芸術家^{げいじゅつか}の気質^{きしつ}. 외가로부터 물려 받은 예술가의 기질.
八百屋	やおや	채소가게. 야채가게.
成就	じょうじゅ	성취. 소원을 이루다.
大勢	大勢^{おおぜい}·大勢^{たいぜい}	사람이 많다. 大勢^{たいせい} : 대세. (小勢^{こぜい} : 소세. 사람이 적다)
断食	だんじき	단식. (断食日^{だんじきび} : 단식일)
歓迎	かんげい	환영.
積立て	つみたて	적금. (積立金^{つみたてきん} : 적립금. 積立貯金^{つみたてちょきん} : 적립예금)
解毒	げどく	해독. (解毒作用^{げどくさよう} : 해독작용)

解熱	げねつ	해열. (解熱剤 : 해열제. 解熱薬 : 해열약)
崖	がけ	절벽(切岸・絶壁・断崖・懸崖). 崖下 : 절벽 아래.
日和	ひより	날씨. 좋은 날씨(晴天). 行楽日和 : 놀러(행락) 가기 좋은 날씨. 小春日和 : 초겨울의 봄다운 포근하고 따뜻한 날씨.
火傷	やけど	화상.
乳母	うば・めのと	유모.
雪崩	なだれ	눈사태.
仲人	仲人・仲人・仲人	중매인. (仲人 : 중재인. 중매인). 媒酌人 : 중매인.
若人	若人・若人	젊은 사람. (若者・青年)
減税	げんぜい	감세. 세금(税金)을 줄이는 것.
脱税	だつぜい	탈세. (脱税者 : 탈세한 사람. 脱税品 : 탈세한 물건)
信仰	しんこう	신앙.
紅葉	もみじ・こうよう	단풍. 단풍잎. (黄葉・黄葉・紅葉)
野宿	のじゅく	노숙 露宿. (山中で野宿する。산속(山中)에서 노숙하다)
素直	すなお	순수하다. 솔직하다. 소박하다. (従順・素朴)
氷原	ひょうげん	빙원. 얼음으로 덮인 광대한 지역.
境内	けいだい	경내. 경계의 안측. 특히 절・신사 등의 경내.
健気	けなげ	씩씩하다. 건장하다. 용감하고 든든하다. 기특하다. 건강한 것. 보통과는 다르게 각별한 것. 마음가짐이 좋고, 당찬 모습. 특히 어린 사람이나 약한 자가 곤란할 때 맞서는 모습.
正直	しょうじき	정직. (正直)
正面	しょうめん	정면. (真向い・真ん前・面)
正門	せいもん	정문. (表問。⇔ 後門・裏門)

平生	へいぜい	늘. 평상시. (普段・いつも・常日頃) (平生とは態度が異なる。 평상시와는 태도가 다르다)
平等	びょうどう	평등. (等しい)
平凡	へいぼん	평범. 흔한 것(有り触れる). (平凡な作品 : 평범한 작품 ⟷ 非凡)
平気	へいき	태연하다. 마음에 동요가 없는 것. 침착한 것. 아무 렇지도 않은 것 (平静). 平気なふりをする : 아무 일 없는(태연한) 척하다.
平然	へいぜん	태연하다. 아무 일도 없었다는 듯이 침착한 모습. 嘘をつきながら平然としている : 거짓말을 하면서 태연해하고 있다. 平然たる態度 : 태연한 태도.
元手	もとで	자금. 자본.
元素	げんそ	원소. 만물의 근본이 되는 사물.
元日	がんじつ	설날. (1월 1일)
元子	もとこ	원금(본전)과 이자(元金と利息). (元金・元金 : 원금)
古都	こと	고도. 옛 도읍. 옛날 도시.
海女	海女・海人	해녀(漁師). 한자는 남자를 海士、여자를 海女 라 고 쓴다.
厳重	げんじゅう	엄중. (戸締まりを厳重にする。 문단속을 엄중히 하다)
行方	ゆくえ	행방 (行方・行方). (行方不明 : 행방불명)
遊説	ゆうぜい	유세. 의견이나 주장을 말하면서 걷는 것.
懸念	けねん	걱정하다. 집착하다. 마음을 집중하다. (懸念・懸念) (先行きを懸念する。 장래를 걱정하다)
類似	るいじ	유사. 닮아서 공통점이 있다.
下等	かとう	하등. 물건의 품질・정도가 떨어지는 것. (低級 : 저급. ⟷ 上等) 下等な品 : 저급 물건. 下等動物 : 하등동물.

		下等植物 : 하등식물.
仮病	けびょう	꾀병. (仮病を使う. 꾀병을 부리다)
銭湯	せんとう	공중목욕탕. (風呂屋·湯屋·公衆浴場)
哀悼	あいとう	애도. 사람의 죽음을 슬퍼서 애도하는 것.
名残	なごり	흔적. 여운. 미련. 자취. (名残無い. 흔적이 없다. 여운이 없다)
下地	したじ	기초. 토대.
玄人	くろうと	전문가. 専門家·本職·(職人 : 장인. 어떤 일의 전문가) プロ·プロフェッショナル (professional)
素人	素人·素人	아마추어. アマ·アマチュア (amateur)
早乙女	さおとめ	소녀. 모내기를 하는 젊은 여자. (少女·乙女·少女)
手弱女	手弱女	우아하고 아름다운 여자. 나긋나긋한 여자. ⟷ 益荒男
早計	そうけい	경솔한 판단. 속단. 깊게 생각하지 않고 판단하는 것.
食物·食物	食物·食物	음식. 식품. 음식물. 식사. (食べ物 : 음식) (食み物 : 먹을 것. 특히 동식물 먹이)
食券	しょっけん	식권.
植木	うえき	식수. 식목. 나무를 심는 것.
心地	ここち	기분. 마음 (心持ち·気持ち·気分). 心地無し. 사려·분별이 없다. 생각. 사려. 마음의 준비. (考え·思慮·心構え)
天然	てんねん	천연. 자연 (⟷ 人工). (天然資源 : 천연자원) 천성. 타고난 것. (生れ付き·天性)
大和	やまと	일본의 옛날 국명.
郷里		고향. (故里·古里·郷土·故郷·故郷) 田舎 : 지방. 시골. 고향. 国 : 본국. 고향.
直行	ちょっこう	직행. 곧바로 목적지로 가는 것.

融通 ゆうずう	融通 ゆずう	융통. (遣やり繰くり) 融通のきかない石頭いしあたま。 융통성이 없는 돌머리.
意気地	いくじ・いきじ	고집. 자존심. 패기. (意気地いくじを立たてる。 고집을 부리다)
不得手	ふえて	서투르다. 좋아하지 않는 것. (不得意ふとくい)
田畑 たはた	田畑 でんばた・でんぱた	논과 밭. (田た・水田すいでん・田圃たんぼ : 논). (畑はけ・畑はた : 밭)
強引	ごういん	강제로 행하는 것.
色彩	しきさい	색. 색채. 경향. 保守的色彩ほしゅてきしきさいが強つよい。보수적 색채(경향이)가 강하다.
係長	かかりちょう	계장. 과장(課長かちょう)・部長ぶちょう(부장)
寿命	じゅみょう	수명(命数めいすう). 寿命じゅみょうが延のびる。수명이 연장되다. 寿命じゅみょうが尽つきる : 수명이 다하다.
衰弱	すいじゃく	쇠약. (神経衰弱しんけいすいじゃく : 신경쇠약)
鼻血	はなぢ	코피. (鼻血はなぢも出でない。 빈털터리가 되다) 競馬けいばですってもう鼻血はなぢも出でない。 경마에 져서 빈털 터리가 되다.
鼻水	はなみず	콧물.
十日	とおか	10일. (1日ついたち・20日はつか・14日じゅうよっか・二十四日にじゅうよっか)
取り締まり とりしまり	取締り とりしま	감독. (取締役とりしまりやく : 감독. 사장)
為替	為替かわせ・為替かわし	환. 환어음. 환율. 내국환. 외국환.
竹刀 しない	竹刀たけがたな・竹刀ちくとう	죽도. 대나무 칼. 검도에 이용되는 죽도.
山羊	やぎ	염소. (羊ひつじ : 양)
憤怒 ふんぬ	憤怒ふんど	분노. 심하게 화난 것.
硝子	ガラス	유리. (烏からす・カラス : 까마귀)
猛者 もさ	猛者もうざ	용기 있고 강한 사람. 힘이 있고 용맹한 사람.
祝詞 しゅくし	祝詞のりと・祝詞しゅうし	축사. 축하하는 말. (祝詞のと・祝詞のっと)

地味	地味<ruby>地<rt>じ</rt></ruby>・<ruby>地味<rt>ち み</rt></ruby>	수수하다. (地味 : 토지의 질)
派手	はで	모습·형태·색채가 야하다. (↔ <ruby>地味<rt>じ み</rt></ruby>)
建立	こんりゅう	불당 등을 건립하다.
外科	げか	외과. (<ruby>外科<rt>げ か</rt></ruby><ruby>医<rt>い</rt></ruby> : 외과 의사) (<ruby>麻酔科<rt>ます いか</rt></ruby> : 마취과. <ruby>内科<rt>ない か</rt></ruby> : 내과. <ruby>耳鼻科<rt>じ び か</rt></ruby> : 이비인후과. <ruby>小児科<rt>しょう に か</rt></ruby> : 소아과. <ruby>放射線科<rt>ほう しゃせん か</rt></ruby> : 방사선과. <ruby>形成外科<rt>けい せい げ か</rt></ruby> : 성형외과)
<ruby>磁石<rt>じ しゃく</rt></ruby>	<ruby>磁石<rt>じ せき</rt></ruby>	자석. (<ruby>磁気羅針盤<rt>じ き ら しんばん</rt></ruby> : 자기 나침반. 자석으로 지구 자기의 방향을 알아 방위를 측정할 수 있도록 만든 기구.
大工	だいく	목수. 주로 목조 가옥 등을 짓거나 수리하는 직업. (<ruby>日曜大工<rt>にちようだい く</rt></ruby> : 일요일 등의 휴일에 취미로 하는 간단한 목수일)
読点	とうてん	기호. 쉼표. (문장의 의미 끊김을 나타내거나 글을 읽기 쉽게 하기 위해 글 속에 넣는 기호, 보통 「、」점을 사용한다)
審判	しんぱん	심판. 심판하는 것. (<ruby>国民<rt>こくみん</rt></ruby>の<ruby>審判<rt>しんぱん</rt></ruby>を<ruby>受<rt>う</rt></ruby>ける。국민의 심판을 받다)
会得	えとく	터득. 충분히 습득해서 내 것으로 만들다. (<ruby>物<rt>もの</rt></ruby>にする)
<ruby>山車<rt>だ し</rt></ruby>	<ruby>山車<rt>やまぐるま</rt></ruby>・<ruby>山車<rt>さんしゃ</rt></ruby>	축제 때 끄는 손수레 같은 차.
飛鳥	あすか	아스까 문화. (<ruby>飛鳥<rt>ひ ちょう</rt></ruby> : 비조. 하늘을 나는 새)
神戸	こうべ	고베(지명). (<ruby>神戸<rt>かむ べ</rt></ruby>・<ruby>神戸<rt>かん べ</rt></ruby>・<ruby>神戸<rt>じん こ</rt></ruby>)
日常	にちじょう	일상. 평소. 평상시. 늘. (<ruby>常日頃<rt>つね ひ ごろ</rt></ruby>・<ruby>日頃<rt>ひ ごろ</rt></ruby>・<ruby>普段<rt>ふ だん</rt></ruby>・<ruby>平生<rt>へいぜい</rt></ruby>)
合図	あいず	신호. (<ruby>手<rt>て</rt></ruby>を<ruby>振<rt>ふる</rt></ruby>って<ruby>合図<rt>あいず</rt></ruby>する。손을 흔들어 신호하다)
献立	こんだて	식단. 메뉴 (メニュー). (<ruby>献立表<rt>こんだてひょう</rt></ruby> : 식단표. 메뉴표)
借金	しゃっきん	빚. 빌린 금전. 돈을 빌리는 것.
嫌悪	けんお	혐오. 증오하는 것. (<ruby>嫌韓<rt>けんかん</rt></ruby> : 혐한)
<ruby>公人<rt>こうじん</rt></ruby>	<ruby>公人<rt>く にん</rt></ruby>	공인. (<ruby>公人朝夕人<rt>く にんちょうじゃくにん</rt></ruby> : 잡역에 종사했던 하급 직원).

		<ruby>公人<rt>おおやけびと</rt></ruby> : 조정에 출사한 사람. <ruby>大宮人<rt>おおみやびと</rt></ruby> : 궁에서 일하는 벼슬아치.
反比例	はんぴれい	반비례. 크기, 양, 힘 등에서 서로 반대의 비율로 늘거나 줄어드는 것.
軌道	きどう	궤도. (<ruby>月<rt>つき</rt></ruby>の<ruby>軌道<rt>きどう</rt></ruby> : 달의 궤도)
<ruby>滑走路<rt>かっそうろ</rt></ruby>	かっそうろ	활주로. ランウエー(runway).
<ruby>修行者<rt>しゅぎょうじゃ</rt></ruby>	<ruby>修行者<rt>すぎょうざ</rt></ruby>	수행자.
作業	さぎょう	작업. (<ruby>作用<rt>さよう</rt></ruby> : 작용. <ruby>操作<rt>そうさ</rt></ruby> : 조작·<ruby>動作<rt>どうさ</rt></ruby> : 동작)
<ruby>作法<rt>さほう</rt></ruby>	<ruby>作法<rt>さくほう</rt></ruby>	물건을 만드는 법. 예의범절. 관습. 관례.
所作	しょさ	행위. 행차. 행동. 소행. 짓. (<ruby>振る舞い<rt>ふるまい</rt></ruby>·<ruby>仕業<rt>しわざ</rt></ruby>)
仕業	しわざ	행동. 소행. 짓. (<ruby>仕業<rt>しぎょう</rt></ruby> : 현장에서의 기계 조작이나 운전·운행 일을 하는 것)
<ruby>無造作<rt>むぞうさ</rt></ruby>	<ruby>無雑作<rt>むぞうさ</rt></ruby>	간단하게. 손쉽게.
作品	さくひん	작품. (<ruby>作詞<rt>さくし</rt></ruby> : 작시. <ruby>作者<rt>さくしゃ</rt></ruby> : 작자. <ruby>作成<rt>さくせい</rt></ruby> : 작성. <ruby>工作<rt>こうさく</rt></ruby> : 공작. <ruby>製作<rt>せいさく</rt></ruby> : 제작·<ruby>創作<rt>そうさく</rt></ruby> : 창작. <ruby>作戦<rt>さくせん</rt></ruby> : 작전. <ruby>名作<rt>めいさく</rt></ruby> : 명작)
<ruby>作興<rt>さっこう</rt></ruby>	<ruby>作興<rt>さこう</rt></ruby>	분발하다. 왕성하게 하는 것. 번성하는 것. (<ruby>振作<rt>しんさく</rt></ruby>)
発作	ほっさ	발작. 병의 상태가 급격히 일어나는 것. (심장발작)
手軽	てがる	간편한 것. 손쉬운 것. 간단한 것. 가볍게.
身近	みぢか	자기 몸에 가까운 곳. 신변(<ruby>身辺<rt>しんぺん</rt></ruby>). 일상 있는 모양.
発端	ほったん	발단. 일의 시초.
図式	ずしき	도식. 사물의 관계를 알기 쉽게 설명하기 위해 그린 그림.
幼稚園	ようちえん	유치원.
諸国	しょこく	제국. 여러 나라.
紛争	ふんそう	분쟁. (<ruby>領土問題<rt>りょうどもんだい</rt></ruby>で<ruby>紛争<rt>ふんそう</rt></ruby>する。 영토 문제로 분쟁하다)

援助	えんじょ	원조.
墓地	ぼち	묘지. 무덤.
追求	ついきゅう	추구. 달성할 때까지 좇아 구함.
正常	せいじょう	정상. (⇔ 異常(い じょう)(이상)) 正常(せいじょう)な心理状態(しん り じょうたい)。 정상적인 심리상태.
劣等感	れっとうかん	열등감. (優越感(ゆうえつかん) : 우월감)
頭痛(ず つう) 頭痛(とうつう)	頭痛	두통. (頭痛薬(ず つうやく) : 두통약)
登山	とざん	등산. (山登(やまのぼ)り ⇔ 下山(げ ざん))
唯一(ゆいいつ) 唯一(ゆいいち)	唯一	유일. (唯一無二(ゆいいつ む に) : 유일무이)
管理人	かんりにん	관리인.
防衛	ぼうえい	방위. 타(他(た))의 공격에 대해 방어하는 것. 正当防衛(せいとうぼうえい) : 정당 방위.
大胆	だいたん	대담. 배짱이 두둑하고 용감하다. 大胆不敵(だいたん ふ てき)な面構(つらがま)え。 대담하고 겁 모르게 생긴 얼굴.
無邪気	むじゃき	솔직하고 악의가 없이 순수한 것. 순진하다. 천진난 만하고 귀여운 것. 사려가 부족한 것. (あどけない)
困惑	こんわく	곤혹. 곤란한 일을 당해 어찌할 바를 모름.
地域	ちいき	지역. (防火地域(ぼう か ち いき) : 방화지역)
暖房	だんぼう	난방. (冷房(れいぼう) : 냉방)
災害	さいがい	재해. (地震災害(じ しんさいがい) : 지진 재해)
万国	ばんこく	만국. 세계 각국. 전 세계.
明示	めいじ	명시. 확실하게(분명히) 밝히는 것. 製造日(せいぞう び)を明示(めい じ)する。 제조일을 명시하다. 出典(しゅってん)を明示(めい じ)する。 출처를 명시하다. (밝히다)
過剰	かじょう	과잉. (過剰反応(か じょうはんのう) : 과잉반응)
相場	そうば	상장. (株式(かぶしき) : 주식. 取引所(とりひきじょ) : 거래소)

控訴	こうそ	공소. 항소. (상소의 하나. 제1심 판결에 불복하는 경우에 상급 법원에 재심사를 요구하는 것)
告訴	こくそ	고소. 범죄의 피해자 및 그에 준하는 자 등을 수사 기관에 범죄사실을 신고하고 고소하는 것. (告発(こくはつ) : 고발). 捜査(そうさ) : 조사. 犯罪(はんざい) : 범죄. 名誉毀損(めいよきそん) : 명예훼손)
行進	こうしん	행진. (行進曲(こうしんきょく) : 행진곡)
反映	はんえい	반영. (繁栄(はんえい) : 번영)
師走(しわす)	師走(しはす)	음력 12월의 다른 말. (師走(しはす)・師走(しわす))
暴走	ぼうそう	폭주. (暴走族(ぼうそうぞく) : 폭주족)
小包	こづつみ	소포. 소포 우편물.
工面	くめん	돈 마련. 주머니 형편.
会釈	えしゃく	가벼운 인사. 목례. (お辞儀(じぎ) : 머리를 숙이고 하는 정중한 인사)
漂白剤	ひょうはくざい	표백제.
循環	じゅんかん	순환. (空気循環(くうきじゅんかん) : 공기 순환)
漫画	まんが	만화.
大正	たいしょう	대정시대. (일본의 연호)
平安	へいあん	평안시대. (일본의 연호)
明治	めいじ	메이지시대. (일본의 연호)
昭和	しょうわ	쇼와시대. (일본의 연호)
平成	へいせい	헤이세이시대. (일본의 연호)
令和	れいわ	레이와시대. (일본의 연호)
苦手	にがて	즐기지 않음. 서투르다.
百済	くだら	백제.
新羅	しらぎ	신라.
高句麗	こうくり	고구려.

江戸	えど	옛날 일본의 수도. (지금의 東京^{とうきょう})
奈良	なら	지명.
都道	とどう	都道府県^{とどうふけん}의 준말. 1都^と、1道^{どう}、2府^ふ、43県^{けん}이 있다. (東京都^{とうきょうと}・北海道^{ほっかいどう}・大阪府^{おおさかふ}・京都府^{きょうとふ}・43県^{けん})
徳川家康	とくがわいえやす	도꾸가와 이에야스.(사람 이름)
遺伝	いでん	유전. (遺伝医療^{いでんいりょう} : 유전의료)
取引	とりひき	거래. (取引所^{とりひきじょ} : 거래소. 取引先^{とりひきさき} : 거래처) •取引所^{とりひきしょ}는 현재는 사용하지 않음.
値段	ねだん	가격. 값. (価格^{かかく} : 가격)
貧富	ひんぷ	빈부. 가난한 것과 부자. (貧乏人^{びんぼうにん}と金持^{かねも}ち) 貧富の差^さが激^{はげ}しい。 빈부의 격차가 심하다. 貧乏人^{びんぼうにん}の子沢山^{こだくさん}。 가난한 사람들의 자식이 많다.
番台	ばんだい	대중목욕탕에서 계산대 보는 사람. 대중목욕탕 입구에 설치된, 돈을 받거나 망을 보거나 하기 위한 높은 받침대.
一日	ついたち	달력의 1일. •하루는 一日^{いちにち}.
音頭	おんど	선창하다. (音頭^{おんど}を取^とる : 남보다 먼저 하다. 앞장서다)
老若男女	ろうにゃくなんにょ	남녀노소. (성별에 관계없이 모든 사람)
老若	ろうじゃく・ろうにゃく	늙은 사람과 젊은 사람.

• 예외로 읽는 한자.

漢字^{かんじ}	読み方^{よみかた}	意味^{いみ}
稲荷	いなり	오곡(5가지 곡식)을 관장하는 음식의 신. 여우의 다른말.
和泉	いずみ	옛날 일본의 국명(国名^{こくめい} : 나라이름)의 하나.
親王	しんのう	적출의 황태자. 손자. (↔ 内親王^{ないしんのう})

乙姫	おとひめ	용궁에 살고 있는 전설의 미녀. 젊고 예쁜 여자. 막내 여동생.
海苔	のり	김. (먹는 김)
神楽	かぐら	신(神)을 위해 연주하는 무악. (舞楽)
信濃川	しなのがわ	信濃 (강 이름) 일본에서 제일 긴 강.
河岸	河岸	강기슭. 선착장. 어시장. (河岸 : 강가에 있는 토지)
砂利	じゃり	자갈. (속어 : 子供)
魚河岸	うおがし	어류를 도매하는 어시장. 도꾜의 쯔끼지(築地)에 있던 중앙도매시장의 통칭
雲丹 · 海栗	うに	성게 알. 성게 알 젓. (海胆)
雲雀	ひばり	종다리. 참새과의 새.
因縁	いんねん	인연. 운명. 숙명. 유래. 이유.
干支	えと	간지. (12간지)
寄席	よせ	소극장. 연예장.
基督教	キリストきょう	크리스트교.
悪戯	いたずら	장난.
殺陣	たて	영화 · 드라마 등에서의 난투.
台詞	台詞 · 台詞	대사. 배우가 극중에서 말하는 말. 말투. 상투적인 말. 담판 짓는 것. 지불하다. 핑계.
四十路	よそじ	40세. 마흔살.
数珠	じゅず	염주. (불교에서 사용하는 물건)
許嫁 · 許婚	いいなずけ	어렸을 때 부모끼리 정해 놓은 약혼자. 결혼을 약속한 상대. (婚約者 · フィアンセ)
叔父 · 伯父	おじ	작은아버지. 큰아버지.
叔母 · 伯母	おば	작은어머니. 큰어머니.
弥生	やよい	음력 3월의 다른 말.
文身 · 刺青	入れ墨	문신. 타투. (文身)
息吹	いぶき	호흡. 숨쉬는 것.
鍛冶屋	かじや	대장장이. 대장간.
紐育	ニューヨーク	뉴욕. (New York)
剃刀	かみそり	면도날. 머리가 날카로운 사람.

南瓜	かぼちゃ	호박.
裸足 は だし	跣足・跣 は だし は だし	맨발. (裸足で散歩 : 맨발로 산책) は だし さん ぼ
双六 すごろく	双陸・双六 すごろく すぐろく	주사위 놀이.
大黒柱 だいこくばしら	亭主柱 ていしゅばしら	건물이나 집의 중심이 되는 굵은 기둥. 건물 중앙에 가장 먼저 세우는 기둥. 가정·국가의 중심이 되어, 그것을 지지(떠받치는) 사람. (チームの大黒柱。 팀의 기둥) だいこくばしら
川原・河原	かわら	강가에서 물이 흐르지 않고, 모래나 돌이 많이 있는 곳.

01 間違っている読み方をそれぞれの中から一つ選びなさい。

① 見本 (みほん)　　　　　② 慎重 (しんちょう)

③ 声音 (こわね)　　　　　④ 押収 (おうしゅう)

⑤ 遺跡 (ゆうせき)

해설

➡ ⑤ いせき (유적. 遺跡)

① 견본.　　　　　② 신중.

③ 성음.　　　　　④ 압수.

02 間違っている読み方をそれぞれの中から一つ選びなさい。

① 油絵 (あぶらえ)　　　　② 環境 (かんきょう)

③ 黄昏 (こうこん)　　　　④ 脱税 (たつぜい)

⑤ 恐怖 (きょうふ)

해설

➡ ④ だつぜい (탈세)

① 유화.　　　　　② 환경.

③ 黄昏(황혼. 해질녘) · 夕方(저녁. 해질녘). 夕暮れ(석양) ↔ かわたれ(새벽녘).

④ 탈세.　　　　　⑤ 공포.

03 間違っている読み方をそれぞれの中から一つ選びなさい。

① 世の中 (よのなか)　　　② 世直し (よなおし)

③ 愛撫　 (あいぶ)　　　　④ 世紀　 (せいき)

⑤ 富貴　 (ほうき)

➡ ⑤ ふうき (부귀. 富貴·冨貴·富貴)

① 세상. 사회. 시대.　　　　② 세상을 바로 잡음.

③ 애무.　　　　　　　　　④ 세기. (21세기)

04 間違っている読み方をそれぞれの中から一つ選びなさい。

① 声楽 (せいがく)　　　　② 人声 (ひとごえ)

③ 声柄 (こえがら)　　　　④ 声明 (せいめい)

⑤ 声色 (こえいろ)

➡ ⑤ こわいろ (음색. 목청. 성대묘사. 声色·声色). (声色 : 소리와 안색. 모습. 태도)

① 성악.　　　　　　　　② 사람소리.

③ 목소리의 맵시.　　　　　④ 성명.

05 次の文の(　　　)の中に最も適当な言葉を一つ選びなさい。(5~8)

　　A : 田中さんは今日お休みですか。

　　B : ええ、気分(　　　)です。

① が悪そう　　　　　　② が悪いそう

③ に悪いそう　　　　　④ に悪いよう

⑤ が悪くなさそう

➡ A : 다나까씨는 오늘 쉽(결석입)니까.

　　B : 네, 기분이 안 좋다고 합니다.

　　동사·い형용사·な형용사·명사(기본체) + そう : 전문. (伝聞)

伝聞(でんぶん) : 방송·신문·사람 등에게 들은 것을 사람에게 전달하는 것.

様態(ようたい) : 외관상으로 판단해서, 실제로 확인한 것은 아니지만, 어떤 상태·모습의 징조가 인

정되는 것을 나타낸다. 말하는 상대, 그 외의 사람의 기분을 추측할 때도 사용한다.

(そう 뒤에 명사가 오면 문장 연결은 な형용사와 같다)

そう 문장은 そう 앞에 어떤 형이 왔느냐를 생각하면 쉽게 풀 수 있다.

동사·い형용사·な형용사·명사(기본체) + そう는 전문이고, 그 외의 문장은 양태이다.

• 명사에는 そう가 접속되지 않는다. 어떤 물건을 보고, 그것이 「~인 것 같다」라고 말하고

싶을 때는 「のようだ」를 사용한다.

• 단 부정형에는 「명사＋ではなさそうだ」가 있다.

06 最近(さいきん)の若者(わかもの)に人気(にんき)がある文学(ぶんがく)は小説(しょうせつ)、(   )推理小説(すいりしょうせつ)である。

① よりも   ② 特別(とくべつ)

③ とりわけ   ④ とっくに

⑤ とても

해설

➡ 요즘(최근) 젊은이들에게 인기가 있는 문학은 소설, 특히 추리소설이다.

① ~보다도.   ② 특별히.

③ ~중에서도. 특히. 유난히. (特(とく)に・ことに・取(と)り分(わ)けて)

今年(ことし)の夏(なつ)は取(と)り分(わ)け暑(あつ)い。 올 여름은 유난히 덥다.

④ 이미. 벌써. 옛날에. (疾(と)っくに : 이미의 회화체)

⑤ 매우. 대단히. 도저히 ~할 수 없다(どうしても …できない).

07 今年(ことし)の冬(ふゆ)は(   )暖(あたた)かかったりでした。

① 寒(さむ)かったら   ② 寒(さむ)かったり

③ 寒(さむ)いし   ④ 寒(さむ)くて

⑤ 寒(さむ)くない

➡️ 올 겨울은 추웠다 따뜻했다 했습니다.

…たり …たり : ～이기도 하고 ～이기도 하다. (정반대의 상황을 열거할 때 사용한다)

08 暇^{ひま}さえあれば旅行^{りょこう}(　　　)したいです。

① が　　　　　　　　　　② で

③ に　　　　　　　　　　④ へ

⑤ の

➡️ 시간만 있으면 여행을 가고 싶습니다. (たい형 앞에서의 조사는 が나 を가 온다)

さえ : 특별한 예를 들어 ～이기 때문에 다른 것은 물론이라고 하는 의미를 나타낼 때.

(すら)

「…でさえ」「…ですら」의 형으로 사용하는 일도 많다.

～한테 마저도(게다가) 라고 하는 의미를 나타낸다. (すら)

「…さえ …ば」의 형으로 그것만으로도 충분(それだけでじゅうぶん)하다고

하는 의미를 나타낸다.

09 밑줄 친 부분의 次第^{しだい}가 올바르게 사용되지 않은 것을 고르세요.

① 君^{きみ}の英語^{えいご}が上達^{じょうたつ}するかどうかは努力^{どりょく}次第^{しだい}だ。

② 会社^{かいしゃ}の営業方針^{えいぎょうほうしん}は社長^{しゃちょう}の考^{かんが}え次第^{しだい}で変^かえられる。

③ 試験^{しけん}は問題^{もんだい}が難^{むずか}しくて、次第^{しだい}に、できなかった。

④ 娘^{むすめ}は留守^{るす}ですが、帰^{かえ}り次第^{しだい}、そちらにお電話^{でんわ}させます。

⑤ その子^こは怒^{おこ}るといつも、手当^{てあ}たり次第^{しだい}に物^{もの}を投^なげつける。

➡️ ③ 次第^{しだい}に → さっぱり。 (手当^{てあ}たり次第^{しだい} : 손에 잡히는 것은 무엇이든지)

① 너의 영어 실력이 향상될지 안 될지는 노력 여하에 달려 있다.

② 회사의 영업 방침은 사장의 생각에 따라 바뀔 수 있다.

③ 시험은 문제가 어려워서, 전혀 풀 수가 없었다.

④ 딸은 부재중입니다만, 돌아오는 대로, 그쪽으로 전화 드리도록 하겠습니다.

⑤ 그 아이는 화가 나면 언제나, 손에 잡히는 대로 물건을 집어던진다.

10 下線の部分の間違っているものを一つ選びなさい。

① コーヒーは<u>こく</u>ほうが好きです。

② 山田さんの家は、屋根が赤くて壁が白い家です。

③ 結婚式はあまり豪華<u>で</u>なくてもいいです。

④ お酒はやはり<u>からく</u>なければなりません。

⑤ 彼は明朗<u>で</u>愉快な青年である。

해설

➡ ① こく → こい。(い형용사＋명사 ＝ 기본형이 온다)

な형용사＋な형용사 ＝ で。긍정＋긍정 ＝ で。부정＋부정 ＝ で。

부정＋긍정 ＝ が。긍정＋부정 ＝ が。

① 커피는 진한 것을 좋아합니다.

② 야마다씨의 집은, 지붕이 빨갛고 벽이 하얀 집입니다.

③ 결혼식은 그다지 호화스럽지 않아도 좋습니다.

④ 술은 역시 탁 쏘지 않으면 안 됩니다.

⑤ 그는 명랑하고 유쾌한 청년이다.

11 次の文の(　　　)の中に最も適当なものを入れなさい。

そのペンは古くてよく(　　　)と思います。

① 書かない　　　　　　　　② 書けない

③ 書きません　　　　　　　④ 書けません

⑤ 書ける

➡ 그 펜은 낡아서 잘 써지지 않을 것이라고 생각합니다.

• 次の文の(　　　)の中に最も適当なものを入れなさい。(12~15)

12 その子は先生にしかられて、(　　　)泣き出しそうだった。

　　① たちまち　　　　　　② いまにも

　　③ いよいよ　　　　　　④ だって

　　⑤ たまに

➡ 그 아이는 선생님께 야단을 맞아서, 지금이라도 울 것 같았다.

① 갑자기. (にわかに·すぐに)　　　　② 지금이라도.

③ 드디어. (ますます·ついに·とうとう)

④ 왜냐하면. (회화체)　　　　　　⑤ 가끔.

13 会議の議題を(　　　)お知らせしておきます。

　　① すでに　　　　　　　② そこで

　　③ あらかじめ　　　　　④ それで

　　⑤ それが

➡ 회의의 의제를 사전에 알려 드립니다.

① 이미. 벌써. 옛날에. (とっくには 회화체)

② 그래서. 어떤 때에 의식적으로 행동을 할 때. (뒤 문장 끝에는 형용사를 사용할 수 없음)

③ 미리. 사전에. (事に先立って·前もって·予て·兼ねて)

④ 그래서. 상대방의 이야기를 계속 물어볼 때.

⑤ 앞 문장에서 생각할 때 의외의 경우가 된 경우.

14 今マンションが建っているところは( )畑だったんですよ。

① たまたま   ② いまや

③ ついでにいえば   ④ かつて

⑤ 多かれ少なかれ

해설

➡ 지금 맨션이 세워져 있는 곳은 이전에는 밭이었습니다.

① 偶然(우연)히. 드물게.   ② 지금이야말로. (今こそ)

③ 덧붙여 말하면. (序でに言えば)

④ 부정을 동반하여 전혀. 절대로. 지금까지 한번도. 과거에. 이전. 옛날에.

⑤ 많든 적든. 어쨌든. (多少なりとも・皆一様に・いずれにせよ・いくらかでも)

15 私が伝えなかった( )こんなことになってすみません。

① ばかりに   ② ばかり

③ ばかりで   ④ ばかりを

⑤ ばかりから

해설

➡ 내가 전달하지 못한 탓으로 이런 일이 일어나서 미안합니다.

① ～이기 때문에. ～인 탓으로. ～인 이유로. (부정문에만 사용한다)

　い형용사・な형용사・동사 (기본체) ＋ ばかりに.

　ばかりに 라고 하는 형으로, 그것만이 원인・이유가 있다고 하는 의미를 나타낸다.

16 「うっとうしい天気が続きますね。」의 올바른 해석을 고르세요.

① 화창한 날씨가 계속 이어지는군요.

② 침울한 날씨가 계속되는군요.

③ 짜증나는 날씨가 계속 이어지는군요.

④ 안개 낀 날씨가 계속되는군요.

⑤ 무척 더운 날씨가 계속 이어지는군요.

➡️ 불쾌하다. 짜증나다. 답답하다. (重苦しい·晴れ晴れしない)

　　방해가 되어서 번거롭다. (煩わしい)

17 「あなたはどなたですか。」의 대답으로 가장 적당한 것을 고르세요.

　　① 金さんでいらっしゃいます。　　② 韓国人でございます。

　　③ 金と申します。　　　　　　　　　④ 私も金です。

　　⑤ 私は金ではありません。

➡️ 당신은 누구십니까.

• 다음 일본말을 우리말로 가장 올바르게 해석한 것을 고르세요.

18　彼は頭がいいばかりか、気だてもやさしい人だった。

　　① 그는 머리가 좋고 화도 잘 내며, 상냥한 사람이었다.

　　② 그는 머리가 좋을 뿐만 아니라, 성품도 부드러운 사람이었다.

　　③ 그는 머리가 좋을 뿐, 화를 잘 내는 사람이었다.

　　④ 그는 머리가 좋기 때문에, 성품도 부드러운 사람이었다.

　　⑤ 그는 머리가 좋은지, 성품이 좋았다.

➡️ ばかりか : ～뿐만 아니라. (그것 만에 한정되지 않고, 더욱더 상회하는 사태가 발생하는 관계를 나타낸다)

　　기본체＋ばかりか (ばかりでなく·のみならず·のみでなく·だけでなく·どちらかというと)

　　気立て : 성품. 인품. 타인을 대하는 태도 등에 나타나는 그 사람의 마음가짐. (性質·気質)

19 次の文中あたるの意味が他のと違うものを一つ選びなさい。

① 予想がぴったりとあたる。　　② 宝くじがあたる。

③ 天気予報があたる。　　④ 東はこの方向にあたる。

⑤ あの占い師の言うことはよくあたる。

➡ ④ 동쪽은 이 방향에 해당된다.

当る : 접촉하다. 닿다. 볕을 쬐다. 맞다. 명중·적중하다. 예상·꿈이 들어맞다. 해당되다.

① 예상이 딱 맞다.　　　　　　② 복권이 들어맞다.

③ 일기예보가 들어맞다.

⑤ 저 점쟁이의 말은 잘 맞는다. 점쟁이(易者·売卜者·八卦見).

---

20 다음 가운데 なにも의 용법이 옳은 것을 고르세요.

① なにも国へ帰るより勉強するほうがいい。

② なにも国へ帰るより勉強するほうが楽しいでしょう。

③ なにも国へ帰ってもよかったのに。

④ なにもわざわざ国へ帰らなくてもいいでしょう。

➡ なにも : 부정과 함께 사용하여 아무것도의 의미가 됨. 굳이. 일부러.

④ 굳이 일부러 고향에 가지 않아도 좋겠죠.

---

21 「こういう所では遠慮していただきたいんですが。」의 올바른 의미를 고르세요.

① 이런 장소에서는 사양하겠습니다만.

② 이런 곳은 사양하겠습니다만.

③ 이런 곳은 많이 알려져 있습니다만.

④ 이런 장소에서는 떠들어도 좋습니다만.

⑤ 이런 장소에서는 삼가 주셨으면 좋겠습니다만.

---

22 「都合がつきしだいすぐ……。」の意味を一つ選びなさい。

① 今すぐできる。　　　② 今日できる。

③ まだ決まっていない。　④ 来ないかもしれない。

⑤ 明日できる。

해설

➡ 형편이 닿는 대로 곧…….

① 지금 바로 가능하다.　　② 오늘 가능하다.

③ 아직 결정되지 않았다.　④ 안 올지도 모른다.

⑤ 내일 가능하다.

23 下線の部分の間違っているものを一つ選びなさい。

① あした、母の兄の子供、つまり私のいとこの結婚式があります。

② 明日は、水泳の記録会を行ないます。いわゆる雨が降れば中止です。

③ 彼は漢字が書けません。それどころか、ひらがなも書けないんですよ。

④ 毎日連習した。その結果できるようになった。

⑤ 雨天にもかかわらず、試合は行われた。

해설

➡ ② いわゆる (소위. 이른바) → もっとも (단. 하지만. 지당함)

① 내일 어머니의 오빠의 아이, 말하자면 내 사촌 결혼식이 있습니다.

② 내일은 수영의 기록회를 행합니다. 단 비가 내리면 중지합니다.

③ 그는 한자를 쓰지 못합니다. 그뿐만 아니라, 히라가나도 못 씁니다.

④ 매일 연습했다. 그 결과할 수 있게 되었다.

⑤ 비가 내리는데도 불구하고, 시합은 행하여졌다.

24 下線の部分の間違っているものを一つ選びなさい。

① 銀座のレストランは高い。それにしては、あの店は安いです。

② このクラスの女性はそろいもそろって美人だ。

③ タバコは体に悪いと知りもののすってしまう。

④ あの子は家にかえるなり、かばんを置いてすぐ出掛けてしまった。

⑤ よりによって、こんな忙しい日にデートに誘われるなんて……。

해설

➡ ③ ものの → つつ

① 긴자의 레스토랑은 비싸다. 거기에 비하면 저 가게는 쌉니다.

② 이 클래스 여성들은 하나같이 미인이다. (そろいもそろって : 전부. 모두)

③ 담배는 몸에 나쁘다는 것을 알면서도 피우고 만다.

④ 그 애는 집에 돌아오자마자, 가방을 두고 곧바로 나가 버렸다.

⑤ 하필이면, 이렇게 바쁜 날에 데이트 신청을 받다니…….
   (選りに選って : 고르고 골라 좋지 않을 때)

25 「友人である私が今の彼をそっぽをむくのはありえないことだ。」의 올바른 의미를 고르세요.

① 친구인 내가 지금의 그를 돌보아 주는 것은 당연한 일이다.

② 친구인 내가 지금의 그를 외면하는 것은 있을 수 없는 일이다.

③ 친구인 내가 지금의 그를 따르는 것은 있을 수 없는 일이다.

④ 친구인 내가 지금의 그를 찬성하는 것은 있을 수 없는 일이다.

⑤ 친구인 내가 지금의 그를 찬성하는 것은 당연한 일이다.

해설

➡ そっぽを向く・横を向く : 외면하다. 거절하다. 무시하다.

• 次の文の(　　　)の中に最も適当な言葉を一つ選びなさい。(26〜27)

26 攻撃を(　　　)受けたら、いくら原田でもたえることができないでしょう。

① かるく　　　　　　　② かりに

③ すれて　　　　　　　④ もろに

⑤ ひどく

➡ 공격을 정면으로 받는다면, 아무리 하라다라도 견딜 수가 없겠지요.

① 가볍게. (軽く)　　　　　② 설사. 설령. (仮に)

③ 비켜서.　　　　　　　　④ 정면으로. 완전히. (まともに)

⑤ 심하게.

---

27 「このあいだ、あの人にはまんまと一杯食わされたよ。」의 올바른 해석을 고르세요.

① 요전에 저 사람에게 무시당했다.

② 먼저는 저 사람에게 얼떨결에 당했다.

③ 요전에 저 사람에게 감쪽같이 속았다.

④ 지난날에는 저 사람에게 약점을 잡혔다.

⑤ 지난번에 저 사람에게 호되게 당했다.

➡ 一杯食う : 계략에 걸려들다. 감쪽같이 속아 넘어가다. (うまく騙される・企みに引っ掛かる)
　つい油断してまんまと一杯食った。 그만 방심해서 감쪽같이 속았다.

---

28 관계없는 것으로 짝지어진 것을 고르세요.

① 手引き : ぬすみ。　　　② 町外れ : 場末。

③ 役所 : 役場。　　　　　④ 顔ぶれ : メンバー。

⑤ 目まい : たちくらみ。

➡ ① 안내. 길잡이(입문). 도둑질

　下町 : 도시에서, 토지가 낮은 곳에 있는 마을. 상공업지가 많이 발달되어 있는 곳.
　　　　(⇔ 山の手)

　城下町 : 성을 중심으로 발달한 거리.

② 변두리. (街外れ)　　　　　　　　③ 관공서.

④ 멤버. (連中·連中·仲間)　　　　　⑤ 현기증. (目眩·立ち眩み　立ち暗み)

• 다음 일본어를 우리말로 가장 올바르게 해석한 것을 고르세요.

29 申し訳ございません。あすまでおまちいただくことになりますが。

① 문제없습니다. 내일까지 기다리지 않아도 됩니다만.

② 드릴 말이 없습니다. 내일까지 기다려도 불가능합니다만.

③ 허점이 없습니다. 내일까지는 완성되겠습니다만.

④ 말문이 막힙니다. 내일까지 기다려도 되겠습니다만.

⑤ 죄송합니다. 내일까지 기다리셔야 됩니다만.

➡ 申し訳 : 겉치레뿐인 것. 변명. (申し開き·言い訳·弁解)

　言い訳 : 변명(弁解·弁明·申し開き). 사물의 줄거리를 설명하는 것. 해설.
　　　　　말을(언어를) 다른 의미로 나누어 사용하는 것. (言い分)

• 次の文の(　　　)の中に最も適当な言葉を一つ選びなさい。(30〜31)

30 向こう(　　　)大きい建物は何ですか。

① の　　　　　　　　　　② に

③ が　　　　　　　　　　④ は

⑤ も

➡ 저쪽에 큰 건물은 무엇입니까.

「A의 B」가 「주어―동사」, 「주어―형용사」 등의 관계를 어순적으로 계속 유지하고 있는 경우, 연체수식절 안에서 가를 대신하는 경우도 포함한다.

切符の予約。	표(티켓) 예약.	私の買った本。	내가 산책.
私の読んだ本。	내가 읽은 책.	友だちの来る日。	친구가 오는 날.
人のいない部屋。	사람이 없는 방.	水の飲みたい人。	물이 마시고 싶은 사람.

31 一度あきらめてみた(   )どうしても思い切れない。

① ものの   ② ものに

③ ものなら   ④ ものを

⑤ ものなので

해설

➡️ 한 번 단념하기는 했지만 도저히 단념할 수가 없다.

① ～지만. (のに・けれども)

(ものの는 그리고 나서 앞의 사태가 나아가지 않고 반대의 전개가 되어 버리고, 결과가 동반되지 않는다)

パソコンを買ったものの、使い方が全然わからない。

컴퓨터를 샀지만, 사용법을 전혀 모르겠다.

デパートへ行ったものの、混んでいて何も買えなかった。

백화점에 갔지만, 붐벼서 아무것도 살 수 없었다.

④ ～인 것을. (ものを 뒤에는 앞의 내용과 반대의 내용인 안타까움이 동반되고, 사람에 대한 불평·불만·비난을 말하는 경우가 많다.

焦らなくてもいいものを、焦るから失敗するんだ。

초조해(조급해)하지 않아도 될 것을, 초조해(조급해)하기 때문에 실패하는 것이다.

借金で困っていた友人を、助けようと思えば助けられたものを、見捨ててしまった。

빚으로 곤란한 친구를, 도우려고 생각하면 도울 수 있었던 것을, 외면하고 말았다.

32 「아무쪼록 건강에 유의하시기 바랍니다.」의 올바른 일본어를 고르세요.

① よろしくごじあいくださいませ。

② くれぐれもごじあいくださいませ。

③ どうしてもけんこうにちゅういしてください。

④ いろいろとごけんこうにきをつけてください。

⑤ なんといっても体にりゅういしてください。

▶ ② くれぐれもご自愛くださいませ。 부디(아무쪼록) 몸 조심 하십시오.

呉呉も : 몇 번씩이나 진심을 담아 의뢰·간청하거나 충고하는 것. 몇 번을 생각해도

　　　　 呉呉もお大事に。 부디(아무쪼록) 몸조리 잘하세요.

自愛 : 자신을 아끼는 것. 자신의 건강상태를 조심하는 것. 자신의 언행을 삼갈 것. 자중.

　　　　 時節柄ご自愛ください。 때가 때인 만큼 몸조심하시기 바랍니다.

　　　　 時節柄 : 그 시기에 딱 어울리는 것. 시기에 상응하는 것. (時分柄)

　　　　 자신의 이익을 소중히 하는 것. 물건을 소중히 하는 것. 진중(珍重)한 것.

慈愛 : 부모가 자식을 아끼고, 귀여워하는 깊은 애정. (慈愛に満ちる : 애정이 넘치다)

---

33 村の人々は夜遅くまで、<u>おどりくるった</u>。下線の部分の意味を一つ選びなさい。

① おどりすぎてくるった。　　　② 夢中でおどった。

③ おどりながらやって来た　　　④ おどりながら気がくるった。

⑤ おどりそこなった。

▶ 마을 사람들은 밤늦게까지, 정신없이 춤췄다 (踊る).

① 너무 춤추어서 미쳤다.　　　② 열심히 춤추었다.

③ 춤추며 왔다.　　　　　　　④ 춤추면서 미쳤다.

⑤ 춤추지 못했다. (동사(ます형)＋損なう : ～하지 못하다)

---

34 あの人のことが<u>き</u>になる。下線の部分の意味を一つ選びなさい。

① 신경이 쓰이다.　　　　② 주의하다.

③ 신경을 죽이다.　　　　④ 정신을 차리다.

⑤ 마음이 아프다.

해설

➡ 気になる : 걱정이 되다. 신경이 쓰이다. 気にする : 걱정하다. 신경 쓰다.

35 「手が出ない。」의 의미로 볼 수 없는 것을 고르세요.

① 高くて買えない。　　　　② 方法がない。

③ 自分の能力以上だ。　　　④ 手に余る。

⑤ 手が離れる。

해설

➡ 자신이 갖고 있는 능력이나 돈으로는 부족해서 할 수가 없다.

① 비싸서 살 수 없다.　　　　② 방법이 없다.

③ 자기 능력 이상이다.

④ 힘에 벅차다. 나의 능력으로는 처리할 수 없다.
　　(手強い・手に負えない・始末に負えない・手が付けられない)

⑤ 일이 완성이 되어서 그것과 관계가 없어지다. 아이가 성장해서 부모가 돌보아 줄 일이 준다.

36 次の文の下線の部分と同じ意味で使われているものを選びなさい。

<u>水入らず</u>でフランス料理店で夕食を食べようと思い立ち、二人でなじみのお店に向かって歩いた。

① 内輪の者だけで、他人が加わらない。　② 水を入れていない。

③ 水が入っていない。　　　　④ 内輪の者と他人。

⑤ 家族と友だち。

➡ 가족들끼리만 프랑스 식당에서 저녁을 먹어야겠다는 생각에, 둘이서 단골가게(친숙한 가게)를 향해 걸었다.

① 가족만으로 남이 섞이지 않다.　　　② 물을 넣지 않았다.

③ 물이 들어 있지 않다.　　　④ 가족과 타인.

⑤ 가족과 친구.

・ 次の文の(　　)の中に最も適当な言葉を一つ選びなさい。

37 その業者が工事の(　　)ために、大事故になった。

① 手を抜いた　　　　　　② 胸を焦がす

③ 手がはなせない　　　　④ 足がある

⑤ 足が出た

➡ 저 업자가 공사에서 손을 뗐기 때문에, 큰 사고가 났다.

① 할 일을 하지 않고 내버려 두다.　　　② 가슴을 태우다. 속을 태우다.

③ 손을 뗄 수 없다. 중단하면 곤란하다. (手が離せない)

④ 동작이 재빠르다.　　　　　　⑤ 적자가 나다. 예산이 넘다.

38 慣用句(관용구)의 뜻이 잘못된 것을 고르세요.

① 彼女はいやな人だ。いつも人の欠点をうの目たかの目で探している。

② 社長の前で食事をすると息がつまる。

③ 生徒が帰ってしまった学校は、火が消えたようだ。

④ 私はそれが、のどから手が出るくらい欲しい。

⑤ 本当にありがとうございます。大きなお世話でした。

➡ ⑤ 정말로 고맙습니다. 쓸데없는 말참견이었습니다.

① 그녀는 싫은 사람이다. 언제나 남의 결점을 열심히 찾고 있다.

　鵜の目鷹の目 : 무엇인가를 열심히 찾는 모습. (鵜 : 가마우지. 鷹 : 매)

② 사장 앞에서 식사를 하려니 부담스러워 숨이 막힐 것 같다. (息が詰まる)

③ 학생이 돌아간 학교는 쥐죽은 듯 조용하다.

④ 나는 그것이 무척 갖고 싶다. (喉から手が出る)

39 「ごまをする。」の意味を一つ選びなさい。

① お天気屋。　　　　　　② 照れ屋。

③ お世辞笑い。　　　　　④ 気紛れ。

⑤ 四六時中。

해설

➡ 胡麻を擂る : 남에게 아부하여(諂う) 자기 이익을 꾀(도모)하다.

　　　　　　(お世辞を言う · 阿る · 追従する)

機嫌を取る : 아첨하다. 아부하다. (機嫌取り)

世辞　　　 : 애교 · 붙임성이 있다. 아부하다. 타인에 대한 붙임성 좋은 말. 상대의 마음에

　　　　　　들려고 하는 말투. (おべっかを使う · お世辞)

世辞がうまい : 아부를 잘한다.

① 변덕쟁이.　　　　　　② 부끄럼쟁이. (はにかみ屋)

③ 비위를 맞추기 위해 웃는 웃음. (愛想笑い)

④ 변덕쟁이.　　　　　　⑤ 온종일. 언제나.

40 次の文の下線の部分と同じ意味で使われているものを選びなさい。

　彼はふでがたつのでいざという時心強い。

① 根も葉もない　　　　② 文章が上手である
③ 勘違い人かもしれない　④ 気違い人である
⑤ 間違いだらけである

➡ 그는 글 솜씨가 좋기 때문에 만일의 경우에 마음이 든든하다.

いざという時^{とき} : 비상사태가 일어난 경우. 일단 유사시, 만일의 경우.

いざ知^しらず : ～에 대해서는 잘 모르지만. ～은 어떻든 간에.

昔^{むかし}はいざ知^しらず、現在^{げんざい}こんな事^{こと}を信^{しん}じる者^{もの}はいない。

옛날에는 어땠는지 몰라도, 현재 이런 일을 믿는 사람은 없다.

① 근거가 없다. (根^ねが生^はえる : 그 장소에서 움직이지 않다)

② 문장을 잘 쓴다. 문필력이 있다. (筆^{ふで}が立^たつ)

③ 착각한 사람인지 모르겠다. (勘違^{かんちが}い : 착각. 잘못 생각함)

④ 미친 사람이다.　　　　　⑤ 틀린(실수) 것 투성이다.

---

41 思^{おも}い立^たつ日^ひが吉日^{きちじつ}。下線^{かせん}の部分^{ぶぶん}の読^よみ方^{かた}を一^{ひと}つ選^{えら}びなさい。

① よしにち　　　　　　　② きちび

③ よしじつ　　　　　　　④ きっにち

⑤ きちじつ

➡ きちにち・きつじつ。

(思い立つ日が吉日 : 생각난 날이 길일이라서 빨리 시작하는 것이 좋다)

---

42 間違^{まちが}っている読^よみ方^{かた}をそれぞれの中^{なか}から一^{ひと}つ選^{えら}びなさい。

① 海原 (うなばら)　　　　② 海女 (うみじょ)

③ 海山 (うみやま)　　　　④ 海辺 (うみべ)

⑤ 海手 (うみて)

➡ ② あま。(해녀)

① 넓은 바다.　　　　　　③ 바다와 산.

④ 해변.　　　　　　　　⑤ 해변에서 바닷가가 있는 곳.

43 間違っている読み方をそれぞれの中から一つ選びなさい。

① 外科 (げか)　　　　　② 外見 (そとみ)

③ 外出 (がいしゅつ)　　④ 外人 (がいにん)

⑤ 外形 (がいけい)

해설

➡ ④ がいじん。(외국인. 남)

① 외과. (内科 : 내과)　　　② 겉모습. 외관. (外見^{がいけん})

③ 외출.　　　　　　　　　⑤ 외형. 사물의 겉모양이나 모습.

44 間違っている読み方をそれぞれの中から一つ選びなさい。

① 気早 (きばや)　　　　② 若気 (やくき)

③ 気配 (けはい)　　　　④ 意気地 (いくじ)

⑤ 湿気 (しっけ)

해설

➡ ② わかげ (혈기. 若気^{わかぎ}・若気^{にやけ}). (若気^{わかげ}の至^{いた}り : 젊음만 믿고 무분별한 언동을 하는 것)

① 성격이 급함. (せっかち・短気^{たんき}・気^きが早^{はや}い・気^きが短^{みじか}い)

③ 기미. 낌새. (気色^{けしき}・気色^{きしょく})　　④ 자존심. 패기. (意気地^{いきじ})

⑤ 습기.

45 間違っている読み方をそれぞれの中から一つ選びなさい。

① 女神 (じょしん)　　　② 乙女 (おとめ)

③ 女王 (じょおう)　　　④ 女優 (じょゆう)

⑤ 女人 (じょにん)

해설

➡ ⑤ にょにん。(여인. 여자. 女人^{にょにん})

① 여신. (女神)　　　　　　　② 소녀.

③ 여왕.　　　　　　　　　　④ 여자배우. 여배우.

46 間違っている読み方をそれぞれの中から一つ選びなさい。

① 氷雨　　（ひさめ）　　　② 小雨 (こさめ)

③ 春雨　　（はるさめ）　　④ 時雨 (しぐれ)

⑤ 五月雨 （ごがつあめ）

➡ ⑤ さみだれ · さつきあめ (음력 오월의 장마)

① 우박. 차가운 비. 진눈깨비.　② 가랑비. 조금 오다 마는 비.

③ 봄비. 당면.

④ 늦가을부터 초겨울에 걸쳐, 툭툭 지나가는 비처럼 내리는 비.

47 間違っている読み方をそれぞれの中から一つ選びなさい。

① 雨季 (うき)　　　　　　② 梅雨 (ばいう)

③ 雨具 (あまぐ)　　　　　④ 雨風 (あめふう)

⑤ 雨後 (うご)

➡ ④ あめかぜ · あまかぜ (비바람). (風雨 : 비바람. 비가 섞인 바람. 폭풍우)

① 우기.　　　　　　　　　　② 장마. (梅雨)

③ 우비. 우의. 비옷.

⑤ 비 온 뒤. (雨後の筍 : 우후죽순. 비가 온 뒤에 여기 저기 돋아나는 죽순이라는 뜻으로, 어떤
　일이 한때에 많이 생겨남을 비유적으로 이르는 말)

48 間違っている読み方をそれぞれの中から一つ選びなさい。

① 記念日 (きねんひ)　　② 物騒 (ぶっそう)

③ 先日　(せんじつ)　　④ 元日 (がんじつ)

⑤ 翌日　(よくじつ)

➡ ① きねんび (기념일)

② 언제 어떤 일이 일어날지 모르는 상황, 세상이 뒤숭숭하고 위험한 상태.

③ 지난번. 요전.　　　　④ 설날. 1월 1일.

⑤ 익일. 다음날. 이튿날.

---

49 間違っている読み方をそれぞれの中から一つ選びなさい。

① 元値 (もとね)　　② 元首相 (がんしゅしょう)

③ 元気 (げんき)　　④ 下線　(かせん)

⑤ 元年 (がんねん)

➡ ② もとしゅしょう (전직 수상. 전 수상. 전 총리. 総理 : 총리)

① 구입가격. 원 가격. 원가.　　③ 원기. 기력.

④ 밑줄.　　⑤ 원년. 연호의 첫해. (令和元年 : 레이와 원년)

---

50 間違っている読み方をそれぞれの中から一つ選びなさい。

① 幼児 (ようじ)　　② 生年月日 (せいねんがっぴ)

③ 借款 (しゃっかん)　　④ 言質　(こんち)

⑤ 遺言 (ゆいごん)

➡ ④ げんち・げんしつ (언질. 어떤 일을 은근히 약속하는 투의 말)

① 유아. 어린아이.　　　　　　　② 생년월일.

③ 차관. 한 나라의 정부나 기업, 은행이 외국정부나 공적기관으로부터 자금을 빌려 옴.

⑤ 유언. (아버지는 유언을 남기다)

51 間違っている読み方をそれぞれの中から一つ選びなさい。

　　① 言行 (げんこう)　　　　② 言動 (げんどう)

　　③ 言語 (げんご)　　　　　④ 言伝 (ことづて)

　　⑤ 言辞 (げんし)

해설

➡ ⑤ げんじ (말. 말투)

① 언행.　　　　　　　　② 언동.

③ 언어.　　　　　　　　④ 언전. 전갈. 전문. 간접으로 들음.

52 間違っている読み方をそれぞれの中から一つ選びなさい。

　　① 無音 (ぶいん)　　　　② 無礼 (ぶれい)

　　③ 無言 (むこん)　　　　④ 無事 (ぶじ)

　　⑤ 無情 (むじょう)

해설

➡ ③ むごん (무언. 말이 없다)

① 무음. 소리가 없다. (無音)　　② 무례. (행동이 무례하다)

④ 무사. (무사히 일을 끝내다)　　⑤ 무정. (정이 없다)

53 間違っている読み方をそれぞれの中から一つ選びなさい。

　　① 文字 (ぶんじ)　　　　② 文言　(もんごん)

　　③ 乞食 (こじき)　　　　④ 文房具 (ぶんぼうぐ)

　　⑤ 矛盾 (むじゅん)

➡ ① もじ・もんじ (문자. 글자. 문장)

② 문장 중의 어구(語句) 문구(文句).　③ 거지. (こつじき)

④ 문방구.　⑤ 모순.

54 間違っている読み方をそれぞれの中から一つ選びなさい。

① 生糸 (きいと)　② 生意気 (なまいき)

③ 生花 (いけばな)　④ 生物　(なまぶつ)

⑤ 生存 (せいぞん)

➡ ④ なまもの (신선하다). 생물(生物). (生き物 : 동식물이 살아있는 것)

① 생사. 누에에서 나온 실. 명주.　② 건방지다.

③ 꽃꽂이(活け花). (生花 ⟷ 造花)　⑤ 생존.

55 間違っている読み方をそれぞれの中から一つ選びなさい。

① 正門 (せいもん)　② 正面 (せいめん)

③ 正気 (しょうき)　④ 正夢 (まさゆめ)

⑤ 正常 (せいじょう)

➡ ② 正面 (정면. 피하지 않고 직접 맞서는 것).

正面 : 정면으로 맞서는 것. 술책이나 흥정을 하지 않는 것. 정당한 것. (真面)

① 정문. (後門 : 후문)

③ 정기. 정상적인 의식, 정상적인 정신상태. 진심. (本気・本音)

正気の沙汰ではない : 이성적인 판단에 의한, 행위는 아니다.

(正気 : 정기. 천지 간에 존재한다고 하는, 사물의 근본을 이루는 기운.

④ 정몽. 꿈이 맞다. (正夢)　⑤ 정상.

56 間違っている読み方をそれぞれの中から一つ選びなさい。

① 平等 (びょうどう)　　② 平凡 (へいぶん)

③ 平生 (へいぜい)　　④ 平屋 (ひらや)

⑤ 平手 (ひらて)

➡ ② へいぼん (평범)

① 평등.

④ 단층집.

③ 평소. 평상시. (一生・生涯 : 일생. 생애. 평생)

⑤ 손바닥. (足裏・足の裏 : 발바닥)

57 間違っている読み方をそれぞれの中から一つ選びなさい。

① 両家 (りょうけ)　　② 天井 (てんじょう)

③ 下水 (げすい)　　④ 天下 (てんけ)

⑤ 天皇 (てんのう)

➡ ④ 天下・天下・天下 (천하)

① 양가.

③ 하수. (上水道 : 상수도)

② 천장.

⑤ 일왕. 천황.

58 間違っている読み方をそれぞれの中から一つ選びなさい。

① 家出 (いえで)　　② 家主 (やぬし)

③ 家賃 (やちん)　　④ 家来 (けらい)

⑤ 家内 (いえまる)

➡ ⑤ 家内(아내. 처). 家内(집안).

① 가출.

② 집주인.

③ 집세.   ④ 종. 하인. 부하.

59 間違っている読み方をそれぞれの中から一つ選びなさい。

① 稲妻 (いなずま)   ② 江戸っ子 (えどっこ)

③ 江山 (こうざん)   ④ 客気　　(かっき)

⑤ 巨人 (こうじん)

해설

➡ ⑤ きょじん (거인)

① 稲光 : 동작이 번개 같다.   ② 에도 토박이. 에도에서 자란 사람.

③ 강산. 강과 산.   ④ 객기(客気). (客気に逸る : 객기를 부리다)

60 間違っている読み方をそれぞれの中から一つ選びなさい。

① 冒険　 (もうけん)   ② 欧州 (おうしゅう)

③ 苦悩　 (くのう)   ④ 苦虫 (にがむし)

⑤ 家計簿 (かけいぼ)

해설

➡ ① ぼうけん (모험)

② 유럽. (ヨーロッパ)   ③ 고뇌. 괴로워하고 번뇌함.

④ 괴로운 얼굴 표정.   ⑤ 가계부.

61 間違っている読み方をそれぞれの中から一つ選びなさい。

① 工面 (こうめん)   ② 工夫 (こうふ)

③ 大工 (だいく)   ④ 工場 (こうば)

⑤ 蛇足 (だそく)

➡ ① くめん (돈 마련. 주머니 형편)

② 工夫 : 고안·궁리. (工夫 : 인부)   ③ 목수. 목공일을 하는 사람.

④ 작은 규모의 공장. (工場 : 큰 규모의 공장)

⑤ 사족. 뱀 다리. 군더더기.

62 間違っている読み方をそれぞれの中から一つ選びなさい。

① 空車 (からぐるま)   ② 空白 (くうはく)

③ 空手 (からて)   ④ 空言 (そらごと)

⑤ 青空 (あおそら)

➡ ⑤ あおぞら (파란 하늘. 창공. 노천)

① 공차. 빈차.   ② 공백. (空白を埋める : 공백을 메우다)

③ 공수도.   ④ 공언.

63 間違っている読み方をそれぞれの中から一つ選びなさい。

① 人口   (じんこう)   ② 口実 (こうじつ)

③ 口紅   (くちべに)   ④ 雪国 (せっこく)

⑤ 五十歩百歩 (ごじゅっぽひゃっぽ)

➡ ④ ゆきぐに (설국. 눈이 많이 오는 지방. 夏目漱石의 소설 제목)

① 인구.   ② 구실. 핑계.

③ 립스틱.   ⑤ 오십보백보. 거기서 거기다. 별 차이가 없는 것.

64 間違っている読み方をそれぞれの中から一つ選びなさい。

① 遠国 (おんごく) ② 南国 (なんごく)

③ 国家 (こっか) ④ 国交 (こっこう)

⑤ 国定 (こくせい)

해설

➡️ ⑤ こくてい (국정)

① 원국. 먼 나라. ② 남국. 남쪽나라.

③ 국가. ④ 국교. (국교가 단절되다)

65 間違っている読み方をそれぞれの中から一つ選びなさい。

① 身近 (みぢか) ② 近道 (ちかみち)

③ 近辺 (ちかべ) ④ 近日 (きんじつ)

⑤ 近世 (きんせい)

해설

➡️ ③ きんぺん (부근. 근처)

① 신변. 주위. ② 지름길.

④ 근일. 근간. 가까운 날. ⑤ 근세.

66 間違っている読み方をそれぞれの中から一つ選びなさい。

① 今年 (きんねん) ② 今日 (こんにち)

③ 今朝 (けさ) ④ 今夜 (こんや)

⑤ 先行 (さきゆき)

해설

➡️ ① 今年・今年 (올해. 금년)

② 금일. 오늘날. ③ 오늘 아침.

④ 오늘밤.

⑤ 장래. 전도. 거래에서 장래의 동향. 선발. 먼저 감. (先行き·先行き)

67 間違っている読み方をそれぞれの中から一つ選びなさい。

① 内緒 (ないしょ)　　　　② 内面　 (うちづら)

③ 内奥 (ないおう)　　　　④ 内の者 (うちのもの)

⑤ 内示 (ないし)

해설

➡ ⑤ ないじ (비공식으로 알리는 것)

① 몰래 함. 은밀. 비밀. 커닝. 생계.　　② 집안사람을 대하는 태도.

③ 내심. 속마음.　　　　　　　④ 집안사람. 가족. 아내.

68 間違っている読み方をそれぞれの中から一つ選びなさい。

① 大好物　(だいこうぶつ)　　② 大豆 (だいず)

③ 今秋　　 (こんしゅう)　　　④ 指揮 (しかい)

⑤ 大和　　 (やまと)

해설

➡ ④ しき (지휘)

① 아주 좋아하는 것. 매우 좋아하는 음식. (好物 : 좋아하는 음식)

② 콩.　　　　　　　　　　③ 올 가을.

⑤ 일본의 옛 이름.

69 間違っている読み方をそれぞれの中から一つ選びなさい。

① 募集 (ぼしゅう)　　　　② 秩序 (ちつじょ)

③ 支度 (したく)　　　　　④ 度毎 (どかい)

⑤ 逃走 (とうそう)

➡ ④ たびごと (때마다. 매번)

① 모집.　　　　　　　　　　② 질서.

③ 준비. 채비.　　　　　　　⑤ 도주. 도망.

70 間違っている読み方をそれぞれの中から一つ選びなさい。

① 生来 (せいらい)　　　　② 夫妻　　(ぶさい)

③ 類焼 (るいしょう)　　　④ 道の辺 (みちのべ)

⑤ 道芝 (みちしば)

➡ ② ふさい (남편과 아내. 부부)

① 성품. 본성.　　　　　　　③ 불이 옮겨 붙다.

④ 길가.　　　　　　　　　　⑤ 길가에 나는 잔디.

71 間違っている読み方をそれぞれの中から一つ選びなさい。

① 頭　　(かしら)　　　　② 頭上 (ずじょう)

③ 頭痛 (とうつ)　　　　　④ 音頭 (おんど)

⑤ 頭金 (あたまきん)

➡ ③ 頭痛・頭痛 (두통)

① 머리. 두목. 우두머리.　　　② 두상. 머리 위.

④ 여러 사람이 노래에 맞춰 추는 춤. 선창. (音頭を取る : 선창을 하다)

⑤ 미리 내는 돈. (첫 달 월세)

72 間違っている読み方をそれぞれの中から一つ選びなさい。

① 旅行 (りょこう)　　　② 旅人　 (たびびと)

③ 旅費 (りょび)　　　　④ 旅日記 (たびにっき)

⑤ 旅路 (たびじ)

---

73 間違っている読み方をそれぞれの中から一つ選びなさい。

① 留守 (るす)　　　　② 留任　 (りゅうにん)

③ 流人 (るにん)　　　④ 流行唄 (はやりうた)

⑤ 流布 (るひ)

---

74 間違っている読み方をそれぞれの中から一つ選びなさい。

① 末っ子 (すえっこ)　　② 月末 (げつまつ)

③ 末日　 (まつじつ)　　④ 末期 (まっき)

⑤ 末世　 (まつせ)

---

③ 말일.

④ 말기. 끝 무렵. 末期の水 : 죽을 때까지 돌보다. (死に水を取る)

75 間違っている読み方をそれぞれの中から一つ選びなさい。

① 毎月 (まいがつ)　　② 祝日　(しゅくじつ)

③ 梅花 (ばいか)　　　④ 刀　　(かたな)

⑤ 孟子 (もうし)

해설

➡ ① まいつき・まいげつ (매월)

② 축일. 국경일. 경사스러운 날.　　③ 매화. 매화꽃.

④ 사무라이가 갖고 다니는 칼.　　⑤ 맹자. 춘추전국시대의 사상적 지도자.

猛者 : 용기 있고 강한 사람.

76 間違っている読み方をそれぞれの中から一つ選びなさい。

① 小皿 (こさら)　　　② 名代　(みょうだい)

③ 名刺 (めいし)　　　④ 東京湾 (とうきょうわん)

⑤ 宛名 (あてな)

해설

➡ ① こざら (작은 접시)

② 연상의 대리를 맞다.　　③ 명함.

④ 도쿄 만.　　　　　　　⑤ 수신인. 받는 사람의 이름.

77 間違っている読み方をそれぞれの中から一つ選びなさい。

① 毛糸 (けいと)　　　② 毛玉 (けだま)

③ 毛皮 (けがわ)　　　④ 眉毛 (まゆげ)

⑤ 毛布 (けふ)

➡ ⑤ もうふ (모포)

① 모사. 털실.　　　　　② 실타래 중간의 마디.

③ 모피. 털가죽.　　　　④ 눈썹.

78 発音(발음)이 나머지 넷과 다른 것을 고르세요.

① 物理 (ぶつり)　　　　② 動物 (どうぶつ)

③ 物量 (ぶつりょう)　　④ 書物 (しょぶつ)

⑤ 物欲 (ぶつよく)

➡ ④ しょもつ (서책. 책. 도서)

① 물리.　　　　　② 동물.

③ 물량.　　　　　⑤ 물욕. 물건욕심.

79 発音(발음)이 나머지 넷과 다른 것을 고르세요.

① 作物 (さくもつ)　　　② 荷物 (にもつ)

③ 貨物 (かもつ)　　　　④ 物品 (もつひん)

⑤ 食物 (しょくもつ)

➡ ④ ぶっぴん (물품. 물건. 동산)

① 작물. 농작물.　　　② 짐. 화물.

③ 화물. 물품.　　　　⑤ 食物・食物 : 식품. 음식물. 식물.

　　(食み物 : 먹을 것. 특히 동식물 먹이)

80 間違っている読み方をそれぞれの中から一つ選びなさい。

① 博士 (はくし)　　　　　② 密告 (みっこく)

③ 白髪 (しらげ)　　　　　④ 一方 (いっぽう)

⑤ 民放 (みんぽう)

해설

➡ ③ しらが (백발. 흰머리)

① 박사. (博士)　　　　　② 밀고. 남몰래 일러바침.

④ 한편. 일방. 〜만. (그것뿐)　⑤ 민간방송의 준말.

• 次の文章を読んで、あとの問いに答えなさい。(81~87)

　　文明生活に飽いた人達は、「自然に還れ」というような主張をする。それは一応もっともな主張であるけれども、そのような主張をしている人達の生活をよく見ると、現代のもっとも洗練された生活技術を、十分に①堪能することはつづけながら、これに人工を加えた「自然」を取り入れれることを主張しているにすぎないことが多い。
　　外国にある大規模の国立公園では自然保護が②ゆきとどいている。(A)それは人間に都合のよい所だけを残して、都合の悪い所は除いてあるので、昔のままの自然ではない。道は完全に舗装してあるし、危険な動物や虫は·駆除してある。飲料水は浄化してあるし、電気が使えることも多い。(B)泊まれる設備があるとすれば、そこにはもちろんベッドがあり、水洗便所もある。文明生活の程度は保った(C)景色を楽しめるということである。
　　今から三、四十年前には、日本では暖房は火鉢だけということが珍しくなかった。今③それが強制されたらどうだろう。ほとんどの人は、火鉢にあたるだけで何の活動もしなくなるか、風邪をひくかするだけであろう。夏になって冷蔵庫を使わないで生活ができるだろうか。中世時代

には誰もが食べていたような腐りかけの肉————その臭みを消すために高価な東洋産のコショーが珍重されたというが————を食べさせられたら、現代人の何パーセントが無事でいるだろうか。このような肉体的な条件を考えるだけでも、今の生活程度を昔のものに戻すことはほとんど不可能である。

● 駆除 : 해충 등을, 쫓아 내거나 죽이는 것.

문명생활에 싫증이 난 사람들은, 「자연으로 돌아가라」라고 하는 주장을 한다. 그것은 일단 지당한 주장이지만, 그러한 주장을 하고 있는 사람들의 생활을 자세히 보면, 현대에 가장 세련된 생활기술을, 충분히 만족하는 것은 지속하면서, 여기에 인공을 첨가한 「자연」을 받아들이는 것을 주장하는 데 지나지 않는 경우가 많다.

외국에 있는 대규모의 국립공원에서는 자연보호가 세심하게 배려되어 있다. 그러나 그것은 인간에게 필요한 곳만을 남기고, 인간에게 불필요한 곳은 제거해 놓았기 때문에, 옛날 그대로의 자연은 아니다. 길은 완전히 포장되어 있고, 위험한 동물이나 벌레는 ●구제되어 있다. 음료수는 정화되어 있고, 전기를 사용하는 일도 많다. 혹시 숙박할 수 있는 시설이 있다고 한다면, 거기에는 물론 침대가 있고, 수세식 화장실도 있다. 문명생활의 정도는 보존하는 상태로 경치를 즐긴다는 것이다.

지금으로부터 3, 40년 전에는, 일본에서의 난방은 화로뿐이라고 하는 것이 이상한 일이 아니었다. 지금 그것을 강제되면 어떻게 될 것인가. 거의 모든 사람은, 화롯불을 쬐기만 할뿐, 아무런 활동도 하지 않게 되든지, 감기에 걸리든지 할 뿐이다. 여름이 되어 냉장고를 사용하지 않고 생활할 수 있을까. 중세시대에는 누구나가 먹었던 것과 같은 썩은 고기——그 냄새를 없애기 위하여 고가의 동양산 후추가 귀중하게 여겨졌다고 말하지만——을 먹는다면, 현대인의 몇 퍼센트가 무사할 것인가. 이러한 육체적 조건을 생각하는 것만으로도, 지금의 생활수준을 옛날로 돌리는 것은 거의 불가능하다.

• 文中の(A)～(C)に入れるのに最も適当なものを一つ選びなさい。(81～83)

81 (A)。

① そして   ② それで

③ ゆえに   ④ しかし

⑤ または

해설

➡ ④ 그러나.

① 그리고.   ② 그래서.

③ ~이기 때문에. 따라서. (故に)   ⑤ 또는.

82 (B)。

① だが   ② もし

③ よもや   ④ いったい

⑤ そしたら

해설

➡ ② 만약. 혹시.

① 그러나.   ③ 설마.

④ 도대체.   ⑤ 그렇다면.

83 (C)。

① おかげで   ② せいで

③ ままで   ④ かわりに

⑤ ので

해설

➡ ③ ~대로.

① 덕분에. ② 탓에. 책임으로.

④ 대신해서. ⑤ ~이기 때문에.

84 ①堪能する。とは、どういう意味か。最も適当なものを一つ選びなさい。

① よりいっそう向上させること。 ② 満足するまで楽しみ味わうこと。

③ 努力して研究しつくすこと。 ④ 才能をすっかり出させること。

⑤ 一生懸命に話すこと。

➡ 만족하다.

① 더 한층 향상시키는 것. ② 만족할 때까지 즐겁게 맛보는 것.

③ 노력해서 끝까지 연구하는 것 ④ 재능을 완전히 발휘하는 것.

⑤ 열심히 이야기하는 것.

85 ②ゆきとどいている。という言葉の使い方の間違っているものを①~⑤の中から一つ選びなさい。

① 社員の数が多すぎて全員には目がゆきとどかない。

② 隣の家の芝生は手入れがゆきとどいている。

③ 荷物がゆきとどいたのは夕方だった。

④ 設備がゆきとどいた病院を探す。

⑤ よくゆきとどいた看病のおかげで早くなおった。

해설

➡ 세심한 데까지 배려하다. (끝까지 잘 배려하다)

① 사원수가 너무 많아서 전원에게 마음을 써 줄 수가 없다.

② 옆집의 잔디는 손질이 잘되어 있다.

④ 설비가 잘된 병원을 찾는다.

⑤ 세심한 간병 덕에 빨리 나았다.

86 ③それ。とは、何をさすか。①～⑤の中から一つ選びなさい。

① 文明社会。
② 火鉢のない生活。
③ 冷蔵庫やコショーのない生活。
④ 三、四十年前の生活。
⑤ 今の生活。

➡ ④ 30～40년 전의 생활.

① 문명사회.
② 화로 없는 생활.

③ 냉장고와 후추가 없는 생활.
⑤ 지금의 생활.

87 この文章の内容と合わないものはどれか。 最も適当なものを①～⑤の中から一つ選びなさい。

① 人間は自分の都合のいいように自然に手を加え、保護する。
②「自然に還れ」と主張している人々は、自らそういう生活を実践している。
③ 現代人の体力は文明生活によって衰えてきたと言えるだろう。
④ 本当の意味で「自然に還る」のは、ほとんど不可能である。
⑤「自然に還れ」という主張があるのは一応事実である。

➡ ②「자연으로 돌아가라」는 주장을 하는 사람들은 스스로 그런 생활을 실천하고 있다.

① 인간은 자기 형편 좋을 대로 자연에 손을 가해 보호한다.

③ 현대인의 체력은 문명 생활에 의해 떨어지고 있다고 말할 수 있으리라.

④ 진정한 의미에서 자연으로 돌아가는 것은 거의 불가능하다.

⑤「자연으로 돌아가라」는 주장이 있는 것은 대체적인 사실이다.

88 これはいけるね。とてもおいしいね。下線の「いける」の意味を一つ選びなさい。

① 쓸 만하다.
② 갈 수 있다.

③ 나쁘다.
④ 싸다.

⑤ 질이 안 좋다.

➡️ 行ける : 잘할 수 있다. 꽤 좋다. 술을 많이 마신다.

89 「一休みしようではありませんか。」の意味を一つ選びなさい。

① 休みしましょう　　　　② 休みしません

③ 休みしますか　　　　　④ 休みしなさい

⑤ 休みしてはいけない

➡️ 잠깐 쉬려고 하는 것은 아닙니까. (一服 : 잠깐 쉬다)
一服盛る : 사람을 살해할 목적으로 독약을 만드는 것. 독약을 먹이는 것.

90 小説家が死んだのを知りません。(　　　) 안에 들어갈 말을 고르세요.

　　小説家(　　　)死んだのを知りません。

① の　　　　　　　　　② で

③ は　　　　　　　　　④ に

⑤ と

➡️ 「A의 B」가 「주어─동사」, 「주어─형용사」 등의 관계를 어순적으로 계속 유지하고 있는 경우, 연체수식절 안에서 「が」를 대신할 수 있다. (이러한 경우는 일반적인 문장에서 が를 사용했던 것을 の로 바꾸는 것이 가능하다)

일반적인 문장		명사＋명사의 문장	
私が読んだ。	내가 읽다.	私の読んだ本。	내가 읽은 책.
友だちが来る。	친구가 오다.	友だちの来る日。	친구가 오는 날.
水が飲みたい。	물을 마시고 싶다.	水の飲みたい人。	물을 마시고 싶은 사람.
人がいない。	사람이 없다.	人のいない部屋。	사람이 없는 방.

91 次の文章の（ a ）、（ b ）に入る正しいもの一つ選びなさい。

　　祖母はよく「気骨の折れることだねえ」と言う。なんとなく意味はわかっていたのだが、ある日「気骨のある人」という言葉に出会って「キボネのある人」と読んだら、姉に「それはキコツと読むのよ」と教えられた。あとで辞書を見たら、そのとおりで、（ a ）の意味は、「なかなか人に屈服しない心」とあった。「（ b ）が折れる」は「気苦労。気がねや遠慮などで、精神的に苦労する」という意味で、「キコツ」とは全く違う。

	a	b		a	b
①	キホネ	キホネ	②	キボネ	キボネ
③	キコツ	キコツ	④	キボネ	キコツ
⑤	キコツ	キボネ			

해설

▶ ⑤ キコツ (기개. 신념). キボネ (마음고생)

気骨が折れる : 신념을 끝까지 지켜서, 손쉽게 다른 사람이나 곤란에 굴하지 않는 강한 마음. (기개)

気骨が折れる : 이것저것 신경을 써서 정신적으로 피곤하다. (気疲れする)

할머니는 자주 「기개(신념)가 있다」라고 말한다. 어찌되었든 간에 의미는 알고 있었지만, 어느날 「気骨のある人」라고 하는 말에 부딪쳐서 「정신적으로 고생하다」라고 읽었더니, 누나가 「그것은 기개(신념)라고 읽는다」라고 가르쳐 주었다. 후에 사전을 보았더니 말한 대로, 기개(신념)의 의미는 「좀처럼 남에게 굴욕하지 않는 마음」이었다. 「정신적으로 고생하다」는 「마음고생. 눈치·사양으로, 정신적으로 고생하다」라고 하는 의미이고, 「기개·신념」하고는 전혀 다르다.

92 次の文章を読んで、後の問いに答えなさい。

　私は東大に合格しましたが、学力だけいえば、私の息子は中学二年ですが、当時の東大に合格する学力を備えています。ですから、私はそれ以上<u>相談に乗ってやれません</u>。ですから私は、お前どこへ受かってもいいよ。お父さんは怒らないよ。何なら大学に行かなくてもいいよと、すぐそういうふうにいうわけです。自分が一緒にやったからいえるわけです。そういうお父さんがもっと増えればノイローゼも減るんじゃないかなと思います。自分のことをいってすみませんけれども、そういうふうな気がしております。

【問い】<u>相談に乗ってやれません</u>とあるが何についての相談か。

① 学力 　　　　　　　② 入学試験

③ 進学 　　　　　　　④ ノイローゼ

⑤ 就職

해설

➡ ③ 진학.

저는 도꾜대학에 합격했습니다만, 학력만 말한다면, 제 아들은 중학교 2학년이지만, 당시의 도꾜대학에 합격할 학력을 갖추고 있습니다. 그렇기 때문에, 저는 더 이상 상담에 응해줄 수가 없습니다. 그렇기 때문에 저는, 너는 어디에 합격해도 상관없다. 아빠는 화를 안낸다. 괜찮다면(원한다면) 대학에 가지 않아도 된다 라고, 곧바로 그런 식으로 말을 합니다. 제 자신도 그렇게 했기 때문에 말할 수 있는 겁니다. 그런 아버지들이 좀 더 많아지면 노이로제도 줄어들지 않을까 하고 생각합니다. 제 자신에 대해 말해서 미안합니다만, 그런 생각이 듭니다.

93 다음 문장의 내용과 일치하지 않는 것을 고르세요.

暑中お見舞い申し上げます。

当地はうだるような猛暑が続いておりますが、御地はいかがでしょうか、お伺いいたします。私は朝夕の通勤電車が学生の夏休みで楽ですし、会社は冷房ですし、案外いいのですが、取引先まわりでは暑い街を汗をかきながら歩いています。当分はまだ暑い日が続くでしょう。どうぞお大事にお過しください。

① 여름에 보낸 문안 편지이다.
② 거래처를 돌 때는 덥지 않다.
③ 학생들이 방학 중이라 통근전차가 불편하지 않다.
④ 회사에서는 냉방을 해 준다.

해설

➡ ② 거래처를 돌 때는 덥지 않다.

복중 문안 인사드립니다.

이곳(지금 있는 곳)은 찌는 듯한 무더위가 계속되고 있습니다만, 계신 곳은 어떻습니까. 저는 아침저녁(출퇴근) 통근열차가 학생의 여름방학이라 편하고, 회사는 냉방이라서, 의외로 좋습니다만, 거래처 방문은 더운 거리를 땀을 흘리면서 걷고 있습니다. 당분간은 아직 더운 날이 계속 되겠지요. 부디 몸 건강히 잘 지내십시오.

朝夕 : 조석. 아침저녁. (朝夕・朝夕)

茹だる : 심한 더위로 나른해지다. 뜨거운 물로 충분히 데워지다. 삶아지다. (茹だる)

生地 : 인간의 손이 닿지 않은 자연 그대로의 성질. 화장하지 않은 맨 얼굴(素顔).
        마무리하기 전의 재료. 옷감. 반죽한 면. 도자기의 유약을 칠하지 않은 것.

生地 : 출생지. 모르는 토지. 살아서 돌아갈 수 있는 토지. (生地)

94 다음 문장의 내용과 일치 않는 것을 고르세요.

　最近はいろいろな事件が次々起こって学校教育のことが云々されます。「今のような学校教育ならないほうがいいのではないか」と過激なことをおっしゃる方もいますが、私はやっぱり学校というものは大事だと思います。その学校が大きいか小さいかは別として、たとえば、子供たち同士が肌を接して同じ場所で学ぶ、あるいは先生から面と向かって肉声で何かを受け継いでいく、それが大切なのではないかと考えるのです。インターネットとかコンピューターによる授業も出てきつつあり、それを全面的に否定する気持ちはありません。私たちが学んできた本とか文字とか活字というのは、ある意味でメディアの大革命だったからです。その延長線上にあるのがニューメディア革命なのです。私はコンピューターは結構だけれども、コンピューターが全盛になっていけばいくほど、もっと肉声のきこえるような、人間との接触が大事にされなければならないと思います。

① 学校というものは子供たち同士が肌を接して学べる場所だからこそ大事である。
② コンピューターを使った教育が盛んになれば人間との接触はこれ以上必要ない。
③ インターネットやコンピューターによる授業を全面的に否定するわけではない。
④ 一部の人は今のような学校教育ならいらないと言う。

해설

➡ ② 컴퓨터를 사용한(통한) 교육이 활발해지면 인간과의 접촉은 더 이상 필요 없다.

최근에는(요즘은) 여러 가지 사건이 계속 발생해서 학교교육에 대한 것이 운운(이렇다 저렇다 말을 하다) 됩니다. 「지금과 같은 학교교육이라면 없지 않는게 좋지 않을까」라고 과격하게 말씀하시는 분도 있습니다만, 저는 역시 학교라는 건 중요하다고 생각합니다. 그 학교가 크냐 작냐는 제쳐 놓고, 예를 들면, 아이들끼리 피부를 맞대고 같은 장소에서 배우는, 또는 선생님으로부터 면전에서 육성으로 무언가를 계승해 가는, 그것이 중요하지 않을까 하고 생각하는 것입니다. 인터넷이나 컴퓨터에 의한 수업도 계속 나오고 있고, 그것을 전면적으로 부정할 마음은 없습니다. 우리가 배워 온 책이나 글자라든가 활자라는 것은, 어떤 의미에서 미디어의 대혁명이었기 때문입니다. 그 연장선상에 있는 것이 뉴미디어 혁명인 것입니다. 저는 컴퓨터는 괜찮겠지만, 컴퓨터가 전성기를 이루면 이루는 만큼, 좀 더 육성이 들리는 것 같은, 사람과의 접촉이 중요해지지 않으면 안 된다고 생각합니다.

① 학교란 아이들끼리 피부를 맞대며 배울 수 있는 장소이기 때문에 더욱더 소중하다.

③ 인터넷이나 컴퓨터 수업에 의한 수업을 전면 부정하는 것은 아니다.

④ 일부의 사람은 지금과 같은 학교 교육이라면 필요 없다고 말한다.

95 다음 글의 내용과 가장 가까운 것을 고르세요.

電子メール、ショッピングサイトでの買い物、スマートフォンを使った情報の検索やブログへの書き込みなど、私たちの日常生活の中でインターネットを利用する機会はますます増えています。個人でインターネットを利用する場合にも、情報セキュリティに対するしっかりとした知識と対策は欠かすことができません。クレジット・カード番号や住所、氏名、電話番号などの重要な情報や、電子メールの内容、商品の購買履歴といった利用者の行動に関する多くの情報が、ネットワーク上をデータとして流れるようになっています。これらの情報は、事故や悪意のある攻撃によって漏えいしたり、悪用されたりする危険性があることを認識しておく必要があります。

① サービスの拡張と情報セキュリティ対策は常に反比例する。

② インターネットを安心して使うために情報セキュリティ対策が必要だ。

③ ウイルスに感染してもパソコンは普通に使えるが、悪用されることがある。

④ 個人情報の漏れはインターネットによる情報検索や商品の購買等によって発生する。

➡ ② 인터넷을 안심하고 사용하기 위해서 정보 보안 대책이 필요하다.

전자 메일, 쇼핑 사이트에서의 쇼핑, 스마트폰을 사용한 정보의 검색이나 블로그에의 쓰기 등, 우리들의 일상생활 속에서 인터넷을 이용하는 기회는 점점 증가하고 있습니다. 개개인의 인터넷을 이용하는 경우에도, 정보 보안에 대한 확실한 지식과 대책은 빼놓을 수 없습니다. 신용카드 번호나 주소, 성명, 전화번호 등의 중요한 정보나, 전자우편의 내용, 상품의 구매이력이라고 하는 이용자의 행동에 관한 많은 정보가, 네트워크상을 데이터로 해서 유포되고 있습니다. 이것들의 정보는, 사고나 악의 있는 공격에 의해 누설되거나, 악용되기도 할 위험성이 있음을 인식해 둘 필요가 있습니다.

① 서비스의 확장과 정보 보안 대책은 항상 반비례한다.

③ 바이러스에 감염돼도 PC는 보통 사용할 수 있지만, 악용되는 일이 있다.

④ 개인정보 유출은 인터넷에 의한 정보검색이나 상품의 구매 등에 의해서 발생한다.

96 間違っている読み方をそれぞれの中から一つ選びなさい。

① 値段 (ねだん) ② 留守 (るす)

③ 出納 (しゅっとう) ④ 家賃 (やちん)

⑤ 素直 (すなお)

➡ ③ 出納・出納 (지출과 수입)

① 가격. ② 외출 중.

④ 집세. ⑤ 순수하다. 솔직하다.

97 다음 중 (   ) 안에 들어갈 일본어로서 올바른 것을 고르세요.

㉠ 遠い(   )をよく来てくださいました。

㉡ いくらがんばった(   )、上手になれそうもない。

㉢ あの人は千円(   )、百円も持っていない。

ㄹ 美人に気をとられて、車にひかれる(　　　)だった。

ㅁ 友だちのところへ行った(　　　)、留守でした。

	ㄱ	ㄴ	ㄷ	ㄹ	ㅁ
①	ところで	ところ	ところ	ところが	どころか
②	どころか	ところ	ところで	ところが	ところ
③	ところ	どころか	ところで	ところが	ところ
④	ところ	ところが	ところ	どころか	ところで
⑤	ところ	ところで	どころか	ところ	ところが

해설

➡ ところ　　 : ～인 중에도.

ところで : 그런데(화제 전환). ～해 봤자. ～해 본들.

ところが : 그러나. (뒤 문장이 앞 문장에서 예상한 상황의 것과 반대의 내용이며 의지의
　　　　　　문장은 올 수 없다)

どころか : 그뿐만 아니라(은 오히려). (앞 문장에 비해 뒤 문장은 정도가 심하다)

ところで : 그런데. 그러면(화제전환). ～해 봤자. ～한들. (뒤 문장은 소용없다)

ㄱ 먼 곳을 잘 와 주셨습니다.

ㄴ 아무리 노력한들(노력해 봤자), 잘할 수 있을 것 같지 않다.

ㄷ 저 사람은 천엔은 커녕, 백엔도 가지고 있지 않다.

ㄹ 미인들에게 정신이 팔려, 차에 치일 뻔했다.

ㅁ 친구 있는 곳에 갔었지만, 부재(외출) 중이었습니다.

98 次の文の(　　　)の中に最も適当なものを入れなさい。

雨の中でサッカーをしたので(　　　)になった。

① さびだらけ　　　　　　② かびだらけ

③ どろだらけ　　　　　　④ ほこりまみれ

⑤ くずまみれ

➡ 빗속에서 축구를 했기 때문에 진흙투성이가 되었다.

명사형＋だらけ : ～투성이.

명사 ＋まみれ : ～범벅. (액체 같은 것이 표면에 많이 묻어 있는 것)

명사 ＋ずくめ : 전부 ～이다.

血だらけ(피투성이) · 間違いだらけ(틀린 것 투성이) · 借金だらけ(빚투성이) · 泥だらけ(흙투성이).

泥まみれ(흙범벅) · 血まみれ(피범벅) · 汗まみれ(땀범벅).

黒ずくめの服装。전부 까만 옷의 복장.　いいことずくめ。좋은 일만 있는 것.

① 녹(錆). 이끼(苔).　　　② 곰팡이의 총칭. (黴)

④ 먼지. (埃)

⑤ 부스러기. 조각. 찌꺼기. 쓰레기. 도움이 안 되는 사람. (屑)

• 次の文の(　　)の中に最も適当なものを入れなさい。

99 私は息子が行こうと(　　)と関係ありません。

① 行く　　　　　　② 行った

③ 行き　　　　　　④ 行くまい

⑤ 行かず

➡ 저는 아들이 가든 안 가든 상관없습니다. (관계없습니다)

まい : 부정 추측 · 부정 의지를 나타낸다.

동사Ⅰ (기본형) ＋ まい。(동사Ⅰ의 기본형을 대신할 수 있는 것은 ます이다)

동사Ⅱ (ます形) ＋ まい。

동사Ⅲ (する) : しまい · すまい · するまい · せまい。

　　　　(来る) : 来まい · 来まい · 来るまい · 来まい。

동사Ⅲ은 모두 사용할 수 있지만 기본형으로 가장 많이 사용된다.

100 次の文の(　　　)の中に最も適当なものを入れなさい。

私は電車で座っているときお年寄りが乗って来たら、席をゆずらずには
(　　　)。

① おわらない　　　　　　　② ありえない

③ たまらない　　　　　　　④ はじまらない

⑤ いられない

➡ ⑤ ～하지 않을 수 없다.

나는 전철에 앉아 있을 때 나이 드신 분이 타면, 자리를 양보하지 않을 수 없다.

① 끝나지 않다. (終わる)　　　　② 있을 수 없다. (あり得ない)

③ 견딜 수 없다. 참을 수 없다.　　④ 시작할 수 없다. (始まる)

101 次の文の(　　　)の中に最も適当なものを入れなさい。

彼女にふられたからといって、そんなに(　　　)しないで元気を出せよ。

① ぐうぐう　　　　　　　　② かんかん

③ ぺこぺこ　　　　　　　　④ うきうき

⑤ くよくよ

➡ 애인에게 버림받았다고 해서, 그렇게 불평만 말하지 말고 힘을 내라.

① 코 고는 소리. 공복(空腹)이 되어 배에서 나는 소리. (꼬르륵꼬르륵)

② 금속소리. 굉장히 화난 모습. 햇볕이 내리쬐는 모습. 숯불 따위가 세차게 피어오르는 모습.

③ 배가 굉장히 고픈 모습. 아첨하다. 금속이 쪼그라드는 소리.

④ 기쁜 것. 즐거운 것이 있어서 마음이 들뜨는 모습. (소풍)

⑤ 걱정해도 소용없는 일에 이러쿵저러쿵 끙끙거리는 모습.

102 次の文の(　　)の中に最も適当なものを入れなさい。

> 私は食べ物の好き嫌いが多く、特に肉が好きではない。食べようと思えば(　　)、あまりおいしいとは思えないし、場合によっては気分がわるくなってしまうこともある。友だちと食事に行って肉料理が出てくると、いつも友だちに食べてもらっている。

① 食べられるわけではないが　　② 食べられるから
③ 食べられないわけではないが　　④ 食べられないというより
⑤ 食べられないわけにはいかないが

해설

➡ ③ 먹을 수 없는 것은 아니지만. 못 먹는 건 아니지만.

나는 음식을 많이 가리고, 특히 고기를 좋아하지 않는다. 먹으려고 하면 먹을 수 없는 것은 아니지만, 그다지 맛있다고는 생각되지 않고, 때에 따라서는 기분이 나빠질 때도 있다. 친구와 식사하러 가서 고기 요리가 나오면, 항상 친구가 먹어 준다.

- わけではない。(〜인 것은 아니다)

  용법 : 동사 (기본체) + わけ。

  　　　い형용사·な형용사(현재·과거형)＋わけ。

  의미 : 문 전체를 부정한다. (앞 문장이 긍정형이 오면 전면부정이다)

  　沢山働いたからといって、給料が上がるわけではない。

  　일을 많이 했다고 해서, 월급이 올라가는 것은 아니다.

  　人間は仕事をするために生まれて来たわけではない。

  　인간은 일을 하기 위해서 태어난 것은 아니다.

- わけではない。(〜인 것은 아니다)

  의미 : 부분부정을 나타낸다. (앞 문장이 부정형이 오면 부분부정이다)

  　刺身は嫌いだが食べないわけではない。　　少しは食べる。(부분긍정)

  　생선회는 싫어하지만 먹지 않는 것은 아니다.　　조금은 먹는다.

  　彼はお酒が飲めないわけではない。

  　그는 술을 마실 수 없는 것은 아니다.

- わけがない・はずがない。(당연히 〜하지 않다. 〜일 리가 없다)

  용법 : 동사 (기본체) + わけがない。

い형용사·な형용사 (현재·과거형) + わけがない。

의미 : 동작 또는 상태가 일어날 가능성이 전혀 없는 것. (앞의 문장이 부정문이면 의미는

긍정이고, 앞의 문장이 긍정문이면 의미는 부정이다)

そんな難しいこと子供にわかるわけがない。

그렇게 어려운 것을 아이가 이해할 리가 없다.

「新人類」が転職しないで同じ会社に勤め続けるわけがないだろう。

신세대가 전직하지 않고 같은 회사에 근속할 리가 없다.

- わけにはいかない。(～일 수 없다)

용법 : 동사(현재형)＋わけにはいかない。

의미 : 불가능을 나타낸다. (앞의 문장이 부정문이면 의미는 긍정이고, 앞의 문장이 긍정문이

면 의미는 부정이다)

試験の前だから、遊んでいるわけにはいかない。

시험 전이기 때문에, 놀고 있을 수가 없다.

その頃私は医者に酒を止められていたから、飲むわけにはいかなかった。

그때 나는 의사 선생님에게 술을 금지 당했기 때문에, 마실 수가 없었다.

- わけにはいかない。(～일 수 없다)

용법 : 동사(부정형)＋わけにはいかない。(しなければならない)

의미 : 하지 않으면 안 된다고 하는 의미를 나타낸다. (앞의 문장이 부정문이면 의미는 긍정이고,

앞의 문장이 긍정문이면 의미는 부정이다)

国民は税金を納めないわけにはいかない。

국민은 세금을 납부하지 않으면 안 된다.

食費が高いからといって食べないわけにはいかない。

식비가 비싸다고 해서 먹지 않으면 안 된다.

103 次の文の(　　　)の中に最も適当なものを入れなさい。

時間(　　　)あれば、お手伝いできるんですけど。

① しか　　　　　　　　　② だけ

③ ながら　　　　　　　　④ も

⑤ さえ

➡ 시간만 있으면, 도와드릴 수 있는데요.

さえ : ～까지도. ～조차. ～마저. ～만. ～뿐.

용법 : 명사 (단어)·동사 (ます形) + さえ·すら.

특별한 예를 들어 ～이기 때문에 다른 것은 물론이라고 하는 의미를 나타낼 때.
すら、も 보다 강한 강조)

「…でさえ」「…ですら」의 형으로 사용하는 일도 많다.

～한테 마저도 (게다가) 라고 하는 의미를 나타낸다.(すら)

「…さえ…ば」의 형으로 그것만으로도 충분(それだけでじゅうぶん)하다고 하는 의미를 나타낸다.

① ～밖에. ② ～만.

③ ～하면서. ～지만.

104 次の文の(　　　)の中に最も適当なものを入れなさい。

夢中になって本を読んでいる(　　　)、夜が明けていた。

① にいて ② うちに
③ ところに ④ あとで
⑤ まえに

➡ 정신없이 책을 읽고 있는 동안에(사이에) 날이 새고 있었다. (동이 트고 있었다)

② ～하는 동안에. ～하는 사이에. (内に)

③ ～하는 중. (今本を読んでいるところです。 지금 책을 읽고 있는 중입니다)

④ ～한 후에. (後で) ⑤ ～하기 전에. (前に)

105 次の文の(　　　)の中に最も適当なものを入れなさい。

老人をうまく(　　　)お金をとるなんてひどい話だ。

① うらんで　　　　　　② うらぎって

③ からかって　　　　　④ ふざけて

⑤ だまして

해설

➡ ⑤ 노인을 속여 돈을 갈취하다니 심한 이야기다. (너무하다)

① 원망하다. 분하게 여기다. 원한을 풀다. (恨む)

② 배반(背反)·배신(背信)하다. 약속(約束)·신의(信義)·기대(期待) 등을 저버리다. (裏切る)

③ 상대를 곤란해하거나 화나게 해서 재미있어 한다. 야유(揶揄)하다. 놀리다. 지지 않으려고 다투다. 갈등(葛藤)하다. (からかう)

④ 장난치다. 익살 떨거나 농담하다. 장난쳐서 화내는 척하다. 바보취급하다. 아이들이 실없이 웃으면서 조금 큰 소리로 계속 떠들다. 남녀가 함께 음탕한 소리와 난잡한 행동으로 놀다. (ふざける)

⑤ 속이다. 사기를 치다. 얼버무리다. (騙す·欺く·誑かす)

106 次の文の(　　　)の中に最も適当なものを入れなさい。

申し込みは往復はがき(　　　)ファックスのどちらかでお願いします。

① あるいは　　　　　　② および

③ もしくは　　　　　　④ ないしは

⑤ それとも

해설

➡ 신청은 왕복 엽서나(또는) 팩스 중 하나로 부탁드립니다.

① 혹은. 또는. 어쩌면. (或いは·或は)

동류의 사항을 열거하여 여러 가지 경우가 있는 것을 나타낸다. (一方では : 한편으로는)

어떤 사태가 일어날 가능성이 있는 것. (ひょっとしたら : 어쩌면. 혹시)

동류의 사물 중에서 어떤 하나인 것을 나타낸다. (または・もしくは)

② 및. (명사와 명사를 열거할 때). (と・や)

③ 또는. 혹은. 그렇지 않으면.　　　　　④ 내지는. (乃至は)

⑤ 그렇지 않으면. 아니면. 혹은. 또는. (둘 중 하나를 선택할 때)

107 次の会話文を正しい順序にしなさい。

A : そうねぇ、形もほどんど同じだし。

B : じゃあ、こんな風にしたらどうかしら、場所もとらないし。

C : いろいろなデザインの洋服があるから、どう並べばいいか迷っちゃうなぁ。

D : 店にあるようにビニールの中に入れたら目立たないし。

E : ああ、いいねぇ、これなら目に入るよ。

① C−A−D−B−E　　　　② D−A−C−B−E

③ C−E−B−A−D　　　　④ B−A−C−E−D

⑤ A−C−E−B−D

해설

➡ ① C−A−D−E−B

A : 그러네, 모양도 거의 비슷하고.

B : 그러면, 이런 식으로 하면 어떨까, 장소도 차지하지 않고.

C : 다양한 디자인의 옷이 있기 때문에, 어떻게 정렬하면 좋을지 망설여지네.

D : 가게에 있는 것처럼 비닐 안에 넣으면 눈에 안 띄고.

E : 아, 좋아. 이렇게 하면 시야에 들어오네. (자연히 보이네)

108 問題文の次にくるものとして最も適当なものを一つ選びなさい。

　　このアイディアは二番煎じだから、別のものにしよう。

① そうしよう。このアイディアはもう流行遅れだ。
② そうしよう。このアイディアは他のものの真似をしているよ。
③ そうしよう。このアイディアはお金が掛かりすぎるから。
④ そうしよう。このアイディアはもうすたれてだれも買うわけがないでしょう。
⑤ そうしよう。このアイディアは人に目立つからほかのものにしましょう。

해설

➡ 이 아이디어는 새로운 것이 없기 때문에, 다른 것으로 하자.
　二番煎じ : 새로운 맛이 없다. 재탕한 차. (流行る : 유행하다)
④ 廃れる : 쓰이지 않게 되다. 통용되지 않다. 쇠퇴하다. 유행하지 않게 되다.

109 問題文の次にくるものとして最も適当なものを一つ選びなさい。

　　我が家は最近火の車です。

① 何が原因でけんかになるのですか
② 全員、同じ病気なんですか
③ 彼の家はいつも豊かでなんの心配もないようですね。
④ この前火事があって、引っ越したそうですね。
⑤ 物価がどんどん上がるので、うちも家計が苦しくてね。

해설

➡ 우리 집은 최근 경제적으로 어려운 상황입니다. (火の車 : 경제적으로 힘들다)

110 밑줄 친 부분의 뜻에 가장 가까운 것을 고르시오.

大切なお客様が大勢来ますから、<u>あらかじめ</u>会場の準備をしておいたほうがいいでしょう。

① がっかり   ② すでに

③ とりわけ   ④ とっくに

⑤ まえもって

해설

➡ 중요한 손님이 많이 오시기 때문에, 미리 회의장의 준비를 해 두는 것이 좋겠지요.

① 실망하다. (がっくりする・落ち込む)   ② 이미. 벌써. 옛날에.

③ 유난히. (取り分け)   ④ 이미. 벌써. 옛날에. (すでに의 회화체)

⑤ 미리. 사전에. (かねて・前もって・予め)

第 8 章。제8장
だいはっしょう

- 接続詞　접속사
  せつぞくし

- 接続助詞　접속조사
  せつぞくじょし

● 順接。 순접.

▸ 결과 · 결론. (앞 문장은 원인 · 이유, 뒤 문장은 결과 · 결말)

だから	～이기 때문에. 그렇기 때문에. (뒤 문장은 당연한 결과)
	雨になりそうだ。 だから、ピクニックは止めよう。
	비가 내릴 것 같다. 그렇기 때문에, 소풍은 그만두자.
その結果	그 결과.
	毎日練習した。 その結果できるようになった。
	매일 연습했다. 그 결과 할 수 있게 되었다.
従って	따라서. 문어체. (이유보다는 결말을 강조)
	明日は午後から先生方の会議がある。 したがって、授業は午前中までだ。
	내일은 오후부터 선생님들의 회의가 있다. 따라서, 수업은 오전까지다.
そのために	그 때문에. (결과보다는 뒤 문장에서 일어났던 이유를 강조)
	事故にあいました。 そのために、遅れてしまいました。
	사고가 났습니다. 그것 때문에, 지각하고 말았습니다.
それで	그래서. (それだから · それゆえ · そのため · そして)
	(먼저 이야기한 것을, 원인 · 이유로서 강조한다)
	飲み過ぎた。 それで、頭が痛い。 과음을 했다. 그래서 머리가 아프다.
故に	따라서. ～이기 때문에. (문어체 논문 등에 주로 사용)
	外国人であるがゆえに、特別扱いされる。
	외국인이기 때문에, 특별한 취급을 받는다.

▶ 이야기가 발전된다.

すると	그러자. ~하자마자. (시각적인 차이가 거의 없음)
	窓を開けた。すると、虫が入ってきた。 창문을 열었다. 그러자, 벌레가 들어왔다.
そこで	그래서. 어떤 때에 의식적으로 행동을 할 때. (뒤 문장 끝에는 형용사를 사용할 수 없음)
	外が暗くなった。そこで電気をつけた。 밖이 어두워졌다. 그래서 전기를 켰다.
それで	그래서. (상대방의 이야기를 계속 물어볼 때)
	きのう彼とテニスをしたんだ。それでどっちが勝ったの。
	어제 그와 테니스를 쳤다. 그래서 어디가 이겼어?
それでは	그러면. (앞 문장의 내용으로 판단해서 뒤 문장의 말하는 사람의 의지·제안 등을 말함)
	暑いですね。それでは窓をあけましょう。 덥군요. 그러면 창문을 엽시다.
それなら	그러면. (그것에서)
	明日は都合が悪いんです。それならあさってはどうですか。
	내일은 시간이 없습니다. 그러면 모레는 어떻습니까.

▶ 앞 문장은 결과·결론, 뒤 문장은 이유.

なぜなら	왜냐하면.
	出かけるのは止めよう。なぜなら、大雨になりそうだから。
	외출하는 것은 그만두자. 왜냐하면, 큰 비가 올 것 같기 때문에.
というのは	~라고 하는 것은. (주로 설명문에 사용)
	私はできるだけ歩くようにしている。というのは、運動不足だからです。
	나는 가능한 한 걸을 수 있도록 하고 있다. 왜냐하면, 운동부족이기 때문입니다.
だって	왜냐하면. (회화체)
	どうして会社やめたの。だって給料が安いんだもの。
	왜 회사 그만두었어. 왜냐하면 월급이 싼 걸.

● 逆接（ぎゃくせつ）。역접.

▶ 앞 문장 혹은 뒤 문장에서 예견되는 내용과 반대되는 경우.

然（しか）し 併（しか）し	그러나. (뒤 문장은 본인의 의지의 문장이 온다) 一生懸命（いっしょうけんめい）勉強（べんきょう）した。しかし、テストの結果（けっか）は悪（わる）かった。 열심히 공부했다. 그러나, 테스트 결과는 좋지 않았다.
けれども	그렇지만. 彼（かれ）は丈夫（じょうぶ）そうに見（み）える。けれどもよく病気（びょうき）をする。 그는 건강한 듯이 보인다. 하지만 자주 병에 걸린다.
だけど	그렇지만. (けれども보다 친근한 말씨) 日常会話（にちじょうかいわ）はできます。だけど、難（むずか）しい話（はなし）はよくわかりません。 일상회화는 가능합니다. 그렇지만, 어려운 이야기는 잘 모릅니다.
だが	그러나. 그렇지만. (문어체) 彼（かれ）は必（かなら）ず電話（でんわ）すると言（い）った。だが電話（でんわ）はかかってこなかった。 그는 반드시 전화한다고 말했다. 그러나 전화는 걸려오지 않았다.
ところが	그러나. (뒤 문장이 앞 문장에서 예상한 상황의 것과 반대의 내용이며 의지의 문장은 올 수 없다) 野球（やきゅう）を見（み）ようと思（おも）い、テレビをつけた。ところが、雨（あめ）で試合（しあい）は中止（ちゅうし）だった。 야구를 보려고 생각해서, 텔레비전을 켰다. 그러나, 비로 시합은 중지되었다.

▶ 앞 문장의 내용으로부터 예상되는 것과 반대의 내용.

それなのに	～인데도. (주로 비난이나 불만을 표시할 때 사용한다) よく勉強（べんきょう）している。それなのに成績（せいせき）はちっとも上（あ）がらない。 열심히 공부하고 있다. 그런데도 성적은 조금도 오르지 않는다.
それにしては	～비해서는(割（わり）には). (뒤 문장은 상대의 평가를 나타내기 때문에 가능부정형이 온다) 銀座（ぎんざ）のレストランは高（たか）い。それにしては、あの店（みせ）は安（やす）いです。 긴자의 레스토랑은 비싸다. 거기에 비하면, 저 가게는 쌉니다.

にも拘_{かか}らず	～에도 불구하고. ～인데도. ～에도 상관없이. (なのに)
	(어려운 상황인데도 불구하고 ～해 주었다)
	あんなに説明_{せつめい}したにもかかわらず、やはり間違_{まちが}いが多_{おお}い。
	그렇게 설명했는데도 불구하고, 역시 실수가 많다.
それが	그것이. (앞 문장에서 생각할 때 의외의 경우가 된 경우)
	朝_{あさ}からとてもいい天気_{てんき}だった。それが、午後_{ごご}から急_{きゅう}に雨_{あめ}が降_ふってきた。
	아침부터 굉장히 좋은 날씨였다. 그것이, 오후부터 갑자기 비가 내렸다.

▶ 앞 문장의 내용은 인정하지만, 거기에 반한 내용이나 자신의 판단을 말한다.

でも	그러나.
	風邪_{かぜ}を引_ひいて頭_{あたま}が痛_{いた}い。でも、学校_{がっこう}を休_{やす}むほどじゃない。
	감기에 걸려 머리가 아프다. 그러나 학교를 결석할 정도는 아니다.
それでも	그래도.
	たばこが体_{からだ}に悪_{わる}いということはよくわかっている。それでもどうしても止_やめられない。
	담배가 몸에 나쁘다고 하는 것은 잘 알고 있다. 그래도 도저히 끊을 수가 없다.
それにしても	아무리 그렇다고 해도 지나치다. (앞 문장의 내용은 인정하지만 그러나 라고 하면서 말하는 사람의 판단을 말한다)
	日本_{にほん}の物価_{ぶっか}はとても高_{たか}い。それにしても土地_{とち}の値段_{ねだん}は高過_{たかす}ぎる。
	일본의 물가는 대단히 비싸다. 그렇다고 해도 토지가격은 너무 비싸다.

● 並列。병렬.

▶ 앞 문장과 뒤 문장을 열거해서 말한다.

また	또. (반복을 나타낸다)
	彼は医者でもあり、また作家でもある。그는 의사이기도 하고, 또 작가이기도 하다.
及び	및. (명사와 명사를 열거할 때). (と・や)
	教室内では、飲食および喫煙は禁止されている。
	교실 내에서는, 식사 및 흡연은 금지되어 있다.
並びに	「および」보다 훨씬 더 딱딱한 말투. (および・また)
	住所、氏名、ならびに電話番号を記入すること。
	주소, 이름, 및 전화번호를 기입할 것.

● 添加。첨가.

▶ 그리고. 거기에. 게다가. (앞 문장에 뒤 문장을 덧붙일 때)

そして	그리고.
	カナダ、アメリカ、そしてメキシコを旅行した。
	캐나다, 미국, 그리고 멕시코를 여행했다.
それから	그 뒤에. 그 외에도. 그러고 나서. (そのあと)
	デパートで買い物をした。それから、映画を見た。
	백화점에서 쇼핑을 했다. 그러고 나서, 영화를 보았다.
それに	거기에. 게다가. (その上・しかも・おまけに・かつ)
	あのレストランはまずい。それに値段も高い。
	저 레스토랑은 맛이 없다. 게다가 가격도 비싸다.
その上	거기에. 게다가. (엎친 데 덮친 격이다의 의미)
	あの人は頭はいいし、性格もいい。その上、スポーツも万能だ。
	저 사람은 머리도 좋고, 성격도 좋다. 게다가, 스포츠도 만능이다.

しかも	거기에. 게다가. (それにな その上보다 딱딱한 표현)
	このテストは難<ruby>難<rt>むずか</rt></ruby>しい。<u>しかも</u>問<ruby>問題<rt>もんだい</rt></ruby>の量<ruby>量<rt>りょう</rt></ruby>も多い。
	이 테스트는 어렵다. 게다가 문제의 양도 많다.
かつ	거기에. 게다가. (회화에선 사용하지 않는 순수한 문어체)
	ニュースは正<ruby>正確<rt>せいかく</rt></ruby>に、<u>かつ</u>、速<ruby>速<rt>はや</rt></ruby>く報<ruby>報道<rt>ほうどう</rt></ruby>されなければならない。
	뉴스는 정확히, 게다가, 빨리 보도되지 않으면 안 된다.
お負<ruby>負<rt>ま</rt></ruby>けに	게다가. (뒤 문장에 명령·희망형은 올 수 없다).
	転<ruby>転<rt>ころ</rt></ruby>んで怪<ruby>怪我<rt>けが</rt></ruby>をしただけでなく、<u>おまけに</u>服<ruby>服<rt>ふく</rt></ruby>まで破<ruby>破<rt>やぶ</rt></ruby>いてしまった。
	넘어져서 다쳤을 뿐 아니라, 게다가 옷까지 찢어져 버렸다.

▶ 앞 문장뿐만 아니라 뒤 문장도 강조.

ばかりではなく ばかりでなく	~뿐만 아니라. (ばかりか·だけでなく·のみでなく)
	子<ruby>子<rt>こ</rt></ruby>どもばかりではなく、大<ruby>大人<rt>おとな</rt></ruby>もそのゲームに熱<ruby>熱中<rt>ねっちゅう</rt></ruby>している。
	아이들뿐만 아니라, 어른도 그 게임에 열중하고 있다.
だけではなく だけでなく	~뿐만 아니라. 그뿐만 아니라.
	健<ruby>健康<rt>けんこう</rt></ruby>な人<ruby>人<rt>ひと</rt></ruby>だけでなく、障<ruby>障害者<rt>しょうがいしゃ</rt></ruby>やお年<ruby>年寄<rt>としよ</rt></ruby>りにも住<ruby>住<rt>す</rt></ruby>みやすい街<ruby>街<rt>まち</rt></ruby>ができるといいのだが。
	건강한 사람뿐만 아니라, 장애자나 노인에게도 살기 쉬운 마을이 생기면 좋겠는데.
ばかりか	~뿐만 아니라. 그뿐만 아니라.
	彼は遅<ruby>遅刻<rt>ちこく</rt></ruby>ばかりか無<ruby>無断欠勤<rt>むだんけっきん</rt></ruby>もする。 그는 지각뿐만 아니라 무단결근도 한다.
のみならず	~뿐만 아니라. 그뿐만 아니라.
	今<ruby>今度<rt>こんど</rt></ruby>の事<ruby>事件<rt>じけん</rt></ruby>で専<ruby>専務<rt>せんむ</rt></ruby>のみならず社<ruby>社長<rt>しゃちょう</rt></ruby>までも逮<ruby>逮捕<rt>たいほ</rt></ruby>されてしまった。
	이번 사건에서 전무뿐만 아니라 사장까지도 체포되고 말았다.
どころか	그뿐만 아니라(は疎<ruby>疎<rt>おろ</rt></ruby>か). (앞 문장에 비해 뒤 문장은 정도가 심하다)
	彼<ruby>彼<rt>かれ</rt></ruby>は漢<ruby>漢字<rt>かんじ</rt></ruby>が書<ruby>書<rt>か</rt></ruby>けません。<u>それどころか</u>、ひらがなも書けないんですよ。
	그는 한자를 쓰지 못합니다. 그뿐만 아니라, 히라가나도 쓸 수 없습니다.

● 選択。선택.

▶ A나 B 두 개 중에 하나를 선택.

それとも	그렇지 않으면. 또는. 혹은. (または・あるいは・ないしは・もしくは・いずれか)
	コーヒーにしますか。それとも紅茶がよろしいですか。 커피로 하겠습니까. 그렇지 않으면 홍차가 좋겠습니까.
又は	또는. 혹은. 그렇지 않으면.
	電話、または、電報で連絡します。 전화, 또는, 전보로 연락하겠습니다.
或は	또는. 혹은.
	大阪へ行くには飛行機、あるいは新幹線が便利だ。 오오사까에 가려면 비행기, 또는 신깐센이 편리하다.
乃至は	내지는. 또는. 혹은.
	両親、ないしは保証人の許可が必要です。 양친(부모님), 또는 보증인의 허가가 필요합니다.
若しくは	내지는. 또는. 혹은. (ないしは보다 딱딱한 표현)
	ボールペン、もしくは万年筆で記入してください。 볼펜, 또는 만년필로 기입해 주십시오.

● 説明。설명.

▶ 앞 문장과 같은 말을 뒤 문장은 다른 말로 바꿔서 말한다.

即ち	즉. 이른바. 말하자면. 자세한 설명. (則ち・乃ち)
	日本は四季、すなわち春・夏・秋・冬がはっきりしている。 일본은 4계절, 즉 봄・여름・가을・겨울이 뚜렷하다.
詰り	바꿔 말하면. 말하자면. 설명하자면. (대충의 설명문에 사용한다)
	明日、母の兄の子供、つまり私のいとこの結婚式があります。 내일, 어머니의 오빠의 아이, 말하자면 나의 외사촌 결혼식이 있습니다.

いわゆる 所謂	소위. 설명하자면. (모두가 말하고 모두가 알고 있다고 하는 의미를 나타낸다)
	両親が働いていてだれもいない家に帰る子供、いわゆる「鍵っ子」が増えている。
	부모가 일하고 있어서 아무도 없는 집에 돌아가는 아이, 소위(鍵っ子 : 열쇠를 목에 걸고 다니는 아이)가 늘고 있다.

▶ 앞 문장에 설명을 더한다.

ただ 但し	단. 다만.
	当店は年中無休です。ただし元旦は休みます。
	본점은 연중무휴입니다. 단 설날은 쉽니다.
もっと 尤も	단. 다만. (앞 문장은 말했지만 예외도 있다고 하는 의미를 나타낸다)
	毎日五時まで会社で働いている。もっとも土曜、日曜は休みだが。
	매일 5시까지 회사에서 일하고 있다. 단 토, 일은 쉬지만.
なお 猶 なお 尚	덧붙여. 더욱. 또한. (앞 문장의 말을 일단 끊고 다시 한 번 뒤 문장에 설명을 덧붙인다)
	来月の十日に打ち合わせをします。なお時間はのちほどお知らせします。
	다음달 10일에 협의를 합니다. 단, 시간은 이후에 알려드리겠습니다.
ちなみ 因に	덧붙여 말하면. 참고로 말하면. (序に言えば) (앞 문장에 관계가 있는 것을 참고로 덧붙인다)
	当店は火曜日が定休日です。ちなみに、商店街の決まりです。
	본점은 화요일이 정기휴일입니다. 참고로 말하면, 상점가의 결정입니다.

● 話題転換。화제전환.

▶ 앞 문장과는 직접 관계가 없는 내용.

ところで	그런데. 그러면.
	寒くなりましたね。ところで、お父さんの具合はいかがですか。

	추워졌군요. 그런데, 아버님의 건강(몸 상태)은 어떻습니까.
さて	그런데. 그러면.
	この辺で仕事の話は終わります。 <u>さて</u>、次に秋の社員旅行の話ですが……。
	이쯤에서 회사(일) 이야기는 끝내겠습니다. 그런데, 다음 가을 사원여행 이야기입니다만…….
それでは	그러면. 그렇다면.
	皆さん集まりましたね。 <u>それでは</u>始めましょう。
	모두 모이셨군요. 그러면 시작합시다.
それはさておき	그것은 접어 두고. (앞 문장의 이야기를 도중에서 끊고 새로운 화제로 뒤 문장을 이야기한다)
	今度の旅行のホテルはとてもいいそうですよ。食事も豪華らしいし……。 <u>それはさておき</u>、集合時間ですが……。
	이번 여행의 호텔은 대단히 좋다고 합니다. 식사도 호화스러운 것 같고……. 그건 그렇다 치고, 집합시간입니다만…….
それはそうと	그건 그렇고. (다른 화제를 생각해 냈을 때 자주 사용된다)
	この冬は寒いですね。雪も多いし……。 <u>それはそうと</u>、息子さんの受験、もうすぐじゃありませんか。
	이번 겨울은 춥네요, 눈도 많고……. 그건 그렇고, 아드님 시험, 이제 곧 아닙니까.

接続助詞。접속조사.

● 順接。순접.

▸ 앞 문장은 조건을 나타낸다.

ば	~하면. (뒤 문장에 과거형은 올 수 없지만 「ばよかった」는 관용적으로 사용함)
	雨が降れば試合は中止です。　　　　비가 내리면 시합은 중지입니다.
	高ければ買いません。　　　　　　　비싸다면 사지 않겠습니다.
	このビルの屋上に上がれば富士山が見えます。
	이 빌딩 옥상에 올라가면 후지산이 보입니다.

と	~하면. (뒤 문장에 의지나 명령형은 사용할 수 없다)
	朝起きるとすぐシャワーを浴びる。　　아침에 일어나면 곧바로 샤워를 한다.
	뒤 문장에 상대의 명령이나 의뢰 등이 있을 때, 「ば」「と」는 사용할 수 없다. 그 경우는 「たら」를 사용할 수 있다.
	アメリカに着いたらお手紙くださいね。　미국에 도착하면 편지 주세요.
	뒤 문장의 내용이 앞 문장보다 먼저 일어날 때는 「ば」「と」「たら」도 사용할 수 없다. 그때는 「なら」를 사용한다.
	北海道へ行くなら、飛行機が便利です。
	홋까이도에 가는 것이라면, 비행기가 편리합니다.

▸ 앞 문장은 이유나 원인의 문장이 온다.

から	~이기 때문에. (원인·이유가 주관적이다)
	뒤 문장에 「だろう」를 써서 추량, 「…しなさい」로 명령, 「…しよう」로 의지 등의 표현을 사용할 수 있다.
	空が暗くなってきたから、もうすぐ雨が降るだろう。
	하늘이 어두워졌기 때문에, 이제 곧 비가 내리겠지.
	もう遅いから、早く寝なさい。　　　이제 늦었기 때문에, 빨리 자라.
	疲れたから休もう。　　　　　　　　피곤하기 때문에 쉬자.

からには	~인 이상은. (이유가 강조) 뒤 문장에 ~하지 않으면 안 된다(…しなければならない) 같은 의무(義務<ruby>ぎむ</ruby>), ~하고 싶다(…したい), ~할 생각이다(…するつもりだ) 등의 표현이 온다. 一度<ruby>いちど</ruby>こうだと決<ruby>き</ruby>めたからには最後<ruby>さいご</ruby>までやりぬこう。 한번 이것이라고 결정한 이상은 최후(마지막)까지 해내자. 日本<ruby>にほん</ruby>へ来<ruby>き</ruby>たからには日本語<ruby>にほんご</ruby>を話<ruby>はな</ruby>せるようになりたい。 일본에 온 이상은 일본어를 이야기할 수 있게 되고 싶다.
ので	~이기 때문에. (원인·이유가 객관적으로 명백한 경우에 사용된다) 事故<ruby>じこ</ruby>があったので遅<ruby>おそ</ruby>くなりました。　　사고가 났기 때문에 늦었습니다. 用事<ruby>ようじ</ruby>があるので先<ruby>さき</ruby>に帰ります。　　　　볼일이 있기 때문에 먼저 돌아가겠습니다.
し	뒤 문장의 이유의 하나가 앞 문장에 있다. (같은 내용을 열거할 때) これもずいぶん古<ruby>ふる</ruby>くなったし、新<ruby>あたら</ruby>しいのを買<ruby>か</ruby>いたいなあ。 이것도 상당히 낡았고, 새것을 사고 싶다. ~이고. (병렬의 의미도 있다) 雨<ruby>あめ</ruby>も降<ruby>ふ</ruby>っているし、風邪<ruby>かぜ</ruby>も引<ruby>ひ</ruby>いているので、今日<ruby>きょう</ruby>は一日中<ruby>いちにちじゅう</ruby>家<ruby>うち</ruby>にいます。 비도 내리고 있고, 감기도 걸렸기 때문에, 오늘은 하루 종일 집에 있습니다.
ために	~이기 때문에. (앞 문장이 원인, 뒤 문장은 그것으로 인한 특별한 것) 梅雨<ruby>つゆ</ruby>に雨<ruby>あめ</ruby>が降<ruby>ふ</ruby>らなかったために、今<ruby>いま</ruby>水不足<ruby>みずぶそく</ruby>で困<ruby>こま</ruby>っています。 장마 때 비가 안 내렸기 때문에, 지금 물 부족으로 곤란을 겪고 있습니다. ~하기 위해서. (앞 문장은 뒤 문장의 목적을 나타낸다) アメリカに留学<ruby>りゅうがく</ruby>するために英語<ruby>えいご</ruby>を習<ruby>なら</ruby>っています。 미국으로 유학하기 위해서 영어를 배우고 있습니다.

▶ 동시 또는 잇달아서 일어나는 사건을 나타낸다.

なり	~하자마자. (동사(기본형) + なり·やいなや·と) 어떤 일 뒤에 곧바로 다른 일이 일어나는 경우. あの子<ruby>こ</ruby>はうちに帰<ruby>かえ</ruby>るなり、かばんを置<ruby>お</ruby>いてすぐ出<ruby>で</ruby>かけてしまった。 그 아이는 집에 돌아오자마자, 가방을 두고 나가 버렸다.

や否や <small>いな</small>	~하자마자. (동사(기본형) + や否や・なり・と)
	ドアを開けるや否や、雨が吹き込んできた。 <small>あ</small> <small>あめ</small> <small>ふ こ</small> 문을 열자마자, 비가 쳐들어왔다.
とたんに	~하자마자. (동사(과거형) + とたんに・やさきに)
	出かけようとしたとたんに、雨が降ってきた。 <small>で</small> <small>あめ</small> <small>ふ</small> 외출하려고 했을 때에, 비가 내렸다.
つつ	~하면서. (ながら의 문어체)
	私たちはお互いに助け合いつつ、生活しています。 <small>たが</small> <small>たす あ</small> <small>せいかつ</small> 우리들은 서로 도와 가면서, 살고 있습니다.
	…つつある의 형태로 동작이 계속 진행될 때. (관용적 용법)
	世界の環境は破壊されつつあります。 세계의 환경은 계속 파괴되고 있습니다. <small>せ かい</small> <small>かんきょう</small> <small>は かい</small>
ながら	~하면서. (두 가지 동작을 동시에 진행할 때)
	音楽を聴きながら、本を読む。 음악을 들으면서, 책을 읽는다. <small>おんがく</small> <small>き</small> <small>ほん よ</small>

● 並列。병렬.
<small>へいれつ</small>

▸ 앞 문장과 뒤 문장을 열거해서 말함.

し	~이기 도하고. (동시에 두 가지 이상의 내용을 열거할 때 사용한다)
	彼は頭もいいし、顔もいいし、それに性格もいい。 <small>かれ あたま</small> <small>かお</small> <small>せいかく</small> 그는 머리도 좋고, 얼굴도 잘생겼고, 게다가 성격도 좋다.
たり	~하기도 하고 ~하기도 했다. (동작을 열거할 때 사용한다)
	日曜日には散歩をしたり本を読んだりして、のんびり過ごします。 <small>にちようび</small> <small>さんぽ</small> <small>ほん よ</small> <small>す</small> 일요일에는 산보를 하기도 하고 책을 읽기도 하면서, 여유 있게 보냅니다.
	반대의 의미의 말을 2개 열거해서 동작이나 모습이 반복되는 것을 말한다.
	山田さんは忙しそうに、部屋を出たり入ったりしています。 <small>やま だ</small> <small>いそが</small> <small>へ や で</small> <small>はい</small> 야마다씨는 바쁜 듯이, 방을 나왔다 들어갔다 하고 있습니다.

	비슷한 사물 중에서, 예로서 하나를 들어 말한다.
	約束を破ったりしないでくださいね。　약속을 깨거나 하지 말아 주십시오.
ば	…も …ば …も (〜도 〜라면 〜이다) 의 형태로 같은 내용을 열거할 때 사용한다.
	彼の家は貧しいので電話もなければテレビもない。
	그의 집은 가난하기 때문에 전화도 없다면 텔레비전도 없다.
	앞 문장이 명사인 경우는 「ならば」가 된다.
	山田さんは赤が好きで、電話も赤ならば、冷蔵庫も赤である。
	야마다씨는 빨강을 좋아해서, 전화도 빨강이면 냉장고도 빨갛다.

◆ 逆接。역접.

▶ 앞 문장과 반대의 내용이나 결과의 문장이 온다.

ところが	그러나. (뒤 문장이 앞 문장에서 예상한 상황의 것과 반대의 내용이며 의지의 문장은 올 수 없다)
	彼の家を訪ねたところが、留守だったので帰ってきた。
	그의 집을 방문했지만, 외출 중이었기 때문에 돌아왔다.
ところで	〜해 봤자. 〜해 본들 소용없다 같은 문장이 온다. (앞 문장의 내용을 한다고 하더라도 좋은 결과가 되지 않는다는 것을 나타낸다. 결과는 뒤 문장처럼 된다)
	今からどんなに走ったところで、絶対に間に合いませんよ。
	지금부터 아무리 뛰어 봤자, 절대로 시간에 도착할 수 없다.
どころか	〜은커녕. 〜은 물론이고(は疎か). (앞 문장을 부정하고, 뒤 문장에서 앞 문장과는 서로 다른 내용을 강하게 말한다)
	天気予報では晴れると言っていたが、晴れるどころか大雨になった。
	일기예보에서는 맑다고 말했었지만, 맑기는커녕 큰 비가 내렸다.
ながら(も)	〜이면서도. (앞 문장과 뒤 문장이 서로 다른 것을 나타낸다)
	山田さんはお金がないと言いながら、よく買い物をする。
	야마다씨는 돈이 없다고 말하면서도, 자주 쇼핑을 한다.

つつ(も)	~이면서도. (ながらの 문어체)
	してはいけないと思いつつ、やってしまって後悔している。
	해서는 안 된다고 생각하면서도, 저질러서 후회하고 있다.
もの を	~인 것을. 사람에 대한 불평·불만·비난을 말하는 경우가 많다. (앞 문장으로부터 예상되는 것과 반대의 결과가 뒤 문장에 온다. 그리고 그것을 안타깝다고 생각하는 기분을 나타낸다)
	やればできるものをどうしてやらないんですか。
	하면은 할 수 있는 것을 왜 하지 않습니까.
くせに	~이면서도. ~하면서도. (けれども·のに) (모순·배반인 것을, 불만·비난의 기분을 넣어 말한다)
	山田さんに聞いたけれど、知ってるくせに教えてくれないんですよ。
	야마다씨에게 물어보았지만, 알면서도 가르쳐 주지 않았습니다.
からといって	~라고 해서 ~하는 것은 아니다. (뒤 문장은, 앞 문장을 그 상태로 취하는 것은 좋지 않다 라는 뉘앙스의 내용이 온다)
	可愛いからといって、子どもを甘やかすのはよくない。
	귀엽다고 해서, 아이를 버릇없게 키우는 것은 좋지 않다.
もの の	~하기는 했지만. (앞 문장은 인정하고, 뒤 문장에서는 그것에 반한 내용을 말한다)
	教えてあげると言ったものの、実は私にもよくわからないんです。
	가르쳐 준다고 말은 했지만, 사실은 나도 잘 모릅니다.
	~라고는 했지만. (ものの·とはいえ·と(は)いっても·とはいうものの)
	日本語が話せるとはいうものの、まだよく間違えるんです。
	일본어를 이야기한다고 말은 했지만, 아직 자주 틀립니다.
	~라고 해도.
	大学を卒業したといっても、こんな悪い成績ではどの会社にも入れない。
	대학을 졸업했다고는 해도, 이렇게 나쁜 성적으로는 어느 회사도 들어갈 수 없다.

01 若干<u>割増</u>しになる。下線の読み方を一つ選びなさい。

① わりまし   ② わりのし

③ わりさし   ④ かつさし

⑤ かつまし

해설

▶ 약간 할증이 된다. (若年 · 弱年 · 若者 · 若人 · 若人 · 若人 · 青年 : 젊은 사람)

02 間違っている読み方をそれぞれの中から一つ選びなさい。

① 最期 (さいき)   ② 合の子 (あいのこ)

③ 芝生 (しばふ)   ④ 地味 　(じみ)

⑤ 権化 (ごんげ)

해설

▶ ① さいご (죽을 때. 임종)

② 혼혈아. (間の子 · ハーフ (half) · 混血児)

③ 잔디밭.   ④ 수수함. (地味 : 토지가 좋고 나쁨)

⑤ 부처 · 보살이 중생을 구하려고 사람 모습으로 이승에 나타남. (化身)

03 間違っている読み方をそれぞれの中から一つ選びなさい。

① 建立 (こんりゅう)   ② 事柄 (ことがら)

③ 父親 (ちちおや)   ④ 解熱 (がいねつ)

⑤ 利口 (りこう)

➡ ④ 해열. (げねつ)

① 절 등을 세움.　　　　　　　　② 내용. 사정.

③ 아버지. 부친. (母親 : 모친. 어머니)　⑤ 영리함. 똑똑함. 현명함. (利発·賢い)

　小利口 : 약삭빠름·눈치빠름. (お利口にする : 구별을 잘하다)

　小利口に立ち回る : 약삭빠르게 처세하다.

04 間違っている読み方をそれぞれの中から一つ選びなさい。

① 笑顔　（えがお）　　　　　② 川下 (かわしも)

③ 悪寒　（おかん）　　　　　④ 凡例 (ぼんれい)

⑤ 不器用 (ぶきよう)

➡ ④ はんれい。범례. 본보기가 되는 예. 규범(規範).

① 웃는 얼굴.　　　　　　　② 하류. (川上)

③ 오한. 한기.　　　　　　　⑤ 서투름·손재주가 없음. (不細工·無細工)

• 次の文の(　　　)の中に最も適当なものを一つ選びなさい。(5〜9)

05 子供が「海へ連れていって」と(　　　)ので、今度の日曜日に行くことにした。

① ねだる　　　　　　　② せびる

③ せめる　　　　　　　④ せがむ

⑤ ひねる

➡ 아이가 「바다에 데리고 가」라고 졸랐기 때문에, 이번 일요일에 가기로 했다.

① 치근거리다. 조르다.　　　　　② 강요하다. (돈을)

③ 공격하다(攻める). 비난하다. 나무라다(責める).

④ 무리하게 부탁하다. 조르다.

⑤ 곰곰이 생각하다. 복잡하게 하다. 의심하다. (捻る)

06 足の傷口が(　　)痛む。

① ぴくぴく　　　　　　　② ぴりぴり

③ ちくちく　　　　　　　④ かちかち

⑤ くよくよ

➡ 발의 상처 난 자리가 쓰라려서 아프다.

① 불안하게 생각하고 있는 모습.

② 찰과상이 아픈 모습(ひりひり). 매워서 입안이 얼얼. 신경과민.

③ 따끔따끔(뾰족한 것에 몇 번이나 찔려). 상대를 가볍게 비난하다.
　기분이 상하거나 후회로 마음이 아픈 모습.

④ 대단히 딱딱한 상태(콘크리트·얼음). 똑딱똑딱(時計).

⑤ 걱정해도 소용없는 일에 이러쿵저러쿵 끙끙거리는 모습.

07 中学(　　)からのスタープレーヤーの水戸君は女生徒の(　　)の的だ。

① 時節、人気　　　　　　② 時代、あこがれ

③ 頃、あこがれ　　　　　④ 時、人気

⑤ 時代、好み

➡ 중학교 시절부터 스타플레이어인 미또군은 여학생들의 선망의 대상이다.
　目当て : 목표. 的を射る : 목표에 적중하다. 憧れる : 동경하다.

08 ずいぶん慣れた腕前ですね。なにをさせても(　　)片付けます。

① ぐずぐず　　　　　　　　② ゆっくり

③ てきぱき　　　　　　　　④ 飛び切り

⑤ さんざん

➡ 상당히 익숙한 솜씨군요. 무엇을 시켜도 척척 처리합니다.

① 행동·언행이 확실하지 않은 모습(꾸물꾸물. 질질 끌다). 헐렁하다(포장이).

　코맹맹이 소리(코를 훌쩍거리는 모습). 불평을 말하다(ぶつぶつ. 투덜투덜).

③ 일을 척척하다. 태도가 확실하다. (はきはき)

④ 특출하다. 월등하다.　　　　　⑤ 심하고 비참한 모습. (散々)

09 こんな山奥に廃家がいるなんて(　　)な。

① おそろしい　　　　　　　② すてきだ

③ 落ち着いた気持ちだ　　　④ 思い者

⑤ 不気味

➡ 이런 산속에 폐가가 있다니 기분 나쁜걸. (어쩐지 으스스한걸)

① 무섭다.　　　　　　　　② 멋지다. (素敵)

③ 안정된 기분이다.　　　　④ 애인. 연인. (目かけ)

⑤ 기분 나쁨. 어쩐지 으스스함. (無気味)

10 「思いやりのあの一言が大切なものだった。」의 올바른 해석을 고르세요.

① 생각지도 않은 그 한마디가 소중한 것이었다.

② 생각대로 그 한마디가 소중한 것이었다.

③ 최선을 다해 생각해 낸 그 한마디가 소중한 것이었다.

④ 미래를 내다보는 그 한마디가 소중한 것이었다.

⑤ 배려 깊은 그 한마디가 소중한 것이었다.

➡ 思い遣る : 동정하다. 마음을 배려하다. 생각하다.
　(心を配る · 気を遣う · はるかに思う · 考えを及ぼす)

11 다음 밑줄 친 始末가 올바르게 사용되지 않은 것을 고르세요.

① 彼はまったく<u>始末</u>に負えない人だ。

② 自分のものは自分で<u>始末</u>をしなさい。

③ 彼はとうとう<u>始末</u>をかいた。

④ 怠けていたので結局こういう<u>始末</u>になってしまった。

⑤ 自分勝手で<u>始末</u>が悪い。

➡ 始末 : 결과. 결론. 처음과 끝. 정리.
　始末が悪い : 고생하다. 始末屋 : 절약가. 술집에다 옷을 맡기는 것.

① 그는 정말로 어쩔 수 없는 사람이다.
　(始末に負えない · 手に負えない · 手が出ない : 어쩔 수 없다. 능력이상이다)

② 자신의 일은 자신이 마무리하세요.

③ 到頭 : 결국은. 드디어. 마침내. 많은 일이 있은 후 최후에는. 보통은 나쁜 결과의 경우가 많
　다. (終に · 遂に · 竟に · 結局).
　とうとう彼は首になってしまった。 결국 그는 해고되고 말았다.

④ 게으름을 피웠기 때문에 결국은 이러한 꼴이 되고 말았다.

⑤ 멋대로 하기 때문에 고생한다.

12 次の下線の部分の正しい韓国語を一つ選びなさい。

あなたは日本に<u>住んだ事</u>がありますか。

① 살 것 같습니까.　　　　② 살았습니까.

③ 살아 보고 싶습니까.　　④ 살아 본 적이 있습니까.

⑤ 살 수가 있습니까.

➡️ 동사(과거형)＋ことがある : 자신의 경험이나 체험을 나타낸다.

• 次の文の(   )の中に最も適当な言葉を一つ選びなさい。

13 彼女の(   )看護ぶりは人々に感動を与えた。

① かいがいしい   ② ものものしい

③ 気づかわしい   ④ たどたどしい

⑤ みすぼらしい

➡️ 그녀가 몸을 아끼지 않고 간호하는 모습은 사람들에게 감동을 주었다.

① 바지런하다. 몸을 아끼지 않고 충실하다. (骨身を惜しまず)

② 거창하다. 삼엄하다.   ③ 마음이 놓이지 않다.

④ 더듬거려서 불안하다.   ⑤ 초라하다.

14 밑줄 친 부문이 올바르지 않은 것을 고르세요.

① こんな大事故をおこしてしまいまして、<u>なんとも</u>申し訳ございません。

② 飲みすぎた。<u>それで</u>、頭が痛い。

③ 彼の家は貧しいので、電話<u>も</u>なければテレビ<u>も</u>ない。

④ これにしますか。<u>また</u> あれにしますか。

⑤ 野球を見ようと思い、テレビをつけた。<u>ところが</u>雨で試合は中止だった。

➡️ ④ また (또, 다시) → または (또는)

① 이렇게 큰 사고를 일으켜서, 정말 죄송합니다.

② 과음을 했다. 그래서 머리가 아프다.

③ 그의 집은 가난하기 때문에, 전화도 없다면 TV도 없다.

④ 이걸로 하겠습니까. 또는 저걸로 하겠습니까.

⑤ 야구를 보려고, TV를 켰다. 그러나, 비로 시합은 중지되었다.

15 밑줄 친 부문이 올바르지 않은 것을 고르세요.

① 当店は年中無休です。ただし元旦は休みます。

② この道をまっすぐ行くと右側に本屋があります。

③ 出かけるのはやめよう。なぜなら、大雨になりそうだから。

④ 私はできるだけ歩くようにしている。というのは、運動不足だからです。

⑤ 歩いて行けばよかったもののバスで行ってかえって時間がかかった。

해설

➡ ⑤ ものの → ものを

ものの : ~지만. (のに・けれども)

(ものの는 그리고 나서 앞의 사태가 나아가지 않고 반대의 전개가 되어 버리고, 결과가 동반되지 않는다)

パソコンを買ったものの、使い方が全然わからない。

컴퓨터를 샀지만, 사용법을 전혀 모르겠다.

デパートへ行ったものの、混んでいて何も買えなかった。

백화점에 갔지만, 붐벼서 아무것도 살 수 없었다.

ものを : ~인 것을. (ものを뒤에는 앞의 내용과 반대의 내용인 안타까움이 동반되고, 사람에 대한 불평・불만・비난을 말하는 경우가 많다.

焦らなくてもいいものを、焦るから失敗するんだ。

초조해(조급해)하지 않아도 될 것을, 초조해(조급해)하기 때문에 실패하는 것이다.

借金で困っていた友人を、助けようと思えば助けられたものを、見捨ててしまった。

빚으로 곤란한 친구를, 도우려고 생각하면 도울 수 있었던 것을, 외면하고 말았다.

① 본점은 연중무휴입니다. 단 설날은 쉽니다.

② 이 길을 똑바로 가면 오른쪽에 책방이 있습니다.

③ 외출하는 것은 그만두자. 왜냐하면, 큰 비가 올 것 같기 때문에.

④ 나는 가능한 한 걸으려고 하고 있습니다. 왜냐하면, 운동 부족이기 때문입니다.

⑤ 걸어갔으면 좋았을 것을 버스로 가서 오히려 시간이 걸렸다.

• 次の文の下線の意味を一つ選びなさい。(16〜17)

16 手頃なおおきさにきってください。

① 적당.　　　　　　② 물건을 좋게.

③ 틀림없이.　　　　④ 손에 어울리는.

⑤ 작은.

해설

➡ 적당한 크기로 잘라 주세요.

手頃 : 무게. 크기. 능력. 경제가 적당하다. (丁度いい)

---

17 吉田さんがなるという話もあるけどさだかじゃないなあ。

① なると思っている　　　② ならないと思っている

③ なってもらいたいと思っている　④ まだよくわからない

⑤ なってほしい

해설

➡ 요시다씨가 된다고 하는 이야기도 있지만 확실하지는 않다.

定か : 확실히. 분명히. (대부분 부정의 말을 동반해 이용된다)

• 次の文の(　　)の中に最も適当な言葉を一つ選びなさい。(18〜20)

18 これは私自身の問題だから(　　)な口出しはしないでくれ。

① 暴露　　　　　　② 余計

③ 不必要　　　　　④ いいかげん

⑤ 適当

해설

➡ 이것은 나 자신의 문제이기 때문에 쓸데없는 참견은 하지 말아줘.

① 폭로.　　　　　　② 쓸데없는.

④ 적당히. 무책임하다. 엉터리. (いい加減·出たら目·生温い)

19 締め切りの日が(　　　)ので、急いでください。

① 詰まっている　　　　　② 寄っている
③ 残っている　　　　　　④ 迫っている
⑤ 迷っている

> **해설**

➡ 마감 일이 다가오기 때문에, 서둘러 주세요.

① 차다. 막히다. 기일이 다가오다. 　② 접근해 오다.
③ 남다. 　　　　　　　　　　　　　④ 다가오다.
⑤ 망설이다. 마음이 갈팡질팡하다.

20 その話は他の人にはおもしろくても、私には退屈(　　　)ものだった。

① 極める　　　　　　　② 極まる
③ 極まって　　　　　　④ 極めて
⑤ 極め

> **해설**

➡ 그 이야기는 다른 사람에게는 재미있어도, 나에게는 따분(지루)하기 그지없었다.

① 극한까지 이르게 하다. 정상에 이르다.
② 극한에 달하다. 한계에 오다. (谷まる : 진퇴양난이다)

• 次の文の(　　　)の中に最も適当な言葉を一つ選びなさい。(21〜22)

21 一週間前に買ったにんじんはすっかり(　　　)しまった。

① かれて　　　　　　　② しおれて
③ しぼんで　　　　　　④ しなびて
⑤ かわいて

➡ 일주일 전에 산 당근이 완전히 마르고 말았다.

① 풀·나무가 죽다. (枯れる)　　　　② 풀·나무가 마르다. 맥없다. (萎れる)

③ 수분이 없다. 생기를 잃어버리다. (萎む)

④ 신선하지 않고 쭈그러들다. 생기를 잃어버리다. (萎びる)

⑤ 젖은 것이 마르다. (乾く)

22 どんな親でも自分の子どもというものは(　　　)たまらないらしい。

① かわいくて　　　　　　　② かわいらしくて

③ 愛らしくて　　　　　　　④ 愛くるしくて

⑤ 愛されたくて

➡ 어떤 부모라도 자신의 자식은 귀여워서 어쩔 줄 모르는 것 같다.

　　(可愛い : 귀엽다. 可哀相·可哀想 : 불쌍하다)

① 예뻐서　　　　　　　　② 예쁜 것 같아서

③ 귀여운 것 같아서　　　　④ 귀염성이 있어서

⑤ 사랑받고 싶어서

23 다음 밑줄 친 부분의 의미와 가장 가까운 것을 고르세요.

　　かくて西洋は押し売りの役割を、東洋はいやおうなしに買う役割をふり
　　あてられた。

① むりやりに売りつけること　　② 分割払いで売りつけること

③ 高い値段で売りつけること　　④ 巧妙な手段で掛け売りすること

⑤ 安い値段で売りつけること

➡ 이리하여(이렇게) 서양은 강매의 역할을, 동양은 어쩔 수 없이(무리하게) 사는 역할을 배분하

게 되었다.

否応無し : 싫든 좋든 무리하게. 승낙도 거절도 없는 모습. 불문하고. (有無を言わせず)

否応無しに連れ出す : 어쩔 수 없이 데리고 나가다.

① 무리하게 강매하는 것.　　　② 할부로 파는 것.

③ 비싼 가격으로 파는 것.　　　④ 교묘한 수단으로 외상하는 것.

⑤ 싼 가격으로 파는 것.

• 次の文の(　　)の中に最も適当な言葉を一つ選びなさい。(24～31)

24 新しい家はとても(　　)のです。

① 便利だ　　　　　　　　② 便利な

③ 便利に　　　　　　　　④ 便利で

⑤ 便利

해설

➡ 새집은 대단히 편리합니다. (な형용사가 명사를 수식할 때는 な가 온다. な형용사＋명사＝な)

---

25 僕は君とけんか(　　)して自分の主張を押し通すつもりはない。

① こそ　　　　　　　　② さえ

③ だけ　　　　　　　　④ まで

⑤ ばかり

해설

➡ 나는 너하고 싸움까지 하면서 자신의 주장을 관철시킬 생각은 없다.

---

26 (　　)日本に来たのだから日本の料理を食べてみよう。

① ときどき　　　　　　② わざと

③ せいぜい　　　　　　④ たまたま

⑤ せっかく

➡️ 모처럼 일본에 왔기 때문에 일본 요리를 먹어 보자.

① 가끔. 때때로.   ② 고의로. 일부러.

③ 기껏. 고작.   ④ 우연히. 드물게.

⑤ 모처럼. (기회를 잡아)

---

27 物価の高いソウルの(   )だから奨学金だけでは生活が苦しいだろう。

  ① ところ   ② わけ

  ③ はず   ④ こそ

  ⑤ こと

➡️ 물가가 비싼 서울이기 때문에 장학금만으로는 생활이 힘들겠지.

  馬鹿にならない : 무시할 수 없다.

---

28 私は酒はあまり好きではないが、全然飲めない(   )ではない。

  ① こと   ② はず

  ③ らしい   ④ そう

  ⑤ わけ

➡️ 나는 술은 그다지 좋아하지 않지만, 전혀 못 마시는 것은 아니다.

  わけではない : ～인 것은 아니다.

  용법 : 동사(기본체)＋わけ.

          い형용사・な형용사(현재・과거형)＋わけ.

  의미 : 문 전체를 부정한다. (앞 문장이 긍정형이 오면 전면부정이다)

  人間は仕事をするために生まれて来たわけではない。

  인간은 일을 하기 위해서 태어난 것은 아니다.

  의미 : 부분부정을 나타낸다. (앞 문장이 부정형이 오면 부분부정이다)

刺身は嫌いだが食べないわけではない。　　（少しは食べる。부분긍정）

생선회는 싫어하지만 먹지 않는 것은 아니다.　（조금은 먹는다）

29 監督の厳しさと選手のやる気が(　　　)、優勝することができた。

① あり　　　　　　　　　　② ある

③ あいまって　　　　　　　④ なくて

⑤ あいて

해설

➡ 감독의 엄격함과 선수의 의욕이 하나가 되어서, 우승하는 것이 가능했다.

③ 相俟って : 몇 가지 요소가 겹쳐서. 서로 어울려서. 서로 작용하여.

実力と運とが相俟って合格した。 실력과 운이 어울려서 합격했다.

---

30 彼の言うことはどうも腑に(　　　)。

① おちない　　　　　　　② 満ちない

③ 届かない　　　　　　　④ 甲乙付け難い

⑤ 感じない

해설

➡ 腑に落ちない : 납득이 안 가다. 이해할 수 없다.

② 가득 차다. 완전히 둥글다. 만월(満月)이 되다. 만수(満水)가 되다.

일정의 기한에 달하다. 조건에 차다. 활기차다. (満ちる・充ちる)

③ 어떤 곳에까지 도달하다. 미치다(達する・及ぶ).

보낸 물건이나 우편물이 상대편에 도착하다.

주의 등이 충분히 널리 미치다. 소원이 이루어지다. 마음이 통하다.

④ 우열을 구분할 수 없다.

31 犬は好きだけど(　　)から飼うのはよしましょう。

① 手が掛かる　　　　　　② 手が付けられない

③ 手が足りない　　　　　④ 埒があかない

⑤ 尾を引く

해설

➡ 개는 좋아하지만 손이 많이 가기 때문에 기르는 것은 그만둡시다.

① 손이 많이 들다. 품이 많이 들다. (手間·手数·面倒·世話·厄介)

② 손을 쓸 수가 없다.　　　　　③ 일손이 부족하다.

④ 결판이 나지 않다.　　　　　⑤ 영향을 미치다.

32 次の(　　)の中に入る適当な言葉を下から選び、記号で答えなさい。

同じクラスに東京の中心地からの転校生が来た。転校先での田舎暮らしを嫌っている様子だったので、「住めば(　　)だよ」と声をかけてあげた。

① 郷里　　　　　　　　　② 田舎

③ 都　　　　　　　　　　④ 港

⑤ 故郷

해설

➡ 정들면 고향. (住めば都)

같은 반에 도꾜의 중심지에서 전학생이 왔다. 전학한 곳의 시골생활을 싫어하는 모습이었기 때문에, 「정들면 고향」이라고 말을 걸어 주었다.

① 고향.　　　　　　　　　② 시골. 지방. 태어난 고향.

④ 항구.　　　　　　　　　⑤ 고향. (故里·古里·故郷)

33 次の文の(   )の中に最も適当な言葉を一つ選びなさい。

彼は彼女のために大金を使った(   )、ふられた。

① だけあって

② にしては

③ くせに

④ 言うにおよばず

⑤ あげく

➡ 그는 그녀를 위해서 큰돈(大金·大金)을 사용했다 결국에는, 버림받았다. (振られる)

(동사(과거형)＋あげく : ～한 결과. 결국. 종국)

① ～이기 때문에. ～답게. 당연한 귀결의 문장에 사용한다.

용법 : 동사·い형용사·な형용사(기본체)·명사(단어) ＋ だけあって.

② ～에 비해서는. (割には : 상대에 대한 평가를 나타낸다)

③ ～이면서도. ～하면서도. ～인 주제에. (けれども·のに)

(모순·배반인 것을, 불만·비난의 기분을 넣어 말한다)

癖 : 버릇. 무의식적으로 나오게 되는, 편향된 취향이나 경향. 습관화되어 있는, 별로 탐탁지 않은 언행. 爪を噛む癖. 손톱을 물어뜯는 버릇. 怠け癖がつく. 게으른 버릇이 들다. 無くて七癖. 아무리 없어도 일곱 가지 버릇은 있다. 酒癖. 술버릇.

④ ～할 필요가 없다. ～할 필요도 없다. 당연하다. (ことも愚か·勿論·無論·元より·言うまでもない·言うに及ばず·言うも更なり·ことはない·には及ばない·言うほどのことではない·当たり前·当然·決まっている)

34 「미안합니다만, 거기에 앉아 주십시오.」의 올바른 일본어를 고르세요.

① すみませんが、そこにすわりください。

② すみませんが、そこにおすわりなさい。

③ すみませんが、そこにすわりなさい。

④ すみませんが、そこにおすわりください。

⑤ すみませんが、そこにすわりたまえ。

➡ 座る·坐る : 앉다.

존경어가 없는 동사는 다음과 같이 고치면 된다.

(존경어 : お＋ます形＋になる·なさる)

(先生がお飲みになる。先生がお飲みなさる)

(겸양어 : お＋ます形＋する·いたす)

(私がお飲みする。私がお飲みいたす)

35 次の五つの文の中のためにの意味·用法が外のと違うものを一つ選びなさい。

① 金君が本を借りるために訪ねてきた。
② 天気が悪いためにハイキングが延期された。
③ 留学試験のために、夜遅くまで勉強している。
④ 言葉の意味を知るために、辞書を引く。
⑤ アメリカに留学するために英語を習っています。

➡ ために : ～이기 때문에. (앞 문장이 이유나 원인, 뒤 문장은 그것으로 인한 특별한 것)

ために : ～하기 위해서. (앞 문장은 뒤 문장의 목적을 나타낸다)

① 김군이 책을 빌리기 위해서 방문했다. (목적)
② 날씨가 나쁘기 때문에 하이킹이 연기되었다. (이유나 원인)
③ 유학 시험을 위해, 밤늦게까지 공부하고 있다. (목적)
④ 말의 의미를 알기 위해, 사전을 찾는다. (목적)
⑤ 미국으로 유학을 가기 위해 영어를 배우고 있습니다. (목적)

36 次の文と同じ意味で使われているものを選びなさい。

得意な顔である。威張っている顔つき。

① 月の顔。　　　　　　② 大きな顔をする。

③ 小さい顔   ④ しぶい顔。

⑤ さえない顔。

<hr/>

해설

➡ 득의양양한 얼굴. 잘난 체하는 표정. (得意 : 특기. 得意客 : 단골손님)

② 잘난 체하는 표정과 태도. 태연한 표정과 태도. 거들먹거리다. (大きな面)

④ 언짢은 얼굴.   ⑤ 우울한 얼굴.

37 次の文の(   )の中に最も適当な言葉を一つ選びなさい。

> 会員がこの案に賛成か(   )調べる必要がある。

① いまや   ② いくか

③ せいか   ④ いなか

⑤ だけ

<hr/>

해설

➡ 회원이 이 안에 찬성할까 하지 않을까 조사할 필요가 있다.

① 今や : 지금이니까 말로.   ④ 否か : 어떨지(どうか). (田舎 : 시골, 지방)

38 次の(   )の中に入る適当な言葉を下から選び、記号で答えなさい。

> 先生 : あなたのお父さんはいつお帰りになりますか。
>
> 学生 : (   )。

① お父さんは午後6時頃お帰りです。

② 父は午後6時頃お帰りです。

③ お父さんは午後6時ごろ帰ります。

④ 父は午後6時ごろ帰ります。

⑤ お父さんは午後6時ごろお帰りになります。

➡ 일본어의 존경어는 가족이나 자기가 속해 있는 집단을 남에게 말하거나 소개할 때는 겸양어를 사용하지만, 본인이 자기 가족을 부를 때는 존경어를 사용한다.

39 次の文の下線の部分の意味を一つ選びなさい。

> 私の彼氏は、何かにつけ焼き餅を焼くので、最近うんざりして別れようかと思っています。

① 많이 먹다.　　　　　　② 의처증이 있다.

③ 일을 하지 않다.　　　　④ 질투하다.

⑤ 아주 많은 격차.

➡ 제 남자친구는, 걸핏하면 질투하기 때문에, 요즘 질려서 헤어질까 생각하고 있습니다.
질투하다. (嫉妬·妬み·甚助を起こす·角を出す)
餅は餅屋 : 모든 일에는 전문가가 있다.

40 下線の部分の間違っているものを一つ選びなさい。

① あなたはなぜそんなことをされてもだまっているのよ。あなたは意気地というものがないの。

② 顔がそろったらしいね。そろそろ、始めましょう。

③ 今あの悪人のとどめを刺しておかないと後ではきっと後悔する。

④ どんなに腕をこまぬいてもしようがない。

⑤ 大人が子供相手に本気になるなんてなさけないよ。

➡ ④ 아무리 수수방관하고 있어도 어쩔 수 없다. (腕を拱く : 수수방관하다. 팔짱 끼다)

① 너는 왜 그런 일을 당하고도 잠자코(黙る : 입을 다물다) 있니, 넌 자존심이란 것도 없니.

② 멤버가 모인 것 같군요. 슬슬 시작합시다.

③ 지금 저 악인의 숨통을 끊어 놓지 않으면 나중에 반드시 후회한다.

⑤ 어른이 아이 상대로 진짜 상대하려 하다니 한심하네요(情けない).

• 次の文の(　　)の中に最も適当な言葉を一つ選びなさい。(41～49)

41 この魚は煮てもおいしいし、(　　)焼いてもおいしい。

① ならびに　　　　　　　② また

③ それどころか　　　　　④ または

⑤ もっとも

해설

➡ 이 생선은 조림을 해도 맛있고, 또 구워도 맛있다.

① 및. 명사와 명사 연결. (並びに・及び)

③ 그뿐만 아니라. (뒤 문장이 앞 문장에 비해 정도가 심해야 한다)

④ 또는.　　　　　　　　⑤ 단. (尤も)

42 あのボクサーは強そうに見えた。(　　)すぐに負けてしまった。

① その結果　　　　　　② それにしても

③ ところが　　　　　　④ それで

⑤ そして

해설

➡ 그 복서는 강한 듯이 보였다. 그러나 금세 지고 말았다.

① 그 결과.　　　　　　② 그렇다고 해도.

④ 그래서.　　　　　　⑤ 그리고. 그래서.

43 駐車場がいっぱいだったので、道路のはしに車を( )。

① とどめた   ② とめた

③ 停車した   ④ 駐車した

⑤ やめた

해설

➡ 주차장이 가득 찼기(一杯) 때문에, 도로 옆에 차를 세웠다.

① 잡아 놓다. 남겨 두다.   ② 세우다. 싸움을 말리다.

③ 정차했다.   ④ 주차했다.

⑤ 그만두다.

44 窓を開けた( )虫が入ってきた。

① とたんに   ② なり

③ やいなや   ④ つつ

⑤ ながら

해설

➡ 창문을 열자마자 벌레가 들어왔다.

① ~하자마자. (동사(과거형) + 矢先・とたんに)

②, ③ ~하자마자. (동사(기본형) + なり・やいなや・と)

④, ⑤ ~하면서(동작의 동시진행). ~이면서도(역접).

45 밑줄 친 부분의 올바른 의미를 고르세요.

自分は金メダルをきたいしてたのでがっかりしました。

① 실망했습니다.   ② 기절했습니다.

③ 단념했습니다.   ④ 책임졌습니다.

⑤ 고생했습니다.

➡️ 나는 금메달을 기대(期待)했었기 때문에 실망했습니다.

がっかりする : 낙담하다. 실망하다. 안타깝다.

(気落ちする · 落ち込む · 肩を落とす · 力を落とす)

---

46 この川が危険だとわかった(　　　　)子どもたちを泳がせるわけにはいかない。

① からには　　　　　　　② ので

③ ために　　　　　　　　④ とたんに

⑤ なぜなら

➡️ 이 강이 위험하다고 안 이상은 아이들을 수영시켜서는 안 된다.

① ～인 이상은.　　　　　③ ～했기 때문에. (이유. 원인)

④ ～하자마자.　　　　　⑤ 왜냐하면.

---

47 不幸なことばかり起こる。事故にあうし、母が病気になるし、(　　　　)試験にも失敗してしまった。

① それどころか　　　　② もしくは

③ そのうえ　　　　　　④ それなのに

⑤ それで

➡️ 불행한 일만 일어난다. 사고가 나고, 어머니가 병에 걸리고, 게다가 시험에도 실패했다.

① 그뿐만 아니라.　　　② 혹은. 또는.

③ 게다가. (しかも · その上)　　④ 그런데도.

48 紅茶にはレモン、(　　　)ミルクを入れるのがふつうだ。

① あるいは　　　　　　　　② および

③ そのうえ　　　　　　　　④ おまけに

⑤ すなわち

➡ 홍차에는 레몬, 또는 밀크를 넣는 것이 보통(普通)이다.

② 및. (並びに)　　　　　　　③ 게다가.

④ 게다가. (뒤 문장에 명령·희망형은 올 수 없다).

⑤ 즉. (설명문에 사용)

49 次の会議は、あさって9時からです。(　　　)場所はまだ未定です。

① すなわち　　　　　　　　② ところで

③ なお　　　　　　　　　　④ そして

⑤ および

➡ 다음 회의는, 모레 9시부터입니다. 덧붙여 이야기하면 장소는 아직 미정입니다.

① 즉. (설명문에 사용)　　　② 그런데.

③ 문과 문을 연결. (뒤 문장에는 보충 설명)

④ 앞 문장에 뒤 문장을 덧붙일 때.　　⑤ 및. (及び·並びに)

・ 次の文の(　　　)の中に最も適当な言葉を一つ選びなさい。(50~57)

50 その選手はゴールに着く(　　　)倒れてしまった。

① とたんに　　　　　　　　② なり

③ つつ　　　　　　　　　　④ ながら

⑤ には

➡ 그 선수는 골에 도착하자마자 쓰러지고 말았다. (着いたとたんに)

① ～하자마자. (동사(과거형) + やさき・とたんに)

　　～하자마자. (동사(기본형) + なり・やいなや・と)

③ ～하면서. ～지만.　　　　　④ ～하면서. ～지만.

⑤ 동사(기본형) + には : ～하려면.

51 将来のことを(　　)散歩する。

① 考えるなり　　　　　　② 考えつつ

③ 考えたとたん　　　　　④ 考えると

⑤ 考えるし

➡ 장래의 일을 생각하면서 산책한다.

①, ③ 생각하자마자.　　　　② 생각하면서. (ながら)

④ 생각하면. 생각하고.　　　⑤ 생각하기도 하고.

52 泥棒に、お金(　　)服もぬすまれてしまった。

① あるいは　　　　　　② ばかりか

③ および　　　　　　　④ なお

⑤ ないしは

➡ 도둑에게, 돈뿐만 아니라 옷마저 도둑맞아 버렸다.

　　泥棒猫 : 남의 집 음식을 훔치는 고양이. 남의 남편을 빼앗는 것.

　　間男　 : 남편이 있는 여자가 다른 남자와 육체관계를 갖는 것. 그 상대의 남자.

① 또는. (または・それとも)　　　③ 및.

④ 덧붙여.　　　　　　　　　　⑤ 또는. 내지는. (乃至は)

53 わからないことが(　　　)遠慮なく聞いてください。

① あると　　　　　　　　② あれば

③ あるので　　　　　　　④ あるから

⑤ あるし

해설

➡ 모르는 것이 있으면 사양 말고 물어 보십시오.

① あると는 명령문에 사용 못 함.　③ 있기 때문에.

④ 있기 때문에.　　　　　　　　　⑤ 있기도 하고.

54 もう若く(　　　)、無理な仕事はしないほうがいいですよ。

① ないんだし　　　　　　② なかったら

③ なければ　　　　　　　④ なら

⑤ ないのに

해설

➡ 이제 젊지도 않고, 무리한 일은 하지 않는 것이 좋습니다.

② ～않았다면.　　　　　　③ ～않다면.

④ ～하다면.　　　　　　　⑤ ～않은데도.

55 あの先生は女にはやさしい(　　　)男にはとても厳しい。

① ものを　　　　　　　② くせに

③ からといって　　　　④ どころか

⑤ し

해설

➡ 저 선생님은 여자에겐 친절하면서 남자에겐 대단히 엄하다.

① ～인 것을.

② 상대에게 모순이 있어, 불평이나 불만을 말할 때. (のに)

③ ～라고 해서.

④ 그뿐만 아니라. 앞 문장에 비해 뒤 문장은 정도가 심하다. (は疎か)

(…は疎か : ～는커녕 ～는 물론이고)

「…はおろか」「…もおろか」 등의 형태로 말할 필요도 없는 것을 나타낸다. (勿論)

掃除は疎か、布団を上げたこともない。 청소는 물론이고, 이불을 갠 적도 없다.

⑤ ～이기도 하고. 문장을 열거할 때.

56 車を(　　)赤いのがいいなあ。

① 買えば　　　　　　　　② 買うなら

③ 買うと　　　　　　　　④ 買ったら

⑤ 買うのに

해설

➡ 차를 사는 거라면 빨간 것이 좋겠다.

동사(기본형)＋なら : 상대가 어떤 것을 한다면 나는 너에게 다음과 같은 조언을 하겠다.
北海道へ行くなら飛行機がいいです。 ← 飛行機で北海道へ行く。

57 安い(　　)そんなにたくさん買ってどうするんですか。

① ものの　　　　　　　　② くせに

③ からといって　　　　　④ のに

⑤ ものを

해설

➡ 싸다고 해서 그렇게 많이 사면 어떡합니까.

① ～이긴 하지만. (역접)　　　② ～이면서. (のに : 역접)

④ ～이면서. (역접)　　　　　⑤ ～인 것을. (역접)

58 「仕組み。」の意味として間違っているものを一つ選びなさい。

① 計画
② 試験
③ 工夫
④ 絡繰り
⑤ 構造

해설

➡ 仕組み : 계획 (企む). 연구. 구조. 기구.

③ 궁리. 연구.

④ 계획. 기계장치. 구조. 계략. 조작. 실로 조종함 또는 그 장치.

⑤ 구조.

59 次の文の(　　)の中に最も適当な言葉を一つ選びなさい。

今年の我が社の新入社員は去年に比べて15人少ないです。(　　)去年
の新入社員の数は75人でした。

① それはさておき
② ちなみに
③ ただし
④ もっとも
⑤ それにしても

해설

➡ 올해 우리 회사의 신입사원은 작년에 비해 15명 적습니다. 참고로 이야기하면, 작년의 신입
사원의 수는 75명이었습니다.

① 그건 그렇다 치고.
② 덧붙여. 참고로 이야기하면.
③, ④ 단.
⑤ 그렇다고 해도.

• 次の文の（　　　）の中に最も適当な言葉を一つ選びなさい。（60～63）

60 この日本語のテストは外国人でさえできた（　　　）、日本人の私にできないわけがない。

① のだから　　　　　　② ので

③ し　　　　　　　　　④ ものの

⑤ に

해설

➡ 이 일본어 테스트는 외국인조차도 풀었기 때문에, 일본인인 내가 못할 리가 없다.

② ので는 추량에는 쓸 수 없음.　　③ ～하고.

④ ～이긴 하지만. (후회를 동반)　　⑤ ～에.

61 試験の当日病気になった（　　　）受けることができませんでした。

① し　　　　　　　　　② からには

③ ために　　　　　　　④ どころか

⑤ くせに

해설

➡ 시험 당일 병에 걸렸기 때문에 볼 수가 없었습니다.

시험 당일 병에 걸려서 볼 수가 없었어요.

① ～이기도 하고.　　　　② ～인 이상은.

④ ～이기는커녕. ～뿐만 아니라.　⑤ ～이면서.

62 知り合いの人から切符をもらったから、来てみた（　　　）本当は来たくなかったんだ。

① くせに　　　　　　　② ものの

③ ものを　　　　　　　④ からには

⑤ ので

➡ 아는 사람으로부터 표를 받아서, 와 보긴 했지만 진짜는 오고 싶지 않았다.

① ～이면서.　　　　　　　③ ～인 것을.

④ ～인 이상은.　　　　　　⑤ ～이기 때문에.

63 毎日暑いですね。(　　　)仕事の件ですが……。

　　① いわゆる　　　　　　② なお

　　③ ところで　　　　　　④ すると

　　⑤ それとも

➡ 매일 덥군요. 그런데 일 이야기입니다만……。

① 소위. 말하자면.　　　　② 덧붙여. (첨가)

④ 그러면. 그러자.　　　　⑤ 그렇지 않으면. (선택)

64 人の手本となる生き方。下線の部分の意味を一つ選びなさい。

　　① 손으로 만든 책.　　　② 손금을 보는 책.

　　③ 근본적인 것.　　　　④ 귀감이 되는 것.

　　⑤ 손으로 그린 그림.

➡ 사람들의 본보기가 되는 삶의 방식. (手本 : 모범. 본보기. 귀감)

65 밑줄 친 부분이 올바르지 않은 것을 고르세요.

　　① このテストは難しい。しかも問題の量も多い。

　　② ボールペン、もしくは万年筆で記入してください。

　　③ 彼は悪いことをだまって見ていられない質だ。

④ 都心の住人は年々減るるなりします。

⑤ 住所、氏名、ならびに電話番号を記入すること。

해설

➡️ ④ 減るなりします → 減りつつあります。

동사(ます形)＋つつある : 계속해서 발전하고 있는 모습으로 관용적인 문장이다.

① 이 테스트는 어렵다. 게다가 문제의 양도 많다.

② 볼펜, 또는 만년필로 기입해 주십시오.

③ 그는 나쁜 일을 가만히 보고 있지 못하는 체질이다.

質 : 태어나면서부터 갖고 나오는 성질. 체질. (質が悪い。질(성질)이 안 좋다)

④ 도심의 주민은 매년 계속 줄고 있습니다.

⑤ 주소, 이름, 및 전화번호를 기입할 것. (および·また)

66 下線の部分の間違っているものを一つ選びなさい。

① 今年は新入社員が多いね。さて山田君、首になったんだってね。

② 彼は必ず電話すると言った。だが 電話はかかってこなかった。

③ 日曜日には散歩をしたり本をよんだりして、のんびり過ごします。

④ 毎日5時まで会社で働いている。もっとも土曜、日曜は休みだが。

⑤ 来月の10日に打ち合わせをします。なお時間はのちほどお知らせします。

해설

➡️ ① さて → それはそうと (それはともかく·それはそうとして)

さて : 앞에서 제시한 내용을 받아서, 다음을 계속하는 의미를 나타낸다.

① 올해는 신입 사원이 많네. 그건 그렇고 야마다군, 해고되었다며.

② 그는 반드시 전화한다고 말했다. 그러나 전화는 걸려 오지 않았다.

③ 일요일에는 산보를 한다든지 책을 읽는다든지 하면서, 여유 있게 보냅니다.

④ 매일 5시까지 회사에서 일하고 있다. 단 토, 일요일은 쉬지만.

⑤ 다음달 10일에 협의를 합니다. 또한, 시간은 이후에 알리겠습니다.

なお : 덧붙이면. 문과 문을 연결. (뒤 문장에는 보충 설명)

67 下線の部分の間違っているものを一つ選びなさい。

① 日常会話はできます。だけど、難しい話はよくわかりません。

② 学生時代にもっと勉強してよかったと思います。

③ この冬は寒いですね。雪も多いし…。それはそうと、息子さんの受験、もうすぐじゃありませんか。

④ 約束を破ったりしないでくださいね。

⑤ あの人は頭はいいし、性格もいい。そのうえ、スポーツも万能だ。

해설

➡ ② して → すれば

① 일상회화는 가능합니다. 그렇지만, 어려운 이야기는 잘 모릅니다.

② 학생시절에 좀 더 공부했으면 좋았을 거라고 생각합니다.

③ 이번 겨울은 춥군요, 눈도 많고…. 그건 그렇고, 아드님 시험, 이제 곧 아닙니까.

④ 약속을 깨거나 하지 말아 주세요.

⑤ 저 사람은 머리도 좋고, 성격도 좋다. 게다가, 스포츠도 만능이다.

---

68 下線の部分の間違っているものを一つ選びなさい。

① 両親、ないしは保証人の許可が必要です。

② 外が暗くなった。そこで電気をつけた。

③ 毎日よく日本語を勉強している。そのためになかなかうまく話せない。

④ 教室内では、飲食および喫煙は禁止されている。

⑤ 風邪を引いて頭が痛い。でも学校を休むほどじゃない。

해설

➡ ③ そのために → それでも

① 부모님, 또는 보증인의 허가가 필요합니다.

② 밖이 어두워졌다. 그래서 전기를 켰다.

③ 매일 열심히 일본어를 공부하고 있다. 그런데도 좀처럼 잘 이야기할 수 없다.

④ 교실 내에서는, 식사 및 흡연은 금지되어 있다.

⑤ 감기에 걸려 머리가 아프다. 그러나 학교를 쉴 정도는 아니다.

69 下線の部分の間違っているものを一つ選びなさい。

　① 寒くなりましたね。ところで、お父さんの具合はいかがですか。
　② 皆さん集まりましたね。それでは始めましょう。
　③ 彼は医者でもあり、また作家でもある。
　④ ニュースは正確に、かつ、速く報道されなければならない。
　⑤ その選手は医者から運動を禁止された。それにしては彼は練習を続けている。

해설

➡ ⑤ それにしては → それにもかかわらず

① 추워졌군요. 그런데, 아버님의 몸 상태는(병은) 어떻습니까.

② 모두 모이셨군요. 그러면 시작합시다.

③ 그는 의사이기도 하고, 또 작가이기도 하다.

④ 뉴스는 정확히, 게다가 빨리 보도되지 않으면 안 된다.

⑤ 그 선수는 의사로부터 운동을 금지 받았다. 그럼에도 불구하고 그는 연습을 계속하고 있다.

70 下線の部分の間違っているものを一つ選びなさい。

　① 両親が働いていてだれもいない家にかえる子供、いわゆる「鍵っ子」が増えている。
　② 世界の環境は破壊されつつあります。
　③ 何はまたとない無事でよかった。
　④ 雨も降っているし、風邪も引いているので、今日は1日中うちにいます。
　⑤ 車が雪でスリップして進まず、にっちもさっちもいかなかった。

해설

➡ ③ またとない → ともあれ。

어쨌든. 일단은. 생각하지 않고 말하면. 문제 삼지 않고 말하면.

① 부모가 일하고 있어서 아무도 없는 집에 돌아가는 아이, 소위 「鍵っ子 : 열쇠를 목에 걸고 다니는 아이」가 늘고 있다.

② 세계의 환경은 계속 파괴되고 있습니다.

③ 어쨌든 무사해서 잘됐다.

④ 비도 내리고 있고, 감기도 걸렸기 때문에, 오늘은 하루종일 집에 있습니다.

⑤ 차가 눈으로 미끄러져 나아가지 않고, 이러지도 저러지도 못했다.
　　二進も三進も : 꼼짝할 수 없는 모습. (뒤 문장은 行かない가 온다)

71 「과연 대학자인 만큼 훌륭한 강연이었습니다.」의 올바른 일본어를 고르세요.

① さすが大学者だけあって、立派な講演でした。

② さすが大学者であるだけ、立派な講演でした。

③ さすが大学者ばかりあって、立派な講演でした。

④ さすが大学者であるばかり、立派な講演でした。

⑤ さすが大学者であるぐらい、立派な講演でした。

해설

➡ 流石 : 역시. 정말로. 듣던 대로. (さすが …だけあって)

　さすがの …も의 형으로 앞 문장을 일단은 긍정하면서도, 이야기의 내용이 모순된 것을 말한다.

72 「事件をでっち上げる。」의 올바른 해석을 고르세요.

① 사건을 날조하다. 　　　　② 사건을 무마하다.

③ 사건을 마무리하다. 　　　　④ 사건을 거론하다.

⑤ 사건을 일으키다.

73 下線の部分の間違っているものを一つ選びなさい。

① 彼の家を訪ねた<u>ところが</u>、留守だったのでかえってきた。

② きのう彼とテニスをしたんだ。<u>それで</u>どっちが勝ったの。

③ あの人の本当の気持ちを<u>聞いてみれば</u>、どうして泣いたのかよくわかりました。

④ 授業料が高いのは当校に<u>限ったことではない</u>。

⑤ よく勉強している。<u>それなのに</u>成績はちっとも上がらない。

해설

➡ ③ 聞いてみれば → 聞いてみたら (ば는 과거형이 올 수 없다)

① 그의 집을 방문했지만, 외출하고 없어서 돌아왔다.

② 어제 그와 테니스를 쳤다. 그래서 어디가 이겼어?

③ 그 사람의 본심을 들어보았더니, 왜 울었는지 알 수 있었습니다.

④ 수업료가 비싼 것은 이 학교에 한정된 것은 아니다.

⑤ 열심히 공부하고 있다. 그런데도 성적은 조금도 오르지 않는다.

74 밑줄 친 부분이 올바르지 않은 것을 고르세요.

① 転んで怪我をしただけでなく、<u>おまけに</u>服まで破いてしまった。

② 私たちはお互いに助け合い<u>つつ</u>、生活しています。

③ 天気予報では晴れると言っていたが、晴れる<u>どころか</u>大雨になった。

④ 仕事<u>にかかわらず</u>ゴルフへ行く会社員が多い。

⑤ 日本中が<u>よるとさわると</u>その政界スキャンダルの話ばかりしている。

해설

➡ ④ にかかわらず (〜임에도 불구하고) → にかこつけて (핑계 삼아)

① 넘어져서 다치기만 한 게 아니라, 게다가 옷까지 찢어져 버렸다.

② 우리들은 서로 도와 가면서, 살고 있습니다.

③ 날씨예보에서는 맑다고 말했지만, 맑기는커녕 큰 비가 왔다.

④ 일을 핑계 삼아 골프장에 가는 회사원이 많다.

⑤ 일본전체가 사람들이 만나기만 하면 그 정계 스캔들 이야기만 하고 있다.

(寄ると触ると : 사람이 모일 때마다. 기회만 있으면 언제나)

75 「동생은 컴퓨터를 사고 싶어 합니다.」의 올바른 일본어를 고르세요.

① 弟はパーソコンを買いたいそうです。
② 弟はパーソコンが買いたいそうです。
③ 弟はパーソコンが買いたいようです。
④ 弟はパーソコンが買いたいします。
⑤ 弟はパーソコンを買いたがっています。

해설

▶ がっている : 〜하고 싶어 하다. 전문(伝聞)에 사용.

76 次の文の(　　　)の中に最も適当な言葉を入れなさい。

いろいろな原因が円高に(　　　)をかけている。

① 促進　　　　　　　　② 急増
③ 手間　　　　　　　　④ 追求
⑤ 拍車

해설

▶ 여러 가지 원인이 엔고에 박차를 가하고 있다. (拍車を加える : 박차를 가하다)
　因果を含める。체념하도록 설득하다. 잘 설명해서 납득시키다. (因果 : 원인과 결과)

① 촉진. 어떤 일을 재촉해 더 잘 진행되도록 함.
② 급증. 수량이 갑자기 늘어남.　　　③ 품. 수고.
④ 추구. 달성할 때까지 좇아 구함.　　　⑤ 박차. 어떤 일을 재촉하여 잘되도록 더하는 힘.

77 밑줄 친 부분이 올바르지 않은 것을 고르세요.

① やってもできないと思う。<u>ところが</u>一応やってみよう。

② 日本は四季、<u>すなわち</u>春・夏・秋・冬がはっきりしている。

③ 山田さんに聞いたけれど、知ってる<u>くせに</u>教えてくれないんですよ。

④ 山田さんはお金がないと<u>言いながら</u>、よく買い物をする。

⑤ 彼は丈夫そうに見える。<u>けれども</u>よく病気をする。

해설

➡ ① ところが → だけど (ところが 뒤에 의지는 올 수 없다)

① 해도 할 수 없다고 생각한다. 그렇지만 일단 해 보자.

② 일본은 4계절, 즉 봄, 여름, 가을, 겨울이 뚜렷하다.

③ 야마다씨에게 물어보았지만, 알고 있으면서도 가르쳐 주지 않습니다.

④ 야마다씨는 돈이 없다고 말하면서도, 자주 쇼핑을 한다.

⑤ 그는 건강한 듯이 보인다. 하지만 자주 병에 걸린다.

---

78 밑줄 친 부분이 올바르지 않은 것을 고르세요.

① 今からどんなに走った<u>ところで</u>、絶対に間に合いませんよ。

② 柔道なら腕に<u>おぼえがある</u>。

③ かわいい<u>からといって</u>、子どもを甘やかすのはよくない。

④ 昔住んでいたアパートは風呂も<u>なかったり</u>トイレもついていなかった。

⑤ 選手はピストルが鳴るか<u>鳴らないうちに</u>走り出す。

해설

➡ ④ なかったり → なければ (…も …ば …も)

① 지금부터 아무리 뛰어 봤자, 절대로 시간에 도착할 수 없다.

② 유도라면 실력에 자신이 있다. (覚えがある : ～한 기억이 있다. 자신 있다)

③ 귀엽다고 해서, 아이를 버릇없게 키우는 것은 좋지 않다.

④ 옛날에 살고 있던 아파트는 목욕탕도 없다면 화장실도 없었다.

⑤ 선수는 총소리가 울리자마자 달린다.

79 다음 문장 중 경어가 올바르게 사용된 것을 고르세요.

① 私のお父さんは新聞を読んでいらっしゃいます。

② 私のお父さんは新聞をお読みになっていらっしゃいます。

③ 私の父は新聞を読んでおります。

④ 私のお父さんは新聞をお読みになっています。

⑤ 私の父は新聞を読んでいらっしゃいます。

해설

➡ 일본어는 자기 가족을 남에게 말하거나 소개할 때는 겸양어를 사용한다.

80 밑줄 친 부분이 올바르지 않은 것을 고르세요.

① 事故があった<u>ので</u>遅くなりました。

② 用事がある<u>ので</u>先に帰ります。

③ 部長に電話した<u>ところが</u>、会議中で話すことができませんでした。

④ 生徒が来ないのではここにいた<u>ところで</u>意味がない。

⑤ 薬を飲んだのになおる<u>ところが</u>余計にひどくなった。

해설

➡ ⑤ ところが (그러나) → どころか (~는커녕. ~는 물론이고)

① 사고가 났기 때문에 늦었습니다.

② 볼일이 있기 때문에 먼저 돌아가겠습니다.

③ 부장에게 전화했었지만, 회의 중이라 이야기할 수 없었습니다.

④ 학생들이 오지 않는다면 여기에 있어 봤자 의미가 없다.

⑤ 약을 먹었는데도 낫기는커녕 더욱더 심해졌다.

• 次の文章を読んで、あとの問いに答えなさい。(81~88)

　「うそ」というものは、心理学的には、人間が、心のなかでは、ひとつのことを考えながら、他方では他のことを行動するという現象である。

　子供のうそは、子供が、「内と外」、内部の心理的世界と、外部の世界との区別を知ることと、密接に関連している。うそをいえるという能力の進展なくしては、「内と外」との区別は不可能であるといってよい。

　(A)、能力があることは、それを現実に行使することを意味するものではない。しかし、子供においては、うその能力は、少なくとも数回または数十回、実際にうそをいう、という体験を伴うものにちがいない。そうして、このようなうそをいう体験を通して、「内と外」とが、子供自身のものになっていくのである。

　日本では、これははじめ、まず「よそいき」のようす、態度となって、あらわれるのではないかと思われる。親は、子供をつれて、客に呼ばれていくときには、「おとなしくするのですよ」とか、「変なことをいうのじゃありませんよ」とかいって、さとす。これは、子供には、「内と外」との区別を知る(1)きっかけになるもののようである。

　だが、(2)このような行為は、「ウソ」であるが、これは、社会生活にとって、有害なものであるか。(B)そうはいえない。内と外というものは、人間が、社会生活(C)達成した、ひとつの進歩であり、それによって、人間は、社会生活を、なめらかに進行させていくことができているのである。人間がみんな、(3)「内」で考えることを、そのままの形で、「外」に出していたら、どうなるであろうか。(D)、人間社会は、野獣の集まりにことならないものになるであろう。

　「거짓말」이란 것은, 심리학적으로는, 인간이, 마음속으로는, 하나의 일을 생각하면서, 다른 한편으로는 다른 것을 행동한다고 하는 현상이다.
　아이들의 거짓말은, 아이들이, 「안과 밖」 내부의 심리적 세계와, 외부의 세계와의 구별을 아는 것과, 밀접하게 관련되어 있다. 거짓말을 할 수 있다고 하는 능력의 진전 없이는, 「안과 밖」의 구별은 불가능하다고 말해도 좋다.

물론, 능력이 있는 것은, 그것을 현실로 행사하는 것을 의미하는 것은 아니다. 그러나, 아이들에 있어서는, 거짓말의 능력은, 적어도 수회 또는 수십회, 실제로 거짓말을 한다, 라고 하는 체험을 동반한다는 것은 틀림없다. 그렇게 해서, 이러한 거짓말을 하는 체험을 통해, 「안과 밖」이란 것이, 아이들 자신의 것이 되어 가는 것이다.

일본에서는, 이것을 처음으로, 우선 「예의 바른」 모습, 태도가 되어, 나타나는 것이 아닐까 하고 생각된다. 부모는, 아이를 데리고, 손님에게 초대받아 갈 때에는, 「얌전히 있어야 돼」「이상한 것을 말하면 안 돼」라고 말해서, 일깨워 준다. 이것은, 아이들에게는, 「안과 밖」과의 구별을 아는 계기가 되는 것 같다.

그러나, 이러한 행위는, 「거짓말」이지만, 이것은, 사회생활에 있어서, 유해한 것일까. 절대로 그렇게 말할 수는 없다. 안과 밖이라고 하는 것은, 인간이, 사회생활에 있어서 달성한, 하나의 진보이고, 그것에 의해서, 인간은, 사회생활을, 원활히 진행시켜 가는 것이 가능할 수 있는 것이다.

인간은 모두, 「안」에서 생각하는 것을, 그 형태로 「밖」으로 나타낸다면, 어떻게 될까, 아마, 인간사회는, 야수의 집단에 지나지 않는 것이 되고 만다.

• 文中の(A)〜(D)に入れるのに最も適当なものを一つ選びなさい。(81~84)

81 (A)。

① すると
② たとえば
③ とにかく
④ もちろん
⑤ たぶん

해설

▶ ④ 물론. (勿論 · 無論)
① 그러자. 그러면.
② 예를 들면.
③ 일단. 하여튼.
⑤ 아마.

82 (B)。

① いっさい
② けっして
③ とうてい
④ なかなか

⑤ そうとう

➡ ② 절대로 ～하지 않다.

① 일체. 일절.　　　　　　③ 도저히.

④ 좀처럼. 꽤.　　　　　　⑤ 상당히. 적합하다.

83 (C)。

① において　　　　　　② にかんして

③ にたいして　　　　　　④ にとって

⑤ にしたがって

➡ ① ～에 있어서.

② ～에 관해서.　　　　　③ ～에 대해서.

④ ～로서는.　　　　　　⑤ ～에 따라서.

84 (D)。

① おそらく　　　　　　② 必ずしも

③ たしか　　　　　　　④ たとえ

⑤ けっして

➡ ① 아마. 필시. (たぶん・どうやら・おおかた)

② 반드시. (부정 동반)　　　③ 확실히. (불확실할 때 사용)

④ 설령. 가령.　　　　　　⑤ 절대 ～하지 않다.

85 (1)<u>きっかけ</u> という言葉が正しく使われているものを、一つ選びなさい。

① あせらなくても、<u>きっかけ</u>が来たら、自然にわかるようになる。
② 君の<u>きっかけ</u>がなかったら、僕は成功しなかっただろう。
③ ゴルフが<u>きっかけ</u>で私たちは話をするようになった。
④ がけくずれが<u>きっかけ</u>で大雨になった。
⑤ <u>きっかけ</u>から気が進まない。

해설

➡ 切っ掛け : 계기. 동기. 실마리. (手掛かり・糸口)

① 초조해하지(서두르지) 않아도, 계기가 오면 자연스럽게 알게 된다.

② 너의 계기가 없었다면, 나는 성공하지 못했을 것이다.

③ 골프가 계기로 우리들은 이야기를 할 수 있게 되었다.

④ 벼랑이 무너지는 사태가 계기가 되어 폭우가 내렸다.

⑤ 계기부터 내키지 않는다.

86 (2)<u>このような行為は</u>とは、どのような行為か。

① 親が子供にウソをつくこと。
② 親が子供をよそに連れていくこと。
③ 親が子供によそいきの態度を教えること。
④ 親が子供にウソは悪いことだとさとすこと。
⑤ 親が子供と一緒に余所行きをすること。

해설

➡ ③ 부모가 아이에게 격식 차린(예의 바른) 태도를 가르치는 것.

① 부모가 자식에게 거짓말을 하는 것.

② 부모가 아이를 밖에 데리고 나가는 것.

④ 부모가 아이에게 거짓말은 나쁘다고 일깨워 주는 것.

⑤ 부모가 아이와 함께 외출하는 것.

87 (3)「内」で考えることを、そのままの形で、「外」に出していたらとは、どういう意味か。①～⑤の中から一つ選びなさい。

① 正直すぎたら、ということ。

② ウソをついたら、ということ。

③ 内と外を区別したら、ということ。

④ 余所行きの態度で接したら、ということ。

⑤ 内と外を区別することが不可能であったら、ということ。

➡ ① 너무 정직하다면, 이라고 하는 것.

　余所行き : 외출. 외출복. 평소와 다른 격식을 차린 말이나 태도.

② 거짓말을 한다면, 이라고 하는 것.

③ 안과 밖을 구별한다면, 이라고 하는 것.

④ 격식 차린 태도로 대한다면, 이라고 하는 것.

⑤ 안과 밖을 구분하는 것이 불가능하다면, 이라고 하는 것.

88 この文章と合うものを、一つ選びなさい。

① 子供のウソは、大人のように有害ではなく、罪のないものである。

② ある意味で、ウソというものは、人間の社会に必要なものである。

③ ウソの能力なくしては、人間の社会生活の進歩と発展はありえない。

④ 「内」と「外」の区別は有害であることを、子供に教える必要がある。

⑤ 「内」と「外」の区別できることはうそをつくのを意味する。

➡ ② 어떤 의미에서, 거짓말이란 것은, 인간사회에 필요한 것이다.

① 아이들의 거짓말은, 어른처럼 유해하지 않고, 죄 없는 것이다.

③ 거짓말의 능력을 없애지 않으면, 인간 사회생활의 진보와 발전은 있을 수 없다.

④ 안과 밖의 구별은, 유해하다는 것을, 아이들에게 가르쳐 줄 필요가 있다.

⑤ 안과 밖의 구별이 가능한 것은 거짓말하는 것을 의미한다.

89 次の文の下線の部分の正しい意味を選びなさい。

叔父に借金を頼みに行ったが、早く帰れとばかりに横を向いていて、<u>とりつく島もなかった</u>。

① 시간에 쫓기어 마무리를 못하다.

② 당황한 나머지 어처구니없는 행동을 하고 말았다.

③ 불친절해서 말을 걸 수가 없었다.

④ 어처구니가 없어 말을 할 틈도 없었다.

⑤ 미안한 나머지 돌아올 수밖에 없었다.

해설

➡ 숙부에게 빚을 부탁하러 갔지만, 빨리 돌아가란 듯이 딴청하고 있어서, 말을 붙일 수가 없었다.

取り付く島もない : 불친절해서 말을 걸 수가 없다. 어찌할 수가 없다.

---

90 次の文の下線の部分の正しい意味を選びなさい。

民芸品の性質に<u>のっとって</u>造られている。

① もとづいて   ② かわって

③ さからって   ④ 気づいて

⑤ しばられて

해설

➡ 민예품의 성질에 기초를 두고 만들어졌다. (法る·則る : 기준으로 삼고 따르다)

① 기초. 기준. (基づく)   ② 바뀌다. (変わる)

③ 반대로 올라가다. 거역. (逆らう)   ④ 알아차리다. (気付く)

⑤ 과거에 구속. 속박되다. (縛る)

91 다음 문장과 내용이 다른 것을 고르세요.

今春、秘書業務を中心に大卒女子を７人採用したが、来年は一挙に100人強と、逆に50人を予定している男子採用を大幅に上回る採用を予定しているという。

A石油は、この４月１日にB石油とC石油が合併してできた会社で、これを契機に女性客獲得を新会社の新しい事業戦略に据えている。

そのため、女性ドライバーなどになるべくうけるようなガソリンスタンドづくりに着手しており、新たに女子社員を活用する分野が増えたため、採用数を増加させるのだという。

① 来年の女子社員採用予定数は50人である。
② B石油とC石油が合併してできたのが今のA石油である。
③ A石油は女性客の拡大を新しい事業戦略としてすすめており、そのための女子社員増員である。
④ 来年は今年の10倍以上多い女子社員を採用する予定である。
⑤ 女子社員数を増やすのは、女性ドライバー好むようなガソリンスタンドを作ろうという、女子社員を活用する分野が増えたからである。

해설

➡ ① 내년의 여자 사원 채용 예정수는 50명이다.

이번 봄, 비서 업무를 중심으로 대졸 여자를 7명 채용했지만, 내년에는 한 번에 100명 조금 넘게, 반대로 50명을 예정하고 있는 남자채용을 대폭으로 상회하는 채용을 예정하고 있다고 한다. A석유는, 이번 4월 1일에 B석유와 C석유가 합병해서 만든 회사로, 이것을 계기로 여성손님 획득을 새 회사의 새로운 사업전략으로 결정했다. 그렇기 때문에, 여성 운전자에게 가능한 한 호감을 받을 것 같은 주유소 만드는 데 착수했고, 새롭게 여자 사원을 활용하는 분야가 증가했기 때문에, 채용수를 증가시킨다고 한다.

強 : 숫자를 나타내는 말에 붙어, 실제는 그 수보다도 조금 많은 것을 나타낸다. (↔ 弱)

五キロ強 : 5킬로 조금 넘는.

② B석유와 C석유가 합병해서 만든 것이 지금의 A석유다.

③ A석유는 여성 손님의 확대를 새로운 사업전략으로 추진하고 있고, 그것 때문에 여자 사원을

증원하고 있다.

④ 내년은 올해의 10배 이상 많은 여자 사원을 채용할 예정이다.

⑤ 여자 사원수를 증가시키는 것은, 여성 운전자가 바라고 있는 주유소를 만들려고 한다. 여자 사원을 활용하는 분야가 증가했기 때문이다.

92 次の文章で、筆者は何を言いたいのですか。

アメリカのあるスポーツ指導者が日本の競技者についていった言葉に興味をひかれた。日本人はスポーツの上に自分の人生を築いている。出発点に人間がいない。それではダメだというのである。これは、ほとんどそのまま我々の音楽にもあてはまる。なぜ音楽をやるのかということを問う前に音楽から出発する。だから、学生のうちは、あるいはコンクールまでは良いが、その先にはつながらない。

① 音楽もスポーツも、人間には必要である。
② 音楽をスポーツのように考えてはいけない。
③ なぜ音楽をやるのかをはじめに考えるべきだ。
④ 音楽はまず演奏の技術を高める必要がある。
⑤ スポーツと音楽はその出発点を異にしている。

해설

➡ ③ 왜 음악을 하는가를 처음으로 (사전에) 생각해야만 된다.

미국의 어느 스포츠 지도자가 일본의 경기자에 대해서 한 말에 흥미가 끌렸다. 일본인은 스포츠와 연관되어 자신의 인생을 쌓고 있다. 출발점에 인간이 없다. 그것으로는 안 된다라고 말하고 있다. 이것은, 거의 그대로 우리의 음악에도 적용할 수 있다. 왜 음악을 하는가라고 하는 것을 묻기 전에 음악으로부터 출발한다. 그렇기 때문에, 학창시절은, 또는 콩쿠르를 하기 전까지는 좋지만, 그 다음은 연결되지 않는다.

① 음악도 스포츠도, 인간에게는 필요하다.
② 음악을 스포츠처럼 생각해서는 안 된다.
④ 음악은 우선 연주의 기술을 높일 필요가 있다.
⑤ 스포츠와 음악은 그 출발점을 다르게 하고 있다.

93 다음 문장의 내용과 일치하지 않는 것을 고르세요.

他の国には見られない日本特有の暖房器具として炬燵があります。四角い座卓のようなテーブルの裏面に電気のヒーターがついていて、テーブルの上から布団をかぶせ、その上にテーブル板を置いたものです。今では、ほとんどの家庭が床の上に置くタイプの炬燵を使っていますが、大きな家や古い家では、床を四角に掘って、その底辺に電気ヒーターを置くタイプの掘り炬燵を使っています。掘り炬燵だと、椅子に座る形式のテーブルのようで、足が疲れません。洋風の家や若い世代の家庭の場合、炬燵ではなく、エアコンやファンヒーター、電気ストーブなどを使用します。また雪が多い地域では、全ての部屋に灯油式の大きなストーブを置いて温める家庭が多いようです。

① 젊은 세대 가정 중에는 고다쯔를 사용하지 않는 경우도 있다.
② 고다쯔는 다른 나라에서 보기 힘든 일본 특유의 난방 기구이다.
③ 눈이 많이 내리는 지방에서는 각 방에 난방 기구를 두는 경우가 많다.
④ 대부분의 가정에서는 다리를 편하게 뻗을 수 있는 호리고다쯔를 많이 사용한다.

해설

▶ ④ 대부분의 가정에서는 다리를 편하게 뻗을 수 있는 호리고다쯔를 많이 사용한다.

掘り炬燵 : 마루를 잘라 구멍을 파서 만든 고다쯔.

다른 나라에서는 볼 수 없는 일본 특유의 난방기구로서 고다쯔가 있습니다. 네모난 좌식 테이블 뒷면에 전기히터가 켜져 있고, 테이블 위에서 이불을 덮고, 그 위에 테이블 판자를 놓은 것입니다. 오늘날에는, 거의 모든 가정이 마루 위에 놓는 타입의 고다쯔를 사용하고 있습니다만, 큰 집이나 오래된 집에서는, 마루를 사각형으로 파고, 그 밑바닥에 전기히터를 놓는 타입의 호리고다쯔를 사용하고 있습니다. 호리고다쯔라고, 의자에 앉는 형식의 테이블 같은 것으로, 다리가 피곤(저리지)하지 않습니다. 서양식 집이나 젊은 세대 가정의 경우, 고다쯔가 아니고, 에어컨이나 팬히터, 전기스토브 등을 사용합니다. 또 눈이 많은 지역에서는, 모든 방에 등유식 큰 난로를 놓고 따뜻하게 지내는 가정이 많은 것 같습니다.

94 다음 문장의 내용과 일치하는 것을 고르세요.

日本語の「挨拶」は、元々禅宗の用語であった。修行者が互いの修行の成果を質問し合う事によって悟りや知識見識等の深さ浅さを確認する行為を指す。そこから民間へと広まり、人と会った時にとりかわす儀礼的な動作や言葉・応対などを言うようになったという。こうした由来を持つ日本人のあいさつは、一定の距離を置いてお辞儀し、その前後に言葉を交わすのが基本である。つまり、身体接触をさせないことと、お辞儀を何回も繰り返しながらあいさつの言葉を交わすのが日本語によるあいさつの大きな特徴だ。外国にも日本人のお辞儀のような軽い会釈の習慣はあるが、深く丁寧なお辞儀を何回も繰り返すあいさつは、日本人独特のあいさつの習慣である。

① 日本人のあいさつはお辞儀をすると同時に言葉を交わすのが基本だ。
② 深く丁寧なお辞儀を何回も繰り返すあいさつは、他の国でも見られる。
③ 日本語の「挨拶」は元々禅宗の用語が民間へと広まったものである。
④ 日本人はあいさつする時、身体接触をしながら深く丁寧なお辞儀をする。

해설

➡ ③ 일본어의 「인사」는 원래 선종의 용어가 민간에게로 퍼진 것이다.

禅宗	: 선종. 불교의 하나의 종파.
お辞儀	: 머리를 숙이고 예의를 갖춰 인사하는 것. 정중한 인사. 사퇴(辞退). 사양(遠慮).
	修行者・修行者 : 수행자. 불도(仏道)・무예(武芸)를 수행하는 사람.
会釈	: 가벼운 인사. 목례.
儀礼	: 의례의 형식만을 중히 여겨 일을 행하는 것. (儀礼 : 중국의 유교교전의 하나)
見識	: 사물을 깊이를 꿰뚫어 보고, 본질을 파악하는, 뛰어난 판단력. 식견. 허세.
見識張る	: 잘난 체하다. 도도한 태도를 취하다. 식견인 체하다.

일본어의 인사는, 원래 불교의 선종 용어였다. 수행자가 서로의 수행성과를 질문함으로써 깨달음이나 지식 견식(식견) 등의 깊고 얕음을 확인하는 행위를 가리킨다. 그로부터 민간으로 전파되어, 사람을 만났을 때 주고받는 의례적인 동작이나 말・응대 등을 말하게 되었다고 한다. 이러한 유래를 가진 일본인의 인사는, 일정한 거리를 두고 정중한 인사를 하고, 그

전후에 말을 주고받는 것이 기본이다. 즉, 신체접촉을 하지 않는 것과, 정중한 인사를 여러 번 반복하면서 인사말을 주고받는 것이 일본어 인사의 큰 특징이다. 외국에서도 일본인의 정중한 인사 같은 가벼운 인사습관은 있지만, 깊고 공손한 인사를 여러 번 반복하는 인사는, 일본인의 독특한 인사습관이다.

① 일본인의 인사는 오지기를 하면 동시에 말을 주고받는 것이 기본이다.

② 깊고 정중한(공손한) 오지기를 몇 번씩이나 반복하는 인사는. 다른 나라에서도 볼 수 있다.

④ 일본인은 인사를 할 때, 신체 접촉을 하면서 깊고 정중한 오지기를 한다.

95 다음 문장의 내용과 일치하는 것을 고르세요.

「安全第一、営業第二」と書いたポスターを自社に貼った。その結果、事故は急激に減った。運転者は「安全第一といっても営業(配送効率)は絶対落としてはいけない。できるだけ早くお届けするのが自分達の使命である」という心理的な縛りがある。その結果、安全より配送効率(スピード)を優先していた。しかし、トップから配送効率は二番手でいい、それよりも安全輸送が優先するのだという方針が明確に示されたので、安心して安全輸送に取り組むことができたのである。興味深いことに、「安全第一、営業第二」としたにもかかわらず不思議なことに営業(配送効率)は落ちなかった。

① 営業を優先した結果、事故が前より減った。

② ポスターを貼った後、運転者の使命がスピードに変わった。

③ 結果的に安全輸送を優先しても配送効率は落ちなかった。

④ トップから安全輸送よりも配送効率が優先するのだという方針が明確に示された。

해설

➡ ③ 결과적으로 안전수송을 우선해도 배송효율은 떨어지지 않았다.

「안전제일, 영업제이」이라고 쓴 포스터를 자사에 붙였다. 그 결과, 사고는 급격히 줄었다. 운전자는 「안전제일이라고 해도 영업(배송효율)은 절대로 떨어뜨려서는 안 된다. 가능한 한 빨리 배달하는 것이 우리들의 사명이다」라고 하는 심리적인 결박이 있다. 그 결과, 안전보다 배송효율(스피드)을 우선으로 하고 있었다. 그러나, 최고 경영자로부터 배송효율은 두 번째이어도 좋고, 그것보다도 안전수송이 우선한다는 방침이 명확하게 제시되었기 때문에, 안심하고 안전수송에 몰두하는 것이 가능했던 것이다. 흥미로운 것은, 「안전제일, 영업제이」라고 했음에도 불구하고 불가사의하게도 영업(배송효율)은 떨어지지 않았다.

① 영업을 우선으로 한 결과, 사고가 전보다 줄었다.

② 포스터를 붙인 후, 운전자의 사명감이 스피드로 바뀌었다.

④ 최고 경영자로부터 안전수송보다도 배송효율이 우선한다는 방침이 명확하게 제시되었다.

96 외래어 표기가 잘못된 것을 고르시오.

① パーティー (party)   ② サービス (service)

③ スポーツ (sports)   ④ ワールドカップ (world cup)

⑤ テプー (tape)

해설

➡ ⑤ テープ (테이프)

① 파티.   ② 서비스.

③ 스포츠.   ④ 월드컵.

97 다음 한자의 읽기 중에서 옳지 않은 것을 고르시오.

① 峠 (とおげ)   ② 取引 (とりひき)

③ 素直 (すなお)   ④ 八百屋 (やおや)

⑤ 紅葉 (もみじ)

해설

➡ ① 고개. (とうげ)

② 거래. (取引所 : 거래소. 取引先 : 거래처)

③ 순수하다. 솔직하다.   ④ 채소가게. 야채가게.

⑤ 단풍. 단풍잎. (紅葉·紅葉·紅葉·黃葉·黃葉)

98 다음 한자의 읽기 중에서 옳지 않은 것을 고르시오.

① 身内 (みうち) ② 不渡り (ふわたり)

③ 募集 (ぼうしゅう) ④ 行方　(ゆくえ)

⑤ 身分 (みぶん)

해설

➡ ③ 모집. (ぼしゅう)

① 남이 섞이지 않은 집안 식구. (内輪 · 水入らず)

② 부도. 파산. (破産) ④ 행방. (行方不明)

⑤ 신분. (身分証明書 : 신분 증명서)

99 次の文の(　　)の中に最も適当なものを入れなさい。

花田さんの冗談には、いつも思わず(　　　)。

① 笑われた ② 笑わせた

③ 笑わなかった ④ 笑わさせられた

⑤ 笑わせられた

해설

➡ 하나다씨의 농담은, 언제나 무심결에 웃겨서 웃고 말았다. (웃음이 나왔다)

⑤ 사역수동.

100 次の文の(　　)の中に最も適当なものを入れなさい。

先生：お母さんは何時ころお帰りになりますか。

学生：(　　　　　　　　　　　)。

① お母さんは7時ころお帰りになります。

② 母は7時ころお帰りなさるでしょう。

③ お母さんは 7 時ころお帰りするつもりです。

④ 母は 7 時ころお帰りいたします。

⑤ ちちは 7 時ころお帰りするかもしれません。

해설

➡️ ④ 어머니는 7시경에 돌아옵니다. (자기 가족을 남에게 소개할 때는 존경어를 사용할 수 없다)

101 다음 문장의 밑줄 친 부분이 틀린 것을 고르시오.

① たまにその交通事故を目撃した。

② 遊んでばかりいたので、テストで痛い目にあった。

③ 友人のアパートを訪ねたが、あいにく留守だった。

④ 今日は、朝から絶えず雨が降っている。

⑤ 鈴木さんに紹介していただいた病院へ、さっそく行ってみました。

해설

➡️ ① たまに (가끔) → たまたま (우연히)

① 우연히 그 사고를 목격했다.

② 놀고만 있었기 때문에, 시험에서 아픈 경험을 했다.

③ 친구 아파트를 방문했지만, 공교롭게도 외출 중이었다.

④ 오늘은, 아침부터 계속해서 비가 내리고 있다.

⑤ 스즈끼씨가 소개해 주신 병원에, 바로 가 보았습니다.

102 다음 문장의 밑줄 친 부분이 틀린 것을 고르시오.

① まもなく一番線に上り電車がまいります。

② みんなの前で恥をかくくらいなら、むしろ死を選びたい気持ちだ。

③ 暑い暑いといって水ばかり飲んでいると、よけい汗が出る。

④ このところ株価はすべて上昇している。

⑤ この薬を飲んだら、かえって痛みがひどくなった。

➡️ ④ すべて (전부) → ますます (점점)

① 곧 1번 선에 상행전차가 옵니다(도착합니다).

② 모든 사람 앞에서 치욕을 당하는 것이라면, 차라리 죽음을 선택하고 싶은 기분이다.

③ 아이고 더워 아이고 더워라고 해서 물만 마시고 있으면, 더욱더 땀이 나온다.

④ 요즘 주가는 점점 오르고(상승하고) 있다.

⑤ 이 약을 마셨더니, 거꾸로(오히려) 통증이 심해졌다.

103 다음 문장의 밑줄 친 부분이 틀린 것을 고르시오.

① そのアパートの家賃があまり高かったので、驚いてしまった。
② さすが高い山だけあって、夏でも寒い。
③ 田中さんは今夜のパーティーにはあたかも来ないだろう。
④ いずれお目にかかりたいと存じます。
⑤ 友だちもなければ親戚もない外国で暮らすのは心細いものだ。

➡️ ③ あたかも (마치) → おそらく (아마)

① 그 아파트 집세가 너무 비쌌기 때문에, 놀라고 말았다.

② 역시 높은 산이기 때문에, 여름에도 춥다.

③ 다나까씨는 오늘밤 파티에는 아마 못 오겠지요.

④ 언제 한번 뵙고 싶다고 생각하고 있습니다.

⑤ 친구도 없다면 친척도 없는 외국에서 생활하는 것은 마음이 불안한 것이다.

104 下線の部分の意味と最も近いものを選びなさい。

一度は行かなければならないのだから、早いにこしたことはない。

① 急がなくてもいい
② 早く行くほうがいい
③ 急いでも急がなくてもいい

④ とにかく早く行かなければならない

⑤ 早く行くなら、しんだほうがましだ

해설

➡ 한번은 가지 않으면 안 되기 때문에, 빨리 가는 것이 좋다.

越したこと : 어떤 것 중에서 가장 중요한 것. 가장 뛰어난 것.

105 다음 문장의 올바른 일본어를 고르시오.

　그 사람 일이 걱정이 되어서, 돌아가려고 해도 돌아갈 수가 없다.

① あの人のことを気になって、帰るに帰られなかった。

② あの人のことが気になって、帰ろうにも帰られない。

③ あの人のことを気にして、帰ろうかどうかまよった。

④ あの人のことが気がすすまなくて、帰ろうかどうかまよった。

⑤ あの人のことを気にして、帰りようがない。

해설

➡ ②

気になる 　　　 : 신경이 쓰이다. 걱정이 되다. 気にする : 걱정하다.

気が進まない : 스스로 하고 싶은 의욕이 없다.

106 다음 문장 중 밑줄 친 부분이 틀린 것을 고르시오.

① 聞くところによると、政界は意外に封建的だそうだ。

② 水泳の安田選手は世界記録を破ったそうです。

③ この品物は値段は安いですが、見た目はいくないそうです。

④ 三十になっても彼はいまだに無職だそうです。

⑤ 日本の商品の流通機構が非常に複雑だそうだ。

➡️ ③ この品物は値段は安いですが、見た目はよくないそうです。

い形容詞 いいの 不定形은 よくない가 된다.

封建的(ほうけんてき) : 일반적으로 상하관계를 중시하고 개인의 자유나 권리를 인정하지 않는 경우를 말한다.

① 들은 바에 의하면, 정계(정치권)는 의외로 봉건적이라고 한다.

② 야스다 수영선수는 세계기록을 깼다고 합니다.

③ 이 물건은 가격은 싸지만, 외관(겉모습)은 좋지 않다고 합니다.

④ 서른 살이 되었는데도 그는 아직도 무직이라고 합니다.

⑤ 일본 상품의 유통기구(유통구조)가 매우 복잡하다고 한다.

107 다음 문장의 밑줄 친 부분과 같은 의미로 사용된 것을 고르시오.

先生(せんせい)は、趣味(しゅみ)で油絵(あぶらえ)もかかれるそうだ。

① スポーツセンターにはよく行(い)かれるんですか。
② アメリカ大陸(たいりく)はコロンブスによって発見(はっけん)された。
③ 車(くるま)を買(か)いたいんですが、高(たか)いのでとてもかえられない。
④ 私も司法試験(しほうしけん)が受(う)けられる。
⑤ 私腹(しふく)を肥(こ)やしている政治家(せいじか)が多(おお)いので国(くに)の将来(しょうらい)が案(あん)じられる。

➡️ 선생님은, 취미로 유화도 그리신다고 한다. (존경어)

① 스포츠센터에는 자주 가십니까. (존경어)

② 미국대륙은 콜럼버스에 의해서 발견되었다. (수동)

③ 차를 사고 싶습니다만, 비싸기 때문에 도저히 살 수 없다. (가능)

④ 나도 사법시험을 볼 수 있다. (가능)

⑤ 사복(사욕)을 채우고 있는 정치가가 많기 때문에 나라의 장래가 걱정이 된다. (자발)

108 次の文の(　　)の中に最も適当なものを入れなさい。

彼のあざやかなプレーには、だれもが目をうばわれた。そして、味方
の応援団から(　　)、相手のチームの人々からも拍手がわいた。

① ともなわぬ　　　　　　　② ただならぬ

③ せざるをえず　　　　　　④ かかわらず

⑤ のみならず

➡ ⑤ ～뿐만 아니라. (ばかりか · のみでなく · だけでなく · ばかりでなく)

그의 깔끔한 (멋진) 플레이에는, 누구라도 눈을 뺏겼다. 그리고, 우리 응원단뿐만 아니라,

상대팀 사람들로부터도 박수가 터져 나왔다.

① 같이 가다. 따라가다. 균형이 잡히다. 어울리다. 동반하다. (伴う)

② 심상치 않은. 보통이 아닌. (徒ならぬ)

③ 하지 않을 수 없다.　　　　　④ 상관없이.

---

109 次の文の(　　)の中に最も適当なものを入れなさい。

この吹雪では遭難(　　)ので、引き返すことにしましょう。

① しかねる　　　　　　　　② しかねない

③ しうる　　　　　　　　　④ しえない

⑤ しないするわけにはいかない

➡ ② 이러한 눈보라로는 조난당할 수도 있기 때문에, 돌아가기로 합시다.

① 동사 (ます形) ＋ かねる　　：～할 수 없다. (실현하는 것이 불가능하다)

② 동사 (부정형) ＋ かねない：～할 수 있다. (실현할 가능성이 있다)

③ 동사 (ます形) ＋ うる　　　：～일 수 있다. (ありうる : 있을 수 있다)

④ 동사 (ます形) ＋ えない　　：～일 수 있다. (あるまじき · あり得ない : 있을 수 없다)

(ありふれる・ありがち・ありきたり : 흔하다).

⑤ わけにはいかない。〜일 수 없다.

용법 : 동사 (현재형) ＋ わけにはいかない。

(불가능을 나타낸다).

(앞의 문장이 부정문이면 의미는 긍정이고, 앞의 문장이 긍정문이면 의미는 부정이다)

용법 : 동사 (부정형) ＋ わけにはいかない。(しなければならない)

하지 않으면 안 된다고 하는 의미를 나타낸다.

(앞의 문장이 부정문이면 의미는 긍정이고, 앞의 문장이 긍정문이면 의미는 부정이다)

110 次の文の( )の中に最も適当なものを入れなさい。

近ごろ国際交流がますますさかんになっている。外国文化の情報が増える
( )が、それは自分の国のことについて考えるきっかけにもなっている。

① 次第だ   ② 感じだ
③ 以上だ   ④ 気味だ
⑤ 一方だ

해설

➡ ⑤ 그것만 하다. 일방. 한편으론.

物価が高くなる一方で、生活は苦しくなるばかりだ。

물가는 올라가기만 해서, 생활은 고통스러워질 뿐이다.

① 차츰. (次第に : 〜하는 대로. 〜에 따라서). (考え次第 : 생각에 따라서. 생각대로)
④ 낌새. 기미. (気味)

第 9 章。제9장
だいきゅうしょう

- 副詞　　　부사
  ふくし

● 시간에 관계되는 부사.

▶ 시간의 길이를 나타낸다.

暫く	잠시. 잠깐만.
	あとでお呼びしますので、しばらくお待ちください。 나중에 부를 테니, 잠시 기다려 주십시오.
	오랫동안. 긴 시간 동안.
	あの人からしばらく手紙が来ない。 그 사람으로부터 한동안 편지가 오지 않는다.
間も無く	얼마 안 되어. 곧. 머지않아. (やがて・ほどなく) (그다지 시간이 지나지 않는 동안에)
	先生はまもなくお見えになるでしょう。선생은 곧 오시겠지요.
	과거의 이야기를 할 때도 사용한다.
	彼が出かけてまもなく、山田さんが来た。 그가 외출하자 곧바로, 야마다씨가 왔다.
もう直ぐ もうじき	이제 곧. (과거형에는 사용할 수 없음)
	もうすぐクリスマスです。　　　이제 곧 크리스마스입니다.
	もうじきお父さんが帰ってくるよ。　곧 아버님이 돌아온다.
其の内	머지않아. 가까운 시일 내에. 짧은 시간 후에.
	この雨もそのうち止むでしょう。　이 비도 조만간에 그치겠지요.
やがて	곧. 이윽고. 머지않아. (ほどなく)
	この子もやがて結婚するだろう。　이 아이도 조만간에 결혼하겠지.
直ぐ	곧. 즉시.
	急用があるからすぐ来てください。　급한 용무가 있기 때문에 빨리 와 주세요.
早速	빨리. (남에게 듣고 곧바로 행동함)
	ご注文の品はさっそくお届けします。　주문하신 물건은 조속히 배달하겠습니다.

<ruby>直<rt>ただ</rt></ruby>ちに	곧. 즉시. 당장. (굉장히 짧은 시간 동안에)
	<ruby>準備<rt>じゅんび</rt></ruby>ができたら、ただちに<ruby>始<rt>はじ</rt></ruby>めよう。　준비가 되었다면, 곧바로 시작하자.
<ruby>忽<rt>たちま</rt></ruby>ち	금세. 갑자기. (にわかに·すぐに)
	<ruby>飛<rt>と</rt></ruby>びたった<ruby>飛行機<rt>ひこうき</rt></ruby>はたちまち<ruby>見<rt>み</rt></ruby>えなくなった。
	날아오른(이륙한) 비행기는 금세 보이지 않게 되었다.
そろそろ	슬슬. (적합한 시기가 되다. 어떤 동작을 할 때가 되었다)
	もう<ruby>時間<rt>じかん</rt></ruby>ですからそろそろ<ruby>出<rt>で</rt></ruby>かけましょうか。
	이제 시간이 되었기 때문에 슬슬 외출할까요.
いよいよ	드디어. (기대했던 것이 결실을 맺으려고 할 때)
	<ruby>明日<rt>あした</rt></ruby>はいよいよ<ruby>試験<rt>しけん</rt></ruby>の<ruby>結果<rt>けっか</rt></ruby>が<ruby>発表<rt>はっぴょう</rt></ruby>される。
	내일은 드디어 시험의 결과가 발표된다.
<ruby>今<rt>いま</rt></ruby>にも	지금이라도. (뒤 문장은 そう같은 추측문장이 온다)
	<ruby>急<rt>きゅう</rt></ruby>に<ruby>空<rt>そら</rt></ruby>が<ruby>暗<rt>くら</rt></ruby>くなり、いまにも<ruby>雨<rt>あめ</rt></ruby>が<ruby>降<rt>ふ</rt></ruby>りそうだ。
	갑자기 하늘이 어두워져서, 지금이라도 비가 내릴 것 같다.

▶ 어떤 특별한 시간과 관계하여.

<ruby>偶々<rt>たまたま</rt></ruby>	우연히. 같은 시간에.
	<ruby>銀座<rt>ぎんざ</rt></ruby>で、たまたま<ruby>山田<rt>やまだ</rt></ruby>さんにあった。 긴자에서, 우연히 야마다씨를 만났다.
<ruby>一旦<rt>いったん</rt></ruby>	일단. 일시적으로(<ruby>一先<rt>ひとま</rt></ruby>ず). 가정의 의미도 있다.
	いったんうちに<ruby>帰<rt>かえ</rt></ruby>って、また<ruby>出<rt>で</rt></ruby>かけた。 일단 집에 돌아가서, 또 외출했다.
<ruby>未<rt>いま</rt></ruby>だに	시간이 지났는데도 아직.
	それはいまだに<ruby>忘<rt>わす</rt></ruby>れられない<ruby>光景<rt>こうけい</rt></ruby>だ。　그것은 지금까지도 잊을 수 없는 광경이다.
<ruby>今更<rt>いまさら</rt></ruby>	이제 와서. 새삼스럽게.
	いまさらその<ruby>計画<rt>けいかく</rt></ruby>を<ruby>変更<rt>へんこう</rt></ruby>できない。　지금에 와서 그 계획을 변경할 수 없다.

▶ 과거의 시간을 표현하며 사물의 전후의 시간을 나타낸다.

かつ 曾て	이전에. 옛날에.
	<u>かつて</u>、このあたりは畑だった。 이전에, 이 주위는 밭이었다.
さきほど 先程	조금 전에. (少し前·いましがた·さっき)
	<u>さきほど</u>お電話いたしました山田です。 조금 전에 전화 드렸던 야마다입니다.
すで 既に すで 已に	이미. 벌써. 옛날에.
	駅に着いたとき、<u>すでに</u>電車は行ってしまったあとだった。 역에 도착했을 때, 이미 전차는 가 버리고 난 후였다.
と 疾っくに	이미. 벌써. 옛날에. (すでに의 회화체)
	山田君、<u>とっくに</u>帰っちゃったよ。 야마다군, 벌써 돌아갔어.
いま たった今	지금 막. (엄밀히 말해·조금 전에) 얼마 지나지 않은 과거.
	<u>たった今</u>、電話を切ったところです。 지금 막, 전화를 끊었습니다.
まえ 前もって	사전에. (予て·予め). (무엇인가를 하기 전에 준비함)
	品物の納入日は<u>前もって</u>ご連絡さしあげます。 물건의 납품 일은 미리 연락드리겠습니다.
あらかじ 予め	미리. 사전에. (사물이 일어나기 전에)
	来週の会議の議題を<u>あらかじめ</u>お知らせしておきます。 다음 주 회의의 의제를 미리 알려 드립니다.
のちほど 後程	나중에. ～후에(後で). 시간이 조금 지난 후에.
	では、<u>のちほど</u>お伺いします。 그러면, 나중에 찾아뵙겠습니다(방문하겠습니다).

▶ 시간경과를 전제로 하여 시간이 지난 후의 결과, 또는 결과의 예측을 한다.

やっと	드디어. 기다리던 것이 이루어졌을 때. (긴 시간 고생 후에 목적 달성)
	三時間もかかって、<u>やっと</u>宿題ができた。 3시간씩이나 걸려서, 드디어 숙제를 완성했다.

ようやく	드디어. (긴 시간 고생 후에 목적 달성)
	彼は三度目の試験でようやく合格した。
	그는 3번째 시험에서 드디어(마침내) 합격했다.
どうにか	어떻게든. 겨우. 간신히. (やっと・ようやく・どうにか・辛うじて).
	(고생이나 곤란 후에 일단 목적을 달성하는 경우)
	体もだいぶ回復し、どうにか自分のことはひとりでできるようになった。
	몸도 많이 회복되었고, 그럭저럭 자신의 일은 혼자서 할 수 있게 되었다.
到頭	결국은. 많은 일이 있은 후 최후에는. (보통은 나쁜 결과의 경우가 많다)
	父は働きすぎて、とうとう病気になってしまった。
	아버지는 일을 너무 해서, 마침내(결국) 병에 걸리고 말았다.
結局	결국. (여러 가지 일이 있었지만 최후에는)
	いろいろやってみたが、結局ぜんぶ失敗した。
	여러 가지 해 보았지만, 결국 전부 실패했다.
終に・遂に ・竟に	마침내. 결국에는. 최종 단계에서 성공했을 때. (とうとう・やっと를 포괄)
	何度も失敗したが、ついに成功した。 몇 번이나 실패했지만, 마침내 성공했다.

● 동작 등의 횟수에 관계가 있는 말.

▶ 횟수가 많은 경우.

絶えず	끊임없이 줄곧. 언제나. (いつも)
	あのビルは絶えず電気がついている。 저 빌딩은 계속 전기가 켜져 있다.
常に	いつも의 문어체.
	健康には、常に注意するようにしましょう。
	건강에는, 언제나 주의하도록 합시다.
年中	연중. (いつもいつも)
	田中さんは年中忙しいと言っている。 다나까씨는 항상 바쁘다고 말하고 있다.

始終 (しじゅう)	언제나 무언가를 하는 경우. 母は始終、父の帰りが遅いと文句を言っている。 어머니는 시종, 아버지 귀가 시간이 늦는다고 불평을 말하고 있다.
しょっちゅう	언제나 무언가를 하고 있는 경우. 授業中、彼はしょっちゅう居眠りをしている。 수업 중, 그는 계속 앉아서 졸고 있다.
引っ切り無しに (ひっきりなしに)	계속되는 모양. 다른 것들이 계속 이어지는 모양. この道路はひっきりなしに車が通る。 이 도로는 끊임없이 차가 지나간다.
頻繁に (ひんぱん)	빈번히. 交通事故はひんぱんに起きている。 교통사고는 빈번히 일어난다.
しばしば	반복해서 행하다. 누차. 자주. 여러 차례. その頃、しばしば学校を休んだものだ。 그때는, 자주 학교를 결석했던 것이다.
度々 (たびたび)	반복하다. 누차. 자주. 用もないのにたびたび電話しないでください。 볼일도 없으면서 자주 전화하지 말아 주세요.

▶ 횟수가 적은 경우.

偶に (たまに)	간혹. 가끔. (그다지 많지 않지만 가끔 있는 경우) 私はたまに映画を見に行きます。 나는 가끔 영화를 보러 갑니다.
希に (まれに) 稀に (まれに)	드문. 희귀한. (진귀할 정도로 적다) あの厳しい先生もまれに冗談を言うこともある。 저 엄한 선생님도 어쩌다 농담을 할 때도 있다.
滅多に (めったに)	좀처럼. (～ない와 결합하여 거의 없다). (ほとんど…ない) めったにないことだが、電話が故障することがある。 좀처럼 없는 일이지만, 전화가 고장 나는 일이 있다.

● 수량이나 정도에 관계가 있는 말.

▶ 수량이 많다.

一杯 いっぱい	가득. ~껏. 수량이 많다.
	原宿はいつも若い人で一杯だ。 하라쥬꾸는 언제나 젊은 사람들로 가득하다.
	어느 기간 전부.
	今月いっぱい仕事を休むつもりだ。 이번 달 끝까지 일을 쉴 생각이다.
沢山 たくさん	사람·사물이 많다. 大勢는 사람에 한정됨. (大勢 : 대세)
	あの店には安いものがたくさんある。 저 가게는 싼 물건이 많이 있다.
	이 이상은 필요 없다. 질리다.
	そんな悲しい話はもうたくさんだ。 그런 슬픈 이야기는 이제 질색이다.
たっぷり	넘칠 만큼 충분하다.
	出発までに時間はたっぷりある。 출발까지 시간은 충분히 있다.
充分 じゅうぶん 十分 じゅうぶん	많이 있어서 충분하다.
	約束の時間にはじゅうぶん間に合います。
	약속 시간에는 충분히 맞을 것 같습니다.

▶ 수량이 적은 경우.

ちょっと	조금. 잠깐. (조금의 시간)
	もうちょっと待ってね。 조금만 기다려라.
ほんの少し すこ	아주 조금. (조금을 강하게 말한 표현)
	ほんの少ししか話せません。 그저 조금밖에 이야기를 못 합니다.
僅か わず	조금. 약간. 불과.
	わずかのお金で生活している。 아주 적은 돈으로 생활하고 있다.
たった	매우 적은. 겨우. 단지.
	この夏のボーナスは、たったこれだけです。
	이번 여름 상여금은, 겨우 이것뿐입니다.

▶ 대충의 수량을 나타낸다.

おおよそ 大凡	대강. 대충. (凡そ · 大体 · 大方)
	この車は、およそ三百万円はするだろう。 이 차는, 대충 300만엔은 하겠지.
やく 約	대충. 약. (大体 · ぐらい)
	東京から大阪まで約三時間です.　도쿄부터 오오사까까지 약 3시간입니다.
ざっと	대체로. 대략.
	このビルは完成までにざっと一年ぐらいかかるだろう。
	이 빌딩은 완성까지는 대충 1년 정도 걸리겠지.
	대강. 대충. 간단히. (一通り · ざっと · 大まかに)
	ざっと読んだが、これはいい本だ.　대충 읽었지만 이것은 좋은 책이다.
ほぼ	거의. 대부분. 대략. (ほとんど)
	卒業論文は、ほぼできあがっている。 졸업논문은, 거의 완성되어 있다.

▶ 100%인 상태를 나타낸다.

ぜんぶ 全部	전부. (부분적인 전부)
	お金を全部使ってしまった.　돈을 전부 쓰고 말았다.
すべ 凡て すべ 全て	전부. 남김없이 모두.
	(あらゆる · ありとあらゆる · ピンからキリまで · 何から何まで · 何もかも)
	今日の仕事はすべて終わりました.　오늘 일은 모두 끝났습니다.
すっかり	남김없이 모두.
	美味しかったので、すっかり食べてしまいました。
	맛있었기 때문에, 깨끗이 먹어 버렸습니다.
	깨끗이. 완전히 정말로.
	電話することをすっかり忘れていた.　전화하는 것을 깨끗이 잊고 있었다.
そっくり	아주 많이 닮은 것. 흠잡을 것이 없는 것. 통째로. 그대로. 전부. 남김없이. 몽땅. 고스란히

	給料<ruby>きゅうりょう</ruby>をそっくり<ruby>落</ruby>としてしまった。	월급을 몽땅 잃어버리고 말았다.
必ず <ruby>かなら</ruby>	반드시. 틀림없이. (100% 절대로)	
	人間<ruby>にんげん</ruby>は必<ruby>かなら</ruby>ず死<ruby>し</ruby>ぬ。	인간은 반드시 죽는다.
	반드시 ~하다. 꼭(틀림없이) ~하다. (きっと)	
	必<ruby>かなら</ruby>ずお手紙<ruby>てがみ</ruby>くださいね。	반드시 편지 주세요.

▶ 정도가 보통보다 큰 것을 나타낸다.

大分 <ruby>だい ぶ</ruby>	상당히. 꽤. 제법. 정도가 크다. 호전되다.	
	前<ruby>まえ</ruby>よりだいぶ体<ruby>からだ</ruby>が丈夫<ruby>じょうぶ</ruby>になった。	전보다 많이 몸이 건강해졌다. (좋아졌다)
中々 <ruby>なかなか</ruby>	생각보다 꽤. (정도가 생각하고 있었던 것보다 좋다)	
	この本<ruby>ほん</ruby>はなかなか面白<ruby>おもしろ</ruby>い。	이 책은 꽤 재미있다.
かなり	꽤. 상당히. 보통 이상. (ずいぶん)	
	私のうちから駅<ruby>えき</ruby>までかなり遠<ruby>とお</ruby>いです。	우리 집부터 역까지 꽤 멉니다.
相当 <ruby>そうとう</ruby>	생각보다 훨씬 더. 적당하다. 해당된다.	
	あの会社<ruby>かいしゃ</ruby>は、相当苦<ruby>そうとうくる</ruby>しいらしいです。	저 회사는, 상당히 힘든 것 같습니다.
余程 <ruby>よ ほど</ruby>	상당히. 무척. 어지간히. (ずいぶん・かなり)	
	これより、それの方<ruby>ほう</ruby>がよほどましです。	이것보다, 그것이 훨씬 좋습니다.
余っ程 <ruby>よ ほど</ruby>	よほど의 회화체.	
	あなたはトマトがよっぽど嫌<ruby>きら</ruby>いなのね。	너는 토마토를 굉장히 싫어하는구나.

▶ 정도의 강조를 나타낸다.

非常に <ruby>ひ じょう</ruby>	굉장히. (とても)	
	今年<ruby>ことし</ruby>の夏<ruby>なつ</ruby>は非常<ruby>ひじょう</ruby>に暑<ruby>あつ</ruby>かった。	올해 여름은 굉장히 더웠다.
随分 <ruby>ずいぶん</ruby>	생각한 것보다 훨씬.	
	この問題<ruby>もんだい</ruby>はずいぶん難<ruby>むずか</ruby>しいですね。	이 문제는 상당히 어렵군요.

実_{じつ}に	정말로. 실로. (本当_{ほんとう}に)
	ここからの景色_{けしき}はじつに素晴_{すば}らしい。　이곳에서부터의 경치는 정말로 훌륭하다.
極_{きわ}めて	극히. 더없이. 이 이상 없는 정도.
	病状_{びょうじょう}はきわめて悪_{わる}い状態_{じょうたい}です。　병은 극히 나쁜 상태입니다.
極_{ごく}	극히. 특히. (極_{きわ}めて・特_{とく}に)
	この話は、ごく親_{した}しい人_{ひと}にしか話_{はな}していません。
	이 이야기는, 극히 친한 사람에게밖에 이야기하지 않습니다.
凄_{すご}く	보통 생각할 수 없는 정도.
	彼女_{かのじょ}はピアノがすごくうまい。　　　그녀는 피아노를 굉장히 잘 친다.

▶ 정도의 진행을 나타낸다.

ますます	점점 더. 전보다 훨씬 더. (どんどん・だんだん)
	この町_{まち}の人口_{じんこう}はますます増_ふえている。　이 도시의 인구는 점점 늘고 있다.
更_{さら}に	점점 더. 더욱더. (ますます・もっと)
	今夜_{こんや}から、風雨_{ふうう}はさらに強_{つよ}くなるでしょう。
	오늘 밤부터, 비바람은 더욱더 강해지겠지요.
	다시. 거듭. 새로이. (その上_{うえ}に)
	大学卒業後_{だいがくそつぎょうご}、さらに大学院_{だいがくいん}に進_{すす}みたい。
	대학 졸업 후, 다시 대학원에 진학하고 싶다.
一層_{いっそう}	훨씬 더. 한층 더. (정도가 심하다)
	これからもいっそう努力_{どりょく}いたします。　앞으로도 더욱더 노력하겠습니다.
なお	더욱더. (さらに・もっと)
	今日_{きょう}でも結構_{けっこう}ですが、明日_{あした}ならなお都合_{つごう}がいいです。
	오늘이라도 괜찮습니다만, 내일이라면 더욱더 좋겠습니다.
なおさら	なおの 강조. (더욱더)

	手術の不成功で病状がなおさら悪化した。
	수술의 실패로 병세가 더욱더 악화되었다.
余計に	더욱더. 전에 보다도. (前よりも・ますます・さらに・いっそう)
	(余計な口出し : 쓸데없는 참견)
	駄目だと言われるとよけいにしたくなる。
	안 된다고 말을 들으면 더욱더 하고 싶어진다.
再び	다시 한 번. (二度)
	大学受験に、再び挑戦するつもりだ。 대학교시험에, 다시 한 번 도전할 생각이다.

● 부정어와 함께 사용되는 말.

ちっとも	조금도 ~않다. (少しも …ない)
	この本はちっとも面白くない。　　　　이 책은 조금도 재미없다.
さっぱり	조금도 ~않다. (少しも …ない)
	あの人の名前がさっぱり思い出せない。　그 사람 이름이 전혀 생각나지 않는다.
一向に	조금도 ~않다. (少しも …ない)
	薬を飲んでもいっこうによくならない。　약을 마셔도 조금도 좋아지지 않는다.
大して	부정을 동반하여 그다지. 별로. (それほど …ない)
	たいして勉強しなかったけれど合格した。 그다지 공부하지 않았지만 합격했다.
滅多に	거의 ~없다. (ほとんど …ない)
	彼は真面目で、めったに授業を休まない。
	그는 성실해서, 좀처럼 수업을 빠지지 않는다.
一切	전혀 ~않다. (全然 …ない)
	私はそのことと一切関係がありません。　저는 그 일과 일절 관계가 없습니다.
決して	절대로 ~않다. (絶対 …ない)
	私は決して嘘は言っていません。　　　저는 절대로 거짓말은 하지 않습니다.

到底 とうてい	도저히 ~할 수 없다. (どうしても …できない)
	こんな難しい問題は、いくら考えてもとうていできないよ。
	이렇게 어려운 문제는, 아무리 생각해도 도저히 풀 수 없다.
とても	도저히 ~할 수 없다. (どうしても …できない)
	彼はとても三十才には見えないね。 그는 도저히 30세로는 보이지 않는다.
一概に いちがい	일률적으로. 모든. 반드시. (必ずしも・あながち・まんざら)
	언제나 그렇다고는 결정할 수 없다. (いつもそうだとは決められない)
	一概に日本人が真面目だとは言えない。
	반드시(모든) 일본인이 성실하다고는 말할 수 없다.
必ずしも かなら	반드시. (뒤 문장은 반드시 부정형이 오며 가능의미 동사의 부정형이 접속된다)
	お金持ちが必ずしも幸せだとは限らない。
	부자가 반드시 행복하다고는 할 수 없다.
二度と に ど	두 번 다시 ~하지 않겠다.
	もう二度とこんなことはいたしません。
	이제 두 번 다시 이런 일은 저지르지 않겠습니다.
まさか	설마. 아무리 그렇다고 하더라도. 그런 일은 있을 리가 없다. (いくらなんでも・よもや)
	まさか、うちの子がそんな悪いことをするはずがありません。
	설마, 우리 집 아이가 그런 나쁜 짓을 할 리가 없습니다.

01 「私に免じて、堪えてやってください。」의 올바른 해석을 고르세요.

① 저를 봐서라도, 힘내주세요.

② 저를 봐서라도, 용서해주세요.

③ 저를 면직하고, 용서해주세요.

④ 저에게 면할 수 있는, 기회를 주세요.

⑤ 저에게 잘못이 있기 때문에, 참고 해주세요.

해설

➡ 堪える : 고통을 참다. 용서하다(勘弁する · 許す). 감정을 억누르다.

02 間違っている読み方をそれぞれの中から一つ選びなさい。

① 石仏 (いしぼとけ)　　② 磁石 (じしゃく)

③ 石炭 (せきたん)　　④ 親父 (おやじ)

⑤ 石高 (せきこう)

해설

➡ ⑤ 石高。(곡식의 수확량)

石高。(바둑에서 득점이 많은 것. 길에 돌이 많아 울퉁불퉁한 모양)

① 석불. (石仏)　　② 자석. (磁石)

③ 석탄. (石炭)

④ 자기아버지를 친숙하게, 또, 다른 사람에 대해서는 낮춰서 부르는 말. (↔ お袋)

중년 또는 늙은 남자나, 남의 아버지를 부르는 말. 가게 주인을 부르는 말.

부하가 같은 집단의 우두머리를 친숙하게 부르는 말. 불곰의 속칭.

親父 : 친아버지. (↔ 親母)

03 間違っている読み方をそれぞれの中から一つ選びなさい。

① 宮家 (みやか)　　　　② 楽器 (がっき)

③ 信仰 (しんこう)　　　④ 湯気 (ゆげ)

⑤ 松葉 (まつば)

해설

➡ ① みやけ (황족, 왕족의 집)

② 악기.　　　　　　　　③ 신앙.

④ 수증기. (湯気 : 목욕할 때 생기는 가벼운 뇌빈혈)

⑤ 솔잎.

04 間違っている読み方をそれぞれの中から一つ選びなさい。

① 浜辺 (はまべ)　　　　② 寄る辺 (よるべ)

③ 野辺 (のべ)　　　　　④ 身辺　 (みべ)

⑤ 律儀 (りちぎ)

해설

➡ ④ しんぺん (신변. 몸 주위. 가까운 곳)

① 해변 물가. 해변.

② 의지할 곳. 기댈 곳 (身を寄せる : 의지하다. 기대다)

③ 들판. 들판 근처(野原). 화장터(火葬場). 매장지(埋葬地).

⑤ 성실하고 의리가 있다. 약속을 잘 지키다.
　律儀者の子沢山 : 의리를 잘 지키는 사람은 품행이 좋기 때문에, 가정이 원만해서 자식이 많다.

05 次の文の問いに答えなさい。

中村さんお飲み物は何にしますか。

① オレンジジュースにします。　　② もうけっこうです。

③ 一杯どうですか。　　　　④ ありがとうございます。

⑤ いただきます。

▶ 나까무라씨 음료수는 무엇으로 하시겠습니까.

① 오렌지주스로 하겠습니다.　　　　② 이제 충분합니다. (結構)

③ 한 잔 더 드시겠습니까.　　　　⑤ 잘 먹겠습니다.

・次の文の(　　　)の中に最も適当なものを一つ選びなさい。

06 あいつはいつも約束の時間に遅れてきて、謝らないんだから本当に(　　　)。

① 頭が痛い　　　　② 頭に来る

③ 頭が固い　　　　④ 三日坊主だ

⑤ お山の大将だ

▶ 저 자식은 언제나 약속 시간에 늦게 와서, 사과도 안 하기 때문에 정말로 화난다.

(謝る : 사과하다. 사죄하다. 誤る : 실패하다. 실수하다)

① 골치 아프다.　　　　② 화가 난다. (かっとなる)

③ 고리타분하다. 융통성이 없다.　　　　④ 작심삼일.

⑤ 작은 분야에서 잘난 체하는 사람이다.

---

07 下線の部分の正しくないものを一つ選びなさい。

① ゆうれいを見たと言う人は、うそをついているか、あるいは錯覚におち
いっているのだろう。

② また電車の運賃が上がるそうだ、ならびに遠距離はそのままらしい。

③ 踏まれても踏まれてもそれでも強く生きようとする雑草の生命力はす
ごい。

④ この辞書は説明が詳しくていい、だが少し字が小さくてよみにくい。

⑤ 品物が少ないので値段が上がっているが、それにしても高すぎる。

해설

➡ ② ならびに (및. 또) → ただし (단)

並びに : および보다 훨씬 더 딱딱한 말투. (及び・また)

① 유령(幽霊)을 보았다고 하는 사람은, 거짓말(嘘)을 하고 있는 것일까, 또는 착각에 빠져 있는 것이겠지.

② 또 전차 요금이 오른다고 한다. 단, 원거리는 종전과 같은 것 같다.

③ 밟혀도 밟혀도 그래도 강하게 살아가려고 하는 잡초의 생명력은 대단하다.

④ 이 사전은 설명이 상세해서 좋다. 그러나, 글씨가 조금 작아서 읽기 힘들다.

⑤ 물건이 적기 때문에 값이 올랐지만, 그렇다고 해도 너무 비싸다.

08 下線の部分の正しくないものを一つ選びなさい。

① 山田さんはよほど急ぐ用事があるらしく、授業が終わるつつ、教室を出ていった。

② もう少し勉強すればよかったものを、遊んでばかりいたので落第してしまった。

③ 今日は疲れたし、明日も早く出かけなければいけないから早く寝よう。

④ 歯が痛くて勉強するどころか、じっとしているのもつらかった。

⑤ 子供だからといって、ばかにしないでよ。

해설

➡ ① つつ (〜하면서) → なり (〜하자마자)

① 야마다씨는 굉장히 급한 볼일이 있는지, 수업이 끝나자마자 교실을 나갔다.

② 조금 더 공부했으면 좋았을 것을, 놀고만 있었기 때문에 낙제되고 말았다.

③ 오늘은 피곤하고, 내일도 일찍 나가지 않으면 안 되기 때문에 일찍 자자.

④ 이가 아파서 공부는커녕, 가만히 있는 것도 고통스러웠다.

⑤ 아이라고 해서, 바보(馬鹿) 취급하지 말아요.

• 次の文の(　　)の中に最も適当な言葉を一つ選びなさい。(9～10)

09 とりあえず今持っている(　　)のお金を全部貸してあげよう。

① ばかり　　　　　　　　② ぐらい

③ こそ　　　　　　　　　④ さえ

⑤ だけ

> **해설**

➡ 우선(일단)은 지금 갖고 있는 것만큼의 돈을 전부 빌려주겠다.

⑤ ～만큼. (전부의 의미를 나타낸다)

10 少し早く着いたので、駅前の喫茶店で時間を(　　)。

① こわした　　　　　　　② やぶった

③ くずした　　　　　　　④ つぶした

⑤ たおれた

> **해설**

➡ 조금 일찍 도착했기 때문에, 역 앞 찻집에서 시간을 보냈다.

時間を潰す : 시간을 보내다.

① 망가트리다. 부수다. (壊す)

② 깨다(약속을). 찢다(종이). 파괴하다. 갱신하다(기록을). (破る)

③ 부수다. 자세를 흐트러트리다. 금전을 작은 단위로 바꾸다. (崩す)

④ 감자를 잘게 부수다. 파산시키다. 시간을 보내다. 면목을 잃다. (潰す)

⑤ 넘어지다. (倒れる)

11 「申し込みが殺到しました。」의 올바른 우리말을 고르세요.

① 신청이 쇄도했습니다.　　　② 주문이 쇄도했습니다.

③ 이번에는 포기하겠습니다.　　④ 신청서가 찢어졌습니다.

⑤ 드릴 말씀이 없습니다.

➡ 申し込み : 신청. 申込書 : 신청서. 結婚の申し込み : 결혼신청.

법률에서 상대방의 승낙을 얻어, 계약을 성립시키려고 하는 의사표시.

申込書式に記入する。신청서식에 기입하다.

多くの若者がタピオカミルクティー専門店に殺到する。

많은 젊은 사람들이 버블티(tapioca) 전문점으로 몰린다.

12 다음 문장의 밑줄 친 부분의 올바른 우리말을 고르세요.

前に座っている私を<u>そっちのけにして</u>立ち上がった。

① 비켜서　　　　　　　　② 곁눈질하며

③ 거들떠보지 않고　　　　④ 붙잡고서

⑤ 바라보면서

➡ 앞에 앉아 있는 나를 거들떠보지 않고 일어섰다.

(そっち退け : 해야만 되는 것을 하지 않고 방치해 두는 것. 제쳐 놓다)

- 次の文の( )の中に最も適当な言葉を一つ選びなさい。(13～21)

13 今夜( )また僕は眠れないのです。

① は　　　　　　　　　② で

③ も　　　　　　　　　④ に

⑤ が

➡ 오늘 밤도 또 나는 잠들 수가 없습니다.

も : ~도.

의미 : 포함성을 나타내며, 같은 종류라는 것을 나타내며, 하나의 사실을 열거하고 다른
　　　것도 같다는 것을 나타내며, 같은 종류의 사물이 공존하는 관계를 나타낸다.

は : ～은. ～는.

의미 : 앞의 문장과 동일성이 없다든지 공통점이 없을 때 사용할 수 있다.

14 手紙で連絡しましょうか。(　　　)電報のほうがいいでしょうか。

① それで　　　　　　　　　② それとも

③ それなのに　　　　　　　④ それしか

⑤ それは

해설

➡ 편지로 연락할까요. 그렇지 않으면 전보가 좋을까요.

それとも : 그렇지 않으면. 또는. 혹은. (A나 B 두 개 중에 하나를 선택)

(又は・或は・乃至は・若しくは・いずれか)

15 兄も弟も能力は同じようなものだが、(　　　)言えば兄の方が積極的だ。

① 比較的　　　　　　　　② しいて

③ やむを得ず　　　　　　④ なんとかして

⑤ ことによると

해설

➡ 형도 동생도 능력은 비슷하지만, 굳이 말한다면 형이 적극적이다.

① 비교적.

② 굳이. 무리하게. 함부로. 곤란・저항・반대 등을 무릅쓰고 일을 행하는 것.

(強いて・敢えて・無理に・無理やり)

いやがる子に強いてやれとは言えない。 싫어하는 아이에게 굳이 하라고는 말할 수 없다.

무작정. 무턱대고. 까닭없이. 어떤 감정이 격하게 일어나는 것. 앞뒤를 생각하지 않고 무작정

행하는 것. (無性に・無闇に・無暗に・矢鱈に)

無性に腹が立つ。 괜히 화가 난다.　無性に故郷が恋しい。 몹시 고향이 그립다.

③ 어쩔 수 없이.　　　　　　④ 어떻게든.

⑤ 혹시라도.

16 まだ(　　)でしたが、おじさんと呼ばれてしまいました。

① 若いつもり　　　　　　　② 若そう

③ 若いはず　　　　　　　　④ 若いそう

⑤ 若いよう

해설

➡ 아직 젊다고 생각했습니다만, 아저씨라고 불리고 말았습니다.

つもり : ～할 생각. ～할 의도. (意図・心組・心積もり・心構え)

용법 : 동사(기본형)＋つもり。

의미 : 자기의 추측이나 생각에서 그렇다고 생각할 때 사용한다.

予定 : ～할 예정.

용법 : 동사(기본형)＋よてい。

의미 : 미리 결정된 것, 또는 어떠한 스케줄에 의해서 일이 진행될 때 사용한다.

② 젊은 것 같다.　　　　　　③ 젊습니다.

④ 젊다고 한다.　　　　　　⑤ 젊은 것 같다.

17 来月旅行に行くのは、(　　)かもしれません。

① 無理だ　　　　　　　　　② 無理な

③ 無理　　　　　　　　　　④ 無理に

⑤ 無理そうな

해설

➡ 다음달 여행을 가는 것은, 무리일지도 모릅니다.

かも知れない : ～일지도 모릅니다.

용법 : 동사・い형용사・な형용사・명사(기본체)＋かもしれません。

의미 : 단정은 할 수 없지만 그렇게 될 것이다, 또는 그럴 가능성도 있다고 하는 의미를 나타낸다.

18 さとうは(　　　)のほうがいいです。

① 少^{すく}なさ

② 少^{すく}なめ

③ 少^{すく}ない

④ 少^{すく}なくて

⑤ 少^{すく}なくして

해설

➡ 설탕은 적은 양이 좋습니다.

② 수(数)·양(量)이 비교적으로 적은 정도. (↔ 多^{おお}め)

19 東京^{とうきょう}に来^きて、人^{ひと}の(　　　)に驚^{おどろ}きました。

① 多^{おお}い

② 多^{おお}くて

③ 多^{おお}め

④ 多^{おお}さ

⑤ 多^{おお}く

해설

➡ 도쿄에 와서, 사람이 많은 것에 놀랐습니다.

· い형용사의 명사형. (い형용사 기본형에서 い를 빼고 さ로 바꾸면 명사형이 된다)			
い형용사	い형용사의 명사형	い형용사	い형용사의 명사형
広^{ひろ}い (넓다)	広^{ひろ}さ (넓이)	大^{おお}きい (크다)	大^{おお}きさ (크기)
狭^{せま}い (좁다)	狭^{せま}さ (좁음)	高^{たか}い (높다)	高^{たか}さ (높이)
重^{おも}い (무겁다)	重^{おも}さ (무게)	厚^{あつ}い (두껍다)	厚^{あつ}さ (두께)

20 僕^{ぼく}は女^{おんな}の人^{ひと}にはどうも(　　　)です。

① 下手^{へた}

② 上手^{じょうず}

③ 得意^{とくい}

④ 苦手^{にがて}

⑤ 奥手^{おくて}

해설

➡ 나는 여자에게는 굉장히 약하다. (苦手^{にがて} : 다루기 벅찬 상대. 대하기 싫은 상대. 서투르다)

① 못한다. 서투르다.   ② 잘한다. 능숙하다.

③ 특기. 단골. 득의양양하다.   ⑤ 늦되다. 늦된 사람.

21 今日はなんだか(   )が優れない。

① 気味   ② 気持ち

③ 気分   ④ 気色

⑤ 心地

해설

➡ 오늘은 왠지 모르게 기분이 좋지 않다. (気分が優れない : 기분이 언짢다)

優れる   : 우수하다. 뛰어나다. (부정형일 때는 왠지 모르게 좋지 않다)

① 気味が悪い : 왠지 모르게 기분 나쁘다(무섭다. 불길하다). (不気味·無気味)

気味がいい : 남이 안되는 것을 좋아하다. (それ見たことか·様を見ろ : 그거 봐라.

꼴좋다)

② 기분. 마음. (남으로 인해 느껴지는 기분)

③ 남에게 영향을 받지 않은 자기의 기분.

④ 느낌. 낌새. 안색(顔色·顔色). 표정. 気色로도 읽음. (気色をうかがう : 안색을 살피다)

気色 : 사물의 모습. 기색. 내색. 조짐. 기미.

⑤ 마음의 상태. (気分·気持ち)

22 次の文の下線の部分と同じ意味のものを一つ選びなさい。

彼女は有名人にしては遠慮深くて控え目な暮らしだ。

① つつましい   ② たどたどしい

③ 思いやり   ④ かるがるしい

⑤ よそよそしい

➡ 그녀는 유명인에 비해서는 겸손하고 검소한 생활을 한다.

控え目 : 절제. 검소(八分目). 控え目にする。절제하다. 삼가다. 검소하다.

控えの間 : 대기실. (控え室)

① 조심스럽다. 얌전하다. 수줍다. 검소하다(慎ましい).

質素な暮らし. 검소한 생활. 贅沢でない暮らし. 사치스럽지 않은 생활.

② 더듬거리다. 행동이 불안하다.　　③ 동정심. 마음의 배려. (思い遣り)

④ 가볍다. (軽々しい)　　⑤ 쌀쌀맞다. 서먹서먹하다. (余所々しい)

23 「博打に負けてすってんてんになった。」의 올바른 해석을 고르세요.

① 욕심이 앞서 빈털터리가 되었다.

② 이변이 일어나 빈털터리가 되었다.

③ 이변이 일어나 그만 실수하게 되었다.

④ 도박에 져서 빈털터리가 되었다.

⑤ 게임에 져서 자포자기했다.

➡ 博打 : 도박(賭博・博奕). すってんてん : 빈털터리.

博打を打つ : 도박(노름)을 하다. 双六打ち : 주사위 도박. 賭をする : 내기를 하다.

24 밑줄 친 부분의 올바른 일본어를 고르세요.

<u>고생에 고생을 해서</u> 子どもを一人前にした。

① 迷惑をかけに迷惑をかけて　　② 骨が折れるほど前向きして

③ 用心に用心をかさねて　　④ 骨までしゃぶられて

⑤ 苦労に苦労を重ねて

➡ 고생에 고생을 해서 아이를 어엿하게 키웠다.

一人前・一人前 : 성인으로서 자격이 있다. 어른이 된다. 한 사람 몫. 1인분 (삼겹살 1인분).

悪徳商人に引っ掛って骨までしゃぶられる。 악덕 상인에 걸려들어 호되게 당하다.

甘い言葉に引っ掛る。 달콤한 말에 속다.

前向き : 정면으로 향하는 것. 앞쪽으로 향하는 것(真向き). (↔ 後ろ向き)

　　　　사물에 대한 자세가 적극적, 건설적인 것. 긍정적인 것.

　　　　前向きに考える。 긍정적으로 생각한다. (↔ 後ろ向き)

① 폐를 끼치고 끼쳐서.

③ 조심하다.

⑤ 고생에 고생을 하다.

② 고생을 할 정도로 정면으로 향해서.

④ 뼈까지 빨다. 남에게 철저하게 이용당하다.

25 「それは承知の上でやった事じゃないか。」의 올바른 해석을 고르세요.

① 그것은 익숙하게 한 일이 아닌가.

② 그것은 이미 다 끝난 일이 아닌가.

③ 그건 다 양해가 되어서 한 일이 아닌가.

④ 그것은 일반적으로 하는 일이 아닌가.

⑤ 그것은 상상도 할 수 없게 된 일이 아닌가.

해설

➡ 承知 : 승낙. 허락. 이해하다. 받아들이다. (百も承知だ。 충분히 알고 있다)
　 分かる・引き受ける의 겸양어. (承知する・かしこまる)

26 「선생님이 다까다노바바역까지 안내해 주셨습니다.」의 올바른 일본어를 고르세요.

① 先生が高田馬場駅まで案内してくれました。

② 先生が高田馬場駅までご案内していただきました。

③ 先生が高田馬場駅まで案内させていただけました。

④ 先生が高田馬場駅までご案内なさっていたしました。

⑤ 先生が高田馬場駅まで案内してくださいました。

➡️ ⑤ 先生が高田馬場駅まで案内してくださいました。

先生に高田馬場駅まで案内していただきました。

① 일반적인 문장이라면 정답이지만 존경어로서는 적당하지 않다.

대상이 선생님이 아닌 동년배나 연하라면 다음과 같이 사용하면 된다.

友だちが高田馬場駅まで案内してくれました。

友だちに高田馬場駅まで案内してもらいました。

27 다음 문장의 올바른 의미를 고르세요.

田中さんは物知りだから、このような仕事はむいていないと思う。

① 다나까씨는 어수룩하기 때문에, 이러한 직업은 어울리지 않는다고 생각한다.

② 다나까씨는 뭐든지 잘 알기 때문에, 이러한 일은 하지 않는다고 생각한다.

③ 다나까씨는 박식하기 때문에, 이러한 직업은 적합하지 않는다고 생각한다.

④ 다나까씨는 놀고 있기 때문에, 이러한 일은 안한다고 생각한다.

⑤ 다나까씨는 머리가 좋기 때문에, 이러한 직업은 어울린다고 생각한다.

➡️ 向き : 향하고 있는 방향. 관심 · 희망 등이 향하는 방면이나 경향. 사람. 적합한 것. 어울리는 것. 적성.

物事を楽観する向きがある。　사물을 낙관(희망적으로 생각)하는 경향이 있다.

御希望の向きはおいでください。　희망하시는 분(사람)은 오십시요.

向き不向きを考えて仕事を割り振る。　적성을 생각해서 일을 배정(분담)하다.

学生向きの本。　학생에게 적합한(어울리는) 책.

「向きになる」의 형으로 하찮은 일에도 정색을 하는 것.

向きになって怒る。　정색을 하고 화를 내다.

• 次の文の(　　　)の中に最も適当な言葉を一つ選びなさい。(28~31)

28 病気なら休むのも(　　　)。

① たまらない　　　　　② きりがない

③ やむを得ない　　　　④ 果てがない

⑤ うなぎ登りだ

해설

▶ 병이라면 쉬는 것도 어쩔 수 없다.

③ 어쩔 수 없다. 할 수 없다. (是非もない・是非に及ばず・止むを得ず)

① 참을 수 없다.　　　　　　② 끝이 없다. (切りが無い)

④ 끝이 없다.　　　　　　　⑤ 물가・지위・온도 등이 폭등하다. (鰻登り・鰻上り)

29 この問題については、早急に対策を(　　　)必要がある。

① 講ずる　　　　　　　② 投ずる

③ 提供する　　　　　　④ 意図する

⑤ 請負する

해설

▶ 이 문제에 대해서는, 조속히 대책을 강구할 필요가 있다.

① 강구하다. 강의하다.　　　② 참여하다.

③ 제공하다.　　　　　　　④ 의도하다.

⑤ 도급하다. 기한일(日限)・보수(報酬)를 결정한 후에 일을 맡다. 책임을 지고 떠맡다.

30 「韓国の国立公園は韓国の景色を代表するに(　　　)ものでなければならない。

① 至る　　　　　　　　② じゅうぶんな

③ 足りる　　　　　　　④ 真の

⑤ 味気ない

➡ 한국의 국립공원은 한국의 경치를 대표하는 데 충분(족)하지 않으면 안 된다.

① 어느 지점에 달하다. 이르다.　　　② 충분. (十分 · 充分)

③ 충분하다. 족하다.　　　　　　　　④ 진실한.

⑤ 맛이 없다. 싱겁다. 재미없다. 따분하다.

31 吉田さま、奥さまがお迎えに(　　　)。

① 参って来ました。　　　　　② 参りました。

③ 参られております。　　　　④ きておられます。

⑤ いらしゃっていたします。

➡ 요시다님, 부인(마님)께서 마중하러 와 계십니다.

　来ている의 존경어는 来ておられる。

32 次の五つの文の中のものの意味、用法が他のと違うものを一つ選びなさい。

① 一生懸命勉強すると実力は伸びていく<u>もの</u>です。

② これはこわれない<u>もの</u>で、これは壊れる<u>もの</u>です。

③ 時には苦しいこともある<u>もの</u>です。

④ 子供たちは遊びたがる<u>もの</u>です。

⑤ 年を取ると目が悪くなる<u>もの</u>です。

➡ もの : 일반적으로 생각되는 개념과 당연한 귀결을 나타낸다.

① 열심히 공부하면 실력은 향상되는 것입니다. (당연한 귀결)

② 이것은 깨지지 않는 것이고, 이것은 깨지는 것입니다. (물건)

③ 때로는 괴로운 일도 있는 것입니다. (당연한 귀결)

④ 아이들은 놀고 싶어 하는 것입니다. (당연한 귀결)

⑤ 나이를 먹으면 눈이 나빠지는 것입니다. (당연한 귀결)

33 次のうち、入院している弟のことが案じられる。のられると同じ用法のものはどれですか。

① 同窓会には先生も出席される。
② 被害者は車にひかれて即死した。
③ あの山は女の人でも越えられる。
④ 昔のことがなつかしくしのばれる。
⑤ 大統領は、国民から信頼される人でなければならない。

해설

➡ れる・られるは 가능・수동・존경・자발(남에게 영향을 받지 않고 스스로 느끼는 것)의 형태가 있지만, 문장변형은 똑같다.

가 능 (可能)	一人で東京まで行かれる。	혼자서 도꾜까지 갈 수 있다.
	一人で東京まで行ける。	혼자서 도꾜까지 갈 수 있다.
	一人で東京まで行くことが出きる。	혼자서 도꾜까지 갈 수 있다.
수 동 (受け身)	人にお酒を飲まれる。	남이 술을 먹이다.
존 경 (尊敬)	先生は先日新しい本を書き終えられた。	선생님은 지난번에 새 책을 다 쓰셨다.
자 발 (自発)	古里にいる母のことが案じられる。	고향에 있는 어머니가 걱정이 된다.
	자발의 대표적인 동사들은 다음과 같다. 案じられる (걱정이 되다)・感じられる (느껴지다)・忍ばれる (그리워지다)・ 待たれる (기다려지다)・思い出される (기억이 나다).	

---

34 夢中になる。の用法が正しくないものを一つ選びなさい。

① 私は夢中になって目が覚めた。
② 子供たちは夢中になってボールを取りあっている。
③ 時間に遅れそうで、夢中になって駆け出した。
④ 彼は映画というと夢中になる。

⑤ キムさんは探偵小説に夢中になっている。

➡ ① 나는 꿈속에서 눈이 떠졌다. 目が覚める : 잠에서 깨다. 눈을 뜨다. 夢を見る : 꿈을 꾸다.

夢中　　　　 : 사물에 열중하여 넋을 잃는 것. 열중하는 것. 꿈을 꾸고 있는 중. 몽중.

夢中になる : 어떠한 일에 열중(몰두)하다. (打ち込む·取り組む·身が入る·一所懸命
　　　　　　 になる)

我を忘れる : 사물에 마음을 빼앗겨 멍한(ぼんやり) 것. 흥분해서 이성을 잃다.

我を忘れて夢中になる。넋을 잃고 열중하다(빠져든다).

無我夢中　 : 무아지경. 어떤 일에 열중하여(정신을 빼앗겨) 자신을 잊음.

正気を失う : 정신(의식)을 잃다.

② 아이들은 정신없이 볼 쟁탈전을 벌이고 있다.

③ 시간에 늦을 것 같아서, 정신없이 뛰어갔다.

④ 그는 영화라면 굉장히 좋아한다.

⑤ 김씨는 탐정소설에 푹 빠져 있다.

35 間違っている読み方をそれぞれの中から一つ選びなさい。

① 荘厳 (そうごん)　　　　② 遊説　 (ゆうぜつ)

③ 順応 (じゅんのう)　　　④ 最寄り (もより)

⑤ 四歩 (よんほ)

➡ ② ゆうぜい (유세). (政治家は地方を遊説する : 정치인은 지방을 유세한다)

① 장엄. (불교 용어로는 荘厳·荘厳)　　③ 순응. (順応)

④ 가장 가까운 근처.　　　　　　　　⑤ 네 걸음.

36 次の文の(   )の中に最も適当な言葉を一つ選びなさい。

魚はあまり(   )ないように焼いてください。

① こがさ　　　　　　② もやさ

③ あるまじき　　　　④ もえ

⑤ いぶさ

➡ ① 까맣게 태우다. (焦がす)

② 연소시키다. 불태우다. (燃やす)　　③ 있을 수 없다. (有るまじき・あり得ない)

④ 불이 타다. 불이 붙다. 감정・열의가 높아지다. (燃える)

⑤ 불을 피우지 않고 연기로 태우다. 훈제하다. 모깃불을 피우다. (燻す)

---

37 밑줄 친 부분의 올바른 의미를 고르세요.

知子ちゃんも乗り気で賛成を表明していたのに、ころりと手のうらをかえして否定されたので、裏切られた気分です。

① 빌린 것을 갚다.　　　② 신세를 갚다.

③ 손바닥을 보이다.　　　④ 장갑을 뒤집는 모습.

⑤ 태도가 표변하는 모습.

➡ 手の裏を返す : 변덕이 죽 끓듯 하다. 손바닥 뒤집듯 태도가 바뀌다. (手の平を返す)

도모꼬씨도 마음이 내켜서 찬성을 표명하고 있었는데, 태도를 싹 바꿔서 부정했기 때문에,

배신당한 기분입니다.

ころりと : 갑자기 가벼운 물건이 구르거나 넘어지는 모습. 어이없이 죽거나 지기도 하는

것. 간단히. 상태가 급히 변하는 모습. 전과는 완전히 다른 상태가 되는 것. 싹 바뀌다.

さいころがころりと転がる. 주사위가 대굴대굴 굴러간다.

采　　 : 주사위(賽子・骰子・双六). さいころを振る. 주사위를 던지다.

気乗り : 자진해서 해 보려고 하는 마음이 드는 것. 마음이 내킴. 솔깃하다. (気乗り)

縁談に乗り気になる。　　　　　혼담 이야기에 귀가 솔깃하다.

先方から乗り気な返事がある。　상대방으로부터 솔깃한 대답이 있다.

38 다음 문장의 의미가 틀린 것을 고르세요.

① かべにぶつかる。　：障害に出あって物事がうまく進まなくなる。

② かみなりが落ちる。　：とてもひどく怒られるというようす。

③ 火が消えたようだ。　：急に静かになって、寂しくなるようす。

④ 雲をつかむようだ。　：仕事や用事の途中で話し込んだりして時間を無駄にする。

⑤ ごまをする。　：他の人にお世辞を言い、自分が利益を得ようとする様子。

해설

▶ ④ 구름을 잡는 듯이 허황되고 비현실적임. (雲を掴む)
　　油を売る : 쓸데없이 시간을 보내다. (ぶらぶら・うろうろ・時間を潰す)

① 벽에 부딪히다. 일이나 생각 등이 진전되지 않고 막히다. (壁にぶつかる・壁に突き当たる)

② 굉장히 화난 모습. (雷が落ちる)

③ 갑자기 조용해져서, 적적한 모습. (火が消えたよう)

⑤ 아부하다. 아첨하다. 알랑거리다. (胡麻を擂る・愛想笑い・お世辞笑い・媚を売る・機嫌を取る色っぽい態度を取る・お気に入り・諂う)

39 나머지 넷과 의미가 다른 것을 고르세요.

① すてばちになる。　　　② やぶれかぶれ。

③ やけくそになる。　　　④ やみくもに。

⑤ 自暴自棄。

해설

▶ ④ 아무렇게나. 막무가내로. 갑자기. (闇雲)
　　자포자기 : 捨て鉢・破れかぶれ・自棄糞になる・自棄になる・自暴自棄。

40 (　　) 안에 들어갈 글자가 나머지 넷과 다른 것을 고르세요.

① 싫증이 나다　　：嫌(　　)がさす。

② 어쩐지 불안하다：心(　　)無い。

③ 우쭐해지다　　：いい(　　)になる。

④ 의욕이 있다　　：やる(　　)がある。

⑤ 마음에 들다　　：(　　)に入る。

➡ ② 미덥지 않아 불안해서, 마음이 안정되지 않는 것. 걱정으로 마음에 걸린다(気掛かりだ).
　 마음이 불안하다. 몹시 기다리다 초조해진 모습(焦れったい). 멍하니 있다. (心許無い)
　 待ち遠しい : 몹시 기다리다. 오래 기다리다.
① 嫌気が差す·嫌気が差す。　　　　　　①, ③, ④, ⑤ : 気
⑤ 마음에 들다. 취향에 맞다. 남의 비위를 맞추다. (気に入る)

• 次の文の(　　　)の中に最も適当な言葉を一つ選びなさい。(41〜55)

41 (　　　)火事になったら、このベランダから避難してください。

① 正に　　　　　　　　　　② 万一

③ もしや　　　　　　　　　④ もしかしたら

⑤ まさか

➡ 만일 화재가 발생한다면, 이 베란다로부터 대피해 주세요.

① 확실히. 틀림없이. 마치. 마침 그때. 당연히. 지금이라도.

② 만일. (이것은 말 그대로 가능성이 적을 때)

③ 이렇다고 생각하는 것에 자신 없는 모습이나 의심하는 모습. 뒤 문장은 보통 かもしれない가
　 온다. (もしかして)

④ 어쩌면 〜일지도 모르겠다. (ひょっとしたら)

⑤ 설마. 아무리 그렇다고 하더라도. 좀처럼 일어날 수 없는 상황을 예로 들 때. (いくらなんでも)

42 田中さんは高速道路で行き、私は普通の道で行きましたが(　　　)同じくらいの時間に着きました。

① 結局　　　　　　　　　　② やっと

③ ついに　　　　　　　　　④ もしか

⑤ なお

해설

➡ 다나까씨는 고속도로로 가고, 나는 일반도로로 갔습니다만 결국은 비슷한 시간에 도착했습니다.

① 결국.　　　　　　　　　　② 드디어. 겨우. 간신히.

③ 최종 단계에서. 마침내. 드디어. (終に・遂に・とうとう)

　　부정을 동반하여. (마지막까지. 한 번도. とうとう)

④ 혹시. (もし의 강조. もしも)　　⑤ 다시. 덧붙여. (첨가의 문장에 사용)

---

43 (　　　)のことですみませんが、また電話を使わせていただけませんか。

① 絶えず　　　　　　　　　② たびたび

③ 始終　　　　　　　　　　④ しょっちゅう

⑤ かつて

해설

➡ 번거롭게 해서 미안합니다만, 또(다시) 전화를 사용하게 해 주시지 않겠습니까.

① 끊임없이.　　　　　　　　② 자주. 귀찮게 해서. (度々・しばしば)

③ 시종.　　　　　　　　　　④ 언제나. 항상.

⑤ 이전에. 과거에. (曾て)

---

44 合格通知を受け取ったとき、僕は(　　　)やったと叫びました。

① 思わず　　　　　　　　　② 思いがけず

③ 思いきって　　　　　　　④ 思いながら

⑤ 思う存分

➡️ 합격통지를 받았을 때, 나는 나도 모르게 해냈다라고 외쳤습니다.

① 나도 모르게.
② 생각외. 의외로. (思い掛けず・思いの外)
③ 각오하고. 결심하고. 대범하게.
④ 생각하며.
⑤ 마음껏. 실컷. (心ゆくまで)

45 この川は(　　　)きれいな水が流れている。

① たまに
② 絶えず
③ たびたび
④ ひんぱんに
⑤ のちほど

➡️ 이 강은 언제나 깨끗한 물이 흐르고 있다.

① 가끔.
② 끊임없이.
③ 자주. (度々・しばしば)
④ 빈번히. (頻繁に)
⑤ 나중에. 후에(後程・少し後・後刻). (⟷ 先程)

46 私が日本へ来てから(　　　)2年になります。

① しばらく
② やがて
③ さっそく
④ いまにも
⑤ いまさら

➡️ 내가 일본에 온 지도 어느덧 2년이 됩니다.

① 잠시.
② 어느덧.
③ 조속히. 될 수 있으면 빨리. (早速)
④ 지금이라도. (今にも)
⑤ 지금에 와서. 상대의 후회를 동반. (今更)

47 その問題は(　　　)解決されていない。

① ゆえに　　　　　　　　② いまだに

③ あらかじめ　　　　　　④ そこで

⑤ まえもって

해설

➡ 그 문제는 아직까지도 해결되지 않았다.

① 따라서. ~이기 때문에. 논문 등에 주로 사용. (故に)

② 아직까지도. (未だに)　　　③, ⑤ 사전에. 미리. (予め·前もって)

④ 그래서. 어떤 때에 의식적으로 행동을 할 때. (뒤 문장 끝에는 형용사를 사용할 수 없음)

---

48 こんなにたくさんの本を(　　　)1日でよめと言うんじゃないでしょうね。

① 必ず　　　　　　　　　② とても

③ まさか　　　　　　　　④ 必ずしも

⑤ 万一

해설

➡ 이렇게 많은 책을 설마 하루에 읽어 라고 말하는 것은 아니겠지요.

① 반드시.　　　　　　　　② 도저히.

③ 설마. 아무리 그렇다고 하더라도.　　④ 반드시. (뒤 문장은 반드시 부정을 동반)

⑤ 만일. 가능성은 적지만 혹시 그런 일이 있으면.

---

49 うそをついたのがわかって、父親に、(　　　)投られた。

① うっかり　　　　　　　② 思いきり

③ 思い思いに　　　　　　④ 思わず

⑤ つい

➡ 거짓말한 것이 들통나서(걸려서), 아버지에게, 힘껏 얻어맞았다.

① 부주의한 모습. 깜빡 잊고 (건망증). 아무 생각 없이 멍한 모습. 넋을 놓다. 생각이나 계획 없이 시간을 보내는 모습.

② 思い切り : 깨끗이 거절하다. 마음껏(思う存分). 철저하게. 깨끗이 단념하다(思い切る). (思いっ切り : 회화체).

③ 각자의 생각대로.

④ 자신이 그렇게 할 생각은 아니었는데 무의식중에. 엉겁결에.

⑤ 잘 생각하지 않고 눈치채지 못한 모양. 뒤 문장은 てしまう의 형이 온다.

---

50 せっかく心を込めて作った料理を、遠慮するのは(　　　)失礼です。

① 要するに　　　　　　　　② 言わば

③ あるいは　　　　　　　　④ かえって

⑤ いずれ

➡ 모처럼 정성을 들여 만든 요리를, 사양하는 것은 오히려 실례입니다.

① 요점은.　　　　　　　　② 말하자면. 예를 들면.

③ 또는. (または)

④ 오히려. 차라리. 어느 쪽이라고 말한다면. (却って·反って·寧ろ·反対に·逆に)

⑤ 어느 쪽. 어디. 조만간에. 머지않아.

---

51 (　　　)その会社に入ろうと思ったけれど、駄目でした。

① なんと　　　　　　　　② なんとか

③ なんとなく　　　　　　④ すごい

⑤ それが

➡ 어떻게 해서라도 그 회사에 들어가려고 생각했지만, 안됐습니다.

① 뭐라고. 어쩌면.　　　　　② 어떻게든. (どうにか)

③ 왠지 모르게.　　　　　　④ 보통 생각할 수 없는 정도. (凄い)

⑤ 앞 문장에서 생각할 때 의외의 경우가 된 경우.

52 あの悲しい出来事が(　　　)起こらないように、神様にお祈りします。

① 二度と　　　　　　　② めったに

③ とうてい　　　　　　④ ちっとも

⑤ なんとなく

해설

➡️ 그런 슬픈 사건이 두 번 다시 일어나지 않도록, 신에게 기원합니다.

① 두 번 다시.　　　　　　② 좀처럼 ~있을 수 없다.

③ 도저히. (到底)　　　　　④ 조금도.

⑤ 왠지 모르게.

53 試験を受けにきたが、(　　　)受験票を忘れてきた。

① 知らず知らず　　　　　② 思わず

③ ふと　　　　　　　　　④ うっかり

⑤ さっそく

해설

➡️ 시험을 보러 왔지만, 깜빡 수험표를 잊어버리고 왔다.

① 자기 자신도 모르는 사이에.

② 자신이 그렇게 할 생각은 아니었는데 무의식중에. 엉겁결에.

③ 아무것도 생각 않고 우연히. 문득.

④ 부주의한 모습. 깜빡 잊고(건망증). 아무 생각 없이 멍한 모습. 넋을 놓다.

　　생각이나 계획 없이 시간을 보내는 모습.

⑤ 남에게 듣고 될 수 있으면 빨리. 조속히. (早速)

　　早速·早速 : 기민한 것. 눈치가 빠른 것. 재치가 있는 것. 임기응변이 좋은 것.

会心の機を早速に捕えた非凡の技。회심의 기회를 기민하게 포착한 비범한 재주(기술).

54 毎日１２時間ぐらい勉強しなさい。そんなこと(　　　)できませんよ。

① あまり　　　　　　　　② とても

③ たいへん　　　　　　　④ じゅうぶん

⑤ なんと

해설

➡ 매일 12시간 정도 공부해라. 그런 것은 도저히 할 수 없다.

① 부정문일 때는 그다지. 긍정문일 때는 너무. (あんまり)

② 도저히. 뒤 문장은 부정을 동반하며 실현 불가능한 문장이 온다. (到底 · とても)

③ 대단히. (大変)　　　　　④ 충분히. (充分 · 十分)

⑤ 어쩌면. (감탄사)

55 もう５時がすぎたので、(　　　)出発の準備をしてください。

① そろそろ　　　　　　　② たちまち

③ さっそく　　　　　　　④ わざわざ

⑤ いよいよ

해설

➡ 벌써 5시가 지났기 때문에, 슬슬 출발 준비를 해 주세요.

① 슬슬. (동작을 할 때가 되었다)　　　② 갑자기. (순간)

③ 될 수 있으면 빨리. (早速)　　　　④ 일부러.

⑤ 드디어. 마침내(到頭 · 終に). 기대했던 것이 결실을 맺으려고 할 때. 점점 더. (ますます)

• 次の文の(　　　)の中に最も適当な言葉を一つ選びなさい。(56〜58)

56 いい天気だったのに(　　　)雨が降ってきた。

① さっそく　　　　　　　② すぐに

③ まもなく　　　　　　　④ 前もって

⑤ とつぜん

➡ 좋은 날씨였는데 갑자기 비가 내렸다.

① 될 수 있으면 빨리. (早速)　　② 곧바로. (直ぐに・直ちに)

③ 즉시. (間も無く)　　　　　④ 미리. 사전에.

⑤ 돌연히. 예기되지 않는 사물이 급히 일어나는 것. (突如・出し抜けに・にわかに・突然)

57 あのう、(　　　)あなたは田中さんじゃありませんか。

① もしや　　　　　　　② もしも

③ 万一　　　　　　　　④ たとえ

⑤ たとえば

➡ 저, 혹시 당신은 다나까씨가 아닙니까.

① 혹시 (이렇다고 생각하는 것에 자신 없는 모습이나 의심하는 모습)

　　뒤 문장은 보통 かもしれない가 온다. (もしかして)

② 혹시라도. 혹시. もし의 강조. (もしか)

③ 만일. (이것은 말 그대로 가능성이 적을 때 사용)

④ 설령. 가령.　　　　　　⑤ 예를 들면. (例えば)

58 宿題したの。もう(　　　)しちゃったよ。

① さきほど　　　　　　　② とっくに

③ それで　　　　　　　　④ たったいま

⑤ それなのに

➡ 숙제했니. 이미 옛날에 했어요.

① 조금 전에. (先程 ↔ 後程)

② 훨씬 전에. 옛날에 했다. 벌써 했다. (ずっと前に・とうに)

③ 그래서. 상대방의 이야기를 계속 물어볼 때.

④ 지금 막. 동작의 완료. (たった今)

⑤ 주로 비난이나 불만을 표시할 때 사용.

59 次の文の(　　　)の中に最も適当な言葉を一つ選びなさい。(59~68)

> それ、どこで買ったの。(　　　)駅前の店だったと思うけどずいぶん前のことだからよく覚えてないわ。

① はっきりと

② きっと

③ 確か

④ 確かに

⑤ 極めて

➡ 그거, 어디서 샀니. 틀림없이 역 앞 가게였다고 생각하지만 상당히 오래전 일이라 잘 기억이 안나.

① 확실히.

② 틀림없이. 꼭.

③ 확실히. (불확실할 때 사용)

④ 확실히. (확실할 때)

⑤ 극히. 대단히. 아주.

60 生活は楽じゃないけれど、(　　　)やっているので、心配しないでください。

① どうしても

② どうにか

③ どうも

④ どうか

⑤ なんとなく

➡ 생활은 편안하진 않지만, 그럭저럭 하고 있기 때문에, 걱정하지 마세요.

① 어떻게 해서라도. 어떻게든.

② 어떻게든. (고생이나 곤란 후에 일단 목적을 달성하는 경우)

　　그럭저럭. (충분하진 않지만 어떻게든)

③ 정말로. 잘 모르지만. 확실하지 않지만.

④ 아무쪼록. 부디.　　　　　　⑤ 왠지 모르게.

61 お化粧をすればきれいに見えるかもしれないけれど、(　　　)若さには勝てません。

① なんとなく　　　　　　② なんとか

③ なんと　　　　　　　　④ なんといっても

⑤ どうにか

해설

➡ 화장을 하면 예뻐 보일지도 모르지만, 뭐니 뭐니 해도 젊음은 이길 수 없습니다. (못 당합니다)

① 왠지 모르게.　　　　　　② 어떻게든.

③ 어쩌면. (감탄사)　　　　④ 뭐니 뭐니 해도. 뭐라도.

⑤ 어떻게든.

62 あなたのお子さんは、この学校の中でも(　　　)優秀な生徒です。

① きわめて　　　　　　② よほど

③ いっそう　　　　　　④ さらに

⑤ まさか

해설

➡ 당신의 자제 분은, 이 학교 중에서도 대단히 우수한 학생입니다.

① 극히. 대단히. 아주. (極めて)　　② 굉장히. 상당히. (余程)

③ 한층. 지금보다는 더. (一層)　　④ 게다가. 조금도. 도무지.

⑤ 설마. 아무리 그렇다고 하더라도.

63 彼は( )遅刻するので、上司からいつも注意されている。

① ひっきりなしに ② まれに

③ たびたび ④ たっぷり

⑤ いっぱい

해설

➡ 그는 자주 지각하기 때문에, 상사로부터 언제나 주의를 받고 있다.

① 끊임없이. 계속되는 모양. 다른 것들이 계속 이어지는 모양. (引っ切り無しに)

② 드물게 ～있다.

③ 반복하다. 누차. 자주. (度々・しばしば)

④ 듬뿍. 넘칠 정도로 충분한 것. 넉넉함.

⑤ 가득. 한 잔. (一杯)

64 ( )私の言ったとおり、今回の選挙では我が党の圧倒的勝利となりました。

① まさか ② さらに

③ まさに ④ まして

⑤ いっそう

해설

➡ 틀림없이(바로) 제가 말한 대로, 이번의 선거에서는 우리 당이 압도적으로 승리했습니다.

① 설마. ② 더욱더. 게다가. 조금도. 도무지.

③ 확실히. 틀림없이. 마치. 마침 그때. 당연히. 지금이라도. 바로. (正に)

④ 하물며. 당연히. ⑤ 한층. 지금보다는 더. (一層)

65 今度の水泳大会では、力( )頑張って泳いでください。

① そっくり ② たっぷり

③ じゅうぶん ④ いっぱい

⑤ めいめい

➡️ 이번의 수영 대회에서는, 있는 힘껏 분발해서 수영해 주세요.

力一杯 : 있는 힘껏. 최대한으로(精一杯).

頑張る : 인내를 참고 힘껏 노력하다. 곤란에 굴하지 않고 참고 해내다(완수하다).

　　　　 고집 피우다. 자신의 생각·의지를 끝까지 관철시키려고 한다. 우겨대다. (我を張る)

　　　　 장소를 점유하고 움직이지 않고 있다.

一致団結して頑張る。 　　 일치단결하여 노력하다.

頑張って自説を譲らない。 　 고집피우며 자기 의견을 양보하지 않는다.

入り口に警備員が頑張っているので入れない。

입구에 경비원이 지키고 있기 때문에 들어갈 수 없다.

① 통째로. 꼭 닮은 모습.　　　　② 듬뿍(넘칠 정도로 충분한 것). 넉넉함.

③ 충분. (充分·十分)　　　　　　④ 가득. (一杯)

⑤ 각각. 각자.

66 (　　　)後ろをふりかえると、山田さんが立っていた。

① いつのまにか　　　　　② 思い切って

③ つい　　　　　　　　　④ ふと

⑤ いずれ

➡️ 생각 없이 뒤를 돌아보았더니(振り替える), 야마다씨가 서 있었다.

① 자신도 모르게. (知らず知らず)　　② 각오하고. 결심하고. 대범하게.

③ 무심결에.　　　　　　　　　　　 ④ 문득. 생각 없이

⑤ 어느 쪽. 어디. 조만간에. 머지않아.

67 ドアが(　　　)開いたよ。いやね、気持ち悪いわ。

① 自分で　　　　　　　　② ひとりで

③ ひとりでに　　　　　　④ 自ら

⑤ まして

➡ 문이 자연적으로 열렸어. 불쾌하네, 기분 나쁘다.

① 자신이.   ② 혼자서.

③ 자연히. 저절로. 아무것도 하지 않았는데. (<ruby>自<rt>おの</rt></ruby>ずから)

④ 스스로. 자신이. 솔선수범하다. (남에게 듣지 않고 자기 스스로 하려고 생각해서)

⑤ 하물며. 당연하다.

68 <ruby>車<rt>くるま</rt></ruby>は<ruby>無理<rt>むり</rt></ruby>だが(   )<ruby>自転車<rt>じてんしゃ</rt></ruby>なりとも<ruby>買<rt>か</rt></ruby>いたい。

① まさか   ② ぎりぎり

③ さも   ④ せめて

⑤ せいいっぱい

➡ 자동차는 무리지만, 적어도 자전거라도 사고 싶다.

① 설마. 아무리 그렇다고 하더라도.   ② 겨우. 간신히

③ 자못. 정말로. 실로. (<ruby>然<rt>さ</rt></ruby>も)   ④ 적어도. 최소한 ~라도 좋으니까.

⑤ 최대한. 기껏. 고작해야. (<ruby>精一杯<rt>せいいっぱい</rt></ruby>)

69 <ruby>下線<rt>かせん</rt></ruby>の<ruby>部分<rt>ぶぶん</rt></ruby>の<ruby>間違<rt>まちが</rt></ruby>っているものを<ruby>一<rt>ひと</rt></ruby>つ<ruby>選<rt>えら</rt></ruby>びなさい。

① <ruby>雨<rt>あめ</rt></ruby>の<ruby>中<rt>なか</rt></ruby>に<u>たっぷり</u>と<ruby>立<rt>た</rt></ruby>っている。

② <ruby>準備<rt>じゅんび</rt></ruby>ができたら、<u>ただちに</u><ruby>始<rt>はじ</rt></ruby>めよう。

③ <ruby>公害<rt>こうがい</rt></ruby>は<u>たんに</u><ruby>一国<rt>いっこく</rt></ruby>だけの<ruby>問題<rt>もんだい</rt></ruby>ではない。

④ <ruby>工事中<rt>こうじちゅう</rt></ruby>に<u>つき</u><ruby>通行禁止<rt>つうこうきんし</rt></ruby>です。

⑤ サラリーマンは<ruby>食事<rt>しょくじ</rt></ruby>も<u>そこそこに</u>、<ruby>一日中<rt>いちにちじゅう</rt></ruby><ruby>働<rt>はたら</rt></ruby>く。

➡ ① たっぷり (넘칠 만큼 충분히) → しょんぼり (힘없이 쓸쓸해 보이는 모습. 맥없이)

① 비가 오는데 맥없이 서 있다.

② 준비가 되었다면, 곧바로(<ruby>直<rt>ただ</rt></ruby>ちに) 시작하자.

③ 공해는 단순히 한 나라만의 문제는 아니다.

④ 공사 중이기 때문에 통행금지입니다. (につき : 문어체에 주로 사용)

⑤ 샐러리맨은 식사도 자유롭게(천천히) 못 하고 하루 종일 일한다.

70 下線の部分の間違っているものを一つ選びなさい。

① 彼は３度目の試験でようやく合格した。

② 転校した親友とめったにしかあえないので電話でよく話している。

③ 彼は一日中推理小説に読みふけっていて外出しようとしない。

④ いったん家に帰って、また出かけた。

⑤ 何度も失敗したが、ついに成功した。

해설

➡ ② 滅多に (거의(좀처럼) ~없다. ほとんど …ない) → たまに (가끔)

① 그는 3번째 시험에서 간신히(겨우) 합격했다.

② 전학간 친구와 가끔씩 밖에 만날 수 없기 때문에, 전화로 자주 이야기하고 있다.

③ 그는 하루종일 추리소설에 골몰하고 있어서(열중해서) 외출하려고 하지 않는다.

④ 일단 집에 돌아갔다가, 또 외출했다.

⑤ 몇 번이나 실패했지만, 마침내 성공했다.

71 下線の部分の間違っているものを一つ選びなさい。

① 前よりだいぶ体が丈夫になった。

② 彼が出かけてまもなく、山田さんが来た。

③ 時間がなくてかなりあせったが、とうとう約束の時間に間に合いそうだ。

④ あの夫婦はしょっちゅうけんかしている。

⑤ では、のちほどおうかがいします。

해설

➡ ③ とうとう (결국에는) → どうにか (어떻게든)

とうとう : 결국은. 많은 일이 있은 후 최후에는. (보통은 나쁜 결과의 경우가 많다)

どうにか ： 어떻게든. 겨우. 간신히. (やっと・ようやく・どうにか・辛うじて).

고생이나 곤란 후에 일단 목적을 달성하는 경우.

① 전보다 상당히(大分) 몸이 튼튼해졌다. (좋아졌다)

② 그가 외출하자 곧바로(間も無く), 야마다씨가 왔다.

③ 시간이 없어서 꽤 초조했지만(焦る), 어떻게든 약속시간에 맞을 것 같다.

④ 저 부부는 늘 싸움(喧嘩)을 하고 있다.

⑤ 그러면, 나중에(後程) 찾아뵙겠습니다. (방문하겠습니다)

72 下線の部分の間違っているものを一つ選びなさい。

① さきほどお電話いたしました山田です。

② お元気だそうでなによりです。

③ 台風はてっきり上陸すると思ったが、それてよかった。

④ 近くに新しい店ができたというので、そろそろ行ってみた。

⑤ これだけあればとうぶんは間に合うだろう。

해설

➡ ④ そろそろ (슬슬) → 早速 (조속히, 빨리. (남에게 듣고 곧바로 행동함)

① 조금 전에(先程) 전화드렸던 야마다입니다.

② 건강하시다니 무엇보다 기쁩니다.

③ 태풍은 틀림없이 상륙한다고 생각했지만, 비켜 가서 다행이다.

④ 가까운 곳에 새로운 가게가 생겼다고 했기 때문에, 얼른 가 봤다.

⑤ 이것만 있으면 당분(当分)간은 괜찮겠지.

73 下線の部分の間違っているものを一つ選びなさい。

① あの子は、まだ2才だが、ひとりで、服を着替えられる。

② たとえ私が死ぬようなことがあったら、この子をよろしく頼みます。

③ 一概に日本人が真面目だとは言えない。

④ 昔、奴隷達は動物なみに扱われていた。

⑤ もう少しやさしく<ruby>説明<rt>せつめい</rt></ruby>してい<u>ただけませんか</u>。

해설

➡ ② たとえ (설령, 가령) → <ruby>万一<rt>まんいち</rt></ruby> (만일)

① 저 애는, 아직 두 살이지만, 혼자서 옷을 갈아입는다.

② 만일 내가 죽게 된다면, 이 아이를 잘 부탁합니다.

③ 반드시(모든) 일본인이 성실하다고는 말할 수 없다.

④ 옛날 노예들은 동물처럼 취급받았다. (<ruby>並<rt>なみ</rt></ruby>に : ~처럼. 동등하게)

    <ruby>奴隷<rt>どれい</rt></ruby>·<ruby>奴隷<rt>ぬれい</rt></ruby> : 노예. 남자 하인. (<ruby>召使<rt>めしつか</rt></ruby>いの<ruby>男<rt>おとこ</rt></ruby>)

⑤ 좀 더 쉽게(<ruby>易<rt>やさ</rt></ruby>しい) 설명해 주시지 않겠습니까.

74 <ruby>下線<rt>かせん</rt></ruby>の<ruby>部分<rt>ぶぶん</rt></ruby>の<ruby>間違<rt>まちが</rt></ruby>っているものを<ruby>一<rt>ひと</rt></ruby>つ<ruby>選<rt>えら</rt></ruby>びなさい。

① この<ruby>戦争<rt>せんそう</rt></ruby>では<ruby>化学兵器<rt>かがくへいき</rt></ruby><u>のみでなく</u>、<ruby>核兵器<rt>かくへいき</rt></ruby>も<ruby>使用<rt>しよう</rt></ruby>された。
② <u>めったに</u>ないことだが、<ruby>電話<rt>でんわ</rt></ruby>が<ruby>故障<rt>こしょう</rt></ruby>することがある。
③ いろいろ<ruby>議論<rt>ぎろん</rt></ruby>してきましたが、<u>いわば</u>、あなたは私の<ruby>意見<rt>いけん</rt></ruby>に<ruby>賛成<rt>さんせい</rt></ruby>できないということですね。
④ あの<ruby>人<rt>ひと</rt></ruby>の<ruby>名前<rt>なまえ</rt></ruby>が<u>さっぱり</u><ruby>思<rt>おも</rt></ruby>い<ruby>出<rt>だ</rt></ruby>せない。
⑤ <ruby>母<rt>はは</rt></ruby>は<u><ruby>始終<rt>しじゅう</rt></ruby></u>、<ruby>父<rt>ちち</rt></ruby>の<ruby>帰<rt>かえ</rt></ruby>りが<ruby>遅<rt>おそ</rt></ruby>いと<ruby>文句<rt>もんく</rt></ruby>を<ruby>言<rt>い</rt></ruby>っている。

해설

➡ ③ <ruby>言<rt>い</rt></ruby>わば (말하자면. 예를 들면) → <ruby>要<rt>よう</rt></ruby>するに (요는. 종합해서 간단히 말하면)

① 이번 전쟁에서는 화학병기뿐만 아니라, 핵병기도 사용되었다.

    のみでなく : ~뿐만 아니라. (だけでなく·ばかりでなく·ばかりか)

② 좀처럼 없는 일이지만, 전화가 고장 나는 일이 있다.

③ 여러 가지로 의논했습니다만, 말하자면, 당신은 내 의견에 찬성 못 한다는 이야기군요.

④ 그 사람 이름이 전혀 생각 나지 않는다.

⑤ 어머니는 시종, 아버지 귀가 시간이 늦다고 불평을 말하고 있다.

75 下線の部分の間違っているものを一つ選びなさい。

① どなるだけ<u>ならまだしも</u>、<u>暴力</u>をふるったのです。
② 健康には、<u>常に注意</u>するようにしましょう。
③ 私は<u>たまに</u>映画を<u>見に</u>行きます。
④ 女の子に<u>たんに</u>男の子は精神的成長が遅いという。
⑤ さいきん仕事に<u>身が入らない</u>。

➡ ④ 単に (단지, 다만, 그저) → に引き替え (〜에 비해. 〜와 비교해서)

に引き替え : 특히 앞 문장은 긍정(좋이), 뒤 문장은 부정문이(나쁘) 온다.

引き換え : 교환. 바꾸는 것. (引き替え・取り替える・交換)

① 호통을 친 것이라면 몰라도, 폭력을 휘둘렀습니다. (怒鳴る : 고함치다. 야단치다)

(ならまだしも : 〜이라면 몰라도. 〜에 대해서는 잘 모르지만. (…ならいざ知らず・…ならまだしも・…ならともかく))

② 건강은, 늘 주의할 수 있도록 합시다.

③ 나는 가끔 영화를 보러 갑니다.

④ 여자에 비해 남자는 정신적 성장이 늦는다고 말한다. (引き替え : 〜에 반해. 〜에 비해)

⑤ 최근 일에 정신을 쏟을 수가 없다.

76 下線の部分の間違っているものを一つ選びなさい。

① 父は働きすぎて、<u>とうとう</u>病気になってしまった。
② その頃、<u>しばしば</u>学校を休んだものだ。
③ 国が違うと、言葉は<u>もとより</u>考え方もちがう。
④ 彼は我慢強い人だから、<u>よほどの</u>事がない限り弱音を吐かない。
⑤ 彼女は<u>もしか</u>、北海道出身だったはずですが……。

해설

➡ ⑤ もしか (혹시) → 確か (틀림없이)

もしか : 혹시. 혹은. もし의 강조. (もしも)

たしか : 확실히. 틀림없이. 불확실한 경우에 사용. (과거의 일이나 전에 들었던 것을

생각해 낼 때 사용)

① 아버지는 일을 너무해서, 마침내 (결국) 병에 걸리고 말았다.

② 그때는, 자주 학교를 결석했던 것이다.

③ 나라가 틀리면, 언어는 물론이고 사고방식도 틀리다.

④ 그는 참을성이 강한 사람이기 때문에, 특별한 일이 없는 한 나약한 소리를 하지 않는다.

⑤ 그녀는 확실히, 홋까이도 출신이었습니다만…….

77 下線の部分の間違っているものを一つ選びなさい。

① この話は、ごく親しい人にしか話していません。
② 今回の試験の点はわりに良かった。
③ 社長、とっくに山口さんという方からお電話がありました。
④ これからもいっそう努力いたします。
⑤ 今日は店の開店日で、私たち店員は朝からてんてこまいだった。

해설

➡ ③ とっくに (이미. 옛날에) → さきほど (조금 전에. 앞전에)

① 이 이야기는, 극히 친한 사람에게밖에 이야기하지 않습니다. (極)

② 이번 시험 점수는 비교적 잘 나왔다. (割に : 비교적 생각보다. 思ったより)

③ 사장님, 조금 전에 야마구찌씨란 분에게서 전화가 왔었습니다.

④ 앞으로도 더욱더(한층 더) 노력하겠습니다. (一層)

⑤ 오늘은 가게 개점일로, 우리들 점원은 아침부터 눈코 뜰 새 없이 바빴다.

　てんてこ舞い : 대단히 바쁜 것. 동분서주하다. (天手古舞い・東奔西走・きりきり舞い)

78 下線の部分の間違っているものを一つ選びなさい。

① 三才と二才の二人の子供の世話で、妻は毎日きりきりまいをさせられている。

② 会社をやめるという決心が固くて、いくら説得しても気持ちを変えてく

れない。

③ この電車は四ツ谷を出ると中野まで止まりません。途中の駅へおいでの方は次の四ツ谷で乗り換えてください。

④ この病気は、薬を飲まなくても、<u>しばらく</u>なおるでしょう。

⑤ それは<u>いまだに</u>忘れられない光景だ。

해설

▶ ④ しばらく (잠시) → そのうち (조만간에. 머지않아)

① 세 살과 두 살짜리 두 아이를 돌보느라, 아내는 매일 정신없이 바쁘게 살고 있다.

きりきり舞い : 굉장히 바쁘다. (非常に大変で忙しい)

② 회사를 그만두려고 하는 결심이 굳어져서, 아무리 설득을 해도 마음을 바꾸어 주지 않는다.

③ 이 전차는 요츠야를 출발하면 나까노까지 멈추지 않습니다. 도중 역에서 내리실 분은 다음 요츠야에서 환승해 주세요.

④ 이 병은, 약을 먹지 않아도, 조만간에 낫겠지요. (治る)

⑤ 그것은 지금까지도 잊을 수 없는 광경이다.

79 下線の部分の間違っているものを一つ選びなさい。

① 大人でも持てないのに、<u>相当</u>子どもに持てるわけがない。

② お酒は<u>まるで</u>駄目です。

③ どんな故障<u>であれ</u>、彼が修理すればすぐ直るはずだ。

④ 君たちも、<u>おそかれはやかれ</u>結婚をして、父親、母親になるだろう。

⑤ 週刊誌は芸能人のスキャンダルを<u>おもしろおかしく</u>書く。

해설

▶ ① 相当 (생각보다 훨씬 더. 적당하다. 해당된다) → まして (하물며, 당연히, 더욱더)

① 어른들도 들을 수 없는데, 당연히 아이가 들을 수가 없다.

② 술은 전혀 안 됩니다. (못 마십니다)

丸で : 마치 (丁度・宛ら・満更). 부정형이나 부정문을 동반할 때는 전혀. (全く)

満更でもない : 전혀 안 된다는 것은 아니다. 반드시 나쁘지는 않다. 꽤 좋다.

③ 어떠한 고장이라도, 그가 수리하면 곧바로 고친다. (であれ : 모두)

④ 너희들도, 언젠가는(빠르건 늦건) 결혼을 해서 아버지, 어머니가 되겠지. (遲かれ早かれ)

⑤ 주간지는 연예인의 스캔들을 재미있게 쓴다.
(面白おかしく : 즐겁고 유쾌해서 흥미를 돋운다)

80 下線の部分の間違っているものを一つ選びなさい。

① いいと言うまでは、<u>とうてい</u>目を開けないでください。

② 今日の仕事は<u>すべて</u>終わりました。

③ <u>たいして</u>勉強しなかったけれど合格した。

④ これより、その方が<u>よほど</u>ましです。

⑤ 結婚式をあした<u>にひかえて</u>花嫁は落ち着かない。

해설

➡ ① とうてい (도저히) → 決して (절대로)

① 좋다고 말할 때까지는, 절대로 눈을 뜨지 말아 주세요.

② 오늘 업무는 전부 끝났습니다.　　　　③ 그다지 공부하지 않았지만 합격했다.

④ 이것보다, 그것이 훨씬 좋습니다.

何にも増して : 다른 무엇보다도. 최고. 어느 쪽인가라고 말한다면 다른 것보다 뛰어난 것.

彼は何にも増して酒が好きだ。 그는 무엇보다도 술을 좋아한다.

もう少し増しな案はないか。　좀 더 좋은 안은 없을까.

⑤ 결혼식을 내일로 앞두고 신부는 심란하다. (마음이 어수선하다)

控えて : ～을 앞두고. (시간이나 장소를 나타낸다)

• 次の文章を読んで、あとの問いに答えなさい。(81～90)

　　騒音のうるさい電車などの中でも会話ができる。うるさいとは思うけれ
ども、相手の言うことは**(A)**聞きとっている。聞きとれぬ部分は見当をつ
ける。**(B)**、テープレコーダーで①それを録音してみると、会話はほとん
ど聞きとれないことに驚くのである。この差は人間の耳と機械の耳の相

違による。人間の耳は自分の欲する音声を選び出し、それを増幅してキャッチし、欠損部は、補充する。②それに対して、機械は音声も騒音もわけへだてしないで公平に記録してしまう。これによっても、人間の耳は③あるがままのものを聞くのではなく、必要と感ずるものだけを聞く器官であることがはっきりする。必要がないと思えば馬耳東風、聞けども聞こえずになる。

何日も病気の子供の看病をしている母親があるとする。看護の疲れでまどろみがちになるだろう。うとうとしている時、台所で物の落ちる大きな音がしても、彼女は(C)反応を示さず居眠りを続ける。(D)そのあと、病児が微かな声を出すと、母親は(E)眼を見開く。この母親には、台所の物音などはどうでもよいが、病児のちょっとした変化でも④重要な意味をもっていて、居眠りをしながらも子供には注意が向けられているのである。

このように、人間の認識は外界の刺激のあるがままに忠実に反応して得られるものではない。我々が理解したと思っているのは、対象のコピーではなく、あらかじめもっている関心によって選択された情報によってつくられたものである。忠実な録音テープと比較すれば、人間の理解は
・デフォルメされた状況認識、(F)一種の誤解であることがはっきりするはずである。

・デフォルメ : 자연 형태를 예술적으로 변형하는 것. (déformer)

소음이 시끄러운 전차 등의 안에서도 이야기를 할 수 있다. 시끄럽다고는 생각하지만, 상대가 말하는 것은 (A)어떻게든 알아듣는다. 못 들은 부분은 짐작을 한다. (B)그러나, 녹음기로 ①그것을 녹음해 보면, 대화는 거의 들리지 않는 것에 놀라게 된다. 이 차이는 인간의 귀와 기계의 귀 차이에 의한다. 인간의 귀는 자기가 원하는 음성을 골라서, 그것을 증폭하여 캐치하고, 결손부분은, 보충한다. ②그에 비해, 기계는 음성도 소음도 구분하지 않고 공평하게 기록해 버린다. 이것에 의해서도 인간의 귀는 ③있는 그대로의 것을 듣는 것은 아니고, 필요하다고 느껴지는 것만을 듣는 기관이란 것이 확실해진다. 필요가 없다고 생각하면 마이동풍, 들어도 들리지 않게 된다.
며칠씩이나 아이의 간병을 하고 있는 어머니가 있다고 하자. 간병의 피곤함에 지쳐 조는 일이 잦아질 것이다. 꾸벅꾸벅 졸고 있을 때, 부엌에서 물건 떨어지는 큰 소리가 나도, (C)그녀는 전혀 반응을 하지 않고 계속 존다. (D)그러나 그 뒤, 병든 아이가 조그만 소리를 내면, 어머니는 (E)순간적으로 졸린 눈을 크게(부릅) 뜬다. 이 어머니에게는, 부엌소리 같은 것은 아무래도 좋지만, 병든 아이의 사소한 변화라도 ④중요한 의미를 갖고 있어, 졸면서도 아이에게는 주의를 기울이는 것이다.

　이처럼, 인간의 인식은 외계의 자극을 있는 그대로 충실하게 반응하여 얻어지는 것은 아니다. 우리들이 이해했다고 생각하는 것은, 대상의 copy는 아니고, 미리 가지고 있는 관심에 의해 선택된 정보에 의해 만들어진 것이다. 충실한 녹음테이프와 비교한다면, 인간의 이해는 변형된 상황의식, (F)즉 일종의 오해라는 것이 확실해질 것이다.

• 文中の(A)～(F)に入れるのに最も適当なものを一つ選びなさい。(81～85)

81 (A)。

① なんと　　　　　　　② なんとか

③ どうか　　　　　　　④ なんといっても

⑤ そのまま

해설

➡ ② 그럭저럭. (어떻게든 해서)

① 어떻게. 뭐라고.　　　③ 아무쪼록. 부디.

④ 뭐니 뭐니 해도.　　　⑤ 그 상태로.

---

82 (B)。

① それとも　　　　　　② しかし

③ それに　　　　　　　④ それにしては

⑤ したがって

해설

➡ ② 그러나.

① 그렇지 않으면.　　　　　　③ 게다가.

④ 그것에 비해서는.　　　　　⑤ 따라서.

83 (C)。

　　① まるで　　　　　　　　② ちょうど

　　③ あたかも　　　　　　　　④ どうせ

　　⑤ たぶん

> 해설

➡ ① 부정을 동반하여 전혀.

② 마침. 그때.　　　　　　　③ 마치.

④ 어차피.　　　　　　　　　⑤ 아마.

84 (D)。

　　① だから　　　　　　　　② つまり

　　③ ところが　　　　　　　　④ したがって

　　⑤ どうか

> 해설

➡ ③ 그러나.

① ～이기 때문에.　　　　　　② 말하자면. (앞 문장을 설명)

④ 따라서.　　　　　　　　　⑤ 아무쪼록.

85 (E)。

　　① やいなや　　　　　　　② なり

　　③ たまに　　　　　　　　④ とたんに

　　⑤ たまたま

➡ ④ 〜하자마자.

① 〜하자마자. ② 〜하자마자.

③ 가끔. ⑤ 우연히. 가끔.

86 (F)。

① それでも ② たとえば

③ すなわち ④ それにしても

⑤ そして

➡ ③ 즉. (자세한 설명)

① 그래도. ② 예를 들면.

④ 그렇다고 하더라도. ⑤ 그리고.

• 文中の ①、②のそれは何をさすか。①〜⑤の中から最も適当なものを一つ選びなさい。(87〜88)

87 ① それ。

① 電車の中の騒音 ② 聞き取れない部分

③ 自分の言うこと ④ 電車の中の会話

⑤ 電車の音

➡ ④ 전차 안에서의 회화.

① 전차 안의 소음. ② 알아듣지 못한 부분.

③ 자신이 말한 것. ⑤ 전차의 소리.

88 ② それ。

① 人間の耳
② テープレコーダー
③ 騒音
④ 音声
⑤ 機械の耳

➡ ① 인간의 귀.

② 녹음기.
③ 소음.

④ 음성.
⑤ 기계의 귀.

89 文中の ③あるがままはここではどういう意味か。

① 存在するとおり
② 欲するとおり
③ 形のとおり
④ 感じたとおり
⑤ 欠損部が補充されたとおり

➡ ① 존재하는 대로.

② 바라는 대로.
③ 형태대로.

④ 느낀 대로.
⑤ 결손이 보충된 대로.

90 文中の ④重要な意味とはここでは何について言っているのか。

① 台所の物音
② 看護
③ 子供の病状
④ 居眠り
⑤ 外部の刺激

➡ ③ 아이의 병 상태.

① 부엌의 소리.
② 간호.

④ 앉아 줌.   ⑤ 외부의 자극.

91 次の文章と関係のない内容を一つ選びなさい。

　　もちろん、文章はおもしろくなければならない、ときまったものではない。難しくて、何を言っているのかわからない本でも、優れたものはすぐれたものである。のんきな読者の感想など問題にならないのはわかってくる。それでもなお、あまりおもしろくない文章というものは、どこかがどうかしていると思ったほうがよい。

① 文章はおもしろい方がいい。
② 優れた文章でおもしろくないものもある。
③ 読者の感想などを無視する内容の文章もある。
④ むずかしい文章はすべてすぐれた文章である。
⑤ おもしろくない文章はなにか問題のある文章とみたほうがいい。

해설

▶ ④ 어려운 문장은 모두 뛰어난 문장이다.

물론, 문장은 재미있지 않으면 안 된다, 라고 결정된 것은 아니다. 어려워서, 무엇을 말하고 있는지 모르는 책이라도, 우수한 것은 우수한 것이다.

안일하게 독자의 느낌 등, 문제가 되지 않는 것은 알고 있다. 그렇다고, 그다지 재미없는 문장이라고 하는 것은, 어딘가가 문제가 있다고 생각하는 것이 좋다.

① 문장은 재미있는 것이 좋다.
② 뛰어난 문장으로 재미없는 것도 있다.
③ 독자의 감상(소감) 등을 무시하는 내용의 문장도 있다.
⑤ 재미없는 문장은 뭔가 문제가 있는 문장으로 보는 것이 좋다.

92 下線の部分が指しているものを一つ選びなさい。

　使いにくいことばというのは、まだそのことばに慣れていないわけであるが言葉はたんに記号ではないから、その意味内容に慣れていないということでもあるだろう。さらに言えば「あいする」、という言葉はたしかに日本語ではあるけれども、その言葉を使いきれないのは<u>そのことば</u>の意味内容を知らないからでもあるだろう。

① 使いにくい言葉　　　　② あいする
③ 記号　　　　　　　　　④ 日本語
⑤ 意味内容

해설

▶ ② 사랑한다. (愛する)

사용하기 어려운 말이라고 하는 것은, 아직 그 말에 익숙해져 있지 않기 때문이지만 말은 단순히 기호는 아니기 때문에, 그 의미 내용에 익숙해져 있지 않기 때문일 것이다. 다시 말하면「사랑한다」, 라고 하는 말은 확실히 일본어이지만, 그 말을 사용할 수 없는 것은 그 말의 의미 내용을 알지 못하기 때문일 것이다.

93 ㉠, ㉡에 들어갈 표현으로 바르게 연결한 것을 고르세요.

　フリーターの生き方の共通点は「将来に夢を見ている」ことだと言えないだろうか。明確な目標を持っている（　㉠　）、「幸せな家庭生活」である（　㉠　）、それが将来の「夢」であることに変わりはない。しかし、客観的に見ればフリーターは「安価で使い捨て可能な単純労働力」に違いない。ごく一部のフリーターはたとえ単純労働であっても、夢を実現する一つのステップとして仕事を位置づけている。（　㉡　）、大部分のフリーターはアルバイトは小遣い稼ぎであると割り切って単純労働に従事している。

	㉠	㉡		㉠	㉡
①	とか、	たとえば	②	にしろ、	そのうえ
③	にせよ、	ただ	④	とか、	それで

➡ ③ 하여튼, ~라 하자, ~하더라도. 단. 다만.

프리터(freeArbeiter : 아르바이트로 생활비를 버는 사람)의 삶의 방식의 공통점은 「장래(미래)의 꿈을 꾸고 있다」라고 말할 수 없을까. 명확한(뚜렷한) 목표를 갖고 있다 하더라도, 「행복한 가정생활」에 있다 하더라도, 그것이 장래(미래)의 「꿈」임에는 변함이 없다. 그러나 객관적으로 보면 프리터는 「싼 비용에 일회용으로 가능한 단순 노동력」임에 틀림없다. 극히 일부의 프리터는 가령 단순 노동이라도, 꿈을 실현하는 하나의 스텝으로서 일을 평가하고 있다. 다만 대부분의 프리터는 아르바이트는 용돈벌이이다 라고 결론 짓고 단순노동에 종사하고 있다.

① ~라든지. 예를 들면. (例えば)　　② 하여튼, ~라 하자. 게다가. (その上・しかも)

④ ~라든지. 그래서.

94 다음 문장의 내용과 일치하지 않은 것을 고르세요.

　　　日本の国会は衆議院と参議院から構成され、両院制「または二院制」とよばれる。二つの議院があるのは、国民の意見を幅広く反映させ、より慎重な審議を期待するためである。両院には国政調査権が認められており、行政権の行使を中心とした国政全体を国民にかわって監督する権限と責任を持っている。両院の意思の一致によって国会の議決となるが、両院の一致がない場合には両院協議会を開いて協議する。しかし、いつまでも議決されないといった事態をさけるため、法案の議決、予算の先議と議決、条約の承認、内閣総理大臣の指名、衆議院による内閣不信任決議については衆議院の優越が認められている。これは解散がある衆議院の方が国民の意思をより反映しやすいためである。

① 両院の一致がない場合には、参議院の意思が優先されることがある。

第9章 **부사**　699

② 衆議院の方は解散できる。

③ 国民の意見を幅広く反映させるために、衆議院と参議院がある。

④ 国会は国民にかわって国政全体を監督する権限を持つ。

해설

➡ ① 양원의 일치가 없는 경우에는, 참의원의 의사가 우선될 수 있다.

일본의 국회는 중의원과 참의원으로 구성되어, 양원제「또는 이원제」라고 불린다. 양쪽의 의원이 있는 것은, 국민의 의견을 폭넓게 반영시켜, 보다 신중한 심의를 기대하기 위함이다. 양원에는 국정조사권이 인정되어 있고, 행정권의 행사를 중심으로 한 국정전체를 국민을 대신해 감독하는 권한과 책임을 갖고 있다. 양원의 의사 일치에 따라 국회의 의결이 되지만, 양원의 일치가 안 되는 경우에는 양원협의회를 열어 협의한다. 그러나, 언제까지나 의결되지 않는 사태를 피하기 위하여, 법안의 의결, 예산의 선의(먼저 심의함)와 의결, 조약의 승인, 내각총리대신의 지명, 중의원에 의한 내각불신임결의에 대해서는 중의원의 우월이 인정되고 있다. 이것은 해산이 있는 중의원이 국민의 의사를 보다 반영하기 쉽기 때문이다.

② 중의원은 해산할 수 있다.

③ 국민의 의견을 폭넓게 반영하기 위하여, 중의원과 참의원이 있다.

④ 국회는 국민을 대신해 국정전체를 감독하는 권한을 갖는다.

95 ( ) 안에 들어갈 표현으로 가장 적당한 것을 고르세요.

人はささえあって生きるものであるが、最後は結局ひとりで死ぬ。どんなに愛と善意に包まれて看取られようとも、死とは自己の責任で向きあわなければならない。だから、親は子に期待してはいけない。子も親に期待すべきではない。人を愛してもそれはお返しを期待することではない。愛も、思いやりも、ボランティアも、一方的にこちらの勝手でやることではないか。そう覚悟したときに何かが生まれる。何も期待していないときこそ、思いがけず他人から注がれる優しさや、小さな思いやりが「旱天の慈雨」として感じられる。そこにおのずとわきあがってくる感情こそ、本当の感謝というものだろう。つまり、( )。

① 人は愛する相手に何らかの代償を求める。
② 人は誰しもひとりで生まれて死ぬという宿命を受け入れざるを得ない。
③ 人に期待しない態度によってむしろ真の感謝の気持ちを覚える。
④ 人の死とは誰しも避けられない真の孤独を味わえる機会である。

해설

➡ ③ 남에게 기대하지 않는 태도에 따라 오히려 진정한 감사의 기분을 기억한다. (고마움을 느낀다)

旱天慈雨 : 매우 곤란한 때에, 초래되는 구원의 손길. 오랫동안 기다리던 일이 실현되는
           것. 가뭄에 오는 단비.

見取る   : 간파하다. 보고 똑똑히 깨닫다. 돌보아 주다. 환자를 간병·시중들다. 보고 베끼다.
           (看取る)

사람은 서로 의지하고 사는 것이지만, 마지막에는 결국 혼자서 죽는다. 아무리 사랑과 호의
(선의)에 싸여 간병받는다 하더라도, 죽음이란 것은 자신의 책임으로 마주하지 않으면
안 된다. 그렇기 때문에, 부모는 자식에게 기대하면 안 된다. 자식도 부모에게 기대해서는
안 된 다. 사람을 사랑해도 그것은 보답을 기대하는 것은 아니다. 사랑도, 배려(동정)도,
자원봉사(volunteer)도, 일방적으로 내 맘대로 하는 것은 아닌가. 그렇게 각오했을 때
무엇인가 생겨 난다. 아무것도 기대하지 않을 때야말로(일수록), 의외로 남으로부터 쏟아지
는 상냥함이나, 자그마한 배려가 「가뭄에 오는 단비」로 느껴진다. 거기에 절로 솟구치는
감정이야말로, 진정한 감사일 것이다. 즉(다시 말하면), 남에게 기대하지 하지 않은 태도에
따라 오히려 진정한 감사의 기분을 기억한다. (고마움을 느낀다)

① 사람들은 사랑하는 상대에게 어떤 대가를 요구한다.
② 사람은 누구나 혼자 태어나 죽는다고 하는 숙명을 받아들이지 않을 수 없다.
④ 사람의 죽음이란 것은 누구나 피할 수 없는 진정한 고독을 맛볼 수 있는 기회.

96 次の文の(　　　)の中に最も適当なものを入れなさい。

　　真面目なあの人のことだから、時間どおりに来る(　　　)。

① と思えない　　　　　　　② にすぎない

③ といえない　　　　　　　④ にちがいない

⑤ そういない

해설

➡ ④ 〜에 틀림없다. (に相違ない・間違いない・に決まっている)

　　성실한 사람이기 때문에, 시간 맞춰서(제시간에) 오는 게 틀림없다.

97 次の文の(　　　)の中に最も適当なものを入れなさい。

　　やっと誤解が(　　　)友だちと仲直りができた。

　① やぶれて　　　　　　② しりぞいて
　③ ぬけて　　　　　　　④ とけて
　⑤ それて

해설

➡ ④ 드디어 오해가 풀려서 친구하고 화해할 수 있게 되었다.

① 형체가 부서지다. 깨어지다. 찢어지다. 성립되지 않다. 승부에 지다. (破れる)

② 피하다. 물러나다. (退く)

③ 몸에 붙어 있던 것이 빠지다. 박혀있던 것이 빠지다. 없어지다. 있어야만 되는 것이 빠져 있다. 회의를 빠지다. 터널을 빠져가다. 빠질 것 같은 파란하늘. (抜ける)

④ 딱딱한 것이 녹다. 끈이 풀리다. 속박되었던 것이 풀리다. 직책에서 물러나다. 문제가 해결되다. 얼음이 녹다. (解ける)

⑤ 목표에서 벗어나다. 빗나가다. (逸れる)

98 잘못 짝지어진 것을 고르세요.

　① 気がもめる : 걱정되다.　　　② 取るに足りない : 보잘 것 없다.
　③ 心に刻む　 : 명심하다.　　　④ 手を焼く　　　 : 무척 덥다.
　⑤ 胸を焦がす : 가슴을 태우다.

➡ ④ 고생하다. 애를 먹다. (骨が折れる)

③ 명심하다. (肝に銘ずる · しっかり覚える · 心掛ける · 心に刻む)

⑤ 속태우다. (思いを焦がす)

99 次の文の内容と関係のある言葉を下から選びなさい。

仕事が成功するように毎日苦心しています。

① 骨を惜しむ　　　　　② 心を砕く

③ 腕によりをかける　　④ あぶはち取らず

⑤ 能ある鷹は爪を隠す

➡ 일이 성공할 수 있도록 매일 고심하고 있습니다.

苦心する : 걱정하다. 고심하다.

(心を遣う · 気に掛ける · 心に掛ける · 心配する · 気にする)

気を遣う : 실례가 되지 않게 세심하게 배려하다. (心を配る)

① 수고를 아끼다. 게으름 피우다.　　② 이런저런 걱정을 하다. 고심하다.

③ 크게 분발하다. 열심히 노력하다.

④ 이것저것 탐내다가 하나도 얻지 못함. 욕심 부리다가 오히려 실패함. (게도 구럭도 놓친다)

⑤ 능력이 있는 매는 발톱을 숨긴다. 실력이 있는 자는 함부로 그것을 드러내지 않는다.

100 「思いをめぐらす。」の意味を一つ選びなさい。

① 기억해 보다.　　　② 결심하다.

③ 포기하다.　　　　　④ 곰곰이 생각해 보다.

⑤ 생각해 내다.

➡ 思いを巡らす : 곰곰이 생각하다. (あれこれと考える・気を遣う・心を配る)

思い設ける　 : 미리 생각해 두다. 예기하다. 마음의 준비를 해 두다.
(前もって考えておく・予期する・心構えをしておく)

101 次の文の問いに答えなさい。

A : 車に乗せていただいて時間に間に合いました。
B : ＿＿＿＿＿＿＿＿＿＿＿＿＿＿＿。

① それはよかった　　　　　② どういたしまして

③ どうもありがとう　　　　④ おかげさまで

⑤ おそれいります

해설

➡ 차를 태워 주서서 시간에 도착했습니다.

① 그것은 잘되었다.　　　　　② 천만에요.

③ 대단히 고맙다.　　　　　　④ 덕분에.

⑤ 恐れ入る : 죄송스럽게 생각하다. 고맙게 생각하다. 어처구니가 없다. 감탄하다.
감탄하다. (彼の誠実さには恐れ入るよ。그의 성실함에는 감탄하다.

102 「読めば読むほど難しくなってきた。」의 올바른 우리말을 고르세요.

① 처음 읽기가 어렵다.

② 읽을수록 내용이 쉬어진다.

③ 마지막까지 읽어 내기가 어렵다.

④ 어느 책이나 마지막까지 읽기란 어려운 법이다.

⑤ 읽으면 읽을수록 어려워졌다.

해설

➡ …ば …ほど・だけ : ~하면 ~하는 만큼 (정도).

가정형＋기본형＋だけ・ほど : 뒤 문장은 주로 くなる의 형이 온다.

103 山田さんは<u>素直</u>な性格だから感じがいいです。下線の読み方を一つ選びなさい。

① すなお
② すぞく
③ しょちょく
④ すちょく
⑤ しょうちょく

해설

➡️ 야마다씨는 순수한 성격이기 때문에 느낌이 좋습니다.
素直 : 순수하다. 솔직하다. (従順・生粋)

---

104 「手にする。」の意味を一つ選びなさい。

① 手を打つ
② 手に乗る
③ 手が届く
④ 手を上げる
⑤ 手に入れる

해설

➡️ 손에 넣다. (물건・구하기 어려운 물건)

① 타결하다.
② 상대의 책략에 속아 넘어가다.
③ 충분히 돌보아 주다. 어느 범위에 능력이 이르다. 연령에 곧 달하다.
④ 잘하다. 때리다. 항복하다.
⑤ 손에 넣다. 내 것으로 만들다.

---

105 友だちのとんでもない言動に<u>閉口</u>する。밑줄 친 부분과 의미가 다른 것을 고르세요.

① 彼の無茶なお願いに<u>閉口</u>する。
② 未だに慣れない夏の暑さに、<u>閉口頓首</u>している。
③ <u>閉口</u>することがあってもじっと我慢することが大切だ。
④ 賭け事でボロ負けして<u>閉口</u>した。
⑤ <u>閉口</u>した気持ちになる毎日だった私にも、ようやくツキが回ってきたようだ。

➡️ ③ 閉口(へいこう)する → 腹(はら)が立(た)つ (화가 나다)

③ 화나는 일이 있어도 꾹 참는 것이 중요하다.

　閉口する : 곤란하다. 질리다. 두 손 들다.
　　　　　　(参(まい)る・御手上(おてあ)げ・困(こま)り果(は)てる・降参(こうさん)・手(て)に負(お)えなくて困(こま)る)

① 그의 터무니없는 부탁에 질렸다.

② 아직도 익숙하지 않은 여름 더위에, 질리고 말았다.

　閉口頓首(へいこうとんしゅ) : 난감해서 어쩔 수 없는 것. 몹시 난처하다. 완전히 두 손 듦.

④ 도박으로 망해서 곤란해졌다. (질렸다)

⑤ 질린(짓눌린) 기분이 드는 매일이었던 나에게도, 드디어 운이 돌아온 것 같다.

---

106 ㉠, ㉡을 올바르게 읽은 것을 고르세요.

教育委員会(きょういくいいんかい)は給食費(きゅうしょくひ)の ㉠滞納(たい)に対(たい)して法的(ほうてき) ㉡措置(そち)を申(もう)し立(た)てる。

	㉠	㉡		㉠	㉡
①	ていのう	そち	②	たいのう	そち
③	ていのう	そうち	④	たいのう	しょち
⑤	たいのう	しょうち			

➡️ ② 滞納(たいのう)(체납). 措置(そち)(조치).

　교육위원회는 급식비 체납에 대해 법적조치를 건의한다.

　申(もう)し立(た)てる : 특히 거론해서 말하다. 공적기관·상위자(じょういしゃ)(上位者) 등에 대해서, 자신의 의

　　　　　　견이나 희망을 강하게 말한다.

---

107 文中(ぶんちゅう)の下線(かせん)の部分(ぶぶん)の意味(いみ)を一(ひと)つ選(えら)びなさい。

こんなふうだと一日一日(いちにちいちにち)を充実(じゅうじつ)して生(い)きようなんて考(かんが)えていても、

<u>あっという間に</u>一日が過ぎて、なにがなんだかわからないうちに死んでしまいそうだ。

① あっと声を出して　　　　② いつの間にか

③ そう思うものに　　　　　④ おどろいている間に

⑤ 留守の間に

➡️ 이런 상태라면 하루하루를 충실하게 살아가려고 생각하고 있어도, 아 하는 순간에 하루가 지나고, 뭐가 뭔지 모르는 동안에 죽을 것 같다.

あっという間に : 굉장히 짧은 시간. 순간. (またたく間に・束の間に)

① 아 하고 소리를 내다.　　　　② 언젠가. 자신도 모르는 사이에.

④ 놀라고 있는 동안에. (驚いている間に)　⑤ 외출 중에.

108 文中の下線の部分の意味と異なるものを一つ選びなさい。

人がとしをとることは<u>分かりきった</u>ことだ。しかし分かりきったことでも、実際にそれを時間をかけて体験するのと、理屈で知っているのとではことはかなり違う。

① きまっていることだ。　　　② だれでも知っていることだ。

③ 言うまでもないことだ。　　④ 言っても無理なことだ。

⑤ あたりまえのことだ。

➡️ 사람이 나이를 먹는 것은 당연한 것이다. 그러나 당연한 것이라도, 실제로 그것을 시간을 들여 체험하는 것과, 이론(도리·논리)으로 알고 있는 것하고는 상당히 틀리다.

(言うには及ばない・言うほどのことではない : 너무나 당연해서 말할 필요도 없다)

① 결정된 것이다. 반드시 ~이다. ~에 틀림없다.

② 누구라도 알고 있는 것이다.　　　③ 말할 필요도 없다.

④ 말해도 무리인 것이다. (無理もない : 당연하다)

⑤ 당연한 것이다. (当たり前)

109 次の文の下線の漢字の正しい読み方はどれか。

首相は国会議員で国会の議決で指名される。

① しゅそう   ② しゅしょう
③ しゅうしょう   ④ しゅうそう
⑤ しゅうしょ

해설

➡ 수상은 국회의원으로 국회의 의결에서 지명된다. (総理 : 총리)

110 次の表現が使われる時は次の中どれですか。

ねこの手も借りたいほどだ。

① 바쁠 때   ② 지루할 때
③ 외로울 때   ④ 시장할 때
⑤ 돈이 필요할 때

해설

➡ 猫の手も借りたい : 굉장히 바쁠 때.

第10章。제10장

- 類義語 (るいぎご)　유의어(의미가 닮은 말)
- 類似語 (るいじご)　유사어(형태가 닮은 말)

● 類義語。유의어. (의미가 닮은 말)

▶ 희망이나 소망을 나타낸다.

是非(ぜひ)	꼭. 틀림없이. 굉장히 강한 소망. (뒤 문장은 명령이나 희망의 표현이 온다)
	またぜひいらっしゃって下(くだ)さい。　또 꼭 와 주십시오.
なんとか	무슨(어떤) 방법을 써서라도 꼭.
	なんとかピアノがうまくなりたい。　어떻게든 피아노를 잘 치고 싶다.
なんとしても	어떤 방법을 써서라도. 어떠한 일을 해서라도.
	なんとしても彼(かれ)と結婚(けっこん)したい。　어떻게 해서라도 그와 결혼하고 싶다.
どうしても	어떠한 일이 있어도 절대로. 어떠한 방법을 동원해서라도.
	どうしてもあの大学(だいがく)に入(はい)りたい。　어떻게 해서라도 저 대학에 들어가고 싶다.
どうか	제발. 부디. (정중하고 강하게 부탁할 경우)
	どうかお金(かね)を貸(か)してくださいませんか。부디 돈을 빌려주시지 않겠습니까.

▶ 가정형과 같이 사용한다.

万一(まんいち)	가능성은 적지만 혹시 그런 일이 있으면.
	万一(まんいち)、大地震(だいじしん)が起(お)きたら、この公園(こうえん)へ避難(ひなん)して下(くだ)さい。 만일, 큰 지진이 일어난다면, 이 공원으로 피난해 주세요.
仮令(たとえ) 譬(たとえ)	설령. 가령. (혹시 〜이더라도). (仮(かり)に・たとい)
	たとえどんなに高(たか)くても、それを買(か)うつもりだ。 설령 아무리 비싸다고 하더라도, 그것을 살 생각이다.
例(たと)えば	예를 들어 말하면. 예를 들자면.
	たとえばあなたが女性(じょせい)だったら、どうしますか。 예를 들어 당신이 여성이었다면, 어떻게 하겠습니까.
もしかすると	어쩌면 〜할지도 모르겠다. (あるいは …かもしれない)
	もしかすると、彼(かれ)は来(こ)ないかもしれない。혹시, 그는 오지 않을지도 모른다.
一旦(いったん)	일단. (일단 〜한 이상은 어디까지나)

| | いったん約束をしたら、絶対にそれを守るべきだ。 |
| | 일단 약속을 했다면, 절대로 그것을 지켜야만 된다. |

▶ 예를 들어 표현할 때 사용한다.

丁度 調度 恰度	마치. (~와 많이 닮았다. …とよく似ている)
	生まれたばかりの赤ちゃんは、顔が赤くて丁度猿のようだ。 지금 막(갓) 태어난 아기는, 얼굴이 빨개서 마치 원숭이 같다.
丸で	마치. (ちょうど·さながら·まんざら)
	まるで雪のように桜の花が散る。 마치 눈처럼 벚꽃이 떨어진다.
	부정형이나 부정문을 동반할 때는 전혀. (まったく)
	お酒はまるで駄目です。　　　 술은 전혀 안 됩니다. (못 마십니다)
言わば 謂わば	말하자면. 예를 들어 말하면. (알기 쉽게 설명할 때 사용)
	子供の時から住んでいるから、このあたりは、いわば私の庭のようなものです。 아이 때부터 살고 있기 때문에, 이 근처는, 말하자면 우리 집 정원 같은 곳입니다.
所謂	소위. (늘 사람들이 말하고 있다고 하는 의미를 나타낸다)
	彼はいわゆる本の虫だ。　　　 그는 소위 책벌레다.
如何にも	정말로, 확실히. (아무렇게나 보아도 그렇게 보일 수 있고 생각할 수도 있다고 할 때)
	山田さんは、いかにも都会人らしい恰好をしている。 야마다씨는, 정말로 도시인 같은 모습을 하고 있다.
然も	정말로. 확실히. 자못. (いかにも)
	その子供はさも嬉しそうに飛びながら喜んだ。 그 아이는 정말로 기쁜 듯이 뛰면서 기뻐했다.
	정말로. 확실히. (확실히 그렇다고 느껴지는 것)
	彼はいつもさも知っているように話す。 그는 언제나 정말로 알고 있는 듯이 이야기한다.

▶ 말을 바꿀 때 사용한다.

例<ruby>例<rt>たと</rt></ruby>えば	예를 들어 말하면. 다시 말해. 말하자면.
	<ruby>楽器<rt>がっき</rt></ruby>、たとえばギターやピアノなど<ruby>弾<rt>ひ</rt></ruby>けますか。
	악기, 예를 들면 기타나 피아노 같은 것을 칠 수 있습니까.
<ruby>言<rt>い</rt></ruby>わば <ruby>謂<rt>い</rt></ruby>わば	알기 쉽게 설명하면. (예를 들어 말할 때도 사용한다)
	この<ruby>着物<rt>きもの</rt></ruby>は<ruby>特<rt>とく</rt></ruby>に<ruby>豪華<rt>ごうか</rt></ruby>なものではない。いわば、<ruby>普段<rt>ふだん</rt></ruby>に<ruby>着<rt>き</rt></ruby>るものである。
	이 옷은 특별히 호화스러운 것은 아니다. 말하자면, 보통 입는 것이다.
<ruby>要<rt>よう</rt></ruby>するに	종합해서 간단히 말하면.
	<ruby>長<rt>なが</rt></ruby>い<ruby>話<rt>はなし</rt></ruby>だったが、<ruby>要<rt>よう</rt></ruby>するに<ruby>土地<rt>とち</rt></ruby>は<ruby>高<rt>たか</rt></ruby>くて<ruby>買<rt>か</rt></ruby>えないという話だった。
	긴 이야기였지만, 요점은 토지는 비싸서 살 수 없다고 하는 이야기였다.

▶ 무의식적으로 무엇인가를 하는 모습을 나타낸다.

うっかり	부주의한 모습. 깜빡 잊고(건망증). 아무 생각 없이 멍한 모습. 넋을 놓다. 생각이나 계획 없이 시간을 보내는 모습. (↔ わざと : 고의로)
	うっかり、<ruby>電車<rt>でんしゃ</rt></ruby>の<ruby>中<rt>なか</rt></ruby>に<ruby>傘<rt>かさ</rt></ruby>を<ruby>忘<rt>わす</rt></ruby>れてきてしまった。
	부주의로, 전차 안에다 우산을 잊어버리고 오고 말았다.
つい	무심결에. (잘 생각하지 않고 눈치 채지 못한 모양) 뒤 문장은 てしまいました의 형이 온다.
	<ruby>秘密<rt>ひみつ</rt></ruby>だったのに、つい<ruby>言<rt>い</rt></ruby>っちゃった。
	비밀이었는데도, 무심결에 말하고 말았다.
ふと	문득. (아무것도 생각 않고 우연히)
	<ruby>昔<rt>むかし</rt></ruby>のことを、ふと<ruby>思<rt>おも</rt></ruby>い<ruby>出<rt>だ</rt></ruby>した。 옛날 일을, 문득 기억해 냈다.
なんとなく	아무것도 생각하지 않고. 생각 없이. (ふと)
	なんとなく<ruby>外<rt>そと</rt></ruby>を<ruby>見<rt>み</rt></ruby>たら、<ruby>変<rt>へん</rt></ruby>な<ruby>物<rt>もの</rt></ruby>が<ruby>見<rt>み</rt></ruby>えた。
	생각 없이 밖을 보았더니, 이상한 것이 보였다.
<ruby>知<rt>し</rt></ruby>らず<ruby>知<rt>し</rt></ruby>らず	어느새. (자기 자신도 모르는 사이에)
	<ruby>甘<rt>あま</rt></ruby>やかして<ruby>育<rt>そだ</rt></ruby>てると、<ruby>子供<rt>こども</rt></ruby>は、<ruby>知<rt>し</rt></ruby>らず<ruby>知<rt>し</rt></ruby>らず<ruby>悪<rt>わる</rt></ruby>くなっていく。
	버릇없이 키우면, 아이는, 어느새 나빠진다.

	생각 없이. (자신도 그렇게 할 생각은 아니었는데)
思わず	とても嬉しかったので、<u>思わず</u>、電話にお辞儀をした。
	너무 기뻤기 때문에, 나도 모르게, 전화에 인사를 했다.
	언제인지 모르게. 어느새. (知らない間に)
いつの間にか	<u>いつのまにか</u>冬になっていた。 어느새 겨울이 되어 있었다.

▶ 결과가 예상 가능할 때 사용한다.

	언젠가. 어떻게 하더라도 최후에는. 결국에는.
	いくら内緒にしていても、<u>いずれ</u>わかってしまいますよ。
いずれ	아무리 비밀로 하고 있어도, 언젠가는 알려지고 맙니다.
	조만간에. 가까운 시일 안에. (近いうちに)
	<u>いずれ</u>ご挨拶におうかがいします。 언제 인사드리러 찾아뵙겠습니다.
遅かれ 早かれ	조만간에. 하여간에. 빠르건 늦건. (빠르고 늦음의 차이는 있지만 언젠가는 그렇게 된다)
	君たちも、<u>おそかれはやかれ</u>結婚をして、父親、母親になるだろう。
	너희들도, 언젠가는 결혼을 해서 아버지, 어머니가 되겠지.
	어차피. 결국에는. (싫어하지만 결국은 해야 한다)
どうせ	今から行っても、<u>どうせ</u>間に合わない。
	지금부터 가도, 어차피 늦는다. (시간에 늦는다)

▶ 비교할 때 사용한다.

	오히려. (생각했던 것과는 반대로)
	薬を飲んだら、<u>かえって</u>病気が悪くなってしまった。
却って	약을 마셨더니, 오히려 병이 악화되고 말았다.
	ひどく叱りすぎると、<u>かえって</u>子供のためによくない。
	너무 심하게 야단치면, 오히려 아이들을 위해서는 좋지 않다.
	逆に(거꾸로)・反対に(반대로)로 바꿀 수는 있으나 순서나 방향이 반대일

	경우 かえっては 쓸 수 없다.
	今の方法を、逆にしてやってみよう。 지금의 방법을, 거꾸로 해 보자.
むしろ	오히려. 차라리. (2개를 비교하여 어디라고 말한다면)
	そんなことするくらいなら、むしろ死んだ方がましだ。
	그런 짓을 할 바에는, 오히려 죽는 것이 낫다.

- 類似語。유사어. (형태가 닮은 말)

▶ 가.

	제발. 부디. 어떻게. 어떻게든. (정중하고 강하게 부탁할 때)
どうか	どうかよろしくお願いします。　　　　　　　아무쪼록 잘 부탁드립니다.
	보통이 아니고 이상하다.
	あの人、頭がどうかしているよ。　　　　저 사람, 머리가 좀 어떻게 되었어.
どうにか	그럭저럭. 그런 대로. 어떻게. (충분하진 않지만 어떻게든)
	日常会話ならどうにか話せます。　　　　일상회화라면 그럭저럭 말할 수 있습니다.
どうも	도저히. 아무리 열심히 해 봐도.
	何回も練習したが、どうもできない。　　몇 번이고 연습했지만, 도저히 할 수 없다.
	정말로. 참으로. 어쩐지. 아무래도. 왠지 잘 모르지만.
	その答えは、どうも違うようだ。　　　　그 답은, 확실하지 않지만 틀린 것 같다.
どうせ	어쨌든. 싫지만 결국에는.
	人間はいつかはどうせ死ぬんだよ。　　　인간은 언젠가는 어차피 죽는다.
どうやら	확실하진 않지만. 어쩐지. 아무래도. 그럭저럭.
	どうやら明日は雨らしい。　　　　　　　아마 내일은 비가 내릴 것 같다.
どうしても	어떻게 해봐도. 어떤 방법을 동원해도.
	練習したけれどどうしてもできない。　　연습했지만 도저히 할 수 없다.

	반드시. 절대로.
	<u>どうしても</u>行かなければならない。반드시 가지 않으면 안 된다.

▸ 나.

なんと	정말로. 대단히. 놀라고 감탄할 때 사용.
	<u>なんと</u>大きな家なんでしょう。정말로 큰 집이군요.
なんとか	충분하지는 않지만. 어떤 방법을 사용해서. (강한 희망과 의지를 표현)
	それくらいは<u>なんとか</u>一人で出来ます。 그 정도는 어떻게든 혼자서 할 수 있습니다.
なんとしても	어떻게 해서라도. (動作 : 동작)
	必要なものだから<u>なんとしても</u>買いたい。 필요한 물건이기 때문에 어떻게 해서라도 사고 싶다.
なんといっても	여러 가지로 말하지만 이게 제일. 뭐라고 해도. (言行 : 언행)
	<u>なんといっても</u>、若いということはいい。 뭐라고 해도, 젊다고 하는 것은 좋다.
なんだか	왠지. 확실한 이유 없이.
	今度の旅行には<u>なんだか</u>行きたくない。 이번 여행에는 왠지 모르게 가고 싶지 않다.
なんとなく	확실한 이유 없이. 왠지.
	秋は<u>なんとなく</u>寂しい季節だ。가을은 왠지 모르게 쓸쓸한 계절이다.
	아무런 생각 없이. 문득. (ふと)
	<u>なんとなく</u>テレビを見ると、友達が映っていた。 무심코 텔레비전을 보았는데, 친구가 나오고 있었다.

► 다.

思^{おも}わず	무의식중에. 엉겁결에. (자신도 그렇게 할 생각은 아니었는데)
	あまりにも驚^{おどろ}いたので、思わず大声^{おおごえ}を上^あげてしまった。
	너무 놀랐기 때문에, 나도 모르게 큰소리를 쳤다.
思^{おも}いがけず	뜻밖에. 의외로. (思^{おも}いがけなく・思^{おも}いも寄^よらない・思^{おも}いの外^{ほか})
	銀座^{ぎんざ}のレストランで、思いがけず、昔^{むかし}の友人^{ゆうじん}に会^あった。
	긴자의 레스토랑에서, 우연히, 옛날 친구를 만났다.
思^{おも}い切^きって	각오하고. 결심하고. 대범하게.
	(무엇인가 새로운 일을 시작하려고 할 때 사용)
	思^{おも}い切^きって彼女^{かのじょ}にプロポーズした。
	결심하고(큰 마음 먹고) 그녀에게 프로포즈했다.
思^{おも}いきり	마음껏. 충분히. 깨끗이 단념하다. (思^{おも}いっ切^きり。 회화체)
	思^{おも}い切^きる。 깨끗이 거절하다. 마음껏. 대범하게. 철저히.
	試験^{しけん}が終^おわったら、思いきり遊^{あそ}びたい。 시험이 끝나면, 마음껏 놀고 싶다.

► 라.

もしか	혹시. 혹은. もし의 강조. (もしも)
	もしか、駄目^{だめ}だったらどうしよう。 혹시, 안 된다면 어떻게 하지.
もしかしたら	혹시. (ひょっとしたら)
	(어쩌면 ~일지도 모르겠다. 아루이와 …카모시레나이)
	もしかしたら、大阪^{おおさか}に転勤^{てんきん}になるかもしれない。
	어쩌면, 오오사까로 전근 갈지도 모른다.
もしかして	혹시(もしや). 이렇다고 생각하는 것에 자신 없는 모습이나 의심하는 모습.
	もしかして、忘^{わす}れてきたんじゃないでしょうね。
	혹시, 잊고 온 것은 아니겠지요.

▶ 마.

確_{たし}か	확실히. 틀림없이. 불확실한 경우에 사용. (과거의 일이나 전에 들었던 것을 생각해 낼 때 사용).
	夏休_{なつやす}みは確_{たし}か7月十日_{しちがつとおか}からだったね。 여름방학은 분명히 7월 10일부터였지.
確_{たし}かに	확실히. 틀림없이. (확증이 있을 때)
	この品_{しな}は明日_{あした}確_{たし}かにお届_{とど}けします。 이 물건은 내일 틀림없이 배달하겠습니다.
恐_{おそ}らく	아마(필시) ~이겠지. (多分_{たぶん}·大方_{おおかた}·どうやら) (뒤 문장은 반드시 추측을 동반한다)
	おそらく明日_{あした}も雨_{あめ}だろう。 아마 내일도 비가 내리겠지.

▶ 바.

一人_{ひとり}で	혼자서. 혼자만의 힘으로.
	夜道_{よみち}をひとりで歩_{ある}くのは危険_{きけん}だ。 밤길을 혼자서 걷는 것은 위험하다.
ひとりでに	자연히. 저절로. (아무것도 하지 않았는데)
	ろうそくの火_ひが、ひとりでに消_きえた。 촛불이, 저절로 꺼졌다.
自_{みずか}ら	스스로. (남에게 듣지 않고 자기 스스로 하려고 생각해서)
	自_{みずか}ら進_{すす}んで勉強_{べんきょう}するのでなければ、本当_{ほんとう}には身_みにつかない。 스스로 알아서 공부하지 않는다면, 진정으로 자기 것이 되지 않는다.

▶ 사.

まさか	설마. 아무리 그렇다고 하더라도. 그런 일은 있을 리가 없다. (いくらなんでも·よもや)
	あの夫婦_{ふうふ}がまさか離婚_{りこん}するとは思_{おも}いませんでした。 그 부부가 설마 이혼한다고는 생각하지 못했습니다.
	보통으로는 생각할 수 없는 최악의 사태. (まさかのとき의 형태로도 사용)
	まさかのときを考_{かんが}えて、遺言_{ゆいごん}を書_かいておいたほうがいいでしょう。 만약의 경우를 생각해서, 유언을 써 놓는 것이 좋겠지요.

	정말로. 확실히.
正に まさ	まさにその通りです。 정말로 말한 그대로입니다.
	마침 바로 그때. (ちょうどその時)
	飛行機が、まさに飛び立とうとしている。 비행기가, 막 날아오르려 하고 있다.
まして	더욱더. 하물며. 당연하다.
	大人でも持てないのに、まして子供に持てるわけがない。 어른들도 들 수 없는데, 하물며 아이가 들을 리가 없다.

▸ 아.

	듣던 대로. 역시 예상했던 대로. 과연. (さすが …だけあって)
流石 さすが	いつも元気なこの子も、一日中歩き回ったので、さすがに疲れたようだ。 언제나 활기찬 이 아이도, 하루 종일 돌아다녔기 때문에, 역시 피곤한 것 같다.
	결과가 언제나 똑같지는 않다.
	さすが先生だから、よく知っているね。역시 선생님이기 때문에, 잘 알고 있다.
	さすがの …も의 형으로 앞 문장을 일단은 긍정하면서도, 이야기의 내용이 모순된 것을 말한다.
	さすがの岡田先生もこの患者にはさじを投げた。 그 대단한 오까다선생님도 이 환자는 포기했다.
さては	그러면. 이제 보니. 그러고 보니. 과연. 끝내는. 나중에는. (처음으로 느꼈을 때 사용)
	さては、あいつが犯人か。그러면, 저 자식(놈)이 범인인가.

01 間違っている読み方をそれぞれの中から一つ選びなさい。

① 食券 (しょくけん)　　② 崩壊 (ほうかい)

③ 氷原 (ひょうげん)　　④ 演説 (えんぜつ)

⑤ 輸出高 (ゆしゅつだか)

해설

➡ ① 식권. (しょっけん)

② 붕괴.　　　　　　　　　③ 빙원.

④ 연설.　　　　　　　　　⑤ 수출고. (輸出 · 輸出 ⇔ 輸入 · 輸入)

02 間違っている読み方をそれぞれの中から一つ選びなさい。

① 黒白 (きょくはく)　　② 白金 (はっきん)

③ 白日 (はくじつ)　　　④ 白鳥 (しらとり)

⑤ 白衣 (はくい)

해설

➡ ① 흑백. 선과 악. (黒白 · 黒白 · 黒白)

② 백금.　　　　　　　　　③ 한낮. (日中)

④ 백조. (白鳥)　　　　　⑤ 백의. 흰옷. 의사 등이 입는 가운(白衣).

03 間違っている読み方をそれぞれの中から一つ選びなさい。

① 人夫 (にんぷう)　　② 忍耐 (にんたい)

③ 夫子 (ふうし)　　　④ 相場 (そうば)

⑤ 疾病 (しっぺい)

➡ ① 인부. (にんぷ)

② 인내.

③ 남자. 공자의 경칭.

④ 시세. 시가. 투기.

⑤ 질병.

04 間違っている読み方をそれぞれの中から一つ選びなさい。

① 下心　(したごころ)

② 下値 (したね)

③ 下歯　(したば)

④ 下流 (したりゅう)

⑤ 下一段 (しもいちだん)

➡ ④ 하류. (かりゅう)

下流 : 다도(茶道) 분파 중의 하나인 야부노우찌(薮内) 파. (⟺ 上流)

① 속마음. 음모. 의도(企み : 의도. 계획)

② 싼 가격. 염가. 安値 (⟺ 上値)　③ 아래 치아. (⟺ 上歯)

⑤ 하일단동사. (上一段動詞 : 상일단동사)

• 次の文の(　　　)の中に最も適当なものを一つ選びなさい。

05 (　　　)困難に打ち勝って彼は今の栄光を手にした。

① たいした

② あらゆる

③ すべて

④ さまざま

⑤ どうしても

➡ 온갖 곤란을 이겨 낸(극복한) 그는 지금의 영광을 손에 넣었다.

① 대단한. 정도가 심한 것. (大した·非常な·大変な·度外れた)

뒤 문장에 부정의 말을 동반하여, 특별히 내세울 만한 것은 아니다 라고 하는 기분을 나타낸다.

大したことはない。　　대단한 것은(별거) 아니다.

大した用事ではない。　대단한 용무(볼일)는 아니다.

② 온갖. 모든. 전부. (ありとあらゆる · ピンからキリまで · 何から何まで · 何もかも)

③ 전부. 모든. 남김없이 모두. 일반적으로. (凡て · 全て · 総て · 全部 · 挙って)

④ 각양각색. 각종. 여러 가지. (様々)　　⑤ 어떻게 해서라도.

06 高橋さんは度胸が要る。下線の意味を一つ選びなさい。

① 여유.　　　　　　　　　② 강인함.

③ 배짱.　　　　　　　　　④ 안목.

⑤ 의지.

해설

➡ 다까하시씨는 담력이 필요하다.

度胸 : 담력. 사물을 두려워하지 않는 마음. 기죽지 않는 정신력.

07 「お元気ですか。」의 대답으로 가장 적당한 것을 고르세요.

① はい、お元気です。　　　② はい、おかげです。

③ はい、おかげさまで元気です。　④ 私も元気です。

⑤ いいえ、お元気ではありません。

해설

➡ 건강하십니까. (안부인사)

② お陰様で : 덕분에.　　　　③ 예, 덕분에 건강합니다. (잘 지내고 있습니다)

・ 次の文の(　　　)の中に最も適当な言葉を一つ選びなさい。(8～11)

08 ずっと連絡のなかった友だちから(　　　)手紙が来て驚いた。

① 知らず知らず　　　　　② しきりに

③ 思い掛けず　　　　　　④ いつの間にか

⑤ 思い切って

➡ 계속 연락이 없었던 친구로부터 생각지도 않게 편지가 와서 놀랐다.

① 어느새. 자기 자신도 모르는 사이에.　② 끊임없이.

③ 의외로. 예상외로. (思いも寄らない·思いの外)

④ 언제인지 모르게. 어느새. 자기 자신도 모르는 사이에. (知らない間に·知らない内に)

⑤ 각오하고. 결심하고. 작정하고. 대범하게. 주저하지 않고. 망설임 없이.
　　思い切って秘密を打ち明ける。결심하고 비밀을 털어놓다.

09 ひどい熱だ。ここ(　　)病気がひどくなったら、医者に行かなければ駄目だよ。

① から　　　　　　　　② ほど

③ まで　　　　　　　　④ より

⑤ さえ

➡ 심한 열이다. 이렇게까지 병이 심해진다면, 의사선생님한테 가지 않으면 안 된다.

③ ~까지. (거기까지 말한 것만으로도 놀라고 있는 기분을 나타낸다)
　　までもない·までのこともない。~할 필요가 없다 라고 하는 의미를 나타낸다.

10 この調子で勝ち進めば、我がチームも(　　)優勝ですね。

① しばらく　　　　　　② さっそく

③ さりげなく　　　　　④ いまさら

⑤ いよいよ

➡ 이 상태로 계속 이기면, 우리 팀도 드디어 우승이군요.

① 잠시. 한참 동안.

② 조속히. 빨리. 남에게 듣고 곧바로 행동함. (早速)
　　早速·早速 : 기민한 것. 눈치가 빠른 것. 재치가 있는 것. 임기응변이 좋은 것.
　　会心の機を早速に捕えた非凡の技。회심의 기회를 기민하게 포착한 비범한 재주(기술).

③ 아무것도 아닌 것처럼. (然り気無い·何気無い)

④ 이제 와서. 지금에 와서. (今更)

⑤ 드디어. 마침내. 동작의 개시직전. (なお·いっそう·ますます·ついに·とうとう)

11 締め切りまでには(　　)ぎりぎり間に合うと思います。

① なんとか　　　　　　　② ぜひ

③ どうしても　　　　　　④ なんとなく

⑤ むしろ

해설

➡ 마감까지는 어떻게든 빠듯하게 맞출 수 있다고 생각합니다.

① 이유 없이. 어떻게든. (どことなく)

② 꼭. 부디. (是非)

是非も無い : 어쩔 수 없다. 옳고 그름이나 선과 악을 판단하기에는 부족하다.

(仕方がない·やむを得ない·是非ない)

③ 어떻게 해서라도.　　　　　　④ 왠지 모르게.

⑤ 오히려. 차라리. (かえって)

12 다음 문장의 올바른 해석을 고르세요.

お嬢ちゃんはかわいいから、このりんごをおまけにしてあげますよ。

① 아가씨는 귀엽기 때문에, 이 사과를 깎아 주겠어요.

② 아가씨는 귀엽기 때문에, 이 사과를 덤으로 주겠어요.

③ 아가씨는 귀엽기 때문에, 사과를 골라 주겠어요.

④ 아가씨는 불쌍하기 때문에, 이 사과를 공짜로 주겠어요.

⑤ 아가씨는 불쌍하기 때문에, 이 사과를 깎아 주겠어요.

해설

➡ 御負け : 깎아 주다(값을). 덤으로 주다. 可愛い : 귀엽다.

• 次の文の(　　　)の中に最も適当な言葉を一つ選びなさい。(13〜26)

13 30年ぶりに会ったんだ。今夜はゆっくり思い出を(　　　)。

① 話し合おう　　　　　　② 語り合おう

③ 言い合おう　　　　　　④ しゃべり合おう

⑤ 言おう

해설

➡ 30년 만에 만났다. 오늘 밤은 천천히 추억(想い出)을 이야기하자.

① 주로 의논하다. 상담하다. (相談に乗る)

② 서로 이야기를 주고받다. (신상의 이야기)

③ 서로 말하다. 욕하다. 말다툼하다.

　言い付ける : 고자질하다. 명령하다.　言い掛かりをつける : 트집을 잡다.

　口づける　 : 입 맞추다.

14 隣の部屋のステレオの音が大きいので(　　　)を言いにいった。

① 不満　　　　　　　　　② 文句

③ ぐち　　　　　　　　　④ 欠点

⑤ 言い訳

해설

➡ 옆방의 스테레오 소리가 컸기 때문에 불평을 말하러 갔다.

① 불만.　　　　　　　　② 불평.

③ 愚痴を零す : 말해도 소용없는 것을 불평을 섞어 말하다. 푸념하다.

④ 결점.　　　　　　　　⑤ 변명.

15 (　　　)不注意が大事故の原因となった。

① たいした　　　　　　　② ちょっとした

③ たいてい　　　　　　　④ ほんのすこし

⑤ せいぜい

➡️ 작은 부주의가 큰 사고의 원인이 되었다.

① 대단한. 정도가 심한 것. (大^{たい}した · 非常^{ひじょう}な · 大変^{たいへん}な · 度外^{どはず}れた)

② 아주 조그만.　　　　　　③ 대개. (大抵^{たいてい})

④ 그저 명색뿐인. 아주 조금. (ほんの少^{すこ}し)

⑤ 기껏해야. 고작. 최대한. (精々^{せいぜい} · 出来^{でき}るだけ · 出来^{でき}る限^{かぎ}り · 力^{ちから}の限^{かぎ}り · 精一杯^{せいいっぱい} · 高々^{たかだか})

16 どんなに多^{おお}く来^きても(　　　)20人^{にん}ぐらいだ。

① あらかた　　　　　　② なるべく

③ まさか　　　　　　　④ まったく

⑤ せいぜい

➡️ 아무리 많이 와도 기껏해야 20명 정도다.

① 대충. (粗方)

② 가능한 한. 될 수 있는 한. (成^なる可^べく · 成^なる丈^{たけ} · 出来^{でき}るだけ · 出来^{でき}る限^{かぎ}り)

③ 설마. 아무리 그렇다고 하더라도.　　④ 완전히. 전혀.

⑤ 기껏해야. 고작. 있는 힘껏. (精々^{せいぜい} · 出来^{でき}るだけ · 出来^{でき}る限^{かぎ}り · 力^{ちから}の限^{かぎ}り · 精一杯^{せいいっぱい} · 高々^{たかだか})

17 いもうとが(　　　)泣^ないている。

① わくわく　　　　　　② からから

③ しとしと　　　　　　④ しくしく

⑤ じめじめ

➡️ 여동생이 훌쩍훌쩍 울고 있다.

① 기쁨이나 기대로 가슴이 설레는 모습.

② 목마른 모습. 딱딱한 물건이나 마른 물건이 부딪치는 소리. 큰 소리로 웃다.

③ 이슬비가 촉촉이 내리는 소리.

④ 가볍게 찌르는 듯한 아픔이 반복되는 느낌(배가). 훌쩍거리며 힘없이 우는 것.

⑤ 습기로 축축한 모습. (じとじと)

18 約束^{やくそく}したんですから、行かない(　　　)にはいきません。

① こと　　　　　　　　　　② の

③ もの　　　　　　　　　　④ わけ

⑤ も

해설

➡ 약속을 했기 때문에, 가지 않을 수 없습니다.

　わけにはいかない : ～일 수 없다. ～하지 않으면 안 된다.

　용법 : 동사(현재형)＋わけにはいかない。

　의미 : 불가능을 나타낸다.

　　　　앞의 문장이 부정문이면 의미는 긍정이고, 앞의 문장이 긍정문이면 의미는 부정이다.

19 このペン、デザインはいいんですけど、残念^{ざんねん}ながらちょっと書き(　　　)んですよ。

① はじめる　　　　　　　　② むずかしい

③ やすい　　　　　　　　　④ にくい

⑤ らしい

해설

➡ 이 펜, 디자인은 좋습니다만, 안타깝게도 좀 쓰기가 어렵습니다.

① ～하기 시작하다. (始^{はじ}める)

③ 동사(ます形)＋やすい : ～하기 쉽다.

④ 동사(ます形)＋にくい : ～하기 어렵다. (がたい는 문어체)

20 その話は必ずしも実際の体験をそのまま伝えた(　　　)とは思えなかった。

① わけ
② の
③ よう
④ に
⑤ もの

➡ 그 이야기는 반드시 실제의 경험을 그 상태로 전한 것이라고는 생각하지 않는다.

必ずしも : 뒤 문장은 반드시 부정문을 동반한다. (満更・強ち・一概に)

21 私はやりたいことができなかったが、子供には好きな道を進んで(　　　)と思う。

① やりたい
② あげたい
③ くれたい
④ もらいたい
⑤ さしあげる

➡ 나는 하고 싶은 일을 할 수 없었지만, 아이에게는 좋아하는 길을 갔으면 하고 생각한다.

④ ～해 받고 싶다. 내가 상대에게 무엇인가를 원할 때 사용한다. (て欲しい)

22 それは、子どもが大人(　　　)使っていい言葉ではない。

① によって
② にとって
③ にたいして
④ にあたって
⑤ によると

➡ 그것은, 아이가 어른을 대상으로 사용해서 좋은 말은 아니다.

① ～에 의해서(권위). ～에 따라서(원인).

② ～로서는. (마음적인 문장에 사용)
③ ～에 대해서. 대상을 나타낸다. (に対して)

④ ～에 맞춰서.
⑤ ～에 의하면. (伝聞에 사용)

23 安い店はいろいろあるが、安ければどこでもいいという(　　　)ではない。

① ため　　　　　　　　　　② わけ

③ まま　　　　　　　　　　④ ほか

⑤ もの

해설

➡ 싼 가게는 많이 있지만, 싸다면 어디라도 좋다고 하는 것은 아니다.

② わけではない : ～인 것은 아니다.

　　용법 : 동사(기본체)＋わけ。

　　　　　　い형용사·な형용사(현재·과거형)＋わけ。

　　의미 : 문장 전체를 부정한다. (앞 문장이 긍정형이 오면 전면부정이다)

　　　　　부분부정을 나타낸다.　(앞 문장이 부정형이 오면 부분부정이다)

④ ほかならない : ～임이 틀림없다. ～와 다를 바 없다. 중요한. 그 자체이다.

　　(大切な·ほかとは違って特別の·その物である·それ以外の何物でもない)

　　ほかでもない : 다름이 아니라. (それ以外のことではない·あなたも知っていることだが)

24 彼は不自由な体で千メートルを走り(　　　)。

① あげた　　　　　　　　　② とった

③ ぬいた　　　　　　　　　④ だした

⑤ そこなった

해설

➡ 그는 불편한 몸으로 천 미터를 완주했다. (走り抜いた : 끝까지 달렸다)

③ 끝까지 완전히 ～하다. 그 일을 끝까지 하다. 처리하다. (し通す·すっかり…する·仕切る)

　　동사(ます形)＋抜く。

　　難工事をやり抜く。　난공사(어려운 공사)를 해내다.

　　頑張り抜く。　　　　끝까지 버티다. 끝까지 분발하다(힘내다).

　　ほとほと困り抜く。　몹시 난처해하다. (ほとほと : 질리다. 정나미가 떨어지다. 몹시. 아주)

　　抜く手も見せず。　　손의 움직임이 보이지 않을 정도로 빠르게 칼을 뽑다. 재빠르게 행동하다.

抜く手も見せず斬り掛かる。　　　재빠르게(순간) 달려들다. (切り掛かる)

抜く手も見せず人事を刷新する。　재빠르게 인사를 쇄신하다.

④ 동사(ます形)＋出す。　～하기 시작하다. (走り出す : 달리기 시작하다)

⑤ 동사(ます形)＋損なう。　～하지 못하다. 실수로 ～하다.

25 早く勉強しなさい。(　　　)となにもできないのかい。

① 尻をたたかれない　　　　　② 尻が割れない

③ 尻が軽くない　　　　　　　④ 鼻息をうかがわない

⑤ 息がかからない

해설

➡ 빨리 공부해라. 재촉하지 않으면 무엇하나(아무것도) 못 하냐.

① 엉덩이를 맞다. 일이나 공부를 열심히 하도록 재촉하는 모습. (尻を叩く)

② 숨겨둔 나쁜 짓이 들통(탄로)나다. (尻が割れる)

③ 일을 빨리하다. 바람을 잘피우다. 촐랑거리다. (尻が軽い). (浮気者 : 바람둥이)

④ 눈치를 보다. (鼻息を伺う)

⑤ 힘 있는 자의 지배나 보호 등의 영향을 받다. (息が掛かる)

26 ハングルは漢字から作り出したもの(　　　)、余所の文字から借りたもの(　　　)。

① ではなければ、ではない。　　② でないけれども、ではある。

③ でもなければ、でもない。　　④ でないならば、でもない。

⑤ ではなければ、でもない。

해설

➡ 한글은 한자로부터 만들어 낸 것이 아니라면, 다른 문자로부터 빌린 것도 아니다.

　(…も …ば …も : ～도 ～라면 ～도 이다)

27 （　　）ばかりいないで静かに勉強しなさい。

① いって 　　　　　　　　② しゃべって

③ かたって 　　　　　　　④ のべて

⑤ おっしゃって

해설

➡ 잡담만 하지 말고 조용히 공부해라.

② 재잘거리다. 말하다. 잡담하다. (喋る)

③ 들려주다. 낭독하다. 표현하다. (語るに落ちる : 이야기하고 있는 중에 사실을 말해 버리다)

④ 진술하다. 명석을 펼치다. 날짜를 연기하다. (述べる)

28 皆目見当がつかない。下線の正しい意味はどれですか。

① ほとんど 　　　　　　　② ぜんぜん

③ すこし 　　　　　　　　④ たくさん

⑤ ましゃく

해설

➡ 전혀 짐작이 되지 않는다. (皆目 : 부정을 동반하여, 전혀·도무지)

① 거의 다. 대부분. 대다수. (殆ど·幾ど·大方·大部分·大多数)

② 남김없이. 완전히. 부정을 동반하여 조금도. 전혀. (全然·少しも)

　結婚の問題は全然僕に任せるという話だった。

　결혼 문제는 완전히 나에게 맡긴다고 하는 이야기였다.

　속어로서 대단히. 매우. (全然愉快だ. 대단히 유쾌하다)

③ 조금. (少し) 　　　　　　④ 많다. (沢山 : 사람·사물이 많다)

⑤ 계산·비율. (間尺に合わない : 손해가 나다)

29 次の文の下線の漢字の正しい読み方はどれか。

　　　16歳の少年が殺人の疑いで指名手配された。

① しゅはい   ② しゅばい

③ てばい   ④ てはい

⑤ しゅうばい

해설

➡ 16세 소년이 살인용의자로 지명수배 되었다.

手配り : 준비. 순서. 배치. (일을 할 때 사람을 각각 배치하여 준비하는 것. 필요한 것을
          준비하거나 순서를 정하는 것.)

段取りをつける。 순서(절차)를 정하다. 出迎えの手配りをする。 마중 나갈 준비를 하다.

---

30 アリバイの裏を取る。 下線の部分が正しく使われているものはどれですか。

① 뒤처리를 못해 야단맞다.   ② 도둑질을 하다.

③ 상대에게 약점을 잡히다.   ④ 증거를 잡다.

⑤ 증거를 찾아 진위를 확인하다.

해설

➡ 裏をかく : 의표를 찌르다(裏の裏を行く). 裏付け : 증거. 裏がある : 내막이 있다.

裏を返す。   여자와 다시 관계하다. 똑같은 일을 되풀이하다.

裏を返せば。 사실을 이야기한다면. 거꾸로 이야기한다면.

---

31 お菓子の「お」の使い方と同じものを一つ選びなさい。

① お荷物   ② お願い

③ お茶   ④ お美しい

⑤ お電話

해설

➡ 御 : 보통 일반적으로 사용되는 생활용품이나 음식 같은 구어(口語)에 사용한다.

御 : 상대측의 물건이나 내용을 나타내는 한자어에 붙어서.

① 짐. 화물.　　　　　② 부탁. 소원. 원함.

③ 차. 녹차. 일하는 도중에 잠깐 쉼.　　④ 아름답다.

⑤ 전화.

32 雨が降れば、明日の試合は中止します。の「ば」と同じ用法のものを一つ選びなさい。

① ピアノもひけば、歌も歌う。

② やってみなければ、分からない。

③ あの山へ登れば、地平線が見えるだろう。

④ 外国語は勉強すればするほどむずかしい。

⑤ どちらかと言えばスポーツは苦手なほうです。

해설

➡ 비가 내리면, 내일 시합은 중지합니다.

　가정조건 : 뒤 문장이 성립하기 위한 조건을 앞 문장에서 진술.

① …も …ば …も의 용법.　　② 항상조건.

③ 가정조건.　　　　　　　④ すればするほど : 하면 할수록.

33 次の文の(　　　)の中に最も適当な言葉を一つ選びなさい。

　　人といっしょに(　　　)しながら暮すより、一人の方が楽でいい。

① 気軽　　　　　　　　② 気兼

③ 気立て　　　　　　　④ 気合い

⑤ 機嫌

해설

➡ 남하고 같이 신경 쓰면서 사는 것보다, 혼자 사는 것이 행복하고 좋다.

① 부담 없이. 마음 가볍게.　　② 신경이 쓰여서 사양하는 것. 신경을 쓰다.

③ 본성. 성품. (持ち前の性質・人柄・気前・生地・生まれ付き・天性・天来・気性)

④ 기합. 기합소리. (気合い負け : 기합에 지다. 기세에 눌리다)

⑤ 표정・태도 등이 나타나는, 불쾌함・유쾌함 등의 기분. 다른 사람에 대한 기분이나 모습.

　즐거운 기분.

34 「これは朝飯前だ。」의 올바른 의미를 고르세요.

　① 이것은 식은 죽 먹기다.　　　　② 나는 아직 아침 전이다.

　③ 이것은 아침 먹기 전에 할 일이다.　④ 계획했던 일은 빨리 하는 것이 좋다.

　⑤ 새벽이란 아침 먹기 전을 말한다.

해설

➡ 아주 손쉬운 일. (お茶の子さいさい・河童の屁・屁の河童・赤子の手を捻る・赤子の
腕を捩る・赤子の手を捩じる・朝飯前)

35 腹を割って話し合う。の意味を一つ選びなさい。

　① 切腹すること。
　② 腹の中のことをかくすことなく打ち明けて話し合うこと。
　③ お腹の中をあけてみること。
　④ 腹を切って話すこと。
　⑤ 手術のため、腹を切開しようと話すこと。

해설

➡ 마음을 터놓다. 솔직히 말하다. (腹を割る・歯に衣着せぬ・思ったことをずけずけ言う)

① 할복하는 것.　　　　　　　　② 마음속을 감추는 것 없이 툭 터놓고 상담하는 것.

③ 배속을 열어 보는 것.　　　　④ 배를 자르고 이야기하는 것.

⑤ 수술을 위해, 배를 절개하자고 이야기하는 것.

36 キムさんはいつもちゅうさいやくを<u>買って出る</u>。下線の意味を一つ選びなさい。

① 비난받다.　　　　　　　② 스스로 자처하다.

③ 모든 것을 준비하다.　　④ 모른 척하다.

⑤ 손을 떼다.

해설

➡ 김씨는 언제나 중재역(仲裁役)을 스스로 자처한다.

　　(買って出る・打って出る : 스스로 알아서 일을 받아들이다)

• 次の文の(　　　)の中に最も適当な言葉を一つ選びなさい。(37〜38)

37 この辞書は田中先生が、編集(　　　)ものだ。

① すれば　　　　　　② いたした

③ した　　　　　　　④ させた

⑤ された

해설

➡ 이 사전은 다나까선생님이, 편집하신 것이다.

⑤ れる・られる는 가능・수동・존경・자발(남에게 영향을 받지 않고 스스로 느끼는 것)

　　의 형태가 있지만, 문장변형은 똑같다.

가능	一人で東京まで行かれる。	혼자서 도꾜까지 갈 수 있다.
수동	人にお酒を飲まれる。	이 술을 먹이다.
존경	先生は先日新しい本を書き終えられた。	선생님은 지난번에 새 책을 다 쓰셨다.
자발	古里にいる母のことが案じられる。	고향에 있는 어머니가 걱정된다.

38 けんかをしたからって、いつまでも(　　　)のはよくない。

① 口が悪い　　　　　② 我慢する

③ 口が重い　　　　　④ 見えを張る

⑤ 口をきかない

➡ 싸움을 했다고 해서, 언제까지나 말을 하지 않는 것은 좋지 않다.

① 입이 거칠다.   ② 참다.

③ 말이 없다.   ④ 사치 부리다.

⑤ 말하다. 지껄이다. 소개하다. 중간에서 관계를 붙이다. (口を利く)

39 「面の皮が厚い。」와 같은 의미로 볼 수 없는 것을 고르세요.

① ずうずうしい   ② あつかましい
③ 図太い   ④ しぶとい
⑤ 虫がいい

➡ 뻔뻔하다. (ずうずうしい・厚かましい・恥知らず)

④ 질기다. 근성(根性)이 있다.

⑤ 자기의 이익만 생각하다. 이기적이다. (身勝手 : 타인에 대해서는 생각하지 않고, 자기
사정·이익만을 생각해서 행동하는 것.

40 そのえいがはあっけない終わり方だった。下線の部分の意味を一つ選びなさい。

① 할 생각이 없다.   ② 시시하다.

③ 어안이 벙벙하다.   ④ 어찌할 바를 모르다.

⑤ 기절하다.

➡ 그 영화는 어이없이 끝났다(종영이었다).
呆気ない : 시시하다. 하찮다. (呆気に取られる : 어리둥절하다. 어안이 벙벙하다)

• 次の文の(　　　)の中に最も適当な言葉を一つ選びなさい。(41〜60)

41 今日は大切な会議があるから、(　　　)行かなければならない。

① なんだか　　　　　　　　　② なんとしても

③ なんといっても　　　　　　④ だからといって

⑤ ひとりでに

42 (　　　)あたるかもしれないから、また宝くじを買うつもりだ。

① もしかして　　　　　　　　② もし

③ もしか　　　　　　　　　　④ もしも

⑤ もしかしたら

43 そんな怪我は、ほうっておいても(　　　)治りますよ。

① ひとりで　　　　　　　　　② ひとりでに

③ 自分で　　　　　　　　　　④ ふと

⑤ さも

➡ 그러한 상처는, 방치해(放る) 두어도 자연적(저절로)으로 치료됩니다.

① 혼자서.　　　　　　　　　　③ 스스로. 자신이.

④ 문득.　　　　　　　　　　　⑤ 정말로. 실로. (いかにも)

44 子どもというのは、(　　　)親の手から離れていくものなんですね。

① ふと　　　　　　　　　　② おもわず

③ いつのまにか　　　　　　④ おもいきって

⑤ いよいよ

➡ 아이라고 하는 것은, 자신도 모르는 사이에(어느새) 부모의 품에서 떠나가는 것 입니다.

② 생각 없이. (思わず)　　　　　　④ 각오하고. 결심하고. 대범하게. (思い切って)

⑤ 드디어. 마침내 (ついに·とうとう). 점점. 정도가 한층 더 심해지는 것. (益々)

45 こんな簡単な間違いをするなんて、彼は(　　　)しているよ。

① どうにか　　　　　　　　② どうやら

③ どうか　　　　　　　　　④ どうしても

⑤ とうとう

➡ 이렇게 간단한 실수를 하다니, 그는 어떻게 됐어.

① 어떻게든. 그럭저럭.

② 어쩐지(なんとか·なんとなく). 아마(恐らく·多分).

　겨우. 간신히(どうにか·かろうじて·やっと).

③ 뭔가 이상이 있다. 보통상태는 아니다.

④ 어떻게 해서라도.　　　　⑤ 결국. 마침내.

46 このかばんは( )僕のものです。

① 確^{たし}か ② 確^{たし}かに

③ おそらく ④ ぜひ

⑤ さすが

해설

➡ 이 가방은 확실히 내 것입니다.

① 확실히. (불확실할 때) ③ 아마. 필시. (恐^{おそ}らく · 多分^{た ぶん})

④ 꼭. 부디. (뒤 문장은 명령(なさい)이나 희망(たい)의 표현이 온다)

⑤ 과연(なるほど · やっぱり). 대단한(누구나 인정해 주는).

47 もう少^{すこ}し、いかがですか。ありがとうございます。でも、もう( )いただきました。

① わずか ② たくさん

③ かなり ④ あまり

⑤ たっぷり

해설

➡ 조금 더, 드시겠습니까. 감사합니다. 그러나, 이미 많이 먹었습니다.

　　もう沢山^{たくさん}だ : 충분하다. 이젠 질렸다. 필요 없다.

① 불과. 겨우. ③ 상당히. 꽤.

④ 너무(긍정문). 그다지(부정문). ～한 나머지.

⑤ 넘칠 정도로 충분하다. 여유가 있다. 넉넉한 상의(上衣^{うわ ぎ} · 上着^{うわ ぎ}).

48 駅^{えき}で、財布^{さい ふ}の入^{はい}ったかばんを( )ぬすまれてしまった。

① そっくり ② すっかり

③ すべて ④ まったく

⑤ せいいっぱい

➡ 역에서, 지갑이 든 가방을 통째로 도둑맞아 버렸다.

① 통째로. 그대로. 전부.   ② 완전히. 깨끗이.

③ 전부. (凡て·全て·あらゆる)   ④ 전혀. 완전히. (全く)

⑤ 기껏해야. 고작. 최대한. (精々·出来るだけ·出来る限り·力の限り·精一杯·高々)

49 自殺ということは(   )命を絶つことです。

    ① ひとりで   ② ひとりでに

    ③ 自ら   ④ たとえ

    ⑤ あまり

➡ 자살이라고 하는 것은 스스로 목숨을 끊는 것입니다.

① 혼자서.   ② 저절로. 자연히.

③ 스스로. 남에게 듣지 않고 자기 스스로 하려고 생각해서. (自ら)

④ 설령. 만일. (보통 있을 수 없는 상황)   ⑤ 너무(긍정문). 그다지(부정문). ~한 나머지.

50 この子はよく食べるのに、(   )大きくならない。

    ① とても   ② ちっとも

    ③ いっさい   ④ わずか

    ⑤ せいぜい

➡ 이 아이는 잘 먹는데도, 조금도 자라지 않는다.

① 굉장히. 대단히.   ② 조금도.

③ 일체. 일절. 절대로. (一切)   ④ 불과. 겨우.

⑤ 기껏. 고작. (精々)

51 旅行に行くときは、(　　　)その土地の地理や歴使を調べて行くと、より楽しめますよ。

① かつて　　　　　　　　② 前もって

③ さきほど　　　　　　　④ のちほど

⑤ そのうち

➡ 여행을 갈 때는, 미리 그 지방의 지리나 역사를 조사해 가면, 보다 더 즐길 수 있습니다.

① 예전에. 과거에. (以前 · 昔)

② 사전에. 무엇인가를 하기 전에 준비함. (前もって · 予てから · 予め)

③ 조금 전에. (先程 ⇔ 後程)　　　④ 후에. 나중에. (後程 ⇔ 先程)

⑤ 조만간에. (其の内 · 近いうち)

52 日本では牛肉が高すぎて、ステーキは(　　　)食べられません。

① まれに　　　　　　　　② さっぱり

③ たいして　　　　　　　④ めったに

⑤ たぶん

➡ 일본에서는 쇠고기가 너무 비싸서, 스테이크는 좀처럼 먹을 수 없습니다.

① 드물게. 드문. 희귀한. 진귀할 정도로 적다. (希に · 稀に)

② 전연 · 전혀(부정동반). 깨끗이. 산뜻한. 후련한.

③ 그다지. 별로. 뒤 문장에 부정의 말을 동반하여, 특히 문제로 삼을 정도는 아니다.
　　(さほど · それほど · 大して · 大いに)
　　크게. 대차게. 매우. 대단히. 정도가 심한 것. (大して · 大いに)

④ 좀처럼. …ない와 결합하여 거의 없다(ほとんど …ない). (滅多に)

⑤ 아마. 대개. 뒤 문장은 반드시 추측의 문장이 온다. (多分 · 恐らく · 大方 · どうやら)

53 私は3年前に、交通事故で、家族(　　　)を失った。

① そっくり　　　　　　　　② すべて

③ すっかり　　　　　　　　④ きっぱり

⑤ いっしょに

해설

➡ 나는 3년 전에, 교통사고로, 가족 모두를 잃었다.

① 통째로. 똑같이 닮았다. 그대로. 전부.

② 전부. 모든. 남김없이 모두. 일반적으로. (凡て・全て・総べて)

③ 완전히. 깨끗이.　　　　　④ 깨끗이. 단호히. 딱 잘라.

⑤ 같이. (一緒・揃って・人まとめ)

54 あの家は寝るとき以外は(　　　)テレビがついている。

① 年中　　　　　　　　　　② ただちに

③ ひっきりなしに　　　　　④ たちまち

⑤ そっくり

해설

➡ 저 집은 잠잘 때 이외에는 항상 TV가 켜져 있다.

① 연중. 늘. 언제나.　　　　② 즉시. 곧바로.

③ 끊임없이.　　　　　　　　④ 갑자기. 순간.

⑤ 통째로. 똑같다(닮다).

55 こんなまずいレストランには(　　　)来るもんか。

① 二度と　　　　　　　　　② もう一度

③ 再び　　　　　　　　　　④ いつも

⑤ いずれ

➡ 이렇게 맛없는 레스토랑에는 두 번 다시 오지 않겠다.

① 두 번 다시. (안 하겠다)　　　　② 다시 한번. (반복)

③ 다시 한번. (도전하겠다)　　　　④ 언제나.

⑤ 언젠가.

56 この話は会社でも、(　　)少数の人しか知りません。

① ずいぶん　　　　　　　　　② じつに

③ ごく　　　　　　　　　　　④ 常に

⑤ まるで

➡ 이 이야기는 회사에서도, 극히 소수의 사람밖에 모릅니다.

① 생각보다 훨씬. 상당히.　　　　② 실로(実に). 정말로.

③ 극히. 특히. (極·極めて·特に)　　④ 늘. 항상.

⑤ 마치(丸で·丁度·調度·さながら·満更). 부정형이나 부정문을 동반할 때는 전혀(全く).

57 夫婦2人の生活でも苦しいのに、子供が生まれれば、(　　)苦しくなります。

① そっくり　　　　　　　　　② なお

③ すべて　　　　　　　　　　④ すっかり

⑤ 年中

➡ 부부 둘의 생활도 힘든데, 아이가 태어난다면, 더욱더 힘들어집니다.

① 통째로. 똑같다. (닮다)

② 덧붙여. 더욱. 또한. 앞 문장의 말을 일단 끊고 다시 한 번 뒷 문장에 설명을 덧붙인다. (猶·尚)

③ 전부. 모든. 남김없이 모두. 일반적으로. (凡て·全て·総べて·あらゆる)

④ 완전히. 깨끗이.　　　　　⑤ 언제나. 항상. (年中·年中)

58 非常に長い間かかって、（　　　）卒業論文が完成した。

① とっくに　　　　　　　② やっと

③ すでに　　　　　　　　④ たちまち

⑤ けっきょく

해설

➡ 굉장히 오랜 시간 걸려서, 드디어 졸업논문을 완성했다.

① 벌써. 옛날에.

② 드디어. 기다리던 것이 이루어졌을 때. 긴 시간 고생 후에 목적 달성.

③ 이미. 벌써. (既に·已に)　　　　④ 갑자기. 순간.

⑤ 결국. (結局)

---

59 この機械は（　　　）電気を入れておかなければなりません。

① つねに　　　　　　　　② ひっきりなしに

③ たまたま　　　　　　　④ まれに

⑤ めったに

해설

➡ 이 기계는 항상 전기를 켜 놓지 않으면 안 됩니다.

① 늘. 항상. (常に)　　　　　② 끊임없이. (引っ切り無しに)

③ 우연(偶然)히. 드물게.　　　④ 드물게 ~있다.

⑤ 좀처럼 ~없다.

---

60 言いたいことを言って<u>気がすむ</u>なら、言いなさい。下線の意味を一つ選びなさい。

① 落ち着かない　　　　　② 満足する

③ はかない　　　　　　　④ さっぱり諦める

⑤ ほっとする

➡ 하고 싶은 말을 해서 걱정이 없어진다면, 말해라.

① 마음이 안절부절못하다.   ② 만족하다.

③ (인생은) 덧없다.   ④ 깨끗이 단념하다.

⑤ 안심하다.

• 次の文の(　　　)の中に最も適当な言葉を入れなさい。(61〜65)

61 道が混んでいる時は、バスで行くより(　　　)歩いていくほうが早い。

     ① むしろ   ② 逆に
     ③ 反対に   ④ なにしろ
     ⑤ いつも

➡ 길이 혼잡할 때는, 버스로 가는 것보다 오히려 걸어가는 편이 빠르다.

① 오히려. 차라리. (2개를 비교하여 어디라고 말한다면)

② 거꾸로.   ③ 반대로.

④ 어쨌든.   ⑤ 언제나.

62 お暇な時に(　　　)一度お話を聞かせてください。

     ① どうしても   ② ぜひ
     ③ なんとしても   ④ いつか
     ⑤ ちっとも

➡ 한가하실 때 꼭 다시 한번 이야기를 들려주세요.

① 어떻게 해서라도.

② 꼭. 틀림없이. 본인에게의 요망. 뒤 문장은 명령·의지·희망을 나타내는 문장이 온다. (是非)

③ 어떻게 해서라도.   ④ 언젠가.

⑤ 조금도. (少しも)

63 (　　　)冗談にしても、そんなことを言ってはいけません。

① いったん　　　　　　　② たとえ

③ もしかすると　　　　　④ いっさい

⑤ かならず

해설

➡ 설령 농담이라도, 그러한 것을 말해서는 안 됩니다.

① 일단. (일단 ～한 이상은 어디까지나)

② 설령. 가령. (혹시 ～이더라도). (仮に·たとい·仮令)

③ 혹시. 어쩌면 ～할지도 모르겠다. (あるいは …かもしれない)

④ 일체. 절대로. 전혀 ～않다(全然 …ない). (一切)

⑤ 반드시. (必ず)

---

64 とてもいい家だったので(　　　)買うことにした。

① 思いきって　　　　　　② 思い思いに

③ 思わず　　　　　　　　④ 思いがけず

⑤ 思いきり

해설

➡ 매우 좋은 집이었기 때문에, 결심하고 사기로 했다.

① 각오하고. 결심하고. 작정하고. 대범하게. 주저하지 않고. 망설임 없이. (무엇인가 새로운 일을 시작하려고 할 때 사용). 思い切って秘密を打ち明ける。결심하고 비밀을 털어놓다.

② 각각의 생각대로.　　　　　　③ 자기도 모르게.

④ 생각외. 의외로. 생각지도 못한.

⑤ 깨끗이 단념하다(思い切る). 철저하게. 마음껏(思う存分).

65 けんか(　　　)でいわれたので、気分が悪い。

① 腰

② 顔

③ 熊

④ 口

⑤ 目

해설

➡️ 시비조로 이야기했기 때문에, 기분이 나쁘다.

喧嘩腰　　　: 처음부터 싸움을 걸려고 하는 태도.

喧嘩早い　　: 걸핏하면 싸우려 들다. 喧嘩を売る : 싸움을 걸다. (喧嘩を仕掛ける)

喧嘩を買う : 시비 건 사람의 싸움 상대가 되다. 남의 싸움을 떠맡다.

---

66 下線の部分の間違っているものを一つ選びなさい。

① 来週の会議の議題をあらかじめお知らせしておきます。

② 大阪では、普段は雪が降らないが、めったに降ることがある。

③ 原宿はいつも若い人で一杯だ。

④ 二日酔いで頭が痛い。酒はもうたくさんだ。

⑤ 急に空が暗くなり、いまにも雨が降りそうだ。

해설

➡️ ② めったに (거의 없다) → まれに (드물게 있다)

① 다음 주 회의 의제를 미리 알려드리겠습니다.

② 오오사까에는, 보통은 눈이 내리지 않지만, 드물게 내리는 일이 있다.

③ 하라쥬꾸는 언제나 젊은 사람들로 가득하다.

④ 숙취로 머리가 아프다. 술은 이제 질렸다.

⑤ 갑자기 하늘이 어두워지고, 지금이라도 비가 내릴 것 같다.

---

67 下線の部分の間違っているものを一つ選びなさい。

① 明日はいよいよ試験の結果が発表される。

② 飛びたった飛行機はたちまち見えなくなった。
③ ひどく叱りすぎると、かえって子供のためによくない。
④ その人は、いろいろな治療を受けたが、やっと死んでしまった。
⑤ 自ら進んで勉強するのでなければ、本当には身につかない。

해설

➡ ④ やっと (드디어) → とうとう (결국은)

　　やっと : 겨우. 가까스로. 간신히. (やっと・どうにか・ようやく・辛うじて)

　　　　　　드디어. 마침내. 기다리던 것이 이루어졌을 때. (やっと・ようやく)

　　到頭 : 결국은. 많은 일이 있은 후 최후에는. 보통은 나쁜 결과의 경우가 많다.

① 내일은 드디어 시험의 결과가 발표된다.

② 날아오른 비행기는 금세 보이지 않게 되었다.

③ 너무 심하게 야단치면, 오히려 아이들을 위해서는 좋지 않다.

④ 그 사람은, 여러 가지 치료를 받았지만, 결국 죽고 말았다.

⑤ 스스로 알아서 공부하지 않는다면, 진정 자기 것이 되지 않는다.

68 下線の部分の間違っているものを一つ選びなさい。

① 薬を飲んだら、かえって病気が悪くなってしまった。
② いつも元気なこの子も、1日中歩き回ったので、さすがに疲れたようだ。
③ 日本を出発する日が、さっそくあさってやってくる。
④ 長い話だったが、要するに土地は高くて買えないという話だった。
⑤ おいしかったので、すっかり食べてしまいました。

해설

➡ ③ さっそく (빨리) → いよいよ (드디어)

① 약을 먹었더니, 오히려 병이 악화되고 말았다.

② 언제나 활기찬 이 아이도, 하루 종일 돌아다녔기 때문에, 역시 피곤한 것 같다.

③ 일본을 출발할 날이 드디어 모레로 다가왔다.

④ 긴 이야기였지만, 요점은 땅은 비싸서 살 수 없다는 이야기였다.

⑤ 맛있었기 때문에, 깨끗이 먹어 버렸습니다.

69 下線の部分の間違っているものを一つ選びなさい。

① <u>たとえば</u>あなたが女性だったら、どうしますか。

② 今度の旅行には<u>なんだか</u>行きたくない。

③ <u>たとえ</u>どんなに高くても、それを買うつもりだ。

④ <u>いったん</u>約束をしたら、絶対にそれを守るべきだ。

⑤ 彼女は、<u>なかなか</u>うれしかったのか、涙を流して喜んでいた。

해설

➡ ⑤ なかなか → よほど

① 예를들어 당신이 여성이었다면, 어떻게 하겠습니까.

② 이번 여행에는 왠지 모르게 가고 싶지 않다.

③ 설령 아무리 비싸다고 하더라도, 그것을 살 생각이다.

④ 일단 약속을 했다면, 절대로 그것을 지켜야만 된다.

⑤ 그녀는, 굉장히 기뻤는지, 눈물을 흘리며 기뻐했다.

70 下線の部分の間違っているものを一つ選びなさい。

① 耳が聞こえないが、すばらしい作曲家の彼は、<u>いかにも</u>第二のベートベンですね。

② 山田夫人は黒い服に<u>身をつつんでいた</u>。

③ 駅に着いたとき、<u>すでに</u>電車は行ってしまったあとだった。

④ 目先の利益に<u>とらわれず</u>、みんなのためになる道をえらぶことはむずかしい。

⑤ <u>なんとしても</u>彼と結婚したい。

해설

➡ ① いかにも (정말로) → 言わば (예를 들어 말하면, 알기 쉽게 설명할 때 사용)

① 귀가 들리지 않지만, 훌륭한 작곡가인 그는, 말하자면 제2의 베토벤이군요.

② 야마다 부인은 까만 옷으로 몸을 싸고 있었다. (입고 있었다)

③ 역에 도착했을 때, 이미 전차는 가 버리고 난 후였다.

④ 눈앞의 이익에 사로잡히지 말고, 모두를 위하는 길을 선택하는 것은 어렵다.

⑤ 어떻게 해서라도 그와 결혼하고 싶다.

71 下線の部分の間違っているものを一つ選びなさい。

① また<u>ぜひ</u>いらっしゃってください。
② テレビが<u>必ず</u>子どもたちに悪い影響を与えるとは言えない。
③ <u>万一</u>、大地震が起きたら、この公園へ避難してください。
④ <u>どうか</u>お金を貸してくださいませんか。
⑤ 腰が痛いんですが<u>さすって</u>くれませんか。

➡ ② 必ず (반드시) → 必ずしも (반드시 ~라고는 할 수 없다)

① 또 꼭 와 주십시오.

② TV가 반드시 아이들에게 나쁜 영향을 미친다고는(준다고는) 말할 수 없다.

③ 만일, 큰 지진이 일어난다면, 이 공원으로 피난해 주세요.

④ 부디 돈을 빌려주시지 않겠습니까.

⑤ 허리가 아픕니다만 쓰다듬어(주물러) 주지 않겠습니까.

72 下線の部分の間違っているものを一つ選びなさい。

① 田中さんは<u>年中</u>忙しいと言っている。
② あのビルは<u>絶えず</u>電気がついている。
③ １人分の食事だったら、自分で作るより、<u>逆に</u>できたものを買った方が
安くつきます。
④ この車は、<u>およそ</u>300万円はするだろう。
⑤ 平和が<u>いついつまでも</u>続くように祈っています。

➡ ③ 逆に (거꾸로) → むしろ (오히려. 차라리. 2개를 비교하여 어디라고 말한다면)

① 다나까씨는 항상 바쁘다고 말하고 있다.

② 저 빌딩은 끊임없이 전기가 켜져 있다.

③ 1인분의 식사라면, 자신이 만드는 것보다, 오히려 만들어진 것을 사먹는 것이 싸게 듭니다.

④ 이 차는, 대충 300만엔은 하겠지.

⑤ 평화가 언제까지나 계속되도록 기원합니다. (いついつまでも : 언제까지나. 두고두고)

73 下線の部分の間違っているものを一つ選びなさい。

① 手術の不成功で病状がなおさら悪化した。

② いつのまにか冬になっていた。

③ 計画はもうスタートした。いまさら変更はできない。

④ 子ども部屋が静かになった。なんとなく子供たちは寝たらしい。

⑤ その手紙を最後に、彼は消息をたった。

해설

➡ ④ なんとなく (왠지 모르게) → どうやら (확실하진 않지만. 어쩐지. 아무래도. 그럭저럭)

① 수술의 실패로 병세가 더욱더 악화되었다.

② 자신도 모르게 겨울이 되어 있었다.

③ 계획은 이미 시작됐다. 지금에 와서 변경은 할 수 없다.

④ 아이들 방이 조용해졌다. 아마 아이들은 잠든 것 같다.

⑤ 그 편지를 최후로, 그는 소식을 끊었다. (絶つ)

74 下線の部分の間違っているものを一つ選びなさい。

① せっかくの良い機会をのがしてしまった。

② 銀座で、たまたま山田さんにあった。

③ 知っていたけれど、わざと教えなかった。

④ 体もだいぶ回復し、どうにか自分のことはひとりでできるようになった。

⑤ 小説家の彼は、さては物知りだ。

➡️ ⑤ さては (그러면) → さすが (역시)

　　さては : 그러면, 이제 보니, 그러고 보니, 과연, 끝내는, 나중에는. (처음으로 느꼈을 때 사용)

　　さすが : 듣던 대로, 역시 예상했던 대로, 과연. (さすが …だけあって)

　　　　　　さすがの …も의 형으로 앞 문장을 일단은 긍정하면서도, 이야기의 내용이

　　　　　　모순된 것을 말한다.

① 모처럼의 좋은 기회를 놓치고 말았다. (逃す)

② 긴자에서, 우연히 야마다씨를 만났다.

③ 알고 있었지만, 고의로 가르쳐 주지 않았다.

④ 몸도 많이 회복되었고, 그럭저럭 자신의 일은 혼자서 할 수 있게 되었다.

⑤ 소설가인 그는, 역시 박식하다.

75 下線の部分の間違っているものを一つ選びなさい。

① 彼はその難しい問題をちょっと5分で解いてしまった。

② 秋はなんとなくさびしい季節だ。

③ あとでお呼びしますので、しばらくお待ちください。

④ この問いの答えとしてふさわしいものはどれですか。

⑤ この着物は特に豪華なものではない。いわば、普段に着るものである。

➡️ ① ちょっと (조금, 잠깐) → たった (단지, 단)

① 그는 그 어려운 문제를 단 5분 만에 풀어 버렸다.

② 가을은 왠지 모르게 쓸쓸한 계절이다.

③ 나중에 부를 테니, 잠시 기다려 주십시오.

④ 이 문제의 답으로서 어울리는 것은 어느 것입니까.

⑤ 이 옷은 특별히 호화스러운 것은 아니다. 말하자면, 보통 입는 것이다.

76 下線の部分の間違っているものを一つ選びなさい。

① とても嬉_{うれ}しかったので、<u>思わず</u>、電話_{でん わ}におじぎをした。

② 田中さんは暇_{ひま}らしく、<u>まれに</u>電話をかけてくる。

③ すみませんが、この洋服_{ようふく}は少_{すこ}し大_{おお}きいので<u>直_{なお}してもらえませんか</u>。

④ 大学受験_{だいがくじゅけん}に、<u>再_{ふたた}び挑戦_{ちょうせん}</u>するつもりだ。

⑤ せっかく来たんだから<u>ゆっくり</u>していってよ。

해설

➡ ② まれに (드물게 있다) → しょっちゅう (늘. 항상)

① 매우 기뻤기 때문에, 나도 모르게, 전화에 인사를 했다.

② 다나까씨는 한가한지, 계속 전화를 건다.

③ 미안하지만, 이 양복은 조금 크기 때문에 고쳐 주지 않겠습니까.

④ 대학시험에, 다시 한번 도전할 생각이다.

⑤ 모처럼 왔기 때문에 천천히 있다 가라.

77 下線_{か せん}の部分_{ぶ ぶん}の間違_{ま ちが}っているものを一_{ひと}つ選_{えら}びなさい。

① <u>まさかのとき</u>を考_{かんが}えて、遺言_{ゆいごん}を書_かいておいたほうがいいでしょう。

② この子_こは<u>万一_{まんいち}</u>泣_なき出_だしたら、だれにも止_とめられない。

③ バーゲンの会場_{かいじょう}は<u>押_おし合_あいへし合_あい</u>の混雑_{こんざつ}だ。

④ 今夜_{こんや}から、風雨_{ふう う}は<u>さらに</u>強_{つよ}いくなるでしょう。

⑤ 生_うまれたばかりの赤_{あか}ちゃんは、顔_{かお}が赤_{あか}くて<u>ちょうど猿_{さる}のようだ</u>。

해설

➡ ② 万一 (만일) → いったん (일단)

① 만약의 경우를 생각해서, 유언을 써 놓는 것이 좋겠지요.

② 이 아이는 일단 울기 시작하면, 누구도 멈출 수가 없다.

③ 할인판매 장소는 밀고 당기고 혼잡하다.

　　押し合いへし合い : 많은 사람이 밀고 당겨서 혼잡한 모습.

④ 오늘 밤부터, 비바람이 더욱더 강해지겠지요.

⑤ 지금 막 태어난 아기는, 얼굴이 붉어 마치 원숭이 같다.

78 下線の部分の間違っているものを一つ選びなさい。

① <u>もうじき</u>お父さんが帰ってくるよ。

② <u>なんとなく</u>外を見たら、変な物が見えた。

③ いくら内緒にしていても、<u>思わず</u>わかってしまいますよ。

④ <u>まるで</u>雪のようにさくらの花が散る。

⑤ あの夫婦が<u>まさか</u>離婚するとは思いませんでした。

해설

➡ ③ 思わず (생각 없이) → いずれ (언젠가는. 조만간에)

① 이제 곧 아버님이 돌아온다.

② 생각 없이 밖을 보았더니, 이상한 것이 보였다.

③ 아무리 비밀로 하고 있어도, 언젠가는 알려지고 맙니다.

④ 마치 눈처럼 벚꽃이 떨어진다.

⑤ 그 부부가 설마 이혼한다고는 생각하지 못했습니다.

79 下線の部分の間違っているものを一つ選びなさい。

① あしたまでにあなたの<u>考えをまとめて</u>来てください。

② 大学卒業後、<u>さらに</u>大学院に進みたい。

③ 周知の<u>ごとく</u>、日本では牛肉は高価な食品である。

④ 足のけがもよくなってきた、<u>どうせ</u>歩けるようになりました。

⑤ その答えは、<u>どうも</u>違うようだ。

해설

➡ ④ どうせ (어차피) → どうにか (그럭저럭)

① 내일까지 당신의 생각을 정리해서 와 주세요.

② 대학 졸업 후, 다시 대학원에 진학하고 싶다.

③ 모두 알다시피(주지하는 바와 같이), 일본에서 소고기는 비싼 식품이다.

④ 다리의 상처도 많이 좋아졌다, 그럭저럭 걸을 수 있게 되었습니다.

⑤ 그 정답은, 확실하지 않지만 틀린 것 같다.

80 下線の部分の間違っているものを一つ選びなさい。

① ここからの景色はじつにすばらしい。

② なんとなくテレビを見ると、友だちが映っていた。

③ 庭の植木を手入れするのが私の趣味です。

④ かくしていても、いずれ皆にわかってしまうでしょう。

⑤ 自転車にも乗れないのに、まさにモーターバイクに乗れるわけがない。

해설

▶ ⑤ 正に (실로・틀림없이・확실히) → まして (하물며・더더욱). (なおさら・いわんや)

① 이곳에서부터의 경치는 정말로 훌륭하다.

② 생각 없이 TV를 보았는데, 친구가 나오고 있었다.

③ 정원의 나무를 돌보는 것이 내 취미입니다.

④ 감추고(隠す) 있어도, 언젠가는 모두가 알아 버리겠지요.

⑤ 자전거도 못 타는데, 당연히 오토바이를 탈 리가 없다.

• 次の文章を読んで、あとの問いに答えなさい。 (81~89)

　　子供というのは、例外なく好奇心を持っている。人間だけではない。動物でも子供は好奇心のかたまりである。それは本能に近いのかもしれない。動物学者は①それを探索と呼んでいる。むろん、動物の探索は食物を探し出すという目的から備わったものであろう。**(A)**必ずしもそれだけではない。彼らは探索そのものを愉しんでいる②ふしがあるという。動物学者日高敏隆氏によれば、「チンパンジーに探索を禁止すると、＜退屈の③あまり＞　精神的な障害をきたし、病気になったり異常な行動をはじ

めたりして死んでしまう」のだそうである。

　人間の好奇心も、もとをただせば動物の探索と根はおなじなのであろう。人間の場合は、同氏によると、「他の動物の場合のように、 ＜生きるための探索＞ ではない」とのことだが、やはり、どこかで「生きる」こととつながっているのだと思う。　まあ、その由来は動物学者に任せるとして、(B)、人間の作り出した文化なるものは、人間の好奇心が生んだものといってよい。文明や文化は、好奇心の体系なのである。だから好奇心を失うことは、(C)文化を衰弱させることであり、ひいては生命力を枯渇させることになる。④好奇心とは、いってみれば、人間の生命力の関数なのであって、だからこそ、生命力が・横溢している子供は、やたらと好奇心が強いのだ。老人になればなるほど好奇心は失われてゆく。それは老人が物事を体験しつくした結果というより、(D)、生命力に関係しているように思われる。

・横溢 : 넘칠 정도로 번창하는 것. (유행하는 것)

　아이들이란, 예외 없이 호기심을 갖고 있다. 사람만은 아니다. 동물이나 아이들은 호기심의 덩어리다. 그것은 본능에 가까울지도 모른다. 동물학자는 ① 그것을 탐색이라고 부른다. 물론, 동물의 탐색은 먹이를 찾아낸다고 하는 목적에서 갖추어진 것이리라. (A)그러나, 반드시 그것만은 아니다. 그들은 탐색 그 자체를 즐기는 ②것에 있다고 한다. 동물학자 히다까 도시따까씨에 의하면, 「침팬지에게 탐색을 금지하면, ＜따분한 ③나머지＞ 정신적 장애를 일으키고, 병에 걸리든지 이상한 행동을 해서 죽게 된다」라고 한다.

　인간의 호기심도, 근원(원인)을 밝혀 보면 동물의 탐색과 뿌리는 같은 것이리라. 사람의 경우는, 동성에 의하면, 「다른 동물의 경우처럼, ＜살기 위한 탐색＞ 은 아니다」 라고 하는 것이지만, 역시, 어딘가에서 「살다」라는 것과 연결되어 있는 것이라고 생각한다. 하여튼, 그 유래는 동물학자에 맡기기로 하고, (B)어쨌든, 인간이 만들어 낸 문화란 것은, 인간의 호기심을 낳은 것이라고 해도 좋다. 문명과 문화는, 호기심의 체계인 것이다. 그렇기 때문에 호기심을 잃는 것은, (C)즉 문화를 쇠약시키는 것이고, 나아가서는 생명력을 고갈시키는 것이 된다. ④호기심이란 것은, 말하자면, 인간의 생명력의 함수인 것이어서, 그렇기 때문에, 생명력이 넘쳐나는 아이들은, 대단히 호기심이 강한 것이다. 노인이 되면 될수록 호기심은 사라져 간다. 그것은 노인이 사물을 다 체험한 결과라기보다는, **(D)**역시, 생명력에 관계하고 있는 것처럼 생각된다.

- 文中の(A)〜(D)に入れるのに最も適当なものを一つ選びなさい。(81〜84)

81 (A)。

① それゆえ   ② しかし

③ しかも   ④ すなわち

⑤ そして

해설

▶ ② 그러나.

① 그것 때문에. 〜이기 때문에.   ③ 게다가.

④ 즉. 말하자면.   ⑤ 그리고.

82 (B)。

① それにしては   ② それにしても

③ いずれにしても   ④ したがって

⑤ しかも

해설

▶ ③ 어쨌든 간에.

① 〜에 비해서는.   ② 그렇다고 해도.

④ 따라서.   ⑤ 게다가.

83 (C)。

① とはいえ   ② ただし

③ すなわち ④ もっとも

⑤ すると

➡ ③ 즉. 말하자면.

① ~라곤 해도. ② 단.

④ 오로지. 더욱더. ⑤ 그러자.

84 (D)。

① やがて ② ついに

③ やはり ④ たしか

⑤ たしかに

➡ ③ 역시.

① 조만간에. (そのうちに·まもなく) ② 결국은. 마침내.

④ 아마. 확실히. ⑤ 확실히.

85 ① 「それ」とは何をさすか。最も適当なものを一つ選びなさい。

① 子供 ② 好奇心

③ かたまり ④ 本能

⑤ 動物

➡ ② 호기심

① 아이. ③ 덩어리.

④ 본능. ⑤ 동물.

86 ② 「ふし」のここでの使われ方と同じものを一つ選びなさい。

① 竹にも指にもふしがあるⅡ

② 先生はその詩にふしをつけて歌った。

③ この作品は彼にとって大きなふしとなった。

④ 彼女の言動にはどこかあやしいふしがある。

⑤ そのふしはお世話さまでした。

해설

▶ 節 : 곳. 옹이. 관절. 멜로디. 가락. 마디(대나무). 그때. 점.

① 대나무에도 손가락에도 마디가 있다.

② 선생님은 그 시에 가락을 붙여 노래했다.

③ 이 작품은 그에게 있어서 커다란 실마리가 되었다.

④ 그녀의 언동에는 어딘가 이상한 곳이 있다.

⑤ 그때는 폐가 많았습니다.

87 ③ 「あまり」のここでの使われ方と同じものを①～⑤の中から一つ選びなさい。

① 三十あまりの上品な女性が訪ねて来た。

② あまり心配すると、体に良くないですよ。

③ 僕は驚きのあまりしばらくこえも出なかった。

④ 家族を養ってあまりある給料が欲しい。

⑤ あまり立派でもない。

해설

▶ ③ 나는 놀란 나머지 잠시 소리를 내지 못했다.

① 30남짓한 품위 있는 여성이 방문해 왔다.

② 너무 걱정하면 몸에 좋지 않습니다.

④ 가족을 양육하는 데 충분한 급료를 원한다.

⑤ 그다지 훌륭하지도 않다.

88 ④ 「好奇心とは、言ってみれば、人間の生命力の関数」とはどういう意味か。その説明として最もも適当なものを一つ選びなさい。

① 生命力の強さによって好奇心の度合いも決まるということ。

② ものごとのたいけんの数だけ生命力も増していくということ。

③ 好奇心が人間の文明や文化を生み出すということ。

④ 好奇心が人間だけに見られる探索だということ。

⑤ 好奇心は動物さえもっているから生命と好奇心とは関係があるということ。

해설

➡ ① 생명력의 강도에 따라 호기심의 정도도 결정된다고 하는 것.

② 사물 체험의 수만큼 생명력도 증가한다고 하는 것.

③ 호기심이 인간의 문명이나 문화를 낳는다고 하는 것.

④ 호기심이 인간에게서만 볼 수 있는 탐색이라고 하는 것.

⑤ 호기심은 동물조차도 갖고 있기 때문에 생명과 호기심과는 관계가 있다고 하는 것.

---

89 この文章の内容と合わないものはどれか。①〜⑤の中から一つ選びなさい。

① 子供というのは、人間も動物も生命力があふれている。

② 動物というのは、生きるためにだけ本能で探索をする。

③ 好奇心というのは、成長するにつれて少なくなる。

④ 文化というのは、人間の好奇心の産物である。

⑤ 好奇心というのは、人間も動物も持っている。

해설

➡ ② 동물이란, 살기 위해서만 본능으로 탐색을 한다.

① 아이라고 하는 것은, 인간도 동물도 생명력이 넘치고 있다.

③ 호기심이란, 성장할수록 적어진다.

④ 문화란 것은, 인간의 호기심의 산물이다.

⑤ 호기심이란 것은, 인간도 동물도 갖고 있다.

90 次の文の下線の部分と同じ意味で使われているものを選びなさい。

<ruby>次<rt>つぎ</rt></ruby>の<ruby>文<rt>ぶん</rt></ruby>の<ruby>下線<rt>かせん</rt></ruby>の<ruby>部分<rt>ぶぶん</rt></ruby>と<ruby>同<rt>おな</rt></ruby>じ<ruby>意味<rt>いみ</rt></ruby>で<ruby>使<rt>つか</rt></ruby>われているものを<ruby>選<rt>えら</rt></ruby>びなさい。

<u>ありとあらゆる</u><ruby>芸術<rt>げいじゅつ</rt></ruby>の<ruby>目標<rt>もくひょう</rt></ruby>は<ruby>美<rt>び</rt></ruby>の<ruby>実現<rt>じつげん</rt></ruby>である。

① すべての　　　　　　　　② いくつかの
③ <ruby>昔<rt>むかし</rt></ruby>からの　　　　　　　④ <ruby>美術<rt>びじゅつ</rt></ruby>という
⑤ <ruby>現在<rt>げんざい</rt></ruby>の

해설

➡ 모든 예술의 목표는 미의 실현에 있다.

① 모든. 전부. (あるかぎりの・あらゆる・すっかり)

② 몇개인가의.　　　　　　　　③ 옛날부터.

---

91 下線の部分の意味として最も適当なものはどれか。

<ruby>下線<rt>かせん</rt></ruby>の<ruby>部分<rt>ぶぶん</rt></ruby>の<ruby>意味<rt>いみ</rt></ruby>として<ruby>最<rt>もっと</rt></ruby>も<ruby>適当<rt>てきとう</rt></ruby>なものはどれか。

<ruby>私<rt>わたし</rt></ruby>が<ruby>川<rt>かわ</rt></ruby>が<ruby>好<rt>す</rt></ruby>きだというのも<ruby>川<rt>かわ</rt></ruby>というものはどんな<ruby>川<rt>かわ</rt></ruby>でも、みんな<ruby>海<rt>うみ</rt></ruby>へ<ruby>出<rt>で</rt></ruby>ようとする<ruby>一途<rt>いちず</rt></ruby>さを<ruby>持<rt>も</rt></ruby>っているからでしょうか。<ruby>人間<rt>にんげん</rt></ruby>でも、<ruby>川<rt>かわ</rt></ruby>のような<u><ruby>一途<rt>いちず</rt></ruby>な<ruby>流<rt>なが</rt></ruby>れを、その<ruby>経歴<rt>けいれき</rt></ruby>に<ruby>持<rt>も</rt></ruby>っている</u><ruby>人<rt>ひと</rt></ruby>は<ruby>立派<rt>りっぱ</rt></ruby>です。

① <ruby>一度<rt>いちど</rt></ruby>、<ruby>何<rt>なに</rt></ruby>かを<ruby>行<rt>おこな</rt></ruby>い<ruby>続<rt>つづ</rt></ruby>けて<ruby>来<rt>き</rt></ruby>た<ruby>経歴<rt>けいれき</rt></ruby>がある。
② <ruby>死<rt>し</rt></ruby>ぬまでの<ruby>間<rt>あいだ</rt></ruby>、<ruby>川<rt>かわ</rt></ruby>の<ruby>流<rt>なが</rt></ruby>れのように<ruby>順調<rt>じゅんちょう</rt></ruby>であった。
③ まっすぐな<ruby>流<rt>なが</rt></ruby>れの<ruby>中<rt>なか</rt></ruby>で、<ruby>一生<rt>いっしょう</rt></ruby>を<ruby>送<rt>おく</rt></ruby>り<ruby>過<rt>す</rt></ruby>ごしてきた。
④ <ruby>一本<rt>いっぽん</rt></ruby>の<ruby>川<rt>かわ</rt></ruby>の<ruby>流<rt>なが</rt></ruby>れに<ruby>似<rt>に</rt></ruby>たような<ruby>生活<rt>せいかつ</rt></ruby>をしてきた。
⑤ <ruby>目的<rt>もくてき</rt></ruby>に<ruby>向<rt>む</rt></ruby>かって、ひたすらはげんで<ruby>来<rt>き</rt></ruby>た<ruby>経歴<rt>けいれき</rt></ruby>がある。

해설

➡ ① 한 번, 무언가를 계속해 온 경력이 있다.

내가 강을 좋아하는 것도 강이라고 하는 것은 어떤 강이라도, 모두 바다로 나가려고 하는 강직함을 갖고 있기 때문일까. 인간들도, 강처럼 한결같이(오로지) 흐르는 것을, 그 경력으로 갖고 있는 사람은 훌륭합니다.

<ruby>一途<rt>いちず</rt></ruby>に : 한 가지 일에만 마음을 집중하는 것. (<ruby>直向<rt>ひたむ</rt></ruby>き・<ruby>偏<rt>ひと</rt></ruby>に・<ruby>只管<rt>ひたすら</rt></ruby>・<ruby>専<rt>もっぱ</rt></ruby>ら・<ruby>一筋<rt>ひとすじ</rt></ruby>)

いちずな性格。한결같은 성격.

② 죽기까지, 강이 흐르는 것처럼 순조로웠다.

③ 똑바로 흐르는 것 중에서, 일생을 보내 왔다.

④ 한줄기 강의 흐름과 닮은 것 같은 생활을 해 왔다.

⑤ 목적을 향해서, 오로지 열심히 해 왔던 경력이다.

92 次の文の内容を一つ選びなさい。

私たちがことばを使って対話を行うときに、必ずしなければならないことがある。それは、いったい誰が誰に対して話をしているのかを明らかにすることである。

① 우리는 누구나 말을 사용해서 대화한다.

② 이야기할 때 우리들은 누가 누구에 대해서 이야기하는가를 분명히 할 필요가 있다.

③ 대화할 때 누가 누구에게 말하는지 알 필요가 있다.

④ 우리들이 분명히 해야 할 것은 대화의 상대이다.

⑤ 말이 꼭 필요한 것이라는 것은 누구나 다 알고 있다.

해설

➡ ③ 대화할 때 누가 누구에게 말하는지 알 필요가 있다.

우리들이 말을 사용해서 대화를 행할 때에, 반드시 하지 않으면 안 되는 것이 있다. 그것은, 도대체 누가 누구에 대해서 이야기하고 있는가를 분명히 하는 것이다.

93 ㉠, ㉡ 에 들어갈 표현을 바르게 연결한 것을 고르세요.

二十一世紀半ばまでには我々の身の回りでロボットが活躍するようになるだろう。それは、オフィスやレストラン、病院などの建物の内部だけではなく、建設・建築作業現場やガス・石油プラントなどの屋外人工空間、（ ㉠ ）、農作業場や林業作業場などの自然環境内でも見られる光

景となろう。（　ⓛ　）家庭内でもロボットが活躍しているかもしれない。
すなわち、我々人類とロボットが共生する時代が遠からず確実にやって
来ることになろう。

	⑦	ⓛ		⑦	ⓛ
①	つまり	けれども	②	さらには	もっとも
③	つまり	それゆえ	④	さらには	もしかしたら
⑤	しかも	そのうえ			

해설

➡ ④ ⑦ 게다가. 나아가서(更には). ⓛ 혹시. 어쩌면.

21세기 중반까지는 우리들의 주변에서 로봇이 활약하게 될 것이다. 그것은, 오피스나 레스토랑, 병원 등의 건물 내부뿐만 아니라, 건설·건축 작업현장이나·가스·석유 플랜트 등의 옥외인공공간, 나아가, 농사작업장이나 임업작업장 등의 자연환경 내에서도 볼 수 있는 광경이 될 것이다. 어쩌면 가정 내에서도 로봇이 활약하고 있을지도 모른다. 즉, 우리 인류와 로봇이 공생하는 시대가 머지않아 확실히 오게 될 것이다.

① ⑦ 말하자면. 설명하자면. ⓛ 그렇지만.

② ⑦ 게다가. 나아가서.　　ⓛ 단. (尤もらしい : 도리에 맞는 것 같다. 그럴싸하다)

③ ⑦ 게다가. 나아가서.　　ⓛ 그것 때문에. ～이기 때문에(其れ故·だから)

⑤ ⑦ 게다가. 그 위에. (然も·その上·それに·お負けに·かつ)

94 다음 문장의 내용과 일치하지 않는 것을 고르세요.

確かに、平均寿命は飛躍的に伸び、死亡率は大幅に低下してきた。し
かし、それと平行して医療技術の進歩が引き起こす法的、論理的、宗教
的問題は、関係学会に限らず広く議論を呼び、以前にもまして大きな
社会問題となっている。いまだに続く脳死を死と判定するかどうかとい
う問題などはその典型と言っていいだろう。このような議論が起こる

根底には、生と死の問題は医療の分野と言うよりもむしろ神の領域にかかわる問題であり、医学と言えども手を出すべき問題ではないという考え方がある。医療技術のより一層の進歩が望まれる一方で、人間が人間のコピーを作り出したり、胎児に手を加えたりということも可能になりつつある。我々は「自然の摂理」という神の領域と人間の領域の境界線をどこに引くべきか。言い換えれば、人間が踏み込むことができる領域はどこまでなのか。ここでもう一度改めて考えてみる必要があるのではないだろうか。

① 脳死を死と判定することは社会問題となっている。
② 人間のコピーを作ったり、胎児に手を加えたりする可能性について懸念がある。
③ 人間の平均寿命は近年飛躍的に伸びている。
④ 神の領域と人間の領域の境界線を引く必要はない。

➡ ④ 신의 영역과 인간 영역의 경계선을 그을 필요는 없다.

확실히, 평균수명은 비약적으로 늘고, 사망률은 큰 폭으로 줄어들었다. 그러나, 그것과 병행하여 의료기술의 진보가 야기하는 법적, 논리적, 종교적 문제는, 관계학회에 국한되지 않고 넓게 의논을 부르고, 이전에도 더 큰 사회문제가 되고 있다. 아직도 계속되는 뇌사를 죽음으로 판정하느냐 못 하느냐 라고 하는 문제 등은 그 전형이라고 해도 좋을 것이다. 이러한 의논이 발생하는 근본에는, 삶과 죽음의 문제는 의료분야라고 말하는 것보다 오히려 신의 영역에 관련된 문제이고, 의학이라고는 해도 손을 대야만 하는 문제는 아니라는 하는 사고방식이 있다. 의료기술보다 한층 더 진보가 요구되는 한편, 인간이 인간의 복사를 만들어 내거나, 태아에 손을 대거나 하는 것도 가능하게 되고 있다. 우리들은 「자연의 섭리」라는 신의 영역과 인간 영역의 경계선을 어디로 그어야만 하는가. 바꾸어 말하면, 인간이 발을 디딜 수 있는 영역은 어디까지일까. 여기서 다시 한번 새롭게 생각해 볼 필요가 있지 않을까.

① 뇌사를 죽음으로 판정하는 것은 사회 문제가 되고 있다.

② 인간의 복사본을 만들거나, 태아를 손볼 가능성에 대해 염려(우려)가 있다.

懸念 : 신경이 쓰여 걱정하는 것. 집념. 집착하는 것. 마음을 집중하다.

手を加える : 수리하기도 하고 수정·보정하기도 한다. 손보다. 가공하다

③ 인간의 평균수명은 최근 비약적으로 늘고 있다.

95 다음 문장의 내용과 일치하지 않은 것을 고르세요.

　　東京都のタクシーの初乗り運賃は2km、730円だったが、2017年1月30日から1,052mまで410円となった。一定以上の距離を乗った場合には運賃はあまり変わらないか、むしろ高くなるが、近距離での利用であれば圧倒的に安くなる。重い荷物を持っていたり、雨が降った時などのちょっとした利用を見込んでいるほか、外国人観光客の利用などを想定している。タクシー運賃の引き下げが行われるのは現在のタクシー業界が成立して以来、初めてのことになる。一般の業界のように価格競争をしなくてもよかったタクシー業界が値下げに踏み切ったのはタクシーの利用者離れが深刻な状況となっているからである。東京におけるタクシー利用者の数は過去10年で25パーセント減少、運送収入も14%減少した。今後はさらに利用者が減ると予想されることから、新しい需要の開拓に乗り出したわけである。

① 東京のタクシー利用者の数はここ10年間減少した。
② これまでタクシー業界は価格競争をしなければならなかった。
③ タクシーの初乗り運賃の引き下げにより、近距離での利用は運賃が安くなる。
④ 外国人観光客の利用も考慮してタクシーの初乗り運賃の引き下げが行われた。

▶ ② 지금까지 택시업계는 가격경쟁을 벌이지 않으면 안 되었다.

　도꼬도의 택시 기본운임은 2km, 730엔이었지만, 2017년 1월 30일부터, 1,052m까지 410엔이 되었다. 일정 이상의 거리를 탈 경우에는 운임은 그다지 변하지 않거나, 오히려 비싸지만, 근거리에의 이용이라면 압도적으로 싸진다. 무거운 짐을 들고 있거나, 비가 내렸을 때 등의 잠깐의 이용을 예상하고 있는 것 외에, 외국인 관광객의 이용 등을 상정(가정)하고 있다. 택시운임의 인하가 실행된 것은 현재의 택시업계가 성립한 이래 처음 있는 일이다. 일반 업계처럼 가격경쟁을 하지 않아도 좋았던 택시업계가 가격인하를 단행한 것은 택시 이용자 이탈이 심각한 상황이기 되었기 때문이다. 도쿄에서의 택시 이용자수는 과거 10년에 25% 감소, 운송수입도 14% 감소했다. 앞으로는 더욱더 이용자가 줄어들 것으로 예상됨에 따라, 새로운 수요의 개척에 나선 이유이다.

① 도쿄의 택시이용자 수는 최근 10년간 감소했다.

③ 택시 기본운임 인하로, 가까운(근) 거리의 이용은 운임이 싸진다.

④ 외국인 관광객 이용도 고려해서 택시 기본운임 인하가 이뤄졌다.

96 「にこにこしている」の意味と最も近いものを一つ選びなさい。

① しょんぼりしている。　　② わらっている。

③ 胡散臭いだ。　　　　　　④ 昭和の発想だ。

⑤ 渡りに船だ。

해설

➡ 미소지으며 웃는 모습.

① 맥없다. 멍하니.　　　　② 웃고 있다. (笑っている)

③ 어쩐지 수상쩍다.　　　　④ 고리타분한 발상(생각)이다. 구시대적 생각.

⑤ 필요한 물건이 갖춰져 바람직한 상태가 되어 상황이 좋아진 것.

97 次の外来語表記のうち、間違っているものを一つ選びなさい。

① dilemma　：ディレマ　　　② bus　　　：バス

③ bed　　　：ベッド　　　　④ business：ビジネス

⑤ ticket　　：ティケット

해설

➡ ① ジレンマ・ディレンマ (딜레마. 몇 가지 중 하나를 선택해야 하는 상황에서 판단을 내리지 못하고 있는 상태. ジレンマに陥る。딜레마에 빠지다.

③ 침대.
④ 사무. 일. 사업.

⑤ 표(切符). 입장권(入場券). 승차권(乗車券). 식권(食券). (티켓)

98 次の文が正しく訳されたものを一つ選びなさい。

　창문을 열어 주시지 않겠습니까?

① 窓を開けていただきませんか。

② 窓を開けていただけませんか。

③ 窓を開いていただけませんか。

④ 窓を開いていただきませんか。

⑤ 窓を開いてくださいませんか。

➡ ～해 주시지 않겠습니까. (くださいませんか・いただけませんか)

99 次の文の(　　　)の中に最も適当な言葉を一つ選びなさい。

　　子供の時の思い出の、数かぎりなくある中で、いちばんたのしいのは
お正月の思い出である。私はいつもお正月が大好きだけれども、子供の
時は(　　　)一年じゅうお正月の事ばかり考えて、日のたつのを待って
いるようなものであった。

① とても

② まるで

③ それでも

④ ついに

⑤ かえって

➡ 어릴 때의 기억이다. 셀 수 없이 많은 것 중에서, 제일 기쁜 것은 설날 때의 기억이다. 나는
　언제나 설날을 제일 좋아했지만, 어릴 때는 마치 일년 중 설날만 생각해서, 날짜가 지나는

것을 기다리고 있었던 것이었다.

① 긍정일 때는 대단히. 부정일 때는 도저히(뒤 문장은 실현 불가능한 문장이 온다. 到底_{とうてい}).

② 마치(뒤 문장은 よう가 온다). 부정의 의미를 나타낼 때는 전혀.

④ 마침내. 드디어.　　　　　　　⑤ 오히려. 차라리.

100 次の会話文を正しい順序にしなさい。

　　A：そんなぁ、もったいないなぁ。ぼくなんか真っ黒だぜ。

　　B：ああ、何とかね。でもどこにも行かなかったんだ。行こう行こうと
　　　　思ってたんだけど、やることもあってね。

　　C：あっ、忘れてた。

　　D：うん、レポートを書かなければならなかったんだ。

　　E：おっ、久しぶり、夏休み元気でやってた。

① E－B－D－A－C　　　　　② D－E－B－A－C

③ E－B－A－D－C　　　　　④ D－C－A－E－B

⑤ E－B－A－C－D

해설

➡ ③ E－B－A－D－C

勿体無い : 아깝다. 유용한데도 방치하거나, 낭비해 버리는 것이 아까운 것.

　　　　　　捨てるのはもったいない。　　　　　　버리는 것은 아깝다.

　　　　　　使わないでおくにはもったいない人物。　버려 두기에는 아까운 인물.

　　　　　　너무나 과분해서 송구스럽다. 황송하다. (恐れ多い · 忝い · 辱い : かたじけない)

　　　　　　もったいないお誉めのお言葉。　　　　과분한 칭찬의 말씀.

勿体臭い : 거드름 피우다. 거만한 태도.

勿体振る : 점잖은 척하다. 정말 그럴싸하게 행동하다. 거드름 피우다.

A : 저런, 아깝다. 난 새까맣게 탔어.

B : 응, 그럭저럭. 그러나 아무데도 가지 않았어. 가려고 가려고 했는데, 할 일이 있어서.

C : 앗, 깜빡했다.

D : 그래, 리포트를 쓰지 않으면 안됐었어.

E : 야, 오랜만이다, 여름방학에 잘 지내고 있었니.

101 다음 한자의 읽기 중에서 옳지 않은 것을 고르세요.

① 身内 (みうち)　　　② 不渡り (ふわたり)

③ 東西 (とうざい)　　④ 宝石　　 (ほうせき)

⑤ 技術 (きじゅつ)

해설

➡ ⑤ 기술. (技術)

① 혈연관계. 가족. 친척.　　② 부도. (不渡り小切手 : 부도수표)

③ 동서. (東西南北 : 동서남북)　④ 보석. (宝物 : 보물. 보석)

102 다음 한자의 읽기 중에서 옳지 않은 것을 고르세요.

① 土下座 (とげざ)　　② 爆発 (ばくはつ)

③ 男振り (おとこぶり)　④ 断然 (だんぜん)

⑤ 駆引き (かけひき)

해설

➡ ① 土下座 : 옛날 왕이나 귀인이 통행할 때 무릎을 꿇고 이마를 땅에 대고 예의를 표하는 것.
　　　　　죄송함을 표하기 위해 땅이나 바닥에 무릎을 꿇고 사과하는 것.

② 폭발.

③ 남자로서의 외모와 성품. 남자다움. 남자다운 풍채. 남자로서의 체면. (↔ 女振り)

④ 단연. 태도가 단호한 것. 끝까지 밀고 나가 일을 완수하는 것.

⑤ 흥정. (駆引きがうまい : 흥정을 잘하다)

103 次の文の(　　　)の中に最も適当なものを入れなさい。

冷蔵庫の中のもので何か料理を(　　　)ことにした。

① でき上がる　　　　② こしらえる
③ 食う　　　　　　　④ 炊く
⑤ 味わう

➡ ② 손을 사용해서 무엇인가를 만들어 내다. 준비하다. (拵える)

① 완성하다. 술에 취해서 기분이 좋음. (出来上がる)

③ 먹다. 생활하다. 생계를 꾸려 나가다. 개미가 물어뜯다. 모기가 물다. 침입하다. 압도하다.
　 사람을 무시하다(人を食う). 많이 소비하다.

④ 밥을 끓이다. 음식을 삶다.

⑤ 음식을 맛보다. 맛을 즐기다. 사물을 체험해서 실감을 얻다.

104 次の文の(　　　)の中に最も適当なものを入れなさい。

もう夜も(　　　)きたので、帰ります。

① 更けて　　　　　　② 増して
③ 満ちて　　　　　　④ 向かって
⑤ 近寄って

➡ ① 밤이나 어느 계절이 되고 나서 시간이 많이 경과되다.

② 사물의 수량이 늘다. 사물의 양을 많게 하다. 증진시키다. (増す·益す)

③ 가득 차다. 완전히 둥글다. 만월(満月)이 되다. 만수(満水)가 되다.
　 일정의 기한에 달하다. 조건에 차다. 활기차다. (満ちる·充ちる)

④ 얼굴을 그쪽 편으로 돌리다. 정면을 보고 앉다. 어떤 상태가 가까워지다. 어떤 곳을 향하다.
　 반항하다. 저항하다. 공격하다. ~에 대한. 상대로 하다.

⑤ 접근하다. 가까워지다. 친해지다.

105 次の文の(　　　)の中に最も適当なものを入れなさい。

やっと誤解が(　　　)友達と仲直りができた。

① 破れて
② 退いて
③ 抜けて
④ 解けて
⑤ 逸れて

해설

▶ ④ 딱딱한 것이 녹다. 끈이 풀리다. 속박되었던 것이 풀리다. 직책에서 물러나다. 문제가 해결되다. 얼음이 녹다.

① 형체가 부서지다. 깨어지다. 찢어지다. 성립되지 않다. 승부에 지다.

② 피하다. 물러나다.

③ 몸에 붙어 있던 것이 빠지다. 박혀 있던 것이 빠지다. 없어지다. 있어야만 되는 것이 빠져 있다. 회의를 빠지다. 터널을 빠져나가다. 빠질 것 같은 파란하늘.

⑤ 목표에서 벗어나다. 빗나가다.

106 次の文の(　　　)の中に最も適当なものを入れなさい。

私が(　　　)いた夢は日本一の画家になることだった。

① そろえて
② 確かめて
③ すって
④ はかって
⑤ えがいて

해설

내가 그리던 꿈은 일본 제일의 화가가 되는 것이었다.
夢はかなえるためにある。 꿈은 이루기 위해 있다. (適える·叶える)

▶ ⑤ 그리다. 문장·음악 등을 표현하다. 묘사하다. 장래의 꿈을 마음속에 떠오르게 하다. (描く·画く)

① 갖추다. 필요한 것을 준비하다. 정리하다. 모으다. (揃える)

② 확인하다.

③ 인쇄하다(刷る). 수염 따위를 깎다(剃る). 그르의 사투리. (訛り : 사투리)
슬쩍 훔치다. 소매치기하다(掏る).

④ 각도·길이·무게를 재다. 상상하다. 짐작하다(計る·量る·測る). 실행하려고 하다(図る).
속이다(謀る·図る). 의견을 제시하고 상담하다(諮る).

(図る·計る·測る·量る·諮る·謀る)

107 次の文の(　　)の中に最も適当なものを入れなさい。

私は東京にいる兄を(　　)上京した。

① 支えて　　　　　　② 頼って
③ 付き合って　　　　④ 誘って
⑤ 従って

해설

➡ ② 부탁하다. 의지하다. 의존하다. 믿는다.

① 지탱하다. 떠받치다. 유지하다.

③ 교제하다. 사귀다. 같이 행동하다.

④ 권유하다. 유혹하다. 꾀다. 어떤 감정이나 상태를 일으키다. (誘う)

⑤ 복종하다. 따르다. 뒤를 따라가다. 수행하다. 거역하지 않다. 어떤 일에 종사하다.
(に従って·に連れて : ~에 따라서). (従う·随う·順う·遵う)

108 次の文の(　　)の中に最も適当なものを入れなさい。

山田さんが来て、これで旅行に行く全員が(　　　　)。

① そろった　　　　　② 足りた
③ 整った　　　　　　④ 届いた
⑤ 混ざった

➡ 야마다씨가 와서, 이것으로 여행을 가는 전원이 모였다.

① 갖추어지다. 필요한 것이 준비되다. 정리되다. 모이다. (揃う). そろって의 형으로 전부. 모두.

② 수량이 필요한 만큼 있다. 충분하다. 만족하다. 맞추다. 도움이 되다.

    に足りる의 형으로 가치가 있다. 足りない의 형으로 바보다. 모자라다.

③ 잘 갖추어지다. 정돈되다. 준비가 잘 되어 있다. 성립되다. 정해지다. (整う·調う)

④ 미치다. 다다르다. 도착되다. 골고루 미치다. 생각하는 것이 이루어지다.

⑤ 섞이다. 교제하다. 한편이 되다. (混ざる·交ざる)

109 次の文の(　　　)の中に最も適当なものを入れなさい。

    私は先生から名刺を(　　　)。

① くださった   ② 存じ上げて
③ お目にかかった   ④ ちょうだいした
⑤ あげた

➡ 저는 선생님으로부터 명함을 받았다.

④ 頂戴いたす 로 사용하면 더 겸손한 말이 된다. (もらう)

② 存じ上げる。알다. 사람에게만 사용. 知る·思う의 겸양어)

    存じ上げる。알다. (사람에게만 사용). 存じる。알다. (사람 이외의 대상).

    「存じ上げません」을 포함한 겸양어는, 주로 사람이 대상일 때 자주 사용되는 말에 반해,

    「存じません」은 주로 사람 이외의 사물에 대해 쓰이는 말이다.

    상대방에 대해 「存じ上げません」을 사용하면 상대방의 입장을 낮추는 것이 되므로 실례

    되는 표현이 될 수 있기 때문에 사용할 수 없다.

    申し訳ございませんが、私は彼のことを存じ上げません。   (사람이 대상)

    죄송합니다만, 저는 그 사람에 대해서 알지 못합니다.

    大変恐縮ですが、その件に関しては存じません。   (사람 이외의 대상)

    대단히 죄송합니다만, 그 건에 관해서는 모르겠습니다.

(O) お名前は存じ上げております。   성함은 알고 있습니다.

(O) 私は社長の居場所を存じ上げません。　　　저는 사장이 있는 곳을 모릅니다.

(O) 僕は営業課の課長の名前は存じ上げません。　나는 영업과 과장 이름은 모릅니다.

110 次の文の(　　　)の中に最も適当なものを入れなさい。

何か不都合な点がございましたら、(　　　)。

① ご連絡願います　　　　　　② お連絡願います

③ お連絡願いします　　　　　④ ご連絡願いします

⑤ お連絡お願いします

해설

➡ 무언가 불편한 점이 있으시면 연락 부탁드립니다. (연락바랍니다)

1	④	31	⑤	61	④	91	④
2	④	32	③	62	①	92	①
3	③	33	④	63	③	93	④
4	③	34	⑤	64	①	94	①
5	①	35	②	65	②	95	④
6	④	36	②	66	③	96	④
7	④	37	②	67	②	97	③
8	①	38	④	68	④	98	②
9	④	39	④	69	③	99	⑤
10	③	40	②	70	④	100	③
11	①	41	②	71	③	101	①
12	④	42	②	72	④	102	③
13	⑤	43	③	73	⑤	103	⑤
14	③	44	③	74	⑤	104	④
15	①	45	③	75	⑤	105	②
16	②	46	③	76	⑤	106	②
17	④	47	④	77	④	107	③
18	①	48	②	78	②	108	②
19	⑤	49	①	79	④	109	①
20	③	50	②	80	①	110	⑤
21	②	51	②	81	②		
22	①	52	③	82	②		
23	③	53	③	83	②		
24	①	54	①	84	②		
25	④	55	③	85	①		
26	④	56	②	86	②		
27	⑤	57	②	87	①		
28	③	58	①	88	①		
29	③	59	③	89	①		
30	②	60	④	90	①		

1	②	31	④	61	①	91	④
2	④	32	①	62	④	92	①
3	⑤	33	②	63	①	93	②
4	③	34	④	64	③	94	④
5	③	35	⑤	65	④	95	③
6	③	36	②	66	③	96	④
7	①	37	④	67	④	97	⑤
8	③	38	①	68	①	98	①
9	②	39	③	69	①	99	⑤
10	①	40	③	70	④	100	①
11	①	41	①	71	④	101	④
12	③	42	②	72	③	102	③
13	①	43	④	73	③	103	④
14	②	44	④	74	④	104	④
15	③	45	①	75	③	105	⑤
16	①	46	②	76	④	106	①
17	②	47	②	77	④	107	②
18	③	48	④	78	①	108	④
19	②	49	①	79	②	109	②
20	①	50	④	80	②	110	④
21	②	51	③	81	①		
22	②	52	①	82	①		
23	②	53	③	83	③		
24	①	54	①	84	②		
25	③	55	④	85	①		
26	③	56	①	86	③		
27	④	57	④	87	①		
28	②	58	②	88	②		
29	④	59	②	89	⑤		
30	①	60	③	90	⑤		

1	⑤	31	④	61	②	91	④
2	③	32	①	62	②	92	⑤
3	②	33	④	63	②	93	①
4	③	34	①	64	⑤	94	③
5	③	35	⑤	65	④	95	①
6	①	36	③	66	⑤	96	①
7	③	37	③	67	③	97	③
8	②	38	⑤	68	③	98	④
9	③	39	③	69	④	99	③
10	①	40	⑤	70	①	100	④
11	④	41	①	71	④	101	③
12	⑤	42	①	72	③	102	④
13	⑤	43	①	73	④	103	⑤
14	②	44	④	74	①	104	③
15	②	45	②	75	④	105	④
16	①	46	③	76	③	106	③
17	①	47	④	77	②	107	①
18	③	48	⑤	78	③	108	③
19	⑤	49	①	79	⑤	109	⑤
20	②	50	③	80	①	110	③
21	①	51	①	81	①		
22	③	52	②	82	④		
23	④	53	④	83	④		
24	④	54	⑤	84	③		
25	④	55	④	85	②		
26	③	56	③	86	①		
27	②	57	④	87	②		
28	③	58	④	88	③		
29	③	59	①	89	①		
30	②	60	①	90	②		

1	⑤	31	④	61	②	91	⑤
2	①	32	⑤	62	②	92	②
3	⑤	33	①	63	①	93	①
4	③	34	①	64	④	94	③
5	④	35	③	65	③	95	①
6	②	36	②	66	③	96	②
7	①	37	③	67	①	97	⑤
8	③	38	②	68	②	98	①
9	③	39	①	69	①	99	④
10	②	40	④	70	②	100	④
11	④	41	③	71	②	101	⑤
12	③	42	①	72	④	102	⑤
13	⑤	43	④	73	④	103	⑤
14	④	44	①	74	①	104	③
15	④	45	④	75	④	105	⑤
16	④	46	②	76	③	106	①
17	③	47	③	77	①	107	②
18	④	48	③	78	②	108	②
19	④	49	①	79	⑤	109	④
20	⑤	50	③	80	④	110	①
21	⑤	51	⑤	81	④		
22	④	52	⑤	82	②		
23	④	53	①	83	①		
24	②	54	③	84	③		
25	①	55	④	85	①		
26	③	56	⑤	86	⑤		
27	③	57	①	87	⑤		
28	②	58	⑤	88	④		
29	④	59	①	89	④		
30	①	60	②	90	⑤		

1	④	31	⑤	61	③	101	②
2	⑤	32	④	62	①	102	②
3	③	33	②	63	⑤	103	④
4	②	34	②	64	③	104	①
5	④	35	①	65	①	105	③
6	③	36	②	66	⑤	106	③
7	⑤	37	①	67	④	107	①
8	③	38	⑤	68	②	108	①
9	③	39	③	69	⑤	109	②
10	①	40	③	70	③	110	②
11	③	41	④	71	③		
12	①	42	①	72	③		
13	②	43	①	73	④		
14	②	44	④	74	①		
15	④	45	①	75	③		
16	②	46	②	76	③		
17	③	47	③	77	③		
18	①	48	②	78	④		
19	③	49	④	79	⑤		
20	④	50	⑤	80	④		
21	④	51	①	91	①		
22	⑤	52	⑤	92	②		
23	⑤	53	⑤	93	②		
24	⑤	54	⑤	94	④		
25	①	55	④	95	④		
26	⑤	56	⑤	96	④		
27	⑤	57	⑤	97	①		
28	④	58	③	98	⑤		
29	⑤	59	③	99	③		
30	⑤	60	④	100	②		

1	④	31	②	61	③	91	⑤
2	⑤	32	⑤	62	⑤	92	③
3	②	33	③	63	①	93	④
4	④	34	③	64	④	94	①
5	①	35	①	65	⑤	95	④
6	②	36	④	66	②	96	⑤
7	①	37	⑤	67	③	97	③
8	③	38	②	68	④	98	⑤
9	⑤	39	④	69	③	99	④
10	①	40	①	70	⑤	100	④
11	③	41	④	71	⑤	101	③
12	①	42	④	72	③	102	①
13	②	43	④	73	③	103	⑤
14	①	44	③	74	①	104	⑤
15	④	45	①	75	③	105	⑤
16	③	46	②	76	④	106	③
17	①	47	④	77	①	107	④
18	⑤	48	③	78	①	108	⑤
19	③	49	④	79	②	109	③
20	④	50	②	80	①	110	④
21	②	51	④	81	②		
22	③	52	④	82	①		
23	④	53	①	83	④		
24	③	54	②	84	③		
25	③	55	③	85	③		
26	④	56	②	86	④		
27	①	57	②	87	②		
28	①	58	①	88	③		
29	⑤	59	①	89	①		
30	⑤	60	③	90	②		

1	⑤	31	①	61	①	91	⑤
2	④	32	②	62	⑤	92	③
3	⑤	33	②	63	④	93	②
4	⑤	34	①	64	⑤	94	②
5	②	35	⑤	65	③	95	②
6	③	36	①	66	①	96	③
7	②	37	①	67	⑤	97	⑤
8	①	38	⑤	68	④	98	③
9	③	39	③	69	④	99	④
10	①	40	②	70	②	100	⑤
11	②	41	⑤	71	③	101	⑤
12	②	42	②	72	③	102	③
13	③	43	④	73	⑤	103	⑤
14	④	44	②	74	⑤	104	②
15	①	45	⑤	75	①	105	⑤
16	③	46	⑤	76	①	106	③
17	③	47	④	77	⑤	107	①
18	②	48	①	78	④	108	②
19	④	49	②	79	④	109	⑤
20	④	50	④	80	③	110	⑤
21	⑤	51	⑤	81	④		
22	③	52	③	82	②		
23	②	53	①	83	③		
24	③	54	④	84	②		
25	②	55	②	85	③		
26	④	56	②	86	④		
27	③	57	④	87	②		
28	①	58	⑤	88	①		
29	⑤	59	⑤	89	①		
30	①	60	①	90	①		

1	①	31	①	61	③	91	①
2	①	32	③	62	②	92	③
3	④	33	⑤	63	③	93	④
4	④	34	④	64	④	94	③
5	④	35	②	65	④	95	③
6	②	36	②	66	①	96	⑤
7	②	37	④	67	②	97	①
8	③	38	④	68	③	98	③
9	⑤	39	④	69	⑤	99	⑤
10	⑤	40	④	70	③	100	④
11	③	41	②	71	①	101	①
12	④	42	③	72	①	102	④
13	①	43	②	73	③	103	③
14	④	44	①	74	④	104	②
15	⑤	45	①	75	⑤	105	②
16	①	46	①	76	⑤	106	③
17	④	47	③	77	①	107	①
18	②	48	①	78	④	108	⑤
19	④	49	③	79	③	109	②
20	②	50	②	80	⑤	110	⑤
21	④	51	②	81	④		
22	①	52	②	82	②		
23	①	53	②	83	①		
24	②	54	①	84	①		
25	④	55	②	85	③		
26	⑤	56	②	86	③		
27	⑤	57	③	87	①		
28	⑤	58	②	88	②		
29	③	59	②	89	③		
30	①	60	①	90	①		

1	②	31	④	61	④	91	④
2	⑤	32	②	62	①	92	②
3	①	33	④	63	③	93	③
4	④	34	①	64	③	94	①
5	①	35	②	65	④	95	③
6	②	36	①	66	④	96	④
7	②	37	⑤	67	③	97	④
8	①	38	④	68	④	98	④
9	⑤	39	④	69	①	99	②
10	④	40	②	70	②	100	④
11	①	41	②	71	③	101	②
12	③	42	①	72	④	102	⑤
13	③	43	②	73	②	103	①
14	②	44	①	74	③	104	⑤
15	②	45	②	75	④	105	③
16	①	46	②	76	⑤	106	②
17	③	47	②	77	③	107	②
18	②	48	③	78	④	108	④
19	④	49	②	79	①	109	②
20	④	50	④	80	①	110	①
21	③	51	②	81	②		
22	①	52	①	82	②		
23	④	53	④	83	①		
24	⑤	54	②	84	③		
25	③	55	①	85	④		
26	⑤	56	⑤	86	③		
27	③	57	①	87	④		
28	③	58	②	88	①		
29	①	59	③	89	①		
30	③	60	②	90	③		

1	①	31	③	61	①	91	①
2	①	32	③	62	②	92	③
3	①	33	②	63	②	93	④
4	④	34	①	64	①	94	④
5	②	35	②	65	①	95	②
6	③	36	②	66	②	96	②
7	③	37	⑤	67	④	97	①
8	③	38	⑤	68	③	98	②
9	③	39	④	69	⑤	99	②
10	⑤	40	②	70	①	100	③
11	①	41	②	71	②	101	⑤
12	②	42	①	72	③	102	①
13	②	43	②	73	④	103	②
14	②	44	③	74	⑤	104	①
15	②	45	③	75	①	105	④
16	⑤	46	②	76	②	106	⑤
17	④	47	②	77	②	107	②
18	④	48	①	78	③	108	①
19	④	49	③	79	④	109	④
20	⑤	50	②	80	⑤	110	①
21	④	51	②	81	②		
22	③	52	④	82	③		
23	②	53	②	83	③		
24	③	54	①	84	③		
25	①	55	①	85	②		
26	③	56	③	86	④		
27	②	57	②	87	③		
28	②	58	②	88	①		
29	④	59	①	89	②		
30	⑤	60	②	90	①		

저자약력

- 육민관중학교
- 육민관고등학교
- 서강대학교
- 日本 拓植대학 유학생별과
- 日本 立教대학
- 전 한빛 지적 소유권센터 교수
- 전 태학관 법정연구회 교수
- 전 사법연수원 일본어 교수

저서

- 기초 일본어 Workshop 1　(박영사)
- 기초 일본어 Workshop 2　(박영사)
- 考試 日本語 Workshop 上 (박영사)
- 考試 日本語 Workshop 下 (박영사)
- 日本語 JLPT · JPT · 외무영사직 · 중등교사 임용시험 문제집 상
- 日本語 JLPT · JPT · 외무영사직 · 중등교사 임용시험 문제집 하
- 일본 초등학교 상용한자 1,026자 (박영사 출판예정)
- 외무영사직, 중등 일본어 임용고사 기출문제 해설 (박영사 출판예정)
- 고시 日本語 Workshop － 최종 점검 1개월 완성 (태학관)
- 고시 日本語 Workshop － 사법시험 · 변리사시험 기출문제 해설　(태학관)

日本語 JLPT · JPT · 외무영사직 · 중등교사 임용시험 문제집 (상)

초판발행	2022년 6월 10일
지은이	최철규
펴낸이	안종만 · 안상준
편 집	박송이
기획/마케팅	조성호
표지디자인	이소연
제 작	고철민 · 조영환
펴낸곳	㈜ **박영사**
	서울특별시 금천구 가산디지털2로 53, 210호(가산동, 한라시그마밸리)
	등록 1959. 3. 11. 제300-1959-1호(倫)
전 화	02)733-6771
f a x	02)736-4818
e-mail	pys@pybook.co.kr
homepage	www.pybook.co.kr
ISBN	979-11-303-1448-8 13730

정 가   39,000원